本课题研究得到以下项目支持：

复旦大学"985工程"三期人文学科整体推进重大项目

"中古中国的知识、信仰与制度的整合研究"

存思集

中古中国共同研究班论文萃编

余　欣　主编

Memoirs on Medieval China

Edited by Yu Xin

上海古籍出版社

彩图Ⅰ-1 罗让碑拓片（原系柯昌泗旧藏，今藏中国国家图书馆)

彩图 I-2　罗让碑现状（魏大帅摄）

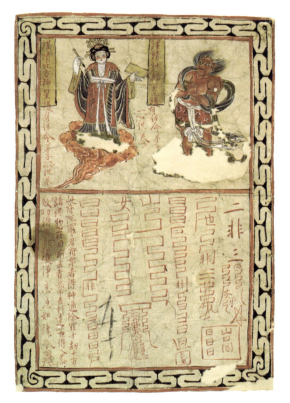

彩图Ⅱ-1 Ch.lvi.0033《计都星·北方辰星供养陀罗尼符》（大英博物馆藏）

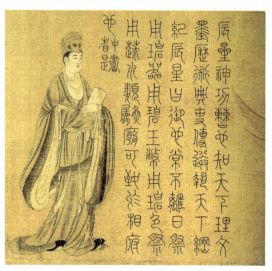

彩图Ⅱ-2 《五星二十八宿真形图》中的辰星神（大阪市立美术馆藏）

彩图Ⅱ-3 Ch.liv.007唐乾宁四年（897）张淮兴画《炽盛光佛并五星神图》（大英博物馆藏）

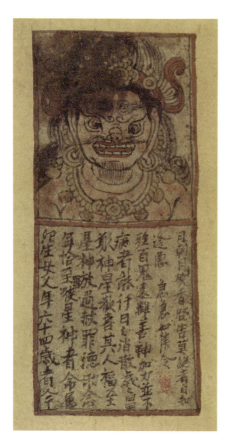

彩图Ⅱ-4 S.5666《罗睺星神像》
（大英图书馆藏）

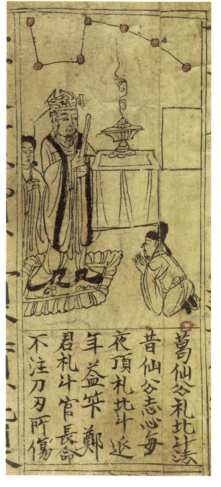

彩图Ⅱ-6 S.2404《后唐同光二年
（924）具注历日并序》中的礼北斗
图（大英图书馆藏）

彩图Ⅱ-5 苏州瑞光寺塔出土宋景德二年（1005）皮纸刻本《佛说普遍光明焰鬘清净炽盛思惟如意宝印心无能胜总持大明王大随求陀罗尼》（苏州博物馆藏）

彩图Ⅲ-1 宴饮图（采自《郑州宋金壁画墓》，图181）

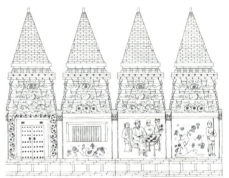

彩图Ⅲ-3 河南新安县梁庄宋墓墓室壁画线绘图（采自《考古与文物》1996年第4期）

彩图Ⅲ-2 河南济源东石露头村宋墓北壁墓主夫妇宴饮图（采自《中原文物》2008年第2期）

彩图Ⅲ-4 河北安平逯家庄壁画墓中的墓主画像（采
自《中国墓室壁画全集1：汉魏晋南北朝》，图94）

彩图Ⅲ-5 郑州南关外宋墓墓壁装饰线绘图（采自《文物参考数据》1958年第5期）

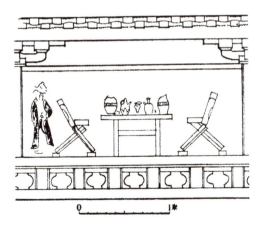

彩图Ⅲ-6 河北武邑龙店二号墓东壁（采自
《河北省考古文集》，第326页）

彩图Ⅲ-7 河南新安县宋村壁画墓墓主夫妇宴饮图
（采自《洛阳古代墓葬壁画》，第368页，图4）

彩图Ⅲ-8 河南宜阳县莲花庄乡坡窑村宋代画像石棺前
挡线绘图（采自《文物》1996年第8期）

彩图Ⅲ-9 宋神宗帝后像（台北故宫藏）

彩图Ⅲ-10 山西汾阳东龙观王立墓北壁墓主夫妇画像（采自《汾阳东龙观宋金壁画墓》，彩版118）

彩图Ⅲ-11 内蒙古赤峰元宝山元墓正壁墓主夫妇画像（采自《文物》1983年第4期）

彩图Ⅲ-12 山东淄博宋金壁画墓北壁壁画（采自《华夏考古》2003年第1期）

彩图Ⅲ-13 河南焦作金代邹瑴墓北壁石刻（采自《洛阳古墓博物馆》，第50页）

彩图Ⅲ-14 安阳小南海宋墓墓室壁画线绘图（采自《中原文物》1993年第2期）

彩图Ⅲ-15 山西大同徐龟墓西壁散乐侍酒图（采自《考古》2004年第9期）

彩图Ⅲ-16 洛阳邙山宋墓东耳室东壁壁画
线绘图（采自《文物》1992年第12期）

彩图Ⅲ-17 洛阳邙山宋墓东耳室
南壁壁画线绘图（采自《文物》
1992年第12期）

彩图Ⅲ-18 河北内丘县胡里村金
墓西北、北、东北壁线绘图（采
自《文物春秋》2002年第4期）

彩图Ⅲ-19 山西汾阳东龙观王立墓
西北壁（采自《汾阳东龙观宋金壁画
墓》，彩版115）

彩图Ⅲ-20 山西汾阳东龙观王立墓东北
壁（采自《汾阳东龙观宋金壁画墓》，
彩版121）

彩图Ⅲ-21 山西汾阳东龙观王立墓西北、北、东北壁线描图（采自《汾阳东龙观宋金壁画墓》，图75）

彩图Ⅲ-22 陕西蒲城洞耳村元墓北壁墓主夫妇堂中对坐图（采自《中国墓室壁画全集3：宋辽金元》，图196）

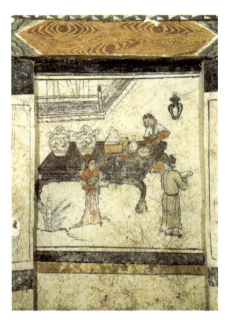

彩图Ⅲ-23 山西兴县红裕村武氏夫妇
墓墓室北壁备酒图（采自《中国墓室
壁画全集3：宋辽金元》，图172）

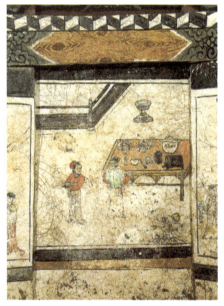

彩图Ⅲ-24 山西兴县红裕村武氏夫妇
墓墓室南壁备茶图（采自《中国墓室壁
画全集3：宋辽金元》，图173）

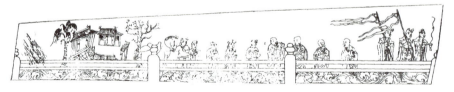

彩图Ⅲ-25 河南荥阳东槐西村宋墓石棺左侧线刻画（采自《中原文物》1983年第4期）

彩图Ⅲ-26 山西侯马牛村M1墓北壁线绘图（采自《文物季刊》1996年第3期）

彩图Ⅲ-27 陕西蒲城洞耳村元墓北壁上方墓主身份题记（采自《考古与文物》2000年第1期）

彩图Ⅲ-28 山西北峪口元墓北壁线绘图（采自《考古》1961年第3期）

彩图Ⅲ-29 山西兴县红裕村武氏夫妇墓墓室西壁墓主夫妇端坐图（采自《中国墓室壁画全集3：宋辽金元》，图171）

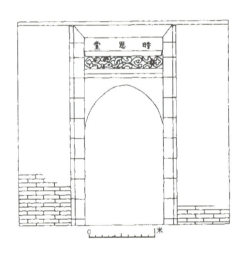

彩图Ⅲ-30 河南尉氏县张氏镇元墓墓门上方堂号题记（采自《华夏考古》1996年第3期）

书 系 缘 起

余 欣

在学术出版过度繁荣的当下,各种"大典"、"巨制"俯拾皆是,"标志性成果"风起云涌,我们推出这套丛刊,究竟意义何在? 我不断扪心自问。

我总想起,当初激励我投身"不古不今之学"的唐代大史学家刘知幾的一段话。子玄撰成《史通》后,惧其不传于世,喟曰:"夫以《史通》方诸《太玄》,今之君山,即徐、朱等数君是也。后来张、陆,则未之知耳。嗟乎! 倘使平子不出,公纪不生,将恐此书与粪土同捐,烟烬俱灭,后之识者,无得而观。此予所以抚卷涟洏,泪尽而继之以血也。"是知古人不轻言著述,凡有所作,必殚精竭虑,巧构精思,冀藏之名山,垂为后世之轨则。非我辈后生,斐然狂狷,读书未遍,率尔操觚可比。

我又记起,在京都大学人文科学研究所访学之时,高田时雄教授跟我讲过一则轶事:第一任所长狩野直喜先生认为,初学者理当埋头读书,而不应急于发表成果。因此,当时有一条不成文的规矩,新进研究者三年内不许写论文。我深深地为这个故事所蕴含的学问之真精神所感动。在量化原则下,今之学者沦为计件民工,每日为炮制"速朽之作",完成指标而苦斗。若有人天真地提起"千秋事业"之说,恐怕会沦为同行笑柄。然而,我们真的要沿着这条道路一直走下去吗? 我常常寻思,一个真正的学者,起点和终极到底在何方? 也许有人会讲,既是"无涯之旅",则无所谓起止。那么,立场呢? 学者治学的基本立场在哪里? 古人曰"文章千古事",今人云"在学术上应该发扬比慢的精神",我们是否仍可作为信念而坚守? 在"美丽人生"与"追求学术之彻底性"之间,我们应该如何抉择?

这些纠结,想必也是我的这些志同道合的学侣们的忧思。于是我们向往建立一个乌托邦,期盼在这个"艰难时世"努力生存的同时,有一泓荒漠甘泉,可以给我们枯槁的心灵带来慰藉;有一方文明的沃土,可以让思想的莩草惬意地生长;有一片无垠的天地,可以让我们信马由缰。由此,有了"中古中国共同研究班"的成立。

所谓的研究班,只是一个没有建制的民间同仁团体,却代表了我们的学术理想。两年前,一群研究中古时代历史、语言、文学与艺术的年轻人聚集在一起,商讨在学术日益泡沫化的今天,我们如何安身立命,是否能为中国学术做点什么。随后研究班悄然成立,致力于在互相砥砺中提升自我学术境界,并探索共同研究模式在中国学术生态中生发的可能性。研究班是一个开放的学术共同体,而不是党同伐异的山头。核心成员来自复旦历史系、文史研究院、汉唐文献工作室、出土文献与古文字研究中心、中文系等五个单位,共十二位学者。此外,还有许多研究生、访问学者、校外和海外研究者,作为"观察员"和通讯成员加入。每两周组织一次workshop,主要安排为新作发表与讨论、史料会读、学术信息交流与评论,至今已连续举行 36 次。如切如磋,如琢如磨的氛围,让我们怡然自得,乐以忘忧。理解当今学术生态下"青椒"处境的贤达,想必不难体会,这样完全依赖学问自身魅力而运作的"非营利性社团",坚持到今日,是多么的不易!

我们的活动,逐渐引起相关院系和学校的关注,对我们深表"同情的了解",施予各种援手,鼓励我们将实验继续下去,并从"211 三期"和"985三期"项目中拨给专项经费予以资助,希望能将我们的苦心孤诣,呈现在世人面前。因之,我受命策划这套丛书,作为见证梦想与现实张力之间的"试金石"。虽然不免有些俗套,我们仍想借此对所有给予包容和支持的人们,尤其是章清教授、金光耀教授、邹振环教授、杨志刚教授、葛兆光教授和陈尚君教授,表达由衷感激之情。

书系以"中古中国知识·信仰·制度"为名,收录研究班主要成员的作品,表明了我们共同研究旨趣之所在。第一辑付梓的,除了我自己的那本不过是往日杂稿的拼盘,其余大都是博士论文经数年打磨而写定的心力交"萃"之佳作。第二辑将要刊行的,则是研究班成立后历次往复匡谬正俗之结晶。尽管立意和方法不尽相同,但都代表了新一代学人对"基底性命题"的求索与回应。古人有云:"登山始见天高,临壑方觉地厚。不闻先圣之道,无以知学者之大。"况乃天道幽邃,安可斐然。同道乐学,博采经纬(研究班集体会读之《天地瑞祥志》,中多祯祥灾异、纬候星占之言),思接千载(诸君治学范围,上启秦汉,下探宋元,绵历千年),今略有所成,裒为一编。虽不敢"期以述者以自命",然吾深信,绝不至于"粪土同捐,烟烬俱灭"。

在一次讲演中,我曾吟咏艾略特(Thomas Stearns Eliot)的《烧毁的诺顿》(*Burnt Norton*,中译参汤永宽译本,略有改动),以表达对人类历史之深邃与荒诞的敬畏和感动。现在,我想再度征引这首诗,作为对我们研究班的祝福,也作为这篇缘起的"论曰":

Time present and time past	现在的时间和过去的时间
Are both perhaps present in time future,	也许都存在于未来的时间,
And time future contained in time past.	而未来的时间又包容于过去的时间。
If all time is eternally present	假若全部时间永远存在
All time is unredeemable.	全部时间就再也都无法挽回。
What might have been is an abstraction	过去可能存在的是一种抽象
Remaining a perpetual possibility	只是在一个猜测的世界中
Only in a world of speculation.	保持着一种恒久的可能性。
What might have been and what has been	过去可能存在和已经存在的
Point to one end, which is always present.	都指向一个始终存在的终点。
Footfalls echo in the memory	足音在记忆中回响
Down the passage which we did not take	沿着那条我们未曾走过的甬道
Towards the door we never opened	飘向那重我们从未开启的门
Into the rose-garden. My words echo	进入玫瑰园。我的话就这样

Thus，in your mind.	在你的心中回响。
But to what purpose	但是为了什么
Disturbing the dust on a bowl of rose-leaves	更在一钵玫瑰花瓣上搅起尘埃
I do not know.	我却不知道。
Other echoes	还有一些回声
Inhabit the garden. Shall we follow?	栖身在花园里。我们要不要去
	追寻?

2011 年 12 月 19 日

何为共同研究:
学术生物多样性的追求

（刊行弁言）

　　"恭喜恭喜,这个年头能活到十年,是不容易的。"1959 年,胡适在演讲中引用夏涛声这话,觉得很值得作为《自由中国》创刊十周年的颂词。同样,我也觉得,作为无建制的民间学术共同体,我们中古中国共同研究班能活上四年,的确是很不容易的。作为研究班的始作俑者,颇感五味杂陈,只能用"痛并快乐着"来形容。因此,我和同仁们商量,决定从研究班的历次报告中,每人自选出一篇代表作结集出版,以为纪念。

　　研究班创立伊始,我就提出,这一学术乌托邦式实验的目标,乃是"致力于在互相砥砺中提升自我学术境界,并探索共同研究模式在中国学术生态中生发的可能性"。后来,这成为我在各种场合不遗余力宣扬的理念。研究班不是通常所谓的"读书会",经过"制度设计"和艰苦运作,学术活动的功能不断衍生,如今集日常研讨、系列讲座、国际会议、课题合作、论文发表、著作出版、学生培养于一体,以至于被视为一种科研与教学的机制创新。但这些都不是我认为可以自炫的业绩,最值得珍视的是,我们对共同研究的精神有了更透彻的理解。

　　何为共同研究? 何为学术共同体? 何为有生命力的学者"保留地"? 胡适讲,中国抗战也是要保卫一种文化方式。他还说,容忍比自由还更重要。借用他的话,不妨说研究班所进行的实验,对于我们而言,亦是一场投入自身学术生命的抗战,所保卫的乃是一种学术生产方式,而维系这个脆弱的"生物圈"得以继续存活的根本,在于多样性是否可以得到确实的尊重。

研究班是一个开放的、多元的学术共同体。加入研究班，并不意味着学术独立性和自主性的丧失，而是提供了更大的学术个性的展示空间。研究班成员在学术兴趣、研究取向和个人性格上差异巨大，在"问题与主义"上往往也见解迥然不同。不仅在内部探讨时经常激烈交锋，甚至在公开的学术会议上也毫不留情地"呛声"，但我们并不认为这是互相拆台，恰恰相反，而视之为保持生物多样性的必要手段，并为纯粹学术的氛围而感到其乐融融。所谓"共同研究"，并不是要把治学理念统一到某种"基本原则"之下。容忍的气度和同情的雅量，即是营造适合生物多样生长的"气候"，这无疑是至为关键的。

当今是一个竞争酷烈的社会，学界也不例外。任何有创意的新思想，任何未曾被人留意的新材料，一旦披露，就有可能被人在转瞬之间仿效和窃取，甚至有些快手会立刻抢先写成论文发表。研究班上的报告和研读的史料，都是成员未曾示于人的心血之作，成员之间能否恪守学术规范，外部参与者是否存在不当利用的风险，我们当然不是一点担心也没有。但是无论是研讨的场所，还是资料的散发，我们始终秉持开放的态度，从未采取任何管制措施。因为我们深信，走向封闭就意味着共同研究精神的死亡。

研究班虽然没有什么"主体思想"，但并不意味着各自为阵，而是在研究理念上持有共通的立场，并在具体研究过程中互相触发、互为奥援、互通声气。研究班以中古中国的知识、信仰与制度的整体研究作为把握中古时代的基本历史脉络，重绘其变迁的轨迹，构建起"世界图式中的中古中国"图景，并藉此对中古时代的文明和精神进行博观与省思。从研究班成立以来成员所发表的论著，可以越来越明显地感受到，这种理念的渗透已经渐渐内化为一种自觉的追求，由此带来了研究面貌的气象一新。细心的读者，从我们这本论文集中也不难观察到，研究班成员的互动在治学风格和问题意识上的影响，使得作品在展示"个人魅力"的同时又呈现出"共生气质"。

王明珂先生在介绍史语所创始之初的一位助理员黎光明的生平的文章中，曾提到这样一件往事：1928 年，黎光明前往川康进行民俗调查。他在提交所里的考察计划书中提出，考察成果可作为"治川者之一借镜"，并计划考察后，在成都将所获成绩公布于著名报纸并到各学校演讲，"以肆鼓吹"及"引起社会人士之注意"。傅斯年批示曰，"此事不可作"。（王明珂《黎光明：一个边缘时代的边缘人》）

　　傅斯年的识见和勇气，我真的无任佩服。纯粹学术的合法性，经常受到经世致用的质疑。"为国家重大决策服务"、"有显示度"、"标志性成果"，越来越多地见诸"指导"人文研究的文件中。世风如此，有些学者有点小业绩，便以获得"媒体关注"为荣，自然也不足为怪。比较当年傅斯年的批示，高下可知矣。

　　迄今为止，研究班始终坚持纯粹学术为本的定位。除了官方安排的采访外，从未主动在媒体上进行过任何宣传。在学术日益功利化和泡沫化的今天，研究班的未来在哪里，我们不知道；这样的旗帜还能打多久，我们也不知道。我们所能做的，只是"信受奉持"。因此，这本论文集的编纂，以"存思集"为名，既是面向未知的纪念，也是念兹在兹的立场宣示，非徒发为悲思而已。

余　欣

2013 年中秋夜

目　　录

松柏汉墓 35 号木牍侯国问题初探

马孟龙(复旦大学中文系)

2008 年第 4 期《文物》月刊公布了湖北荆州纪南松柏汉墓发掘简报。[①] 根据简报介绍,该墓出土了 63 块木牍及木简 10 枚,内容包括遣书、簿册、叶书、令、历谱、公文抄件等文书。简报还完整公布了编号为 35 号木牍的照片和释文。从释文来看,该木牍实际是南郡免老簿、新傅簿、罢癃簿三份文书。木牍所涉及的南郡为景帝中元二年(前 148)临江国除国后所复置。[②] 而木牍中出现的邵侯国于武帝元鼎元年(前 116)废除。[③] 因此,35 号木牍所反映的南郡资料应该是景帝中元二年至武帝元鼎元年之间的情形。另据简报介绍,松柏汉墓出土有汉武帝建元、元光年间的历谱,而该墓葬"与荆州高台二期四段墓葬(元狩五年以前的武帝初年)的特点相似"。简报撰写者推断松柏汉墓的年代"为汉武帝早期"。若以墓中同出历谱分析,35 号木牍之时代应与历谱所载年代接近,其为武帝早期建元、元光、元朔、元狩年间(前 140—前 117)文书的可能性较大。

根据木牍释文可知,当时的南郡辖有巫、秭归、夷道、夷陵、醴阳、孱陵、州陵、沙羡、安陆、宜成、临沮、显陵、江陵十三县道,邵、便、轪三侯国以

---

① 荆州博物馆《湖北荆州纪南松柏汉墓发掘简报》,《文物》2008 年第 4 期。

② 临江国为景帝二年(前 155)以南郡置设。但就松柏汉墓的时代特点来看,可以排除木牍所涉南郡为高帝五年至景帝二年之南郡的可能。有关西汉南郡沿革,参见周振鹤《西汉政区地理》,北京:人民出版社,1987 年,第 134—135 页。

③ 《汉书》卷一六《高惠高后文功臣表》,北京:中华书局,1964 年,第 608 页。

及"襄平侯中庐"。① 以这一记载为基础，我们可以复原出武帝早期的南郡辖区范围。（参见图一）由于三份文书详细记录了南郡所辖县道侯国相关人口统计数字，因此对研究西汉武帝早期南郡的政区地理和人口地理具有十分重要的意义。特别是该文书所涉及的轪侯国、襄平侯中庐、便侯国，有助于我们进一步了解西汉南郡政区变化以及西汉侯国制度的一些问题。本文结合文献记载和相关考古材料，就木牍所涉及的侯国问题陈述个人的看法，求教于学界同仁。

一、轪侯国及相关历史地理问题

有关轪侯国地望，存在两种不同的说法。《汉志》江夏郡轪县自注："故弦子国。"由弦子国地望可推知，《汉志》轪县在今河南光山县境。② 而《水经·江水注》载："又东迳轪县故城南……汉惠帝二年，封长沙相利仓为侯国，城在山之阳，南对五洲也。……湖水又南流，迳轪县东而南流注于江，是曰希水口者也。"③根据《水经注》的记载，汉轪县在希水与长江交汇之处，为今湖北浠水县境。本来《汉志》对于轪县方位的记载比较明确，但因《水经注》明言希水口的轪县是利仓受封之国，这就给后世判断轪县所在带来了麻烦。明清以来的地理志大多采取两说并存的处理方法。如《读史方舆纪要》和《大清一统志》就把轪县故城分别记于河南光山县和湖北蕲水县下。王先谦在《汉书补注》中也难断是非，只得在轪侯条下注称："轪，见《志》，亦见《江水注》。"④

1972 年长沙马王堆汉墓的发掘，使墓主轪侯的封国所在引起学界关

---

① 关于"襄平侯中庐"的性质，详见下文所述。释文参看《湖北荆州纪南松柏汉墓发掘简报》。
② 《汉志》轪县地望的考定，可参见黄盛璋、钮仲勋《有关马王堆汉墓的历史地理问题》，《文物》1972 年第 9 期。后收入黄盛璋《历史地理论集》，北京：人民出版社，1982 年，第480—499 页。
③ 杨守敬、熊会贞疏，段熙仲点校，陈桥驿复校《水经注疏》卷三五，南京：江苏古籍出版社，1989 年，第 2918—2920 页。
④ 王先谦《汉书补注》卷一六，北京：中华书局 1983 年影印光绪二十六年虚受堂刊本，第257 页。

注。当年 7 月出版的《长沙马王堆一号汉墓发掘简报》依据《水经注》定轪侯国在湖北浠水县。同年 9 月,《文物》月刊发表了马雍和黄盛璋有关马王堆汉墓的两篇论文。① 两位先生都认为轪侯国应位于光山县,浠水县之轪县实乃东晋时代的侨县。此后,两位先生的看法逐渐为学界接受。1973 年正式发表的《马王堆一号汉墓》发掘报告即采纳了这一观点。

现在 35 号木牍释文的公布,为河南光山说提供了有力的支持。就 35 号木牍所反映的南郡政区来看,其东界在安陆、沙羡一线,而今湖北浠水县的轪县故城远在此线之外(参看图一)。因此,35 号木牍之轪侯国只可能是光山县的轪县故城,而不会在浠水县。不过李开元先生认为,今河南光山境内的轪侯国是文帝侯国迁徙政策执行后,从湖北浠水迁徙过去的。② 就这一推论,35 号木牍还不能予以佐证,只能期待新材料的发现。

陈苏镇先生曾利用张家山汉简《二年律令·秩律》(以下简称《秩律》)钩稽汉初中央直辖区域的东界范围,指出江淮地区的郡国分界在阳安、朗

图一　武帝早期南郡范围图③

① 　马雍《轪侯和长沙国丞相》,《文物》1972 年第 9 期;黄盛璋、钮仲勋《有关马王堆汉墓的历史地理问题》。
② 　李开元《西汉轪国所在与文帝的侯国迁移策》,《国学研究》第二卷,北京大学出版社,1994 年。
③ 　此图所示南郡政区范围据 35 号木牍复原,因醴阳、显陵地望无法确定,图中未予标绘。底图据《中国历史地图集》"西汉荆州刺史部"图改绘。见谭其骧主编《中国历史地图集》第二册,北京:中国地图出版社,1982 年,第 22—23 页。此图曾被刘瑞《武帝早期的南郡政区》(《中国历史地理论丛》2009 年第 1 期)引用。

陵、比阳、平氏、胡阳、春陵、随、西陵、沙羡、州陵一线。① 若按照陈先生的划界，则诸侯王国在淮水、大别山之间深嵌入汉廷直辖区域数百里。现据 35 号木牍可知，淮水、大别山之间正是轪侯国地。② 轪侯国与南郡、南阳郡接壤，则轪侯国当地处中央直辖区域。因此，高后时期江淮一带的郡国分界可修正为阳安、慎阳、轪侯国、西陵、沙羡、州陵一线。③（见图二）此界线较陈先生的分界更为平整，应当符合汉初郡国形势。④ 这样看来，李开元、陈苏镇二位先生有关光山县之轪侯国汉初位于淮南国境内的说法值得商榷。⑤ 实际情况应该是，惠帝二年轪侯国分封于中央直辖之南郡境内。轪侯国既然地处南郡，则文帝时期没有迁徙的必要。而 35 号木牍进一步证实，武帝早期轪侯国仍处于光山原地，所以陈先生将轪侯国列入文帝所迁出的淮南国三侯邑并不妥当。⑥

---

① 陈苏镇《汉初王国制度考述》，《中国史研究》2004 年第 3 期。笔者按，陈先生提到的春陵，简文作南陵，整理者疑为"春陵"之误，陈先生采纳了这一观点。其实南阳郡春陵是汉元帝时期从零陵郡迁置而来，周振鹤先生已有辨证（见《〈二年律令·秩律〉的历史地理意义》，《学术月刊》2003 年第 1 期）。

② 根据《中国历史地图集》，轪侯国与南阳郡之间尚有钟武侯国和郦县。而钟武、郦 35 号木牍无载，可知钟武侯国和郦县在武帝早期尚未设置（钟武侯国为宣帝始封，初封于零陵郡，后徙封于江夏郡。详见后文）。

③ 此分界中所采用的慎阳，主要依据晏昌贵先生考证。参见《〈二年律令·秩律〉与汉初政区地理》，复旦大学历史地理研究所编《历史地理》第 21 辑，上海人民出版社，2006 年。

④ 陈苏镇先生以轪侯国不见于《秩律》，且位于胡阳、春陵、随一线以东而认定轪侯国位于淮南国的推论存在疏漏（参见《汉文帝"易侯邑"及"令列侯之国"考辨》，《历史研究》2005 年第 5 期）。高帝、惠帝时期，先后分封侯国 140 个，而见于《秩律》的仅 10 余个（此据周振鹤《〈二年律令·秩律〉的历史地理意义》统计）。可见，侯国不一定都见于《秩律》。

⑤ 李开元先生认为，"北轪（即光山县之轪故城—笔者注）当本为淮南国领土"，文帝时"已经由淮南国削除编入于汉南郡"（见《西汉轪国所在与文帝的侯国迁移策》）。陈苏镇先生也称："汉初轪侯的封邑无论在今光山还是在今浠水，都在淮南国境内。"（见《汉文帝"易侯邑"及"令列侯之国"考辨》）

⑥ 《汉书·淮南王传》记载文帝时将淮南国境内的三个侯邑迁出。陈苏镇先生考证此三侯邑为轪、蓼、松兹，但又认为淮南王舅父赵兼亦在侯邑迁出之列（见《汉文帝"易侯邑"及"令列侯之国"考辨》）。这样则文帝时从淮南国迁出的侯邑不止三个。今按，轪侯国汉初并不在淮南国境，实无迁徙的必要。而蓼侯国也不可简单比附为淮南国之蓼县。陈先生在考证淮南三侯邑时漏掉了期思侯国。若以期思、松兹再加上赵兼之侯邑则正好与三侯邑之数相符。（关于文帝所迁淮南国三侯邑的最新研究，可以参看拙著《西汉侯国地理》下编第四章，上海古籍出版社，2013 年即出）

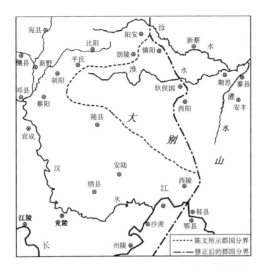

图二　高后二年江淮地区郡国分界示意图①

　　轪侯国地望的确定也有助于我们重新认识西汉早期衡山郡（国）的北界范围。周振鹤先生称汉初衡山国"北与汝南为邻。汝南汉初仅有淮北之地，是衡山国北界淮水"。其依据是，"据《汉表》，元朔六年，衡山王子广置封为终弋侯，别属汝南"。另据同书所附"高帝五年—文帝六年淮南国四郡示意图"，周振鹤先生将《汉志》江夏郡下的西阳县划属衡山郡（国），衡山郡是在西阳县北与汝南郡以淮河为界的。② 现从《秩律》和 35 号木牍都没有出现西阳县来看，周先生关于西阳县汉初属淮南国的推断至确。关于西阳故城所在，《大清一统志》曰："在光山县西二十里，汉置县。"轪县故城《大清一统志》则记为"在光山县西北"。③ 据此，轪侯国应位于西阳县和淮河之间，而 35 号木牍明载轪侯国属南郡，所以衡山国的北界不会达到淮河一线，而应在轪侯国南与南郡交界。至于元朔六年之终弋侯国，并非一定要隔淮河而属汝南郡。就在元朔五年，西阳县东的原淮南国弋阳、期思两县已削入汝南郡，因此衡山王子之终弋侯国在元朔六年完全可能

① 　图二据《中国历史地图集》第二册西汉"荆州刺史部"图改绘。
② 　周振鹤《西汉政区地理》，第 48—49 页。
③ 　穆彰阿、潘锡恩等纂修《大清一统志》卷二二二，上海古籍出版社 2008 年影印《四部丛刊》续编本，第五册，第 437 页。

经由弋阳县由汝南郡管辖。①

另外,就西阳县周边的地理环境来看,西阳县与衡山郡治邾县之间的联系必须通过南部大别山的新县隘口。而位于新县隘口以南的西陵县在《秩律》中已经出现,根据简文中西陵县的位置关系,其属南郡无疑。② 如此一来,则高后时期的淮南国衡山郡不可能越西陵县而有西阳县地。高后时期的西阳县应当归属淮南国九江郡管辖。这一时期的淮南国衡山郡北界当在大别山一线(见图三)。而在35号木牍中,南郡辖县已不见西陵,说明西陵已划入衡山国。因此武帝早期的衡山国则可能越大别山而有西阳县(见图四)。景帝四年(前153)吴楚之乱平定后,景帝对淮南三国作重大调整。是年,景帝徙衡山王刘勃为济北王,徙庐江王刘赐为衡山王,将庐江国所辖庐江、豫章二郡收归中央。笔者推测,南郡西陵县和原属淮南国的西阳县当于这一年或此后不久划归衡山国所有。③

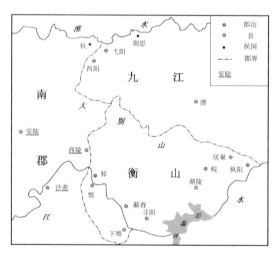

图三　高后初年南郡、九江、衡山分界示意图

---

① 周振鹤先生也推测:"元朔六年衡山王子终弋侯别属汝南,元鼎五年免侯后,恐即并入弋阳县。"(见《西汉政区地理》,第51页)可见终弋侯通过弋阳县归属汝南郡管辖并非没有可能。
② 周振鹤《〈二年律令·秩律〉的历史地理意义》;晏昌贵《〈二年律令·秩律〉与汉初政区地理》。
③ 据《史记·淮南衡山列传》记载,在吴楚七国之乱中衡山王拒绝参与反叛最为坚决,事后受到徙王济北的嘉奖。庐江王也没有响应叛乱,后得徙王江北,但庐江王原有庐江、豫章两郡地,徙封江北后只有衡山一郡地,因此景帝很有可能将原属南郡的西陵县划归衡山王所有。而淮南王曾有参与叛乱的打算,所以景帝将原属淮南的西阳削归衡山国。以上仅为笔者的推测,并无确凿依据,可备一解。

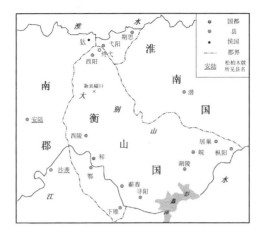

图四　元朔五年南郡、淮南国、衡山国、汝南郡分界示意图

通过对照图三、图四可以看出,汉初南郡、汝南郡和淮南国九江郡、衡山郡的分界主要利用了淮水和大别山一系列天然山川。而武帝时期南郡、汝南郡与淮南国、衡山国的分界则打破了高山大川的天然形势,汝南郡越淮河而有期思、弋阳两县,衡山国则越大别山领有西阳县。周振鹤先生曾指出,秦郡多以山川作为划界的基本依据,而汉郡因为分割、蚕食王国领域,出现郡界与山川界线不合的现象。① 具体到本文,图三所示汉初以山川形便为基础的郡国分界应当承袭自秦代,而武帝时期各郡国间犬牙交错的划界格局则显然与景帝以来削弱、蚕食诸侯王国政策执行有关。淮河、大别山之间郡国分界的变迁验证了周先生的看法。而淮域一带郡国分界的犬牙相入,也使得淮南国、衡山国无法利用山川形胜割据自守,这使汉廷对江淮诸侯王国的控制大大加强。

根据《汉书·高惠高后文功臣表》所载,第四代轪侯扶(《史记·惠景间侯者年表》作"秩")于汉武帝建元元年(前 140)嗣位,元封元年(前110)获罪除国。因此 35 号木牍所反映之轪侯国应当是利扶在位时期的情况。

---

① 周振鹤《中国历史上行政区域划界的两大原则——犬牙交错与山川形便》,《中国方域》
1996 年第 6 期。

二、"襄平侯中庐"与西汉"列侯别邑"制度

　　35 号木牍中，"襄平侯中庐"的书写格式比较奇特。中庐，《汉志》属南郡，与木牍所载相符。但阅检两汉史籍，不见其有置侯国的记载。如果中庐为襄平侯封国，在文书中写作襄平侯国即可。但如果中庐是南郡属县，与襄平侯无关，则只当书中庐二字。而且"襄平侯中庐"在木牍文书中的位置也很特别，位于南郡所辖十三县和三侯国之间。种种迹象表明，襄平侯中庐在南郡的地位甚为特殊。那么中庐与襄平侯之间又存在怎样的关系？

　　我们先从襄平侯入手。据《史记》、《汉书》记载，西汉先后分封有两个襄平侯。一是高帝功臣纪通，一是广陵厉王子刘譻。① 据《汉书·高惠高后文功臣表》，纪氏襄平侯始封于高帝八年（前199），除国于武帝元封元年（前110）。另据《汉书·王子侯表》，刘譻受封于汉元帝永光五年（前39）。因此，35 号木牍所涉襄平侯不会是刘譻之襄平侯，而是纪氏襄平侯。

　　襄平侯国，《汉志》载属临淮郡，具体地望无考。②《汉志》临淮郡之襄平为刘譻侯国，历代注家均以为刘譻之襄平与纪通之襄平实为一地。司马贞称纪氏襄平"县名，属临淮"。③ 王先谦亦称："襄平，临淮县。国除。后封广陵厉王子譻。"④《汉志》载临淮郡"武帝元狩六年置"。《西汉政区地理》称："《汉志》临淮郡领县二十九，地跨淮水东西。其淮西部分由沛郡而

---

① 《汉书·王子侯表》记为广阳厉王子。王先谦注引刘攽曰："无广阳厉王，当是广陵王。"（见《汉书补注》卷一六，第 211 页）周振鹤先生亦从广陵厉王之说。参见《〈汉书·王子侯表〉笺证》（初刊《史念海先生八十寿辰学术文集》，西安：陕西师范大学出版社，1996年）；收入氏著《周振鹤自选集》，桂林：广西师范大学出版社，1999 年，第 213 页。

② 《汉志》辽东郡亦有襄平。《水经·大辽水注》称此襄平为纪通之侯国。但辽东郡之襄平向为郡治所在，不当置侯国，《水经注》所载有误。全祖望、杨守敬皆以郦说为非。见《水经注疏》卷一四，第 1267 页。

③ 《史记》卷一八，北京：中华书局，1959 年，第 947 页。

④ 王先谦《汉书补注》，第 248 页。

来……淮东部分来自广陵郡。"①由此可知,武帝早期并无临淮郡,当时的襄平侯国或处沛郡,或处广陵郡。永光五年所封襄平侯刘譻为广陵王子,故知武帝初年襄平侯国地处广陵郡。

　　排除了襄平侯国在南郡的可能,则 35 号木牍所涉"襄平侯中庐"只能解释为是属于襄平侯的一块"飞地"。②其实,这种列侯领有飞地的情况在文献中可以找到依据,而此类"飞地"往往被称为列侯"别邑"。《汉书·张延寿传》:"延寿已历位九卿,既嗣侯,国在陈留,别邑在魏郡,租入岁千余万。"③据《张延寿传》和《汉书·外戚恩泽侯表》,张延寿于元康四年嗣富平侯位。富平侯国在陈留郡,但在魏郡另有一处"别邑"。富平侯在魏郡之"别邑",当为魏郡所属某县。④居延汉简戍卒名籍中曾见有"郡富平侯元城邑安昌里王青"(EPT51·533)残简。⑤查图版,此简"郡"字以上残缺,但前一字左半下部存有"女"字的缺笔,结合名籍其他木简,"郡"字上所缺当为"魏"字,可与同探方所出"移魏郡元城逮书曰命髡钳笞二百"(EPT51·470)残简中的"魏"字相对照。⑥如此则可确知富平侯在魏郡所领有之别邑为元城县。⑦检《中国历史地图集》,陈留郡与魏郡之间隔有东郡,则元

---

①　周振鹤《西汉政区地理》,第 39 页。

②　对于中庐的飞地性质,刘瑞及周振鹤先生也有同样的看法。两位先生的看法参见《武帝早期的南郡政区》。

③　《汉书》卷五九《张延寿传》,第 2653 页。

④　《汉书·外戚恩泽侯表》载富平侯张安世在昭帝元凤六年受封,宣帝益封后的户数为"万三千六百四十户"。据《汉书·张安世传》,本始元年宣帝曾益封张安世"万六百户"。由此可知,张安世始封时,受封户数为三千户,当为一乡之户数。其受宣帝所益封之一万六百户,当为一县之户数。此一万六百户极有可能就是富平侯在魏郡领有的"别邑"元城县的户数。另外,大将军霍光在汉宣帝本始元年所益封之一万七千户,可确知是河东郡河北县和东郡东武阳县两县户数。(详见后文)

⑤　甘肃省文物考古所等合编《居延新简》,北京:中华书局,1994 年,第 91 页(图版见 200 页)。

⑥　甘肃省文物考古所等合编《居延新简》,第 89 页(图版见 198 页)。

⑦　《汉书·张纯传》载张纯:"建武中历位至大司空,更封富平之别乡为武始侯。"另《汉书·地理志》魏郡有武始县。钱大昭推测富平侯所领之魏郡别邑为武始县。(《汉书辨疑》卷八,北京:中华书局"丛书集成初编"本,1985 年,第 121 页)今人吴恂也持同样看法。(《汉书注商》,上海古籍出版社,1983 年,第 199—200 页)今按,富平侯所领之魏郡别邑宣帝时已省并,至东汉张纯时,富平侯已无别邑。故张纯所封之武始,当从本传为富平县之别乡,与魏郡武始县同名,并非是富平侯之别邑。

城县是属于富平侯的一块飞地。值得注意的是,居延简所见"魏郡富平侯元城邑"与 35 号木牍所书"南郡襄平侯中庐"的书写格式基本一致,这对于我们理解襄平侯与中庐两者间的关系具有启发意义。①

昭宣时期,权倾朝野的大将军霍光同样领有别邑。《汉书·外戚恩泽侯表》博陆侯霍光条下,署有北海、河间、东郡三郡。颜师古注曰:"光初封食北海、河间,后益封又食东郡。"王先谦进一步解说:"初封北海,食邑在此。后乃兼食二郡耳。"颜师古和王先谦有关霍光兼食数郡的说法恐不成立。有汉一代,未见有列侯食一郡或兼食数郡的事例。对此,清人钱大昭已有怀疑,并作出比较合理的解释:"盖(霍光)户邑甚多,有属北海、河间、东郡者耳,非谓尽食三郡之地也。"②今按,博陆《汉志》无载,历代注家都称霍光封于北海郡,惟有臣瓒曰:"渔阳有博陆城也。"郦道元亦从此说。③ 王先谦补注:"瓒说是也,侯国必有县,初封北海,食邑在此。"但霍光封于北海,食于渔阳也颇为费解。据《太平寰宇记》潍州昌邑县条:"霍侯山,在县南四十里。《汉书》:'霍光为博陆侯,封在北海。'其山本名陆山,天宝六年敕改为霍侯山。"④若《太平寰宇记》所载不误,则博陆侯国当在西汉北海郡都昌县境。由霍光始封三千户来看,博陆当为一乡之地。⑤ 本始元年,初即位的宣帝对霍光等功臣予以封赐,其诏书载"以河北、东武阳益封光万七千户"。⑥ 东武阳,《汉志》属东郡。河北,《汉志》属河东郡。《史记集解》

---

① EPT51·532 简之"富平侯元城邑"的书写体例曾引起冯小琴的注意,其看法是"元城曾一度作为富平侯食邑","在成帝时,富平侯食邑较多,势力颇大"(见《居延敦煌汉简所见汉代的"邑"》,《敦煌研究》1999 年第 1 期)。冯先生据简文推知元城为富平侯食邑至确,但对富平侯领有元城邑的时代推断有误。今据张安世、张延寿本传,知张安世领有元城始于宣帝本始元年(前 73),但至子张延寿时已省并。张延寿于宣帝甘露三年(前 51)薨,则元帝、成帝时期元城县已非富平侯所有。

② 钱大昭《汉书辨疑》卷八,第 121 页。

③ 《水经注疏》卷一四《鲍邱水注》,第 1228 页

④ 乐史撰、王文楚等点校《太平寰宇记》卷一八,北京:中华书局,2007 年,第 365 页。

⑤ 《史记·建元以来侯者年表》记霍光始封户数为三千户。《汉书·外戚恩泽侯表》则记为二千三百五十户。据《汉书·霍光传》,宣帝初即位益封霍光一万七千户,"与故所食凡两万户"。则知《史表》所载为是。

⑥ 《汉书》卷六八《霍光传》,第 2947 页。

引文颖曰："食邑北海、河东。"①此与《汉表》所载北海、河间、东郡不合。王先谦解释说："河间、东郡误省为河东。"②此可为一解。但还有一种可能，即文颖所见《汉表》与颜师古所见不同。文颖所见《汉表》明确书有河东郡，若文颖所见不误，则今本《汉表》之"河间"当为"河东"之误。③ 霍光之封邑分处北海、河东、东郡三郡。这样看来，钱大昭之说至确。河东郡河北县和东郡东武阳县都不与北海郡相接，两县是属于博陆侯的飞地，即"别邑"。④ 再以武安侯田蚡为例。武安，《汉志》属魏郡。又《史记·河渠书》载武帝元光年间："武安侯田蚡为丞相，其奉邑食鄃。鄃居河北，河决而南则鄃无水灾，邑收多。"⑤鄃，《汉志》属清河郡。武安侯田蚡的封邑在魏郡武安县，但他在清河郡鄃县另有封邑。则鄃当为武安侯之"别邑"。⑥

---

① 《史记》卷二〇《建元以来侯者年表》博陆侯条《集解》引文颖语，第 1059 页。

② 以上所引颜师古、臣瓒、文颖、王先谦诸说，俱见《汉书补注》，第 283 页。

③ 《汉书·霍光传》"光为博陆侯"颜师古注引文颖曰："食邑北海、河东城。"则师古所引文颖语与《集解》所引又有不同。《汉书补注》引齐召南语："注'河'字下脱'间'字，'城'则'郡'之伪。《恩泽侯表》云北海、河间、东郡。师古注光初封食北海、河间，后益封又食东郡。可知此注脱误显然。"笔者按，齐召南称文颖语中"城"为"郡"之误可采，但称"河"下必脱"间"字，所据乃是师古之言。而师古所见《汉表》可能已有讹误，则"河"下亦存在脱漏"东"字的可能。古籍文献中常有脱漏重文符号"〓"而产生讹误的现象（参见裘锡圭《考古发现的秦汉文字资料对于校对古籍的重要性》，《中国社会科学》1980 年第 5 期）颜师古所引文颖曰"食邑北海、河东郡"，可能为"食邑北海、河东〓郡"脱漏重文符号后的结果。这样则文颖所见之《汉表》当书为"北海、河东、东郡"。杨守敬亦认为《汉表》"河间"为"河东"之误。见《水经注疏》，第 1229 页。

④ 《汉书·霍光传》载地节二年"光上书谢恩曰：'愿分国邑三千户，以封兄孙奉车都尉山为列侯，奉兄票骑将军去病祀。'"《外戚恩泽侯表》乐平侯霍山条"地节二年四月癸巳以从祖祖父大将军光功封，三千户"。乐平，《汉志》无载，《汉表》注东郡。《续汉书·郡国志》东郡有乐平，本注曰："故清，章帝更名。"《汉志》东郡清县条，王先谦补注："后汉改乐平，《续志》乐平，故清。《外戚表》乐平侯霍山注云东郡，则乐平不自后汉始有。或是清之乡聚，章帝因以名其县耳。"今据《中国历史地图集》西汉东郡图，东武阳与清为邻县，则乐平当本为东武阳之乡聚。地节二年，东武阳时为霍光别邑，故从中析三千户置乐平侯国。

⑤ 《史记》卷二九，第 1409 页。

⑥ 另据《史记·惠景间侯者年表》及《汉书·景武昭宣成功臣表》，孝景六年曾分封栾布为鄃侯。元狩六年，第二代鄃侯栾贲获罪国除，则元光年间鄃侯国尚存。这样看来，田蚡若以鄃为别邑，则栾氏鄃侯国当已迁往他地。今按，景帝中元三年曾于清河郡置国，封子乘。景帝末年，王国境内不置侯国渐成定制。所以鄃侯国很有可能会在此时迁往他郡。武帝建元五年，清河国除国为郡。建元六年，田蚡任丞相，鄃当于此时益封予武安侯。

　　封君领有别邑的制度起源很早,春秋时代不乏公侯大夫兼食数邑的记载。时至战国,封君领有别邑的现象仍很普遍。如秦相魏冉,于秦昭王十六年封为穰侯,此后不久又"复益封陶"。① 又如齐将田单,《史记·田敬仲完世家》载"齐封田单为安平君"。《正义》云:"安平城在青州临淄县东十九里,古纪之酅邑也。"② 又据《战国策·齐策六》,齐襄王"益封安平君以夜邑万户"。③ 亦知安平君田单领有别邑夜邑。秦汉之际,刘邦出于争夺天下的需要,广泛采取封君制激励部下为之效劳,其中不乏益封别邑的记载。《史记·曹相国世家》载,高祖元年曹参因击章邯有功而"赐食邑于宁秦",次年又因平定魏地,虏魏王豹而"赐食邑平阳"。又如樊哙,刘邦还定三秦时"赐食邑杜之樊乡",次年又因荥阳护卫有功而"益食平阴二千户"。④《史记·滕公列传》:"汉王既至荥阳,收散兵,复振,赐婴食祈阳。复常奉车从击项籍,追至陈,卒定楚,至鲁,益食兹氏。"⑤ 亦知夏侯婴除食有祈阳外,另有别邑兹氏。从以上记载来看,自战国迄于西汉,列侯领有别邑的情况一直存在。因此,襄平侯以南郡中庐县为别邑,就战国秦汉封君制度来说也解释得通。

　　第一代襄平侯纪通在平定诸吕之乱时曾发挥至关重要的作用。《史记·吕太后本纪》载:"太尉欲入北军,不得入。襄平侯纪通尚符节,乃令持节矫内太尉北军。"⑥ 正是由于襄平侯矫传符节,太尉周勃才得以控制北军并最终铲除诸吕。孝文帝即位伊始对平定诸吕的功臣进行封赏,其中特别提到襄平侯的功劳,并下诏益封"朱虚侯章、襄平侯通邑各二千户"。⑦检《史记·惠景间侯者年表》,惠帝、高后、文帝所分封的列侯,其食邑以千

---

① 《史记》卷七二《穰侯列传》,第2325页。

② 《史记》卷四六《田敬仲完世家》,第1901页。

③ 诸祖耿撰《战国策集注汇考》卷一三《齐策六》"貂勃常恶田单"章,南京:江苏古籍出版社,1985年,第684页。又同卷"田单将攻狄"章,鲁仲连谓田单曰:"当今将军,东有夜邑之奉。"第690页。

④ 《史记》卷九五《樊哙列传》,第2655页。

⑤ 《史记》卷九五《滕公列传》,第2666页。

⑥ 《史记》卷九《吕太后本纪》,第409页。

⑦ 《汉书》卷四《文帝纪》,第110页。

户居多。① 再辅以《表序》所言汉初情形，"天下初定，故大城名都散亡，户口可得而数者十二三，是以大侯不过万家，小者五六百户"。② 所以文帝益封襄平侯之二千户，已足够一县户数。因此，笔者推测 35 号木牍所涉之"襄平侯中庐"有可能就是文帝益封给襄平侯纪通的"别邑"。

通过上述分析笔者以为，35 号木牍所见"襄平侯中庐"应是西汉列侯别邑制度在出土文献中的反映。根据《汉书·高惠高后文功臣表》所载，第二代襄平侯相夫于景帝中元三年（前 147）嗣侯位，武帝元光六年（前 129）薨。第三代襄平侯夷吾于元朔元年嗣侯位，元封元年（前 110）薨，则 35 号木牍所涉襄平侯应当是相夫或是夷吾。

三、便侯国迁徙考辨

有关便侯国的地望，历来的解释也存在分歧。《汉书·高惠高后文功臣表》便侯条下书有"编"字。按，编县《汉志》属南郡。根据《汉表》书写体例，南郡之编县即是便侯国所在。但《汉志》桂阳郡下另有便县。《史记·惠景间侯者年表》便侯条《索隐》曰："《汉志》县名，属桂阳。音鞭。"③ 司马贞认为桂阳郡之便县当为吴浅之便侯国。王先谦补注："（编），南郡县。便，桂阳县。盖分编置。"④ 王先谦认为便侯国是从南郡编县中析置而来，《汉表》所记不误。而 35 号木牍的发现，表明武帝早期的便侯国确实位于南郡境内，应当就是《汉志》南郡下的编县，《汉表》的记载及王先谦的见解是正确的。但王先谦有关便侯国是从编县中分置而来的说法并不准确。因为 35 号木牍中只有便侯国而无编县，说明便侯国并非析置于编县，反倒有可能是编县的前身。

---

① 柳春藩指出，高祖时平均每个列侯食邑二千一百四十二户，惠帝时食邑最多者是两千户，高后时最多者只有六百户，文帝时食邑最多者是两千户。见柳春藩《秦汉封国食邑赐爵制》，沈阳：辽宁人民出版社，1984 年，第 76 页。

② 《史记》卷一八《高祖功臣后者年表》，第 877 页。

③ 《史记》卷一九《惠景间侯者年表》便侯条，第 978 页。

④ 王先谦《汉书补注》，第 257 页。

35 号木牍的发现虽然使便侯国地望得以明确,但问题仍未解决,因为就汉代王子侯国分封制度而言,便侯国始封于南郡的可能性并不存在。《史记·惠景间侯者年表》载便侯吴浅受封缘由:"长沙王子,侯,二千户。"《汉书·高惠高后文功臣表》载:"以父长沙王功,侯,两千户。"①《史表》和《汉表》均载,吴浅是因长沙王子的身份得以受封,所以吴浅当属于王子侯。陈苏镇先生曾对惠帝、高后时期分封的七个王子侯国进行分析,最后的结论是,"文帝之前,王子封侯例皆置侯邑于本王国内"。② 而吴芮另一子吴阳于高后元年封为沅陵侯。③ 沅陵《汉志》属武陵郡,汉初属长沙国无疑,④可见长沙国王子侯邑之分封亦符合置邑于本王国内的通例。南郡在景帝之前一直由中央直辖,从未归属长沙国。所以长沙国之王子侯国若置于南郡,则与王子侯置侯邑于本王国内的通例不符。反观桂阳郡之便县,汉初属长沙国,因此吴浅之王子侯邑置于长沙国便县较之南郡更为合理。⑤ 另据《水经·耒水注》"又北过便县之西",注曰:"县故惠帝封长沙王子吴浅为侯,王莽之便屏也。"全祖望据此推测:"按《汉表》以为江夏之编。《索隐》曰,县属桂阳。当从道元为是。浅以惠帝元年封。"⑥《水经注》明载,桂阳郡之便县就是吴浅始封之便侯国。全祖望也认为郦道元的说法是可信的。

无论是从西汉王子侯国分封之通例,还是本于《水经注》的记载,吴浅之便侯国都应当是桂阳郡之便县。但是 35 号木牍表明,汉武帝时期的便

① 《汉书》卷一六《高惠高后文功臣表》便侯条,第 618 页。
② 陈苏镇《汉文帝"易侯邑"及"令列侯之国"考辨》。
③ 《史记·惠景间侯者年表》记载沅陵侯吴阳为"长沙嗣成王之子"。但《汉书·吴芮传》载:"至孝惠、高后时,封芮庶子二人为列侯,传国数世绝。"此二人必是指吴浅、吴阳,《史表》所记有误。李鄂权曾有简要考辨,见《长沙国墓葬出土钤刻文字地望考证及相关问题研究》,《船山学刊》2002 年第 1 期。
④ 1999 年,湖南沅陵县发现西汉第一代沅陵侯吴阳之墓,可证明史籍有关沅陵侯封于武陵郡沅陵县的记载无误。见湖南文物考古研究所《沅陵虎溪山一号汉墓发掘简报》,《文物》2003 年第 1 期。
⑤ 景帝三年,吴王刘濞反叛,曾致书"故长沙王子",嘱其"因王子定长沙以北"。揣其文意,刘濞当是鼓动吴浅、吴阳借助其父吴芮的影响自定长沙国,则二人当同居于长沙国故地。
⑥ 以上引文俱见《水经注疏》卷三九,第 3216 页。

侯国地处南郡无疑。那么,应当置侯邑于长沙国境内的便侯国何以出现在南郡? 就西汉侯国制度来看,笔者以为这有可能是侯国迁徙的结果。

两汉时期,列侯封地常有更封,但由于史料记载不详,学界对该问题的研究还十分有限。①《汉志》所载侯国分布主要是西汉晚期元延三年(前10)的情况,而这时的很多侯国都已发生迁徙,并非初封所在。 如前面提到的富平侯国原本在陈留郡,《水经・河水注》引《陈留风俗传》曰:"陈留尉氏县安陵乡,故富平县也。"郦道元曰:"是乃安世所食矣。"②宣帝神爵、五凤年间,张延寿之富平侯国与别邑一同省并,其侯邑徙封平原郡。《张延寿传》曰:"天子以为(延寿)有让,乃徙封平原,并一国,户口如故,而租税减半。"③《汉志》及《外戚恩泽侯表》均将富平侯国列属平原郡,这其实是侯国迁徙后的结果,并非初封所在。相似的例子还有春陵侯国。春陵侯国,《汉志》载属南阳郡。但《后汉书・城阳恭王祉传》载:"节侯买,以长沙定王子封于零道之春陵乡,为春陵侯。……元帝初元四年,徙封南阳之白水乡,犹以春陵为国名。"④可知春陵侯刘买初封于长沙国春陵县,别属零陵郡,后徙侯国于南阳,原春陵县省入零陵郡零道为春陵乡。故春陵侯国见载于《汉志》南阳郡,而不见于零陵郡。周振鹤先生指出:"一般侯国倘若迁徙,其原址往往省入他县以为乡亭,故大多无考。"正如周先生所言,侯国迁徙后,原址大多省并,这就给我们分析侯国迁徙带来了困难。像富平侯国和春陵侯国,在迁徙后其原址省入他县,所以在《汉志》陈留郡和零陵郡下并没有富平、春陵之名。若没有张延寿和刘祉本传的记载,仅凭《汉志》、《汉表》我们很难知晓两侯国发生过迁徙。

不过,一些侯国在迁徙后,原址并未省并,这就留下了侯国迁徙的线索。如《汉志》江夏郡载有钟武侯国,而零陵郡下另有钟武县。据《汉书・

---

①　目前学界对汉代侯国迁徙的研究主要集中于文帝时期的侯国迁徙政策,对其他时期的侯国迁徙状况则鲜有涉及。有关文帝时期的侯国迁徙政策可参见李开元《西汉轪国所在与文帝的侯国迁移策》;陈苏镇《汉文帝"易侯邑"及"令列侯之国"考辨》。

②　《水经注疏》卷五,496 页。

③　《汉书》卷五九《张延寿传》,第 2653—2564 页。

④　《后汉书》卷一四《城阳恭王祉传》,北京:中华书局,1965 年,第 560 页。

王子侯表》，钟武侯为长沙顷王子。若按照王子侯置侯邑于本王国的通例，则钟武侯国不当在江夏郡。钱大昕考证："王子侯表有钟武侯度，此即度所封也。《志》有两钟武县，一属零陵郡，一属江夏郡。度为长沙顷王之子，其初封必在零陵之钟武，而《志》以江夏之钟武为侯国，盖后来徙封。如春陵侯本在泠道，后移于南阳也。"①周振鹤先生亦指出："《汉志》零陵、江夏皆有钟武，后者注明侯国。大约钟武先由长沙别属零陵，继而迁往江夏。零陵原钟武县仍保留，未予省并，故两郡皆有钟武。"②可见钟武侯国发生过迁徙，《汉志》江夏郡下的钟武侯国已非初封所在。钟武侯国迁徙之事，史无明载，但因《汉志》江夏郡、零陵郡同时存有钟武，才保留了侯国迁徙的痕迹。

现在，35 号木牍的发现则为我们了解便侯国之迁徙提供了线索。根据木牍可知，在汉武帝早期南郡和长沙国同时存在有"便"，一为侯国，一为县。而造成这一现象的原因应当与"钟武"类似，即长沙国的便县是便侯国始封所在，南郡的便侯国则是侯国迁徙的结果。分析长沙国沿革变迁，我们似乎也可找到便侯国迁徙的原因。高帝时期，吴芮之长沙国领有长沙、武陵、桂阳三郡。惠帝元年，于长沙郡便县置吴浅之王子侯国。③ 文帝后元七年，长沙靖王薨，无后国除，三郡收归汉廷。景帝二年，景帝以长沙郡置国，封子刘发，是为刘氏长沙国。刘氏长沙国之建立值得注意，因为此时便侯尚存，则刘氏长沙国境内遗存有吴氏王子侯国。笔者由此推测，便侯国当在刘氏长沙国封立后被迁出，重新安置于中央直辖的南郡之中。④ 35

---

① 钱大昕撰，方诗铭、周殿杰校点《廿二史考异》卷七，上海古籍出版社，2004 年，第 133 页。
② 周振鹤《西汉政区地理》，第 124 页。
③ 便县，《汉志》属桂阳郡。但据周振鹤先生考证，便县乃为宣帝时期由长沙国削入桂阳郡。故宣帝以前，便县归属长沙国管辖。详见《西汉政区地理》，第 124—125 页。
④ 据《史记·汉兴以来诸侯王年表》，景帝前元二年至四年、前元七年至中元三年，南郡曾短暂置为临江国，便侯国不会迁置于王国境内。故便侯国从长沙国迁出，当在景帝中元四年以后的某年，不会迟于武帝即位。据笔者最新研究，便侯国更封应在景帝中元六年。参见拙文《西汉"王国境内无侯国"格局的形成——以景帝封建体制改革为视角的考察》，载《中国中古史研究：中国中古史青年学者联谊会会刊（第三卷）》，北京：中华书局，2012 年。

号木牍所记载之便侯国已非初封所在。

据《汉书·高惠高后文功臣表》，第三代便侯广志于景帝六年嗣侯位。第四代便侯千秋嗣位年代不详，于武帝元鼎五年（前 112）"坐酎金免"。因此，35 号木牍所反映之便侯国当是广志或千秋在位时期的情形。元鼎五年，便侯国除国后，当改置为编县。之所以改为编县，而不是便县，有可能是为了与长沙国便县相区别。①《汉志》南郡编县当是承自便侯国而来，并非如王先谦所说便侯国是从编县中分置。

四、余　论

西汉一代政区变化十分复杂，由于文献记载过于简略，使之变化原委难述其详。《汉书》虽然留有地理志，但所载内容仅是西汉末年的行政区划，并不能为探讨西汉政区沿革提供充分依据。因此，载有西汉不同时期政区资料的出土文献，对于认识西汉政区沿革就显得尤为重要。张家山汉简《秩律》的公布，使我们对西汉早期的政区状况有了更为深入的了解。此次载有汉武帝早期南郡政区资料的松柏汉墓简牍的发现，对研究西汉南郡政区变化也具有十分重要的意义。

本文通过对松柏汉墓 35 号木牍所载三侯国的初步探讨，发现该木牍可以帮助我们进一步明确某些侯国的地望，解决一些历史上众讼不清的历史地理问题。而在明确这些侯国位置的基础上，再参照张家山汉简《秩律》、《汉书·地理志》相关记载，又可反映出汉初郡国分界以及南郡部分地段界址的变迁过程。更为重要的是，35 号木牍还使我们对西汉地方行

---

① 编，古音读"方典切"，帮母元部。便读"房连切"，并母元部。方、房同为唇音字，故扁、便两字古音不仅同母，而且同部。两字同音，故可互借。古文字中可找到"便"、"扁"通同的字例。如鯾，《说文·鱼部》曰："鯾，鱼名，从鱼，便声。鯿，鯾又从扁。"《广韵·仙韵》："鯾，同鯿。"《史记·张耳陈余列传》"上使泄公持节问之箯舆前"《索隐》引何休注《公羊》曰："竹筐，一名编。"又《论语·季氏》："友便佞。"《说文·言部》引此文为："友谝佞。"《字汇·言部》："谝，与便同。巧言也。"有关古文字中便、扁通用的情况，详见戴家祥主编《金文大字典》"更"字条。上海：学林出版社，1999 年，第 1999 页。

政制度以及侯国制度的某些问题有了更为深入的认识。

　　汉代的县级政区分为县、道、邑、侯国四种类型，有关县、道、侯国的性质比较明确，但对于邑的认识却很模糊。由于《汉书·百官公卿表》记载："列侯所食县曰国，皇太后、皇后、公主所食曰邑，有蛮夷曰道。"①因此，长期以来对于邑的认识只有女性贵族汤沐邑一种类型。② 周振鹤先生在对史籍进行梳理后，又归纳出陵邑和奉郊邑两种类型。③ 现在，通过对列侯别邑制度的深入探讨，再结合居延汉简"富平侯元城邑"的书写格式，我们有理由相信"列侯别邑"也应当是"邑"的一种类型。

　　以 35 号木牍为契机，我们对西汉列侯别邑制度也可得出几点认识。第一，列侯别邑如同侯国一样，可以由下一代列侯袭承。若本文分析不误，南郡中庐当是文帝益封给第一代襄平侯纪通的别邑。而木牍所涉应是第二代或第三代襄平侯，说明此时中庐仍为襄平侯所领有。另据《汉书·张安世传》，宣帝益封张安世之魏郡别邑，至子张延寿嗣侯位时尚存，也可证明别邑可以世袭。第二，明确了列侯别邑为"邑"的一种类型，再结合尹湾汉牍所载县邑吏员配置，④列侯别邑应当只置有令长，而不是像侯国置有国相、家丞两套官员系统。列侯别邑在行政上受郡统辖更为直接，列侯只能收取别邑租税，而不能参与管理。这表明，邑的设置带有很强的临时性，随时都可以恢复为县。第三，通过对富平侯、博陆侯所领别邑的分析，可以发现列侯所益封的别邑户数，往往多于本食邑的户数。这说明别邑的分封带有嘉奖的用意，列侯在立有功勋时才会得到益封别邑的殊

①　《汉书》卷一九，第 742 页。
②　其实男性贵族也可领有汤沐邑。柳春藩注意到诸侯废王和皇帝也可领有汤沐邑（见《秦汉封国食邑赐爵制》，第 112 页）。而据《汉官旧仪》"内郡为县，三边为道，皇后、太子、公主所食为邑"的记载，可知太子也可领有汤沐邑。（见孙星衍等辑、周天游点校《汉官六种》，北京：中华书局，1990 年，第 50 页）
③　所谓陵邑，是指在皇帝陵墓附近所置的特别县，专为奉祀陵园之用。奉郊邑是出于宗教奉祀需要而设立的特别县。详见周振鹤《西汉县城特殊职能探讨》，复旦大学历史地理研究所编《历史地理研究》第 1 辑，上海：复旦大学出版社，1988 年，第 81 页。
④　参见尹湾汉墓所出《东海郡吏员簿》。连云港市博物馆等编《尹湾汉墓简牍》，北京：中华书局，1997 年。

荣。而列侯别邑也应当与皇家宗室所食汤沐邑一样,体现了皇帝对列侯的特别恩宠。进而言之,《史记》《汉书》中常有列侯因功因宠而益封户数的记载,以前因对侯国益封制度认识不足,大多以为益封户数是从侯国周边乡县划并而来。现在看来,这其中必有相当比例是以别邑的形式益封,西汉列侯益封制度很有重新检讨的必要。

35号木牍所载"便侯国",不仅明确了《汉志》南郡编县是承自便侯国而来,还揭示出便侯国曾发生过迁徙。西汉一代,侯国迁徙十分普遍,但大多不见记载。35号木牍因为保留了便侯国之名,才使我们得以窥知南郡便侯国与长沙国便县之间的承袭关系。而《汉志》中常有名称相同的县和侯国分载于不同郡国的现象,如中山国有新市县、巨鹿郡有新市侯国,北海郡有安丘县、琅邪郡有安丘侯国。这不禁让人怀疑这有可能是历史上侯国迁徙所留下的痕迹。若能将这些地名一一考订,相信一定会钩稽出更多侯国迁徙的事例,这对于我们认识西汉侯国迁徙制度将大有裨益。

35号木牍仅载录四个侯国,牵涉到侯国迁徙和列侯别邑,这绝不会是南郡独有的现象,亦应存在于其他汉郡。这样看来,西汉的侯国迁徙和列侯领有别邑的情况并不鲜见,而这些在《汉志》中难有反映。相信随着出土材料的日益丰富,我们对西汉的侯国制度会有更加深入的了解。

2008年8月初稿

2013年1月修订

附记:本文写成于2008年8月,初刊于《中国史研究》2011年第2期。该文的写作,使笔者意识到西汉侯国制度尚有许多问题有待发掘,故后来将"西汉侯国地理分布"作为博士学位论文的研究课题。2011年博士论文完成后,笔者感到《荆州松柏汉墓35号木牍侯国问题初探》中的某些表述并不准确,故此次借"复旦大学中古中国共同研究班"报告论文集的编撰,对原稿略作修订。此次修订对原稿的基本观点未作改动,仅仅对某些具体表述和用词进行了修改。鉴于原稿附图三和附图四绘制质量较差,此次修订特对两幅地图进行了重绘。

　　关于本文的写作经过,笔者再简单补充一些情况。本文写成于 2008 年 8 月,文章完成后即投寄《中国史研究》编辑部,并在当年 12 月获录用通知。2008 年 10 月 17 日,笔者曾在复旦大学历史地理研究中心组织的"博士生论坛第十四期"宣读此文。文章大纲刊布于"禹贡网"(http://yugong. fudan. edu. cn/News/Info_View. asp? id=651&title=复旦大学历史地理研究中心博士生论坛第十四期)。2009 年、2010 年,在国内各类学术期刊上出现了多篇与"禹贡网"发布之大纲观点相类似的文章。因该文的正式刊发在 2011 年,难免会给读者造成本文的写作晚于诸多同题材文章的感觉,希望读者在引用本文时留意《中国史研究》所附"收稿日期",以及"禹贡网"2008 年 10 月 14 日所发布有关"博士生论坛第十四期"的消息和文章纲要。如此可知本文的基本观点并非是参考他人文章而来。

敦煌大族与前凉王国

冯培红(兰州大学敦煌学研究所)

在汉宋之间的敦煌绿洲上,世家大族扮演着十分重要的角色,这些大族主要是从汉武帝开发河西之后逐渐形成的。2005 年笔者曾撰《汉晋敦煌大族略论》一文,考察了此一阶段敦煌大族的入徙、形成、发展及其特点。[1] 到西晋时,以索、张、汜三氏构成的"敦煌五龙"为标志的敦煌大族已经成为海内高门。[2] 然而西晋短祚,南匈奴刘聪于 311、316 年相继攻陷晋都洛阳、长安,许多出仕晋廷的敦煌大族被迫退出中原,回归河西,效力于被称为"五凉"的河西王国。在中国传统的二十五史中,列诸史传的敦煌人物绝大多数生活在西晋、五凉时期。张澍辑《续敦煌实录》所列从汉至五代共 141 位敦煌人物,大多也属于晋凉之际。由此可见,西晋、五凉是敦煌人物辈出、群星璀璨的历史阶段,在敦煌、河西乃至全国都产生了重要的影响。在五凉政权中,由汉族张轨建立的前凉王国(301—376)割据时间最长,达 76 年之久,[3]

---

[1] 冯培红《汉晋敦煌大族略论》,《敦煌学辑刊》2005 年第 2 期,第 100—116 页。

[2] 在传世史籍与敦煌文献中,五龙中有一人的名字记载有异,房玄龄等《晋书》卷六〇《索靖传》载其与"乡人汜衷、张甝、索紾、索永俱诣太学,驰名海内,号称'敦煌五龙'",北京:中华书局,1974 年,第 1648 页;而敦煌文献 P. 2625《敦煌名族志》则云:"族父靖,字幼[安,与]乡人张甝、索紾、汜衷、索绾等五人俱游太学,号称'敦煌五龙'",上海古籍出版社、法国国家图书馆编《法藏敦煌西域文献》第 16 册,上海古籍出版社,2005 年,第 331 页。

[3] 前凉王国的存在时间,若从 301 年张轨刺凉算起,至 376 年亡于前秦,共 76 年;若从 323 年前赵拜张茂为凉王算起,则有 53 年。兹取前者,并参《晋书》卷八六《张轨传》:"自轨为凉州,至天锡,凡九世,七十六年矣",第 2252 页;前田正名《五胡十六国と河西——前凉を中心として》,《歴史教育》第 15 卷第 5、6 合并号,1967 年,第 26 页。

这与以敦煌大族为核心的河陇大族的支持密不可分。

学术界对五凉史的研究,颇多关注于此一时期的河西大族,[①]尤其是敦煌大族,可谓独树一帜,成为诸凉王国的重要支柱。[②] 就前凉王国而言,1967 年后藤胜指出,张轨的四大股肱谋主宋配、阴充、氾瑗、阴澹都出自于敦煌的名族,并推断"对于前凉的创业,敦煌名族的支持是极为重要的力量",另外他还提到了凉州大姓贾摹,出身不明的马氏,以及敦煌大姓张、索、令狐三氏和西平大姓田氏;[③]1980 年佐藤智水在后藤氏的基础上亦云:"前凉一直被认为是由凉州的汉人豪族、尤其是敦煌豪族的支持下建立起来的";[④]1981 年齐陈骏在说明张轨"联合河西大族的力量,用以稳固自己的统治"时,列举了敦煌宋、阴、氾、索、令狐、张氏及陇西辛氏、晋昌张氏、武威贾氏等河陇大族;[⑤]1992 年洪涛也举出敦煌宋、阴、氾、索、李、曹、张、阎、令狐氏及酒泉马氏、晋昌张氏、武威贾氏,[⑥]足见敦煌大族对于前凉王国来说具有举足轻重的作用。不过,除了佐藤氏对张越之乱爆发时的两派势力作过细致分析

---

① 後藤勝《河西王国の性格について》之"二、河西王国と漢人名族",《歷史教育》第 15 卷第 9、10 合并号,1967 年,第 30—33 页;池田温责任编集《講座敦煌》第三卷《敦煌の社会》I《社会の構成と推移》一《在地豪族・名族社会——一~四世紀の河西》(六)《河西王国と名族社会》(白須净真撰),东京:大东出版社,1980 年,第 34—40 页;武守志《五凉政权与西州大姓》,《西北师大学报》1985 年第 4 期,第 25—31 页;赵向群《河西著姓社会探赜》,《西北师大学报》1989 年第 5 期,第 74—80 页。
② 《魏书》卷五二将北凉迁代的河陇诸儒林共 12 人辑为一卷,其中敦煌学者 5 人,占一半弱。另外,不是传主却留有名字的还有敦煌氾潜、胡叟元妻宋氏、段晖女婿张氏、阴兴等。这仅仅是五凉后期的河陇及敦煌人物,整个五凉时期的情形可参崔鸿《十六国春秋》,其中敦煌人也占据了极高的比例。
③ 後藤勝《河西王国の性格について》之"二、河西王国と漢人名族",《歷史教育》第 15 卷第 9、10 合并号,1967 年,第 31 页。
④ 榎一雄责任编集《講座敦煌》第二卷《敦煌の歷史》II《五胡十六国から南北朝時代》(佐藤智水撰),东京:大东出版社,1980 年,第 50—51 页。
⑤ 齐陈骏《略论张轨和前凉张氏政权》,《兰州大学学报》1981 年第 3 期,第 65—66 页;后来,他对此续有论述,在旧说的基础上又增添了曹氏、李氏二姓,见齐陈骏主编《西北通史》(第二卷),兰州大学出版社,2005 年,第 96—98 页。不过,他将曹氏的郡望似定为陇西,然未说明依据。
⑥ 洪涛《五凉史略》,北京:中国社会科学出版社,1992 年,第 20—21 页。但他说前凉时李、阎为敦煌著姓,以及马氏为酒泉大族,也未说明根据。

之外，①学术界对前凉敦煌大族的叙述总体上显得很笼统，如对史载所有前凉人物及敦煌人所占比例缺乏统计分析，对张轨股肱谋主中二阴的郡望多未认真考辨，也未能深入考析敦煌大族与前凉张氏的政争关系，甚至忽略了前凉张氏几乎不与敦煌大族相通婚这一事实。很显然，敦煌大族既对前凉政权的创建卓有贡献，同时也是前凉王国内部最主要的挑战者，这些都需要进行具体的分析。

一、前凉王国的社会基础分析

为了彻底弄清敦煌大族在前凉王国中所处的地位，笔者曾根据传世史籍与考古资料，将所能见到的前凉人物编为一表，共 398 人、102 姓，力图尽可能全面地清楚展现前凉王国的社会基础。其中，敦煌有 97 人、30 姓，各占24％和29％，这一比例虽然出自于不完全统计，但充分显示了敦煌人在前凉王国中的特殊而重要的地位。然此表篇幅过长，不宜在本文中逐一列出，只好另撰他文。②　今将这些人物中姓名之前冠有地区者制作一张简表如下：

地区③	姓数	姓　　氏	人数	备注
安定	2	张、梁	25	
敦煌	30	张、宋、氾、索、令狐、阴、曹、谢、车、刘、郭、耿、侯、常、陈、单、童、李、赵、苏、傅、韩、吕、吴、魏、徐、姬、顿、盖、阎	97	

---

① 一派是以晋昌(敦煌)张越为首，联合武威贾龛、金城(西平)麹晁与麹佩、京兆杜耽及出自不明的曹祛所形成的反张轨势力中心；另一派是支持张轨的股肱谋主宋配、氾瑗、阴充、阴澹及王融、孟畅、张珙、令狐亚、尹员、王丰、田迥等人，也以敦煌大族为中心，但与前者相比，是稍次一等的豪族。参榎一雄责任编集《講座敦煌》第二卷《敦煌の歴史》II《五胡十六国から南北朝時代》(佐藤智水撰)，第 51 页。按曹祛，据《太平御览》卷三六六《人事部七·耳》引王隐《晋书》曰："张轨为凉州刺史，敦煌曹祛上言轨老病，更请刺史"，第 1683—1684 页。关于敦煌曹氏，可参冯培红《敦煌曹氏族属与曹氏归义军政权》，《历史研究》2001 年第 1 期，第73—86 页。不过笔者当时尚未见到上条材料，仅揭出《唐故隋酒城府鹰扬曹君(谅)及琅邪郡君安氏墓志并序》(参周绍良主编《唐代墓志汇编》，上海古籍出版社，1992 年，第 135—136页)"君讳谅，字叔子，济阴定陶人，晋西平太守曹祛之后也"之史料，对曹祛的郡望未作判断。
② 冯培红《〈前凉人物表〉及其反映的前凉王国社会基础》，待刊。
③ 这里所说的"地区"，包括郡望、里贯、国籍。

（续表）

地区	姓数	姓　　氏	人数	备注
晋昌	2	张、唐	4	晋昌原属敦煌
酒泉	2	祈、赵	2	
建康	12	贾、孙、梁、孟、耿、董、徐、湖、颜、周、当、白	18	
张掖	1	王	1	
西海	1	赵	1	
武威	4	贾、阴、段、姬	7	
武兴	1	苏	1	
高昌	9	隗、杨、宋、王、朱、孙、李、樗、韩	10	
楼兰	10	唐、王、赵、关、李、严、苻、君、韦、麹	19	
西平	5	麹、田、卫、王、郭	7	
金城	1	赵	1	
陇西	4	辛、李、彭、贾	10	
临洮	2	翟、石	2	
略阳	2	郭、王	2	
京兆	5	刘、赵、阎、杜、宋	6	
武陵	1	阎	1	武陵一作武威
中山	1	王	1	
太原	1	王	1	
丹阳	1	唐	1	
龟兹	1	帛	1	
月氏	1	支	1	
合计	99		219	

　　首先需要说明一点,表中敦煌、建康、高昌、楼兰四地的统计资料,尤其是后三地,大多来自于考古出土的墓葬、简牍、文书等资料,有些姓氏之前所冠的地名并非指其郡望,而可能是由于任官、戍守、避难、经商、传教等原因从别处来到该地的,流动性比较强;所列敦煌30姓中,前17姓主要见于传世史籍,后13姓则仅出自考古资料。

　　从上列简表可以看出:第一,尽管西晋末永嘉之乱流寓河陇的中原人士数量不少,[①]但上表说明前凉王国的社会基础主要仍由河西、陇右、关中的姓氏构成,而以前两者为主,体现了前凉王国是以河陇大族为主体建立的地方性割据政权。第二,在河陇大族中,以敦煌大族最为居多,至少有30姓;其次为西平、京兆、武威、陇西诸氏,各占四五姓,亦极有势力。这一统计结果与上揭后藤、佐藤、齐、洪等氏的观点大致吻合。建康、高昌、楼兰虽然所出姓氏较多,但这是因为出土资料的性质所致,且大多为流动性的人口或小姓。第三,敦煌、武威、西平三地大族的动向最堪注意,他们虽然都对前凉王国给予了有力的政治支持,但敦煌张氏、武威贾氏与西平诸氏却也都与前凉国主安定张氏展开了争夺河陇统治权的斗争。第四,前凉王国是个典型的大族社会,除了上表所列诸姓外,在没有标明地望的姓氏中,孟、宗、胡、皇甫、尹、牛、马、窦等氏亦为河陇、关中的著姓,但其他纪、纶、黄、严等姓氏却多属小姓,他们中的一些人虽也升任到了长史、司马、太守、县令等要职,但大多数却地位较低,如宠臣、亲信、使者、牙门、市长等,以往的研究对这些小姓全无关注。第五,毫无疑问,由汉人张轨创建的前凉王国的政权基础主要是汉族,但也不可忽视境内存在着许多少数民族,如张轨勤王时发布的一道檄文中说:"武威太守张琠胡骑二万,骆驿继发,仲秋中旬会于临晋",[②]可见前凉军队中少数民族骑兵的数量非少,这些少数民族包括本地区传统以来的氐、羌、小月氏等族,来自漠北地

---

① 《晋书》卷八六《张轨传》云:"中州避难来者日月相继,分武威置武兴郡以居之",第2225页;卷一四《地理志上》云:"张轨为凉州刺史,镇武威,上表请合秦雍流移人于姑臧西北,置武兴郡",第434页。
② 《晋书》卷八六《张轨传》,第2225页。

区的鲜卑、丁零等族,以及来自西域地区的龟兹、大月氏、粟特人。[①]

二、张轨的四大股肱谋主——兼说
前凉初期与敦煌大族的关系

《晋书》卷八六《张轨传》云:"永宁(301—302)初,出为护羌校尉、凉州刺史。……以宋配、阴充、氾瑗、阴澹为股肱谋主。"张轨是安定乌氏人,"家世孝廉,以儒学显",出自陇右大族。他来到凉州后,如何与河西大族相处并得到他们的支持,是摆在面前的头等大事。传文中的四大股肱谋主,在屠乔孙、项琳辑录的崔鸿《十六国春秋》卷七五《前凉录六》中,宋配、氾瑗、阴澹三人有专录,皆标明为敦煌人,[②]然未载阴充。学术界大多笼统地认为这四大股肱谋主都出自敦煌大族,[③]这一观点是颇可商榷的。

宋配[④]为敦煌人,见于《魏书》卷五二《宋繇传》:"宋繇,字体业,敦煌人也。曾祖配,祖悌,世仕张轨子孙。"《元和姓纂》卷八"宋"条有敦煌望,位列第二:"汉有宋谅,谅裔孙后汉(魏)清水公繇",宋谅当即汉桓帝时出任敦煌太守的宋亮。[⑤] 在敦煌汉简中,也出现了候史宋贺、宋君长及宋望等人。[⑥]

---

① 1907 年,斯坦因(M. A. Stein)在敦煌以西长城烽燧遗址发现了著名的粟特文信札,其年代据亨宁考证为 312—313 年之间,表明张轨统治凉州末年河西走廊有许多粟特商人,参 W. B. Henning, "The Date of the Sogdian Ancient Letters", *Bulletin of the School of Oriental and African Studies*, *University of London*, vol. XII - 3 and 4, 1948, pp. 601 - 615;以及其他学者的相关论文。

② 崔鸿撰,屠乔孙、项琳辑《十六国春秋》卷七五《前凉录六》,文渊阁《四库全书》史部载记类,上海古籍出版社,2003 年,第 463 册,第 926—927、932 页。

③ 除了前面提到的后藤、佐藤、齐、洪四氏之外,还可参李聚宝《十六国时期敦煌的政治状况》,《兰州学刊》1987 年第 3 期,第 80 页;赵向群《五凉史探》,兰州:甘肃人民出版社,1996 年,第 43 页;冯培红《汉晋敦煌大族略论》(载《敦煌学辑刊》2005 年第 2 期,第 101 页)也曾受到这一观点的影响,应作批判。

④ 李昉等《太平御览》卷三七八《人事部十九·短中国人》引崔鸿《前凉录》作"宗醜",北京:中华书局,1960 年,第 1744 页。

⑤ 范晔《后汉书》卷八八《西域传》,北京:中华书局,1965 年,第 2916、2931 页。

⑥ 甘肃省文物考古研究所编《敦煌汉简》(北京:中华书局,1991 年)No. 339、362、321,上册,图版叁柒、叁玖、叁伍;下册,释文,第 232、233 页。

到西晋初,敦煌郡功曹宋质废梁澄,扶立本地大族令狐丰为敦煌太守,东拒凉州刺史杨欣,足以显示宋氏家族的实力。① 前凉时,宋配出任司马、前锋督护、西平太守等职,率军讨平鲜卑及曹袪等的叛乱,又东向勤王,为前凉王国的开创与稳固做出了贡献。

氾瑗为敦煌人,可见于敦煌文献 S. 1889《敦煌氾氏家传并序》,它记录了西汉至前凉间的敦煌氾氏人物凡 12 位,最后一位即为"氾瑗,字彦玉,晋永平令宗之孙也。……瑗少刚果,有壮节,州辟主簿、治中、别驾从事,举秀才。三王兴义,惠帝复祚,相国齐王国(冏)专权失和。瑗切谏不从,自诡为护羌长史来西。凉武王轨与语,不觉膝之前席。瑗出,王谓左右曰:'此真将相才! 吾当与共济世难。'遂周旋帷幄,公干心膂(后缺)"。② 张轨出任凉州刺史、护羌校尉时,氾瑗假称为护羌长史,回到河西;官任中督护,兵不血刃地讨降了东羌校尉韩稚,稳定了前凉的东部边境。

至于二阴的郡望,则较为复杂。目前所见,最早是明人屠乔孙、项琳辑《十六国春秋》卷七五《前凉录六·阴澹》载其为敦煌人:

　　阴澹,敦煌人。弱冠才行忠烈,州请为治中从事。澹割身诉枉,

---

① 《资治通鉴》卷七九晋武帝泰始八年(272)条,北京:中华书局,1956 年,第 2523 页。孙晓林《汉—十六国敦煌令狐氏述略》(载《北京图书馆馆刊》1996 年第 4 期,第 95 页)在研究敦煌令狐氏家族时,曾对晋初敦煌宋氏的豪族性格亦有揭示:"从《通鉴》的记述来看,此事件似乎始终由功曹宋质操纵,身为郡府上佐的宋质敢于抗命凉州刺史,自行废立,恐怕并非来自于功曹的权势,而当从宋氏的豪族地位上得到解释";"在宋氏、令狐氏合作的这次事件中,我们还看到,宋氏和令狐氏的作用、角色并不一样,废梁澄、表立令狐丰,直至击败杨欣都是宋质所为,说明宋氏具备一定的武力,在他身上地方豪族的色彩似乎更多一些"。

② 中国社会科学院历史研究所、中国敦煌吐鲁番学会敦煌古文献编辑委员会、英国国家图书馆、伦敦大学亚非学院编,沙知主编《英藏敦煌文献(汉文佛经以外部分)》第三卷,成都:四川人民出版社,1990 年,第 168—169 页。关于这件家传的研究,参池田温《敦煌氾氏家傳残卷について》,《東方学》1962 年第 24 辑,第 14—29 页;王仲荦《敦煌氾氏人物传)考释》,《敦煌石室地志残卷考释》,上海古籍出版社,2007 年,第 177—183 页;郭锋《晋唐时期的谱牒修撰》,《中国社会经济史研究》1995 年第 1 期,第 36—37 页。

轨任为股肱，参与机密，转督护参军、武威太守。轨保凉州，澹之力居多。①……及骏嗣位，澹弟鉴为镇军将军。骏以阴氏门宗强盛而功多也，遂忌害之。乃讽其主簿魏纂诬鉴谋反，逼令自杀，于是大失人情。

　　然该书未言及阴充，在卷九七《北凉录四·阴兴》中还有敦煌人阴兴。② 之后，清人张澍辑《续敦煌实录》沿承其说，将阴澹、阴兴列籍敦煌，并续补了阴鉴，亦无阴充。③ 近代以来的敦煌地方志大多相袭此说，④甚至在《敦煌学大辞典》中也依然如此。⑤

　　白须净真逐一分析了这四位股肱谋主，称宋配、氾瑗为敦煌人，阴澹只是担任过敦煌太守，而阴充则无残存资料，并云："像这样对张轨的股肱谋主进行考察，很显然，他们不像张轨那样来自于外部的势力，而是河西、特别是以敦煌为中心的本地豪族与名族。"⑥白须氏持论严谨审慎，虽然他肯定了以宋配、氾瑗为代表的敦煌大族的作用，却对二阴的郡望未作直接的判断，而是置于较为宽泛的河西范畴之中。他显然是不太相信屠、项辑本所持阴澹为敦煌人的说法，这可能是因为该说法在现存的此前著述中没有出现过。崔鸿原书在北宋修撰的《新唐书》卷五八《艺文志二》中犹被

---

① 《晋书》卷八六《张轨传》载其病风后，"治中杨澹驰诣长安，割耳盘上，诉轨之被诬，模（即南阳王司马模）乃表停之"，第 2223 页；《资治通鉴》卷八六胡三省注引《考异》曰："《晋春秋》作'张澹'，今从《张轨传》"，第 2736 页；而王隐撰、汤球辑《晋书》卷七《张轨》（丛书集成初编 3806—3810《九家晋书辑本》，北京：中华书局，1985 年，第 325 页）则作"阴澹"，但云"新书作杨澹"；屠乔孙、项琳辑《十六国春秋》卷七〇《前凉录一·张轨》（载文渊阁《四库全书》史部载记类，第 463 册，890 页）径作"阴澹"。对比上文所引《前凉录六·阴澹》，应作阴澹为确。

② 屠乔孙、项琳辑《十六国春秋》卷七五《前凉录六·阴澹》、卷九七《北凉录四·阴兴》，文渊阁《四库全书》史部载记类，第 463 册，第 932、1089 页。

③ 张澍辑、李鼎文校点《续敦煌实录》卷三《阴澹（弟鉴）》、卷五《阴兴》，兰州：甘肃人民出版社，1985 年，第 62、103—104 页。

④ 吕钟修纂《重修敦煌县志》卷一〇《人物志上》，兰州：甘肃人民出版社，2002 年，第 260—261 页；敦煌市地方志编纂委员会编《敦煌志》卷一二《人物》，北京：中华书局，2007 年，第 969 页。

⑤ 季羡林主编《敦煌学大辞典》"阴澹"条（汪泛舟撰），上海辞书出版社，1998 年，第 340 页。

⑥ 池田温责任编集《讲座敦煌》第三卷《敦煌の社会》I《社会の构成と推移》一《在地豪族·名族社会——一～四世纪の河西》（白须净真撰），第 35—36 页。

记载,且在《通鉴考异》与《太平御览》里常被引录,而到南宋时多已不见著录,说明宋代已经亡佚。① 屠、项辑本因未注明史料出处,有些史实于现存他史无征,故曾被视作伪书而难以皆被信从,像阴澹为敦煌人这一说法不为白须氏所信从,即或如此。不过赵俪生则认为,"它所著录的某些历史资料,多为《晋书》、《魏书》所不备,此即其不可摇撼的价值之所在",②从这个角度看,阴澹是否为敦煌人则需要进行一番仔细的考证才可。

首先应该注意的是阴澹之弟阴鉴。据《魏书》卷九九《私署凉州牧张寔传附子骏传》记载,"轨保凉州,阴澹之力,骏以阴氏门宗强盛,忌之,乃逼澹弟鉴令自杀,由是大失人情。骏既病,见鉴为祟,遂死"。张澍因其兄弟关系而将阴鉴也列为敦煌人。但屠、项辑《十六国春秋·前凉录》既未为阴鉴列专录,且在颜之推《还冤记》中又称作"武威阴鉴":

> 晋时,张骏据有凉州,忌害镇军将军武威郗(阴)鉴,③以其宗族强大而多功也。遂讽其主簿魏纂,使诬鉴谋反。骏逼鉴自杀。后三年,纂病,见鉴在侧,遂死。④

屠、项二氏记兄阴澹为敦煌人,而颜氏则称弟阴鉴望出武威,那么前凉时代声势煊赫的阴氏家族究竟是敦煌人还是武威人,抑或为同一家族之分支?⑤

---

① 参邱久荣《〈十六国春秋〉之亡佚及其辑本》,《中央民族大学学报》1992 年第 6 期,第23—28 页;陈长琦、周群《〈十六国春秋〉散佚考略》,《学术研究》2005 年第 7 期,第 95—100 页。关于司马光《通鉴考异》所参考的《十六国春秋》及诸种略本,请参町田隆吉《〈資治通鑑考異〉所引〈十六国春秋〉及び〈十六国春秋鈔〉について——司馬光が利用した〈十六国春秋〉をめぐって》,《国際学レヴュー》第 12 号,2000 年,第 33—54 页。

② 赵俪生《〈十六国春秋〉〈晋书·载记〉对读记》,《史学史研究》1986 年第 3 期,第 12 页。

③ 郗鉴、阴鉴为同时代之人,但一在江南,一在西北,地隔遥远,且郗鉴的籍贯为高平,与武威无涉,此处之"郗"当为"阴"字之误。

④ 颜之推《还冤记》,陶宗仪等编《说郛三种》之《说郛一百二十卷》卷七二,上海古籍出版社,1988 年,第 6 册,第 3379 页。

⑤ 姜伯勤《高昌世族制度的衰落与社会变迁——吐鲁番出土高昌麹氏王朝考古资料的综合研究》(载《中国社会历史评论》第四卷,北京:商务印书馆,2002 年,第 42 页)曾说,高昌世族门阀主要源出凉州大姓,其中高昌阴氏出自"(武威)敦煌阴氏",此种表述方法显得较为模糊。

目前所见唐宋时代的诸姓氏书中，阴氏有南阳、始平、武威、吴兴、广乐诸望，[①]而无敦煌望。《元和姓纂》卷五"阴"条云："武威阴：后汉卫尉阴纲孙常，徙武威姑臧。八代孙袭家荆州作唐"；广乐望提到的北周阴嵩，亦"状称本武威人"，由此可知东汉时阴常西徙武威，逐渐形成了武威郡望。惜从阴常至其八代孙阴袭之间，《元和姓纂》没提到前凉时期的任何人物；而在史籍中，汉晋间河西阴氏人物亦极鲜见，直到前凉时才异军突起。赵以武从武威阴氏的角度出发，对它与敦煌阴氏的关系作了如下分析与推断：

> 武威姑臧阴氏一支于张轨出任凉州刺史之前，其宗族内部大概又有迁居敦煌的分支出现。张轨谋主之一的阴澹，据明人屠乔孙《十六国春秋·前凉录》所记为敦煌人。屠本不明出处，有"伪书"之称，当然不能完全凭信。但是《晋书·苻坚载记》却明确记载有"敦煌阴据"，说明阴氏确有自称敦煌籍的情况存在。敦煌阴氏当然是从武威阴氏族中分离出去的，很可能是因家族内讧引起他迁敦煌所致。……敦煌阴氏分支衍成大姓望族，看来是在隋唐之世。……敦煌阴氏在前凉时即有记载可按，说明魏晋时武威阴氏宗族内部有过再徙敦煌而居的分化。[②]

无论是从阴氏自东汉到前凉的纵向时间观察，或者是自中原经武威再到敦煌的横向空间路线来看，赵氏推断敦煌阴氏从武威析出，是有道理的；但他说在张轨刺凉之前的魏晋时代阴氏从武威徙居敦煌却无例证，而推测西徙的原因为家族内讧则纯属臆断。杨学勇从敦煌阴氏的角度出发，

---

① P.4638《大番故敦煌郡莫高窟阴处士公（嘉政）修功德记》云："其先源南阳新野人也"，参《法藏敦煌西域文献》第32册，上海古籍出版社，2005年，第230页；S.2052《新集天下姓望氏族谱一卷并序》记载雍州始平郡、凉州武威郡、湖州吴兴郡皆有阴氏，参《英藏敦煌文献（汉文佛经以外部分）》第三卷，第210—211页；《元和姓纂》卷五"阴"条有南阳新野、武威、广乐诸望，南京：金陵书局，1880年，第2册，第39页。

② 赵以武《武威阴氏与阴铿》，党寿山主编《五凉文化研究》创刊号，武威，1993年，第13页。

首先分析了它有南阳、武威、始平三个郡望源流，并推测"可能敦煌阴氏始于阴澹一支。此外有关材料尚未发现，又在敦煌文献中阴氏绝大多数都以武威望自称，所以敦煌阴氏起码有一支源自武威应没问题"，并论说了前凉中期阴澹为了避祸而从武威移居到了敦煌：

> 阴澹弟"武威阴鉴"为武威人，而《前凉录》说阴澹是敦煌人，或许是因张茂时阴澹作敦煌太守，又值张骏忌害阴氏门宗强盛而杀阴鉴，迫使阴澹居留敦煌远离政治中心以避免被猜忌，从而后来成了敦煌人，不过此时的敦煌应指里贯而非郡望。①

笔者赞同杨氏的推论。阴澹担任过凉州治中从事、督护参军、武威太守等职，此外他还当过左将军，②并在张茂时出任敦煌太守。张骏时其弟阴鉴遭诛，阴澹则到曾经任职过的敦煌避祸，大概从此居留敦煌，成为敦煌阴氏的始祖；③

---

① 杨学勇《敦煌阴氏族源与郡望》，《寻根》2004 年第 4 期，第 97—100 页。又，马德《敦煌阴氏与莫高窟阴家窟》（载《敦煌学辑刊》1997 年第 1 期，第 91 页）亦云："武威阴氏兴盛于十六国前凉时代，实际上就是敦煌阴氏。不过此阴氏家族当时在敦煌并不是望族，而是在前凉时代因阴澹辅佐张轨成就大业而成为鼎盛之家。"他虽然也认同敦煌阴氏始自阴澹，与武威阴氏本属同支，但对敦煌阴氏的形成过程却未作论说。
② 魏征等《隋书》卷三三《经籍志二》云："《魏纪》十二卷左将军阴澹撰"，北京：中华书局，1973 年，第 957 页。
③ 值得注意的是，在楼兰出土简纸文书中出现了一些阴姓人物，如 L. A. Ⅱ. ii—孔纸 7"济逞白报：阴姑素无患苦，何悟奄至？"L. A. V. i. 2—沙木 889"阴游"等，参侯灿、杨代欣编著《楼兰汉文简纸文书集成》，成都：天地出版社，1999 年，第 160—161、360—361 页。这些位于敦煌以西的楼兰地区的阴氏人物，或许与敦煌具有某些关联。前件文书中的"济逞"，据小山满《"张济"文书の一考察》（载《東洋学術研究》第 11 卷第 1 号，1972 年，第 120—128 页）考证，楼兰简纸文书中的"张超济"、"张济逞"、"济"，即使不能断定为同一人，至少也属于同一时代的同一集团，并将张济文书的年代上、下限考订为 310—333 年。孟凡人《楼兰鄯善简牍年代学研究》（乌鲁木齐：新疆人民出版社，1995 年，第 20—26 页）根据书法与内容等特征，更是直接断定为同人异名，虽然他不同意小山氏把文书中的"世龙"比定为后赵国主石勒，但判定文书年代为 310—330 年左右，则与小山氏相近。《楼兰汉文简纸文书集成》（第 295、278 页）在继承孟氏观点的基础上，更进一步考证张超济在楼兰为官的时间上限有可能在 324 年或在稍前不久，下限在 329 年稍后不久。因此，"济逞白报"中的阴姑当亦在此期间，即前凉张骏执政时期。

稍后在张重华、张祚时有一位阴颙，很可能也定居于敦煌；[①]到前凉末，史籍中出现了前秦“王猛获张天锡将敦煌阴据及甲士五千”之语，[②]反映了前凉中后期敦煌阴氏的郡望逐渐形成。也正因此，屠、项辑《十六国春秋·前凉录》把阴澹当作敦煌人，而阴鉴仍被颜之推称为武威人，与阴澹同为张轨股肱谋主的阴充自然也没有被屠、项二氏认为是敦煌人。这印证了赵俪生所说的话，屠、项辑本著录的某些历史资料虽不见于《晋书》、《魏书》，却确有其珍贵的史料价值，具备卓越的史识，是不可轻易否认的。

然而颇堪玩味的是，唐代前期的敦煌文献 P. 2625《敦煌名族志》残存张、阴、索三氏，阴氏部分书于中间，首尾完整，但对隋唐以前只字未记，仅从“随(隋)唐已来，尤为望族”叙起，接下来罗列了唐代的一些阴氏人物。[③]这种做法与同一族志中张、索二氏的情况完全迥异，似乎表明在敦煌地区，唐代阴氏与五凉阴氏没有任何传承关系，或者是在有意回避着什么；而到归义军时期，一些邈真赞、墓志铭中的敦煌阴氏人物在叙述其家族渊源时，也都不提及五凉阴氏，大多称他们是上述族志中的北庭副大都护阴嗣监的后代，[④]却又追祖于武威阴氏。[⑤]

通过以上考辨，笔者论证了阴充、阴澹皆为武威人，但后者在前凉中期因任官避祸而成了敦煌人，以宋配、氾瑗为代表的敦煌大族在前凉王国

---

① 《晋书》卷九四《隐逸·宋纤传》云：“不应州郡辟命，惟与阴颙、齐好友善。张祚时，太守杨宣画其象于阁上”，第 2453 页。宋纤为敦煌效谷人，杨宣为敦煌太守，在太守之前省书“敦煌”二字(后文提到酒泉太守马岌，则不省略“酒泉”二字)，故推测阴颙很可能也是敦煌人。

② 《晋书》卷一一三《苻坚载记上》，第 2894 页；《资治通鉴》卷一〇三，第 3244 页。阴据又见于《晋书》卷八六《张轨传附寔子骏传》(第 2238 页)，官任从事。

③ 《法藏敦煌西域文献》第 16 册，第 329—330 页。

④ 如 P. 4660《河西节度故左马步都押衙阴文通邈真赞》云：“门承都护，阀阅晖联”；P. 3720《敕授河西应管内都僧统阴海晏墓志铭并序》云：“安西都护之贵泒矣。”参郑炳林《敦煌碑铭赞辑释》，兰州：甘肃教育出版社，1992 年，第 194、261 页。

⑤ 如阴海晏之侄《唐故河西归义军节度内亲从都头守常乐县令武威郡阴善雄邈真赞并序》(P. 2970)云：“门承钟鼎，代袭簪缨；族美珪璋，懿联侯室”；P. 2482《阴善雄墓志铭并序》云：“武威郡贵门之胜族也。”参郑炳林《敦煌碑铭赞辑释》，第 475、480 页。

的创建中起到了关键性的作用，①这也是张轨拉拢敦煌、武威大族，藉以巩固自身政权的重要手段。若再考虑前凉初期太府参军索辅、太府主簿令狐亚、武威太守张琠、酒泉太守张镇等敦煌籍官员，就足以显示出敦煌大族与前凉王国之间密切的政治关系了。

三、前凉前期的两次谶谣——敦煌张氏、武威 贾氏等河西大族与前凉张氏的较量

前凉初期，张轨争取到了敦煌宋、氾二氏与武威阴氏等河西大族的支持，但在张轨统治后期与张茂时期，河西地区先后出现了两次谶谣，却与敦煌张氏、武威贾氏有关，反映了这两地最为显著的头等甲族与前凉张氏之间展开了争夺凉州统治权的较量。

第一次谶谣发生在 308 年张轨患病中风之时：

> 晋昌张越，凉州大族，谶言张氏霸凉，自以才力应之。从陇西内史迁梁州刺史。越志在凉州，遂托病归河西，阴图代轨，乃遣兄镇及曹祛、麹佩移檄废轨，以军司杜耽摄州事，使耽表越为刺史。②

"张氏霸凉"很可能是 301 年张轨出刺凉州之前就已经制造出来的谶言，当时是为安定张氏统治凉州作舆论准备。史载张轨"颇识天文"，③善于卜筮，"轨以时方多难，阴图据河西，筮之，遇《泰》之《观》，乃投策喜曰：'霸者兆也。'于是求为凉州"。在他到达河西之后，扩建了姑臧城，结合汉末博

---

① 《资治通鉴》卷八四记载张轨出任凉州刺史后，"鲜卑为寇；轨至，以宋配、氾瑗为谋主，悉讨破之，威著西土"，第 2650 页；卷八六又云："轨从之，遣中督护氾瑗帅众二万讨［韩］稚，稚诣轨降。未几，鲜卑若罗拔能寇凉州，轨遣司马宋配击之，斩拔能，俘十余万口，威名大振"，第 2708 页；卷八八（第 2784 页）又记载宋配为前锋督护率军勤王，击败秦州刺史裴苞。这里都只提到敦煌宋配、氾瑗二人，而未及武威二阴。

② 《晋书》卷八六《张轨传》，第 2223 页。

③ 《魏书》卷九九《私署凉州牧张寔传》，第 2193 页。

士敦煌侯瑾对其门人所说的"后城西泉水当竭，有双阙起其上，与东门相望，中有霸者出焉"的预言，"至是，张氏遂霸河西"。① 306 年底，晋惠帝崩亡，怀帝即位，东海王司马越辅政，西晋政权在内忧外患的夹攻下已经风雨飘摇，这使得凉州刺史张轨蠢蠢欲动，谋求割据河陇一隅。翌年，在凉州境内的张掖、武威等地，就出现了一些与"张"字有关的符瑞，如"张掖临松山石有'金马'字，磨灭粗可识，而'张'字分明，又有文曰：'初祚天下，西方安万年。'姑臧又有玄石，白点成二十八宿"。② 最近，津田资久对魏晋至唐初张掖郡玄石的特征作了系统的考察，其中就有前凉张轨时期的这次玄石祥瑞，这是张轨为了寻求割据凉州的正当性而特意编造出来的。③

然而，仅言"张氏霸凉"或只刻"张"字之玄石，并不足以当作张轨称霸凉州的唯一根据。因为河西地区自汉代以来就有著名的敦煌张氏，涌现出了汉末的张奂、张芝父子，④曹魏的张恭、张就父子，⑤以及晋初"敦煌五龙"之一的张魁等人物。⑥ 在河西，敦煌张氏的声望与影响要比从陇右徙入的安定张氏大得多。上文说到的"晋昌张越，凉州大族"，其实就出自敦煌张氏。《后汉书》卷六五《张奂传》云："张奂字然明，敦煌渊泉人也"，渊泉即深泉，唐人修《晋书》时因避高祖李渊之讳而改，位于敦煌郡东部的深泉县

---

① 《晋书》卷八六《张轨传》，第 2221—2222 页。与张轨关系密切的西晋秘书监缪世征、少府挚虞曾夜观星象，相与言曰："天下方乱，避难之国唯凉土耳。张凉州德量不恒，殆其人乎！"这其实也是身为星象家的张轨同僚为其"张氏霸凉"的谶言提供舆论支持。又参同书卷一三《天文志下》"月五星犯列舍"条云："永宁元年（301），自正月至于闰月，五星互经天，纵横无常。……今五星悉经天，天变所未有也"，第 367 页。

② 《晋书》卷八六《张轨传》，第 2223 页。《太平御览》卷五〇《地部十五·临松山》引《十六国春秋》文字稍异："晋元（永）嘉元年，张掖临松山有石如'张掖'字，'掖'渐灭，'张'字分明，又有文曰：'初[祚]天下，四方安万年'"，第 244 页。屠乔孙、项琳辑《十六国春秋》卷七〇《前凉录一·张轨》（载文渊阁《四库全书》史部载记类，第 463 册，第 889 页）多出"又兰池送玄石大如丸，破之，中有'必'字，青点白文书之"一句。

③ 津田資久《符瑞"張掖郡玄石図"の出現と司馬懿の政治的立場》，《九州大學東洋史論集》第 35 号，2008 年，第 33—68 页。

④ 《后汉书》卷六五《张奂传》，第 2138—2145 页。

⑤ 《三国志》卷一八《魏书·阎温传》，第 550—551 页。

⑥ 《晋书》卷六〇《索靖传》，第 1648 页。

（今甘肃省瓜州县布隆吉乡）。①《晋书》卷一四《地理志上》云："元康五年（295），惠帝分敦煌郡之宜禾、伊吾、冥安、深泉、广至等五县，分酒泉之沙头县，又别立会稽、新乡，凡八县为晋昌郡"，②是知"晋昌张越"实即原居住于深泉县的敦煌张氏，势力很大，故被称为"凉州大族"。敦煌张氏工于草书，世代相传，书法人物辈出。③ 东汉末有张芝、张昶兄弟，皆善草书；④西晋时"敦煌有张越，仕至梁州刺史，亦善草书"，⑤其为敦煌人，善草书，当是张芝的后代。因此，"张氏霸凉"这一谶言的出现，虽然为安定张氏割据凉州创造了舆论条件，但同时也为敦煌张氏与安定张氏争夺凉州统治权埋下了伏笔。

　　在张轨大搞玄石符瑞的次年，亦即永嘉二年（308）二月，不巧的是他患了中风病，敦煌大族张越自认为符应"张氏霸凉"的谶言，趁机与其兄酒泉太守张镇一起联合武威贾氏、西平麹氏等河西大族，掀起了倒张轨的夺权斗争。张越兄弟暗地拉拢秦州刺史武威贾龛以代张轨，并勾结西平太守敦煌曹祛，"图为辅车之势"，还得到了凉州别驾西平麹晁的策应支持。但贾龛在其兄贾胤⑥的劝说下，退出了这一行动，这可能是下文将要提及的张轨与贾氏之间的联姻起了作用。之后，西晋派出袁瑜为凉州刺史，又被凉州治中阴澹赴长安为张轨诉冤而止。在这样的情况下，张越遂从梁州潜回河西，在其兄张镇及西平太守敦煌曹祛、西平大族麹佩的支持下，移檄废轨，自表为凉州刺史。以敦煌张氏为首的河西大族倒张轨行动，使

---

① 《后汉书》卷六五《张奂传》及李贤等注、校勘记，第 2138、2156 页。
② 《晋书》卷一四《地理志上》，第 434 页。晋朝以晋名国，晋昌郡共有三个，除了凉州境内的晋昌郡外，还有两处：一是并州新兴郡下有晋昌县，并云"惠帝改新兴为晋昌郡"（第 429 页）；二是东晋"桓温平蜀之后，以巴汉流人立晋昌郡"（第 438 页）。
③ 参陈琪《敦煌张氏书法人物辑考》，《敦煌学辑刊》2007 年第 2 期，第 114—120 页。不过所列唐五代的敦煌张氏人物，并非都擅长于书法。
④ 《后汉书》卷六五《张奂传》云："长子芝，字伯英，最知名。芝及弟昶，字文舒，并善草书，至今称传之"，第 2144 页。
⑤ 张怀瓘《书断》下《能品一百七人·章草十五人·赵袭》，丛书集成初编 1626—1627 张彦远集《法书要录》卷九，北京：中华书局，1985 年，第 136 页。
⑥ 《晋书》、《资治通鉴》、《十六国春秋》皆未言贾龛之兄的名字，据《三国志》卷一〇《魏书·贾诩传》裴松之注引《世语》（第 332 页）曰："模，晋惠帝时为散骑常侍、护军将军，模子胤，胤弟龛，从衍定，皆至大官，并显于晋也"，知为贾胤。

前凉政权面临着严峻的危机与挑战。

然而,张轨虽病,头脑却很冷静,他采取四手策略,迅速粉碎了这一阴谋,平定了叛乱,巩固了前凉政权的统治。第一,他假作姿态,宣称"吾视去贵州如脱屣耳",①并派人奉表到晋都洛阳,请求归老。这是针对河西大族说的,故称"贵州",意图是在观察他们的动向。同时,他采纳长史王融、参军孟畅的建议,在姑臧城实施了戒严令。第二,对于处在腹心之地的武威大族贾氏,张轨采取联姻策略,为子张寔娶贾摹之姊,获得了他们的政治支持。这一联姻对于瓦解敦煌张氏与武威贾氏的联盟应该有着积极的作用。第三,对大多数敦煌大族采取团结拉拢的策略,从而达到了分化孤立张越的目的,是张轨策略最成功的体现。如武威太守敦煌张琠遣子张坦②入京献表,请求晋廷勿听流言而有迁代;太府主簿敦煌令狐亚前往酒泉,说服了乃舅张镇,进一步从内部分化了敦煌张氏;作为张轨首席谋主的敦煌宋配,则随张寔南讨西平,击斩曹祛、田嚣、麴儒。第四,对于西平太守敦煌曹祛与当地大族麴、田等氏实力派,则果断地采取了镇压手段。很显然,张轨非常注重与儒学高门的敦煌、武威大族的关系,采用笼络、联姻、分化等多种策略,以安抚为主;而对于偏处西平的武力强宗麴、田等氏,则派遣军队,两路进讨,加以剿灭。

由于张轨很好地处理了与河西诸大姓的关系,或拉或打,有效地分化了河西大族的联盟,③从而使张越孤立无援,东奔于邺,④巩固了前凉王国

---

① 《晋书》卷八六《张轨传》,第2223—2224页。

② 张琠、张坦父子为敦煌人,仅见于《续敦煌实录》卷一《张琠(子坦)》,第16页。

③ 武守志《五凉政权与西州大姓》,《西北师大学报》1985年第4期,第28—29页。

④ 《资治通鉴》卷八六晋怀帝永嘉二年(308)二月条云:"张越奔邺,凉州乃定",第2736页。按,《晋书》卷一〇四《石勒载记上》载其起事之初,招集了"十八骑",中有张越;又云:"勒姊夫广威张越与诸将蒲博,勒亲临观之。越戏言忤勒,勒大怒,叱力士折其胫而杀之",第2708、2726页。据小山满《"張濟"文書の一考察》(载《東洋学術研究》第11卷第1号,1972年,第127—128页)对楼兰出土张济文书的考证,认为《晋书·张轨传》中的"晋昌张越"应即《石勒载记上》的石勒姊夫广威将军张越。屠乔孙、项琳辑《十六国春秋》卷二二《后赵录十二·张越》(载文渊阁《四库全书》史部载记类,第463册,第489页)记载"张越,上党武乡人",这大概是由于张越与石勒的姻亲关系,而将两人的籍贯等同起来,忽略了他实际出自敦煌。

的政治统治。从这一事件中可以看出，无论是张越试图篡夺凉州最高统治权，或者是张琠、令狐亚、宋配等大多数敦煌大族支持张轨，都说明了敦煌大族扮演着最为重要的角色。

第二次谶谣发生在张茂统治时期：

> 凉州大姓贾摹，寔之妻弟也，势倾西土。先是，谣曰："手莫头，图凉州。"茂以为信，诱而杀之，于是豪右屏迹，威行凉域。[①]

此次主要是武威贾氏与前凉张氏的矛盾，但值得注意的是，敦煌张氏站在了贾摹一边，也参与了这次事件。据《太平御览》卷三九七《人事部三十八·叙梦》引崔鸿《十六国春秋·前凉录》记载，敦煌郡主簿张宅梦见走马上山，绕舍三周，但见松柏，不知门处；索统为之解梦，称后三年必有大祸，"宅果与贾摹等谋反伏诛"。张宅请索统解梦一事，亦见于《晋书》卷九五《艺术·索统传》，但传文仅云"以谋反伏诛"，未说是与贾摹共同谋反，赖《十六国春秋》始知是贾摹之乱。张宅虽然没有被张澍列入《续敦煌实录》，但前凉王国仍实行汉代以来州郡辟署属吏必用本地人的制度，[②]尤其是前凉属于地方割据政权，且张宅与索统同在敦煌，故推测他极可能也是敦煌人，甚或与张越家族有关。从这一事件可知，直到张茂执政时，敦煌张氏仍在蓄谋反抗，并与武威贾摹实行联手，反映了河西大族与前凉张氏的持续较量。

[①] 《晋书》卷八六《张轨传附寔弟茂传》，第 2232 页。《魏书》卷九九《私署凉州牧张寔传附弟茂传》（第 2194 页）则云："茂妻弟贾模兄弟谋害茂，茂杀之"；不过在校勘记〔一〕（第 2210 页）中已指出两者之异，并称"按《茂传》有'手莫头，图凉州'之谣，则字当从'手'上'莫'"。从张茂对武威贾氏的打击来看，与贾摹之姊结亲者应是其兄张寔，而非张茂。又，308 年张轨中风后一度由张茂摄州事，314 年卒后则由张寔继为凉州刺史，张寔、张茂兄弟之间可能因此积怨，而张寔与贾摹之姊相婚姻，以致在张茂时出现诛灭贾摹之事件。

[②] 严耕望《中国地方行政制度史》乙部《魏晋南北朝地方行政制度》，台北：中研院历史语言研究所，1997 年景印 4 版，第 382—386、862—867 页）在考察魏晋南北朝地方行政制度时，对长官、属吏的籍贯进行了研究，认为汉代长官必用外籍人的制度已遭废弃，而属吏必用本境人的制度尚严格执行。

四、前凉中期阴氏的诛戮及其西徙敦煌

如前所论，阴氏在前凉前期势力极盛，阴充、阴澹是张轨的股肱谋主，阴氏其他人物如率军勤王的阴濬、抗击前赵的前锋督护阴预、曾任镇军将军的阴鉴，[①]则形成了前凉军界的实力派。但到前凉中期张骏执政时，却"以阴氏门宗强盛，忌之，乃逼澹弟鉴令自杀，由是大失人情"。[②] 阴氏与张骏的交恶，"门宗强盛"只是个表面现象，关键在于阴氏在张寔、张骏系与张茂系的权力斗争中站在了张茂一边，故到张骏时遭到了诛戮打击。学术界对这一问题向无关注，而这对武威阴氏遭到诛戮及其西徙敦煌却至为重要。

需要注意的是，《晋书》与《魏书》对前凉张氏的记载笔法有所不同，前

---

① 前凉时还有一位阴监，其任别驾，勤王晋室，事见《太平御览》卷一二四，第 599 页；崔鸿撰、何镗辑《十六国春秋》卷七，文渊阁《四库全书》史部载记类，第 463 册，第 1146 页；屠乔孙、项琳辑《十六国春秋》卷七二，文渊阁《四库全书》史部载记类，第 463 册，第 888 页；崔鸿撰、汤球辑《十六国春秋辑补》卷六七，丛书集成初编 3816—3819，第 482 页。其作为阻截司马保的将军，事见《晋书》卷八六，第 2230 页；《资治通鉴》卷九一，第 2876 页；《十六国春秋辑补》卷六八，第 490 页；而屠乔孙、项琳辑《十六国春秋》卷七二（载文渊阁《四库全书》史部载记类，第 463 册，第 897 页）则云："遣将军阴鉴（一作监）逆保。"又，323 年前赵呼延寔进攻前凉，驻守在桑壁的凉将，一作宁羌护军阴鉴，见《晋书》卷八六，第 2231 页；《资治通鉴》卷九二，第 2914 页；而《十六国春秋辑补》卷六八（第 492 页）则作宁羌护军阴监。可见从明代起，已开始把阴鉴、阴监混同为一人了。张澍辑录，周鹏飞、段宪文点校《凉州府志备考·人物卷三》"阴鉴"条（西安：三秦出版社，1988 年，第 415—416 页）对以上两项则统一作"阴鉴"，而无"阴监"。在《晋书》、《十六国春秋》中，类似于"监"、"鉴"这种音近致误的情况比比皆是。又据《晋书》卷八六（第 2230—2231 页）记载，司马保为前赵刘曜所逼而"迁于桑城"，谋奔前凉，却遭到凉将阴监的阻截；而刘曜派遣"呼延寔攻宁羌护军阴鉴于桑壁"，两者都受到前赵刘曜的进攻，地点桑城疑即桑壁，故颇疑阴监亦即阴鉴。唐代敦煌文献 P. 2625《敦煌名族志》中的"阴嗣监"，在 P. 2005《唐沙州都督府图经》中写作"阴嗣鉴"，即为同一人，参《法藏敦煌西域文献》第 1 册，上海古籍出版社，1995 年，第 61 页；第 16 册，2001 年，第 329 页。马德《敦煌阴氏与莫高窟阴家窟》亦云："这里的阴嗣鉴即阴嗣监。很明显，这里是因为武则天当皇帝造舆论而改监为鉴；或者说，成书于武则天倒台之后的《敦煌名族志》改鉴为监。改名也是一种政治上的需要。"《敦煌学辑刊》1997 年第 1 期，第 94 页。

② 《魏书》卷九九《私署凉州牧张寔传附子骏传》，第 2195 页。

者以张轨为传主,附记其子孙;后者则以张寔为传主,追述其父张轨,并附记其弟及子孙,且称其为"私署",这反映了两书修史者对前凉王国的性格存在着不同的认识。《魏书》的撰写距离前凉时代较近,且张寔既不驰援长安,致使京师沦陷、西晋愍帝被俘而亡;又拒绝奉用东晋年号,仍用西晋愍帝建兴年号纪年,故赵向群云:"应当说,张寔是前凉割据政治的实际缔造者,从张寔起,前凉跻身于十六国之列。"①可见《魏书》虽被称为"秽史",②但对前凉王国的记述却很有见地。而《晋书》既不将前凉张氏列诸载记,又在叙述其忠晋思想与独立割据的矛盾时常显出文笔上的尴尬。尤应注意的是,两书对张轨晚年病风后二子张寔、张茂的有关记载颇有歧异,这透露出兄弟俩为了夺权在明争暗斗。《魏书》卷九九《私署凉州牧张寔传》云:

> 轨年老多疾,拜寔抚军大将军,副凉州刺史。未几,轨风病积年,二子代行州事。

《晋书》卷八六《张轨传》则云:

> 轨后患风,口不能言,使子茂摄州事。

比较两书可以发现,张寔作为长子,完全有资格代父掌政,然而《魏书》先说他"副凉州刺史",不久又云"二子代行州事",后者透露出张茂似曾取代乃兄张寔掌政凉州,个中原因不得而知。而《晋书》径称"使子茂摄州事",省掉了张寔副凉州刺史掌政之事。由此可见,张寔、张茂兄弟在乃父病重之际,曾出现了某些不和谐的迹象。

314年,张轨卒,张寔上台。《晋书》卷八六《张轨传附子寔传》云:"建

---

① 赵向群《五凉史探》之《前凉篇》,兰州:甘肃人民出版社,1996年,第63页。

② 李百药《北齐书》卷三七《魏收传》,北京:中华书局,1972年,第489页;李延寿《北史》卷五六《魏收传》,北京:中华书局,1974年,第2032页。参周一良《魏收之史学》,《魏晋南北朝史论集》,北京大学出版社,1997年,第256—292页。

兴（313—317）初，除西中郎将，领护羌校尉。轨卒，州人推寔摄父位。"推立他上台的"州人"即《资治通鉴》卷八九晋愍帝建兴二年（314）条提到的长史张玺等人："夏，五月，西平武穆公张轨寝疾，遗令：'文武将佐，务安百姓，上思报国，下以宁家。'己丑，轨薨；长史张玺等表世子寔摄父位"，①而原先"摄州事"的张茂则未能当上凉州刺史。

张寔在位六年，320 年为弟张茂所代。张寔被认为是死于一伙来自京兆的左道之徒的手，关于这起事变的原因及其宗教属性，至今未能得到确切的解释。② 但不管如何，张寔卒后，是由弟张茂继位。《晋书》卷八六《张轨传附寔弟茂传》云："太兴三年（320），寔既遇害，州人推茂为大都督、太尉、凉州牧，茂不从，但受使持节、平西将军、凉州牧。乃诛阎沙及党与数百人，赦其境内。复以兄子骏为抚军将军、武威太守、西平公。"这里又出现了"州人"一词，即《资治通鉴》卷九一晋元帝太兴三年（320）条提到的左司马阴元等人：

---

① 汤球辑《十六国春秋辑补》卷六八《前凉录二·张寔》记载较为混乱："建兴初，除西中郎将，领护羌校尉。二年（314），轨卒，州人推寔摄父位。建兴元年（313），长史张玺、氾祎等表寔嗣位"，第 487 页。值得注意的是，除了长史张玺之外，还提到了氾祎，也属于支持张寔派。S. 1889《敦煌氾氏家传并序》（载《英藏敦煌文献（汉文佛经以外部分）》第三卷，第 168 页）及屠乔孙、乔琳辑《十六国春秋》卷七五《前凉录六·氾祎》（载文渊阁《四库全书》史部载记类，第 463 册，第 928 页）均记其为敦煌人，并云"仕寔为左长史"。张茂时，前赵攻凉，氾祎劝张茂勿要亲征御敌，不被信从；到张骏时，他官居右长史，曾劝张骏改年号，可见是张寔、张骏系人物。参《晋书》卷八六《张轨传》，第 2231、2234 页。

② 《晋书》卷八六《张轨传附子寔传》云："京兆人刘弘者，挟左道，客居天梯第五山，然灯悬镜于山穴中为光明，以感百姓，受道者千余人，寔左右皆事之。帐下阎沙、牙门赵仰皆其乡人，弘谓之曰：'天与我神玺，应王凉州。'沙、仰信之，密与寔左右十余人谋杀寔，奉弘为主。寔潜知其谋，收弘杀之。沙等不之知，以其夜害寔"，第 2230 页。这帮来自京兆的左道人物，聚集于姑臧城南的天梯第五山，信众上千，甚至连张寔身边的亲信都属于这个集团，并最终杀害了张寔，足见其势力非同小可。同书卷一二二《吕光载记》亦记载，京兆段业"以光未能扬清激浊，使贤愚殊贯，因疗疾于天梯山"，第 3059 页；卷一二九《沮渠蒙逊载记》（第 3192 页）记载段业"尤信卜筮、谶记、巫觋、征祥"，他与刘弘等籍贯既同，又都居住在天梯山，还信奉"左道"之术，未知是否有什么关系。王素《魏晋南朝火祆教钩沉》认为，"刘弘所挟'左道'，有'然灯悬镜于山穴中为光明'的宗教仪式，其为火祆教决无疑问"，《中华文史论丛》1985 年第 2 辑，第 227 页。

左司马阴元等以寔子骏尚幼，推张茂为凉州刺史、西平公，赦其
境内，以骏为抚军将军。[①]

很显然，以左司马阴元为首的"州人"属于张茂势力集团，而与张寔、张骏
系相敌对。这位阴元，在明代何镗辑《十六国春秋》中则被写作"阴元
年"。[②] 前凉人物在史籍的传抄过程中，姓名被抄错，甚至出现张冠李戴的
情况，是屡见不鲜的。以前凉国主为例，张寔又写作张实、张宴、张晏，张
骏又作张俊，张耀灵又作张灵耀、张曜灵、张灵曜，张玄靓又作张玄靖、张
元靖、张玄静。至于其他人物，字形相近而误者，如宋与宗、曾与鲁、黑与
里；偏旁相误者，如摹与模、僚与寮、凝与疑；甚至还有张冠李戴者，如田豹
作田邈、宋修作宗悠、黄平作马兴平。"元""充"二字字形相近，很可能左
司马阴元就是前凉初年张轨的股肱谋主阴充。[③] 若这一推断成立的话，
以阴充（元）、阴澹、阴鉴为代表的武威阴氏家族，先是在张轨病风之时，
支持张茂摄行州事；后来又在张寔去世之后，扶立张茂为国主，从而与
张寔、张骏系产生了政治矛盾，并最终导致了阴氏在张骏时遭到诛戮打
击。张茂系与张寔、张骏系的矛盾，还可以从上节所述贾摹事件中看
出，张茂诱杀张寔妻弟武威大族贾摹，应该是对张寔系势力的进一步
清理。

324 年，张茂卒，侄张骏立。阴氏家族在张骏时遭到诛戮打击，这可能
与阴充（元）等推立张茂上台有关。盖此时阴充（元）已卒，阴氏家族中被
诛的阴鉴，是与阴充（元）同为张轨股肱谋主的阴澹之弟，在张茂时曾任宁
羌护军，张骏时为镇军将军，是前凉军界的实力派人物。这一状况，自然

---

① 又参《太平御览》卷一二四《偏霸部八·前凉张茂》引崔鸿《十六国春秋·前梁（凉）录》，
第 599 页。

② 崔鸿撰、何镗辑《十六国春秋》卷七《前凉录·张寔》云："实左司马阴元年以寔既被害，子
骏冲幼，宜立长君，乃推茂为大都督、太尉、凉州牧"，文渊阁《四库全书》史部载记类，第
463 册，第 1147 页。

③ 後藤勝《河西王国の性格について》将"阴充"又误录作"阴克"，《歴史教育》第 15 卷第 9、
10 合并号，1967 年，第 31 页。

更加引起了张骏的不满,遂令主簿魏纂诬陷阴鉴谋反,逼其自杀,这实质上是在清理张茂系的势力,削夺阴氏的军事权力,但张骏也由此大失人情,削弱了前凉王国的统治基础,从此走向了衰落。

　　阴澹在张茂时外任敦煌太守,他一手抓经济发展,大力兴修水利,开渠溉田;①另一手抓文化建设,尊师重教,礼待著名学者索袭、索紞等人,大力发展教育,②为敦煌地区经济文化事业的发展做出了贡献。当张骏时武威阴氏在遭受诛戮打击之后,阴澹为了避祸,西徙到了曾经任官的敦煌地区。从阴澹身上可以看出,这时阴氏已开始从军界转向儒学,积极向以经学传家的敦煌传统大族索氏等靠近,并且撰写了《魏纪》十二卷,③努力使其家族从武力强宗转变为儒家世族。在此之后,著名的敦煌学者宋纤"惟与阴颙、齐好友善",④也印证了敦煌阴氏的这一趋向。到前凉末年,阴据被认为是敦煌人,说明已经正式形成了敦煌阴氏的郡望。在前凉亡国之后,阴氏家族仍然居住在敦煌,如在立国敦煌的西凉时,有西安太守阴亮、⑤武威太守阴训、姑臧令阴华,⑥北凉时有助教敦煌阴兴。⑦ 尤其是李暠以阴训、阴华父子为其侨置的武威郡守与姑臧县令,表明了敦煌阴氏的祖根原在武威,西凉借助其势力来谋求东扩,试图从北凉手中夺取武威。然而,无论是武威阴氏或是其分支敦煌阴氏,在唐代编撰《敦煌名族志》"阴氏"条时却根本没有提及隋唐以前的这些本地先人。

---

① P. 2005《唐沙州都督府图经》"七所渠"条末列"阴安渠:长七里。右在州西南六里甘泉水上。据《西(前)凉录》,敦煌太守阴澹于都乡斗门上开渠溉田,百姓蒙利而安,因以为号",《法藏敦煌西域文献》第1册,第46页。

② 《晋书》卷九四《隐逸·索袭传》云:"张茂时,敦煌太守阴澹奇而造焉",第2449页;卷九五《艺术·索紞传》载其回归敦煌,"太守阴澹从求占书",第2495页。

③ 《隋书》卷三三《经籍志二》,第957页。

④ 《晋书》卷九四《隐逸·宋纤传》,第2453页。

⑤ 《晋书》卷八七《凉武昭王李玄盛传》,第3259页。

⑥ 《魏书》卷五二《阴仲达传》,第1163页。

⑦ 《魏书》卷五二《刘昞传》,第1160—1161页。同卷《索敞传》(第1163页)云:"初,敞在州之日,与乡人阴世隆文才相友",这里的"州"为凉州,索敞是敦煌人,"乡人"可能是狭义地指敦煌人,但也可能是广义地指凉州人。

五、前凉后期敦煌宋氏的执政及其夷灭

从西晋初年的宋质身上,已显示出了敦煌宋氏作为本地区武力强宗的面貌特征,这一尚武特征直到前凉时期依然如此,如宋配作为张轨四大股肱谋主之首,虽然其貌不扬,却具备卓越的军事才能。他先任司马,受命镇压鲜卑若罗拔能,"斩拔能,俘十余万口,威名大震";其次在平定张越之乱时,又受命与尹员率领"步骑三万讨祛",斩杀与张越东西呼应的西平太守敦煌曹祛;最后率师东向勤王,"遣前锋督护宋配步骑二万,径至长安,翼卫乘舆,折冲左右",[1]归途中又讨平了曹祛余党麹儒,并担任西平太守。可以说,宋配是前凉王国的开国元勋,也奠定了敦煌宋氏的政治地位。

《魏书》卷五二《宋繇传》记载了前凉时期宋配家族的世系:"宋繇,字体业,敦煌人也。曾祖配,祖悌,世仕张轨子孙。父僚,张玄靓龙骧将军、武兴太守。繇生而僚为张邕所诛。"从宋配到子宋悌、孙宋僚,一直在前凉王国中任职,而宋僚为张邕所诛,即在下文所述张邕诛灭宋澄的事变中一同遇害的。

前凉后期,张祚从侄张曜灵手中夺得权位,并且图谋称帝,用兵于骊靬戎,国政暴乱。355年,张祚宗人河州刺史张瓘起兵造反,得到了敦煌宋氏的响应与支持。该年七月,"骁骑将军敦煌宋混兄修,与祚有隙,惧祸。八月,混与弟澄西走,合众万余人以应瓘,还向姑臧"。[2] 宋混兄弟"西走",自应是回到故乡敦煌招集武装,一呼而合众万余,势力不可小视。这万余人中,除了敦煌汉族大姓之外,还有许多少数民族,如《太平御览》卷一二四《偏霸部八·前凉张祚》引崔鸿《十六国春秋·前凉录》云:"混西奔,招合夷晋,众至万余人,还向姑臧",这充分显示了敦煌宋氏在河西走廊西部的胡汉民众中颇有影响与号召力。在向前凉国都姑臧进军的途中,听到旧主张曜灵被杀,"凉宋混军于武始大泽,为曜灵发哀。

---

① 《晋书》卷八六《张轨传》,第 2222—2225 页。

② 《资治通鉴》卷一〇〇,第 3148 页。

闰月,混军至姑臧",①与张瓘弟张琚、子张嵩联合攻城,杀死张祚,扶立张
玄靓。敦煌宋氏与前凉宗室张瓘的联合,很可能是因为张瓘和敦煌有着
密切的关系。P. 2625《敦煌名族志》"张氏"条云:"□□[宁戎]校尉张瓘
领兵东来,□□郡城东南七里。子凭,因□□□。凭子瑝,字仲严,汉豫
□□□,晋凉兴令。自晋已后,□□郎将张庆方,即其后也。"②池田温指
出,这是敦煌张氏三个系谱中的张庆方祖上的家系,始祖即为张瓘,他曾
领兵到过敦煌,子孙遂定居于敦煌。③ 文书前残,族志中张瓘的官衔,在
"校尉"之前可补"宁戎"二字,《魏书》卷九九《私署凉州牧张寔附张骏传》
云:"兴晋、金城、武始、南安、永晋、大夏、武城、汉中八郡为河州,以其宁戎
校尉张瓘为刺史",《资治通鉴》卷九七系此事于晋穆帝永和元年(345),可
知该年张瓘从宁戎校尉迁为河州刺史,此前他已迁居敦煌,与当地的宋氏
家族缔结了较为密切的关系。

　　359 年,敦煌宋氏又讨灭了试图篡位的张瓘兄弟,宋混、宋澄兄弟相继
执掌前凉大权,但次年复为右司马张邕所诛。《晋书》卷八六《张轨传附灵
弟玄靓传》云:

　　　　瓘兄弟强盛,负其勋力,有篡立之谋。辅国宋混与弟澄共讨瓘,
　　尽夷其属。玄靓以混为都督中外诸军事、车骑大将军、假节,辅政。
　　混卒,又以澄代之。玄靓右司马张邕恶澄专擅,杀之,遂灭宋氏。玄
　　靓乃以邕为中护军,叔父天锡为中领军,共辅政。

----

① 《资治通鉴》卷一〇〇,第 3149 页。
② 《法藏敦煌西域文献》第 16 册,第 329 页。
③ 池田温《唐朝氏族志の一考察—いわゆる敦煌名族志残卷をめぐって—》,《北海道大学
　文学部紀要》第 13 卷第 2 号,1965 年,第 15—16 页。晚唐五代归义军时期,也有自称为
　前凉安定张氏的后代,不过没有提到张瓘,而是称张天锡之子孙,如 P. 2991《讲论大师
　毗尼藏主张和尚写真赞并序》云:"和尚俗性(姓)张氏,香号灵俊,即清河郡天锡之贵系
　矣,福星膺胎,遂为敦煌人也";P. 3718《唐河西节度押衙知应管内外都牢城使张公生前
　写真赞并序》云:"公字良真,则前凉天锡弟(第)二十八代之云孙矣",参郑炳林《敦煌碑
　铭赞辑释》,第 323、421 页。

前述宋寮为张邕所杀,说明宋混与宋配出自同一家族。早年丧父的宋繇曾说:"门户倾覆,负荷在繇,不衔胆自厉,何以继承先业!"①所谓"门户倾覆",即指敦煌宋氏在这次事变中举族遭到杀戮的惨剧,后来张天锡在诛讨张邕时,亦宣称"诸宋何罪,尽诛灭之?"②

在前凉王国中,敦煌宋氏人物颇多,担任了从中央到地方上的各级官职。宋氏家族的命运不仅与阴氏类似,而且其家族性格特征也极为相若,都是前凉军界的实力派,后来又从武力强宗逐渐转变为儒家世族。施光明曾对五凉时期的敦煌宋氏家族进行专门考察,简略叙述了宋氏人物的仕宦浮沉及其与诸凉王国的关系;他还分析了宋氏家族具有崇尚武功与儒学两种特征,并对这一现象的原因作了初步探讨。③ 在前凉军界,除了上述7人之外,至少还有以下7人:张寔时的威远将军宋毅,张骏时的中坚将军宋辑,张重华时的大夏太守宋晏、宛戍都尉宋矩,④将宋秦,⑤张玄静时的右将军宋熙,⑥张天锡时的宣威护军宋皓,⑦他们与前凉王国相始终,是敦煌宋氏作为武力强宗的真实写照。在前凉初期的宋配身上,军事才能非常突出;即使到后期,宋氏家族仍保持着这一门风特征,如司马光称宋混"性忠鲠";⑧宋矩在《晋书》中被列入《忠义传》,他曾对后赵大将麻秋说:"辞父事君,当立功与义;苟功义不立,当守名节。矩终不肯背主覆宗,偷生于世",于是"先杀妻子,自刎而死"。⑨ 这些都体现了敦煌宋氏武勇忠义的家族门风。⑩

---

① 《魏书》卷五二《宋繇传》,第1152页。
② 《晋书》卷八六《张轨传附灵弟玄靓传》,第2249页。
③ 施光明《西州大姓敦煌宋氏研究》,中国魏晋南北朝史学会编《魏晋南北朝史论文集》,济南:齐鲁书社,1991年,第166—177页。
④ 以上四人,见《晋书》卷八六《张轨传》,第2229、2235、2241页。
⑤ 《晋书》卷一〇七《石季龙载记下》,第2781页。
⑥ 徐坚等辑《初学记》卷八《州郡部》"陇右道第六"条,北京:中华书局,2004年,上册,第180页。
⑦ 《资治通鉴》卷一〇四,第3275页。
⑧ 《资治通鉴》卷一〇〇,第3175页。
⑨ 《晋书》卷八九《忠义·宋矩传》,第2320页。
⑩ 当然,敦煌宋氏家族也出现了像宋晏、宋秦、宋皓那样的投降者。不过宋晏之降后赵,实则为大夏护军梁式叛降而被执;宋皓之劝张天锡投降前秦,是识时务,后来他担任前秦酒泉太守,西拒吕光,效忠而死。参《资治通鉴》卷九七,第3072、3076页;卷一〇六,第3353—3354页。

但在前凉后期，部分宋氏人物则开始从武力强宗向儒家世族转变，如宋纤"隐居于酒泉南山。明究经纬，弟子受业三千余人。……纤注《论语》，及为诗颂数万言。年八十，笃学不倦"。敦煌太守杨宣、酒泉太守马岌都称叹他"身不可见，名不可求"，"名可闻而身不可见，德可仰而形不可睹"。张祚征辟他为太子友、太子太傅，但宋纤厌恶政治，竟不食而卒。[①] 360 年，敦煌宋氏遭到灭门之诛，但到西凉时重整门户，得以再度崛起，这里的一个关键人物是宋繇，前凉末年他曾"至酒泉，追师求学，闭室诵书，昼夜不倦，博通经史，诸子群言，靡不览综"，[②]在他身上典型地反映了敦煌宋氏在前凉后期完成了从武力强宗到儒家世族的角色转变。

六、前凉时期的其他敦煌大族
——以索、氾、令狐氏为中心

除了以上所论张、阴、宋三氏之外，前凉时期的敦煌大族主要还有氾、索、令狐、曹等氏，以及谢、车、刘、郭等小姓。与张氏一样，氾、索、令狐、曹四氏是汉代以来敦煌地区的传统旧族。早在东汉中期，就已完成了从军功豪族到儒家世族的身份转变；到西晋时的"敦煌五龙"中，索氏居三，氾氏一位，可谓人才辈出，文化程度甚高。在前凉王国中，敦煌曹氏在曹祛参加张越之乱被斩杀之后，势力大衰；而氾、索、令狐三个家族参政入仕的人物甚多，但他们与张、曹、阴、宋四氏的性格不同，既未像张、曹二氏那样野心勃勃地去夺权，也不像武力强宗的阴、宋二氏遭到猜忌与诛戮，成为始终支持前凉王国的稳定力量。这亦表明，氾、索、令狐三氏以经学传家，通经入仕，形成了以儒宦为根基的成熟的世家大族，深刻懂得在十六国乱世中的生存之道。

S. 1889《敦煌氾氏家传并序》后部残缺，至前凉氾瑗止，罗列了西汉至前凉间的敦煌人物凡 12 人，其中西汉 1 人、东汉 3 人、不明朝代 1 人、其余

---

① 《晋书》卷九四《隐逸·宋纤传》，第 2453 页。
② 《魏书》卷五二《宋繇传》，第 1152 页。

7 人皆属前凉，出任前凉王国各级官吏。[1] 另外，前凉时代敦煌氾氏见诸史籍的还有西晋郎中氾腾，他回到敦煌后拒不出仕于前凉，"散家财五十万，以施宗族"，[2]足见氾氏家族具有雄厚的经济实力与宗族基础；见诸墓葬的有氾心容，敦煌新店台出土的 60M1∶27 陶罐上有墨书铭文："升平十三年(369)闰月甲子朔廿一日壬寅张弘妻氾心容盛五谷瓶。"《晋书》卷八六《张轨传附骏子重华传》记载张弘与后赵、前秦作战，没于秦军；张天锡时氾心容卒，时代相去不远，从墓葬为单身葬来看，两人当为夫妇，"推测或许是张弘战死异乡，并未归葬之故"。[3] 张、氾二氏通婚，是敦煌当地大族之间的婚姻网络现象。

　　虽然家传不免有溢美之辞，但从中也可看出氾氏家族具有经学传家、明于吏干、清正耿直等性格特点，大多出任前凉王国的各级文官，而很少出没于军界。首先，从学术师承来看，氾祎"(事师)〔师事〕司空索静(靖)，通三礼、三传、三易、河洛图书，玄明究算历"；氾昭"弱冠从贤良同郡索袭受业"；氾绪"尝于当郡别驾令狐富授(受)《春秋》《尚书》"，这里涉及到了敦煌本地的氾、索、令狐三氏，反映了这三个家族以儒学经术为根基的共同性格。其次，与索、令狐二氏不同的是，氾氏家族不畏强权、清正耿直的特征尤为鲜明，如氾祎，"字休臧，敦煌人。为福禄令，刚直不事上府"，遭到酒泉太守马汉与督邮张休祖的弹劾，左迁居延令；[4]其孙氾涍"刚鲠峻直"，"明笔直绳，好刺举，为朝士豪贵所忌"；氾昭"为人方正，好面折直言，退不谈人之非"，"在职清平，好理枉屈"，并被张寔选为武威从事，使"豪杰望风栗服"。[5]

---

[1]　王仲荦《〈敦煌氾氏人物传〉考释》(载《敦煌石室地志残卷考释》，第 183 页)云："《氾氏人物传》列纪人物，凡东汉一人，其余悉是前凉时人"，不确。

[2]　《晋书》卷九四《隐逸·氾腾传》，第 2438 页。《元和姓纂》卷九"氾"条(第 4 册，第 26 页)敦煌望记载晋代除氾腾外，还有一位张掖太守氾彦，可能也与前凉有关。

[3]　敦煌文物研究所考古组《敦煌晋墓》，《考古》1974 年第 3 期，第 196—198 页。

[4]　《太平御览》卷四二七《人事部六十九·正直下》引《前凉录》，第 1965 页。关于此条记事，S.1889《敦煌氾氏家传并序》记载有异，如"福禄"误作"禄福"，"马汉"作"马模"，张休祖所说的"君不闻宁逢三千头虎，不逢张休祖乎"更是换作了氾祎的"君不闻宁逢三千头狼，不逢氾休臧"。这很可能是氾氏在编写家传时，为了美饰自家而作了改编。但不管何者，都能说明氾祎的刚直性格。

[5]　S.1889《敦煌氾氏家传并序》，《英藏敦煌文献(汉文佛经以外部分)》第三卷，第 169 页。

　　索氏在前凉王国任职人数更多,至少有 15 人,既有忠心进谏的文臣、勇冠三军的武将,又有饱学经术的学者、救世经济的人才。最典型的是在学术文化上,索氏以经学传家,兼通内纬,涌现出诸多著名学者,如索袭"游思于阴阳之术,著天文地理十余篇,多所启发";①索统"少游京师,受业太学,博综经籍,遂为通儒。明阴阳天文,善术数占候"。② 他们都隐居不仕,敦煌太守阴澹欲请索袭为三老、索统为西阁祭酒,皆遭坚辞。尤应注意的是,索绥在张骏时担任儒林祭酒,著有《凉春秋》等;③索商在张天锡时为校书祭酒,④主掌前凉王国的儒学教育与文化典籍事业。其次,索氏家族人物常常文武双兼,在军事上也有出色的人才,如张重华时的军正将军索遐,与谢艾率军击破后赵军队,讨伐鲜卑斯骨真,取得大捷;又如"索苞有文武材","每征伐克敌,勇冠三军,时人比之关羽",⑤以及以善射闻名的索孚。⑥ 再次,前凉初期太府参军索辅劝说张轨弃布用钱,"轨纳之,立制准布用钱,钱遂大行,人赖其利",⑦而且在"张轨时,西胡致金胡瓶,皆拂菻

---

① 《晋书》卷九四《隐逸·索袭传》,第 2448—2449 页。

② 《晋书》卷九五《艺术·索统传》,第 2494 页。在美国普林斯顿盖斯特图书馆所藏敦煌文献《太上玄元道德经》尾部,也出现了"建衡二年庚寅(270)五月五日敦煌郡索统写已"的题记。饶宗颐《吴建衡二年索统写本〈道德经〉残卷考证(兼论河上公本源流)》(载《东方文化》第二卷第 1 号,1955 年,第 2 页)云:"考建衡为吴主孙皓年号,二年即晋武帝泰始六年(西元 270),时西北诸郡早已入晋版图,统以敦煌人而书建衡年号,疑其人于是时适居吴,或统入太学时,所依为主人之父老,与东吴道家有深切关系";该文"补记"(第 22—23 页)又推断索统与"敦煌五龙"之索紾、索绾,索靖之子索绻、索綝,以及索绥是同辈人,为索靖的子侄辈。又参 Frederick Mote,"The Oldest Chinese Book at Princeton",*The Gest Library Journal*,Ⅰ-1,1986,pp. 34 - 44。然而,池田温《中国古代写本识语集录》(东京大学东洋文化研究所,1990 年,第 72 页)No. 16 认为该写本疑伪,又参附图(第 67 页)图 193;William Boltz,"Notes on the Authenticity of the So tan 索统 Manuscript of the *Lao-tzu* 老子"(载 *Bulletin of the School of Oriental and African Studies*,*University of London*,vol. LIX - 3,1996,pp. 508 - 515)考证推断,该本可能写成于 735—960 年。

③ 屠乔孙、项琳辑《十六国春秋》卷七五《前凉录六·索绥》,文渊阁《四库全书》史部载记类,第 463 册,第 931 页。

④ 《晋书》卷八六《张轨传附靓叔天锡传》,第 2250 页。

⑤ 《太平御览》卷四三七《人事部七十六·勇五》引刘彦明《敦煌实录》,第 2011 页。

⑥ 《太平御览》卷七四四《工艺部一·射上》引《前凉录》,第 3306 页。

⑦ 《晋书》卷八六《张轨传》,第 2226 页。

作,奇状,并人高,二枚",①使前凉经济与丝路贸易获得了发展。最后,对于前凉王国,索氏的忠心还表现在对凉主的规劝进谏上,如在张骏时,理曹郎中索询谏止东伐前赵,张骏说:"每患忠言不献,面从背违,吾政教缺然而莫我匡者。卿尽辞规谏,深副孤之望也",以羊酒礼之;②参军索孚劝谏勿治石田,却被出为伊吾都尉。③ 又如张重华时,索遐先后三次进谏,一为行搜狩之礼,二是举荐谢艾,击破后赵,三是劝主勤政;征事索振也同样劝谏张重华勤政尚俭。④ 前凉末年,张"天锡数宴园池,政事颇废。荡难将军、校书祭酒索商上疏极谏",但答而未从。⑤ 索氏对前凉国主不断进谏,规劝得失,可谓竭力辅佐,忠心耿耿;然而越到后来,前凉政衰,已听不进去这些忠言了,以致走向亡国。

令狐氏的势力虽然比氾、索二氏稍逊,但据统计也有 11 人之多。《新唐书》卷七五下《宰相世系表五下》"令狐氏"条云:

> 溥五世孙晋谏议大夫馨,馨孙亚,字就胤,前凉西海太守、安人亭侯。二子:理、绥。亚孙敏,字永昌,前凉鸣沙令。四子:达、忠、袭、越。敏五世孙虬,字惠献,后魏敦煌郡太守、鹯阴县子。⑥

据 S.1889《敦煌氾氏家传并序》记载,汉末令狐溥不仅与张奂友善,称赏氾孚的学问人品,而且还给氾咸教授经纬之学;敦煌郡别驾令狐富又给氾绪

---

① 《太平御览》卷七五八《器物部三·瓶》引《前凉录》,第 3365 页。屠乔孙、项琳辑《十六国春秋》卷七〇《前凉录一·张轨》(载文渊阁《四库全书》史部载记类,第 463 册,第 892 页)作"金胡饼",并将《晋书》、《太平御览》两条记事合在了一起。汤球辑《十六国春秋辑补》卷六七《前凉录一·张轨》(第 486 页)虽然也合记两事,但仍从《太平御览》作"金胡瓶"。从"并人高"来看,应以"金胡瓶"为确。关于金胡瓶及银胡瓶的考证,参罗丰《北周李贤墓出土的中亚风格鎏金银瓶——以巴克特里亚金属制品为中心》,《考古学报》2000 年第 3 期,第 311—330 页。
② 《晋书》卷八六《张轨传附寔子骏传》,第 2235 页。
③ 《魏书》卷九九《私署凉州牧张寔传附子骏传》,第 2194—2195 页。
④ 《晋书》卷八六《张轨传附骏子重华传》,第 2241—2245 页。
⑤ 《晋书》卷八六《张轨传附靓叔天锡传》,第 2250 页。
⑥ 《新唐书》卷七五下《宰相世系表五下》"令狐氏"条,第 3397 页。

教授《春秋》、《尚书》。到西晋时，令狐丰、令狐宏兄弟一度被以宋质为首的本地大族推举为敦煌太守。[①] 孙晓林对汉至十六国敦煌令狐氏进行了系统考察，认为从汉末至西晋已成为以经学传家的高门世族，五凉时期"令狐氏家族在政治舞台上时隐时显，显时则同时数人俱显，隐时则了无痕迹，给人以整个家族共进退之感。在隐显之间，似乎令狐氏有选择地与汉族政权取积极合作的态度。这背后也许是以儒学经术传家的文化底蕴在起着某种作用"。[②]

前凉初年，令狐亚先任太府主簿，经常作为使者东西出使，如305年张轨平定秦州之乱，"遣主簿令狐亚聘南阳王模，模甚悦，遗轨以帝所赐剑，谓轨曰：'自陇以西，征伐断割悉以相委，如此剑矣。'"从而为张轨割据河陇争取到了正统合法性；又如308年张镇、张越兄弟叛乱，张轨又"遣镇外甥太府主簿令狐亚前喻镇"，告诫他"全老亲，存门户，输诚归官"，[③] 张镇乃委罪功曹鲁连而斩之，从而达到了分化张镇兄弟与孤立张越的目的，为前凉王国的稳定又立一功。尤其是令狐、张二氏同出敦煌，两家结为姻亲，作为敦煌大族的令狐亚站在了前凉张轨一边，既从内部分化了敦煌大族，同时又稳定了其他敦煌大族的心理。这位出色的外交人才后来升任西海太守，其孙令狐敏为鸣沙县令，回到本地做官。张轨执政时，还有一位治中令狐浏，曾奉命讨平反叛的金城太守胡勷；[④] 又曾劝说悉徙西平麴儒集团，未获同意，后来果致复叛，[⑤] 可见他是一位具有丰富政治与军事经验的官吏。在《晋书》卷九五《艺术·索紞传》中，记载到一位年届耄耋的孝廉令狐策，为敦煌太守田豹与乡人张公征的子女婚姻做媒，体现了他作为地方耆老的身份。[⑥]

---

① 《资治通鉴》卷七九，第2523页；《晋书》卷三《武帝纪》，第66页；《全晋文》卷一四六阙名《晋护羌校尉彭祈碑》，严可均校辑《全上古三代秦汉三国六朝文》，北京：中华书局，1958年，第2306页。

② 孙晓林《汉—十六国敦煌令狐氏述略》，《北京图书馆馆刊》1996年第4期，第92—96、24页。

③ 《晋书》卷八六《张轨传》，第2222—2224页。

④ 《太平御览》卷九三五《鳞介部七·鱼上》引崔鸿《十六国春秋·前凉录》，第4154页。

⑤ 《晋书》卷八六《张轨传》，第2226页。

⑥ 《晋书》卷八七《凉武昭王李玄盛传附子士业传》（第2270页）记载西凉末年，"敦煌父老令狐炽"托梦预言西凉将亡，也是令狐氏作为地方耆老的例证。

　　总之,氾、索、令狐三氏是汉代以来传统的儒家高门世族,有着共同的儒宦背景与家族交往,在服务地方政权时亦能获得较为平稳的发展。这一点与阴、宋二氏等前凉新贵截然不同,后者是晋凉之际新崛起的武力强宗,一直到前凉后期才积累较高的儒家文化素养,故在政治斗争中的沉浮波动也比较大。

　　顺便提一下,敦煌的其他姓氏也涌现出一些颇受瞩目的人物,既有忠义节烈之士(如车济),又有名将(如谢艾、常据)与学者(如郭瑀),还有宠臣小人(如刘肃),可谓良莠相杂。尽管这些姓氏中的个别人物头角峥嵘,但其家族却未得到全面的发展。因本文主旨是讨论敦煌大族,故对这些小姓不作多论。

七、从安定张氏的婚姻圈看前凉
王国与河陇大族的关系

　　尽管敦煌大族在河陇大族中独树一帜,对前凉王国的政治支持亦极重要,但前凉国主安定张氏却很少与敦煌大族进行联姻,是个值得深思的现象。下面根据史料所载,将可考知的安定张氏的婚姻关系列作下表:

人名	配偶	配偶身份	郡望或里贯	出　　处	备　注
张温	辛氏		陇西	《太平御览》卷一二四	张轨父母
张寔	贾氏		武威	《晋书》卷八六	
张轨女	唐熙	晋 太常丞	丹阳	《新唐书》卷七四下	
张骏	严氏			《资治通鉴》卷九七	张重华嫡母
	马氏	昭仪		屠、项辑《十六国春秋》卷七五	张重华生母
	刘氏	美人		《资治通鉴》卷一〇一	张天锡母
	妹好①	美人	鄯善	何镗辑《十六国春秋》卷七	鄯善王元礼之女

----

①　屠乔孙、项琳辑《十六国春秋》卷七二《前凉录三·张骏》则作"妹好",文渊阁《四库全书》史部载记类,第463册,第905页;《太平御览》卷一二四《偏霸部八·前凉张骏》又作"殊好",第600页。

（续表）

人名	配偶	配偶身份	郡望或里贯	出　处	备　注
张重华	裴氏	妃		《资治通鉴》卷九九	
	郭氏	夫人		《太平御览》卷一二四	张玄靖母
张祚	辛氏	皇后		《十六国春秋辑补》卷七二	一作叱千氏①
张天锡	焦氏	左夫人		《晋书》卷八六	张大豫母
	阎氏	美人		何镗辑《十六国春秋》卷七	
	薛氏	美人		何镗辑《十六国春秋》卷七	
张氏女	宋澄	领军将军②	敦煌	《还冤记》	

上表中前凉安定张氏配偶者的郡望或里贯，史载明确的仅张温妻陇西辛氏、张寔妻武威贾氏、张骏美人鄀善妹好，以及张氏之婿丹阳唐熙、敦煌宋澄共5例；其他诸姓则难以遽断，但显然大多与敦煌无关。

　　张温与陇西辛氏联姻，自然是因为他们本来就是陇右地区的大族。前凉时期，安定张氏与陇西辛氏之间通婚较多，关系密切。"辛綝弟理，美姿貌，张骏欲夺其妻，以寡妹妻之"，也是想与陇西辛氏结亲，但辛理不愿弃妻另娶，割鼻自誓，张骏大怒，"徙理敦煌，遂以忧死"；③张祚时，"立妻辛氏为皇后"。④ 在前凉王国中，辛氏家族人物众多，如作为西晋使节而留仕前凉的大鸿胪辛攀、敦煌太守辛凭、武兴太守辛岩、广武太守辛章、枪罕护军辛晏，以及辛韬、辛挹、辛髦等，在地方及军界很有势力。⑤

① 崔鸿撰、汤球辑《十六国春秋纂录校本（附校勘记）》，丛书集成初编3820，第145页。屠乔孙、项琳辑《十六国春秋》卷七三《前凉录四·张祚》则记作两人："立妻辛氏为王后，又立妻叱千氏为王后"，文渊阁《四库全书》史部载记类，第463册，第913页。
② 《资治通鉴》卷一〇一，第3185页。
③ 《太平御览》卷三七九《人事部二十·美丈夫上》引崔鸿《十六国春秋·前凉录》，第1751页。
④ 《晋书》卷八六《张轨传附灵伯祚传》，第2246页。
⑤ 杜斗城《汉唐世族陇西辛氏试探》（载《兰州大学学报》1985年第1期，第82—88页）对汉唐间的陇西辛氏作了系统考述，但对前凉辛氏只揭出辛攀、辛凭、辛理及张祚辛皇后四人。

　　前凉张氏与武威贾氏的婚姻,已见前述,这是陇右大族与河西大族之间的政治联姻。贾氏自东汉贾龚徙居武威后,逐渐发展成为本地著姓,子贾诩为曹魏名臣,西晋贾胤、贾匮、贾疋等皆位至大官,是汉晋时期河西地区举足轻重的世家大族。① 前凉初期张轨与武威贾氏结为姻亲,取得其政治支持,是稳定前凉统治的重要策略;但到张茂时诛杀贾摹,张、贾之间的姻亲关系至此中断,也加深了陇右、河西大族之间的矛盾,使前凉王国的统治基础遭到削弱。

　　张轨在为子娶妻贾氏的同时,还嫁女给唐氏,这同样是一种政治联姻,只不过亲家是外来大族。唐氏祖上与河西也曾有过关联,如东汉时唐惠任武威长,但其四世孙唐翔为丹阳太守,从此居住在江南;西晋时唐彬出任镇西校尉,与凉州刺史、护羌校尉张轨同仕西北,地位相当,这一婚姻自然也是出于政治上的考虑。其子唐熙,官任"太常丞,娶凉州刺史张轨女,永嘉末,遂居凉州。生辉,字子产,仕前凉陵江将军,徙居晋昌"。② 尽管在此前的魏初,敦煌可能就已有唐姓人存在,③但张轨之婿唐熙却属于外来大族,该家族后来在晋昌冥安形成了很大的势力,北凉段业时晋昌太守唐瑶移檄六郡,联合敦煌大族拥戴李暠建立了西凉王国。

　　前凉安定张氏与敦煌大族之间的婚姻,仅见宋澄一例,此例不见于正史与《资治通鉴》,颜之推《还冤记》记载张玄靓时,张瓘(瓘)专权,宋混遣弟宋澄诛之,张瓘临死前对宋澄说:

　　　　汝荷婚姻,而为反逆。皇天后土,必当照之。我自可死,当令汝剧我矣。④

---

①　参李俊恒《魏晋南北朝时期的武威贾氏》,《史学月刊》2008 年第 7 期,第 125—128 页。

②　《新唐书》卷七四下《宰相世系表四下》"唐氏"条,第 3202 页。

③　《三国志》卷一三《魏书·王朗附王肃传》(第 420 页)云:"魏初征士敦煌周生烈。……亦历注经传,颇传于世",尽管注文称"臣松之案此人姓周生,名烈",但邓名世《古今姓氏书辩证》卷一九《十八尤下》"周生"条则引刘炳(昞)《敦煌实录》云:"周生烈,本姓唐,外养周氏",丛书集成初编 3297—3304,第 252 页。

④　颜之推《还冤记》,陶宗仪等编《说郛三种》之《说郛一百二十卷》卷七二,第 6 册,第 3372 页。

屠、项辑《十六国春秋》曾辑录此条。① 从"汝荷婚姻"一语可知，宋澄娶了安定张氏女为妻。宋混、宋澄兄弟讨灭张祚与扶立张玄靓有功，成为前凉的辅政大臣。由于这层关系，宋澄与前凉张氏缔结政治联姻自然可以理解。但 359 年右司马张邕恶其专权，杀掉宋澄，使宋氏家族几乎遭到灭门之灾。宋繇之父宋寮就在这次事变中被诛，《魏书》卷五二《宋繇传》载其"五岁丧母，事伯母张氏以孝闻"，传文还记载到他的妹夫张彦，可见宋繇之伯父与妹妹皆和张氏相通婚，但这里的张氏应为敦煌大族，而非前凉安定张氏。因此从总体来看，敦煌大族虽与前凉王国关系密切，但却与前凉安定张氏极少联姻，宋澄仅为孤例，甚至可以说是宋氏专权时的一个特例。

从上表看，前凉安定张氏的其他婚姻对象，还有严、马、刘、裴、郭、焦、阎、薛等氏，郡望或里贯不明，大多与敦煌无关。即若马、刘、郭三氏可能出自敦煌，②但也只是小姓，而与大族无关；裴、阎、薛三氏通常被认为是河东地区的大族，前凉时迁徙到河陇者也只能算是小姓；严、焦二氏非大姓，故不多论。

---

① 屠乔孙、项琳辑《十六国春秋》卷七五《前凉录六·张瓘》，文渊阁《四库全书》史部载记类，第 463 册，第 925 页。

② 马氏的情况比较复杂，有学者认为出自敦煌，如马雍《略谈有关高昌史的几件新出土文书》说"宋、马、索三家都是高昌的大姓，其原籍均出自敦煌"，《考古》1972 年第 4 期，第 51 页；王素《吐鲁番出土〈某氏族谱〉新探》说"宋、马、索三姓在河西基本上都只有敦煌一个郡望"，《敦煌研究》1993 年第 1 期，第 64 页。但李鼎文在校点《续敦煌实录》时，曾清理出 6 个非敦煌籍人，其中有"马鲂、马炭，籍贯不详。……整理时都删去了"，参《续敦煌实录》"校点说明"，第 5 页。也有学者称作酒泉马氏，如洪涛《五凉史略》，第 20 页。在河陇地区，马氏还有出自"中州之令族"的马辅（《晋书》卷一二六《秃发傉檀载记》，第 3149 页）、卢水胡人马权（屠乔孙、项琳辑《十六国春秋》卷九七《北凉录四·马权》，文渊阁《四库全书》史部载记类，第 463 册，第 1085 页）。刘、郭二氏可能出自敦煌，如前凉时的刘肃、郭瑀。但是，即使像时代稍后的刘宝、刘昞父子，也都算不上是敦煌的大族；至于郭氏，《晋书》卷一二六《秃发乌孤载记》（第 3143 页）"阴训、郭幸，西州之德望"，"梁昶、韩疋、张昶、郭韶，中州之才令"，有来自西州、中州两方的郭氏，如郭瑀为敦煌人，与郭幸可谓同属"西州之德望"；而推立李暠的敦煌护军郭谦却是冯翊人，与郭韶一样同为"中州之才令"。所谓"西州之德望"，"西州"是否指敦煌尚可讨论，而"德望"也未必一定是大族。

通过以上的分析可知,前凉安定张氏虽然和陇右、河西的大族进行通婚,但以陇右辛氏居多且关系密切,这可能是张、辛同为陇右大姓有关;河西大族武威贾氏、敦煌宋氏虽有姻亲,但其性质为政治联姻,且贾摹、宋澄皆遭张氏诛戮,婚姻关系并不巩固;而与前凉张氏通婚更多的则是其他小姓。这种状况在中古时期大族社会的背景下,无疑是一个值得深思的现象。

八、结　语

自从汉武帝开拓河西以来,敦煌作为中原王朝控辖西域、隔断羌胡的重镇,又是丝绸之路中西交通的要冲,地位独特而重要。到东汉时,敦煌成为“华戎所交,一都会也”,[①]“东汉政府在敦煌有特殊的建置,同时,还扩大了敦煌太守的职权”,[②]使敦煌郡成为辖理西域的重要基地。这一情况,直到魏晋仍无改变。[③]　进入前凉,327 年首次在西域地区设置了高昌郡,[④]隶属于新立的沙州,[⑤]更加提升了敦煌的地位,扩大了影响,成为与凉州、河州鼎足而峙的重镇。从汉至晋,敦煌的人口增幅在河西四郡中比例最

---

①　司马彪《续汉书·郡国志五》“敦煌郡”条刘昭注补引《耆旧记》,收入《后汉书》,第 3521 页。

②　刘光华《论东汉敦煌在中原与西域关系中之重要地位》,敦煌文物研究所编《1983 年全国敦煌学术讨论会文集(文史·遗书编)》,兰州:甘肃人民出版社,1987 年,上册,第 31 页。

③　《晋书》卷一四《地理志上》云:“魏时复分以为凉州,刺史领戊己校尉,护西域,如汉故事,至晋不改”,第 433 页。敦煌是凉州最西部的一个郡,对西域的辖理具体仍由其实际负责。

④　徐坚等辑《初学记》卷八《州郡部》“陇右道第六”条注引《地舆志》曰:“晋咸和二年(327)置高昌郡”,上册,第 181 页。参山口洋《高昌郡設置年代考》,小田義久先生还历记念事业会编集、谷川道雄代表《小田義久博士還曆記念東洋史論集》,京都:真阳社,第 29—50 页。

⑤　《魏书》卷九九《私署凉州牧张寔传附子骏传》云:“敦煌、晋昌、高昌、西域都护、戊己校尉、玉门大护军,三郡三营为沙州,以西胡校尉杨宣为沙州刺史”,第 2195 页。又参《晋书》卷一四《地理志上》,第 434 页。

高,到西晋时甚至连人口数字也居于四郡之首。^① 以"敦煌五龙"为代表的学术文化水平,足以抗衡中原,领袖全国。五凉时期,以敦煌大族为核心的河西儒学可谓独树一帜。^② 武守志云:"具有自己特色的河西儒学,其运行的螺旋式圆圈是围绕着敦煌儒士旋转的","敦煌儒士不仅在数量上占了绝对优势,而且在学术成就上也居于遥遥领先的地位"。^③ 敦煌大族经过汉晋的孕育,到前凉时因中原大乱而效力于本邦政权,必然与前凉王国发生重要而密切的关系。

无论在史传的记载里,或者是在今人的著述中,满眼都看到前凉王国中敦煌大族的影子在晃动,学者们也大多异口同声地肯定敦煌大族的作用。然而,对于前凉王国来说,敦煌大族实际上并非铁板一块,而是一柄"双刃剑",他们中的大多数支持前凉政权,但也出现了前凉初期敦煌张、曹二氏图谋夺取凉州最高统治权的现象。敦煌宋氏作为晋凉之际崛起的新贵,在前凉后期一度掌政,最终却惨遭安定张氏的夷灭;武威阴氏势力极盛,也受到张骏的诛戮打击,之后西徙敦煌。宋、阴二氏是前凉军界的实力派,缺乏儒宦根基,政治浮沉很大,家族起落悬殊,但在前凉后期他们逐渐从武力强宗向儒家世族转变。家族自身发展最稳固,且给前凉王国提供最稳定支持的,则是敦煌地区汉代以来的传统老牌大族氾、索、令狐三氏,他们以经学传家,靠通经入仕,体现了以儒宦为根基的成熟稳定的高门世族的特征。我们发现,前凉王国对于宗族势力强大,文化水平极高的敦煌大族,也存在着两方面的心理矛盾,既有团结拉拢,以获取他们对政权的支持;却又极少与之通婚,没有形成中古时期极富特色的婚宦网络,是个耐人寻味的特殊现象。这也从一个侧面反映出前凉王国统治基础中的致命弱点。因此,对于敦煌大族与前凉王国的关系,必须具体分析,而不是笼统视之。

---

① 这只需要对比《汉书》卷二八下《地理志下》(第 1612—1614 页)与《续汉书·郡国志五》(收入《后汉书》,第 3520—3521 页)、《晋书》卷一四《地理志上》(第 433—434 页)所载河西四郡的户口数字,即可知道。

② 参王夫之《读通鉴论》卷一五《宋文帝》十三则,北京:中华书局,1975 年,第 429—430 页。

③ 武守志《五凉时期的河西儒学》,《西北史地》1987 年第 2 期,第 5—6 页。

　　附记:2013 年 1 月 9 日,余欣教授邀约为研究班论文集提供一篇稿子,并于当月底交稿。因时间紧张,且言可以交篇旧作,遂征得《内陸アジア言語の研究》责任编集森安孝夫教授、荒川正晴教授的同意,将原载于该杂志第 XXIV 号(2009 年)第 93—129 页之同名本文,改以国内通行之格式体例,并订正了个别错误、增补了一些文字,作为提交稿。因虑由繁变简产生不易发现的错误,遂请复旦大学博士生王晶及我的硕士生梁栋、王蕾通阅本文,帮助指出了若干我确实难以发现的问题。在此对以上师友同学致以谢意!

隐性的机构精简与南宋中央集权之弱化

——论南宋地方行政机构的"兼职"现象*

余　蔚(复旦大学历史学系)

通常,一套政治制度的建立过程,至少包括机构的创置、编制的确定、层级之间及同一层级内权力界限的厘定。这是制度核心的、比较醒目的部分,我们的研究,往往止乎此,但在此之外,却有许多不被注意的零星条款甚至只是不成文的惯例,使制度的运作结果与其核心部分创置的本意不符,甚至走向背反面。把握这些不为人注目的隐性因素,常常是接近真相的关键。但又非常困难,因为它们很不直观地隐藏在海量的史料中,容易被不经意地忽略。

就宋代的地方行政制度而言,路—府州军监—县的统辖模式一直是地方行政组织的基本结构,其中在路一级,有转运司(漕司)、提点刑狱(宪司)、提举常平(仓司)和安抚司(帅司)四个并立分权的机构。此外,又有发运使、提举茶马公事、总领、宣抚使、制置使等,跨几路之境并且承担部分民政职责的机构——笔者称之为"跨高层准行政组织"。[①] 朝廷以各种条文厘定层级或机构之间的权力界限之后,地方行政体系权力分配模式的核心制度,就建立起来了。然而,由核心制度造就的权力分配格局,只

---

* 　上海市哲学社会科学资助项目(2008BLS003)。

①　这些机构在地方民事上的职责,见拙作《宋代的财政督理型准政区》,《中国历史地理论丛》2005 年第 3 期;《论南宋宣抚使、制置使制度》,《中华文史论丛》2007 年第 1 期,第 129—180 页。

是一种理想状态。在不同时期,由于一些隐性因素的介入,理想的分配格局或多或少产生偏离,导致了各地方行政组织的真实权力、运作过程与明文所载的状态相去甚远。相对而言,偏离的程度,在南宋远甚于北宋,南宋后期又甚于前期。这主要是由于南宋地方行政机构之间相互兼职的现象日趋严重。

邓小南先生早已指出南宋转运司比北宋明显精简的事实。南宋——特别是后期——的诸路漕司,很少设有转运使一职,其长官多为运副或运判。在员数上,南宋前期除用兵等非常时期,平时各路皆以两员为率。后期,则一般只置一员。① 这一研究引起笔者的极大兴趣,进而关注宋代地方行政机构规模的整体变迁过程。笔者最终发现,实际上的减员几乎延及所有重要的地方行政机构,它们的主要官员跨越部门、甚至跨越层级的相互兼职,使南宋中后期在地方部门发挥作用的官员,远小于官职的设置数目。

事实上,上面所说的"偏离",终究也是一种表相,在发生偏离的多数场合下,偏离反而是真正的目的,是有意而为之。制度的设计者与实施过程的最终决策者,是同一主体,即宋中央政府,因此,"偏离"本身,有时也会是中央政府既有的、但却不宜宣之于众的政治术的体现。"偏离"的方向与程度,往往受制于中央政府对于权力分配格局的理解的更新速度与深度。有鉴于此,只有了解这些隐性的因素以及动态的"再分配"过程和结果,我们才有可能真正理解一个时代的政治思维的真正特性。

一、研究对象:独立机构主要官员互兼

宋代的兼职现象非常发达,各监司之兼职如转运曾兼按察使、劝农使,提刑亦尝兼劝农使。各路首州长官兼安抚,其他各州长官,又多有兼钤辖、都监、管内安抚者,知县亦兼本县兵马。提举茶马司在各州的管勾官,亦由通判、幕职官兼。上述兼职现象,是由固定官员兼管辖区内另一种事务,迄至宋末,按察、劝农、安抚使,以及四川、沿海、沿江制置及各种

---

① 邓小南《宋代文官选任制度诸层面》,石家庄:河北教育出版社,1993 年,第 137 页。

管勾官等职，一直与其他职位"共生"，未尝为此单独置官，因此可以说，这些兼职本身只是"职务"，而非职位。另外，一州内有幕职、曹官互兼，如录事参军兼司户参军，司户参军兼军事推官；一县内有令、丞、簿、尉互兼。这些兼职现象，则是出于省员而不废事的目的，故令一个机构内一官而兼有两个职位。当然，州、县行政官员兼场务的现象也很正常。上述所有兼职现象，在宋代皆可视作常制。本文要讨论的，是在主要的地方行政组织之间，由一个机构的长官兼另一个独立机构的某个职位，从而引起不同机构甚至不同层级之间权力转移或合并的现象。所谓"主要的地方行政组织"，包括制置、宣抚、发运、总领等跨高层准行政组织，帅、漕、宪、仓等高层行政组织，以及统县、县级行政组织。

在宋代，同级不同行政组织之间的兼职，主要有一人兼本路两个以上监司之职，或一人兼有两个跨高层行政组织长官。不同层级之间的兼职，主要发生在州军、监司与跨高层行政组织之间。在宋代的任何时期，上述的兼职现象都可能发生，为了免致某职位空缺时间过长，引起行政工作的混乱，中央政府对于各种职位空缺之时由谁兼职，都有明确的规定。如元祐二年(1087)六月，诏："三京及带一路安抚总管、钤辖、知州阙，转运、提点刑狱官兼权"，[①]这是监、帅司之间的兼职。淳熙十三年(1186)，诏："监司去处守臣暂阙，令监司兼权"，[②]这是监司、州军之间的兼职。绍兴二十八年(1158)规定，四川安抚制置使、知成都府缺官，令监司兼知成都府，而令茶马司兼制置使，茶马缺，则由总领兼制置使。[③] 又如，乾道八年(1172)规定，如淮东、西、湖广总领赴行在奏事，"淮东委守臣，淮西、湖广委漕臣兼权"。[④]

---

① ［宋］李焘《续资治通鉴长编》(以下简称《长编》)卷四〇二，元祐二年六月甲辰，北京：中华书局，1992 年点校本。
② ［清］徐松辑《宋会要辑稿》(以下简称《辑稿》)职官四五之三三、三四，北京：中华书局，1958 年影印本。
③ 《辑稿》职官四〇之一二。
④ ［宋］谢深甫监修《庆元条法事类》卷四《职制・上书奏事》，北京：中国书店，1990 年影印《海王邨古籍丛刊本》。乾道八年诏书中，淮东、西之所以情况不同，因淮东总领置司镇江，除总领外，驻于镇江府的最高长官为知府，而淮西总领置司建康，在知府之外，尚有高层行政组织长官江东漕司故也。

这两条规定是针对跨高层行政组织长官、监司、知州之间的兼职。在大部分情况下，这些兼职现象都是暂时的，上述规定，都只是临时应付个别重要行政职务的短期空缺。但是，为了省官减员，及迫于时局变化，"兼权"这样听起来是暂时的现象，有时会变成较长时间兼职。如果一身而兼有两个以上重要行政职务的情况，越来越频繁地出现，兼职的时间也不再是短期、过渡性的，那么就会出现几种职位的权力逐渐集中于一名官员的倾向，从而在事实上精简了地方中、高级官员的数量。地方行政体系内部的权力分配格局，也因此出现明显改变。下文就各种不同的兼职现象，逐一进行阐述。

二、监司、跨高层准行政组织长官兼郡

　　监司与郡守互兼，在宋初是一种比较常见的现象。当时唯一的一类监司——转运使，就多由知州兼。太祖朝初下岭南后，自开宝五年（972）至太平兴国四年（979），知广州或"同知广州"潘美、李符、杨克让等五人，皆兼"广南转运使"或"管内水陆转运使"之职。[①] 其他如太平兴国元年王明以知洪州兼江南诸路转运使，咸平（998—1003）初马知节以知益州为本路转运使，甚至有知州兼发运使的例子，如淳化四年（993）王宾知扬州，兼淮南发运使。[②] 这种现象其实不难理解，前朝曾有先例。东汉刺史虽然不兼郡守，唐代的节度使却是兼为首州长官的，宋初有部分转运甚至发运使兼郡，似是受唐行政制度的影响，但以专业财政机构的长官兼民事长官，可以看作转运使制度还未发展到成熟阶段的一种表现。

　　大约在真宗景德（1004—1007）以后，监司或跨高层准行政组织的长官兼郡的现象只是偶然发生了，虽然转运使、提刑、发运使、提举茶马兼知

① 《辑稿》食货四九之三。
② 《宋史》卷二〇七〇《王明传》，北京：中华书局，1977 年点校本；卷二七八《马全义附子知节传》；卷二七六《王宾传》。

州的例子都有，①但极为罕见。当然，在北宋中期所形成的诸路首州长官兼安抚使的制度，就不在讨论之列了，因安抚使一职既然普遍地以首州知州兼，自可视作非独立存在的行政职位。可以认为，景德以后，地方行政制度整体上已经比较成熟，行政体系之运作较有规则。《会要》中有一段关于转运使的记载："国初……知州亦有兼转运使者，其后……知州亦无兼领者。"②这个说法，基本符合真宗景德以后的情况，并且可类推到此后设置的提点刑狱、提举常平以及发运司、茶马司等机构，但是，这后半句话却少了一个时间的下限——至迟在南宋开禧、嘉定间（1205—1224）。

据笔者所见，在南宋，监司或跨高层准政区长官如总领、提举坑冶等兼郡的现象，比景德以后至北宋末要常见得多，而南宋嘉定以后，又较此前明显增加。表1反映了南宋两浙东路提举、提刑兼郡的情况。

表1　南宋两浙东路提刑、提举兼知属州

兼职起、至年月	任职者	监司	州府
嘉泰中—	李大性	提刑	兼庆元
嘉定六年—八年五月	程　覃	提举	兼庆元
嘉定十四年九月—十五年二月	章良朋	提举	兼庆元
嘉定十四年十月—十四年十二月	程　覃	提举	兼绍兴
嘉定十四年十二月—宝庆二年九月	程　覃	兼提刑	绍兴
嘉定十七年七月—宝庆元年十一月	齐　硕	提举	兼庆元
绍定二年十二月—四年二月	叶　棠	提举	兼台
端平三年二月—八月	陈振孙	兼提举	台

---

① 兹各举数例。仁宗庆历中，范雍知永兴军，兼转运司事，见《宋史》卷二八八《范雍传》。真宗大中祥符三年，有京西提点刑狱官、知河阳高绅，见《长编》卷七三，大中祥符三年五月甲申。政和中章缔提点淮南刑狱、权扬州事，见［宋］孙觌《鸿庆居士集》卷三三《宋故左朝奉大夫提点杭州洞霄宫章公墓志铭》，文渊阁《四库全书》本。仁宗天圣四年，张纶以发运副使兼权泰州，见《长编》卷一○四，天圣四年八月丁亥。哲宗元符元年，陆师闵知秦州，兼提举茶马，见《长编》卷五○一，元符元年八月甲辰；次年师闵知永兴军，仍兼提举茶马，《长编》卷五一六，元符二年闰九月丙子。

② 《辑稿》食货四九之二。

（续表）

兼职起、至年月	任职者	监司	州府
嘉熙三年六月—十二月	章谦亨	兼提刑	衢
嘉熙三年十二月—四年十一月	章谦亨	提刑	兼衢
淳祐三年六月—四年二月	陈晋接	提刑	兼婺
淳祐六年八月—十月	章端子	提举	兼温
淳祐十一年七月—十二年一月	蔡 抗	提刑	兼婺
开庆元年十一月—景定元年九月	陈仁玉	提刑	兼婺
景定二年五月—景定三年一月	孙子秀	提刑	兼婺
景定三年十二月—五年二月	李 芾	提刑	兼温

资料来源：[宋]张淏《会稽续志》卷二，《宋元方志丛刊本》，北京：中华书局，1990年。《宋史》卷三九五《李大性传》。

可以发现，浙东宪、仓司兼郡的现象在嘉泰中（1201—1204）始见，至嘉定（1208—1224）以后成为很常见的现象，兼职时间长达一年以上的非常普遍，其中程覃以知绍兴府兼浙东提刑长达五年。显然，兼职时间以年计，实在不能算是"短期"，而且兼职显然已成为惯例。再看其他各路的情况，也甚为相似。足以证明南宋兼职始多，自嘉定后又明显增加。

监司及总领等兼属州，并无一定规律，如浙东路除了处州之外，提刑、提举曾兼知属下所有州、府。其他路分亦近此。不过，有个别州府，在南宋后期由上级行政组织长官兼知的情况显得有更"习惯性"（见表2）。

表2　南宋后期常由监司、发运、总领兼知之州府

州府	上级组织	兼职集中年份	始见兼职年份（任职者）
镇江府	淮东总领	端平三年至淳祐三年	嘉泰四年（梁季珌）
太平州	江东漕	淳祐元年至七年	嘉熙二年（吴渊）
池州	江东仓	绍定后	宝庆三年（赵范）
隆兴府	江西漕	淳祐元年至宋末	乾道中（龚茂良）
赣州	江西宪	咸淳、德祐	开禧二年（钟将之）
吉州	江西仓	淳祐末至咸淳末	淳祐十一年（叶梦鼎）

（续表）

州府	上级组织	兼职集中年份	始见兼职年份（任职者）
建宁府	福建漕	端平初至咸淳中	端平初（袁甫）
黄州	淮西提刑	嘉定十四年后	嘉定十四年（何大节）

资料来源：[宋]周应合《景定建康志》卷二六《官守志三》，《宋元方志丛刊本》。《宋史》卷四〇《宁宗纪四》；卷四一《理宗纪一》及卷三八五《龚茂良传》；卷四〇五《袁甫传》；卷四一四《叶梦鼎传》；卷四一六《吴渊传》；卷四一七《赵葵附弟范传》。《宋会要辑稿》兵三之四四。[宋]刘宰《漫塘集》卷三三《故吏部梁侍郎行状》，文渊阁《四库全书》本。[宋]许应龙《东涧集》卷五《李华除江西提刑兼知赣州制》，文渊阁《四库全书》本。[宋]陈著《本堂集》卷五五《通贺吉守宝谟王直阁（似）兼江西仓启》，文渊阁《四库全书》本。[宋]文天祥《文文山全集》卷五《贺翁丹山兼宪》，上海：世界书局，1936年；卷七《回吉守王提举》；卷一〇《贺仓守赵编修端斋》；卷八《回交代权赣州孙提刑炳炎》；卷一七《纪年录·德祐元年》。[宋]刘克庄《后村先生大全集》卷八九《记·建宁府新建谯楼》，四部丛刊初编本。

　　根据《景定建康志》历任江东漕臣的名单，可以发现淳祐元年（1241）八月至七年五月连续五任江东漕臣，都兼知太平州。又《方舆胜览》载：知黄州"或兼本路提刑"，[①]为南宋末兼职现象之普遍化提供了证据。如果再算上南宋后期监司、总领兼制置、安抚，从而也兼知首州的例子，那么监司、总领兼知州的现象当更显普遍。

三、本路监、帅司互兼

　　除非一司长官暂时离任，由另一司长官短期兼权，此外，帅、漕、宪、仓司的互兼，在北宋极为少见，只见于熙宁、元丰间（1068—1085）政策多变的时期，如元丰四年（1081），黄廉曾以河东提刑兼转运事，又熙宁中，一度由川、广六路漕司兼本路提举。而在南宋，此现象却甚为普遍。不过，这种兼职现象的普遍性，在整个南宋时期呈现两头高中间低的形态。

　　建炎中，曾在京东等大半沦陷的路分推行监、帅司互兼的政策，如建炎二年（1128），柴天因一身而兼京东帅、漕、宪三司，兼知青州。[②] 绍兴三

---

① [宋]祝穆《方舆胜览》卷五〇，北京：中华书局，2003年点校本。
② [宋]李心传《建炎以来系年要录》（以下简称《要录》）卷一三，建炎二年二月乙卯朔，北京：中华书局，1956年点校本。

年(1133),诸镇抚大多已罢,故于淮南复置监司,然户口大减,田土荒莱,故置官亦简,淮南两路置漕臣一员兼淮东提刑,另有提举茶盐一员;①四年,更只置提举茶盐一员兼淮南漕;②五年,改置"提点两路公事"一员,兼领诸监司事务;③七年,东、西路各置漕臣一员,兼提刑、提举事。④又京西路于绍兴六年复置监司,以李若虚为提举常平茶盐,兼转运、提刑公事。⑤两淮、京西监司长期互兼的状况似乎一直保持到南宋末,成为行于特定地区之制度。其他各路亦常有监司互兼之现象,如南宋初赵令裀以福建运判兼提刑,绍兴十九年张昌以江东常平兼提刑,等等,⑥但远不如淮南、京西之普遍。

孝、光两朝及宁宗朝开禧以前,"帅臣、监司……有一身而适兼数职者"⑦还是存在的,不过,大多数路分监、帅司之兼职现象较绍兴中有所减少。庆元中(1195—1200)彭龟年上奏曰:"绍兴初间,虽未尝大有所更革,然所在监司,多不备置,或以一员而兼领,亦不闻有所阙败。……臣窃观近日监司皆无阙员。"⑧可见,与绍兴时相比,庆元中监司大致满员,兼职现象明显减少。不过,即使在这一时期,两淮、京西监司长期阙员互兼的现象却延续下来,在淮南,多是漕、宪互兼,而京西则仅一员监司,"总三司之繁,事权尤重"。⑨

约宁宗嘉定(1208—1224)以后,监司互兼更显常见,仍以两浙东路为例,其提举、提刑互兼情况如表3。

---

① 《要录》卷六四,绍兴三年四月庚寅。
② 《辑稿》食货四九之四二。
③ 《要录》卷八四,绍兴五年正月乙丑。
④ 《辑稿》食货四九之四三。
⑤ 《要录》卷九八,绍兴六年二月戊申、辛亥。
⑥ 《宋史》卷二四四《燕王德昭附令裀传》;《辑稿》选举三〇之二。
⑦ [宋]郑兴裔《郑忠肃奏议遗集》卷上《请禁传馈疏》,文渊阁《四库全书》本。
⑧ 《历代名臣奏议》卷一六二,上海古籍出版社,1989年影印本。
⑨ [宋]楼钥《攻媿集》卷三六《广西运判方崧卿京西运判提举张釜广西运判》,文渊阁《四库全书》本。

表3 南宋两浙东路宪、仓二司互兼

兼职起、至年月	任职者	本职	兼职
绍兴十七年十二月—十九年	秦昌时	提举	提刑
绍兴二十七年四月—十一月	邵大受	提举	提刑
嘉定九年五月—十一月	李琪	提举	提刑
嘉定十年正月—十一年十月	赵伉夫	提举	提刑
嘉定十二年三月—八月	沈皞	提刑	安抚
嘉定十二年八月—十三年九月	喻珏	提举	安抚、提刑
绍定元年十二月—四年五月	汪统	提刑	安抚
绍定四年五月—七月	叶棠	提举	提刑、安抚
绍定四年七月—六年九月	叶棠	提刑	安抚
绍定六年十一月—端平元年七月	黄壮猷	提举	提刑
嘉熙元年十月—二年四月	潘刚中	提刑	安抚
淳祐元年二月—九月	马光祖	提举	提刑
淳祐元年九月—三年四月	徐鹿卿	提刑	提举
淳祐四年七月—十月	章颐	提举	安抚
淳祐六年四月—七年五月	赵性夫	提刑	安抚
淳祐八年二月—七月	赵与杰	提举	提刑
淳祐八年七月—九年正月	赵性夫	安抚	提举
淳祐九年正月—六月	赵希朴	安抚	提举
淳祐九年六月—十一月	洪芨	提刑	安抚
淳祐九年十二月—十年八月	洪芨	提刑	安抚
淳祐十年八月—十一月	马天骥	提举	安抚
淳祐十年十一月—十一年十月	马天骥	安抚	提举
淳祐十一年十一月—十二年正月	楼治	安抚	提举
淳祐十二年正月—八月	楼治	安抚	提刑
淳祐十二年八月—宝祐元年三月	程沐	提举	安抚
宝祐四年十月—五年八月	顾岩	提刑	安抚

（续表）

兼职起、至年月	任职者	本职	兼职
景定元年五月—七月	郑雄飞	提举	安抚
景定元年十一月—十二月	林光世	提举	安抚
景定二年十二月—三年五月	季　镛	安抚	提举
景定四年十月—五年正月	朱应元	提举	安抚
景定五年正月—五年五月	朱应元	提刑	提举、安抚
景定五年五月—	李献可	提举	提刑
咸淳六年	刘良贵	安抚	提举

资料来源：[宋]张淏《(宝庆)会稽续志》卷二。陈著《本堂集》卷七〇《贺刘帅升直宝章阁兼浙东仓札》，文渊阁《四库全书》本。

《会稽续志》所载提刑题名始自北宋元符三年(1110)，提举题名始自宣和六年(1124)，因此表3非常清晰地反映了监司互兼现象在整个南宋的发展过程。除了绍兴间偶然有两司相兼的现象，其他兼职，都发生在嘉定以后，有时甚至连续两任都是一身兼任宪、仓两司事。另外，宪司或仓司兼帅司的现象在嘉定以后也突然出现，其中绍定元年(1228)十二月至六年九月近五年中连续两任、淳祐八年(1248)七月至宝祐元年(1253)三月的近五年中连续八任，浙东帅司皆由宪司或仓司兼任。甚至还数度出现兼任三职者，其中喻瑊兼浙东帅、宪、仓司时逾一年。其他各路监、帅司互兼的现象，也频频出现。同是嘉定中，赵崇宪曾以江西提举兼权隆兴府及帅、漕司事，后迁转运判官，仍兼帅事。① 淮南两路所置监司本来就少于其他路分，嘉定十二年前后，赵善湘又以知庐州、主管淮南制置司公事、淮西帅兼转运判官、提举常平，以一身兼帅、漕、仓三职，②使高层行政官员进一步精简。再以广西路为例，南宋时该路仓司一直由漕司或宪司兼，而漕、宪、帅之间又往往互兼，如董槐自淳祐六年以广西运判兼提刑，八年，

———————————

① 《宋史》卷三九二《赵汝愚附子崇宪传》。

② 《宋史》卷四一三《赵善湘传》。

升任运副,仍兼提刑,则漕臣兼宪臣在两年以上。① 次年,李曾伯又以广西经略安抚、知静江府兼转运使,另以丰稷兼宪、仓两职。李上奏诉苦:自己即便只是处理安抚司之军务,已应接不暇,漕司职事已是荒废,而宪、仓只是一员,"日惟奉行总所催纲",②日常行政事务无人管理。宝祐中,姚希德复以经略安抚兼运判;咸淳八年(1272)七月,有胡颖者,以知静江府、广西经略安抚使兼计度转运使。③ 可见,在南宋后期,淮南、京西及广西这样的边远路分,以及浙东这样近于行在的富庶路分,监、帅司互兼的现象同样常见。

四、跨高层准政区长官互兼及兼监司

这种兼职现象似乎在太宗至道三年(997)由淮南转运使兼发运使之日就出现了,但是,该年发运使不再作为一个独立的职位而存在,淮南转运使所兼只是"职务"而已,故不在我们的研究范围之内。真正出现跨高层准政区之间,或者它与监司互兼,始见于熙宁中(1068—1077)程之邵以提举茶马公事兼熙河路转运使。④ 在北宋,跨高层准行政组织长官互兼或兼监司,主要就是茶马司与某路漕司之兼职,除程之邵之外,元符二年(1099),陆师闵、孙轸皆曾以陕西漕臣兼提举或同管勾茶马公事。⑤

南宋跨高层准行政组织长官互兼或兼监司的现象较北宋远为常见。绍兴间(1131—1162),由四川都转运使或成都府路转运使兼领茶马司是很正常的现象。绍兴五年至八年间,赵开、李迨、张源等历任四川都漕,皆兼提举茶马。⑥ 绍兴二十八年,王之望亦以成都府路转运副使兼权茶马。⑦

---

① 《宋史》卷四一四《董槐传》。
② [宋]李曾伯《可斋续稿》后集卷九《回庚递宣谕奏》,文渊阁《四库全书》本;同书卷一二《桂闽文武宾校战守题名记》。《宋史》卷四二〇《李曾伯传》。
③ 《宋史》卷四二一《姚希德传》;卷四六《度宗纪》。
④ 《宋史》卷一九〇《兵四》。
⑤ 《长编》卷五〇六,元符二年二月甲戌朔;卷五一六,元符二年闰九月癸酉。
⑥ 《要录》卷九五,绍兴五年十一月乙酉;卷一〇八,绍兴七年正月辛卯;卷一二一,绍兴八年七月丙申。
⑦ [宋]王之望《汉滨集》卷八《候边事少宁乞差宫祠朝札》,文渊阁《四库全书》本。

另外,嘉泰间(1201—1204)有都大坑冶兼江东提刑之例。① 总领兼漕、仓司的现象更多。② 不过,需要注意的是,这些兼职,虽然各种职位之辖区不能重合,但职事却接近,即所兼各职,除行政任务之外,都以财政为主职。

不过,自宝庆三年(1227)岳珂以淮东总领兼淮东制置使之后,③主管军事的跨高层准行政组织长官宣抚、制置使,与主管财政的跨高层准行政组织长官总领,出现了相互的兼职现象。宋亡之前近五十年,沿江制置兼淮西总领、京湖制置兼湖广总领、四川制置兼总领曾多次出现。至景定二年(1261),诏:"制置、总领合为一,以沿江制置大使马光祖兼淮西总领。"④此后沿江、京湖、四川三制置大多兼总领,如四川,自景定二年至咸淳十年(1274),四川安抚制置皆兼四川总领。⑤

五、其他兼职形式

主要地方行政组织之间的兼职,还包括下级兼任上级行政组织属官。监、帅司为本司事务差出州、县官员,在整个宋代都很常见,而监、帅司置司处之州、县官员,更是首当其冲。天禧四年(1020),桂、广州幕职官各增

---

① 嘉泰三年,梁季珌以都大坑冶兼江东提刑,见《漫塘集》卷三三《故吏部梁侍郎行状》,文渊阁《四库全书》本。

② 总领兼漕臣,可见《景定建康志》卷二六,《宋元方志丛刊》本。乾道六年以后,淮西总领多兼江东漕事;总领兼仓司事,如嘉定中曹彦约以湖广总领兼湖北常平事,见《宋史》卷四一〇《曹彦约传》;咸淳五年李庭芝以两淮安抚制置大使兼提举,见《宋史》卷四六《度宗纪》:"咸淳五年春正月丁未,以李庭芝为两淮安抚制置大使、兼知扬州","六月庚子,李庭芝辞免兼淮东提举,不允"。

③ 《宋史》卷四一《理宗纪一》。

④ 《景定建康志》卷二六。

⑤ 京湖如吕文德,见《宋史》卷四五《理宗纪五》,景定二年四月丙申、壬寅;咸淳九年,汪立信以京湖制置使兼湖广总领,见卷四六《度宗纪》,咸淳九年四月甲申。四川者,如刘雄飞,景定二年为"四川安抚制置副使、兼知重庆府、四川总领、夔路转运使",见《理宗纪五》,景定二年十一月己未朔;景定四年,雄飞升四川安抚制置使、兼知重庆府,仍兼四川总领财赋,夔路转运使如故,见同卷景定四年三月丁亥;景定五年,夏贵任四川制置使,兼职完全相同,见同卷景定五年四月丁未;咸淳六年,朱禩孙亦任"四川安抚制置、总领夔路转运、知重庆府",见《度宗纪》,咸淳六年二月己亥。

至五员，以备转运司之差遣。① 北宋元祐中（1086—1093）大规模简省诸监司属官，主要的理由就是，若"逐司有公事，选委部下清强官吏，必无阙乏"。② 然而，监司不满足于临时差出州、县官员，多令后者"权摄"本司属官，长期在监司听候调度，号"抽差"。中央政府曾多次下令禁止州县官员兼监司属官，如皇祐元年（1049），"诏：'应诸路转运使不得差官在本司点检，或管勾文字、勾当公事。'时臣僚上言：'诸路转运司自令部下幕职州县官在司。'故诏止之"。③ 南宋嘉定十五年（1222）之前，也曾规定"监司属官不许令州县官兼摄"，④但"抽差"并未因多次诏敕而被有效制止，约在开禧元年（1205），方信孺曾以萧山县丞被"差兼淮东随军转运属官，未几复还萧山"。⑤ 这种跨路分的兼职之存在，说明了"抽差"得到朝廷的认可而普遍存在。在监司的压力下，被"抽差"的州、县官员不得不将精力集中于兼职而妨碍了本职，像方信孺这样因兼职而被调离本职所在之地，更是无暇顾及本职，这必然影响州、县的日常行政工作。至端平元年（1234），臣僚反映，"抽差"现象已导致"州、县废职"。⑥

在南宋，随着军管型跨高层准行政组织宣抚、制置司在四川、京湖、两淮的建立，又出现了监司、知州、通判兼宣抚、制置司属官的现象。建炎三年（1129）张浚宣抚川陕之后，四川都转运使、监司等，多兼宣抚处置司参谋、参议官。建炎年间及绍兴初年，其他各宣抚、制置司，亦有类似情况。绍兴六年（1136），命"监司见兼宣司职事者并罢"。⑦ 不过，此后宣抚、制置司或者地位更高的都督、督视军马属官由现任监司、知、通兼任，似乎形成了惯例，笔者所见个案中，宣抚司、制置司、都督、督视军马之参谋官、参议官等地位较高的属官，约有半数由见任监、帅司及知州、通判兼任，而主管

---

① 《辑稿》职官四八之七。
② 《长编》卷三六七，元祐元年二月戊子。
③ 《辑稿》食货四九之一五。
④ 《辑稿》职官七九之三五。
⑤ ［宋］刘克庄《后村先生大全集》卷一六六《行状·宝谟寺丞诗境方公》。
⑥ 《吏部条法·差注门》，《永乐大典》一万四千六百二十；又，《宋史》卷一五八《选举四》，绍定七年，监察御史陈垓言："抽差员众，州县废职。"
⑦ 《要录》卷一〇一，绍兴六年五月戊寅。

机宜文字等地位较低者,偶亦由州、县官为之,如史嵩之于宝庆三年至绍
定三年间(1227—1230),先后以主管京湖制司机宜文字兼襄阳府通判、知
枣阳军兼制置司参议官、京西运判兼提举常平兼参议官。① 又如绍定四
年,以赵善湘为江淮制置大使、知建康府,以赵范为淮东安抚副使、知扬
州、兼江淮制司参谋官,赵葵为淮东提刑、知滁州、兼大使司参议官。② 范、
葵二人,既领一州之事,又掌一路兵权或行政权,其受命为江淮制置司属
官,自然是出于制置司便于协调制置司辖区、路、州三级之间的关系,在军
事行动中作出迅速反应的目的。宝祐六年(1258),荆湖北路提刑文复之
兼京湖制置司参谋官,为便于接受制置司的指挥,奉朝命移提刑司于江
陵,③显见所谓的"兼职",有时竟会有超越本职的重要性。

　　开庆元年(1259),贾似道以枢密使为京西湖南北、四川宣抚大使、都
大提举两淮兵甲、湖广总领、知江陵府,④不但以宣抚而兼总领,而且辖区
横跨四川、京湖、两淮,可算是宋代绝无仅有的辖区最大并且兼管兵、财的
地方官员。然而既带枢密使之职,相当于以全国军队总帅的身份,亲临前
线指挥作战,更何况当时四川、两淮、沿江各有制置司,故可看作临时置一
"行台",替中央协调地方军队。

六、关于兼职的一些规律

　　虽然各类兼职形式之发展过程互有差异,但是,主要地方行政组织之
间的互相兼职总体上呈现出一定的规律。表现在时间上,南宋较北宋普
遍,南宋后期又较前期更常见。越往后发展,兼职出现的频率越高,兼职
方式也越来越复杂,以致出现身兼跨路、路、州三层共四五个行政组织长
官的现象。如嘉定十二年(1219),赵善湘"主管淮南制置司公事、兼知庐

---

①　《宋史》卷四一四《史嵩之传》。
②　《宋史》卷四一《理宗一》。
③　《宋史》卷四四《理宗四》。
④　《宋史》卷四四《理宗四》。

州、兼本路安抚，仍兼转运判官、提举常平"；①又如上文所证，南宋末四川制置例兼知重庆府、兼四川总领、兼夔州路转运判官；端平中（1234—1236），史嵩之以淮西制置使，兼沿江制置副使、兼知鄂州、兼湖广总领、兼淮西安抚使，②不仅集制置、总领两司职事于一身，而且所兼制、总各职跨江淮、京湖两大区，这是兼职现象发展之极致。如果以某人之履历来说明南宋后期兼职之盛，则吴渊的历任差遣可能是最能说明问题的（见表 4）。吴渊一生辗转官场四十三年，大部分时间在地方任职，其经历是个很经典的个案，可用于说明地方各个层级的各种兼职现象。

表 4　吴渊历任地方职事中的兼职现象

时间	州、县	监、帅司 1	监、帅司 2	制置	总领
嘉定中	知扬子县	淮东漕司干办公事			
端平中	知镇江府				淮东总领
淳祐中	知太平州	江东转运使			
淳祐中	知隆兴府	江西安抚使	江西运副		
淳祐中	知平江府	浙西提刑			
宝祐中	知江陵府			京湖制置	湖广总领

资料来源：《宋史》卷四一六《吴渊传》。

　　兼职之规律，表现在空间上则是：置司处同在一州的不同行政组织，相互兼职的现象发生的频率较高。如南宋浙东帅、宪、仓司同在绍兴府，故兼两职、三职的现象很常见。南宋末，四川制置兼总领、京湖制置兼湖广总领，及沿江制置兼淮西总领都成为惯例，也是因为这三个区域制、总两司同驻一州，兼职自然较为方便。而淮东总领置司于镇江，淮东制司却在江北扬、楚等州，故未见制、总合一之例，这可以反证置司处对兼职现象的影响。惟宪、仓两司兼知州的现象，似很少受置司处的限制，上文已经提到，浙东宪、仓司曾兼知处州以外的其他属州。另外，如淮西提刑，亦曾

---

① 　《宋史》卷四一三《赵善湘传》。
② 　《宋史》卷四一四《史嵩之传》。

与黄、濠、和、高邮等州军长官互兼。①

那么，同是身兼两职，甲职兼乙职，与乙职兼甲职，是否何区别？笔者并未发现这其中意味着以其中之一为主，而所"兼某职"为次要职事。一般说来，先赴之职，排在衔内首位，如先知某州，一段时间后兼管宪司职事，则为"知某州，兼某路提刑"。另外，各职在衔内之排位，往往与任职者官阶的升迁有关，即名义上的"主职"，要求与任职者的资历相符。如淳祐十年(1250)，马天骥以浙东提举兼安抚，随着寄禄官的升迁，改为安抚兼提举事。②

七、结　语

随着时间的推移，宋代地方行政体系中兼职现象越来越发达，这一发展趋势，必是受某些动机驱使。从南宋历朝臣僚的议论之中可以发现，提倡兼职，主要是受到"省官而可不废事"这种看法的影响。如绍兴四年(1134)省淮南漕，令提举茶盐司兼领，即因淮南在兵火之后，"别无漕计"，③事省则官亦省。也正是这一想法，使绍兴五年后淮南、京西监司互兼的做法延续下来。至孝宗、宁宗朝，置监司稍多，互兼现象减少，臣僚回顾南渡初的状况，认为"绍兴初间，虽未尝大有所更革，然所在监司，多不备置，或以一员而兼领，亦不闻有所阙败"，故而值得效仿，"诸路如提刑、提举职事，以漕臣兼之有余。……欲乞详酌，尽行废并"，④每路只置漕臣一员，兼各司职事。另外，监司之属官也有条件大量裁减，因为，既然州、县官员也是监司的部下，当然也像本司属官一样，可听监司差遣，"若监司

① 嘉熙元年六月，李寿朋知黄州、兼本路安抚、提刑，见《宋史》卷四二《理宗二》；淳祐三年，徐敏子知濠州兼淮西提刑，见佚名著、李之亮点校《宋史全文》卷三三《理宗三》，哈尔滨：黑龙江人民出版社，2004年；杜庶于宝祐中知和州兼淮西提刑，见《宋史》卷四一二《杜杲附子庶传》；淳祐六年，萧逢辰知高邮军兼淮西提刑，见《宋史全文》卷三四《理宗四》。
② 〔宋〕张淏《(宝庆)会稽续志》卷二，《宋元方志丛刊》本，北京：中华书局，1990年影印本。
③ 《辑稿》食货四九之四二。
④ 《历代名臣奏议》卷一六二，宁宗时彭龟年奏。

实有职事合委属官，即于置司处就令州、县官兼权"。① 兼职现象的普遍化，似可说明这种看法已在一定程度上付诸实施。

不过，官省而事不废，似乎只是想当然耳。宋代的监司，并不是坐镇一方的大员，而需要四出巡游，自北宋中期以后，"遍历属郡"是监司的工作方式，而"遍历"的限期也很短，两年甚至一年就要完成一个周期，因此，曾立"分部"之法，缩小监司的巡历范围，减轻工作压力。② 但是，如果以一身而兼二、三监司，则不仅需要管理二、三监司的所有职事，而且要完成二、三监司的巡历任务，仅后者就是一个难以承受的负担。若以监司兼知属郡，则更难以兼顾：监司为"走治"之职，知州为"坐治"之职，若尽监司巡历之职，必废知州坐理之务，反之亦然。因此，在监司兼二甚至兼三的情况下，必不可能兼顾各职，"不废事"恐怕很难令人置信。有这种兼职经历者，大约也深知此中难处，个别官员曾因此向朝廷提出免去兼职的要求。如程覃于嘉定十四年（1221）十二月知绍兴府兼权浙东提刑，兼两职近五年，宝庆二年（1226）九月，"乞差正官"。又如孙子秀，对两职事务之难以兼顾很有感触，开庆元年（1259），子秀为浙西提刑、兼知常州，"寻以兼郡则行部非便，得请专臬事"，景定二年（1261），子秀又以浙东提刑兼知婺州，历八月，又"乞免婺州回司"。③

除了出于省官之目的，兼职频繁出现，往往出于"事权合一"之考虑。南宋初令两浙漕臣兼淮南漕运，即是合两路漕权为一体，此后置四总领，各总数路财事，也是出于事权合一之需要。而总领辖区包容漕、仓司辖区，又与后者职事接近，又为总领兼漕、仓创造了条件，使基于财权合并的兼职现象进一步发展。在孝宗以后，又有人提出兵、财权的互相通融，如吴徼论广西边事，认为："帅臣之权甚轻，而漕臣之权甚重，漕臣与帅臣协

---

① ［宋］张孝祥著、徐鹏点校《于湖居士文集》卷一七《画一利害》，上海古籍出版社，1980 年。
② 详见拙作《分部巡历：宋代监司履职的时空特征研究》，《历史研究》2009 年第 5 期，第 51—64 页。
③ 《（宝庆）会稽续志》卷二；《宋史》卷四二四《孙子秀传》。

力措置,为帅臣者,亦合兼知漕司财计,庶几两相通融,彼此任责。"①这一提议,与大局相呼应,促成了南宋后期兵权与财权的合一,宝祐中(1253—1258)"命发运兼宪",即是应合了这一要求,"合兵、财而一其权"。②　而制置、总领互兼,更是南宋事权合一之极致。身兼制、总两职者,不仅职事繁忙,而且身处嫌疑之地,不免自危。淳祐十二年(1252)李曾伯以京湖制置兼湖广总领,上奏乞免兼职,辞云:"制臣掌兵,饷臣掌赋,中兴建置初意,职守相维。顷年京湖因以生券属制司,朝廷寻以阃臣兼饷事,要是出权宜之策,不可为经久之规。循习至今,通融虽赖,每当羽檄,倥偬之不暇,重以金谷浩穰于其前,心力既有所分,筹画岂能备尽? 必如异禀,乃可优为。臣盖自共二以来,常惧满百之谪,每惟国计,盍正官名,俾主饷者自任调度之司,主兵者得专封守之责,是乃复祖宗之制,亦可分兵财之权。""心力既有所分",说得言不由衷,"常惧满百之谪",倒是甚为恳恻。然而屡屡辞免未成,至宝祐元年(1253),曾伯以制置兼总领已"三阅暑寒"。③　而曾伯之后任京湖制置的赵葵(宝祐五年)、马光祖(宝祐六年),仍兼总领。④　此时,兵财之合一,仍是朝廷疑惧之源,被视作违背"祖宗之制",然而不得已之下,也只有屡破成规以应时局了。

　　宋代兼职之发展,随时局之变化而推进,兼职时间渐长,而且渐成惯例,是其趋势。南宋之兼职,大多不是出于应付个别官员短期不在任之目的,而是制度已经有意无意地向权力集中的方向转变,北宋时"众建诸司"被分散的地方行政权力,又通过兼职逐渐合并。在地方行政体系内部,权力分配是以"合"为主旋律,在同一层级内,日益频繁的兼职现象促使高层政区或跨高层准政区内诸职事合一。对于不同层级之间,则由监司、跨高

---

① 　[宋]吴儆《竹洲集》卷二《论广西帅臣兼知漕计》,文渊阁《四库全书》本。
② 　[宋]文天祥《文文山全集》卷三《御试策》。此策作于宝祐四年,此处"发运"是指由平江府守臣兼领的准浙发运使。
③ 　以上引文见《可斋续稿》前集卷三《奏申乞免兼湖广总领奏》、《再乞休致仕》,文渊阁《四库全书》本;同书后集卷二《贺马制置开荆阃》:"宏开制阃,位隆近弼,总使名四大,以身兼权。"
④ 　《宋史》卷四四《理宗四》。

层准政区长官兼郡的方式,巩固了权力向高层、跨高层行政组织移动的趋势。到了制置、总领合一之时,终于出现像中、晚唐方镇一样,合节度、观察……以及首州长官于一身的,在辖区内拥有绝对领导权的单一首长,而他的辖区,则远远大于中、晚唐及五代方镇。于是南宋初朝廷费尽心思建立起来的"兵与财赋各有攸司,势若提衡,轻重相济"的均势不复存在,处在地方行政体系顶端的官员,其力量几逾于唐之方镇。而通过权力合并,产生强有力的地方政治领袖,相当于中央政府趋向弱势。不过,地方行政权力的合并发展到极致,只是宋亡之前十余年的事,它是否会导致中央—地方与地方内部权力分配格局的突变,重演唐天宝末年的故事,历史未给予机会来证实。

元代福建行省置废变迁再考[*]

温海清(复旦大学历史学系)

有元一代,福建行省屡置屡罢,"或置于福州,或置于泉州,或并入江西,或并入江浙,废置不一"。[①] 不惟如此,因其省治变动不居,甚而几度出现两省并峙的局面。这在元代诸行省的置废变迁史上显得十分突出。亦因此缘由,它曾引起不少学者的探研兴致。如关于元代福建行省的建置沿革问题,谭其骧先生于数十年前业已做过精审之考订;日本学者大岛立子新近又围绕元王朝征服福建地区以及与之相伴而生的福建地区行省机构的设立及其统废过程、背景等方面进行详细的考察,揭示出元朝大德初年以前福建地区的"行省"所具有的军事机构性格特征之面相。[②]

---

[*] 本文曾提交"复旦大学中古中国共同研究班"(2010 年 12 月 29 日)讨论,承蒙各位同仁指正疏失,谨致谢忱! 需予说明的是,本文原载《历史地理》第 26 辑(上海人民出版社,2012 年,第 144 页—162 页),因当时限于篇幅,仍有部分内容(主要是本文第二、三节内容)未能刊发,此番收入本书,则将其补全。

[①] [弘历]黄仲昭修纂《八闽通志》卷二七,福州:福建人民出版社,1990 年,第 581 页。

[②] 谭其骧《元福建行省建置沿革考》,原载《禹贡半月刊》第一卷第一期,1934 年 9 月。此文后又收入氏著《长水集》,北京:人民出版社,1987 年。大岛立子《元朝福建地方の行省》,载《愛大史学》(日本史・アジア史・地理学)(11,2002)。除上述两篇专题讨论元代福建行省之沿革及其废立问题的文章外,另尚有数篇文章在探讨宋元时代福建地区时亦涉及此话题:如成田節男《宋元時代の泉州発達と廣東の衰微》(载《歴史學研究》6—7,1936)、桑田六郎《元初の南海経略について》(载氏著《南海東西交通史論考》,東京:汲古書院,1993 年)、向正樹《元朝初期の南海貿易と行省——マングタイの市舶行政関与とその背景》(载《待兼山論叢(史学篇)》43,2009)、吴幼雄《元代泉州八次设省与蒲寿庚任泉州行省平章政事考》(载《福建论坛》1988 年第 2 期),等等。

　　前辈学者对于元代福建行省置废沿革及其性质特征的研究虽已颇为深入,但仍留有不少疑窦与问题需进一步加以廓清。如至元十四年(1277)是否为福建行省的始设年份? 至正年间福建地区设立分省的具体情状究竟若何? 福建行省的设立及其与江西、江浙两行省的数度分合,其背后又透露出元王朝怎样的政治考量? 本文拟在前人已有讨论的基础上,针对上述问题再做进一步探讨,以期透过元代福建行省的置废变迁过程,深入体察元代行省成立的特定政治过程及其生成的内在机理。①

一、福建行省始置年份问题再探讨

　　《元史·地理志》、《三山续志》(《八闽通志》引)以及《读史方舆纪要》等记载,均认为至元十五年(1278)为福建行省始设之年。② 谭其骧先生则认为至元十四年九月福建行省已设置,并指出:"是则十四年朝命设福建行省,盖未几即撤,行省规模,实际未尝布置就绪;十五年福建全土底定,始再命立省。史家以十四年之命未见事实,故径以十五年为行省始置之年也。"③谭先生主要依据的是出自《元史》的下述四条史料:《元史·世祖六》载:"[至元十四年]九月'甲辰,福建行省以宋二王在其疆境,调都督忙兀带、招讨高兴领兵讨之";《元史·焦德裕传》载:"[至元]十四年,拜福建行省参知政事";《元史·李庭传》载:"至元十四年,拜福建行中书省参知政事,改福建道宣慰使";《元史·忽剌出传》载:"[至元]十四年,升资善大夫福建行省

---

① 对于元代行省制度及其成立过程史的探研,讨论已极为丰富。其中较为突出者有如日本学者青木富太郎(《元初行省考》,载《史学雑誌》51-4·5,1940)、前田直典(《元朝行省的成立過程》,载《史学雑誌》56-6,1945)、中国学者丁昆健(《元代行省制度之形成及其职权》,台北:台湾私立中国文化学院史学研究所博士论文,1977年)、李治安(《行省制度研究》,天津:南开大学出版社,2000年)等。
② 《八闽通志》卷一引《三山续志》;《元史》卷六二《地理五》"泉州路"、"福州路"条,北京:中华书局,1976年;顾祖禹《读史方舆纪要》卷九五《福建一》,北京:中华书局,2005年。
③ 引自谭其骧《元福建行省建置沿革考》,第146—147页。

左丞,迁江淮行省,除右丞。"①

那么,至元十四年是否就是福建行省的始置年份呢? 为此,我们需对谭先生所举证的上述四条史料逐一进行辨析。

1. 谭文征引《元史·世祖六》所载:"[至元十四年]九月'甲辰,福建行省以宋二王在其疆境,调都督忙兀带、招讨高兴领兵讨之。"此处出现的所谓"福建行省"一说,其实存有问题。桑田六郎就曾指出此处是将"江西行省"误作"福建行省";大岛立子也同意桑田六郎的见解,并引《世祖六》所载至元十四年七月份事,其时设江西行中书省,塔出为江西行省右丞,而闽广大都督兵马招讨使蒲寿庚则出任江西行省参知政事,大岛认为此记载说明当时已将福建地方置于以塔出为首的江西行省的管辖之下。② 对于谭文所征引的该条史料以及桑田六郎、大岛立子对此则材料所作的解析,笔者以为仍有进一步厘清的必要。

首先,所谓"都督忙兀带"(《元史》亦作"忙兀台"、"蒙古带"等),据《世祖六》与《元史·忙兀台传》记载,忙兀台于至元十二年(1275)十二月已为"都督",行"两浙大都督府事";至元十三年(1276)六月,两浙大都督府被请罢;"十四年,改闽广大都督,行都元帅府事。时宋二王逃遁入海,忙兀台奉旨率诸军,与江西右丞塔出会兵收之,次漳州,谕降宋守将何清"。《本纪》记载所谓福建行省"调"令忙兀带出征,而《忙兀台传》则称其"奉旨"出征,两则记载主体有异。笔者以为,能调动都督忙兀台出兵兴讨的不可能是"福建行省",而应当是原由伯颜所管领、后由"右丞阿剌罕、左丞董文炳"等主持领导的"行中书省"机构,而此行省断非"福建

---

① 参见《元史》卷九、卷一五三、卷一六二、卷一三三。
② 参阅大岛立子《元朝福建地方の行省》;桑田六郎《元初の南海経略について》,载《南海東西交通史論考》,第142页。需指出的是,大岛立子在同意桑田六郎指出这条材料错误的同时,认为至元十五年为福建行省最早出现的时间。不过,针对谭文所举证的焦德裕、李庭、忽刺出传记中所显示的至元十四年已出现福建行省的三条史料,大岛立子则存而未论。

行中书省"。① 据《元史·董文炳传》载,文炳于至元十四年正月北上赴阙,四月抵上都,后留大都任职"中书省";而《元史·阿剌罕传》则载:"十四年,入觐,进资善大夫、行中书省左丞,俄迁右丞,仍宣慰江东",是知阿剌罕于至元十四年初亦赴阙觐见,不过很快又任南方"行中书省"之职,继续经略南方。② 史料记载显示,阿剌罕与董文炳北上赴阙后,"行中书省"仍在江南继续运转,负责闽浙地区事务,"[至元十四年三月]行中书省承制,以闽浙温、处、台、福、泉、汀、漳、剑、建宁、邵武、兴化等郡降官,各治其郡"。③ 此处一再提及的"行中书省",被前田直典视作为"军前行中书省",元人直呼伯颜"行省军中",④

---

① 《元史》卷一二九《李恒传》云:"有旨令与右丞阿里罕、左丞董文炳合兵追益王。"刘岳申《文丞相传》云:"时(至元十三年十月——笔者),唆都与左丞阿剌罕、参政董某既入闽。"参阅刘岳申《申斋集》卷一三,文渊阁《四库全书》本。另据黄溍《正奉大夫江浙等处行中书省参知政事王公墓志铭》载:"考讳积翁,用忠文公奏补官,累迁知南剑州,加兵部尚书,除宝章阁学士、福建制置使,知州如故。于是,宋主已奉表纳土,而福建犹未下,乃夜抵福州,以八郡图籍上于行省,至元十三年十一月也。行省承制易以新官。既入觐世祖皇帝于上京,乃降金虎符,授中奉大夫、刑部尚书、福建道宣慰使兼提刑按察使,寻真除兵部尚书,拜正奉大夫、参知政事行中书省事。"此材料透露的信息是,至元十三年十一月,王积翁到达福州并向"行省"上八郡图籍。这里所谓的"行省"显然不是"福建行省",如果是,那么福建行省之设岂非要提早至至元十三年? 这是不合情理的。事实上,至元十三年,伯颜携宋皇室北上,留在前方继续经略闽、广地区的是阿剌罕和董文炳,此处所指的"行中书省"应就是由他们所主持的"行中书省机构",该机构才具有"承制"宣命的权力。可见,它显然不是"福建行省"。参阅黄溍《金华黄先生文集》卷三一,文渊阁《四库全书》本。
② 许有壬《敕赐推诚宣力定远佐运功臣太师开府仪同三司上柱国曹南忠宣王神道碑铭并序》云:"[至元十三年]十二月,以行中书省参知政事,行江东道宣慰使。十四年,入觐,进资善大夫、行中书省左丞,仍宣慰使。十六年,进资德大夫、行中书省右丞,使如故。"而《世祖六》则载,至元十四年六月"以行省参政、行江东道宣慰使阿剌罕为中书左丞、行江东道宣慰使"。以上记载显示,阿剌罕作为"行中书省"的官员,继续经略江南。需指出的是,虞集《曹南王勋德碑》则径将阿剌罕"行中书省"之职衔记作"中书省",其实不甚恰当。参阅许有壬《至正集》卷四五,文渊阁《四库全书》本;虞集《雍虞先生道园类稿》卷三九,《元人文集珍本丛刊》本,台北:新文丰出版公司,1985 年。
③ 《元史》卷九《世祖六》。
④ 阎复《江浙行中书省新署记》云:"又酌近代之典,立行中书省分镇方国荒服,诸郡隶焉,盖古方伯连帅之任也。王师渡江,诏命巴延丞相行省军中。江南既平,遂置数道行中书省,抚绥镇遏之。"程钜夫《论行省》则云:"伯颜丞相等带省中相衔,出平江南。"参阅周南瑞《天下同文集》卷七,文渊阁《四库全书》本;程钜夫《程雪楼文集》卷一〇,《元代珍本文集汇刊》,台北:"国立中央图书馆"编印,1970 年。

它是中书省的派出机构,跟荆湖行省、淮西行省或后来的江淮行省等皆不同。忙兀台平定漳、泉等地后,"十五年,师还福州,拜参知政事,诏与唆都等行省于福,镇抚濒海八郡"。此次兴兵取漳、泉,是由江西行省右丞塔出及其麾下将唆都,与隶属行中书省的闽广大都督忙兀台及其麾下将高兴,共同出兵兴讨完成。① 他们领受的应当是最高指挥层即中央朝廷的敕命,而非出于地方"行省"。

其二,《世祖六》至元十四年九月条记载:"壬子,福建路宣慰使、行征南都元帅唆都,遣招讨使百家奴、丁广取建宁之崇安等县及南剑州。"据《经世大典序录·征伐·平宋》记载:"[至元十三年]九月,江西兵与东省阿剌罕、董文炳会征昰,招讨也的迷失,会东省兵于福州。右副元帅吕师夔、左副元帅张荣实,将兵赴梅岭,与昰兵遇,败之。昰遁海外硇洲。十四年九月五日,福建宣慰使唆都,言南剑州安抚司达鲁花赤马良佐,遣人于福、泉等处,密探得残宋建都广州,改咸熙元年。"② 此则材料表明,至元十四年九月五日,唆都已为福建宣慰使,也就是说几乎同时,福建地区有福建宣慰司与福建行省之设,殊甚乖戾。关于宣慰司与行省之设的问题,下文将予详辨。另需特别指出的是,《经世大典序录》中所谓的"东省",应当可以明确地指出就是由阿剌罕、董文炳等所领导的行中书省,而非福建行省。③

---

① 《元史》卷一二九《唆都传》载:"十四年,升福建道宣慰使,行征南元帅府事,听参政塔出节制。塔出令唆都取道泉州,泛海会于广州之富场。"另据《元史》卷一二七《伯颜传》载:"[至元十三年三月]伯颜议以阿剌罕、董文炳留治行省事,以经略闽、粤;忙古歹以都督镇浙西;唆都以宣抚使镇浙东",虽然唆都受塔出节制,但并无材料表明忙兀台亦受塔出节制。前田直典亦认为,唆都属江西行省系,而忙兀台则属于江淮行省系,详可参阅前田直典前揭文。
② 苏天爵《元文类》卷四一,上海:商务印书馆,1937年,第558页。
③ 关于"东省"名称,唐宋时代多指门下省,应是异与地方机构的中央官署。据宋人程大昌撰《政事堂》云:"政事堂在东省,属门下。自中宗后徙堂于中书省,则堂在右省也。按《裴炎传》故事,宰相于门下省议事,谓之政事堂,故长孙无忌为司空、房玄龄为仆射、魏征为太子太师,皆知门下省事。至中宗时,裴炎以中书令执政事笔,故徙政事堂于中书省。杜甫为左拾遗,作《紫宸殿退朝》诗云:'宫中每出归东省,会送夔龙集凤池。'凤池者,中书也。左省官方自宫中退朝而出则归东省者,以本省言也。已又送夔龙集于凤池者,殆东省官集政事堂,白六押事耶,杜之为左拾遗也。在中宗后、肃宗时,则　（转下页）

其三，至元十四年九月之前，南宋二王昰、昺早已入广东，本纪此处记载其仍在福建地区内，亦不确切。①

统合以上三点，笔者以为此则材料问题甚多，不可遽信；并且，至元十四年出现的所谓"福建行省"，实另有所指。桑田六郎认为此处"福建行省"乃"江西行省"之讹误，笔者认为亦需再予讨论。②

2. 谭文引《元史》卷一五三《焦德裕传》载："十四年，拜福建行省参知政事。"谭先生所引为《焦德裕传》之节文，兹将其全文具引于下："[至元]十四年，改淮东宣慰使。淮西贼保司空山，檄淮东四郡守为应。元帅帖哥逻得其檄，即械郡守许定国等四人，使承反状，将籍其家。德裕言：'四人者，皆新降将，天子既宠绥之，有地有民，盈所望矣，方誓报效，安有他觊？奈何以疑似杀四守，宁知非反间耶？'尽复其官。拜福建行省参知政事。"

此则记载有一值得注意的现象，焦德裕于至元十四年为淮东宣慰，在平定淮西之贼后，是否于同年随即又改拜为福建行省参知政事呢？此记载其实并不十分明确，恐修史臣剪裁取舍而致漏略。

据《焦公等鼓山题名》载："至正壬午八月寒露，易阳参政焦公、镇阳郎中元汉卿、宣慰王元应、本路宣慰黄头、总管岳侯、运同刘润父、东平信云甫来

（接上页）政事堂已在中书矣。故出东省而集于西省者，就政事堂见宰相也，为其官于东省，而越至西省，故大昌录于此，阙疑也。"另据王恽《中堂事记》中载："十九日庚戌，百僚入见，少顷出。会东省奉旨召九路总管颁示新典，若有所陈，即具以闻。"中堂即政事堂，"东省"应是按唐宋故事而指称设于燕京的"行中书省"。再据赵景良《丞相信国公文公天祥》载："[至元十四年]十二月，东省元帅张弘范舟师至，移屯海丰，是时止备水道，不虞陆路也。"此处的"东省"，亦指"行中书省"，它并不受江西行省所节制。参阅程大昌《雍录》，文渊阁《四库全书》本；王恽《秋涧先生大全文集》卷八一，《四部丛刊》本；赵景良《忠义集》卷四，文渊阁《四库全书》本。
①　关于南宋二王入广东的时间问题，王颋《南宋二王流落广东史事考辨》一文已有揭示。参阅氏著《西域南海史地探索》，北京：中国人民大学出版社，2010年，第113—115页。
②　笔者认为，此行省很可能是"行中书省"，而非"江西行省"。元军攻占临安后，继续向南征服，起主导作用的主要是"荆湖行省"和"江淮行省"，而"江淮行省"这一机构跟原由伯颜所领导的"行中书省"关系极为密切，前文所述阿剌罕于至元十四年继续担任"行中书省左丞"并"宣慰江东"，即可窥知"行中书省"与江淮行省之间关系的密切，而"福建行省"与"行中书省"的关系则并不明显。再者，后来福建行省的官员多具有江淮行省之履历，而较少有江西行省的背景。这一原由伯颜所领导的"行中书省"机构消失的具体时间，史载不详，有待深究。前田直典认为，该行中书省机构迟至伯颜、阿术北归的至元十三年九月，即已宣告解体，此说并不确切。

游,正书刻石门。按,焦公名德祐,字宽父,雄州人,任行省参知政□,见郡《志》。"①此材料出于《闽中金石录》,录文中所谓"至正壬午",清人冯登府认为此即指"至正二年",实误。据《元史·焦德裕传》,焦氏于至元二十五年(1288)已卒,岂会在至正年间出现?因此,该金石之录文当作"至元壬午",即应为"至元十九年"。也就是说,焦氏拜福建行省参知政事的年代应该是在至元十九年(1282),而非本纪所载的至元十四年。另据《焦德裕赠恒国忠肃公制》所载焦氏功绩云:"方分省政之参,俄有邦光之殄。于戏,永辞。"②所记的最后一任职务就是为福建参政,而此"制"当作于至元二十五年或稍后。据后文考证可知,福建地区的行省建置在至元十四年至十九年间就曾数度变易,焦德裕不可能在五年时间内一直担任福建行省参知政事一职。因此,《元史·焦德裕传》所记焦氏于至元十四年已"拜福建行省参知政事"一事,实有省略遗漏。③

3. 谭文引《元史》卷一六二《李庭传》云:"十四年,入朝,世祖劳之,赐以益都居第、单河官庄、钞万五千贯及弓矢诸物,拜福建行中书省参知政事。改福建道宣慰使。召赴阙,备宿卫。"同《焦德裕传》一样,这则记载亦有年代指向不甚明确的问题。

按《李庭传》文意,首先,至元十四年李庭拜福建行省参知政事,复又改为福建道宣慰使。当时更可能的情况是,李庭为福建道宣慰使,而带有相衔而已,但这并不意味着当时已设福建行省。关于宣慰使带相衔事,容下文详论。其次,至元十四年年内,李庭先入朝觐见世祖,尔后被任命为福建行省官员赴福建,紧接着在同年又被征召回京以备宿卫。今复按《李庭传》,该传记载其至元十三年之行实最为详备,至元十四年事较略,至元十五、十六年之行实则未有著录,而这后两年又是关涉福建省之设立的关键年份,《李庭传》的系年恐有讹误。

---

① 冯登府《闽中金石志》卷一三,《四库全书》本。另,文中"德祐"误,应为"德裕"。
② 姚燧《牧庵集》卷二,《四部丛刊》本。另需指出的是,姚燧撰有《有元故中奉大夫福建等处行中书省参知政事焦公神道碑铭并序》,遗憾的是此碑经风雨剥蚀,大半已模糊不清,而不巧的是焦氏在福建地区的行实又恰在模糊处,至为遗憾。该《神道碑》部分已收录于查洪德编辑点校之《姚燧集》(北京:人民文学出版社,2011年,第603—606页)。
③ 丁昆健指出,焦德裕自至元十六年(1279)为江西参政,迄二十五年卒于任上,前后凡十年。其史料来源未予揭示,《焦德裕传》亦并未有此记载。详见丁昆健《元代行省制度之形成及其职权》,第156页。

据《李庭传》载，至元十三年，"庭至哈剌和林、晃兀儿之地，越岭北，与撒里蛮诸军大战，败之。移军河西，击走叛臣霍虎，追至大碛而还。诸王昔里吉、脱脱木儿反，庭袭击，生获之，启皇子只必帖木儿赐之死。复引兵会诸王纳里忽，渡塔迷儿河，击走其余党兀斤末台、要尤忽儿等，河西悉平。"关于诸王昔里吉、脱脱木儿此次反叛时间问题，《元史》卷九《世祖六》载："[至元十四年七月]癸卯，诸王昔里吉劫北平王于阿力麻里之地，械系右丞相安童，诱胁诸王以叛，使通好于海都。海都弗纳，东道诸王亦弗从，遂率西道诸王至和林城北。诏右丞相伯颜帅军往御之。诸王忽鲁带率其属来归，与右丞相伯颜等军合。"《元史·伯颜传》云："[至元]十四年，诸王昔里吉劫北平王，拘安童，胁宗王以叛，命伯颜率师讨之，与其众遇于斡鲁欢河，夹水而阵，相持终日，俟其懈，麾军为两队，掩其不备，破之，昔里吉走亡。"《元史·刘正传》亦载："[至元]十四年，分省上都，会诸王昔里吉叛。"由上述记载可知，李庭追随伯颜北上平叛，其事当发生在至元十四年，而断非《李庭传》所记载的至元十三年。由此可窥知《李庭传》存有系年错误之一斑。《李庭传》所载其至元十三年之事，当发生于至元十四年，也就是说李庭此年尚在北方平叛。①

---

① 　《新元史》卷一一二《昔里吉传》、《蒙兀儿史记》卷七四《昔里吉传》，均谓此事发生于至元十四年。另据《元史》卷二〇三《方技传》载："[至元]十四年八月，车驾驻隆兴北，忠良奏曰：'昔里吉之叛，以安童之食不彼及也。今宿卫之士，日食一瓜，岂能充饥，窃有怨言矣。'帝怒，笞主膳二人，俾均其食。"不过，之前昔里吉还曾反叛，至元十二年"八月，以海都为边患，遣皇子北平王那木罕、丞相安童征之，忠良奏曰：'不吉，将有叛者。'帝不悦。十二月，诸王昔里吉劫皇子、丞相以入海都，帝召忠良曰：'朕几信谗言罪汝，今如汝言，汝祀神致祷，虽黄金朕所不吝。'忠良对曰：'无事于神，皇子未年当还。'后果然。"上述种种汉文史料之记载表明，此次昔里吉反叛年代有十二、十三、十四三种说法。针对此一问题，白寿彝总主编《中国通史》第八卷指出："汉文史料对脱脱木儿、昔里吉等人叛乱的时间有至元十二年(1275)、十三年、十四年等诸种不同记载。据耶律铸《后凯歌词》自序，以十三年为是。"今复按耶律铸《双溪醉隐集》卷二《后凯歌词九首》自序，其文云："至元丙子冬，西北藩王弄边。明年春，诏大将征之。"是可确知叛乱发生于至元十三年。然则还需特别留意该诗序文后一句，云："明年，诏大将征之。"也就是说，元廷出兵平定昔里吉叛乱的时间应发生于至元十四年，而非《李庭传》所记载的至元十三年，此点当无疑义。参阅柯劭忞《新元史》，上海古籍出版社、上海书店出版社，1989年；白寿彝总主编、陈得芝主编《中国通史》第八卷《中古时代·元时期(下册)》第三章《昔里吉、乃颜、海都》注释条，上海人民出版社，1997年，第53页；耶律铸《双溪醉隐集》卷二，文渊阁《四库全书》本。

据以上分析判断，笔者以为，李庭拜福建行省参知政事之事，不是至元十四年，更可能发生在至元十五或十六年间。

4. 谭文引《元史》卷一三三《忽剌出传》载："十四年，升资善大夫福建行省左丞，迁江淮行省，除右丞。"此系节文，若补充完整，其全文如此："[至元]十四年，进镇国上将军、淮东宣慰使。奉旨屯守上都，改嘉议大夫、行台御史中丞。升资善大夫、福建行省左丞。迁江淮行省，除右丞。拜荣禄大夫、江浙行省平章政事，以疾卒。"从文意可知，至元十四年年内，忽剌出似曾先后出任诸多职务。这几乎是不可能的。那实际情形又究竟如何？所幸《元史》卷一二三《直脱儿传》所附《忽剌出传》有完整之记载："[至元]十四年，进镇国上将军、淮东宣慰使。已而屯守上都。十五年授嘉议大夫、行御史台中丞。十九年，进资善大夫、福建行省左丞。"该记载十分清楚地显示，忽剌出任福建行省左丞的时间是至元十九年，而非至元十四年。[1] 可见，忽剌出本传所记的一大堆职衔，其实只是节文，其脱漏问题表露无遗。《元史》因修撰过于匆忙，问题甚多；而对于这种"列传或一人而两传"的现象，钱大昕早已提出过十分严厉的批评。[2]

不惟如上所述，设若再仔细检讨至元十三、十四年福建地区的机构设置，我们还可发现另一方面的问题。《世祖六》记载显示，至元十四年九月甲辰已有"福建行省"之设，不过紧接该记载之后，又出现另一建置，"[至元十四年九月]壬子，福建路宣慰使、行征南都元帅唆都，遣招讨使百家奴、丁广

---

[1]　植松正《江南行省宰相表》将忽剌出任福建左丞置于至元十四年，此亦不当；同时，植松正又误将直脱儿置于至元十九年出任福建左丞，则更是不确。概植松正径将《直脱儿传》附传中忽剌出之行实，视为直脱儿之行实。参见氏著《元代江南政治社会史》，东京：汲古书院，1997 年，第 190、192 页。另，据黄溍《金华黄先生文集》卷二五《湖广等处行中书省平章政事赠推恩效力定远功臣光禄大夫大司徒柱国追封齐国公谥武宣刘公神道碑》载："二十年春正月，建省于扬州，方练士卒，以俟大举。冬十月，建宁新附人黄华反，众至十万。乃辍公，俾与诸将往讨平之。福建行省左丞忽剌出引兵来会于梧桐川，欲尽剿其余党"云云，是知至元二十年，忽剌出仍在福建左丞任上。

[2]　钱大昕《十驾斋养新录》卷九"元史"条。参阅陈文和主编《嘉定钱大昕全集》第七册《十驾斋养新录附余录》，南京：江苏古籍出版社，1997 年，第 232 页。

取建宁之崇安等县及南剑州"；①《李庭传》亦显示其于至元十四年拜福建行省参政后，随即改"福建道宣慰使"。可见，与"福建行省"同时出现的还有"福建道宣慰司"。而福建道宣慰司的设置，则更要早到至元十三年，"十三年，授〔张荣实〕同知江西道宣慰使司事，未旬日，升镇国上将军、福建道宣慰使"。②

　　至元十三年已有福建道宣慰司之设，十四年又出现行省与宣慰司两种机构，③它们究竟是不同的两个机构，还只是同一机构的不同称谓？在如此短促的两年间出现这种复杂变化，该如何解释呢？据《世祖六》载，至元十三年六月，"设诸路宣慰司，以行省官为之，并带相衔，其立行省者，不立宣慰司"。由此看来，之所以至元十三、十四年会同时出现宣慰司与行省两种机构，其实只是同一个机构的不同称谓而已。并且，因宣慰司官员由行省官员出任，并可带"相衔"，即带行中书省宰执之衔，所以当时的"宣慰司"亦被等同视作"行省"，只是它并非我们所讨论的真正意义上的行省。《李庭传》载其"拜福建行省参知政事"，后改"福建道宣慰使"，其实更大的可能只是"宣慰使"，并同时领有"相衔"而已。前文所述唆都的问题，亦当作如是观。

　　需进一步指出的是，捃诸元代载籍以及后世方志，我们发现，元代福建行省与福建宣慰司只有一处衙署，而并无彼此分立之衙署。④ 这从一侧

---

① 亦可参见《元史》卷一二九《唆都传》："十四年，升福建道宣慰使，行征南元帅府事，听参政塔出节制。"

② 《元史》卷一六六《张荣实传》。

③ 需指出的是，据《元史》卷九四《食货二·市舶》载："于是至元十四年，立市舶司一于泉州，令忙古鰡领之。立市舶司三于庆元、上海、澉浦，令福建安抚使杨发督之。每岁招集舶商，于蕃邦博易珠翠香货等物。"此处出现所谓"安抚使"，因其在元代已不显，更非地方一级行政机构，本文不予讨论。

④ 据《八闽通志》卷四〇《公署·文职公署》载："福建等处承宣布政使司……宋兴，钱氏纳土，悉废撤焉。独明威一殿仅存，守臣避不敢居，以为设厅，凡敕设宴集，乃在于此。而即其西建大厅，以为视事之所……宋末，端宗即位于此，以设厅为垂拱殿。元或为行省，或为宣慰司，更置不常。至元十九年，火。二十年，右丞蒙古㐲建厅于设厅旧址，置左右司，创诚心堂，立仪门，列东西吏舍军庑。国朝洪武初，为福建等处承宣布政使司正堂。……经历司，在宣政堂之左。照磨所，在宣政堂之右。理问所，在仪门外西旁，元至元二十年右丞蒙古㐲建。厅之东有吏目厅。司狱司，在理问所内西南，又西为监房。广积库，在布政司西廊后西南隅。"参阅《八闽通志》，第842页。另据贡师泰撰《福州行省检校官厅壁记》云："至正十六年春三月，诏复福建等处行中书省，即故宣慰司为治。"明确指出行省衙署所在，即为宣慰司之故址。参阅贡师泰《玩斋集》卷七，文渊阁《四库全书》本。

面反映出,福建行省与宣慰司两机构乃交相而设,并不存在两者同时并存的局面。

至此,我们已对谭先生所举证之四条材料逐一进行了辨析:第1条材料中指称的所谓"福建行省",其实应当是原由伯颜所领导的"行中书省";同时,并未有任何材料表明此"行中书省"后来自然而然地发展为"福建行省"。第2条材料则基本可坐实存在年代错置问题。第3条材料亦存在年代不明确之嫌,将至元十四年之事,误植到至元十三年,由此使其记载不可信;退一步而言,即便所记十四年事实准确无误,其所系职衔也应只是领有"相衔"而已,并无法直接证明当时福建行省已然设立。第4条材料则证明完全错误。综合上述诸种情形,笔者以为,所谓至元十四年已设"福建行省"之说,并不甚确切。

至元十四年无论设立的是"宣慰司"还是"行省",它都显示出福建地区地位的重要。王恽有谓:"[至元]十三年,江左平,福建内附,蛮夷悍轻,易怨以变,蛇豕婪婪,血人于牙,何所靳顾? 非大行台镇之,不足以制内而抚外也,故郎署官重其人,方裕宗皇帝参听朝政,乃选公充福建行省左右司郎中。"①它表明在附元之初,福建就被视作一个较大、也相对独立的行政区划单元而存在。

二、至元十五年至二十三年福建行省之置废过程

《元史》卷一〇《世祖七》载,至元十五年,"三月乙酉,诏蒙古带、唆都、蒲寿庚行中书省事于福州,镇抚濒海诸郡";《元史》卷一三一《忙兀台传》称:"十五年,师还福州,拜参知政事,诏与唆都等行省于福,镇抚濒海八郡。十月,召赴阙,升左丞";《元史》卷一六三《乌古孙泽传》载,至元十五年,"夏五月,诏立行中书省于福建,以唆都行参知政事,泽行省都事,从朝京师";《元史》卷一六二《高兴传》则云:"十五年夏,诏忙古台立行省于福

---

① 王恽《秋涧先生大全集》卷五五《大元故中顺大夫徽州路总管兼管内劝农事王公神道碑铭并序》。

建,兴立行都元帅府于建宁,以镇之。"是知,至元十五年初,元廷正式诏令设立福建行省。

《元史·世祖七》载,至元十五年六月,"甲戌,诏汰江南冗官。江南元设淮东、湖南、隆兴、福建四省,以隆兴并入福建。其宣慰司十一道,除额设员数外,余并罢去。仍削去各官旧带相衔"。① 七月,"丙申,以右丞塔出、[左丞]吕师夔、参知政事贾居贞行中书省事于赣州,福建、江西、广东皆隶焉。丁酉,赐江西军与张世杰力战者三十人,各银五十两。以江西参知政事李恒为都元帅,将蒙古、汉军征广。……以参知政事李恒为蒙古、汉军都元帅,忙古带为福建路宣慰使,张荣实、张鼎并为湖北道宣慰使,也的迷失为招讨使"。由此可见,至元十五年六、七月间,江西行省并入福建行省,此时江西行省省治又移至赣州。② 这是福建地区与江西行省的第一次合并。

《元史·世祖七》载,至元十五年八月,"[辛巳]诏行中书省唆都、蒲寿庚等曰:'诸蕃国列居东南岛屿者,皆有慕义之心,可因蕃舶诸人宣布朕意。诚能来朝,朕将宠礼之。其往来互市,各从所欲。'诏谕军前及行省以下官吏,抚治百姓,务农乐业,军民官毋得占据民产,抑良为奴。以中书左丞董文炳佥书枢密院事,参知政事唆都、蒲寿庚并为中书左丞"。该记载表明,蒙元朝廷有意在泉州设行省,以便招谕南海诸国。关于此点,《元史·唆都传》则表达得十分明确:"[至元十五年]进参知政事,行省福州。征入见,帝以江南既定,将有事于海外,升左丞,行省泉州,招谕南夷诸国。"由此看来,唆都升左丞而行省于泉州的时间是在至元十五年八月间。另据《元史·地理五》"泉州路"条载,"十五年,改宣慰司为行中书省,升泉州路总管府"。可见,泉州设省应始于至元十五年。不过,谭先生认为福建行省初治于福州,"惟同年即有诏移省泉州耳",并征引《新

---

① 《元史》卷九一《百官七》载:"江西等处行中书省,至元十四年置。十五年,并入福建行省。"所指即为此事。

② 至元十五年七月,福建地区设有宣慰司,黄溍《金华黄先生文集》卷八《故参知政事行中书省事信使赠荣禄大夫平章政事上柱国追封闽国公谥忠愍王公祠堂碑》载:"至元十五年秋七月,闽国王公以福建道宣抚使觐于上京,世祖皇帝与语大悦。……授公中奉大夫、刑部尚书、福建道宣慰使兼提刑按察使。"

元史·行省宰相年表》之记载,将此事置于十六年,且进一步指出,"盖朝命发于十五年,泉州开省则在十六年也"。谭先生之说不无道理。另据《元典章》载:"至元十五年十二月初六日,福建行省准枢密院咨",①是知,至元十五年十二月,"福建行省"仍然存在,此则材料更可直接证明谭先生观点。

由上述史料记载可知,至元十五年福建地区机构设置的总体情况是:夏五月前,已有福建行省之设,省治在福州;六月,设治于隆兴的江西行省,并入设省治于福州的福建行省;七月,设治于福州的福建行省,又被并入移治于赣州的江西行省;逮至八月之后,因"有事于海外"以招谕南海诸国,又以泉州为治所,设泉州行省。惟泉州行省具体开设之年,则应要迟至至元十六年。

《元史·世祖七》载,十六年春正月,"敕移赣州行省还隆兴"。二月"以征日本,敕扬州、湖南、赣州、泉州四省造战船六百艘"。由此可知,至元十六年福建地区存有的是"泉州行省",而此时"福建行省"则已被取代。②

《元史》卷一一《世祖八》载,至元十七年春正月,"甲子,敕泉州行省,所辖州郡山寨未即归附者率兵拔之,已拔复叛者屠之。以总管张瑄、千户罗璧收宋二王有功,升瑄沿海招讨使,虎符;璧管军总管,金符"。逮至至元十七年正月戊辰之后,《世祖八》复载,"置行中书省于福州";四月,"诏以忙古带仍行省福州"。由此获知,至元十七年正月至四月间,首度出现泉州、福建两省并立之局面。逮至四月丙申日之后,又"以隆兴、泉州、福建置三省不便,命廷臣集议以闻"。五月,"福建行省移泉州"。谭先生仍为,"此言移者,盖并也"。

① 《元典章》卷三四《兵部一·军役·正军·军官再当军役》,参阅陈高华等点校《元典章》,中华书局、天津古籍出版社,2011年。
② 据《元史·忙兀台传》载:"[至元]十六年七月,沙县盗起,诏忙兀台复行省事,讨平之。"此次盗起,是因唆都扰民所致,忙兀台讨平后,"有旨,忙兀台仍镇闽。十八年,转右丞"。至元十六年忙兀台所领应非"福建行省"。据《世祖八》载,至元十七年正月,方"置行中书省于福州",四月"诏以忙古带仍行省福州"。

《元史·世祖八》又载，至元十七年秋七月，"徙泉州行省于隆兴"。①
此则材料表明，泉州行省并入江西行省，福建地区仅止设福建宣慰司。刘
敏中曾云："[至元]十七年，赐金虎符，授镇国上将军、福建道宣慰使兼镇
守万户。是岁十月十九日，以疾薨于建德。"②

《元史》卷六二《地理五》"福州路"、"泉州路"条载："十八年，迁泉州行
省于本州。十九年，复还泉州。""十八年，迁行省于福州路。十九年，复还
泉州。"顾祖禹《历代州域形势》云："十八年，迁治福州。自是徙治不一。"③
这些记载似乎表明，至元十八年，福建地区并未出现两省并立，仅是省治
迁徙无常而已。《地理志》等的记载是否可采信呢？ 笔者以为不然。据
《世祖八》载，至元十八年二月，"福建省左丞蒲寿庚言：'诏造海船二百艘，
今成者五十，民实艰苦。'诏止之"。十月，"壬子，用和礼霍孙言，于扬州、
隆兴、鄂州、泉州四省，置蒙古提举学校官各二员"；《元史·忙兀台传》则
云："十八年，转[福建]右丞。"由此可证，至元十八年，福建、泉州两行省当
又现再度并峙之局面。谭其骧先生就曾留意到，至元十七年并立之后，二
十年三月前，又曾有两省再度并立的状况，其所指应当就是指至元十八年
两省并峙之情形。

至元十九年，福建、泉州两省并立局面复又生变。《元史》卷一二《世
祖九》载，至元十九年五月，"戊辰，并江西、福建行省。去江南冗滥官"；九
月，"福建宣慰司获倭国谍者，有旨留之"。该记载显示，福建行省被省并
后，另立福建宣慰司，而不再设福建行省。不过，"泉州行省"仍然存留，并
且基本是作为整个福建地区的代表性机构而存在，④以下史料记载即为明

---

① 据《元史·塔出传》载："[至元]十七年，入觐，赐劳有加，复命行省于江西，寻以疾卒于京
师。"大岛立子认为，正是由于塔出之死，促成此次两省合并，忙兀台则率所领导的福建
行省将治所移至隆兴。参阅大岛立子前揭文，注释第 27。

② 刘敏中《中庵先生刘文简公文集》卷六《敕赠镇国上将军福建道宣慰使兼镇守建德万户
赠荣禄大夫平章柱国温国公谥恭惠珊竹公神道碑铭》，《北京图书馆古籍珍本丛刊》第
92 册，北京：书目文献出版社，1998 年。

③ 顾祖禹《读史方舆纪要》卷八。

④ 吴幼雄认为，"并江西、福建行省"意味着泉州成为江西、福建的省府，此观点误。从后文
所引《永乐大典》等记载可知，至元十九年，隆兴行省与泉州行省往往并列而立，（转下页）

证:《元史·世祖九》载,至元十九年九月,"壬申,敕平泺、高丽、耽罗及扬州、隆兴、泉州共造大小船三千艘",泉州行省与扬州、隆兴两行省并列。《永乐大典·站赤一》载:"至元十九年四月,诏给各处行省铺马圣旨,扬州行省、鄂州行省、泉州行省、隆兴行省、占城行省、安西行省、四川行省、西夏行省、甘州行省,每省五道。……十月,增给各省铺马圣旨,西川、京兆、泉州十道";《永乐大典·站赤二》载:"[至元十九年五月]九日,中书参政阿里等奏准各处行省给降铺马圣旨五道,如本省有使在朝,就令齐去;无者,遣使送致之,异时斟酌增给。扬州行省、鄂州行省、泉州行省、隆兴行省、占城行省、安西行省、四川行省、西夏行省、甘州行省,每省五道内五匹。……[九月]二十四日,中书右丞相火鲁火孙等奏,前者西川及甘州、中兴、京兆、泉州五处行省,各降铺马圣旨五道。今来俱言数少,臣等定议西川、京兆、泉州三处烦剧,各增给十道,甘州、中兴各增五道。"①

(接上页)显示该两行省并峙。详可参阅《元代泉州八次设省与蒲寿庚任泉州行省平章政事考》。而关于此次福建、江西两省合并事,从王积翁当时拜江西行省参知政事一事中亦可窥知,据黄溍《金华黄先生文集》卷八《故参知政事行中书省事国信使赠荣禄大夫平章政事上柱国追封闽国公谥忠愍王公祠堂碑》载:"至元十五年秋七月,闽国王公以福建道宣抚使觐于上京,世祖皇帝与语大悦。……将使预闻国政。公恳辞,乃降金虎符,授公中奉大夫、刑部尚书、福建道宣慰使兼提刑按察使。……公既还治闽中,具宣德意。十六年夏五月,举家入朝。明年正旦,上眷礼有加,擢户部尚书。……十九年春二月,拜正奉大夫参知政事、行中书省事,将之官江西。"需特别指出的是,据《元史》卷一八四《王都中传》载,王积翁于"至元十三年,宋主纳土,乃以全闽八郡图籍来,入觐世祖于上京,降金虎符,授中奉大夫、刑部尚书、福建道宣慰使,兼提刑按察使,寻除参知政事、行省江西。"《金华黄先生文集》卷三一《正奉大夫江浙等处行中书省参知政事王公墓志铭》则云:"[积翁]乃夜抵福州,以八郡图籍上于行省,至元十三年十一月也。行省承制易以新官。既入觐世祖皇帝于上京,乃降金虎符,授中奉大夫、刑部尚书、福建道宣慰使兼提刑按察使。寻真除兵部尚书,拜正奉大夫参知政事,行中书省事。将之官江西,俄□为国信史……"从这两则材料看,似乎表明王积翁在至元十三年降蒙后不久,即出任江西行省官员。其实这并不确切。

① 《永乐大典》卷一九四一六、卷一九四一七,北京:中华书局,1998年,第7190页上、7203页。需要特别指出的是,据《元典章》卷二《圣政一·圣政·振朝纲》载:"至元十九年七月,福建行省准中书省咨:御史台呈:今月十五日,本台官奏过……"此材料表明,直至至元十九年七月,"福建行省"建置依然存在。大岛立子认为至元十九年十月,泉州行省与福建行省合并,不过其未提供具体史料来源。笔者以为,以上述史料判断,五月有司诏并江西、福建省;迨至九月,福建行省始不见诸载籍,很可能九月份福建与泉州两省已真正合并。参阅大岛立子前揭文。

《元史·世祖九》载，至元二十年三月，"罢福建市舶总管府，存提举司。并泉州行省入福建行省。免福建归附后未征苗税。……〔壬午〕罢福建道宣慰司，复立行中书省于漳州，以中书右丞张惠为平章政事，御史中丞也先帖木儿为中书左丞，并行中书省事"。此记载提供的信息十分明晰：至元二十年三月，立福建行省，并泉州行省；同时罢福建宣慰司，将省治移至漳州。至于其治所又于何时复从漳州迁回福州，史不详载。《元史·地理五》"泉州路"条云："十九年，复还泉州。二十年，仍迁福州路。"该记载显示，省治应于当年回迁福州。自至元二十年三月泉州行省被省并后，"福建行省"则为该地区代表性机构，如《元典章·军官承袭例》称"至元二十年七月二十一日，福建行省准枢密院咨"云云，①《永乐大典·站赤三》载："〔至元二十年〕十二月五日，右丞相火鲁火孙等奏，扬州、荆湖、四川、福建行省及四川转运司分司、湖南宣慰司，各言元降铺马圣旨不敷，请增给事……"②

《元史》卷一三《世祖十》载，至元二十一年，"二月辛巳，以福建宣慰使管如德为泉州行省参知政事，征缅"。关于管如德任福建宣慰使事，据《新元史》卷一七七《管如德传》载，"至元二十年，管如德赴阙入奏，授福建宣慰使。③ 此处出现所谓"福建宣慰使"，并不足以判断当时福建地区就只设立"宣慰司"，而不设"行省"。事实上，至元二十一年，福建地区的建置一直是"行省"而非"宣慰"。所谓"宣慰使"，只代表其所授予的职衔，而并不能说明其建置亦随之建立，这从当时原始的政府公文记录即可知悉：《永乐大典·站赤一》载，"〔至元二十一年二月增给各处铺马札子〕福建行省所辖路分七处，每处二道"；《永乐大典·站赤三》云："〔至元二十一年二

---

① 《元典章》卷八《吏部二·官制二·承袭·军官承袭例》。
② 《永乐大典》卷一九四一八，第 7205 页上。
③ 《元史》卷一六五《管如德传》云："二十年，丞相阿塔海命驰驿奏出征事，入见，世祖问曰：'江南之民，得无有二心乎？'如德对曰：'往岁旱涝相仍，民不聊生，今累岁丰稔，民沐圣恩多矣，敢有贰志。使果有贰志，臣曷敢饰辞以欺陛下乎！'帝善其言，且喻之曰：'阿塔海有未及者，卿善辅导之，有当奏闻者，卿勿惮劳，宜驰捷足之马，来告于朕。'"《新元史》当据此而判定其时管如德授福建宣慰使。

月]福建行省所辖路分,每处给降起马一疋。"①《元典章·不刷雕青百姓充军》则载:"至元二十一年八月,福建行省准枢密院咨该:准中书省札付";②《元史·世祖十》载:"[至元二十一年十一月]癸卯,福建行省遣使人八合鲁思招降南巫里、别里剌、理伦、大力等四国,各遣其相奉表以方物来贡",等等。

　　《元史·世祖十》载,至元二十一年九月,"中书省言:'福建行省军饷绝少,必于扬州转输,事多迟误。若并两省为一,分命省臣治泉州为便。'诏以中书右丞、行省事忙兀台为江淮等处中书省平章政事,其行省左丞忽剌出、蒲寿庚,参政管如德分省泉州"。此材料透露出两个重要信息:一是福建地区首次被并入江淮行省(后调整演化为江浙行省),此后忙兀台长期担任江淮行省要职;二是泉州经历此次分省之后,不再作为省治,直至大德元年。但需指出的是,此次福建行省并入江淮行省后,随即又复置,据《世祖十》载,至元二十一年十一月,"癸卯,福建行省遣使人八合鲁思招降南巫里、别里剌、理伦、大力等四国,各遣其相奉表以方物来贡"。至于泉州行省,估计很快亦因福建行省的复置而被废。

　　《元史·世祖十》载,至元二十二年春正月,"卢世荣请罢福建行中书省,立宣慰司,隶江西行中书省"。谭其骧先生引《元史·兵志四》之记载,"二十三年四月,福建、东京两行省各给圆牌二面",认为至元二十三年,福建行省又复置。③ 另据程钜夫《林国武宣公神道碑》载:"[至元]二十三年,入朝,进骁骑卫上将军、江浙等处中书省左丞兼管本万户军。未几,行省迁扬州,置宣慰司浙西。……未行而院革,会福建置行省,复奏公为左丞。"④笔者以为,至元二十一年福建行省的省并,应当跟卢世荣的上台有

①　《永乐大典》卷一九四一六、卷一九四一八,第 7190 页下、7205 上。
②　《元典章》卷三四《兵部一·军役·新附军·不刷雕青百姓充军》。
③　此亦可参阅《永乐大典》卷一九四一《站赤一》:"至元二十三年四月福建、东京两行省各给圆牌二面。"第 7190 页下。另,《元史》卷九一《百官七》"江西等处行中书省"条载:"[至元]二十二年,以福建行省并入江西。二十三年,又以福建省并入江浙。"此记载疑误。
④　程钜夫《程雪楼文集》卷六。

一定的关系;而二十二年十一月卢世荣的倒台,亦是福建行省再度复置的由头。

　　自至元二十三年福建行省复置后,直至至元二十八年,福建行省建置未见变动。基于对以上资料的比勘分析,我们可以发现:至元十五年至至元二十三年,福建行省与泉州行省,或同时并立,或存此而废彼,或被省并入江西行省、江淮行省,其变化十分频繁。不过需特别指出的是,所谓"福建行省",是指省治在福州者言;而所谓"泉州行省",应是特指设治于泉州者言。当它们同时并立,体现出的则是泉州行省的暂时"分省",其管辖范围所及当有所限;当存此而废彼时,则表明其所辖为整个福建地区。对于此两种现象,史家留意不多,甚或出现误读。此外,在福建地区置有行省的同时,偶又会出现"福建宣慰使司"这一机构,如前文所述至元十九年出现的情景:泉州置泉州行省,而福州则设"福建宣慰司"。"福建宣慰司"与当时并立的泉州行省之间关系究竟如何,则有待进一步考察。

　　在此还需指出的是,对于至元十五年至至元二十三年间几乎年年更易、甚至一年内数次改易的现象,我们该如何去加以分析解读呢,也就是说这种过度频密的改易究竟在多大程度上可以贯彻到实际的地方行政运作系统当中去并起到切实的效果呢? 因囿于史料,目前难以遽答。不过,就《元典章》、《永乐大典·站赤》等所留存的具有原始公文记录性质的这类史料文献来看,福建地区出现的这种过度频繁的建置更改,得到了真实的呈现,也在切实地发挥作用。

三、至元二十八年至大德年间福建行省的置废问题

　　至元二十三年福建行省复置后,直至至元二十八年,未见改易。①

---

①　据胡祗通《效忠堂记》载:"至元二十五年,[李振文]福建宣慰秩满,得代还乡里。"该记载显示至元二十五年,福建地区的建置是"宣慰司",这可不可靠呢? 今检核元代诸种载籍,至元二十五年,福建地区设立的是"行省"而非"宣慰司":《元史》卷一五《世祖十二》载,至元二十五年七月,"同知江西行枢密院事月的迷失上言:'近以盗起广东,分江西、江淮、福建三省兵万人令臣将之讨贼……'诏许之"。"[十月]庚申,从桑哥请,(转下页)

(转下页)

　　至元二十八年二月,"改福建行省为宣慰司,隶江西行省。诏:'行御
史台勿听行省节度。'"①这是自至元二十三年福建行省复置之后,再度被
废。至元二十八年为何出现此一变化?据《世祖十三》载,至元二十八年
正月,"尚书省臣桑哥等以罪罢"。十二月,"壬申,立河南江北行中书省,
治汴梁";同月,"江北州郡割隶河南江北行中书省。改江淮行省为江浙等
处行中书省,治杭州"。福建行省此次再度被废,或正与此相关。

　　《元史·高兴传》载:"至元二十八年罢福建行省,以参知政事行福建
宣慰使;二十九年,复立福建行省,拜右丞。"②是知,至元二十九年福建行
省旋又复置。那么其复置的具体月份又在何时呢?据《永乐大典·站赤
四》载:"至元二十九年正月七日,中书省奏,福建宣慰司官高兴言:'本道
每年递运泉州贡赋,及外国来使赴上,皆仰民力纲运,重劳苦之。今沿途
逃亡之屋甚多,良可哀悯。窃详远迩职贡,驿传为先,请于建宁路建阳县、
崇安县,各立马站一所,迤逦至铅山州车盘站,至汭口下船,直至大都。每
处用夫二百五十人,所以放罢亡宋运铜钱及铺兵充站夫。又于福州怀安

（接上页）以省、院、台官十二人理算江淮、江西、福建、四川、甘肃、安西六省钱谷,给兵使
　　以为卫。'""[十一月]甲午,北兵犯边。诏福建省管内并听行尚书省节制。"另据《永乐大
　　典》卷一九四一六载:"[至元二十五年]十一月,福建行省给铺马圣旨二十四道,增给
　　札子六道。"见《永乐大典》第 7190 页下。《效忠堂记》载李振文曾为"同知福建路宣慰司
　　事",惟其具体升任此职年月不详,估计在至元二十三年前已任此职,逮至至元二十五
　　年从福建卸职,其时福建地区建置已变,而李氏职务当亦相应发生改变,惟胡氏有所不
　　察故也。参阅胡祗遹《紫山大全集》卷一一,文渊阁《四库全书》本。
① 　《元史》卷一六《世祖十三》。
② 　丁昆健认为,《高兴传》所载至元二十九年复立福建行省的记载是错误的,并举《元史》卷
　　一六《世祖十三》"至元二十八年九月壬子"条记载,指出至元二十八年九月就已复置福
　　建行省。今复按原文,《世祖十三》载:"[壬子]命海船副万户杨祥、合迷、张文虎并为都
　　元帅,将兵征琉求。置左右两万户府,官属皆从祥选辟。既又用福建吴志斗言'祥不可
　　信,宜先招谕之',乃以祥为宣抚使,佩虎符,阮监兵部员外郎,志斗礼部员外郎,并银符,
　　赍诏往琉求。明年,杨祥、阮监果不能达琉求而还,志斗死于行,时人疑为祥所杀,诏福
　　建行省按问,会赦,不治。"此处所谓"明年",应是指至元二十九年无疑,《元史》卷二一〇
　　《琉求传》对此有确切记载。丁氏判断有误。差可补充的是,《世祖十三》内的此条记载
　　似不应作为正文而出现于《本纪》中,当别加小字作注为是。藉此亦可窥知《元史》因修
　　撰过速,剪裁痕迹,触目皆见。参阅丁昆健《元代行省制度之形成及其职权》,第 121 页
　　之注释 135。

县水口、南剑,各置水站,以达建宁。似望官民便益。'奉旨若曰:亦黑迷失、沙不丁曾至其地,可再问之。都省钦依,询于亦黑迷失、沙不丁,皆以为便。差官于江浙、福建行省,从宜设置。"①《元史》卷一七《世祖十四》则载,至元二十九年正月"庚子,江西行省左丞高兴言:'江西、福建汀、漳诸处连年盗起,百姓入山以避,乞降旨招谕复业。……丙午,河南、福建行中书省臣请诏用汉语,有旨以蒙古语谕河南,汉语谕福建。"二月,"以泉府太卿亦黑迷失、邓州旧军万户史弼、福建行省右丞高兴并为福建行中书省平章政事,将兵征爪哇,用海船大小五百艘、军士二万人"。

由上所述可知,至元二十九年正月,福建行省已然复置,这次复置显然是为征伐爪哇。②据《元史·世祖十四》载:"以泉府太卿亦黑迷失、邓州旧军万户史弼、福建行省右丞高兴并为福建行中书省平章政事,将兵征爪哇。"自至元二十九年设立福建行省后,数年未改易。不过,征爪哇并不顺利,《世祖十四》载,至元三十年八月,"敕福建行省放爪哇出征军归其家";十二月,"庚子,[福建]平章政事亦黑迷失、史弼、高兴等无功而还,各杖而耻之,仍没其家赀三之一"。

《元史》卷一九《成宗二》载,大德元年二月,"己未,改福建省为福建平海等处行中书省,徙治泉州。平章政事高兴言泉州与琉求相近,或招或取,易得其情,故徙之";③同年三月,"诏各省合并镇守军,福建所置者合为

---

① 《永乐大典》卷一九四一九,第7214上。此外,《永乐大典》卷一九四二三亦记载:"信州等立站赤:至元二十九年正月十七日,中书省准江淮行省咨,据骠骑卫上将军、行尚书省参知政事,行福建道宣慰司呈:近于至元二十八年三月内,钦授宣命,充前职,前去福建开司之任。"参阅《永乐大典》,第7258页。

② 至元二十九年,福建行省的官员有孟左丞、史弼、魏天祐等人,详可参阅《永乐大典》卷一九四二四《站赤九》"禁走骤铺马"条、《世祖十四》至元二十九年八月的记载。此外,此次设福建行省征爪哇,元廷对征爪哇人员在考课制度上亦有规定,《元史》卷八四《选举四》载:"二十九年,部呈:'大司徒令史,若各部选发者,三考出为正,自用者降等。崇福司与都护府、泉府司品秩相同,所设人吏,由省部发者,考满出为正七品,自用者降一等。福建省征爪哇所设人吏,出征回还,俱同考满。'"

③ 另据《元史》卷二一○《琉求传》载:"成宗元贞三年(即大德元年),福建省平章政事高兴言,今立省泉州,距琉求为近,可伺其消息,或宜招宜伐,不必它调兵力,兴请就近试之。九月,高兴遣省都镇抚张浩、福州新军万户张进赴琉求国,禽生口一百三十余人。"

五十三所,江浙所置者合为二百二十七所";十一月,"福建行省遣人觇琉求国,俘其傍近百人以归"。是知此段时期内,福建行省之设,多因外出征伐之故。所谓"平海等处行中书省","平海"应指"平定海外"之意。另据《成宗二》载,大德二年二月,"立军民宣慰司都元帅府于福建",此"军民宣慰司都元帅府"具体情况不详。

据《元史》卷二〇《成宗三》载,大德三年二月,"罢四川、福建等处行中书省,陕西行御史台,江东、荆南、淮西三道宣慰司。置四川、福建宣慰司都元帅府及陕西汉中道肃政廉访司"。五月,"庚子,复征东行中书省,以福建平海省平章政事阔里吉思为平章政事"。① 福建行省于至元二十九年复置后,至此复罢,并入江浙行省,直至至正十六年才再度出现行省建置。福建行省于大德三年的罢废,反映出进入成宗时期以后,元王朝对外政策的改易更张。

值得注意的是,近年来有学者留意到福建地区摩崖石刻的记载,认为大德三年福建行省罢废之后,大德年间仍有"福建行省"的建置,其具体情况究竟如何呢?

据清乾隆年间所撰《莆田县志》载,当地有一石刻铭文云:"'左丞雨右丞雨'石,在郡城乌石山东南,一刻'左丞雨',旁细字云:'至正癸卯,夏秋不雨,禾渐枯,分省郑眅率都镇抚吴维贤、从事官宋应福,于七月三日设坛请祷,越三日大雨,士民俞志甫等勒石以记。'一刻'右丞雨',旁细字云:'大德庚子,春耕乏雨,行省右丞札剌立丁持节过莆,议捐俸修庙学,大雨随至。莆人咸喜曰:此右丞公雨也。文学掾庄邦元请于郡官,镌此兹岩石以志。'"② 另据元人庄弥邵撰《泉州罗城外壕记》载:"泉本海隅偏藩,世祖

---

① 据《通制条格》卷二《户令·官豪影占》载"大德三年六月初九日,中书省奏'阔里吉思题说福建合行事内一件'"云云。此材料显示,至六月,阔里吉思仍在福建。不过,此时的阔里吉思已非福建行省平章,据《元史》卷一三四《阔里吉思传》载:"大德二年,改福建行省平章。未几,以福建隶江浙,改福建道宣慰使、都元帅。升征东省平章政事。"参见方龄贵《通制条格校注》,北京:中华书局,2001 年,第 81 页。

② [乾隆]廖必琦修、宋若霖纂《莆田县志》卷二《舆地》,光绪五年补刊本,民国十五年重印本。

皇帝混一区宇，梯航万国，此其都会。始为东南巨镇，或建省，或立宣慰司，所以重其镇也。一城要地，莫盛于南关，四海舶商，诸番琛贡，皆于是乎集。……皇帝龙飞之六载，省并江浙，立宣慰司，行省右丞札剌立丁公领使司帅府，视事以来，曾未逾时，政通人和，百废俱兴。”①前则史料中的“大德庚子”，即大德四年（1300），该碑刻显示此年札剌立丁仍任泉州行省右丞，尚未“领宣慰司帅府”；后一则材料“皇帝龙飞之六载”则显示，大德六年泉州亦仍设置有“行省”。②

　　上述史料中，札剌立丁均被视为“行省右丞”，似表明当时泉州仍有行省建置。然而，自大德三年至大德七年，关于福建地区的行省建置问题，《元史》已不见记载，其他诸种元代载籍亦未透露任何相关消息。元人朱文霆云：“元大德三年，福建都元帅札剌立丁重建明伦堂。至治改元，总管廉忱始甃台塑两庑从祀像，筑杏坛于棂星门之南，康里巙[巙]为记。……至正九年，郡判卢僧孺桥之。十年，监郡偞玉立重建明伦堂，并修议道堂，为斋舍四十间及先贤等祠。”③此处札剌立丁所系衔为“宣慰司都元帅”，而非“行省”相衔。

　　为何地方石刻史料或方志中会出现上述所谓的行省“相衔”？这就不得不回到前文所涉及的宣慰使带相衔的问题上来。至元十三年，元廷规定：“设诸路宣慰司，以行省官为之，并带相衔，其立行省者，不立宣慰司。”④不过由于此时江南设官太滥，尤其是因为这一规定容易造成宰相员额设置的冗滥，⑤故而屡次下令削去宣慰使所带相衔：至元十五年六月，“其宣慰司十一道，除额设员数外，余并罢去。仍削去各官旧带相衔”；至元十九年五月，复申前令，“罢宣慰使所带相衔”。⑥笔者以为，地方石刻材

---

① ［乾隆］怀荫布修、黄任纂《泉州府志》卷一一《城池》，光绪八年补刻本。

② 此处亦可参阅吴幼雄《元代泉州八次设省与蒲寿庚任泉州行省平章政事考》。

③ 《八闽通志》卷四四《学校·泉州府》。

④ 《元史》卷九《世祖六》。

⑤ 《元史》卷一三二《昂吉儿传》载：“江左初平，官制草创，权臣阿合马纳贿鬻爵，江南官僚冗滥为甚。……由行省官荐，超授宣慰使者甚众，民不堪命。昂吉儿入朝，具为帝言之，且枚举不循资历而骤升者数人。”

⑥ 《元史》卷一〇《世祖七》；卷一二《世祖九》。

料透露出的,其实就是宣慰使带"相衔"的问题。为何迟至大德年间仍会有此种现象发生,其具体缘由无从得知。元代有所谓"宣慰司望轻"之说,很多重要地区并未设行省;然而,宣慰使系有"相衔"的现象却在在可见:如大德七年五月,"立和林宣慰司都元帅府,以忽剌出遥授中书省左丞,为宣慰使都元帅";大德十一年五月,"遥授中书左丞钦察、福建道宣慰使也先帖木儿,并为中书参知政事","[秋七月]甲申,遣赡思丁使西域,遥授福建道宣慰使"。① 此外,据元明善所撰《河南行省左丞相高公神道碑》载,高兴于"廿八年,罢福建省,进阶骠骑,参政行福建道宣慰使。拯荒残,理冤滞,安反侧,抚良愿,闽人大和"。② 此处所谓"参政行福建道宣慰使",与地方石刻中将"宣慰使"视作"行省",实乃异曲同工。不过,它并不意味着当时设立的就是"行省"。

此外,据《泉州罗城外壕记》显示,大德六年泉州设有行省,其说亦属不确。据《元典章·下番使臣山羊分例》载:"大德六年二月,福建道宣慰司承奉江浙行省札付,据杭州路申……";《元典章·各路周岁纸札》亦载:"大德六年十一月,福建宣慰司:近为福州、汀州路申,乞放支周岁合用纸札价钱公事,呈奉到江浙行省札付:近据本道呈各路公用纸札,移准中书省咨:'福建道宣慰司呈:汀州路申:江浙路分每年俱各放支公用纸札价钱,福建各路自来不曾放支,止是各该人吏自备。今本道并入江浙行省管领,理合与浙东道宣慰司并各路一体放支。'"③ 这是当时最为原始的公文记录,它清楚地显示大德六年福建地区所设置的是"福建宣慰司",而非"行省"。

自大德三年至至正十六年,福建地区未再置行省。据福州乌石山元人题名之摩崖石刻文《焦德裕题名》记载:"岁玄黓敦牂,中秋后之二日,闽省参政易阳焦公宽甫,自清源归觐,道福唐。又三日,宣慰秀岩石祥甫,载酒会于乌石之道山亭。申隐信云甫、省郎镇阳毛汉卿、提举东古古纯甫、

① 《元史》卷一二《成宗四》;卷二二《武宗一》。
② 苏天爵《元文类》卷六五《河南行省左丞相高公神道碑》。
③ 《元典章》卷一六《户部二·分例·使臣·下番使臣山羊分例》;卷二一《户部七·钱粮·支·各路周岁纸札》。

寓客南洲卡仲元、住山释绍玉与焉。"有学者认为此处所谓"岁玄黓敦牂",系至正壬午,即至正二年(1342),该学者进而据此推定,至正二年已复置行省。[①] 然则,据《元史·焦德裕传》载,焦氏字宽父(石刻谓"宽甫"),至元二十五年已卒,至正二年焉能仍任"参政"? 是知其不确。今复核清人所编纂《乌石山志》,[②]其记载仅云"岁玄黓敦牂",即"岁壬午",该记载并未明确指称是"至元"或"至正",该学者径将其系于"至正"年间,显然是受到前文所揭《闽中金石录》的辑录者清人冯登府所作《焦公等鼓山题名》之录文误导,而致年号错置。

四、至正年间福建行省的分省问题

《元史》卷四四《顺帝七》载:"[至正]十六年春正月壬午,改福建宣慰使司都元帅府为福建行中书省。"贡师泰《福州行省检校官厅壁记》记云:"至正十六年春三月,诏复福建等处行中书省,即故宣慰司为治。"[③]另据《元史》卷九二《百官八》载:"[至正]十六年五月,置福建等处行中书省于福州,铸印设官,一如各处行省之制。以江浙行中书省平章左答纳失里、南台中丞阿鲁温沙为福建行中书省平章政事,福建闽海道廉访使庄嘉为右丞,福建元帅吴铎为左丞,司农丞讷都赤、益都路总管卓思诚为参政。以九月至福州,罢帅府,开省署。"由以上诸多记载可获知,福建行省于大德三年罢废以来,直至至正十六年,方克复置,直至元亡。

至正年间,福建行省建置变迁的一个比较大的特征,就是出现数次分省的现象。关于元末年分省之制,谭先生亦曾留意并作过讨论。不过,仍有部分问题仍值得进一步详细考察。

据《元史》卷九二《百官八》载:"[至正]十八年,福建行省右丞朵歹分省建宁,参政讷都赤分省泉州。"这是元末分省的典型事例。建宁分省应

---

① 参阅吴幼雄《元代泉州八次设省与蒲寿庚任泉州行省平章政事考》。

② 郭柏苍纂、福州市地方志编纂委员会整理《乌石山志》卷六,福州:海风出版社,2001年,第114页。

③ 贡师泰《玩斋集》卷七,文渊阁《四库全书》本。

与当地发生叛乱有关,至于其何时省废,有待详考。

不过,关于此次"泉州分省"的问题,则很明显应当与至正十七年三月发生的义兵万户赛甫丁、阿迷里丁叛据泉州有关。① 此次泉州分省之罢,据泉州清源山《修弥陀岩记》载,至正二十一年(1361)修寺,"会平章三旦八、御史帖木尔不花、宪使孙三宝、佥事释迦奴,捐财首创,化合众缘,易殿以石。"吴幼雄认为,该则记载表明至正二十一年,三旦八已任泉州行省平章政事,此前三旦八曾被阿里迷丁所执。② 至正二十二年五月,泉州赛甫丁被福建行省燕只不花击败,泉州分省被罢。③ 吴氏关于泉州行省罢废年代之说,尚值进一步讨论。

考索元代载籍,我们发现,至正年间李士瞻在福建的行实,可为解决泉州分省之罢废时间问题提供有益的观察视角。至正二十一年,李士瞻以户部尚书出督闽中盐赋,当年十一月抵达福州。④ 据《至正近记》载,至正二十二年,"四月,福州平章燕只不花会诸军围赛甫丁"。数月后,"既而尚书李士瞻诱赛甫丁、扶信登海舟,参政魏留家奴蹙杀亦思巴奚兵数百人。燕只不花克复省治,余阿里以江西行省左丞在兴化,遏赛甫丁、扶信奔败之兵,开分省,立官府,余民稍有生意"。⑤ 关于至正二十二年围赛甫丁事,李士瞻《上中书左丞相》所述甚详:"正图开洋,不意变生仓卒,内外

<hr>

① 《元史》卷四五《顺帝八》。《泉州府志》卷三《建置沿革表》明确指出,至正十八年之所以设泉州分省,系"以十七年元赛甫丁、阿迷里可叛据泉故"。[乾隆]怀荫布修、黄任纂《泉州府志》,光绪八年补刻本。
② [光绪]陈棨仁《闽中金石略》卷一二,转引自吴幼雄前揭文。
③ 《元史》卷四六《顺帝九》载,至正二十二年五月,"乙巳朔,泉州赛甫丁据福州路,福建行省平章政事燕只不花击败之,余众航海还据泉州。福建行省参知政事陈有定复汀州路"。
④ 李士瞻撰《王仲弘卷》云:"至正二十一年秋七月,余承乏地官尚书,叨奉明命,以航万里海,督闽中盐赋以输朝廷。来自其年七月,至则十一月十日也。始至,则即督省府,戒合属,大选官曹,分局隶事,明示赏罚,严立考课。"另据同氏撰《与燕平章书》载:"区区不才,谬膺器使,受命之后,日夜怀惭。幸得遇平章故人,相与共事,私心政自不能不喜耳。但海洋中风汛所误,以十一月十四日方达福州,中间艰阻,不可名言"云云。可见当年十一月,李士瞻到达福州后随即展开活动。"燕平章"即为福建平章燕只不花。参阅李士瞻《经济文集》卷四、卷一,文渊阁《四库全书》本。
⑤ 参阅《八闽通志》卷八七《拾遗·兴化府》载吴源所撰《至正近记》,第1036—1037页。

闭塞，城中鼎沸，哭声轰天，死者八九。余自荷以使者之职，叨司耳目之寄，安忍坐视，以贻朝廷之忧。乃仗圣天子威灵，开诚心，仗大义，谕以利害福祸之原，庶几异类恶丑，帖耳俛听，未尝敢以无礼相加。遣人驰书军中，往来开示，至七月十六日，士瞻方率耆宿士民出城，亲见大军议之，解其事。议定，又复入城，以安百姓。甫至八月十五日，方尽诱丑登船，随时军众四合，一扫而空。其首恶余党，逃至泉南，寻复剿绝无遗。"①据此记载，可知至正二十二年八月，长期叛据泉州的赛甫丁等势力方告彻底结束。李氏亦因此而"诏拜资善大夫、本省左丞，寻入为中书参议"。②

　　据《经济文集》记载，李士瞻到福州后，曾先后三次致书"泉州左丞相"，内中有云："区区到此两月有余，既不蒙遣一价来问，差去之人久无一言回报，不知何所阻也。"③可证此信当写于至正二十二年初，其中所谓"泉州左丞相"之称，可知其时"泉州分省"尚存。《经济文集》所载李氏写给"泉州左丞相"的三通书信，主要目的在于敦促和晓谕泉州分省官员尽早交纳并起运盐货赴京，所谓："纵然尽力攒运，比及春暮，运得几何？阁下果有真实报国之心，必须乘时，多方以为，犹虑不及。其见运之盐，便尽数到来，一半作官，一半脚价，其脚价之盐，又须就此变易，已是衬贴大课，而又于还官之外，中间所得一半而已。以此校之，必作画饼，则阁下平日报效之心，有名无实，诚为文具，是岂臣子所为哉！""若左丞实有报国之心，莫若照依分省元报五万之数，先时一半，尽官存留，一半慢慢准还脚价。如此，庶几公私两便，不误风汛，足显报效出自本心，不为文具。""凡此数节，悉望阁下裁度，早遂报效之愿，是所望也。"④尤值得留意的是，在第二、第三封信中，李士瞻更是直接指出："烦赛参政差官起运官盐一万引"、"烦

---

①　李士瞻《经济文集》卷三。李继本撰《代严君辞中书参议文》亦述及其事："出使闽中，誓竭心膂，以效细勤，以图上报。既而至闽之后，边鄙弄兵，炽如炎火，寄息城中，凡三阅月，始克解围。偶尔成功，幸其不死，圣恩汪濊，遂获生还。"参阅李继本《一山文集》卷七，文渊阁《四库全书》本。

②　陈祖仁撰《元翰林学士承旨楚国李公行状》，载《经济文集》卷末。另据《经济文集》卷四《题〈王彦方小传〉后》载，至正二十二年，"十一月，辱承乏本省左丞，俾专董前事"。

③　李士瞻《经济文集》卷一《与泉州左丞相书》。

④　参阅李士瞻《经济文集》卷一、卷二《与泉州左丞相书》。

赛参政委人管押,前去彼处起运一万引",云云。从该信判断,所谓"赛参政",当为赛甫丁无疑,"左丞相"则尚不可得知。

从上所述我们可以推知,赛甫丁、阿里迷等据泉州叛后,曾一度被元廷招安,并在泉州设立分省,分省长官则一度由赛甫丁等人担任。表面上,赛甫丁等人听命朝廷,实则并不受控制,甚至对元廷还心存反叛,并且还时常威胁或攻打福州。职是之故,元廷下决心铲除赛甫丁,由此而出现至正二十二年福建平章燕只不花围灭赛甫丁之事。① 以往的研究对于此点,往往未予留意。

关于元末福建分省,谭其骧先生依据《新元史·行省宰相年表》以及《至正近记》的记载,指出至正二十四年陈友定分省延平,以及至正十九年至至正二十五年存在兴化分省,惟此两次分省不见于正史。陈友定分省延平之事,史料记载十分有限,其具体废罢年月不明。不过,关于兴化分省之事,谭氏节录《至正近记》文云:"至正十九年正月,右丞苦思丁继任。二十一年四月,参政忽都沙、元帅忽先继任。二十二年六月,左丞余阿里继任。二十四年四月,左丞观孙继任;旋德安以郎中摄行分省事。二十五年,左丞帖木儿不花继任;未几,复以德安摄任;十一月,哈散、黄希善兵陷兴化,分省罢。"

事实上,兴化、泉州分省之事当合而观之,方可得其详。今据吴源《至正近记》记载,对涉及此两分省的历史事实再稍作辨析。

兴化分省始于至正十九年,"正月,三旦八称平章,安童称参政,开分省于路治。辖郡军民官令各以兵会。二月,三旦八驱兴化及亦思巴奚兵,合数千人往援福州,安童独留,专兴、泉分省之任。其意轻亦思巴奚兵以为易制,屡挑之,于是亦思巴奚之酋阿迷里丁,自领其兵来,名为援福州,

---

① 据陈高所撰《重建东禅报恩光孝寺记》载:"至正壬寅[至正二十二年],平章燕赤不花公,由江浙被命来镇闽省,岛夷据城以拒火厥寺。"此次燕只不花来闽,很大目的就是为围剿赛甫丁。此外,关于此次围灭赛甫丁事,吴海撰《双谷叙赠秦景容》亦有所描述:"至正二十一年,魏郡秦君景容来,为福建行省郎中。先是,平章普公募商胡,克舟寇有功,胡因益暴横。君至,持纲纪甚严,其众屡谋害君而不敢动。既乱,普公得除南台以出,而燕公实来代之。兵顿城外屡挫,议者皆欲讲解以纾难,君独以为不可。卒平之……"参阅陈高《不系舟渔集》卷一二,文渊阁《四库全书》本;吴海《闻过斋集》卷一,文渊阁《四库全书》本。

实欲袭兴化也。安童亦知之"。① 由此则材料可知，兴化、泉州分省与亦思巴奚之乱有关。首任兴化分省的官员为安童，至正十八年曾为兴化总管，同年受福建平章普化帖木儿之命，始分省兴化。② 至正二十年正月"时广东元帅苫思丁以福建省平章便宜檄升右丞，分省兴化"。③ 谭氏谓右丞苫思丁于至正十九年继任兴化分省，疑误。

　　自至正十九年安童以兴化为治所而"专兴、泉分省之任"后，《至正近记》屡次记载"分省兴化"、"分省兴、泉"之事。④ 其实这正是因为自至正十七年发生赛甫丁、阿迷里丁叛据泉州以来，泉州、兴化地区的亦思巴奚之势力与当地武装势力之间的关系，以及他们与元廷之间的纠错争斗和相互利用，使这个地区局势变得复杂。至正二十二年赛甫丁败后，泉州复为阿巫那所据，阿巫那也并不在元廷的有效控制之下，直至至正二十六年陈友定擒获阿巫那，兴化、泉州的亦思八奚之祸始告结束。因此史料中经常出现的所谓"分省兴、泉"，其所指应是治所设在兴化的分省，因为兴化分省一直处于元廷的有效控制之下；而泉州则因数年为赛甫丁等势力所控制，所谓的"泉州分省"也一度由赛甫丁等占据，这样也就导致泉州的事务便划归由设治于兴化的"兴化分省"来进行管领。不过，又因为泉州由其他势力控制，这一管领实际上并不有效。关于此段史事，过去一直隐而不彰，未曾揭示。

　　需指出的是，谭其骧先生认为至正二十五年十一月哈散、黄希善兵陷兴化后，分省即罢。不过，据《至正近记》载至正二十六年事，当年三月，

----

① 《八闽通志》卷八七《拾遗·兴化府·至正近记》，第 1035 页。
② 详见《至正近记》所载至正十八年事。此外，卢琦撰《挽安童参政先任兴化太守后任参政分省兴化》诗，亦记有其事。参阅卢琦《圭峰集》卷上，文渊阁《四库全书》本。
③ 《至正近记》，载《八闽通志》第 1035—1036 页。
④ 《至正近记》载：二十一年，"苫思丁回福州行省，复遣参政忽都沙、元帅忽先分省兴化"；二十二年，"燕只不花克复省治，余阿里以江西行省左丞在兴化，遏赛甫丁、扶信奔败之兵，开分省，立官府，余民稍有生意。未几，而参政郑毦代余阿里分省"；二十四年四月，"福建行省左丞观孙自京师至，奉旨分省兴、泉，提调市舶军马"；二十五年三月，"福建行省左丞帖木儿不花分省兴化，前摄分省事郎中德安仍参替之。……至帖木儿不花罢归行省，德安仍以郎中摄分省事，乃召其军去。其年十一月，前左丞观孙又以皇太子命，分省兴、泉，行省平章燕只不花密令德安自为计拒之，德安遂大集民兵。"参阅《八闽通志》，第 1036—1038 页。

"亦思巴奚兵方暴海滨,而分省全左丞急回福州,伯顺乘城内虚,遂入据之"。这显示当时"分省"尚在,其最后消失时间应该在陈友定完全平定亦思八奚之祸后。元末分省之制,其最直接的诱因是战争,它致使行省组织扩充,分省普遍设立。①

五、元代福建行省置废分合之缘由析考

前文对元代福建行省置废变迁状况的探讨,较之前人所揭示出来的问题要显得复杂得多。对于福建行省置废分合的变迁过程,我们或可作如下概括性描述:自至元十五年始设行省,直至至元二十三年,期间福建地方行省建置几乎年年生变,甚至一年内改易数次;至元二十三年至至元二十八年,福建的行省建置则相对趋于稳定;至元二十八年行省建置又改为宣慰司,不过次年随即又得以恢复,直至大德三年;自大德三年至至正十六年,福建地区只设宣慰司,并隶于江浙行省;至正十六年始,因叛乱频发,福建地区再度置省,直至元亡。

前文引《八闽通志》述及元代福建行省屡置屡罢之事,谓其"或置于福州,或置于泉州,或并入江西,或并入江浙,废置不一"。元代福建行省置废分合为何如此频繁,不少学者曾作过探讨并给出解释。大岛立子认为,大德初年以前福建行省的置废分合过程,与元王朝对福建地区的征服、叛乱的镇压以及海外的招抚与经营等背景密切相关,它体现出的是福建行省作为军事性质机构的特征。② 大岛立子的这个观点,代表学界业已形成的对福建行省置废变迁缘由的一种共识。③ 另一方面,有学者认为,福建

---

① 关于元末分省问题,丁昆健《元代行省制度之形成及其职权》有所论及,不过其瞩意的是元末中书分省的状况,与福建地区分省现象无涉,需请留意。参阅氏著第244—249页。

② 大岛立子《元朝福建地方の行省》。

③ 如王颋认为,"福建行省的数度恢复,一是为了镇压地方,一是为了经营海外。而至正之后福建分省的建立,则是为了尽可能地收复失地、加强方面备御的结果以及社会治安"。丁昆健则指出,"江西、福建等行省之所以罢废无常,实与宋遗民之时常举事,与元对海外之发展有关。"参阅王颋《元代行政地理研究》,复旦大学博士论文,1989年5月,第180页;丁昆健《元代行省制度之形成及其职权》,第107页。

地区行省治所在泉州与福州两地数次迁徙,则应与海外贸易有关。①

为更全面理解福建行省置废分合的缘由,接下来本文将紧紧围绕以下两个问题展开讨论:一是透过元代福建行省置废分合的变迁过程,我们该如何认识有元一代行省成立的特定政治过程及其生成的内在机理? 二是福建行省的置废及其与江西、江浙行省的数度分合,究竟有何具体缘由?

(一)

前人曾从其军事机构的性质特征来解读福建行省的设立,我们认为,或可从其作为地方行政机构的这一特征来进行理解。事实上,福建行省的置废分合与元王朝政局的变动以及元对江南地区统治的转变、行省制作为地方行政制度的确立以及元王朝对行省区划的全面调整,都存有密切的关联。

行省作为元代地方最高官府体制的确立时间问题,历来有多种说法。李治安整合诸说,从行省官制、职权、辖区以及行省官的迁调等一系列规定的确立进行多方位考察,认为行省由中央派出机构的基本性质演化成为地方最高官府,发生于至元后期到成宗初年。② 设若我们把福建行省置废分合的过程与此进行比对的话,我们或可发现它们具有一定的对应性。依据前文考证,福建行省置废分合的主要变化发生于大德三年以前,其中非常值得留意的三个年份是至元二十三年、至元二十八年以及大德三年。

至元二十三年行省官制正式确立,史载,当年“[七月]铨定省、院、台、部官,诏谕中外:‘……行中书省,平章政事二员,左、右丞并一员,参知政事、佥行省事并二员。’”③若以至元二十三年为基本观照节点,我们可以看到,此年前后涉及到好几个行省建置的设立以及相应的区划调整:至元二十二年,原江淮行省割江北诸郡隶河南而改立江浙行省,同年福建行省并

---

① 向正樹《元朝初期の南海貿易と行省——マンタイの市舶行政関与とその背景》。
② 参阅李治安《元代政治制度研究》,北京:人民出版社,2003 年,第 10—17 页。
③ 《元史》卷一三《世祖十一》。青木富太郎在《元初行省考》认为,至元二十三年官制的确立,是行省向地方最高官府转变的标志。丁昆健《元代行省制度之形成及其职权》亦认为,元代行省制度在至元二十三年就业已确定。

入江西;至元二十三年,置四川行省,复立福建行省,同年徙置中兴省于甘州立甘肃行省;至元二十四年立辽阳等处行中书省。① 与此同时,至元二十四年入桑哥专权后,元王朝才开始实现了对原南宋旧领地真正意义上的支配。② 至元二十三年,福建行省复置后,行省建置基本趋于稳定,直至大德三年被罢废,这与四川行省建置的沿革是一致的。③ 因此,至元二十三年在确立行省制以及行省辖区调整方面,均具有一定的年代意义。

逮至至元二十八年初,因桑哥倒台,元王朝对江南地区再度理算经济钱粮,并重新规划设置各省转运司以理财;同时,又进行大规模的行省区划调整。河南江北行省与江浙行省的设立,以及福建行省改为宣慰并隶于江西行省,④应与此次元王朝政局变动密切相关。对于此次元廷行省区划的调整,则更是引发以程钜夫为代表的士人对于行省制度与行省区划调整问题的讨论,他指出:"今江南平定已十五余年,尚自因循不改,名称太过,威权太重。……然则有省何益,无省何损? 又其地长短不均,江淮一省管两淮、两浙、江东,延袤万里,都是繁剧要会去处,而他省有所不及其五分之一,如此偏枯,难为永制。今欲正名分,省冗官,宜罢诸处行省,立宣抚司,一浙东西,二江东西,三淮东西,四福建,五广东西,六湖南北,自江淮以南,止并为六个宣抚司。"⑤所谓"今江南平定已十五余年",即指至元二十八年。此外,至元二十八年之前,忙古台、阿里海牙分别专权于江浙、湖广两行省多年;二十八年后,忙古台移江西行省,而阿里海牙则因受钩考自杀身亡,江南两大行省受到很大影响。

大德三年,元廷又对行省、宣慰司辖区进行系列调整。据《元史·成

---

①　《元史》卷九一《百官七》。

②　参阅近藤一成主编《宋元史学的基本问题》,北京:中华书局,2010 年,第 172 页。更细致的研究可参阅植松正《元代江南政治社会史》第一、二章。

③　李治安认为:"独立和稳定的四川行省建置,则限于至元二十三年以后 80 余年间。"参阅氏著《元代四川行省沿革与特征》,载《历史教学》(高校版)2010 年第 2 期。

④　据刘孟琛《南台备要·福建省并入江西省及行台不呈行省》载,至元二十八年二、三月间福建行省合并入江西行省。参阅赵承禧等编、王晓欣点校《宪台通纪》,杭州:浙江古籍出版社,2002 年。

⑤　程钜夫《程雪楼文集》卷一〇《论行省》。

宗三》载，大德三年二月，"罢四川、福建等处行中书省。……置四川、福建宣慰司都元帅府及陕西汉中道肃政廉访司"。五月，"复征东行中书省，以福建平海省平章政事阔里吉思为平章政事"。自此之后，福建未再复置行省，直至至正十六年。大德三年福建行省的罢废，与成宗更张前代海外政策的背景密切相关：一方面海外征伐趋于停顿，不再"四征不庭"之地；另一方面，元王朝由世祖朝的"朝贡"政策逐渐转向成宗朝以后的"自由贸易"政策，①福建地区设置行省的需要已不再突出。

　　由上述可知，至元后期到成宗初期福建行省置废变迁的三个具有指标意义的年份，与元王朝行省制度的确立以及行省区划的调整是同步的。倘从这一层面去进行理解的话，我们或可认为，福建行省的置废分合不止出于镇压地方以及经营海外的需要；同时，它也是元王朝政局的转变以及对全国范围展开行省区划调整的重要一环。福建行省的置废分合在元王朝的具体政治过程中得以展现，所谓"政治过程在行政区划变迁史中起着主导作用，甚或是决定性作用"，②此之谓也。

　　（二）

　　关于元代福建地区单独置省、或与江西行省、江浙行省并合的问题，学者们亦曾从不同的角度提出过一些意见。王颋认为："据各方面综合考虑，如果不是单独建立行省，福建之隶于江浙行省，倒不如隶于西邻的江西行省为佳。不过，蒙古皇帝在进行地方最高一级单位划分时，是以一定的幅员规模为基准的。正是这个原委，决定了雁荡山以南的最终归属，同时也决定了户籍总数要占全国三分之一强的本单位的存在。"③史卫民则从军事征伐的角度指出："这种隶属关系的确立，也就是行省统治区域的确定，在对宋战争结束后就基本形成了，其原则大体上是谁攻占的区域谁进行管理。……福建、江西两省的经常置罢，有一个很重要的因素就是攻占这两个地区的不是一支军队，而是先后派出的两支军队，而这两支军队

---

① 杨育镁《沙不丁与元代南海贸易发展的关系》，载《淡江史学》第18期，第48—49页。
② 周振鹤《中国行政区划通史》（总论·先秦卷），上海：复旦大学出版社，2009年，第158页。
③ 王颋《元代行政地理研究》，第179页。

又曾协同作战,占领了广东;那么在大局底定之后,是由江西管福建,还是由福建管江西,总不能很好地解决,所以才不断出现分立、合并的现象;而不管如何分并,广东不能划归给湖广或江淮行省,总是作为江西或福建的属地。"①

由此看来,元代福建地区作为一个行省是否该单列,还是应合予江西或江浙行省的问题,应从多个角度思考。为此,不妨从三个方面的情形来作一番考索。

首先,关于福建单独置省的问题。福建作为一个独立行政区划单元的存在,始自宋代方趋成型,"盖自秦郡县天下之后,汉属瓯闽于会稽郡,唐以隶江南道,至宋以来,别为一路,专达于天子,方岳由是而始列"。② 元福建行省的地域范围,基本承自宋代而无多少变化。福建甫一归附,即作为一个独立的行政单元而存在,或置宣慰,或置行省,所谓"国朝始建行尚书省、提刑按察司,后更省为宣慰司,按察为廉访司。近又罢宣慰司,立行中书省,大官临莅其上"。③

大德三年之前,福建屡次置省,主要是因军事征服、叛乱的镇压以及海外的招抚与经营,此点大岛立子早已指出并作过讨论。④ 那么,大德三年以后长达数十年间,福建又为何长期不单列置省呢? 元人吴海曾指出:

---

① 史卫民《元朝前期的宣抚司与宣慰司》,载《元史论丛》第 5 辑,北京:中国社会科学出版社,1993 年,第 64 页。

② 彭韶《〈八闽通志〉序》,载《八闽通志》,第 1 页。

③ 贡师泰《玩斋集》卷七《重修福州路记》。

④ 详可参阅大岛立子前揭文。此外,我们从福建行省主要官员的构成上亦可窥知,其或为平定福建地区的原军事将领,如忙兀台、高兴、唆都、史弼等;或为海外贸易之故的蒲寿庚、亦黑迷失等人。具体官员构成,可参阅植松正《元代政治社会史研究》之"江南行省宰相表",第 190—209 页。关于福建地区官员的任命,偏好具有胡商背景之人,这或可从不阿里的任命中可窥知端倪:据《敕赐资德大夫中书右丞商议福建等处行中书省事赠荣禄大夫司空景义公不阿里神道碑铭》载:"公[不阿里]本名撒亦的,西域人。西域有城曰哈剌合底,其先世所居也。远祖徙西洋,西洋地负海饶货,因世为贾贩以居。……世祖热其诚款,至元二十八年,赐玺书,命某部尚书阿里伯、侍郎别帖木儿列石往喻,且召之。……圣上嗣位,特授资德大夫、中书右丞、商议福建等处行中书省事"云云。参阅刘敏中《中庵先生刘文简公文集》卷四。

"国初时，福建置行省，寻以地狭不足容大府而罢。再置复罢。"①所谓"地狭不足以容大府而罢"，显未触及痒处。元代置省与否其实受到各种因素左右，其设置缘由难以遽然归结到此点上。户口的多寡、防叛镇抚的需要，都可成为置省与否的理由。② 福建地区之所以不单列置省，除前所述居于元政局的转变以及全国性区划调整的需要外，应还有其他缘由。例如，福建地区在元人眼中只是个偏远去处，即便是行省级官位亦乏人问津，至元二十六年任福建闽海道提刑按察使的王恽曾言："福建所辖郡县五十余，连山距海，实为边徼重地。……而行省官僚如平章、左丞尚缺。"③可见，福建单列置省并不为时人所瞩意。再如，随着军事征伐的结束而统治又趋于稳定后，元王朝又会从经济以及自然环境的角度来进行调整。④因此，元代福建行省基本袭自宋代原有的区划范围，它体现出对前朝的承袭；另一方面，福建地理环境独特而相对封闭，又具有单独置省的地理条件。虽然元代行省区划的一大特点就是打破各完整地理单元，⑤福建合于江浙行省就打破了雁荡山脉的地理阻隔；不过，闽浙合并，从更大范围的自然地理区划层面而言，又大体相符。

其次，关于赣闽合一的问题。诚如前文所揭，至元十四年江西行省初立，福建地区就与之关系密切，屡有分合。江西行省与福建行省的数度合并，主要缘于对地方的征服和对叛乱的弹压。此类史料在在可见：至元十

---

① 吴海《闻过斋集》卷一《赠顺昌县综理官叙》，文渊阁《四库全书》本。

② 所谓"有旨：'南京户寡盗息，不必置省。其宣慰司如所请。'""'豪、懿、东京等处，人心未安，宜立省以抚绥之。'诏立辽阳等处行尚书省。"参阅《元史》卷一四《世祖十一》至元二十三、二十四年条内容。

③ 《元史》卷一六七《王恽传》；王恽《秋涧先生大全文集》卷九二《特选行省官事状》。

④ 诚如周振鹤所言："元初的行中书省其实不是行政区划，而只是临时性的军事型政治区，亦即在原有被征服政权的行政区划上再叠加的一种军事政治区，因此与自然区域及经济区域毫无关系。……但等待军事行动结束，元代稳定下来以后，发现管理农业社会仍需要延续千年的政区体系，于是原有的行政区划作了调整而与经济区及自然环境又有了一定关系。"参阅周振鹤《中国行政区划通史》（总论·先秦卷），第206页。

⑤ 所谓"合河南、河北为一，而黄河之险失，合江南、江北为一，而长江之险失，合湖南、湖北为一，而洞庭之险失，合浙东、浙西为一，而钱塘之险失"。参阅魏源《圣武记》卷一二，北京：中华书局，1984年，第501页。

五年,福建行省并入江西行省,省治移至赣州;至元二十六年,广东钟明亮叛,"诏月的迷失复与福建、江西省合兵讨之";至元二十八年二月立江淮、湖广、江西、四川等处行枢密院,江西枢密院治汀州,七月徙江西行枢密院治赣州。① 至正庚子(1360),江西已陷三年,面对军事压力,元人提出将江西、福建合并:"夫江西、七闽,实为唇齿,其民逃避者,散在诸郡。苟江西不可复,则七闽亦不能守。若并两省而一之,董之以重臣,资其有以给思归之士,庶其可济乎";由是,"置福建江西等处行中书省……置福建江西等处行枢密院"。②

　　关于闽赣间关系的问题,或可稍稍留意元代的"江西福建奉使宣抚"。元代派设奉使宣抚的主要目的是"布宣德意,询民疾苦,疏涤冤滞,蠲除烦苛,体察官吏贤否,明加黜陟"。③ 元分别于大德七年置"七道"、泰定二年置"十一道"、至正五年置"十二道"奉使宣抚,其中都设有"江西福建道"。兹将《元史》中数次见于记载的分道状况列于表1:

表1

年份/分道数	分道状况	资料来源
大德七年"七道"	江南江北道、燕南山东道、河东陕西道、两浙江东道、江南湖广道、江西福建道、山北辽东道	《元史》卷二一《成宗四》
泰定二年"十一道"	两浙江东道、江西福建道、江南湖广道、河南江北道、燕南山东道、河东陕西道、山北辽东道、云南省、甘肃省、四川省、京畿道	《元史》卷二九《泰定一》
至正五年"十二道"	两浙江东道、江西福建道、江南湖广道、河南江北道、燕南山东道、河东陕西道、山北辽东道、云南省、甘肃永昌道、四川省、京畿道、海北海南广东道	《元史》卷四一《顺帝四》

　　诸奉使宣抚的分道状况,跟肃政廉访司的分道状况并不相重合,同时它又是跨越行省区间的。江西、福建为何会划为一道? 那是因为在元王朝的意识中,"江西福建一道,地处蛮方,去京师万里外",既有"江闽"、"江

---

① 《元史》卷一〇《世祖七》;卷一五《世祖一二》;卷一六《世祖一三》。
② 贡师泰《玩斋集》卷六《送忽都不花右丞赴京师序》;《元史》卷九二《百官八》。
③ 《元史》卷九二《百官八》。

右闽粤"之说,又有所谓"闽广"或"闽广之地"等称谓。[①] 而闽广地区又时常作为特殊区域来加以对待,它集中体现在监察司法、课程赋税、官员任免诸层面。[②] 因此,元代江西与福建地区具有某种政治地理上的统一性。

最后,关于闽浙并合的问题。闽、浙地区自唐宋以来已渊源有自,唐福建地区分隶江南道(其中江南东道就包括浙江西道、浙江东道以及福建道)与岭南道。宋"太平兴国三年,洪进及钱氏俱纳土,复为威武军,领福、泉、建、汀、漳、剑六州,省镛州。析建州邵武县,置邵武军,属两浙西南路。四年,析泉州游洋镇,置兴化军。雍熙二年,始为福建路"。[③] 入元以后,福建与江浙行省之间,有几个时间节点值得留意:至元十三年元军占领临安后,原属江淮行省系的军队南下进入福建地区;至元二十一年九月,忙兀台为江淮等处行中书省平章政事,福建地区首次并于江淮行省;大德三年,罢福建行省并改置宣慰司,隶于江浙行省。

至元二十一年二月,"徙江淮行省于杭州";九月,"中书省言:'福建行省军饷绝少,必于扬州转输,事多迟误。若并两省为一,分命省臣治泉州为便。'诏以中书右丞、行省事忙兀台为江淮等处行中书省平章政事,其行省左丞忽剌出、蒲寿庚,参政管如德分省泉州"。[④] 从该记载来看,至元二十一年两行省合并,主要是为解决福建"军饷绝少"的问题,其更大的背景实则因江南反抗加剧,元廷有意将江淮行省治所由扬州南迁到杭州,以更好地支援福建地区。江淮行省治所曾在扬州与杭州间数度迁移,于至元二十六年始稳定在杭州。有学者分析认为,因海运的发展以及运粮系统

---

① 参阅陶宗仪《南村辍耕录》卷一九《阑驾上书》,北京:中华书局,1997 年,第 229 页;虞集《雍虞先生道园类稿》卷二一《左丞平阳公宣抚江闽序》;《元典章》卷五六《刑部一八·阑遗·李兰奚·人口不得寄养》;卷五七《刑部一九·诸禁·应卖人口官为给据》。

② 《八闽通志》卷一引《三山续志》载:"至元十四年,置福建广东道提刑按察司";《元史》卷八六《百官二》载,至元十五年增置江南湖北、岭南广西、福建广东三道;至元二十年,又增海北广东道,而改福建广东道曰福建闽海道;佚名《大元圣政典章新集至治条例·户部·赋役·差发·官粮一斗添二升》载:"除福建、两广外,其余两浙、江东……这般商量来";《元史》卷八二至卷八五还记载有大量关于闽广地区官员的除授、升迁以及任职年限的特别规定。

③ 《八闽通志》卷一《地理·建置沿革》,第 3 页。

④ 《元史》卷一三《世祖十》。

的完善,已不必再受漕粮转输的牵制而偏僻于地处靠近北边的扬州。① 不过,倘若我们考虑到元廷为更有效地控制整个江南,进而将福建地区置于江浙行省的管领之下,其治所由扬州南迁到杭州也是一种必然选择。也就是说,江浙行省的成立、治所的南迁以及福建行省的并入,显然都是元廷为了更有力地控制江南,所谓"惟两浙东南上游,襟江带湖,控扼海外诸番,贸迁有市舶之饶,岁入有苏湖之熟,榷货有酒盐之利,节制凡百余城,出纳以亿万计,实江南根本之地。盖两浙安则江南安,江南安则朝廷无南顾之忧"。② 江浙行省成为元王朝最主要的经济供馈基地,"地盖益广,山区海聚,民伍兵屯,奉赋租受要约者,众以数百万计"。③ 就江浙行省内部而言,"闽特大以远",④作为边远之地,福建可接受江浙行省的供馈。

另一方面,若我们留意差不多同时期元王朝政局的话,可以发现这与海外贸易亦有所关联。至元二十一年,设市舶都转运司于杭、泉二州;⑤同时,为便利两地使臣往来、夷货进贡,元政府抛弃原来的陆路通道,改由水路,据《永乐大典》载:"[至元二十六年二月十六日]尚书省奏:'泉州至杭州,陆路远窵,外国使客进献奇异货物,劳民负荷,铺马多死。今有知海道者,沿海镇守官(原文为"言",误)蔡泽,言旧有二千水军,合于海道,起立水站递运,免劳百姓,又可戢盗,可否取裁。'上从之,事下江淮行省,钦依施行。""至元二十六年三月丙寅,尚书省臣言:'行泉府所统海船万五千艘,以新附人驾之,缓急殊不可用,宜招集乃颜及胜纳合儿流散户为军,自泉州至杭州立海站十五。……专运番夷贡物及商贩奇货,且防御海道为便。'从之。"⑥海路的畅通,既可使贡赋转输快捷,也可"免劳百姓,又可戢盗"。⑦ 也正由于海路逐渐通畅,原先福建各衙门人员北上,多走西北驿

---

① 参阅刘如臻《元代浙江行省研究》,载《元史论丛》第 6 辑,北京:中国社会科学出版社,1996 年,第 98—99 页。
② 阎复撰《江浙行省新署记》,载周南瑞《天下同文集》卷七。
③ 柳贯《待制集文集》卷一四《重修省府记》,《四部丛刊》本。
④ 陈基《夷白斋稿》卷一九《送韦道宁诗序》,文渊阁《四库全书》本。
⑤ 《元史》卷九四《食货二·市舶》。
⑥ 《永乐大典》卷一九四一八、卷一九四一六,第 7209 页下、7190—7191 页上。
⑦ 苏天爵《元文类》卷四一《驿传》。

路,经由江西而北。路程虽近,但翻山越岭,颇为不便。逮至海路通畅,"今出使人员,多由江浙,不行江西",①江西之于福建,其重要性则已趋式微。

　　基于以上三方面的讨论,我们认为,福建行省置废分合过程的缘由,概括言之:在蒙元统治初期,单独置省,应与军事征服、镇压叛乱相关;闽赣合一,则多居于军事与监察方面的考虑。随着蒙元统治的深入和稳定后,福建归于江浙,它更多地是出于财赋供馈以及海外贸易的需要。

　　最后但绝非不重要的是,元代还有其特殊性值得关注。元人常将"江南"、"腹里"并举,腹里与江南被视为蒙元统治者的直接控制区,它们有别于其他各行省。②李治安认为,腹里的政区框架有意无意地模仿漠北蒙古本土的中央兀鲁思与东、西道宗王兀鲁思的分布格局,设计了腹里地区中部由中书省直辖,东、西两翼另增设宣慰司的方式。③倘若我们将此模式放置到江南地区来加以体察的话,也许会发现某种程度上存在着同样的设置思路。

　　江南地区所谓的"投下领地的分赐"虽远不如蒙古漠北草原领地分封和腹里地区的"五户丝"食邑分封具有那么显著的"两翼"三分的区划格局意义,不过从蒙元王朝对"江南户钞"的分赐上来看,我们还是可以大体窥知蒙古分封体制的影子。江南地区除两浙较少被分赐掉外,江西、湖广行省与福建地区在户钞分赐上均有一定程度的体现:江西行省居中,除少数分赐给太祖弟及公主、部分功臣外,其受赐主体是裕宗、裕宗之后以及世祖四大斡耳朵;而作为两翼的湖广行省和江浙行省(如福建地区)的户钞则多被分赐给忽必烈其他诸子、诸功臣。④需特别指出的是,龙兴路被分

---

① 《永乐大典》卷一九四二三,第7263页。

② 参阅王晓欣《论元代与江南有关的出镇宗王及江淮镇戍格局问题》,载《西北师大学报》(社会科学版)2009年第3期。

③ 参阅李治安《元中书直辖"腹里"政区考略》,载《元史论丛》第10辑,北京:中国广播电视出版社,2005年。

④ 参阅《元史》卷九五《食货三·岁赐》。另亦可参阅植松正《元代江南政治社会史研究》,第98—122页。

封给忽必烈长子真金(裕宗)，因其地处中央位置的江西行省而被视作"龙兴"之地得名。① 真金对江西行省的事务，具有强大的干预处置权。② 由此，我们看到"江南户钞"的分赐格局，又从另一侧面体现出中央与"两翼"的北族架构模式。某种程度上或可认为，江南三行省的政区设计框架与腹里地区一样，烙有被整合进蒙古分封体制之内的痕迹。

元代江南三行省的区划格局呈现狭长纵列型，针对这种格局，有所谓"以北制南"国策之说。③ 江浙、江西、湖广三行省均"襟江带湖"，或"讫于海隅"，或"据岭海之会"，或"南包岭海"。④ 因此，从蒙元的这个区划格局走向而言，福建归入江浙，亦属必然。⑤

【作者谨识】：本文撰写受谭其骧先生文章之启发，今天我们虽在部分

---

① 虞集《雍虞先生道园类稿》卷三九《江西行省平章政事伯撒里公惠政碑》云："江西之为省，东接闽浙，西连荆蜀，北逾淮汴，以达于京师。据岭海之会，斥交广之境，蛮服内向，岛夷毕朝，提封数千里，固东南一都会之奥区，而龙兴则其治所也。"柳贯《待制集文集》卷九《豫章楼铭》亦云："时哉裕宗，正位皇储。锡是分地，襟江带湖。世祖有诏，雷行电舒。曰惟龙兴，由夫泽莅。"

② 苏天爵《元文类》卷六八《平章政事致仕尚公神道碑》载："明年[至元二十年]秋……江西省宪交讼，裕皇令中书公奉教讯诘，罢省臣、宣慰臣各一。"另可参阅《元史》卷一一五《裕宗传》、《雍虞先生道园类稿》卷二六《龙兴路重建滕王阁记》等，都有裕宗对江西行省事务特别予以干预的记载。

③ 参阅李治安《中国行政区划通史》(元代卷)，上海：复旦大学出版社，2009年，第213页。

④ 《黄金华先生文集》卷八《江浙行中书省题名记》；《雍虞先生道园类稿》卷三九《江西行省平章政事伯撒里公惠政碑》；许有壬《至正集》卷三四《送苏伯修赴湖广参政序》。

⑤ 《宋史》卷四一八《文天祥传》载："今宜分天下为四镇，建都督统御于其中。以广西益湖南而建阃于长沙；以广东益江西而建阃于隆兴；以福建益江东而建阃于番阳；以淮西益淮东而建阃于扬州。"有学者据此认为，元江南三行省的区划与此有异曲之妙，几乎是对此思想"相反而相成"的践行。参阅周振鹤《中国行政区划通史》，第95页；王晓欣《也谈元江南三行省的划疆》，载《中国史研究》2009年第3期。此外，或可稍微提及的是，日本学者植松正还从水路交通运输的角度提出另一思路，他认为江南三行省之所以成立有其必然的理由：江浙行省因其具有天然的海岸线而易于南北畅通；江西行省的最北端由长江下所形成的鄱阳湖，通过赣江而南向，经吉安路、赣州路而达成，赣江的支流章水翻阅大庾岭而南行入浈水，经由南雄路、韶州路而达致南海贸易的大都会广州；湖广行省，则由洞庭湖沿湘江而经潭州路、衡州路、全州路、静江路往南，并通过灵渠而达于广西地方入海，其经西江东行亦可达广州。而以上种种地理条件，又与蒙元军队的南宋攻略相符合。参阅植松正《元代江南政治社会史研究》，第69—70页。

细节上有不同于以往的些许观点,不过这更多的只是得益于现代检索系统的方便。反观谭先生近八十年之前的文章,我们发现,关键的史料及其所牵涉的主要问题,其实谭先生都早已有涉及。为此,我们除表达敬佩而外,别无其他。

北魏元融墓志小札 *

徐冲（复旦大学历史学系）

　　北魏元融墓志，据传 1935 年阴历十二月初二日出土于洛阳城北郑凹村南地路西。① 志高、广 83.5 厘米，三十五行，行三十六字。② 志石现藏西安碑林博物馆。③ 拓片为《汉魏南北朝墓志集释》《北京图书馆藏中国历代石刻拓本汇编》《西安碑林全集》《洛阳出土北魏墓志选编》《汉魏六朝碑刻校注》诸书所收；④《汉魏南北朝墓志汇编》⑤《洛阳出土北魏墓志选编》与《汉魏六朝碑刻校注》三书对墓志作了录文。⑥

---

* 本文初报告于"复旦大学中古中国共同研究班"例会（2012.11.14），后刊于《早期中国史研究》第四卷第 2 期（台北，2012 年）。报告及定稿过程中，承蒙余欣、张金耀、张小艳、邓菲、唐雯、仇鹿鸣、温海清、聂溦萌、李昭毅、郑雅如、林枫珏、窪添慶文等师友及两位匿名审稿人指正疏失，于此谨致谢忱！

① 郭玉堂原编著，郭培育、郭培智主编《洛阳出土石刻时地记》（以下简称《时地记》），郑州：大象出版社，2005 年，第 32—33 页。同时出土的还有其妻穆氏的墓志，见《时地记》，第 14—15 页。

② 赵万里《汉魏南北朝墓志集释》（以下简称《集释》），桂林：广西师大出版社据科学出版社 1956 年版影印本，2008 年，卷一一。

③ 陈忠凯编《西安碑林博物馆藏碑刻总目提要》，北京：线装书局，2006 年，第 57 页。

④ 《集释》，图版 575；北京图书馆金石组编《北京图书馆藏中国历代石刻拓本汇编》，郑州：中州古籍出版社，1989 年，第 5 册，第 60 页；高峡主编《西安碑林全集》，广州：广东经济出版社、海天出版社，1999 年，卷六三，第 554 页；朱亮主编《洛阳出土北魏墓志选编》，北京：科学出版社，2001 年，第 350 页；毛远明校注《汉魏六朝碑刻校注》，北京：线装书局，2008 年，第 94—97 页。

⑤ 赵超《汉魏南北朝墓志汇编》（以下简称《汇编》），天津古籍出版社，1992 年，第 204—207 页。

⑥ 以上信息参考了梶山智史《北朝墓誌所在総合目録》，《東アジア石刻研究》创刊号，2005 年，第 104 页。

元融墓志方逾 80 厘米，在迁洛后的北魏墓志中可以说属于最高规格之列。① 志主章武王元融《魏书》、《北史》均有列传。② 且《魏书》之传乃魏收书原本，非阙佚后为后人以《北史》及《高氏小史》所补者，在《魏书》的北魏宗室列传中颇为难得。同时元融所出的章武王家和南安王家也已经有多方墓志出土（参见文末附图 1、附图 2）。这些都为我们对元融墓志进行更为立体和深入的考察提供了有利条件。本文首先以行用最广的《汇编》提供的录文文本为基础，参考《洛阳出土北魏墓志选编》和《汉魏六朝碑刻校注》，提供一份更为精确的录文；之后再对墓志所涉及的一些问题略作探讨。学力识见所限，仅能为破碎断札，尚乞方家指正。

一、录　文③

01. 使持节侍中司徒公都督雍华岐三州诸军事车骑大将军雍州刺史章武武庄王墓志铭

02. 公讳融，字永兴，春秋四十有六。河南洛阳宽仁里人也。恭宗景穆　皇帝之曾孙，征南大将

03. 军开府仪同三司雍州刺史南安惠王之孙，镇西大将军都督东秦邠夏三州诸军事西戎校

04. 尉统万突镇都大将汾夏二州刺史章武王之元子也。蝉联瓜瓞之绪，眇邈瑶水之原，固已炳

05. 发河书，昭明玉版，于兹可得而略也。公含川岳之纯液，秉金玉而挺生，宇望魁悟，风情峻异，堂

---

① 关于北魏墓志尺寸与规格间的对应关系，参考赵超《试谈北魏墓志的等级制度》，《中原文物》2002 年第 1 期，第 56—63、68 页；松下宪一《北魏後期墓誌における官位と大きさの関係》，《史朋》44，2011 年，第 16—25 页。

② 《魏书》卷一九下《景穆十二王列传下》，北京：中华书局，1974 年，第 514—515 页；《北史》卷一八《景穆十二王下》，北京：中华书局，1974 年，第 675 页。

③ 本录文以阿拉伯数字表示原志行数，并保留原志中的敬空。原志中的异体字以现代通用字替换，不另说明。

06. 堂乎物莫能量也。性至孝，善事亲，因心则友，率由斯极，闺门之内，人无闲言。澹若秋水之清，暧

07. 似春云之润。故朋徒慕义，乡党归仁。弱而好学，师佚功倍。由是瑚琏之器，遐迩属心，桢干之才，

08. 具瞻无爽。年十二，以宗室令望，拜秘书郎。景明中，袭封章武郡王，除骁骑将军。俄而假征虏将

09. 军，随伯父都督中山王为别将。复梁城已陷之郓，摧阴陵鲸鲵之贼，公实豫有力焉。既而扬州

10. 刺史元嵩被害，寿春凶凶，人怀危迫。都督表公行扬州事。公私怗然，民无异望。还京，除假节、征

11. 虏将军、督并州诸军事、并州刺史。寻拜宗正卿，复为使持节、散骑常侍、平东将军、都督青州诸

12. 军事、青州刺史。频牧二州，泽随雨散，化若不言，政理明密，有闻五袴，无敢三欺。又以本将军除

13. 秘书监，寻迁长兼中护军。加抚军将军，领河南尹，护军如故。迁征东将军，护军、尹如故。于时权

14. 臣执政，生煞在己，以公是太尉中山王从父昆弟，中山既起义邺城，忠图弗遂，便潜相疑嫌，滥

15. 致非罪。于是官爵俱免，静居私第，颐神养性，恬然自得。寻以公枉被削黜，诏复王封，仍本将

16. 军，为使持节、征胡都督。既而大明反政，罪人斯得，照公忠诚密款，奇谋独著，乃加散骑常侍、本

17. 将军、左光禄大夫。及亲御六军，躬行九罚，除公卫将军，迁车骑将军，领左将军，与前军广阳王

18. 先驱遄迈，讨定州逆贼。相持积旬，指期殄殄，季秋之末，蚁徒大至，并力而攻。公部分如神，容无

19. 惧色，虽田横之致士命，臧洪之获人心，弗能过也。但以少御多，莫能自固，锋镝乱至，取毙不移。

20. 古之轻生重节，亡身殉义，复何以加焉。贼帅以公德望隆崇，威名

震赫，不敢久留营垒，厚送而

21. 还。二宫动容于上，百僚奔走于下。给东园秘器，朝服一具，衣一袭，赙物八百段。追赠使持节、

22. 侍中、司空（复进司徒）、都督雍华岐三州诸军事、车骑大将军、领雍州刺史，王如故。特加后部鼓

23. 吹。魏孝昌三年岁次丁未仲春甲午朔廿七日庚申葬于邙山，乃作铭曰：

24. 葳蕤赤文，氤氲绿错。帝图爰炳，玄功已烁。握纪代兴，大人有作。分唐建鲁，麟趾旁薄。令望令问，

25. 乃牧乃蕃。诜诜公子，穆穆王孙。英华挺出，焕若瑜璠。克岐克嶷，载笑载言。容止可观，德音可佩。

26. 如彼玉人，堂堂谁辈。行著闺门，风成准裁。有矩有规，无玷无悔。幼称千里，翻飞九重。透他龙沼，

27. 独步无双。逢兹克让，值此时雍。一见入赏，宁待为容。遭离闵忧，蒸蒸几灭。毁甚寅门，哀逾泣血。

28. 形乎兄弟，被之甥侄。远迩钦风，华夷仰辙。亦既君王，朱绂斯煌。酌金无爽，执玉有光。建旐绛北，

29. 持斧晋阳。信孚白屋，恩结绿棠。再拥旌旄，于彼青土。驰传褰帷，问民疾苦。万里晏然，六条云举。

30. 四履若齐，一变如鲁。缀旒下岳，亦尹上京。自己被物，先教后刑。遘伊贝锦，逢彼营营。获非其罪，

31. 高志弥清。睿明反政，害马斯除。崇章峻秩，畅毂高旟。作翼銮左，受脤出车。运兹奇正，密算潜图。

32. 封豕纵突，长蛇肆噬。义厉其心，冲冠裂眦。奋殳刺逆，抽戈自卫。力屈势孤，俄然取毙。悲同黄鸟，

33. 痛贯苍旻。哀缠逆众，悼感凶群。徐输而反，其送如云。魂归帝垄，身空金坟。二宫轸恸，百辟伤

34. 哀。爰登下衮，俄陟中台。龟龙掎扼，云树徘徊。万春自此，一去不来。河水之南，邙山之北，芳草无

35. 行,寒松黯黑。丘墓崔嵬,泉肩眇默,深谷为陵,于焉观德。

二、章武王家与南安王家

如前所述,志主元融《魏书》有传,列于景穆十二王之一的章武王家。其阵亡于孝明帝孝昌二年(526)九月北魏军队讨伐河北鲜于修礼、葛荣乱军的白牛逻之役,[①]为正史纪传和墓志所明载,毋须赘言。墓志言其卒时"春秋四十有六",则可推断生年在孝文帝太和五年(481)。此时距孝文帝迁都洛阳尚有十三年之久,元融很可能即出生于北魏旧都平城。[②]

元融所出身的章武王家,始封自景穆帝与慕容椒房所生子太洛。然太洛"皇兴二年薨,无子。高祖初,以南安惠王第二子彬为后"。[③] 南安惠王即同为景穆十二王之一的元桢。元彬为元融之父,其墓志亦已出土,言其为"恭宗景穆皇帝之孙,镇北大将军相州刺史南安王之第二子也。叔考

① 详细过程可参考张金龙《北魏政治史》,兰州:甘肃教育出版社,2008 年,第九册,第 384—387 页。又此役与元融同败的广阳王元渊不久亦为葛荣所杀。元渊墓志近亦出土,赵君平、赵文成编《秦晋豫新出土墓志搜佚》(北京:国家图书馆出版社,2011 年,第 29 页)、齐运通编《洛阳新获七朝墓志》(北京:中华书局,2012 年,第 23 页)两书均收录拓片。其中所包含的历史信息颇为珍贵,笔者拟另文详考。

② 如文末附图 1 所示,元融之父元彬的墓志也已经出土(拓片见《集释》,图版一四九;录文见《汇编》,第 38—39 页)。其中叙述元彬的早年经历为"自国升朝,出苣为使持节、征西大将军、都督东秦邠三州诸军事、领护西戎校尉、统万突镇都大将、夏州刺史",似显示其出镇统万之前主要在代京平城活动。元彬出任统万镇将和夏州刺史的时间大致在太和十二年(488)。《魏书》卷一九上《景穆十二王传上》载京兆王元子兴"拜统万镇将。后改镇为夏州,仍以太兴为刺史"(第 443 页),而统万镇改为夏州据《魏书·地形志下》是在太和十一年(卷一〇六,第 2628 页)。又《魏书》卷七下《高祖纪下》载太和十三年三月甲子"夏州刺史章武王彬以贪贿削封"。则元彬出任统万镇将和夏州刺史必在太和十一年至十三年之间。参考吴廷燮《元魏方镇年表》,收入《二十五史补编》,上海:开明书店,1936 年,第 4 册,卷上,第 4563 页。又《魏书·景穆十二王传下》误"夏州刺史"为"朔州刺史",《集释》和《魏书》本卷"校勘记六"已据《北史》与《元彬墓志》正之。

③ 《魏书》,第 513 页。元彬之前,城阳王长寿子鸾亦曾出继章武王家为后,见《魏书·景穆十二王传下》:"城阳王长寿……延兴五年薨,谥康王。长子多侯,早卒。次子鸾,字宣明。始继叔章武敬王,及兄卒,还袭父爵。"第 509 页。

章武王绝世，出纂其后"，[1]与史传所载相应。不过史传又言彬"以贪惏削封"，据《魏书》卷七下《高祖纪下》可知时在太和十三年(489)三月。[2]《元彬墓志》志题记为"持节征虏将军汾州刺史彬"而不载章武王爵，志文言"章武王直方悟宪，用勉爵土，收巾散第，消遥素里"，均隐指此事；且说明直到太和二十三年(499)去世，元彬的王爵一直都未能恢复。元融虽为元彬长子，但其章武王爵是在宣武帝初年复封先爵的结果，而非在其父死后的直接袭封。[3]《元融墓志》对他的这一段经历述以"年十二，以宗室令望，拜秘书郎。景明中，袭封章武郡王，除骁骑将军"，虽然点出了得王爵的确切时间，然以"袭封"言之，且志首亦径以"章武王"称其父，显然是为尊者讳耳。

作为南安王元桢第二子的元彬，虽然在孝文帝即位初年出继叔父章武王太洛为后，但章武王家与南安王家一直保持了非常密切的关系。考虑到前述元彬的长期失爵之事，甚至毋宁认为章武王家在元彬之后与南安王家之间形成了某种依附性的关系。这种关系几乎完全不见于《魏书·景穆十二王传下》章武王家的相关部分，但有趣的是，《元融墓志》对此却有相当明确的叙述。如《魏书·景穆十二王传下》记载：

> 萧衍遣将，寇逼淮阳，梁城陷没，诏(元)融假节、征虏将军、别将南讨，大摧贼众，还复梁城。于时，扬州刺史元嵩为奴所害，敕融行扬

---

① 《汇编》原录文作"叔考章武王纮，世出纂其后"(第38页)。元彬墓志(葬于太和二十三年)与其父元桢墓志(葬于太和二十年)同为孝文迁都后洛阳出现的最早一批墓志之一，或与南安王家因支持迁都而在孝文帝权力集团中占据的亲近位置有关。与近年洛阳新出、传为孝文帝亲撰的冯熙墓志及冯诞墓志相比，元桢父子墓志对于研究洛阳时期北魏墓志的起源或更具典范意义。冯熙、冯诞两志拓片均收入前引《秦晋豫新出土墓志搜佚》。又可参考赵君平《孝文帝撰〈冯熙墓志〉考述》，《河洛文化论丛》5，2010年；李风暴《北魏〈冯熙墓志〉考评》，《中国书法》2010年第6期。

② 《魏书》，第164页。

③ 《魏书·景穆十二王传下》："世宗初，复(元融)先爵，除骁骑将军。"第514页。北魏政治社会中王爵频繁的削封与复封之举，显示其性质和功能与魏晋南朝所代表的华夏传统颇有不同。较新的研究可参考胡鸿《北魏初期的爵本位社会及其历史书写——以〈魏书·官氏志〉为中心》，《历史研究》2012年第4期)，第36—51页。

州事。寻除假节、征虏将军、并州刺史。①

北魏与萧梁围绕淮阳、梁城在淮南地区展开的激烈战事大致发生于宣武帝正始三年（506）正月至次年年初。② 由《魏书》的上述记载可见元融以"假节、征虏将军、别将"身份参与了这一重大战事，且在扬州刺史元嵩"为奴所害"的突发事件面前，被委以"行扬州事"重任。元嵩被害时年卅九岁，③而当时元融年仅廿六岁左右。对此，《元融墓志》明白点出在他此番经历背后起到关键作用的，乃是伯父中山王元英的提携：

> 景明中，袭封章武郡王，除骁骑将军，俄而假征虏将军，随伯父都督、中山王为别将。复梁城已陷之郛，摧阴陵鲸鲵之贼，公实豫有力焉。既而扬州刺史元嵩被害，寿春凶凶，人怀危迫。都督表公行扬州事，公私怗然，民无异望。还京，除假节、征虏将军、督并州诸军事、并州刺史。

中山王元英是宣武帝时代北魏对南朝作战最为重要的军事将领之一。而其诸子元熙、元诱、元纂，"兄弟三人，每从英征伐，在军贪暴，或因迎降逐北，至有斩杀无辜，多增首级，以为功状"。④ 这样的从军经历显然会为三人其后的仕途奠定良好基础。从上引《元融墓志》的记述来看，元英对其侄儿元融也是关照有加的。不难想象，元融与年龄相仿、经历接近的元英诸子之间的关系也应该相当密切。

这种密切关系的存在，使得元融在中山王家遭遇政治风浪之时，亦难以独善其身。《魏书·景穆十二王传下》记录元融"还为秘书监，迁中护军，进号抚军将军，领河南尹，加征东将军。性尤贪残，恣情聚敛，为中尉

---

① 《魏书》，第514页。
② 详细过程可参考张金龙《北魏政治史》，第十卷《宣武帝时代》第七章《南北朝在东部战场的激战》，第8册，第247—304页。
③ 据《元嵩墓志》，拓片见《集释》，图版一二九；录文见《汇编》，第52页。
④ 《魏书》，第505页。

纠弹,削除官爵"。①《元融墓志》则指出了此次削爵免官的真正原因:

> 于时权臣执政,生煞在己,以公是太尉、中山王从父昆弟,中山既起义邺城,忠图弗遂,便潜相疑嫌,滥致非罪。于是官爵俱免,静居私第,颐神养性,恬然自得。

"权臣"指胡太后妹夫元叉,"太尉、中山王"指元英世子元熙。正光元年(520)元叉联手宦官刘腾发动政变,杀清河王怿,幽胡太后。时任相州刺史的元熙在邺城起兵反叉,然而很快失败。作为南安王嫡传的中山王家遭到残酷镇压,元熙兄弟诸子多被诛杀,其弟元略亡命南朝。事俱见《魏书·景穆十二王传下》。元融是否参与了元熙的密谋史无明载,但元叉对其施以"官爵俱免"的打击,显然也是以前述章武王家与中山王家之间的密切关系为前提的。《元融墓志》说"既而大明反政,罪人斯得,照公忠诚密款,奇谋独著,乃加散骑常侍、本将军、左光禄大夫","奇谋独著"之语,说明元融似乎也参与了胡太后结束元叉专权的复辟活动。② 胡太后成功复辟后,随即为中山王家的死者进行了平反与厚葬。元略亦从南朝返回洛阳,成为胡太后执政后期的重臣之一。

行文至此,不禁对《元融墓志》如此强烈表现其与南安王家尤其是中山王家之间的密切关系感到好奇,尤其是在相关叙述并不见于《魏书·景穆十二王传下》的情况下。对于洛阳时代的北魏政治社会而言,墓志绝非只是圹内秘辛,其书写与制作都与丧家和朝廷围绕死者哀荣所展开的政治互动息息相关。③ 尤其在元融这里,如墓志所述,孝昌二年(526)他受命"与前军广阳王先驱遄迈,讨定州逆贼",九月即阵亡于白牛逻,不久之后

---

① 《魏书》,第514页。
② 参与复辟活动的还有高阳王元雍与穆绍。参考张金龙《北魏政治史》,第9册,第299页。
③ 参考徐冲《从"异刻"现象看北魏后期墓志的"生产过程"》,初出2011年,大幅修改后收入余欣主编《中古时代的礼仪、宗教与制度》,上海古籍出版社,2012年,第423—447页。

广阳王元渊亦为葛荣所杀。但北魏朝廷认定元渊投敌,对其施以了削除
王爵的严厉处罚;①元融却得到了如墓志所表现的高规格待遇,孝明帝甚
至亲自为其举哀于东堂。② 两相对比,不能不感到在元融的哀荣备至背
后,当有朝中权要支持的身影。中山王家在元义专权时期虽然遭受重创,
不过元略自南朝北返后,"灵太后甚宠任之,其见委信,殆与元徽相埒"。③
虽然没有确切史料可以证明,但前述章武王家与南安王家密切关系的长
期存在,使得我们可以将元略支持元融得到高规格的哀荣,与章武王家在
书写《元融墓志》时强调其与中山王家的亲近关系,作为一个互动的整体
过程来理解。

　　元融入葬一年之后,元略亦死于"河阴之变"。④ 不过章武王家与南安
王家并未就此一蹶不振,反而作为元魏宗室中的活跃分子,参与了其后巨
大的时代转折。这一次的关键人物是元英、元彬兄弟之姊妹,尔朱荣妻北
乡郡长公主。因为她的存在,虽然二王家也有如元略、元湛这样的河阴遇
难者,但孝庄帝上台后,如元肃受封鲁郡王、元晔受封长广王、元凝受封东
安王等所示,事实上获得了巨大的政治利益。⑤ 后来尔朱氏拥立长广王元
晔,高欢拥立后废帝元朗,固然有就近权宜的因素,但二人背后与南安王
家和章武王家相关的人脉网络亦不可忽视。

　　这里我们还可以举出元融长子景哲在魏齐之际的经历为例。《魏
书·景穆十二王传下》对他仅有"子景哲,袭。武定中,开府、仪同三司。
齐受禅,爵例降"寥寥数语。⑥ 而在作于孝静帝武定四年(546)的《元融妻
卢贵兰墓志》中,详细记录了元景哲的历官为"出身司徒祭酒,俄迁尚书祠

① 《魏书》卷一八《太武五王传》对元渊之死的书写相当隐晦(第433—434页),若干隐情需
　　要结合新出《元渊墓志》及其他史料方能揭示清楚。
② 《魏书》,第514页。
③ 《魏书》,第507页。
④ 《魏书》,第507页。同样死于河阴之变的还有章武王家的元湛,见《魏书》,第515页。
⑤ 还可以举出得到追封王爵待遇的燕郡王元义兴、扶风王元怡和渔阳王元湛。俱见《魏
　　书·景穆十二王传下》。因为尔朱氏的皇帝权力起源过程并未完成,与高欢妻娄氏相
　　比,尔朱荣妻北乡郡长公主在尔朱氏集团中的重要作用也未得到充分揭示。
⑥ 《魏书》,第515页。

部郎中、通直散骑常侍、朱衣直阁、钾仗都将、征虏将军、肆州刺史、当州都督、侍中、车骑将军、左光禄大夫、护军将军、领尝食典御、兼太尉公、奉玺绂侍中、骠骑大将军、西道大行台仆射、殿中尚书、散骑常侍、开府仪同三司、护军将军、侍中、章武王"。[1]　司徒祭酒、祠部郎中和通直散骑常侍都是北魏洛阳时代较为常见的宗室子弟之起家历官。但其后就任作为禁卫亲从的朱衣直阁和钾仗都将，[2]却不啻是一种跃升，使得我们足以猜测此时的元景哲与皇帝权力核心间的关系。其后的肆州刺史与当州都督亦相当引人注目。因为肆州辖秀容，乃是尔朱氏的根本所在。元景哲任肆州刺史及都督的时间不明，但其在东魏权力体制中相应地位的取得，无疑仍然可以追溯至南安王家中那位嫁与尔朱荣的女子身上。

三、"南安王之茔"的所在

　　前节讨论了章武王家与南安王家之间长期存在的密切关系，并着重指出了前者对于后者的依附性地位。这一关系在二王家的墓域设置方面也有非常直观的反映。《元融墓志》仅言其"葬于邙山"，而同墓所出的其妻《穆氏墓志》则明言"葬于芒山之阳，附于南安王之茔"。学者据此指出，"自元彬以下的章武王一支，虽然名义上出继章武王太洛，实际上仍然祔葬于元桢墓"，是为的论。[3]同样，《元彬墓志》所谓的"附于先陵"，指向的应该也是其父南安王元桢墓。

　　那么，在南安王家与章武王家的相关墓志大量出土的今天，所谓"南安王之茔"的具体位置是否可以确定呢？表 1 和表 2 列出了二王家目前所出墓志的基本情况，其中包括《时地记》所记录的各志出土地点。既然章武王家自元彬以下均祔葬于元桢墓，南安王家元桢诸子以下自不待言。也就是说，表 1 和表 2 所列诸志均应埋藏于同一墓域，即《元融妻穆氏墓

---

[1]　拓片见《集释》，图版一五○；录文见《汇编》，第 371—372 页。

[2]　参考张金龙《魏晋南北朝禁卫武官制度研究》，第十九章《东魏北齐禁卫武官制度》，北京：中华书局，2004 年，第 864—876 页。

[3]　罗新、叶炜《新出魏晋南北朝墓志疏证》（以下简称《疏证》），北京：中华书局，2005 年，第 64—65 页。

志》所谓的"南安王之茔"。

表1　北魏景穆章武王家所出墓志简表

志主	卒年月	葬年月	志文所言葬地	出土地
元彬	太和二十三年（499）五月	太和二十三年十一月	附于先陵	洛阳城北瀍水西岸老仓凹村
元融妻穆氏	永平二年（509）三月	永平二年四月	葬于芒山之阳,附于南安王之茔	洛阳城北郑凹村南地路西
元融	孝昌二年（526）九月	孝昌三年（527）二月	葬于邙山	洛阳城北郑凹村南地路西
元湛妻薛慧命	武泰元年（528）二月		葬于邙山之陵	洛阳城北安驾沟村北地。与元湛墓志同出。
元举	孝昌三年（527）三月	武泰元年（528）二月	葬于邙山倍帝之陵	洛阳城北安驾沟村西北
元湛	建义元年（528）四月	建义元年九月	窆于邙山	洛阳城北安驾沟村北
元融妻卢贵兰	武定四年（546）十一月	武定四年十一月	葬于漳水之北,武城之西	河北磁县南乡八里冢
元凝妻陆顺华	武定五年（547）五月	武定五年十一月	窆于武城之西北,去邺城十里	河北磁县

表2　北魏景穆南安王家所出墓志简表

志主	卒年月	葬年月	志文所言葬地	出土地
元桢	太和二十年（499）八月	太和二十年十一月	窆于芒山	洛阳城北高沟村东南
元桢女常妃	仅余墓志盖	仅余墓志盖		洛阳城北高沟村东南元桢墓
元诱妻冯氏	景明三年（502）十一月	景明四年（503）八月	附葬北芒之茔	洛阳城北安驾沟村北地
元英	永平三年（510）三月	永平三年四月	卜窆于洛阳之西岗	洛阳城北安驾沟村

（续表）

志主	卒年月	葬年月	志文所言葬地	出土地
元熙	正光元年(520)八月	孝昌元年(525)十一月	葬于旧茔	洛阳城北安驾沟村北刘宗汉地中
元诱	正光元年(520)八月	孝昌元年(525)十一月	窆于西陵	洛阳城北安驾沟村北刘宗汉地中
元纂	正光元年(520)八月	孝昌元年(525)十一月	窆于献武王茔之侧	洛阳城北安驾沟村北刘宗汉地中
元晫	正光元年(520)八月	孝昌元年(525)十一月	葬于西陵	洛阳城北安驾沟村北刘宗汉地中
元诱妻薛伯徽	正光二年(521)四月	孝昌元年(525)十一月	祔葬于洛阳西陵旧茔	洛阳城北安驾沟村北刘宗汉地中
元略	建义元年(528)四月	建义元年七月	窀穸于洛城之西陵	洛阳城北安驾沟村北半里处
元廞	建义元年(528)四月	建义元年七月	窆于竟陵之东	洛阳城北安驾沟村北半里处
元肃	永熙二年(533)三月	永熙二年二月	窆于西陵	洛阳城北安驾沟村

　　然而从《时地记》所记出土地点来看,对此似乎还有进一步辨析的必要。可以看到,最为集中的出土地点是洛阳城北的安驾沟村以北一带。这一墓域出土的墓志,既包括南安王家的元英、元熙、元晫、元诱及其妻冯氏和薛氏、元纂、元廞、元略、元肃诸志,也包括章武王家的元湛及其妻薛慧命、元举诸志。其中《元纂墓志》言其葬于"献武王茔之侧",献武王指其父中山王元英,实际上即为南安王家墓域。因为不仅元英诸子,元英之弟元肃的墓志亦发现于同一地区。因此我们几乎可以肯定,孟津县安驾沟村以北一带正是南安王家的墓域所在。①

----

① 参考窪添慶文《本貫、居住地、葬地から見た北魏宗室》,收入氏著《魏晋南北朝官僚制研究》,东京:汲古书院,2003 年,第 505 页。南安王家墓志在这一地带的集中出土显然给予《时地记》的作者郭玉堂深刻印象:"民国八年至十二年间,刘宗汉先后掘出有元熙、元诱、元纂及元熙子元晫、元诱前妻冯氏、元诱继妻薛伯徽等墓志,共计六方。"《时地记》,第29 页。事实上元略、元廞二志据《时地记》亦由刘宗汉兄弟掘得,其集中程度可见一斑。

　　表1、2诸志中出土地不在这一带的只有元融及其妻穆氏墓志和元桢、元彬父子墓志这四方。先来看前两者。《时地记》说元融及其妻穆氏墓志为同墓所出,地点在洛阳城北的郑凹村南地路西,同时出土的还包括陶器数十件、铜器二件和石椁一具。据宿白所绘《北魏长陵及其附近墓葬分布示意图》,[1]郑家凹在安驾沟东南方,相距至少两公里,两村之间尚有出土众多元魏宗室墓志的后海资和前海资二村。但是如前所述,穆氏墓志明言其"附于南安王之茔"。就安驾沟与郑凹村间的距离而言,南安王家墓域似不至于将二者全部囊括在内。笔者怀疑《时地记》所记元融及其妻穆氏墓志的出土地可能只是道听途说所得,并不准确。[2] 事实上郑家凹村南一带除了元融夫妇墓志,基本未见其他北魏墓志出土。[3]

　　元桢与元彬父子墓志的出土地更为值得辨析。按照上文的分析,既然"南安王之茔"当在安驾沟北一带,则南安王元桢的墓志也应该出土于这一带方符合常理。但事实上并非如此。《时地记》说元桢墓志出于高沟村东南,元彬墓志出于老仓凹村。后者位于前者东南不足一公里。考虑到《元彬墓志》所言的"附于先陵",可以认为高沟村东南一带当为元彬墓志所祔葬的"南安王之茔"。但这一带与前文认定的安驾沟以北一带直线距离超过了两公里。更为重要的是,高沟位于瀍水以西,安驾沟则在瀍水以东。

---

① 宿白《北魏洛阳城和北邙陵墓》,收入氏著《魏晋南北朝唐宋考古文稿辑丛》,北京:文物出版社,2011 年,第 31 页。

② 《时地记》的作者郭玉堂只是文物商人,似乎并不直接参与盗掘墓志。如《时地记·元嵩之墓志》所表现的典型情景:"民国廿一年阴历六月初七日,洛阳城西北柿园村西半里出土。初发掘者为王六成等十三人,先由五处凿坑,未几墓志石即寻出,是日十二时玉堂赴该村,下午二时到,陶器共出十余件,尚未出完,墓深约三丈许。"第 14 页。《时地记》关于元融及其妻穆氏墓志的记录中并未言明郭玉堂曾亲访墓志所出地。当时盗掘者似乎主要为北邙当地村民,如安驾沟村的刘宗汉即为典型。《时地记》记录元晔之墓志出土于洛阳城北后海资村北,但为"安驾沟村人掘得之"(第 33 页)。也有可能元融墓志本出土于安驾沟村一带,但盗掘者为郑凹村人,遂讹言出于郑凹。材料不足征,姑志疑于此。

③ 《时地记》记王普贤墓志为"洛阳城北十余里,南石山村西南、郑凹村北一里处出土,地在郑凹村人行路旁"(第 16 页),可能是元融夫妇墓志以外仅见的郑凹村附近出土墓志。《王普贤墓志》说她葬于洛阳西乡里,其弟《王绍墓志》亦言葬于西乡里。而据《时地记》,王绍墓志出土于洛阳城北南陈庄村南(第 18 页)。南陈庄更在南石山村之北。可见西乡里的范围应在郑凹以北。郑凹村南似尚未见其他北魏墓志出土。

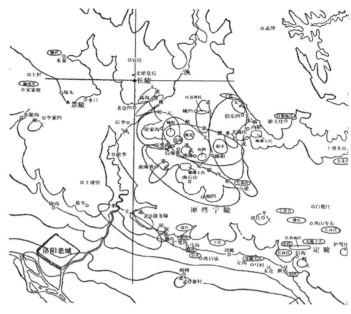

洛阳北郊北魏皇室墓地布局示意图

在北魏邙山陵域内,瀍水的地标作用非常重要。孝文帝迁洛后,"乃自表瀍西以为山园之所",即长陵所在。① 学者指出,邙山墓葬最重要的墓区,是位于瀍河以东、长陵左前方的海拔 250 至 300 米等高线之间的那块高地(引者:安驾沟即位于这一核心地区)。而"瀍西的中心部位,确实在孝文帝入葬之后,很少兴建帝陵以外的其他墓葬";长陵东、瀍河西分布的元桢、元彬、元偃和元简等墓,均建于孝文帝生前。②

如此看来,能将瀍水两岸的高沟与安驾沟都囊括在内的"南安王之茔"应该是不存在的。结合墓志制作的时间因素,毋宁认为元桢父子墓

① 《北史》卷一三《后妃·魏文成文明皇后冯氏》,第 497 页。参考郭建邦《洛阳北魏长陵遗址调查》,《考古》1966 年第 3 期,第 155—158 页;前引宿白《北魏洛阳城和北邙陵墓》;洛阳市第二文物工作队《北魏孝文帝长陵的调查和钻探——"洛阳邙山陵墓群考古调查与勘测"项目工作报告》,《文物》2005 年第 7 期,第 51 页。

② 宿白《北魏洛阳城和北邙陵墓》,第 33—34 页。唯一在孝文帝死后入葬高沟的墓葬是元佑墓,宿白认为应理解为元简的附葬墓(第 34 页);前引窪添庆文《本貫、居住地、葬地から見た北魏宗室》也认为是一个特例(第 508 页)。另一种可能性是《时地记》所记出土地不确,毕竟元佑墓志出于清末,年代久远。

志所出的高沟一带是元桢在太和二十年(496)死后的初葬之地;而在宣武帝和孝明帝时代,因为孝文帝入葬长陵后,瀍西高沟一带已成"禁域",南安王家又在安驾沟北建造了新的"南安王之茔"。① 而在这一新的南安王家墓域,作为王家始封者的元桢,是否会被迁葬? 迁葬之际,又是否会制作新的墓志? 这些疑问,在目前的史料状况之下似乎还是无解的。

四、章武王妃与南安王妃

如前文所言,与元融墓志同墓而出的还包括其妻穆氏的墓志。另外,元融妃卢贵兰墓志亦已于河北磁县出土。《疏证》指出,卢贵兰为穆氏死后元融所娶继室,生育了包括世子景哲在内的三子。元融另一子朗即后废帝,其生母程氏应当是妾而不是正妃。②

穆氏墓志的性质值得注意。其志高 38 厘米,宽 45 厘米,不到其夫元融墓志的一半大小。志文内容亦较简略,不妨全引如下:

> 魏章武王妃穆氏墓志铭
>
> 惟大魏永平二年岁在己丑三月戊寅朔十二日己丑,章武王妃穆氏,薨于洛阳之绥武里,殡于正寝。粤四月一日戊申,葬于芒山之阳,附于南安王之茔。乃作铭曰:
>
> 帝绪初基,清源亦始,茂叶葳蕤,渊流亹亹。俶景姻天,绸缪不已,克挺兰仪,淑慎容止。女子有行,远其兄弟,合卺宗王,同心异

---

① 窪添慶文据元诱妻冯氏墓志推测,宣武帝景明四年(503)之时,安驾沟北一带就已经被确定为南安王家的墓域(前引氏著,第 505 页)。不过值得注意的是,元桢死后被削夺南安王爵,元英得中山王爵则要迟至正始元年(504)。换言之,安驾沟北墓域营建之时,南安王家事实上并无人拥有王爵。这显示了北魏的宗室、王系与爵位之间存在更为复杂的关系。另外根据元演墓志的出土地,可以判断与元桢一样在孝文帝生前入葬高沟一带的齐郡王元简,其后人亦于延昌三年(514)开始在瀍水以东张羊村西北一带营建墓葬(参考前引窪添慶文《本貫、居住地、葬地から見た北魏宗室》,第 508 页)。

② 《疏证》,第 64—65 页。

体。口无择言,身无择礼,令誉愔愔,徽风济济。珪璋载诞,本被方盛,玉貌摧光,金姿灭镜。锦帐徒芳,罗衣空净,沦形已远,遗音虚咏。①

根据志文,穆氏死于永平二年(509),同年祔葬于南安王之茔。可以推测其葬地应即为章武王元融所预留之地。十七年后即孝昌二年(526),元融阵亡于河北,同年归葬邙山。元融死后从北魏朝廷得到了极高的哀荣待遇,其墓志志题"使持节侍中司徒公都督雍华岐三州诸军事车骑大将军雍州刺史章武武庄王墓志铭"即是典型表现。二十年后即武定四年(546)在邺城入葬的章武王妃卢贵兰墓志,志题"魏故使持节侍中司徒公都督雍华岐并扬青五州诸军事车骑大将军雍州刺史章武王妃卢墓志铭",与此也保持了对应关系。然而如上所见,《穆氏墓志》对元融仅以"章武王"相称,谥号、赠官等哀荣一无所见。显然今天所看到的穆氏墓志必定是永平二年穆氏卒时所制作之物。换言之,在孝昌二年元融死后与穆氏合葬时,章武王家并未为穆氏重新制作墓志。

如元融与穆氏这样,在夫妻合葬之时,径以早卒妻室之故志入葬,在北魏洛阳时代的宗室中似乎是种普遍的风气。如南安王家的元诱(元熙之弟),先后有冯氏与薛氏两任妻子;前者卒于景明三年(502),同年葬,其墓志亦制作于同时,而非元诱死后入葬的孝昌元年(525)。② 又如任城王家的元澄,先后有李氏与冯氏两任妻子;前者卒于景明二年(501),同年葬,其墓志亦制作于同时,而非元澄死后入葬的神龟二年(519)。③ 合葬之时为早卒妻室重新制作墓志,乃至与其夫合刻于一志,管见所及,似乎是

---

① 拓片见《洛阳出土北魏墓志选编》,第245页;《汉魏六朝碑刻校注》,第4册,第122页。录文见《疏证》,第64页;《汉魏六朝碑刻校注》,第4册,第123页。
② 元诱妻冯氏墓志,拓片见《集释》,图版一三七,录文见《汇编》,第42—43页;元诱妻薛伯徽墓志,拓片见《集释》,图版一三八,录文见《汇编》,第174页。
③ 元澄妃李氏墓志,拓片见《集释》,图版一二五,录文见《汇编》,第41页;元澄妃冯令华墓志,拓片见《集释》,图版一二六,录文见《汇编》,第374—375页。

北朝后期出现的新风。前者如大业十一年(615)的元智妻姬氏墓志,后者如开皇九年(589)的宋忻及妻韦胡磨墓志。①

　　虽然《穆氏墓志》未明言她所出身的家族,但从铭辞中"帝绪初基,清源亦始"的措辞看来,应即出自"勋臣八姓"之首的丘穆陵氏。不过王妃出身低微的例子在北魏宗室中并不罕见。元融所在的章武王家/南安王家即有代表性的例子存在。在元融之侄元举的墓志中,罗列自曾祖元桢至于父亲元𬤝的婚姻状况,提供了不见于《魏书·景穆十二王传》及其他章武王家/南安王家墓志的历史信息,弥足珍贵:

　　　　曾祖南安惠王桢,字乙若伏。曾祖妃冯翊仇氏牛之长女,牛为本州别驾。
　　　　祖章武烈王彬字豹仁。祖妃中山张氏小种之女,种为郡功曹。
　　　　父𬤝,字安兴,为宁远将军青州刺史。母冯氏,昌黎王第三女,南平王诞妹。
　　　　妻勃海高氏,父聿,为黄门郎武卫将军夏州刺史抚军将军金紫光禄大夫,母即君姑也。②

《元举墓志》所提到的南安王妃冯翊仇氏,关于其出身仅言及父名仇牛,曾为本州别驾。幸运的是,在《魏书》卷九四《阉官·仇洛齐传》中,留下了与这位南安王妃身世相关的蛛丝马迹:

　　　　(仇)广有女孙配南安王桢,生章武王彬,即中山王英弟也。③

既然是"配南安王桢",则这里的仇广之女孙,应该就是《元举墓志》所言的南安王妃仇氏。这也意味着其父仇牛当为仇广之子。仇氏为中山大姓。

---

① 元智妻姬氏墓志,拓片见《集释》,图版五二;宋忻及妻韦胡磨墓志,见《疏证》,第391—395页。
② 元举墓志,拓片见《集释》,图版一五四,录文见《汇编》,第215—216页。
③ 《魏书》,第2014页。

道武帝初平后燕时,就曾有中山太守仇儒之乱。①《魏书·仇洛齐传》所载的仇广家族在当地应该也拥有相当势力:

> (仇)嵩仕慕容垂,迁居中山,位殿中侍御史。嵩有二子,长曰广,小曰盆。洛齐生而非男,嵩养为子,因为之姓仇。……广、盆并善营产业,家于中山,号为巨富。②

尽管如此,仇广家族与平城政权间的关系并不密切。甚至当太武帝因宠臣卢鲁元之请而寻访仇广兄弟时,③他们还因为"是时东方罕有仕者","皆不乐入平城"。只有"人道不全"的仇洛齐选择了入京为阉官。而在"洛齐贵盛之后,广、盆坐他事诛"。④

仇广兄弟"坐他事诛"的具体缘由史无明载,但可以确定是在太武帝世。而据《元桢墓志》,桢太和二十年(496)在邺城卒时年五十岁,则当生于太武帝太平真君八年(447)。即使仇广兄弟被诛杀发生在太武帝在位的最后一年即太平真君十二年(451),此时元桢也只有四五岁而已,此前当不存在中山仇氏与南安王家联姻的可能。史传特别言明仇广兄弟被诛之时,仇洛齐因"非仇氏子"而未受牵连。则作为仇广之子的仇牛,即南安王妃的父亲,当亦同遭诛杀。《元举墓志》载其名位仅至本州别驾,应该就

---

① 《魏书》卷二六《长孙肥传》:"时中山太守仇儒不乐内徙,亡匿赵郡,推群盗赵准为主。妄造妖言云:'燕东倾,赵当续,欲知其名,淮水不足。'准喜而从之,自号使持节、征西大将军、青冀二州牧、钜鹿公,儒为长史,聚党二千余人,据关城,连引丁零,杀害长吏,扇动常山、钜鹿、广平诸郡。遣肥率三千骑讨之,破准于九门,斩仇儒,生擒准。诏以儒肉食,准传送京师,轘之于市,夷其族。"第652页。

② 《魏书》,第2013—2014页。

③ 太武帝寻访仇广兄弟是因为卢鲁元之母为仇嵩长女,"充冉闵宫闱,闵破,入慕容隽,又转赐卢豚。生子鲁元"(《魏书·仇洛齐传》,第2013页)。据姚薇元《北朝胡姓考》(修订本,北京:中华书局,2007年,第105—106页),卢鲁元家本为慕容宗室,归魏后改称豆卢氏,孝文时改卢氏。新出《长孙忻墓志》载"祖亲豆卢氏,父丑,镇南将军、济阳公,弟鲁元,侍中、太保、襄城公",亦可证卢鲁元原姓豆卢(拓片收入前引齐运通编《洛阳新获七朝墓志》,第15页)。

④ 俱见《魏书·仇洛齐传》,第2013—2014页。

是其伏诛前的官位。① 南安王妃仇氏很可能就是在此时被没入平城宫中为奴的。②

前引《魏书·仇洛齐传》说仇氏"生章武王彬,即中山王英弟也",似乎暗示其并非元英生母。据《元彬墓志》,彬太和二十三年(499)卒,时年三十六岁,则当生于文成帝和平五年(464)。仇氏被配于元桢,可能即在此年之前不久。设若仇广兄弟被诛于太武帝太平真君十二年(451),则仇氏从入宫为奴到被配于南安王元桢,其间经过了至少十余年的岁月。或许在这一过程中,卢鲁元之母仇氏和权宦仇洛齐两位仇氏人物都对她的命运起到了相当重要的作用。③

元彬出生时,南安王元桢年十八岁。则其兄元英出生时,元桢可能也不过十六岁左右。若以上仇氏非元英生母的推测正确的话,元英的生母一定另有其人,且身份很可能亦属低贱。这方面我们找不到直接的材料,但可以举出文成帝时期高允所上的一段谏言来帮助理解:

> 古之婚者,皆拣择德义之门,妙选贞闲之女,先之以媒娉,继之以礼物,集僚友以重其别,亲御轮以崇其敬,婚姻之际,如此之难。今诸王十五,便赐妻别居。然所配者,或长少差舛,或罪入掖庭,而作合宗王,妃嫔藩懿。失礼之甚,无复此过。往年及今,频有检劾。诚是诸王过酒致责,迹其元起,亦由色衰相弃,致此纷纭。今皇子娶妻,多出

---

① 《元举墓志》所载元彬妻"祖妃中山张氏小种之女,种为郡功曹",身份或亦同也。

② 北魏宫廷内职人群中的相当部分都来自于罪孥家庭的女眷,这在以往的墓志史料中已经有明显表现。李凭《北魏平城时代》举出了《集释》所收录的宫内太监刘阿素、傅姆王遗女、宫品一太监刘华仁、宫御作女尚书冯迎男、宫第一品张安姬、女尚书王僧男、宫内司杨氏七位内职的墓志(修订本,上海古籍出版社,2011 年,第 234 页)。新出《猴光姬墓志》(正光六年(525)二月葬)对此有更为直接的表达:"夫人字光姬,齐郡卫国人也。宋使持节都督青徐齐三州诸军事齐州刺史永之孙,宁朔将军齐郡太守宣之女,大魏冠军将军齐州刺史显之姑。……未及言归,遂离家难。监自委身宫掖,出入树闱,风流纳赏,每被优异。然以父兄沉辱,无心荣好,弊衣竦食,充形实口。至于广席畴朋,语及平生,眷言家事,泪随声下。同辈尚其风操,僚友慕其贞概。"拓片收入赵君平编《邙洛碑志三百种》,北京:中华书局,2004 年,第 17 页。

③ 这一经历与文明冯太后颇多相通之处。冯氏也是因为其父"朗坐事诛,后遂入宫",时仅八岁左右。后得到其姑冯左昭仪之助,两年后即被选为贵人,从此开始其传奇之路。参考李凭《北魏平城时代》,第 213—220 页。

宫掖，令天下小民，必依礼限，此二异也。①

　　高允的这段话是针对当时"婚娶丧葬，不依古式"的现状而发的。"诸王十五，便赐妻别居"，恰与前文所推测的元桢生长子元英的年龄相去不远，可相互印证。学者很早就注意到这条材料，并以北魏诸帝生子年龄为例，说明"北魏长期有早婚习俗"；但又困惑于"一般热带地区结婚生育较早，而拓跋氏来自代北高寒之地亦风习如此，不可解也"。② 事实上，"诸王十五，便赐妻别居"与其说是一种单纯的"习俗"，毋宁视为是在如南安王妃仇氏这样的罪没家庭女眷充斥于北魏后宫的现状下所进行的性资源的再分配。如果说这一现状构成了拓跋王权所主导的社会性再生产的重要一环，③那么当其成为孝文帝所谓"改革"的对象时，④又应该如何理解这一

---

① 《魏书》卷四八《高允传》，第 1074 页。
② 周一良《魏晋南北朝史札记·魏书·晚有子》，北京：中华书局，2007 年，第 310—311 页。关于这一问题，尚可参考：梁满仓《论魏晋南北朝的早婚》，《历史教学问题》1990 年第 2 期，第 11—16、38 页；薛瑞泽，《魏晋南北朝婚龄考》，《许昌师院学报》1993 年第 2 期，第 21—27 页；谢保富《北朝婚丧礼俗研究》，第一章第一节《婚龄考》，北京：首都师范大学出版社，1998 年，第 1—4 页。
③ 谢保富《北朝婚丧礼俗研究》第一章第二节《婚姻形式与婚聘礼俗考》已指出北魏前期罚婚、赐婚现象之普遍（第 4—6 页）。北魏后宫中身份低贱女性所参与的社会性再生产，并不仅止于性资源的再分配，还包括了相当多的经济性活动在内。《南齐书》卷五七《魏房传》载："妃妾住皆土屋。婢使千余人，织绫锦贩卖，酤酒，养猪羊，牧牛马，种菜逐利。太官八十余窖，窖四千斛，半谷半米。又有悬食瓦屋数十间，置尚方作铁及木。其袍衣，使宫内婢为之。"北京：中华书局，1972 年，第 984 页。
④ 《魏书》卷二一上《献文六王传上》载："于时，王国舍人应取八族及清修之门，（咸阳王）禧取任城王隶户为之，深为高祖所责。诏曰：'夫婚姻之义，曩叶攸崇，求贤择偶，绵代斯慎，故刚柔著于《易经》，《鹊巢》载于《诗》典，所以重夫妇之道，美尸鸠之德，作配君子，流芳后昆者也。然则婚者，合二姓之好，结他族之亲，上以事宗庙，下以继后世，必敬慎重正而后亲。夫妇既亲，然后父子君臣、礼义忠孝，于斯备矣。太祖龙飞九五，始稽远则，而拨乱创业，日昃不暇。至于诸王娉合之仪，宗室婚姻之戒，或得贤淑，或乖好逑。自兹以后，其风渐缺，皆人乏窈窕，族非百两，拟匹卑滥，舅氏轻微，违典滞俗，深用为叹。以皇子茂年，宜简令正，前者所纳，可为妾媵。将以此年为六弟娉室。长弟咸阳王禧可娉故颍川太守陇西李辅女，次弟河南王干可娉故中散代郡穆明乐女，次弟广陵王羽可娉骠骑咨议参军荥阳郑平城女，次弟颍川王雍可娉故中书博士范阳卢神宝女，次弟始平王勰可娉廷尉卿陇西李冲女，季弟北海王详可娉吏部郎中荥阳郑懿女。'"第 534—535 页。

转变呢？笔者学力浅薄，只能作为今后的课题。

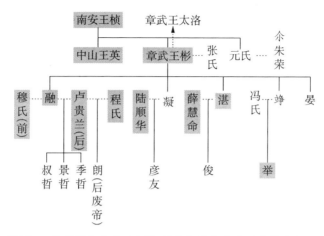

附图 1　北魏景穆章武王家世系图（深底色者表示有墓志出土）

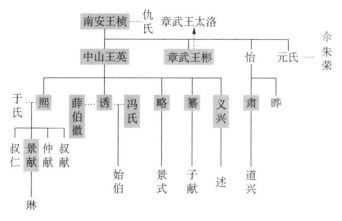

附图 2　北魏景穆南安王家世系图（深底色者表示有墓志出土）

唐国史中的史实遮蔽与形象建构[*]

——以玄宗先天二年政变书写为中心

唐雯（复旦大学中文系）

正如柯文在《历史的三调》中所指出的,真实的事件、当事人的经历与后人建构的历史神话是历史的三个面向,[①]被书写的历史与历史的真实之间有着巨大的差异。而其所谓历史需"为政治、意识形态、自我修饰和情感等方面的现实需要服务",[②]正是从《春秋》以来古代中国史学一贯强调的基本原则。从某种方面来讲,官方史馆体系下的历史撰述,尤其是本朝史的书写,与柯文所谓历史神话颇为类似。而自开皇十三年(593)五月,隋文帝禁绝私人撰集国史之后,[③]官方垄断国史修撰的局面持续达千余年之久,唐代恰恰是官方史学体系日益完善并充分发挥其作用的时代,官方对于本朝史的书写极其重视,自贞观三年(629)设立史馆后即以宰相房玄龄监修,[④]成为有唐一代定制,三百年间修成高祖至肃、代之际纪传体国史

---

* 本文为复旦大学"985 工程"三期人文学科整体推进重大项目"中古中国的知识、信仰与制度的整合研究",并曾提交"复旦大学中古中国共同研究班"讨论,承蒙各位同仁指正疏失;又蒙《中国社会科学》两位匿名评审专家提出宝贵意见,在此一并谨致谢忱!

① 保罗·柯文(P. A. Cohen.)《历史的三调:作为事件、经历和神话的义和团》,杜继东译,南京:江苏人民出版社,2000 年,序,第 1—6 页。

② 保罗·柯文《历史的三调:作为事件、经历和神话的义和团》,第 182 页。

③ 《隋书》卷二《文帝纪》,北京:中华书局,1973 年,第 38 页。

④ 吴兢撰、谢保成集校《贞观政要集校》卷二:"(贞观)三年,(房玄龄)拜尚书左仆射、监修国史。"(北京:中华书局,2003 年,第 56 页)时尚书左仆射为宰相,故此时已命宰相监修国史。参见谢保成《隋唐五代史学》,北京:商务印书馆,2007 年,第 56 页。

130 卷,[1]高祖至文宗十三朝实录。[2] 这些当时所修国史皆成为两《唐书》及《资治通鉴》等史书最重要的材料来源之一,而今日我们对于这个时代的认识则多半来自于这些史料。因此唐代的史官所制造的"历史神话"仍旧通过这些记述唐代历史的典籍影响着后世对于那个时代的观感与知识,而历史的真相却往往被刻意遮蔽。完全信赖这些材料无疑会被狡黠的唐代史臣引入当年已经预设好的歧途。勘破迷局,接近真相,并揭示当时的历史书写者通过何种方式塑造了他们所希望表达的历史,这无疑是一个引人入胜的话题。然而唐代研究中,并没有特别丰富的第一手材料,因此这一话题的展开往往难以深入。但是如果细分现存的史料,依据其来源进行比勘,记述同一事件而出于不同系统的史料之间的差异,仍旧可能折射出历史不同的面相。如果这两种史料恰恰又有因袭关系,那便可能有相当的机会找到"历史神话"的建构线索,使真相浮出水面。在现存有关先天二年(713)七月,玄宗消灭太平公主势力实现亲政的史料中,正存有这样一件为正史所因袭,却又体现着当事人不同叙事立场的史料,无意中透露了一部分被隐匿的历史真相,为唐代国史书写这一话题提供了绝好的例证。这件史料便是张说为先天政变功臣郭元振所写的《兵部尚书代国公赠少保郭公行状》。[3]

一、行状—国史—旧唐书

行状是官员死后门生故吏记录其生平履历供朝廷定谥、立碑、作传的公文,[4]是记叙官员一生行事最详细的材料。它首要的作用是官方对一定

---

① 《崇文总目》卷二,《粤雅堂丛书》本,收入《中国历代书目丛刊》,北京:现代出版社,1987年,第 37 页。
② 参见陈光崇《唐实录纂修考》,收入氏著《中国史学史论丛》,广州:广东人民出版社,1984年,第 73—114 页。
③ 张说《兵部尚书[代]国公赠少保郭公行状》,《文苑英华》卷九七二,北京:中华书局,1966年,第 5111—5115 页。以下简称《郭元振行状》或《行状》,不再一一标注页码。
④ 参见俞樟华、盖翠杰《行状职能考辨》,《浙江师范大学学报》2003 年第 2 期。

品级的官员定谥的依据。《唐六典》载唐人谥议之法云：

> 其谥议之法……诸职事官三品已上，散官二品已上身亡者，其佐
> 史录行状申考功，考功责历任勘校，下太常寺拟谥讫，覆申考功，于都
> 堂集省内官议定，然后奏闻。①

行状在履行过太常议谥的程序后最终进入史馆，②成为国史列传的写作蓝
本。唐代著名史官李翱对此都有明确的表述：

> 翱以史官记事不实，奏状曰："臣谬得秉笔史馆，以记注为职。夫
> 劝善惩恶，正言直笔，纪圣朝功德，述忠贤事业，载奸臣丑行，以传无
> 穷者，史官之任也。凡人事迹，非大善大恶，则众人无由得知，旧例皆
> 访于人，又取行状、谥议，以为依据。"③

因此唐代国史中的诸臣列传，各家行状是其所依据的基本材料。

唐代国史有编年体实录与纪传体国史两种，后者 130 卷，记事始于高
祖，下限约在肃、代之间，乃自太宗朝令狐德棻至德宗朝于休烈、令狐峘等
历朝史官辗转递修而成，宋初尚有完本传世。④《旧唐书》自后晋高祖天福
六年（941）二月下诏修撰，至少帝开运二年（945）六月奏上，首尾不过五
年，⑤如此短的时间中要处理汗牛充栋的原始材料，势必要尽可能因袭现
成的唐国史、实录。事实上《旧唐书》本纪、列传，德宗以前者基本以现成

---

① 《唐六典》卷二，北京：中华书局，1992 年，第 44 页。
② 从今天所存行状来看，文末常有"伏请牒考功，并牒太常议所谥，牒史馆，请垂编录"、"谨
　具任官事迹如前，请牒考功、下太常定谥，并牒史馆"（分别见韩愈《董晋行状》、李翱《韩
　愈行状》、《文苑英华》卷九七六，第 5136、5140 页）之格套。显然，行状最终将交付史
　馆。
③ 《旧唐书》卷一六〇《李翱传》，北京：中华书局，1975 年，第 4207 页。
④ 参岑仲勉《旧唐书逸文辨》，收入氏著《岑仲勉史学论文集》，北京：中华书局，2004 年，第
　594—595 页。
⑤ 《五代会要》卷一八，上海古籍出版社，1979 年，第 294、298 页。

的 130 卷纪传体唐国史为蓝本。① 因此《旧唐书》的这一部分内容应大致保存了唐国史原貌,将其视作出自唐代史臣手笔,体现唐国史的笔削原则,应无大误。故而这部分内容基本的史料来源也是传主的门生故吏所撰写的行状。

如果我们将为现实政治与意识形态所左右的国史列传视作官方有意制造的"神话"的话,成于门生故吏之手的行状则是站在亲历者的立场上来叙述历史——尽管它同样会在一定程度上对逝者隐恶扬善。行状在递上之后虽需经过尚书考功的审核,但主要内容系核实逝者生平历官及在任期间功过等情状,②所关注者在于材料之真实性,而内容的"政治正确"与否则并非考察重点。因此行状在一定程度上与官方立场是有差异的,尤其是在某些历史时刻,它无意中记录下的一些细节恰恰是官方史传刻意隐藏。比勘行状与国史,后者的苦心删改便会立刻暴露无遗,而真相则因此而得以显露。撰写于开元年间的《郭元振行状》与基本反映《唐国史》面貌的《旧唐书·郭元振传》便是这样一对绝佳的例子。《行状》中对玄宗先天政变的叙述提供了远较《旧唐书》本传丰富的历史细节,据此我们可以对这一关系玄宗命运与历史走向的事件有更深入细致的了解:

> 会太平公主、窦怀贞潜结凶党,谋废皇帝,睿宗犹豫不决,诸相皆阿谀顺旨,惟公廷争,不受诏。及举兵诛窦怀贞等,宫城大乱。睿宗步肃章门观变。诸相皆窜外省,公独登奉天门楼躬侍。睿宗闻东宫兵至,将欲投于楼下,公亲扶圣躬,敦劝乃止。及上即位,宿中书十四日,独知政事。因下诏曰:"大臣立事,夷险不易;良相升朝,安危所系。兵部尚书同中书门下三品、上柱国、馆陶县开国伯元振,伟才生代,宏量匡时,经纶文武,今之王佐,出入将相,古之人杰,夙侍宸扆,畴

---

① 参见赵翼《廿二史札记》"旧唐书前半全用实录国史旧本条",北京:中华书局,1984 年,第 345—349 页;黄永年《唐史史料学》,上海书店出版社,2002 年,第 10—11 页。

② 《新唐书》卷四六《百官志》:"考功郎中、员外郎,各一人,掌文武百官功过、善恶之考法及其行状。若死而传于史官、谥于太常,则其行状质其当不。"北京:中华书局,1978 年,第 1190 页。

咨庙堂，思致尧舜，以期管乐。朕往在储闱，洎登宝位，每观其仗义感激，愿制凶邪，立诚慷慨，密陈弘益，尔其至矣，朕实嘉之。顷者枭獍兴谋，干戈作衅，太上皇帝既命朕除讨，元振又驰奉宸极。始则赍予为弼，终则宁朕问安，可谓格于皇天，贯于白日。元恶既剪，庶物惟新，昌言是图，朕岂忘旧，宜开井邑，永誓山河。可进封代国公，赐实封四百户，物一千段，子五品官。"<u>寻兼御史大夫、天下行军大元帅。是岁大征兵众，阅武骊山，兵一百万，号三百万，并奉公节度。是日三令之后，上将亲鼓。公虑有大变，因略行礼。上大怒，引坐纛下。</u>紫微令张说犯鳞而谏。上乃曰："元振有保护大功，宜舍军法，流新州。"未至，属开元元年册尊号，赦曰："元振往立大功，保护于朕。顷因阅武，颇失军容，责情放逐，将收后效，可饶州司马。"未至，卒于道，时年五十八。……<u>睿宗尝曰："元振正直齐于宋璟，政理逾于姚崇，其英谋弘亮过之矣。"</u>①

　　及萧至忠、窦怀贞等附太平公主潜谋不顺，玄宗发羽林兵诛之，睿宗登承天门，元振躬率兵侍卫之。事定论功，进封代国公，食实封四百户，赐物一千段。又令兼御史大夫，持节为朔方道大总管，以备突厥，未行。玄宗于骊山讲武，坐军容不整，坐于纛下，将斩以徇。刘幽求、张说于马前谏曰："元振有翊赞大功，虽有罪，当从原宥。"乃赦之，流于新州。寻又思其旧功，起为饶州司马。元振自恃功勋，怏怏不得志，道病卒。②

带下划线的部分即《旧唐书》本传中刻意删略的部分，如果将这些内容与其他记载合并考虑，七月三日政变及其前后的一系列事件将呈现出另外一种面貌。

二、七月三日政变再探讨

　　先天二年七月三日，唐玄宗李隆基率亲信高力士、李令问、王守一等，

---

①　张说《郭元振行状》，《文苑英华》卷九七二。
②　《旧唐书》卷九七《郭元振传》，第3048—3049页。

发动了其生命中第二次宫廷政变。这一次,他的对手是三年前曾与他联手诛灭韦氏和安乐公主、将其父亲睿宗扶上帝位的姑姑太平公主。政变的结果,太平公主及其党羽被悉数诛杀,睿宗交出所有权力。当年十二月改元开元,玄宗时代就此开始。这一次政变是玄宗登向权力巅峰的惊险一跃,它终结了自武后开始的女眷政治,也决定了此后历史的走向,其意义之重大毋庸置疑。职是之故,两《唐书》及《通鉴》对此事都有大量的记载,然而有关这一事件学界的研究多据史料泛泛叙述,未有更多发明。唯李锦绣于 20 世纪 90 年代所作《试论唐睿宗、玄宗地位的嬗代》、《读陈寅恪〈读书札记·新唐书之部〉》两文,①抽绎史籍记载中的蛛丝马迹,提出睿宗、玄宗父子在唐隆政变成功后即已产生矛盾,太平公主在景云年间与太子的斗争实际上背后都有睿宗的支持,深中肯綮,唯两文对《郭元振行状》中的一些关键信息尚未有更深入的解析。实际上《行状》所补充的细节,恰可将整个事件的前因后果完整地勾连起来,而郭元振在整个事件举足轻重的作用与其政变甫定即遭流贬的缘由在《行状》中亦都提供了关键的线索。事实上郭元振在政变前的选择在一定程度上决定了睿宗、玄宗父子的成败,玄宗只有在流放郭元振之后方才最终坐稳江山。以下笔者即对《行状》所提示的历史讯息作进一步开掘,以期展示这一事件更多的内涵。

(一) 政变前夜

上引《行状》文字,起首即出现了极其特别的内容——太平公主一党"谋废皇帝",睿宗"犹豫不决",而郭元振拒"不受诏"。显然睿宗召见郭元振及其他宰相,目的即在于废黜玄宗。这一惊心动魄的朝廷密谋,两《唐书》和《通鉴》等文献中未及只字,因此《行状》中的记载弥足珍贵。由此我们可以看到,正是郭元振拒不奉诏,方才导致了这一废黜玄宗的政治密谋的流产,也直接促成了玄宗七月三日的冒险政变。那么郭元振的反对为

---

① 李锦绣《试论唐睿宗、玄宗地位的嬗代》,《原学》第 3 辑,北京:中国广播电视出版社,1995 年,第 161—179 页;《读陈寅恪〈读书札记·新唐书之部〉》,《中国文化》第 5 期,北京:三联书店,1991 年,第 209—212 页。

何会使睿宗与太平公主不得不搁置废帝密谋？七月三日政变之前，郭氏究竟处于何种地位？这些问题关系到睿宗、太平公主与玄宗权力斗争中势力消长与军方的立场与态度。而要解答这一系列问题，须从诛灭韦后的政变说起。

唐隆元年(710)六月，时为临淄王的李隆基与其姑姑太平公主共同发动了诛灭韦后与安乐公主的政变，将睿宗扶上皇位。李隆基因此大功，以睿宗第三子的身份成为太子；而太平公主则倚仗睿宗控制了最高权力。然而这一政治格局甫一形成，太平公主便发现，这个可以和她一同抢夺韦后权力的太子，将来绝不会俯首贴耳受其控制——即使是身为东宫、作为姑姑的她欲图控制，已非易事。要长久保持其权力，她必须换一个听话的继承人。于是一场谋废太子的大戏自睿宗上台之后半年内即拉开了帷幕。①

在三年的暗流涌动的政治斗争之后，先天元年七月，玄宗最终在朝廷大臣的支持下，利用天象的变异正式即位，但太平公主调整策略，将朝中重臣都换上了自己的亲信。② 但是这一次她的目的不是改立太子那么简单，而是要将"今上"拉下皇位。《新唐书·陆象先传》云：

> 及谋逆，召宰相议，曰："宁王长，不当废嫡立庶。"象先曰："帝得立，何也？"主曰："帝有一时功，今失德，安可不废？"对曰："立以功者，废必以罪。今不闻天子过失，安得废？"主怒，更与窦怀贞等谋。③

谋废立之事得召宰相议，一人不从，又转与他人谋，显然，太平公主必欲废黜玄宗，这在当时几乎是公开的秘密。《行状》中"谋废皇帝"记于郭元振

---

① 《资治通鉴》卷二一〇："太平公主以太子年少，意颇易之；既而惮其英武，欲更择暗弱者立之以久其权，数为流言，云'太子非长，不当立'。己亥，制戒谕中外，以息浮议。公主每觇伺太子所为，纤介必闻于上，太子左右，亦往往为公主耳目，太子深不自安。"(北京：中华书局，1956年，第6656页) 司马光系此事于景云元年十月，即睿宗登位后三个月。

② 参见李锦绣《试论唐睿宗、玄宗地位的嬗代》一文，《原学》第3辑，第171—176页。

③ 《新唐书》卷一一六，第4236页。

"拜刑部尚书充朔方道行军大总管,筑丰安、定远等城以拒贼路。寻加金紫光禄大夫,再迁兵部尚书知政事,仍旧元帅"之后,时已在先天二年六月,①上引《新唐书·陆象先传》可谓《行状》"谋废皇帝"四字的最佳脚注。的确,在睿宗传位后,要继续操控最高权力,废黜玄宗是太平公主唯一的选择;但时间越长,玄宗的地位越稳固,废立的可能性就越小。此时,玄宗登位已将近一年,太平公主需要速战速决。于是先天二年七月,"谋废皇帝"的行动骤然加码,刘知幾《太上皇实录》云:

> 公主谋不利于今上,与上更立皇子,②独专权,期以是月七日作乱。③

《行状》中睿宗与诸相商议诏废玄宗事件即是太平公主与睿宗整个计划中的重要一环。然而在"诸相阿谀顺旨"的情况下,郭元振的反对导致了睿宗下诏废帝计划的流产,也直接引发了其后一系列的变局。那么郭元振到底拥有怎样的背景与势力使他能在这一历史转捩点投下关键的反对票。分析他在景云、先天间的历官便可窥知端倪。

郭元振,自武后末年出任凉州都督,十余年间经略陇右、安西,在西北蕃汉军民中享有崇高声望。"睿宗即位,征拜太仆卿。敕至之日,举家进发",自此交出西北诸镇兵权。甫至京师,睿宗即以其同中书门下三品,不久"迁兵部尚书……依旧知政事,寻转吏部尚书……拜刑部尚书、充朔方道行军大总管……再迁兵部尚书、知政事,仍旧元帅"。④ 郭元振以兵部尚书、朔方道行军大总管加同中书门下三品在先天二年六月丙辰,此时距七

---

① 《旧唐书》卷七《睿宗纪》,第 161 页。
② 此句原文作"公主谋不利于上,与今上更立皇子",后文"今上"指玄宗,《太上皇实录》中之"上"指睿宗,原文有误,今据文意改。
③ 《资治通鉴》卷二一○《考异》引《上皇录》,第 6683 页。按,《上皇录》即刘知幾所撰《太上皇实录》,《新唐书·艺文志》、《崇文总目》著录。《郡斋读书志》卷六:"《唐睿宗实录》十卷,右屯刘知幾撰。知幾与吴兢先修《太上皇实录》,起初诞,止传位,凡四年。后续修益,止山陵。"上海古籍出版社,1990 年,第 217 页。
④ 张说《郭元振行状》,《文苑英华》卷九七二;《旧唐书》卷九七《郭元振传》略同。

月三日政变仅有 9 天。郭元振的入相意味着他同时集宰相的决策权、兵部尚书调兵权与朔方道行军总管统兵权于一身。这样非常的任命不可能出于玄宗意志,因为睿宗传位之时即规定"三品已上除授及大刑狱,并自决之"。① 从实际来看,玄宗即位直至郭元振入相之前所任宰相分别为窦怀贞、崔湜、岑羲、萧至忠、陆象先、魏知古、刘幽求。魏、陆二人中立,唯一属于玄宗势力的刘幽求还在先天元年八月被流于封州,其余四人皆太平公主党羽,②显然此时朝中大臣的任命完全为太平公主与睿宗所控制,玄宗无从插手。因此郭元振的这一非常任命正出于睿宗之旨。那么在此千钧一发之际,睿宗为何要对这个在日后的正史中被贴上玄宗一党标签,甚至在死后与玄宗朝另两位重臣张说、王琚一同配享玄宗庙的郭元振委以重任?③ 以史家的后见之明来看,这似乎完全有悖常理,但历史真实的情形却远比后世的记载来得复杂。《行状》中对于郭氏与睿宗的关系有这样的描写:

> 韦庶人知政,屡征不至,因下伪诏,令侍御史吕守素、中丞冯家宾相继巡边,欲将害之。未及,皆为娑葛等诸蕃劫杀之。睿宗即位,征拜太仆卿,敕至之日,举家进发。……至京,同中书门下三品,加银青光禄大夫。迁兵部尚书,封馆陶县男,依旧知政事。寻转吏部尚书知选举,嘱请不行,大收草泽。睿宗屡下诏褒美。……睿宗尝曰:"元振正直齐于宋璟,政理逾于姚崇,其英谋弘亮过之矣。"

面对睿宗征召入朝,实际是解除兵权的敕命,这个手握重兵、曾令武后"惶惧"④的老军头却立刻举家入朝,而睿宗也立即对郭元振的效忠报以宰相之位。郭与睿宗此前有何渊源不得而知,然而在景云、先天年间的政治舞

---

① 《旧唐书》卷七《睿宗纪》,第 160 页。
② 《新唐书》卷六一、六二《宰相表》,第 1680—1683 页。《旧唐书》卷一八三《太平公主传》云:"其时宰相七人,五出公门"(第 4739 页),乃连郭元振而数之。
③ 郭元振配享玄宗庙,事见《唐会要》卷一八,上海古籍出版社,2006 年,第 429 页。
④ 《郭元振行状》云:"时宗楚客为相,素与公不协,令人告变。则天惶惧,计无所出。"

台上,郭的确扮演了一系列重要角色,而这背后都有着睿宗的身影。显然,身处历史进程中的睿宗正是基于对郭元振的一贯信任,在关键时刻骤令郭元振以朔方道行军大总管入相。而这一非常任命表明睿宗将赌注押在了郭元振的身上。然而从朝中宰相的人员配置来看,郭入相前夕,太平公主党羽已经完全控制南衙,何以睿宗还需要将郭元振召入京中,其中的政治考量究竟何在? 笔者认为,这里的关键即在于郭元振所兼任的朔方道行军大总管一职。

　　陈寅恪先生早已指出,驻守玄武门的北衙禁军是唐代前期政变中的主要力量,发动政变的首要条件是控制玄武门的禁军。① 按照常理,太平公主应该调动禁军,像三年前诛灭韦后势力一样消灭玄宗势力。但是从政变之前太平公主与玄宗在禁军中的力量对比来看,太平公主并无优势。表面上,此时的左羽林大将军是常元楷,另有左羽林将军徐彦伯、右羽林军将军李慈、贾膺福、李猷为其羽翼,②但实际上,从睿宗甫继位的景云元年(710)六月开始,统领北衙禁军的左右羽林大将军及南衙负责宫城内外警戒的左右卫大将军分别由玄宗兄弟岐王范、薛王业及成器、成义担任。③虽然到第二年二月,岐王范、薛王业的左右羽林大将军即被强行罢免,④但从玄宗起事前先告岐、薛二王,⑤事变中"勒左右禁兵出北门,召常元楷、李慈,即斩于阙下"⑥的记载来看,二王在半年多的时间里在北军将士中培植

---

① 陈寅恪《唐代政治史述论稿》,上海古籍出版社,1997 年,第 54—58 页。
② 常元楷、李慈官职见《旧唐书》卷八《玄宗纪》,第 169 页。徐彦伯、贾膺福、李猷官职见史崇玄《妙门缘起序》所载《一切道经音义》编纂名单(《道藏》第 24 册,文物出版社、上海书店、天津古籍出版社,1988 年,第 721—723 页),据雷闻考证,此三人皆系太平公主一党。参见氏著《唐长安太清观与〈一切道经音义〉的编纂》,《唐研究》第 15 卷,北京大学出版社,2009 年,第 199—226 页。
③ 《资治通鉴》卷二〇九:"以宋王成器为左卫大将军、衡阳王成义为右卫大将军,巴陵王隆范为左羽林大将军、彭城王隆业为右羽林大将军。"(第 6648 页)
④ 《资治通鉴》卷二一〇:"(宋)璟与姚元之密言于上曰:'……请出宋王及幽王皆为刺史,罢岐、薛二王左、右羽林,使为左、右率以事太子。……(景云二年)二月,丙子朔,以宋王成器为同州刺史,幽王守礼为豳州刺史,左羽林大将军岐王隆范为左卫率,右羽林大将军薛王隆业为右卫率。'"(第 6662—6663 页)
⑤ 《旧唐书》卷八《玄宗纪》,第 169 页。
⑥ 《资治通鉴》卷二一〇引《太上皇实录》,第 6684 页。

起了一定的力量。而反观太平公主任用的常元楷、李慈、徐彦伯、贾膺福、李猷等人，常元楷曾继任张仁愿为朔方军总管，①直到先天二年二月原左羽林大将军孙佺调任幽州大都督之后方才接任禁军。② 这一外来军头，在禁军系统中原无根基。李慈仕履不详，徐彦伯、贾膺福、李猷等皆为昭文馆学士，时以他职权检校羽林将军，显为文士，并不能实际控制禁军。③ 而玄宗在中宗朝即已阴结禁军万骑营中豪杰，其营长葛福顺、陈玄礼都是他的亲信，在消灭韦氏的唐隆政变中起了决定性作用。之后，大量参加过唐隆政变的"唐元功臣"子弟加入万骑，④他们是支持玄宗的重要力量——右羽林将军张暐甚至在先天元年八月便与刘幽求有诛太平公主的密谋。⑤可见太平公主虽然竭力在北门禁军长官的位置上安插自己的亲信，却无法渗透到禁军的基干队伍中去。而仅仅掌握禁军首领，并不能保证政变的胜利——五年以前的景龙元年，节愍太子李崇俊诛杀武三思的政变，虽然有左羽林大将军李多祚的支持，却终因部下千骑的倒戈而失败。被太平公主和李隆基亲手消灭的韦氏也早已将统押万骑的左右羽林将军换上了自己的亲信，但仍旧因为没有真正控制禁军而导致失败。经历过多次政变的太平公主对于自己的这个软肋应该是清楚的，先天二年正月，时已

---

① 《旧唐书》卷九三《张仁愿传》，第 2982 页。

② 《资治通鉴》卷二一〇："幽州大都督薛讷……与燕州刺史李琎有隙，琎毁之于刘幽求，幽求荐左羽林将军孙佺代之。（先天二年）三月丁丑，以佺为幽州大都督，徙讷为并州长史。"（第 6672 页）《新唐书》卷二一五《突厥传》、卷二一九《北狄传》皆记孙佺官职为左羽林大将军。（第 6047、6174 页）

③ 《隋唐嘉话》云："徐彦伯常侍，睿宗朝以相府之旧，拜羽林将军。徐既文士，不悦武职，及迁，谓贺者曰：'不喜有迁，且喜出军耳。'"（北京：中华书局，1979 年，第 43 页）雷闻认为贾膺福、李猷虽参与《一切道经音义》的编纂，然系典兵将领，并无学术。（参见氏著《唐长安太清观与〈一切道经音义〉的编纂》，《唐研究》第 15 卷，第 221 页）按，据《旧唐书》卷七《睿宗纪》，贾膺福、李猷在先天政变时在内客省中，而非在禁军所在的玄武门，且李猷被杀时官中书舍人，非武将所能胜任，故二人应与徐彦伯一样以文士典兵。

④ 《旧唐书》卷一〇六《王毛仲传》，第 3253 页；《新唐书》卷五〇《兵志》，第 1331 页。另参见蒙曼《唐代前期北衙禁军制度研究》，北京：中央民族大学出版社，2005 年，第 90—107 页。

⑤ 《旧唐书》卷九七《刘幽求传》，第 3040 页；《资治通鉴》卷二一〇，第 6676 页。

成为太上皇的睿宗特下诰命,要求"羽林飞骑并以卫士简补",①其目的很可能是希望减少禁军中"唐元功臣"子弟为代表的亲玄宗势力,同时也表明睿宗和太平公主明白在禁军之中,他们并不占绝对优势。要与京城中最精锐的北门禁军相抗衡,必须别求援军,而关内道唯一驻有重兵的朔方军是他们最自然的选择。

朔方军,治灵州,在长安西北 1250 里,②是当时诸镇中距京城最近者,素有"国之北门"之称。③ 其战略地位,顾祖禹《读史方舆纪要》表述最为明白:

> 宁夏镇……为关中之屏蔽,河、陇之噤喉。汉滨河置障,畿辅缓急,视北地之安危。晋边备不修,雄疆尽成戎薮,故泾、渭以北遂无宁宇。后魏既并赫连,缘边列镇,薄骨律与高平、沃野相为形援,而后关陇无祸患者几百年。西魏以迄周、隋,亦以灵州为关中藩捍。唐开元中建朔方节度于此,用以捍御北方,士马盛强,甲于诸镇。④

古代京城的防御体系,负责保卫皇帝的禁军与维持京师治安的卫士之外,往往还包括驻扎于京师左近的野战部队。⑤ 虽然驻军的初衷在于捍御外敌,但一旦朝中政局动荡,这些离京都最近的野战部队往往会成为角斗中的各方势力争夺的对象,其向背决定着中枢政治的走向。东晋北府兵、中唐后期的京西北八镇都曾扮演过这样的角色。北府兵对东晋政局

---

① 《资治通鉴》卷二一〇,第 6679 页。
② 《旧唐书》卷三八《地理志》,第 1415 页。
③ 《旧唐书》卷一二〇《郭子仪传》,第 3464 页。
④ 顾祖禹《读史方舆纪要》卷六二,北京:中华书局,2005 年,第 2941—2942 页。
⑤ 府兵制最初形成的西魏时代,府兵是对外作战的主力,而长安附近即设有多个军府,一度归李渊祖父李虎统领,这支部队在参加对外作战的同时亦负担着捍卫京师的重任。参见毛汉光《西魏府兵史论》,收入氏著《中国中古政治史论》,上海书店出版社,2002年,第 257—260 页。

的影响，经田余庆先生发明，已为学界所熟知。① 中唐以后为抵御吐蕃入侵而设置的京西北八镇在唐后期的朝廷政治斗争中亦频频成为南衙北司争夺的对象。永贞革新、甘露之变，南衙朝臣集团都试图从北衙宦官集团手中夺取驻扎在京西北诸镇的神策军主导权。而北衙宦官集团的最终取胜亦正是由于其牢牢控制了这支军队，从而在与南衙的历次政治斗争中立于不败之地。② 而所谓京西北八镇中的灵盐、夏绥、振武、天德正是分割朔方故地所置。③ 屯兵朔方，本意虽在捍御北寇，然而在府兵制逐渐崩坏、京畿已无真正意义上野战部队的睿宗时代，屯驻着大量极富战斗力的蕃胡骑兵的朔方军客观上具有了唐中后期京西北八镇相同的战略地位，这一支离京师最近的野战部队是不会被朝廷政治斗争中的各方所轻易忽略的。④

　　在神龙元年（705）诛张易之兄弟的政变中，朔方军已经隐隐显示了左右朝政的能量——当时任朔方道（时称灵武道）大总管的姚崇自灵武还都之时，主谋其事的张柬之、桓彦范"相谓曰：'事济矣。'遂以其谋告之"。⑤诛张密谋，姚崇此前并未参与，政变之中亦未见有所表现，而此时返都，却被已经完全控制南衙卫队和北衙禁军的张、桓如此看重，其原因很可能与姚崇所掌握的朔方军有关：姚崇在京，其背后的朔方军势力便无法干涉京城内的政变，张、桓乃无后顾之忧。睿宗作为诛杀二张事变的背后主谋，⑥对于朔方军战略地位很可能早在当时就有充分的认识。在他上台之后，立刻对朔方军长官进行了调整。中宗时代的朔方军大总管是张仁愿。张氏自神龙三年出任朔方军总管，大破突厥，筑三受降城，战功赫赫，深受中宗信任。景龙二年（708）张氏入相，仍"春还朝，秋复督军"，牢牢控制着朔

---

① 参见田余庆《北府兵始末》，收入氏著《秦汉魏晋史探微》，北京：中华书局，2004 年，第328—375 页。

② 参见黄利平《唐京西北藩镇述略》，《陕西师范大学学报》1991 年第 1 期。

③ 参见黄利平《中晚唐京西北八镇考》，《中国历史地理论丛》2004 年第 2 期。

④ 李锦绣已注意到睿宗即位之初对朔方道大总管一职人事安排中的政治考量，但尚有进一步探讨的空间。参见氏著《唐代制度史略论稿》，北京：中国政法大学出版社，1998 年，第 179 页。

⑤ 《资治通鉴》卷二〇七，第 6579 页。

⑥ 参见孙英刚《论相王府僚佐与唐前期政局》，未刊稿。

方军。① 景龙四年,即景云元年七月,睿宗未及大赦改元便将张仁愿罢为右卫大将军,不久即令其致仕,而以后来出任左羽林大将军,先天二年政变中被杀的常元楷接替张氏,②其控制朔方的政治用意显而易见。两个月后,年过八十、已然致仕的唐休璟"依托求进",再次坐镇朔方。③ 一年后,唐休璟复请致仕,由解琬接任大总管一职。解琬景龙中曾出任过此职,史称其"前后在军二十余载,务农习战,多所利益,边境安之"。④ 睿宗上台后的头两年,太平公主与玄宗的矛盾尚未公开激化,这两轮人事安排可能更多着眼于朔方军自身的战略防御要求。然而随着朝内政治斗争的日趋白热化,朔方军大总管及其属下将领的安排再一次显露玄机。

　　景云二年(711)十月,"太仆卿李(回)[迥]秀持节朔方后军大总管"。⑤ 朔方后军驻地何在,今似已不可考,然以明代于唐灵州东南的盐州故地所置宁夏后卫观之,⑥唐朔方后军亦应更靠近长安,对京城的屏卫作用也更为突出。李迥秀,武后控鹤内供奉出身,⑦又私侍张易之母,⑧在武后末年的政治斗争中失势,被贬庐州刺史,⑨至此重回政治舞台。延和元年(712),即先天元年七月,李迥秀迁兵部尚书,军职如故。⑩ 李氏与此前的女宠政治有着千丝万缕的关系,而与玄宗素无渊源。因此他在景云年间迅速复位应与睿宗及太平公主势力有关。而此时李迥秀以兵部尚书充朔方军后军总管,则同时掌握了朔方后军的调兵权与统兵权。一旦京城情势有变,李迥秀甚至可以挥师入京,芟夷内难。然而就在情势日益紧张之

---

① 《旧唐书》卷九三《张仁愿传》,第 2981—2983 页。
② 《旧唐书》卷七《睿宗纪》,第 155 页;卷九三《张仁愿传》,第 2982 页。
③ 《册府元龟》卷九九二,北京:中华书局,1960 年,第 11649 页上;《旧唐书》卷九三,第 2980 页。
④ 《旧唐书》卷一〇〇《解琬传》,第 3112 页。
⑤ 《册府元龟》卷九九二,第 11649 页上。
⑥ 顾祖禹《读史方舆纪要》卷六二,第 2955 页。
⑦ 《旧唐书》卷一八六上《吉顼传》,第 4849 页。
⑧ 《旧唐书》卷七八《张行成附张昌宗传》,第 2706 页。
⑨ 《新唐书》卷四《则天皇后纪》,第 104 页。
⑩ 《新唐书》卷五《睿宗纪》:"兵部尚书李迥道后军大总管。"(第 119 页)考此前李氏已经以太仆卿持节朔方后军,此时应自太仆卿迁兵部尚书。

时，原应驻留朔方的李迥秀却回到了长安，随即死去。① 关于他的死，《定命录》记录了这样一则故事：

> 李迥秀为兵部尚书，有疾，朝士问之。秀曰："仆自知当得侍中，有命固不忧也。"朝士退，未出巷而薨。有司奏。有诏赠侍中。②

侍中，唐代前期即为宰相之一，李迥秀所谓"当得侍中"，也许表明他已知道自己将有入相之任命。而李氏若以兵部尚书、朔方军后军大总管入相，正与前述睿宗密谋废立之际郭元振的经历如出一辙。然而前一刻还谈笑风生的李迥秀却在后一刻死去，只得到了侍中的赠官，此间玄机颇值玩味。这样一个看似离奇的故事也许正隐晦地表现了当时残酷的政治暗战。

李迥秀死后所留下的兵部尚书空缺很快由郭元振填补。此时他正在朔方道行军大总管位上。郭元振代替解琬出任"朔方道行军大总管，节度诸军，以备胡寇"在延和元年六月，③也就是李迥秀迁兵部尚书的前一个月。解琬自景云二年七月上任至此尚不满一年，其间突厥默啜有请求和亲之举，唐朝方面亦已应许，④可谓边境无事，此时突然换上郭元振，同样应是出于政治上的考虑。可能最初睿宗所希望倚重的是李迥秀，然而李的突然去世使睿宗转而将赌注押在了郭元振身上。

那么睿宗又将如何利用其在朔方军的政治布局来达到其废黜玄宗的目的呢？先天元年十一月遣玄宗巡边的诰命表明了他和太平公主的意图：

> 上皇诰遣皇帝巡边，西自河、陇，东及燕、蓟，选将练卒。⑤

① 《旧唐书》卷六二《李迥秀传》，第 2391 页。参见严耕望《唐仆尚丞郎表》卷四，上海古籍出版社，2007 年，第 248 页。
② 《太平广记》卷一四六引《定命录》，北京：中华书局，1961 年，第 1052 页。
③ 《册府元龟》卷九九二，第 11649 页上。
④ 《旧唐书》卷七《睿宗纪》："（景云二年正月）突厥默啜遣使请和亲，许之。"（第 156 页）
⑤ 《资治通鉴》卷二一〇，第 6679 页。

李锦绣对睿宗此诰有精辟的分析,她认为此时将皇帝遣出政治中心长安,则无异于一介匹夫,太上皇用一纸诰命即可废黜。① 事实上睿宗早在传位之前五个月,便有意让太子送金山公主往并州与突厥默啜成婚:

> 命皇太子送金山公主往并州,令幽州都督裴怀古节度内发三万兵赴黑山道,并州长史薛讷节度内发四万兵于汾州迎皇太子,右御史大夫朔方大总管解琬节度内发二万兵赴单于道。太子既亲征,诸军一事以上并取处分,按以军法从事。②

司马光对此事深为不解,认为"太子送公主与突厥和亲,安用九万兵! 又岂得谓之亲征"。③ 而这一切反常的举动或许正表明睿宗以及太平公主在深知自己软肋的情况下希望利用野战军来解决他们与玄宗间的权力之争。

　　然而和亲之事最终因为默啜杀害为奚擒获的幽州大都督孙佺而终止,太子也因此避免离开京城。但是在京城军队无决定性把握的情况下,睿宗及太平公主并未放弃这一思路,即使在被迫传位后,依然希望设法将玄宗调出京城。而玄宗一出长安,首先要去的便是朔方军,这样之前在朔方军的所有布局都将起到决定性的作用。

　　然而对此玄宗立刻予以反击,先天二年正月玄宗宣布"巡边改期"。④ 睿宗与太平的这一计划遂告失败。在北门禁军无法完全控制的情况下,他们唯一的选择只能是在京城与玄宗进行正面较量。

　　先天二年六月二十四日丙辰,⑤也就是玄宗政变的前 9 天。郭元振突

---

① 参见李锦绣《试论唐睿宗、玄宗地位的嬗代》,《原学》第 3 辑,第 177 页。
② 《资治通鉴》卷二一〇《考异》引《太上皇实录》,第 6671 页。
③ 《资治通鉴》卷二一〇《考异》,第 6671 页。
④ 《资治通鉴》卷二一〇,第 6679 页。参见李锦绣《试论唐睿宗、玄宗地位的嬗代》,《原学》第 3 辑,第 177 页。
⑤ 郭元振入相时日,《资治通鉴》卷二一〇《考异》引《睿宗实录》在六月九日辛丑(第 6681 页),《旧唐书》卷七《睿宗纪》在丙辰(第 161 页),《通鉴》本文仍取辛丑,今从。

然以兵部尚书、朔方道行军总管同平章事。这时郭元振掌握了宰相的决策权、兵部尚书调兵权与朔方道行军总管统兵权。睿宗赋予他这样大的权力,无疑希望废帝计划得到他的支持,甚至在必要的时候,让朔方军来对付玄宗的禁军——只要郭元振奉诏举朔方兵入京,玄宗的禁军力量便不堪一击。然而在历史的关键时刻,郭元振却选择了玄宗,拒不奉诏的后果就是太平公主只能利用京城内的禁军和南衙卫士动手,于是便有了"公主期以是月七日令常元楷以羽林兵自北门入,窦怀贞等于南衙举兵应之"的谋划。① 一时间,京城的形势骤然紧张。

(二) 七月三日事件复原

毫无疑问,睿宗的废帝密议很快便为玄宗所知。先天二年七月三日,玄宗抢先采取了行动。《旧唐书·玄宗纪》详细记叙了玄宗一方当天的行动:

> 先天二年七月三日,尚书左仆射窦怀贞,侍中岑羲,中书令萧至忠、崔湜、雍州长史李晋、左羽林大将军常元楷、右羽林将军李慈等,与太平公主同谋,期以其月四日以羽林军作乱。上密知之,因以中旨告岐王范、薛王业、兵部尚书郭元振、将军王毛仲、[殿中监姜皎、中书侍郎王琚、吏部侍郎崔日用等定计。因毛仲]②取闲厩马及家人三百余人,率太仆少卿李令问、王守一、内侍高力士、果毅李守德等亲信十数人,出武德殿,入虔化门,枭常元楷、李慈于北阙,擒贾膺福、李猷于内客省以出,执萧至忠、岑羲于朝,皆斩之。睿宗明日下诏曰:"朕将高居无为,自今军国政刑一事已上,并取皇帝处分。"③

从上述记载来看,太平公主和主要参与者窦怀贞并不在宫中,事实上窦怀贞闻乱后投水自杀,太平公主数日后方赐死。④ 那么这天玄宗起事的意图到底

---

① 《资治通鉴》卷二一〇引《太上皇实录》,第 6684 页。
② 按原文语意不明,今据《太平御览》卷一一一引《唐书》补"殿中监姜皎、中书侍郎王琚、吏部侍郎崔日用等定计"一句,北京:中华书局,1960 年,第 534 页上。
③ 《旧唐书》卷八《玄宗纪》,第 169 页。
④ 《旧唐书》卷一三三《窦怀贞传》、《太平公主传》,第 4724、4740 页。

是什么？仔细分析他的行动路线，可以发现，这天玄宗的行动目标就是睿宗。

　　玄宗行动的起点是武德殿。武德殿是玄宗即位后每日临朝的地方，[①]在外朝正殿太极殿东北，[②]内朝正殿两仪殿东，殿有东西门，东门紧贴宫城东侧城墙，西门与虔化门齐。虔化门系分割内外朝的五座门楼之一，这五座门楼自东往西依次为武德门、虔化门、朱明门、肃章门、晖政门。五座门楼构成内外朝分割线，其北为内朝，其南即太极殿，为外朝。因此如果关闭武德殿西门，武德殿则自成一独立区域。在景云、先天年间双头政治的格局下，武德西门应该是关闭着以区隔睿宗、玄宗。因而此时，玄宗必须先出武德殿正南的武德门，然后折西，北入虔化门。

　　入虔化门后，玄宗一行"枭常元楷、李慈于北阙"。崔豹《古今注》云："阙，观也，于前所标，表宫门也。其上可居，登之可远观。"[③]北阙，《资治通鉴》胡注云："北阙盖在玄武门外。"[④]是。《旧唐书·谢叔方传》云："初从巢刺王元吉征讨……太宗诛隐太子及元吉于玄武门，叔方率府兵与冯立合军，拒战于北阙下。"[⑤]《资治通鉴》记此事云："翊卫车骑将军冯翊冯立……乃与副护军薛万彻、屈咥直府左车骑万年谢叔方帅东宫、齐府精兵二千驰趣玄武门。张公谨多力，独闭关以拒之，不得入。云麾将军敬君弘掌宿卫兵，屯玄武门……挺身出战……死之。……尉迟敬德持建成、元吉首示之，宫府兵遂溃。万彻与数十骑亡入终南山。"[⑥]据《玉海》及吕大防《长安志图》所载《唐禁苑图》，禁军之左右军屯营都在玄武门外的禁苑之中。[⑦] 所以元吉部下率兵

---

①　《旧唐书》卷七《睿宗纪》云："八月庚子，帝传位于皇太子，自称太上皇帝，五日一度受朝于太极殿，自称曰朕，三品已上除授及大刑狱，并自决之，其处分事称诰、令。皇帝每日受朝于武德殿，自称曰予，三品已下除授及徒罪并令决之，其处分事称制、敕。"第160页。

②　本节所述宫城内建筑名称及方位，皆依据李健超《增订唐两京城坊考》（西安：三秦出版社，2006年）、杨鸿年《隋唐宫殿建筑考》（西安：陕西人民出版社，1992年），不一一出注。

③　《太平御览》卷一七九引崔豹《古今注》，第871页上。

④　《资治通鉴》卷二〇三，第6441页。

⑤　《旧唐书》卷一八七上《谢叔方传》，第4873页。

⑥　《资治通鉴》卷一九一，第6010—6011页。

⑦　《玉海》卷一三八："北衙即北军之在禁苑者也。……北军左右两军皆在苑内。"原注："左军在内东苑之东，右军在九仙门之西。"京都：中文出版社，1977年影印合璧本《玉海》，第2665页下。

从外攻玄武门,张公谨闭关不纳,故掉头攻击门外的禁军屯营,遂与敬君弘在北阙下发生了激战。在先天二年的政变中,太平公主安插在禁军中的常元楷、李慈被枭首北阙,表明玄宗第一步行动是彻底拿下禁军,而行动者并非玄宗所率领的从武德殿出发的十多个亲信,而是奉玄宗命取闲厩马的王毛仲。闲厩马即禁军万骑及飞骑之乘马,①其养马之地曰官马坊,在禁苑内。② 王毛仲所取闲厩马即来自玄武门外之禁苑,这些马匹在非常形势下显然不可能预先带入宫中,且取这些马的作用应是去装备效忠于玄宗的禁军。③

当王毛仲引马队抵达北门之时,玄宗一行也适时赶到,遂"勒左右禁兵出北门,召常元楷、李慈,即斩于阙下"。④ 拿下北门后,玄宗及其"铁骑"便向南奔承天门而来,离开武德殿时并未露面的王毛仲这时也出现在骑兵之中。⑤ 显然王毛仲向效忠玄宗的禁军输送马匹的任务已经完成,并与玄宗等会合。于是一众人等,带着兵马,返身入宫,去寻找他们下一个目标。

随即,右散骑常侍贾膺福、中书舍人李猷被玄宗兵马从内客省擒出。⑥内客省在太极门右(西)侧,右延明门西南的中书内省中。中书舍人李猷的办公地点在中书内省东的舍人院中。⑦ 右散骑常侍隶中书省,⑧贾膺福当日或正当值。二人自内客省被擒出,表明玄宗一行已到达太极殿西侧

---

① 参见马俊民、王世平《唐代马政》,西安:西北大学出版社,1996 年,第 113—116 页。
② 《新唐书》卷四七《百官志》:"左右仗厩,左曰奔星,右曰内驹。两仗内又有六厩:一曰左飞、二曰右飞、三曰左万、四曰右万、五曰东南内、六曰西南内。园苑有官马坊,每岁河陇群牧进其良者以供御。"(第 1217 页)《册府元龟》卷六二一:"肃宗至德二年十二月诏:'园苑内有闲厩使,总监各据所管地界耕种,收草粟以备国马。'"(第 7479 页下)
③ 参见马俊民、王世平《唐代马政》,第 117 页。
④ 《资治通鉴》卷二一〇《考异》引《太上皇实录》,第 6684 页。
⑤ 《旧唐书》卷一〇六《王琚传》,第 3250 页。
⑥ 贾膺福官职见史崇玄《妙门缘起序》所载《一切道经音义》编纂名单(《道藏》第 24 册,第 721—723 页),李猷官职见《旧唐书》卷七《睿宗纪》(第 161—162 页)。
⑦ 《资治通鉴》卷二一〇胡注:"四方馆隶中书省,故内客省在焉。中书省在太极门之右。"(第 6683 页)《长安志》卷六:"太极殿……东廊有左延明门,西廊有右延明门……中书省:左右延明门西南。舍人院在中书省东。"台北:台湾商务印书馆,1986 年影印《文渊阁四库全书》本,第 587 册,第 1 页 b。
⑧ 《唐六典》卷九,第 277 页。

的中书内省。至此玄宗一方从太极宫东部出发,奔袭北门,又折返至外朝西南的中书省,已经转斗了大半个太极宫。在一片混乱之时,作为另一方的睿宗又在做些什么?《旧唐书》本纪对此语焉不详,而《郭元振行状》中"睿宗步肃章门观变,诸相皆窜外省,公独登奉天门(即承天门——引者)楼躬侍",恰恰提供了睿宗行动的所有细节。

　　这里提到的肃章门与承天门是串联当日睿宗行动的关键线索。肃章门和虔化门一样,是内外朝分割线的五座门楼中的一座,在太极殿的西北侧。肃章门南面不远就是中书省,省内的政事堂是诸宰相日间议事办公的场所。① 而承天门是整个宫城的正南门,自睿宗登基,在此大赦,景云以来,册立太子、褒贬官员皆于此门,②乃当时最重要的礼仪中心。门外的广场即是东西朝堂,隔着广场便是皇城诸衙署。正对着承天门东西两坊,分别分布着中书外省、门下外省及南衙诸卫,宿卫宫城及皇城的十六卫府兵便有部分屯驻于承天门外、朱雀门内一带。③

　　这天是七月三日,很难确定五日一临朝的睿宗当天是否在太极殿听朝。不过从《行状》的语气来推测,似乎是内宫的大乱引起了睿宗的注意,因此才去肃章门观变。若此则睿宗当时应在外朝的太极殿。本文暂假定睿宗当天正在太极宫。

　　当睿宗自太极宫北行到肃章门,得知玄宗兵马正向这边杀来的时候,便反身向南,奔承天门而去。睿宗为何要去承天门,《玄宗实录》和《旧唐书·王琚传》清楚地给出了答案:

---

① 《新唐书》卷四六《百官志》:"初,三省长官议事于门下省之政事堂,其后,裴炎自侍中迁中书令,乃徙政事堂于中书省。"(第1183页)

② 《旧唐书》卷八《玄宗纪》:"七月己巳,睿宗御承天门,皇太子诣朝堂受册。"(第168页)《新唐书》卷一二九《李朝隐传》:"(朝隐)迁长安令,宦官间兴贵有所干请,曳去之。睿宗嘉叹,后御承天门,对百官及朝集 使褒谕其能,使遍闻之。"(第4479页)《资治通鉴》卷二一〇:"(景云二年)冬,十月,甲辰,上御承天门,引韦安石、郭元振、窦怀贞、李日知、张说宣制,责以政教多阙……并罢政事。"(第6667页)

③ 《玉海》卷一三八:"南衙即诸卫之屯于宫南者……诸卫营在太极宫前朱雀门内。"合璧本《玉海》,第2665页下。参谷霁光《府兵制度考释》,上海人民出版社,1962年,第170页。

> 睿宗闻鼓噪声，召郭元振，升承天楼，宣诏下关。侍御史任知古召募数百人于朝堂，不得入。①
>
> 睿宗恐宫中有变，御承天门，号令南衙兵士，以备非常。②

显然，睿宗并不甘心束手为玄宗所胁迫，诛二张时便统领过南衙兵士的他知道现在唯一可以调用的兵力便是屯驻在承天门外的这支卫队，③而身为宰相兼兵部尚书的郭元振则可以名正言顺地号令南衙。因此他召来了郭元振与他同作最后一搏。而乱起之前，郭元振应该正和其他宰相一同在政事堂内办公。当政变的消息传来，其他的宰相纷纷窜避至宫城外的中书外省，而郭元振则跟随着睿宗登上了承天门。

然而此时玄宗骑兵已经到达了承天门，任知古临时聚集起来的数百卫士已无法进入宫城护驾。这个时候，睿宗"闻东宫兵至，将欲投于楼下"——他竟然想用坠楼来作最后的抗争。一百多年后，宪宗皇后郭太后相似的举动颇可阐释睿宗欲为此惊人之举的心理：

> 时郭太后无恙，以上（宣宗）英察孝果，且怀惭惧。时居兴庆宫，一日，与二侍儿同升勤政楼，依衡而望，便欲殒于楼下，欲成上过。④

如果在玄宗兵临承天门下的时候，睿宗在众目睽睽下于礼仪中心的承天门坠楼自尽，玄宗无论如何也无法掩饰其逼父的罪行，这次政变的所有合法性都将不复存在。而太平公主此时并未在宫中，她若借此反戈一击，玄宗的胜算并不很大。睿宗清楚地明白这一点，因此在大势已去的情势下，"欲成上过"便应是其最直接的反应。而此时身边的郭元振"亲扶圣躬，敦

---

① 《旧唐书》卷一〇六《王琚传》，第 3250 页。
② 《资治通鉴》卷二一〇《考异》引《玄宗实录》，第 6684 页。
③ 《资治通鉴》卷二〇七："于是收张昌期、同休、昌仪，皆斩之，与易之、昌宗枭首天津南。是日，袁恕己从相王统南牙兵以备非常。"（第 6581 页）
④ 《东观奏记》卷上，北京：中华书局，1994 年，第 85—86 页。

劝乃止",不仅保全了睿宗的性命,更避免了玄宗道德与政治上的双重危机。虽然他当日并未随玄宗一路战斗,但却在关键时刻阻止了事件的急转直下,使玄宗当日"先定北军,次收逆党",①最终胁迫睿宗彻底放弃权力的冒险计划最终取得了成功。

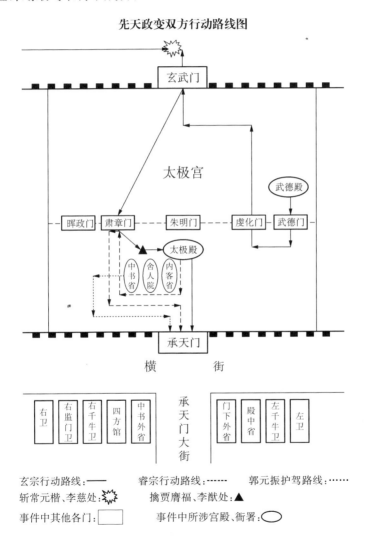

先天政变双方行动路线图

---

①　《旧唐书》卷九九《崔日用传》,第 3088 页。

（三）七月三日事变余响

政变次日，睿宗下诏"军国政刑一事已上，并取皇帝处分"，[①]玄宗御承天门大赦天下，至此睿宗与玄宗之间的权力交接终告完成。郭元振在事变之前反对睿宗的废立之计，更在事变的紧要关头阻止了睿宗的坠楼自杀，因此封赏功臣的制书便以郭元振居首，[②]而《行状》称其"寻兼御史大夫、天下行军大元帅"，则体现了政变之后新出现的微妙情势。

《唐会要》载"元帅"之号的由来云："其元帅之号，自武德已来，唯王始拜。至天宝十五载正月，哥舒翰除诸道兵马元帅，始臣下为之。"[③]显然《行状》所载郭元振为元帅远在哥舒翰之前。《唐会要》何以未计入郭元振，是偶然漏略还是另有隐情？事实上，这一不见于其他文献的"元帅"之号正关系到政变之后微妙的政治情势与一系列隐秘的权力转移。

上引《旧唐书·郭元振传》将《行状》中这一任命表述为"兼御史大夫，持节为朔方道大总管，以备突厥"，《新唐书》本传略同。排比史料，可以发现，此时朔方道总管并无他人，因此两《唐书》记载是可信的。那么所谓"天下行军大元帅"是否是《行状》的误记或夸大？事实并非如此简单。

朔方道兵卒自武后时代开始已不因战事结束而解散，渐渐地向常驻军转化，其首长大总管亦呈现出职官化的趋势，前后任免迁转连续而有序，[④]最终于开元九年（721）正式改为朔方节度使。[⑤]所谓朔方道大总管乃郭元振自延和元年六月即开始担任的"官"。而行军则是唐前期野战军的组织形式，一旦边境有战事，则由朝廷任命官员为帅，从全国各地招募兵员组成"行军"开赴前线以应战。[⑥]因此"天下行军大元帅"系战时的临时差遣，顾名思义，则可节度所有开赴前线的野战部队，其与安史之乱中

---

① 《旧唐书》卷八《玄宗纪》，第 169 页。
② 《册府元龟》卷一二八，第 1532 页上。
③ 《唐会要》卷七八，第 1683 页。
④ 参见李鸿宾《唐朝朔方军研究》，长春：吉林人民出版社，2005 年，第 76—79 页。
⑤ 《资治通鉴》卷二一二，第 6749 页；《新唐书》卷六四《方镇表》，第 1761 页。
⑥ 参见孙继民《唐代的行军》，台北：文史哲出版社，1995 年，第 19 页。

肃宗所担任的"天下兵马元帅,都统朔方、河东、河北、平卢等节度兵马"①约略相当。考此时突厥默啜方遣子来求婚,朝廷亦已许嫁宗女,②两方并无战事,所谓"以备突厥"的理由并不成立。那么这些矛盾背后又有怎样的隐情?

事实上在上年六月,睿宗任命郭元振为朔方道行军大总管之时即令其"节度诸军,以备胡寇",③从某种意义上来讲,亦可认为是"天下行军大元帅"。事变之后半个月的时间里,他"宿中书十四日,独知政事",表明郭氏完全控制了政治中枢。在这种状况下,他在睿宗朝的所有官位职权无疑都予以了保留,而"天下行军大元帅"应该是承此前"节度诸军"的诰命而给予的新头衔。另一方面,上年睿宗命玄宗巡边,但经玄宗抵制,巡边不得不改期,而"所募兵各散遣,约(先天二年)八月复集",④此时大抵到了所征兵员复集的时候。这些兵员既以巡边的名义募集,自然是作为开赴边镇的野战军,显然,作为"天下行军大元帅"的郭元振完全可以统领这些兵士。至此郭元振以兵部尚书、同中书门下平章事,兼御史大夫、天下行军大元帅,集中枢决策、百官监察、调发兵士之大权于一身,更以"天下行军大元帅"这一此前只封与亲王的头衔总领重兵,其权位之重,足以震慑人主、甚至左右政局。

对于郭元振的权位,已经发动过两次宫廷政变的玄宗不会没有警觉。在郭元振兼任御史台最高长官——御史大夫一周之后,在上年二月刚刚被罢废的右御史台突然被恢复了,而在郭元振被贬出之后的 12 天,刚刚复置一个月的右台又被罢废。御史台在武后时期改称肃政台,并增置右台以按察京城外文武官僚。⑤ 景云二年二月,右御史台罢废之后,其职能由新设置的十道按察使取代,右台实已无存在必要,开元二年(714)闰二

① 《旧唐书》卷九《玄宗纪》,第 234 页。
② 《资治通鉴》卷二一〇:"(先天二年八月)丙辰,突厥可汗默啜遣其子杨我支来求婚。丁巳,许以蜀王女南和县主妻之。"(第 6686 页)
③ 《册府元龟》卷九九二,第 11649 页上。
④ 《资治通鉴》卷二一〇,第 6679 页。
⑤ 《旧唐书》卷四二《职官志》,第 1788 页。

月复置十道按察使后,右台终唐之世便再未恢复。① 在郭元振出任御史台长官至贬出的短短两个月内,右台废而复置,置而复废,制度翻覆如此,已非理性,而其变化轨迹与郭元振沉浮的紧密贴合,背后应有玄宗的意志介入其中,其目的可能是拆分御史台以分郭元振的监察之权。此前中宗、睿宗时代,张仁愿、解琬都曾以右御史台大夫充朔方道大总管,玄宗复置右台,很可能希望遵此旧例,以郭为右台大夫,其权位则自然削减。

但削夺掉郭元振部分权力,绝非是玄宗的终极目标,免去郭的"天下行军大元帅",真正控制军队,自身权位方才能巩固。从种种迹象来看,当年十月的新丰讲武,很可能是玄宗刻意制造的解除郭元振兵权的一个机会,试分疏如下:

其一,这次讲武是在"重译云归,和亲日至"的背景下进行的,其目的仅仅是"以时而命群帅,得地而临武臣……以振国威,用搜军实",②可谓为讲武而讲武,故宋人甚至以此次讲武为"戏"。③ 也就是说,这次讲武并无必须举行的客观理由,仅仅是重修一个久不举行的传统仪式,其中的刻意不言自明。其二,在郭元振被拿下后次日,玄宗即以同州刺史姚崇代为兵部尚书同平章事,④显然早有盘算。因此笔者认为,这次讲武实际目的在于公开解除郭元振的兵权,并由此确立玄宗的政治权威。为此骊山之下聚集了参加讲武的 20 万军队,⑤除上年复集及当年新征的兵员外,边镇屯军也有相当部分开赴京城参加检阅,如并州大总管薛讷、朔方道后军大总管解琬即率部在受阅部队中。⑥ 而郭元振作为兵部尚书与"天下行军大元帅"理所当然地成为这次盛大阅兵的总指挥。

---

① 《唐会要》卷六〇:"景云三年二月二日,废右台。先天二年九月一日,又置右台,停诸道按察使。其年十月二十五日,又置诸道按察使,废右台。"(第 1225 页)
② 《唐大诏令集》卷一〇七《骊山讲武赏慰将士诏》,北京:商务印书馆,1959 年,第 553 页。
③ 朱翌《猗觉寮杂记》卷下,《知不足斋丛书》本,清乾隆、道光间长塘鲍氏刊本,第 3 集,叶一四 b。
④ 《旧唐书》卷八《玄宗纪》,第 171 页。
⑤ 《通典》卷七六,北京:中华书局,1988 年,第 2082 页。
⑥ 薛讷为并州道大总管见《旧唐书》卷九三本传(第 2983 页);解琬任朔方道后军大总管在本年九月二十日见《唐大诏令集》卷五九《解琬朔方道后军大总管制》(第 315 页)。

玄宗为这次讲武作足了准备,他"擐戎服,持沉香大枪,立于阵前",更令"长安士庶,奔走纵观",一时间"填塞道路"。① 就在集合了数十万军民的讲武场,事变之后大权独揽的郭元振终于被抓到了把柄,当着全军和众多长安市民的面被绑到左纛下,几乎被斩首示众。《行状》叙郭元振被拿下的起因谓"是日三令之后,上将亲鼓,公虑有大变,因略行礼",当时的小说《异杂篇》叙此事则更为显豁,谓"玄宗援枹击鼓,时未三合,兵部尚书郭元振遽令(唐)绍奏毕"。②

据《开元礼》,讲武仪式由兵部尚书主持,中军大将击鼓指挥诸军行动,皇帝仅在阵前观礼。在仪式的实际操作上,高宗显庆五年(660)三月的讲武大抵可作参考:

> 己酉,讲武于并州城西。帝御龙飞阁,引群臣临观之。左卫大将军张延师为左军,左右及骁武六卫左羽林骑士属焉;左武侯大将军梁建方为右军,领武侯六卫右羽林骑士属焉。一鼓而誓众,再鼓而整列,三鼓而交前。左为曲直圆锐之阵,右为方锐直圆之阵,三挑而五变,步退而骑进,五合而各复其位。③

上引文字表明,整个讲武仪式中,皇帝并非场上指挥,不应下场击鼓。玄宗要求亲自击鼓实际上是违反既定程序的。而郭元振在玄宗入场指挥之际骤然宣布仪式结束,其中即使有《行状》所谓"虑有大变"的考虑,但显然未顾及玄宗的尊严,当时场面之尴尬,可以想见。玄宗立即抓住了这个机会,当着数十万军队与平民的面拿下了郭元振。这一突如其来的事件,使"诸部颇失序",只有久历沙场的薛讷及解琬的部队不动,"玄宗令轻骑召

---

① 《册府元龟》卷一二四,第1485页上。据《册府元龟》本卷《讲武门》所载,此前未见有平民观礼的记载,《大唐开元礼》(北京:民族出版社,2000年影印东京大学藏本,第408—411页)卷八五叙讲武仪式,未指出平民百姓观礼所在,似乎讲武在常态下不应有众多平民奔赴观礼。
② 《太平广记》卷一二五引《异杂篇》,第882页,原文"绍"讹作"诏",据上下文意改。
③ 《册府元龟》卷一二四,第1484页下—1485页上。

讷等,至军门,皆不得入"。① 解琬与郭元振"同官相善",是郭最亲密的老部下,②薛讷与郭一样久历边关,两人不接受玄宗的召唤,在一定程度上表明了他们的态度。此后不久,解琬便求致仕,不复担任朔方道后军大总管。③ 至此,玄宗彻底收回了郭元振手中的兵权,清除了政变之后功臣跋扈的隐患。本年十二月,玄宗改元开元,真正开始了自己的时代。

三、截图——历史神话的构建

从玄武门之变开始,唐代前期太子的废立与帝位继承往往伴随着激烈的政治斗争,当胜利者最终大权在握,其上台之际的种种将如何表达自然是极其关心的。太宗在即位之后屡次要求查看起居注及国史,其所关心的正是国史对于玄武门事件的书写。史臣们对此自然了然于心,奏上的实录对这一事件的描写便是"语多微文"。④ 之后,实录及国史更在太宗的授意下叠经删削,高祖以及建成、元吉的形象被刻意矮化以彰显玄武门之变的正当性。⑤ 同样,如果将先天年间睿宗与玄宗父子之间白热化的权力斗争以及玄宗政变几乎导致睿宗自尽这一事件如实呈现,将大大动摇玄宗获取政权的合法性,因此在玄宗正式取得权力之后,他对包括这一事件在内的国史书写表现出了特别的关注。唐李濬《松窗杂录》云:

> 玄宗先天中再平内难,后以中外无事,锐意政理,好于观书……
> 尤注意於起居注。先天、开元中,皆选当时鸿儒或贞正之士充之。若

① 《旧唐书》卷九三《薛讷传》,第 2948 页。
② 《旧唐书》卷一〇〇《解琬传》,第 3112 页。
③ 《旧唐书》卷一〇〇《解琬传》载玄宗同意解琬致仕之玺书,又云"未几,吐蕃寇边,复召拜左散骑常侍,令与吐蕃分定界"(第 3113 页)。《资治通鉴》卷二一一系解琬复职于于开元二年五月(第 6699 页),则其致仕在郭元振流贬后不久。
④ 《唐会要》卷六三,第 1301 页。
⑤ 参见李树桐《玄武门之变及其对政治的影响》、《唐杨文幹反辞连太子建成案考略》、《李唐太原起义考实》、《唐高祖三许立太宗辨伪》,皆收入氏著《唐诗考辨》,台北:台湾中华书局,1972 年。

有举其职者,虽十数年犹载笔螭头,惜不欲去,则迁名曹郎与兼之。自先天元年至天宝十一载冬季,起居注撰成七百卷,内起居注撰成三百卷。内起居注自开元二年春,因上幸宁王宅,叙家人礼……极欢而罢。明日,宁王率岐、薛已下同奏曰:"臣闻起居注必记天子言动,臣恐左右史不得天子闺门极庶人之礼,无以光示万代。臣请自今后臣与兄弟各轮日载笔于乘舆前,得以行在纪叙其事。四季则用朱印联名,牒送史馆。"……书成,宁王上请自部纳于史阁。上命赐以酒乐,共宴侍臣于史馆。上宝惜是史尤甚,因命别起大阁以贮之。①

起居注是对帝王每日言动最直接的记录,所谓"掌录天子之动作法度,以修记事之史。凡记事之制,以事系日,以日系月,以月系时,以时系年,必时书其朔日甲乙以纪历数,典礼文物以考制度,迁拜旌赏以劝善,诛伐黜免以惩恶"。② 是国史书写最基本的材料。玄宗对起居注重视透露出其对自身历史形象与地位的深切关注,而先天政变在国史中的表达,无疑是其最关心的问题之一。

作为事件的参与者和监修国史的宰相,③张说当然完全理解玄宗在这一问题上的心态。《郭元振行状》中所逗漏的历史关节,在他所监修的国史中自然需要尽力讳饰,于是围绕着先天二年政变,正史中的人与事都经过了精心地"制造"。

首先,太上皇睿宗被塑造成恭俭退让、柔弱无能的谦谦君子。《旧唐书·睿宗纪》开篇即云其"谦恭孝友",更称睿宗"自则天初临朝及革命之际,王室屡有变故,帝每恭俭退让,竟免于祸"。④ 然而睿宗在武后长安中即拜右羽林卫大将军。在诛二张的政变中,首谋张柬之入相系曾为相王府长史的姚元之推荐,五王之一的袁恕已是相王府司马。政变当日,睿宗

---

① 李濬《松窗杂录》,《唐五代笔记小说大观》本,上海古籍出版社,2000年,第1212页。
② 《唐六典》卷八,第248页。
③ 《旧唐书》卷九七《张说传》,第3052页。
④ 《旧唐书》卷七《睿宗纪》,第151—152页。

又亲“领南牙兵，以备非常，收韦承庆、房融及司礼卿崔神庆”①等二张之
党，积极配合北衙禁军入宫诛张的行动，所谓“北门南牙，同心协力，以诛
凶竖”，②是诛杀二张政变中的重要力量，事定之后，“安国相王”的封号显
示了睿宗在当时政治格局中的地位与实力。而他在景云年间与玄宗的政
治角力亦充分说明，对于权力斗争，睿宗并不陌生。而承天门几欲坠楼自
尽的行为，更表明所谓谦退君子只是史官刻意塑造的太上皇形象。事实
上，唐代的另两位太上皇——高祖与玄宗在传位之际也都声明国家政事
劳顿，而自己心慕闲旷，因此主动让位于太子，③这可以说是唐代官方对传
位一事的惯例性解释。高祖与玄宗是否真心让位，无劳分辨，但是同样刻
意塑造的睿宗形象却深入人心，这不能不归功于近四十年辉煌的玄宗时
代对于历史真相的清洗。

其次，作为先天政变中的关键人物，郭元振的作用必须被弱化。正如
本文前两部分所展示的，以《郭元振行状》为蓝本的《旧唐书·郭元振传》
对于《行状》中郭元振在先天二年政变前后一系列事迹的表述上多有隐
匿。因为既然国史中所塑造的睿宗是谦逊软弱的，最终是主动将权位让
与玄宗，并支持他消灭所谓逆党的，那就决不能出现睿宗诏郭元振等宰相
商议废黜玄宗以及睿宗在玄宗铁骑的逼迫下几乎跳楼自杀的场景，否则
玄宗继位将无合法性可言。身为这一切事件的主角，郭元振在政变中的
作用也必须被低调处理。而这一有意遮蔽郭元振功绩的书写原则在国史
的记述中产生了一系列的连带效应：政变之后第三天，玄宗封赏定策功
臣，《旧唐书·玄宗纪》中开列的名单之中并无郭元振。④ 但在很可能出自

---

① 《资治通鉴》卷二〇七，第 6581 页。
② 《资治通鉴》卷二〇七，第 6580 页。
③ 《唐大诏令集》卷一《太宗即位册文》：“万几填委，九区辐辏，明发不寐，极夜观书。听政
　劳神，经谋损虑，深思闲旷，释兹重负……今传皇帝位于尔躬。”（第 1—2 页）卷三〇《神
　尧命皇帝正位诏》：“朕得脱屣高蹈，拟迹于轩辕。”（第 116 页）卷一《肃宗即位册文》：“恭
　位四纪，厌于勤倦，缅（纟面）［慕］汾阳，当保静怡神，思我烈祖玄元之道。是用命尔元子
　某，当位嗣统。”（第 2 页）卷三〇《明皇令肃宗即位诏》：“朕将凝神静虑，偃息大庭，踪姑
　射之人，绍鼎湖之事。”（第 117 页）
④ 《旧唐书》卷八《玄宗纪》，第 170 页。

实录的《册府元龟》引文中,此日封赏的定策功臣的第一个便是郭元振,制文所谓"良相升朝,安危所系"、"始则贲予为弼,终则宁朕问安",[1]皆系就郭立言、王琚等人皆仅有封赏而无褒词。而据《册府元龟》引文删写的本纪此节竟只字不提郭元振的封赏,史臣的选择性失明昭然若揭。同样在《旧唐书·郭元振传》中,政变之后郭元振"天下行军大元帅"的非常头衔也被刻意略去,仅记其为"朔方军大总管,以备突厥",却忽略了此时突厥正向唐朝恳请和亲的大背景。而正因为这些记载的缺失,政变之后郭元振功高盖主的情势亦被遮蔽,当玄宗在骊山拿下郭元振之时,并斩礼官唐绍以立威,《旧唐书》本纪及《郭元振传》皆仅以"军礼有失"、"军容不整"淡然搪塞,[2]将其时郭元振之仗势凌主的骄矜情态完全隐去,致使玄宗对整个事件的处置显得颇为轻率,遂引起了后人的纷纷议论。[3]

　　然而唐代史臣的心血没有白费,经过精心选择与遮蔽,国史中睿宗的谦退形象深入人心,而郭元振的面目暧昧、模糊,只有最后莫名地被贬激起了后人的同情。唐国史的书写者对历史事件老练的剪辑与拼接,使许多关键性的历史细节被有意忽略,对政治正确的坚持驱使他们成功地重塑历史,制造神话,使玄宗得位过程中的种种不和谐被最大限度地掩饰。而今天,去寻找那些被他们截掉的那些历史图景无疑是一件有意义的事情。

---

① 《册府元龟》卷一二八,第 1532 页下。
② 《旧唐书》卷八《玄宗纪》,第 171 页;同书卷九七《郭元振传》,第 3048 页。
③ 朱翌《猗觉寮杂记》卷下:"讲武盖为戏耳,何乃以小失斩近臣。"(《知不足斋丛书》本,第 14 页 b)北宋王与之《周礼订义》卷一八引郑锷云:"夫以即位之初,号令未明,纪律未定,一旦合二十余万不教之兵而阅之,遽怒兵容不肃而斩其官,此何理也。"(台北:台湾商务印书馆,1986 年影印《文渊阁四库全书》本,第 93 册,第 8 页 a)

唐末魏博的政治与社会 *

——以《罗让碑》为中心

仇鹿鸣(复旦大学汉唐文献工作室)

藩镇割据是唐史研究的核心问题之一,而魏博作为河北强藩的典型,对唐中后期的历史走向具有重要影响,[①]历来不乏学者关注,积累的成果相当丰富。但总括而言,过去的研究主要围绕着中央与藩镇的关系、藩镇内部的权力结构这两大主题展开,[②]而本文则试图以《罗让碑》这一新史料

---

* 本文的写作受益于许多师友的帮助,陈尚君老师最初向我提示了《罗让碑》的价值,魏大帅同学利用假期机会,帮我调查了罗让碑现状,史睿博士惠示了国图所藏《罗让碑》拓本的清晰照片(彩图Ⅰ-1),唐雯博士和我一起校录了碑文,张达志、胡胜源博士提供了部分写作论文所需的资料。本文的初稿曾先后在第四届传统中国研究国际学术研讨会、复旦大学中古史共同研究班、清华大学"中古中国的统治方式"学术研讨会上宣读,得到了与会的陈磊、余欣、余蔚、许全胜、孙英刚、唐雯、朱溢、徐冲、邓菲、侯旭东、周佳、孙正军等同仁的宝贵意见,陆扬、魏斌、范兆飞等师友先后通过邮件提示了进一步修改的建议,感谢两位匿名评审人对于论文提出的宝贵意见。
① 如唐人杜牧便已指出:"魏于山东最重,于河南亦最重",《樊川文集》第五《罪言》,上海古籍出版社,1978 年,第 88 页;而欧阳修《新唐书·藩镇传》更将魏博置于唐代藩镇之首。清人顾祖禹以为:"迨安史倡乱,河北之患二百余年,而腹心之忧常在魏博",《读史方舆纪要》卷一六,北京:中华书局,2005 年,第 696 页;王夫之则曰:"藩镇之强,始于河北,而魏博为尤,魏博者,天下强悍之区也",《读通鉴论》,北京:中华书局,1975 年,第 864 页。皆道出了魏博在唐代藩镇中的地位。
② 关于藩镇研究的成果极其丰富,无法一一胪列,一般了解可参考胡戟等主编《二十世纪唐研究》"藩镇问题"条目,北京:中国社会科学出版社,2002 年,第 50—59 页。中文世界代表性著作有王寿南《唐代藩镇与中央关系之研究》,台北:大化书局,1978 年;张国刚《唐代藩镇研究》,长沙:湖南教育出版社,1987 年。具体到魏博这一个案,重要的通观性的研究有毛汉光《魏博二百年史论》,收入氏著《中国中古政治史论》,上 (转下页)

为切入点,结合相关文献记载,立足于地方史的观察维度,从两个方面展开讨论,第一部分沿袭传统政治史的分析架构,根据碑文的记载重建罗弘信政变的史实,进而分析唐末魏博内部的政治权力结构及其变迁,试图通过对魏博的个案研究,探讨在安史乱后一直以兵雄天下著称的河朔三镇为何未能在唐末五代的政治巨变中继续扮演主要角色。第二部分则引入新文化史的视角,探讨河朔藩镇树立巨碑风习背后的社会文化机制,诠释立碑这一行动本身所具有的政治表演功能,通过对碑文中富有政治宣传意味表述的分析,探究碑文的作者与读者之间的互动关系以及藩镇自我认同的形塑。本文试图通过对《罗让碑》立碑前后魏博历史的微观研究,对目前学界尚关注不多的唐末期河北藩镇内部的变化、河朔地方认同的构建这两个问题进行考察。[①]

　　《罗让碑》全称《唐故御史大夫赠工部尚书 长沙郡 罗公 神道 之碑》,[②]

　　(接上页)海书店出版社,2002 年,第 349—417 页;堀敏一《唐五代武人勢力の一形態——魏博天雄軍の歷史》,收入氏著《中國古代史の視點——私の中國史學(一)》,東京:汲古書院,1994 年,第 127—143 页;韩国磐《关于魏博影响唐末五代政权递嬗的社会经济分析》,收入氏著《隋唐五代史论集》,北京:三联书店,1979 年,第 336—355 页;李树桐《论唐代的魏博镇》,傅乐成教授纪念论文集编辑委员会编《中国史新论——傅乐成教授纪念论文集》,台北:学生书局,1985 年,第 521—532 页;方积六《唐及五代的魏博镇》,《魏晋南北朝隋唐史资料》第 11 辑,第 216—225 页。侧重于魏博内部军政结构及牙军的研究则有渡邊孝《魏博と成德——河朔三鎮の權力構造についての再檢討》,《東洋史研究》第 54 卷第 2 号,第 96—139 页;谷川道雄《河朔三鎮における節度使權力の性格》,《名古屋大學文學部研究論集》,第 74 册,第 5—24 页;堀敏一《藩镇亲卫军的权力结构》,收入《日本学者研究中国史论著选译》第 4 卷,北京:中华书局,1992 年,第 585—648 页。新近的研究则侧重于检讨粟特等胡人在魏博政治中的作用,参读森部豐《ソグド人の東方活動と東ユーラシア世界の歷史の展開》,大阪:关西大學出版部,2010 年,第 123—181 页。

① 关于唐末藩镇格局变迁通论性的研究可参读何灿浩《唐末政治变化研究》,北京:中国文联出版社,2001 年;山根直生则以淮南为例探讨唐末藩镇体制的一些变化,《唐朝军政统治的终局与五代十国割据的开端》,《浙江大学学报》2004 年第 3 期,第 71—79 页。

② 此据原碑照片校录,□内文字已泐,今据笔划残迹与《大名文史资料》第 7 辑(1999 年,第 46 页)著录碑额复核后补入。按虽然罗让碑名称历代金石志多有著录,但所录名称不一,多有舛误。吴式芬《金石汇目分编》卷三、樊彬《畿辅碑目》卷上作《唐魏博节度押衙罗让神道碑》,分见《石刻史料新编》第 1 辑第 27 册,台北:新文丰出版公司,(转下页)

龙纪元年(889)魏博节度使罗弘信为其父罗让所立,碑文详细记载了唐僖宗文德年间魏博牙军变乱,拥立罗弘信取代乐彦祯这一历史事件的全过程,并对罗氏家族的世系源流、婚宦情况,魏博内部的政治结构,其与唐廷、邻藩的关系及罗弘信执政之初的谶纬等皆有所记述,内容十分丰富,为我们研究唐末魏博政治、社会诸方面的情况提供了重要的史料。

　　但由于《全唐文》仅录《罗让碑》200 余字,无法卒读,①其价值一直未被学界所注意。直至陈尚君教授编纂《全唐文补编》时,据影印天一阁藏明《正德大名府志》重新辑录,存 3 000 余字,基本保存了碑文全貌,该碑才得以进入学者视野。② 而笔者在此基础上对该碑历代著录情况作了进一步的追索,并在民国二十三年编纂的《大名县志》中找到《罗让碑》的另一种录文,文字与《正德大名府志》所载颇有出入,经比对,两种录文各有优长之处,该碑前半部分录文,民国本讹字较少,后半部分则以正德本文字较为优长。总体而言,民国本后半部分所存字数略少于正德本,最后铭文部分多处注有"阙"、"阙下四语"等文字,文避清乾隆讳,可能援据清代某种录文抄入县志。③ 后又获悉原碑尚存于世,现为河北省重点文物保护单位,然遍检各种石刻专书及地方文献,未见有相关拓本及录文发表。④ 魏

（接上页)1982 年 2 版,第 20732 页;第 2 辑第 20 册,台北:新文丰出版公司,1979 年,第 14786 页,此盖节录自碑文首题。《全唐文》卷八一三(上海古籍出版社 1990 年影印本)、《正德大名府志》(收入《天一阁藏明代方志选刊》第 3 册,上海古籍书店 1981 年)作《唐太师南阳王罗公神道碑记》,据《金石萃编》卷一二〇所收《罗周敬墓志》所记,罗让后累赠太师、南阳王,西安:陕西人民美术出版社,1990 年。而龙纪元年初立碑时,仅赠工部尚书,《罗让碑》拓片右下角有"开平二年二月(中阙)师赙封南阳王"等字,与原碑字体明显不同,当是封赠累加后补刻,非原碑名。民国二十三年洪家禄等纂《大名县志》卷二一《金石》作《唐赠工部尚书罗让碑》,收入《中国方志丛书》165 册,台北:成文出版社,1968 年,第 1375 页。

① 《全唐文》卷八一三《唐太师南阳王罗公神道碑记》,第 3794 页,检《乾隆大名志》、《咸丰大名府志》两种清代方志,其所录《罗让碑》的片段文字与《全唐文》所收略同,或与《全唐文》同源。

② 陈尚君辑校《全唐文补编》卷九〇《唐太师南阳王罗公神道碑记》,北京:中华书局,2005 年,第 1097—1101 页。

③ 洪家禄等纂《大名县志》卷二一《冢墓》,《中国方志丛书》165 册,第 1415—1422 页。

④ 仅在河北地方出版的方志、文物志、金石志等书中有简单的著录,如石永士等编《河北金石辑录》,石家庄:河北人民出版社,1993 年,第 327 页。其中《大名文史资料》第 7 辑所记较详。

大帅同学利用假期省亲的机会,帮我调查了罗让碑保存的现状(彩图Ⅰ-2),并拍摄了一些照片,使我对原碑保存的情况有了初步了解,该碑目前位于河北大名县康堤口村南,①或出于保护文物的需要,石碑下半部分被埋入土中,露出地面部分的左部已泐,保存状况不甚理想,仅能利用残存文字对录文作有限的校订。后蒙史睿博士见示国家图书馆所藏《罗让碑》未刊拓本,该拓本原系著名金石学家柯昌泗旧藏,②除碑额失拓外,大体完整,拓本中部、边角部分文字有残泐,但基本可读。有鉴于此,本文所引《罗让碑》改据北图所藏拓本校录,部分泐损文字酌情据原碑照片、正德本、民国本校补。

唐末变局中的魏博镇

魏博是安史乱后唐廷为招抚安史降将所置的河朔三镇之一。其后在德宗、宪宗诸朝,魏博虽屡经叛顺,但自穆宗以后,魏博与唐廷之间基本形成了以共同承认"河朔旧事"为基础的稳定关系。③ 但这一中唐以来形成的奉唐天子为正朔,各个藩镇依据朝廷控制力强弱拥有不同地位的政治格局,④经过黄巢起兵的冲击后,已趋于瓦解。随着唐王朝政治权威的削弱,地方权力日益扩展,藩镇独立化的倾向增强,如何来重新定义唐廷与藩镇的关系,是唐末政治演变中的一个关键环节。

在以唐天子为共主的天下秩序向强藩竞逐过渡的时代大变局中,原

---

① 康堤口古墓群为罗氏家族的家族墓地,目前有三座墓,除罗让墓外,另一座疑为罗弘信墓,60年代曾遭村民的破坏性发掘,但整个墓群并没有作过科学的考古发掘,相关介绍见《大名文史资料》第7辑,第65页;马金南编《邯郸古迹名胜》,北京:国际文化出版公司,1996年,第180页。

② 该拓本北图藏号各地9654,钤"胶州柯氏藏金石文字"、"临汝张东暲藏"印。

③ 所谓"河朔旧事"一语,典出《旧唐书》卷一四一《田布传》,第3853页。可知经过了德宗时期的反叛与宪宗时期的归顺这一轮回之后,以"河朔旧事"来界定河北藩镇与唐廷关系的意识在穆宗初年逐步明确。另可参读张天虹《"河朔故事"再认识:社会流动视野下的考察——以中晚唐五代初期为中心》,收入严耀中编《唐代国家与地域社会研究》,上海古籍出版社,2008年,第194—241页。

④ 关于唐代藩镇的不同类型及中央对藩镇不同的控制程度,参读张国刚《唐代藩镇研究》,第77—103页。

本独立性最高、军力最强的河朔三镇,选择何种政治取向,不仅在诸藩镇中具有风向标的意义,更对于当时实际的政治走向具有重要影响。面对中央失驭的乱世,利用自己的军事优势,扩张地盘,进而争衡天下或许是任何一个具有政治野心人物的当然选择。时任魏博节度使的韩简便是这样一个雄心勃勃的人物:"时僖宗在蜀,寇盗蜂起,(韩)简据有六州,甲兵强盛,窃怀僭乱之志,且欲启其封疆。"中和元年(881),韩简以讨黄巢为名,挥师南下,攻取河阳诸葛爽,逐之,"因北掠邢、洺而归,遂移军攻郓"。①诸葛爽曾在唐廷与黄巢之间多次摇摆,当时奉黄巢之命为河阳节度使,韩简攻取诸葛爽大约尚属师出有名,但其后北掠邢、洺,侵入昭义地界,南攻曹、郓,杀郓帅曹全晟则无疑属于公开与朝廷作对的举动。不仅如此,韩简更有"引魏人入趋关辅,诛除巢孽,自有图王之志"。韩简的野心激起了邻藩的警觉,曹全晟败后,其牙军将领朱瑄收合残卒,坚守郓州,韩简攻围半年而不能拔。诸葛爽又复取河阳,逐魏博守将赵文玠。而在魏博军队内部,连续数年的征战,更激化了魏博牙军与藩帅之间的矛盾,中和三年(883),韩简与诸葛爽大战于新乡,偏将乐彦祯帅牙军奔归魏州,韩简大败,忧愤而亡,乐彦祯借机取而代之,执掌魏博。

韩简试图凭借魏博武力争衡天下的举动,违背了唐廷与河北强藩共同遵守"河朔旧事"的政治默契,所谓"河朔旧事"的实质包含两个方面,以往学者较为注意的是其不入版籍、不输贡赋、自委官吏等脱离唐廷控制独立性的一面,但对于河北藩镇通过拥立唐天子来获得自己的政治合法性的一面尚关注不够。李德裕曾指出"河朔兵力虽强,不能自立,须藉朝廷官爵威名以安军情",②专制镇冀长达一个世纪的王廷凑家族更将"下礼藩邻,上奉朝旨",③作为维持家业不坠的秘籍。即使在唐廷威望已荡然无存的昭宗晚期,刘仁恭所谓"旄节吾自可为,要假长安本色耳"之语,④亦可窥见唐廷的正式承认是藩帅政治合法性的根基所在,以此而论,河北藩镇对

---

① 《旧唐书》卷一八一《韩允忠传附韩简传》,第 4689 页。
② 《资治通鉴》卷二四八,第 8010 页。
③ 《旧唐书》卷一四二《王廷凑传》,第 3890 页。
④ 《旧五代史》卷一三五《刘守光传》,第 1800 页。

于唐廷亦存有深刻的依附性。而韩简挑衅邻藩,擅杀朝廷节帅,甚至存有取唐天子而代之的野心,实质上是在改变河北藩镇自长庆以来形成的与朝廷和睦共处的政治传统。仅从军事上而论,南取河阳可以威胁洛阳,进而争衡天下,而昭义所属的邢、洺二州不但是唐廷楔入太行山脉东麓的战略支点,更是威胁魏博乃至河北三镇半独立地位的心腹之患,[1]韩简的策略并无问题。战争之初,魏军亦节节胜利,但魏博武力虽盛,其藩帅的政治合法性却缘于唐王朝的授予,从目前可以读到的河北藩帅、军将的墓志、神道碑中我们不难发现忠义意识依然在河北地区得到相当广泛的传播。[2] 韩简公然挑战百余年来形成的以唐天子为共主的政治秩序的举动,即使在魏博镇内恐怕也很难得到军士的支持。

其次,魏博军队的地域依附性使其缺乏出境作战的动力,前辈学者的研究都已注意到魏博牙军是一支具有极强自利色彩的职业雇佣军,[3]所谓“丰给厚赐,不胜骄宠。年代寝远,父子相袭,亲党胶固。其凶戾者,强买豪夺,逾法犯令,长吏不能禁。变易主帅,有同儿戏,如史宪诚、何进滔、韩君雄、乐彦祯,皆为其所立,优奖小不如意,则举族被害”。[4] 魏博牙军的基本特点是一支以依靠丰厚给赐为生活来源的雇佣兵,以在战争中获得经济利益为主要追求,其成员大都为魏博本地人,父子相袭,世代为兵,内部非常团结,具有很强的地域依附性。因此魏博牙军的政治取向是自利性

---

[1] 昭义军特殊的地理位置与战略地位,参见张正田《“中原”边缘——唐代昭义军研究》的绪论及第二章,台北:稻乡出版社,2007 年,第 1—74 页。

[2] 河北对于忠义观念的接受与藩镇维持独立地位的努力之间的张力如何影响了藩镇的政治文化是颇值得注意的一个问题,但这方面尚没有充分的研究。不过已有学者注意到墓志中展现的藩镇形象与我们通常的认知有所不同,参牟发松《墓志资料中的河北藩镇形象新探——以〈崔氏合祔墓志〉所见成德镇为中心》,《陕西师范大学学报》2008 年第 3 期,第 117—123 页。本文后半部分借助《罗让碑》对魏博政治文化的讨论这一问题也有所申论。

[3] 堀敏一《藩镇亲卫军的权力结构》,《日本学者研究中国史论著选译》第 4 卷,第 585—648 页;渡邊孝《魏博と成德——河朔三鎮の權力構造についての再檢討》,《東洋史研究》第 54 卷第 2 号,第 96—139 页;毛汉光《魏博二百年史论》,《中国中古政治史论》,第 349—417 页。

[4] 《旧唐书》卷一八一《罗威传》,第 4692 页。

与地域性的，不惜通过改易主帅来获取经济利益，其在保卫魏博本土时，由于与乡里社会有密切的联系，往往表现出极强的战斗力。但长时间出境作战，则为魏博牙军所深恶痛绝。所谓"况我六州，历代藩府，军门父子，姻族相连，未尝远出河门，离亲去族，一旦迁于外郡，生不如死"，①便是这一心态的生动写照。

因此，一旦当藩帅本人的扩张性格与牙军的地域保守性发生矛盾时，往往成为军镇内部发生动乱、改易藩帅的导火线。如德宗时，田悦"阻兵四年，身虽骁猛，而性愎无谋，以故频致破败，士众死者十七八。魏人苦于兵革，愿息肩焉"，②田悦虽能抗衡朝廷的连年讨伐，但长期战争损害了魏博军队的利益，终为部下所杀。而韩简重蹈田悦覆辙，其自中和元年出师，至中和三年败亡，历经三年，长期作战带来的军费开支的压力，摊薄了牙军从战争中获得的收益，而出境作战使得乡土观念极重的牙军被迫远离故土，加之战争中带来的伤亡，这些因素不可避免地激化了藩帅与牙军之间的矛盾，在"三军屡谏不从"的情况下，韩简依然一意孤行，魏博牙军临阵退却，转而拥立乐彦祯为主帅，寻找一位更能保证牙军利益的代理人便不足为奇了。

韩简希望借乱世争雄天下的想法，在当时的强藩中颇为普遍，如卢龙李匡威"恃燕、蓟劲兵处，轩然有雄天下意"，③但其扩张性的道路，却与魏博军队保守的地域性格相冲突，最终招致了失败。这或许可以从一个侧面解释自唐中期以来便以武力著称的河朔雄藩为何未能在唐末的乱世中取得主导地位，反而倒被朱温这样初期实力平平的藩镇取得了天下。河朔藩镇内部的保守性与地域依附性，使其满足于半独立的政治地位和既得的经济利益，缺乏进一步争竞天下的动力。

取韩简而代之的乐彦祯自然要汲取前任败亡的教训，改变韩简扩张的战略，回到遵从"河朔旧事"的政治传统上来，这从乐彦祯如何处理与唐

---

① 《旧五代史》卷八《梁末帝纪》，第 121 页。
② 《旧唐书》卷一四一《田悦传》，第 3845 页。
③ 《新唐书》卷二一二《李匡威传》，第 5984 页。

廷、邻藩的关系中便可窥见一斑。光启二年（886），关中再乱，僖宗奔兴元。朱玫拥襄王煴僭帝位，"诸藩节将多受其伪署"。在此乱局中，乐彦祯派遣李山甫出使镇州王镕，"欲合幽、邢、沧诸镇同盟拒贼，镕厚谢，卒不克"。① 乐彦祯联盟河朔三镇共同行动的初衷虽未实现，但比之于韩简利用僖宗幸蜀之际，"自有图王之志"的野心，乐彦祯在同样面对僖宗出奔的政治机遇时，采取了"下礼藩邻，上奉朝旨"的稳健态度。

　　而乐彦祯时代尚有另两个为史家所注目的举动，一是扩建魏州城，"彦祯志满骄大，动多不法。一旦征六州之众，板筑罗城，约河门旧堤，周八十里，月余而毕，人用怨咨"。② 乐彦祯大筑罗城之举，滥用民力，激化了魏博镇内矛盾，为其最终的覆亡埋下伏笔。但在唐季乱世，藩镇普遍修筑城池，高沟深垒，以求自保，这样的例子并不少见，如割据荆南的高季兴，先以"荆南旧无外垒"，始城之，后又"增筑西面罗城，备御敌之具"，③湖南马殷也曾增筑岳州。④ 而出土的碑志中，亦可以找到相关的记载，如《刘敬瑭墓志》中提到其曾奉命"重修城垒，固护军州。板筑左厢，数旬功就"之事。⑤ 乐彦祯修筑罗城，本是出于增加魏州防御力量的考虑，并非过分之举。值得注意的倒是乐彦祯修筑罗城以自保与韩简积极扩展地盘的行动相比，更体现了其保守、防御性的政治策略。二是中和四年（884），义昌节度使兼中书令王铎经过魏州赴任时，被乐从训袭杀。此事具有一定的偶然性，王铎为唐末名臣，有破黄巢之大功，本与乐彦祯无嫌，据《北梦琐言》记载，乐彦祯招待王铎本甚为殷勤，后因其子乐从训贪其赀装侍妾，幕僚

① 《新唐书》卷二一〇《乐彦祯传》，第5938—5939页。
② 《旧唐书》卷一八一《乐彦祯传》，第4689—4690页。
③ 《旧五代史》卷一三三《高季兴传》，第1751—1752页。
④ 《册府元龟》卷四一〇，北京：中华书局1960年影印本，第4877页。《册府元龟》卷四一〇"壁垒"下举唐末五代此类事迹颇多，可参看。关于对唐中后期的筑城运动的检讨，可参看成一农《中国古代地方城市筑城简史》，收入氏著《古代城市形态研究方法新探》，北京：社科文献出版社，2009年，第179—183页；而关于唐魏州城址的研究，可参读李孝聪《唐宋运河城市城址选择与城市形态的研究》，收入唐晓峰等编《历史地理学读本》，北京大学出版社，2006年，第297—301页。
⑤ 《刘敬瑭墓志》，录文见吴钢主编《全唐文补遗》第八卷，西安：三秦出版社，2005年，第241—242页。

李山甫报不第之恨而袭杀之，①并非基于政治原因。② 袭杀朝廷重臣，无疑是挑战天子权威的过分举动，但乐彦祯此举只能被视为乱世中强藩跋扈的极端个案，其对于王铎随身携带巨额财富的觊觎，不惜冒天下之大不韪而杀之，是河北藩镇跋扈、自利性格的体现。王铎死后，乐彦祯上奏以盗杀为掩饰，③可见其并无公开对抗朝廷的打算。从以上三事可知，乐彦祯治下的魏博已经放弃韩简时代争雄乱世的扩张战略，转而回归割据一方的河朔政治传统。

魏博政治中的罗氏家族

将主要精力由对外进取转向魏博内在的乐彦祯，将解决牙军之患作为其巩固其在魏博镇内统治的首要任务。自田弘正以后，魏博节帅史宪诚、何进滔、韩君雄、乐彦祯皆为牙军所拥立，最终也因不能满足牙军之欲壑而为其所逐杀，魏博牙军逐渐凌驾于节度使之上，成为左右魏博政治走向的主导力量。亲眼目睹韩简败亡的乐彦祯虽是自牙军而得魏博，却也深知牙军反复无常的性格，深自畏戒，故着手削弱牙军，以巩固其在魏博的统治。

乐彦祯之子乐从训"召亡命之徒五百余辈，出入卧内，号为'子将'，委以腹心"，希望借此培养亲信的军士力量，取代牙军。此举招致了牙军的反对，"军人籍籍，各有异议"，以致双方矛盾激化，乐从训出走相州，其后牙军发动政变，拘禁乐彦祯，拥立都将赵文玠知留后事，乐从训外结朱温为援，反攻魏州。④ 关于这场政变及其后魏博内战的经过，《罗让碑》有非

① 孙光宪著、贾二强点校《北梦琐言》卷一三《草贼号令公》，北京：中华书局，2002 年，第268 页。
② 袭杀王铎的原因颇为复杂，除了以上两点之外，乐彦祯不希望忠于唐廷的王铎控制义昌镇，从而威胁到魏博的地位亦是原因之一。参房锐《从王铎死因看晚唐藩镇之祸及落第士人的心态》，《天津大学学报》2002 年第 1 期，第 52—56 页。
③ 《资治通鉴》卷二五六，第 8317 页。
④ 《资治通鉴》卷二五七，第 8374—8378 页，《旧唐书》卷一八一《乐彦祯传附乐从训传》，第4690 页。

常详尽的记载,可补传世文献之不足:

前副大使乐从训天资勃逆,常畜异图。乃招亡命之徒五百余辈,出入卧内,号为子将,委以腹心。辄欲更易使衔,以觊非望。我天雄六镇素推忠勇,咸遵正道,肯向邪谋,例皆割耳自明,要纆逆徒。乐从训有所疑忌,易服遁逃,止于近县,使司寻补为六州都指挥使。未几,兼令摄相州刺史。到任之后,般辇军器,取索缗钱,使命往来,交午涂路。一日忽潜令部下亲信,掩将征马约数百蹄,欲充军用。阖府疑惧,时议沸腾。乐王自乞避位,忧愤一夕而薨。都将赵文玭权知留务事。其年二月八日,乐从训自相州与贼将王周、马武之徒,①分领马步兵士三万余人。至十二日,整我城下,猬毛而起,豕突而来,中外骚然,未免疑惧。赵留后按兵不出,心怀疑贰。众皆激怒。果致变更。监军使及大将、军人已下,比肩扣首,恳乞我仆射权知留务,连名具本陈奏,我仆射辞不获命,上马慰安三军,无不鼓舞,欢呼填咽。郭军人,例乞死战,切齿愤叹。聊遣神将部领二千人,出府南门,逆于贼阵,斩贼将张全素一人首级,其余毙者,不可纪极。贼徒遂退入元城故县。洽浃獝狨,据于府北使圂,聚为巢穴,于是百头万计,蚁聚蜂飞。公输子之云梯,何曾攻垒,王僧辩之鼓吹,不曾巡城。彼则纵之以强,我则示之以弱。洎二十二日,遣都将梁怀谨部领兵士三万人,直掩仇围,扫除贼垒。雷奔电击,火烈风趋,未及再时,已闻败北,旋駈旋逐,存者几何。翌日,乃再命偏师,剪屠逆孽,西邸浅口,南至内黄,信宿之间,失于漏网。我仆射遂于金波亭别立牙帐,谓执政曰:"此贼不去,根本犹恐滋蔓。"而乃举明士马,选练骁奇。誓曰:"吾心不斯,有如皎日。"未逾顷刻,投状者数逾十万,遂于小球场内,一一阅

---

① 按五代有战将王周,魏州人,事唐庄宗、明宗,见《旧五代史》卷一〇六《王周传》、《新五代史》卷三六《王周传》,但时代稍晚,未知是否为一人。马武,又见《新唐书》卷二一〇《罗弘信传》,第5940页,言其为朱全忠所擒,可知乐从训败后,马武降于罗弘信。

试，无不鹰扬异状，虎攫奇姿。或镂锦为装，或分红作号。或盘桨舞剑，或彀弩牵弓。或驰马射声，或超车 投距 。我公乃令各分部件，俱拥师徒，所谓孙吴指顾，临轩见虎翼之形。翯起虚徐，俯砌识鱼丽之势。一战而霸，此之谓乎？有间者云，贼军已于洹水县屯集，不逾跬步，可以就擒。三月廿六日，乃令都指挥使程公佐，部领马步兵士二万人，于西路而入，次遣都阵后横巡拥阵使尹行方部领马步八千余人，南面而入。时有大六雄、小六雄之劲卒，左山河、右山河之骁师，平难决胜之诸都，步射横冲之烈将，莫不磨牙啮齿，怒目张晔。骈骈阗阗，足以回天倒日，汹汹涌涌，足以覆海移山。至二十八日，进军逼于洹水县，两军合势，争路而前，贼将王周、马武之辈，领部下凶锋兵士三千余人，逆我大军，未阵而遁。我军于是逾城越堑，拉朽摧枯，旌旗拂云，镫鼓动地。前进者熊罴猞狱，后乘者虎豹咆哮。如萧王之破王寻，尸浮滍水；若武安之坑赵括，血溅长平。虽则大获俘馘，未知元恶所之。不信宿，有六雄副兵马使王元武者，斩乐从训首，至于麾下，遂令枭悬于军门之栅，示其众也。

《罗让碑》的叙事虽然是站在政变胜利者罗弘信一方的立场上展开的，但结合《通鉴》、正史及相关文献的记载，依然可以大大丰富我们对于这场政变的认识。从最初的情形来看，牙军与乐氏父子的矛盾有一个逐渐激化的过程。乐从训易服出城之后，乐彦祯命其为六州都指挥使、兼摄相州刺史，可见其对于魏博局势尚有一定的控制能力，外放乐从训当是其与牙军达成妥协的一种方式。六州都指挥使一职的任命使乐从训掌握了除牙军之外的镇军、州军的兵权，从而对魏州城内的牙军变乱的企图形成震慑。但乐从训不断与魏州城内秘密联系，运输马匹、物资的举动，再次激化了双方的矛盾，牙军逼迫乐彦祯退位为僧，[①]拥立赵文玢为留后，此举蹈袭唐代魏博牙军多次变乱之故智。与以往不同的是，由于乐从训居于

---

① 《罗让碑》仅记："乐王自乞避位，忧愤一夕而薨"，当是有所隐晦，据《资治通鉴》卷二五七考异引《实录》："彦祯惧，自求避位，退居龙兴寺，军众迫令为僧"，第8374页，更近其实。

相州并握有兵权,牙军废黜乐彦祯后,未能完全控制局势。二月八日,乐从训自相州发兵,十二日抵魏州城下,此为牙军与乐从训较量的第一回合。魏博牙军虽号称精锐,但兵力有限,而留后赵文玠又消极避战,首鼠两端,牙军再次发动政变,拥立罗弘信为留后,成为整个政变的转折点。

罗弘信家族世代为魏博军校,《罗让碑》记其先世甚详:"公曾王父讳郇,皇平州刺史、工部尚书。王父讳秀,魏博节度押衙左山河都知兵马使兼御史大夫。烈考讳珍,魏博节度押衙亲事厢都虞候。"罗让曾祖父罗郇为平州刺史,平州本隶卢龙,以时代推论,颇疑罗郇本隶安禄山麾下,随安史叛军南下,乱平后随田承嗣降唐,定居魏博。田承嗣本"平州人,世事卢龙军为裨校",[1]其割据魏博之初,当有不少同出卢龙者追随左右,罗郇或即其中之一。无论如何,自罗让祖父罗珍起,罗氏世代为魏博军校,据碑文首题,罗让本人的职衔为"唐故魏博节度押衙后军都知兵马使银青光禄大夫检校太子(下阙)"。

至于罗氏家族的种族源流,碑文虽自言其出自长沙罗氏,罗弘信后受封为长沙郡王,其子罗绍威亦袭长沙郡王爵,[2]可知其家族发迹后确实以长沙为郡望。但两《唐书》、《旧五代史》皆云罗弘信为魏州贵乡人,而未言其郡望,《罗让碑》亦云其葬于贵乡县迎济乡蔡村,可知其家族早已著籍于魏州,所谓长沙罗氏之说恐是罗弘信显贵之后附会郡望。《元和姓纂》云罗姓为"祝融之后,妘姓国,初封宜城,徙岷江,周末居长沙",[3]长沙为罗姓源流之一。《世说新语》注引《罗府君别传》叙罗姓源流:"盖楚熊姓之后,启土罗国,遂氏族焉。"[4]《通鉴》胡注引《姓谱》则云:"罗本颛顼末胤,受封

---

① 《旧唐书》卷一四一《田承嗣传》,第3837页。
② "弘信在唐,以其先长沙人,故封长沙郡王,绍威袭父爵长沙",《新五代史》卷三九《罗绍威传》,第416页。
③ 〔唐〕林宝撰、岑仲勉校记《元和姓纂(附四校记)》卷五,岑仲勉以为岷江为枝江之误,北京:中华书局,1994年,第569页。
④ 余嘉锡《世说新语笺疏》方正第五,上海古籍出版社,1993年,第330页。

于罗国。"①可知《罗让碑》所谓"其先颛顼之后，受族于罗，因为著姓"及《罗周敬墓志》"其先颛顼之后胤也，封于罗，以国为氏，地连长沙，因家焉"之说，盖本以上诸说杂糅而成。又《新五代史》本传谓："罗绍威字端己，其先长沙人。祖让，北迁为魏州贵乡人。"②据《罗让碑》可知所记有误，罗氏定居魏州的时间远在罗让之前。颇疑罗氏北迁说乃是在长沙郡望说出现之后，为弥缝魏州与长沙两个地望之间的矛盾而造作出来的。其实，唐代河北本是胡汉杂糅的区域，加之罗弘信家族很可能从临近边塞的平州迁来，其族属来源颇为可疑。魏博历任节度使中出于胡人而冒称汉人大族者并不稀见，如何进滔一族本为粟特人，但《何弘敬墓志》中则自称为出自魏晋名族庐江何氏。③ 而罗为唐代常见蕃姓，④姚薇元考西域罗氏，本西突厥可汗斛瑟罗之后，⑤安史乱军中西域胡人颇多，罗氏或出自于此。⑥ 罗让妻自云出自广平宋氏，似乎为中古名族，但由于唐人素有妄举姓望的习惯，其可靠性亦颇可质疑。⑦《朝野佥载》便有一条言及胡人冒广平宋氏之事："广平宋察娶同郡游昌女，察先代胡人也，归汉三世矣。忽生一子，深目而高鼻，疑其非嗣。"⑧三世居于汉地便可自称名门，唐人风习可见一斑，至于普通汉人自云名门之事更是不胜枚举。

---

① 《通鉴》卷七八胡注引《姓谱》，第 2483 页。
② 《新五代史》卷三九《罗绍威传》，第 415 页。
③ 《何弘敬墓志》，收入周绍良主编《唐代墓志汇编续集》咸通 032，上海古籍出版社，2001，第 1059 页。另参荣新江《北朝隋唐粟特人之迁徙及其聚落》，收入氏著《中古中国与外来文明》，北京：三联书店，2001 年，第 92 页。
④ 《北梦琐言》卷五《中书藩人事》，第 97 页。
⑤ 姚薇元《北朝胡姓考》，另一支胡姓罗氏出自鲜卑叱罗氏，在唐代亦不鲜见。北京：中华书局，2007 年，第 70—71 页，第 424 页。
⑥ 《北梦琐言》卷一四《神告罗弘信》云罗弘信"状貌丰伟，多力善射"，颇有胡人特征，第 287 页。《咸丰大名府志》卷三记罗弘信事迹云其"善骑射，状貌雄伟，面蓝，为裨将"，其中面蓝为典型的胡人外貌，但其说不见唐宋典籍，未知何据。
⑦ 刘知几撰、浦起龙释《史通通释》卷五《邑里篇》记当时风气："称袁则饰之陈郡，言杜则系之京邑，姓卯金者咸曰彭城，氏禾女者皆云巨鹿。"上海古籍出版社，1978 年，第 145 页。另参仇鹿鸣《"攀附先世"与"伪冒士籍"——以渤海高氏为中心的研究》，《历史研究》2008 年第 2 期，第 60—74 页。
⑧ 张鷟著、赵守俨点校《朝野佥载》，北京：中华书局，1979 年，第 121 页。

　　罗让二女分别嫁给节度别奏王知言、经略副使赵袭,节度别奏、经略副使二职皆为唐代藩镇文职僚佐,[①]节度别奏为供节度使驱使之职,地位较低,经略副使则较为重要。由此可知,当时罗氏家族的通婚关系集中于魏博镇内,这与其家族地位及当时的社会风气相符,藩镇内通过通婚、结拜、假子等手段形成血缘或拟制血缘关系,从而加强藩镇内部的自我认同与凝聚力,本是唐后期习见之事,罗氏世居魏博,亦未能免俗。待罗弘信执掌魏博后,罗氏家族的通婚网络才逐渐跨出魏博,其与朱温的多次联姻,固然是出于政治目的,但也反映出家族地位上升后,跨地域通婚才变得普遍与可能这一中古家族成长史上常见的现象。

　　至于罗弘信本人兵变前的地位,史料记载略有分歧,《罗让碑》云:"无何,蔡贼南下,郓寇东侵,中外惊扰,计无所出,我仆射先领六雄兵士,南自新乡接战;后拥衙 卒 步射,东至莘县交锋。"其似参与了韩简时代魏博与邻镇的战争,其地位颇为显要,至少是兵马使一类的统兵将领,但碑文却没有能提供任何罗弘信在政变之前的所任的官职,可见碑文所言夸饰成分甚多,似不足凭信。《旧唐书》本传未记罗弘信政变前的身份,只言其少从戎役,《新唐书》本传言其为裨将,主马牧,《旧五代史》本传言其为马牧监,《旧唐书》、《旧五代史》本纪记其为小校,《通鉴》记其为牙将,而《北梦琐言》所记最详,言其"初为本军步射小校,掌牧圉之事"。综合各种记载可以判定罗弘信政变前只是负责牧圉的小校,所谓"虽声名未振,众已服之"掩饰之词,[②]其实恰恰反映了罗弘信在军中本默默无闻的真实状况,而能在此危急关头能被拥为主帅,实是异事。

　　日本学者渡边孝在对成德、魏博两镇进行比较研究后指出,魏博军事结构的特点是士兵集团的集体骄纵,而成德则是由以将校集团为中心的政权。[③]因此,魏博牙军尽管在名义上处于藩镇内部藩帅、军将、兵士这三

──────────

①　严耕望《唐代方镇使府僚佐考》,收入《严耕望史学论文集》,上海古籍出版社,2009年,第406—452页。

②　《北梦琐言》卷一四《神告罗弘信》,第287页。

③　渡邊孝《魏博と成德——河朔三鎮の權力構造についての再檢討》,《東洋史研究》第54卷第2号,第96—139页。

个层级的底层,①但实质上却是魏博政治的主导力量,骄横无法,稍不如意,便发动变乱,另拥新帅,有"长安天子,魏府牙军"之称。② 但作为一个自利群体,牙军本身只是一群松散联盟的乌合之众,缺乏明确的领袖,每次变乱,牙军都必须在军将阶层选立一人拥立为帅,作为牙军利益的代言人。而一旦这一代言人为牙军所不满,牙军便再次变乱,从军将层中另立一人,如此循环往复。自史宪诚以来,历任魏博藩帅皆是出自军将阶层,为牙军所拥立,得魏博于牙军,同样失魏博于牙军。牙军第一次政变逐杀乐彦祯,拥立赵文玠,便是这一戏码的再次上演。但牙军的欲壑难填与反复无常,已在魏博军将阶层与牙军群体中形成深刻的裂痕,因此乐彦祯及其后的罗绍威虽是自牙军而得魏博,但都务求削弱、甚至消灭牙军,以巩固自己的地位。牙军的屡次废立,使得任何觊觎节度使一职的军将坐上这个火山口时,都需三思而后行。因此这也可以从一个侧面解释为何牙军拥立的赵文玠在乐从训兵临城下时态度消极,其本人可能也是被迫坐上这个火山口,对于牙军的反复并无好感。

因此,当牙军发动第二次政变,杀掉赵文玠之后,已很难再在军将阶层中找到另一个合作者。此时罗弘信自告奋勇的出现,只能说是个人的冒险精神加上因缘际会,使其一下子从一个默默无闻的中下层军官走到了历史舞台的中央。

行文至此,我们可以观察到《罗让碑》记载的一个怪异之处,自罗弘信率军在二月二十二日击败乐从训、将其驱逐至内黄后,至三月廿六日进攻洹水县、杀乐从训之间,《罗让碑》的叙事出现了一个多月的空白,在这双方生死相搏的紧要关头,却仅用"举用士马,选练骁奇"等事轻轻带过,其间的隐衷需与其他文献比读后方能发掘。

> 四月戊辰,魏博乐彦祯失律,其子从训出奔相州,使来乞师。帝

---

① 关于藩镇军队内部的结构,可参考王赛时《论唐朝藩镇军队的三级构成》,《人文杂志》1986 年第 4 期,第 123—128 页。
② 《新唐书》卷二一〇《罗弘信附罗绍威传》,第 5942 页。

遣朱珍领大军济河,连收黎阳、临河二邑。既而魏军推小校罗弘信为帅。弘信既立,遣使送款于汴,帝优而纳之,遂命班师。①

可知在乐从训与罗弘信的魏博之争中,朱温曾作为重要的外部势力介入其中,成为左右双方胜败的关键因素。唯朱温介入魏博事务的时间尚存疑问,《旧五代史·梁太祖纪》系于四月,《旧唐书·僖宗纪》系于二月,《通鉴》《新五代史·梁本纪》系其事于三月,据《罗让碑》可知罗弘信于三月廿六日大举进攻洹水,击败并斩杀乐从训,则朱温介入魏博事务当在其前,而非其后。据《通鉴》所述,乐从训在二月初战失利之后,以朱温行人雷邺被魏博乱军所杀为借口,向朱温求援,较为可信。另《旧五代史·王檀传》记其文德元年三月,从讨罗弘信,败魏人于内黄,檀获其将周儒、邵神剑以归,补冲山都虞候。可证朱温与罗弘信的激战当发生三月。《旧五代史·梁太祖纪》所记四月戊辰,当是朱温军队班师的日期,而非介入魏博之争的时间。如此便能解释,为何在罗弘信与乐从训生死厮杀之际,《罗让碑》的记事出现了一个多月的空白。据《旧五代史》所记,在朱温介入魏博之争后,乐从训曾一度扭转了局势:

> 文德元年,魏博军乱,乐从训来告急,(葛从周)从太祖渡河,拔黎阳、李固、临河等镇,至内黄,破魏军万余众,获其将周儒等十人。②

据载魏军迭遭失败,其精锐豹子军二千人,"戮之无噍类"。③ 尽管《旧五代史》所述本自《梁太祖实录》等朱温一方的记载,其战绩是否果真如此辉煌尚可质疑。但朱温加入战局后,连下黎阳、临河、李固,解内黄之围,④

---

① 《旧五代史》卷一《梁太祖纪》,第 10 页;《册府元龟》卷一八七略同,第 2263 页。
② 《旧五代史》卷一六《葛从周传》;第 218 页;《册府元龟》卷三四六略同,第 4095 页。
③ 《旧五代史》卷一九《朱珍传》,第 260 页;《册府元龟》卷三四六略同,第 4100 页。
④ 《资治通鉴》卷二五七记乐从训初战失利后,被罗弘信围于内黄,第 8374—8375 页。《罗让碑》仅记:"翌日,乃再命偏师,剪屠逆孽,西邸浅口,南至内黄、信宿之间,失于漏网。"至三月廿六日,两军再次交战时,战场已移至洹水县,其间的变化完全缺载。

使乐从训一方起死回生这一事实,毋庸质疑。据《旧五代史》的记载,罗弘信战败之后,被迫"遣使送款于汴",用贿赂收买朱温退军,从而重新获得了对乐从训作战的主动权。若此,碑文中一段难以索解的描述,或许可以由此得到完满的解释:"我仆射遂于金波亭别立牙帐,谓执政曰:'此贼不去,根本犹恐滋蔓。'"当时乐彦祯已死,罗弘信被拥立为留后,而碑文中的"执政"谓谁,颇感疑惑。若朱温与罗弘信之间曾经进行过交涉并达成过协议,则此处的执政很可能指的是朱温,朱温于中和四年九月获同平章事衔,虽为使相,但尊称其为执政亦不为过。则碑文此段隐晦地描述了罗弘信与朱温之间谈判的过程,朱温答应允许罗弘信除掉乐从训。至于朱温介入魏博之后,魏博军遭遇的一系列失败以及罗弘信求和的过程,自然不便在碑文中加以叙述,只能留下一段隐晦的空白加以掩饰。

作者与读者:《罗让碑》中的政治书写

我们过去对于河北藩镇的认知,大多建立在两《唐书》等正史的基础上,正史作为形塑王朝正统性的重要工具之一,本身就具有借助春秋笔法使乱臣贼子惧的道德训诫功能,因此其对于藩镇的叙事无疑是站在唐廷立场上的,以"叛"与"顺"作为判断的标准,但如能从地方史的视野出发,检讨藩镇内部政治传统与地域认同的形成,①或许能在一定程度上弥补中央—地方这一传统分析框架的不足,使我们更加深入地了解唐代藩镇割据局面长期延续的内在机制。

陈寅恪先生曾指出:大唐帝国自安史乱后,名虽为统一,实分为两部,一部为安史将领及其后裔所谓藩镇所统治,此种人乃胡族或胡化汉人。其他一部统治者,为汉族或托名汉族之异种,其中尤以高等文化之家族,即所谓山东士人者为代表。② 陈先生特别强调唐中后期,长安与河北在政

---

① 已有学者主张从地方史的立场出发检讨藩镇问题,参见卢建荣《呐喊彭城:唐代淮上军民抗争史(763—899)》,台北:五南图书出版公司,2008 年。

② 陈寅恪《唐代政治史述论稿》,上海古籍出版社,1997 年,第 25—43 页。

治、种族、文化等诸方面呈现出的分途之貌,这一经典论述奠定了我们对于唐中后期历史认知的基本框架,而河北区域的胡化特征也为许多实证研究所证实。① 但值得关注的是河北区域的文化特质并非是单向度的,而是存在着交错复杂的一面,汉族居民依然是河北的主要人口成分,儒学在河北地区依然有相当广泛的传播,②河北藩镇依然以尊奉朝廷作为建构其政治合法性的基础。因此在忠于朝廷的政治宣传与河北藩镇保持独立地位之间的内在张力之下,河北藩镇如何建构其内部的自我认同是颇值得注意的问题。以下笔者仅以罗让碑立碑时机的选择、碑文中富有政治宣传意味的表述为例,对此问题略作分梳。

罗让碑立于龙纪元年三月,此时离开乾符三年罗让去世已有十三年,但距罗弘信执掌魏博尚不足一年。因此这块碑设立的缘起固然缘于朝廷追赠罗让工部尚书诏命的下达,"既荷褒荣,爰依典实,得以葺修旧茔,建立丰碑",但毫无疑问,葬礼所展现的是生者所有社会关系的总和,这块碑表达出的政治意义对于生者的价值要远大于逝者。

罗让碑的建造对于朝廷与魏博两方面有着各自不同的意义。根据唐制七品以上官员根据品级不同可立规制不等的神道碑,③碑文的撰写则属于著作郎的执掌范围。④ 事实上,神道碑文的撰述体现了朝廷对于官员的一生功业的臧否,具有盖棺论定的意味,是体认天子—大臣关系的重要一环,也是朝廷政治权威的象征之一。因此重要大臣神道碑的书写,绝非著作郎所能承担,往往由朝中重臣甚至皇帝亲自撰写。如名臣张说死后,议

---

① 以最近的研究热点而论,活跃在河北区域内的粟特等胡人民族的墓志及相关的考古发现引起了学者的广泛关注,可参读荣新江《安史之乱后粟特胡人的动向》,《暨南史学》第2辑,广州:暨南大学出版社,2003年,第102—123页,新近的综合性研究见森部豊《ソグド人の東方活動と東ユーラシア世界の歴史の展開》一书。
② 杨志玖《论唐代藩镇割据与儒家学说》,《南开学报》1980年第3期,第68—73页。
③ 《唐会要》卷三八云:"旧制碑碣之制,五品已上立碑,螭首龟趺上高不过九尺,七品已上立碑,圭首方趺上高不过四尺",上海古籍出版社,1991年,第809页;《唐六典》卷四略同,北京:中华书局,1992年,第120页。
④ 《唐六典》卷一〇云:"著作郎掌撰碑志祝文祭文",第202页;《通典》卷二六云:"著作郎掌修国史及制碑颂之属",北京:中华书局,1988年,第737页。

谥不定，朝野纷然，玄宗亲自为张说制神道碑文，御笔赐谥"文贞"以平息
争议，①便是一个著名的例子。而与本文所讨论的河北藩镇话题直接有关
的一个例子则是穆宗时丞相萧俛以"王承宗先朝阻命，事无可观，如臣秉
笔，不能溢美"为由拒绝为已故的成德节度使王士真撰写神道碑文。② 但
萧俛的峻拒无疑只是一个特例，翻检《全唐文》便不难注意到，保存下来的
河朔藩帅的神道碑、德政碑，其碑文的作者与书丹者大都是当时的朝廷重
臣与著名文人，其中不乏元稹、王缙、颜真卿、柳公权这样显赫的名字。可
见虽然唐廷无法直接控制河朔，但借助神道碑的书写与建筑，构成了河朔
与唐廷确认的君臣关系的重要一环，并逐步形成了一套稳定的制度：

> 愍帝应顺元年三月，故忠武军节度使孟鹊男遵古上言乞立先臣
> 神道碑。诏今后藩侯带平章事以上薨，许立神道碑，差官撰文。未带
> 平章事及刺史，准令式合立碑者，其文任自制撰，不在奏闻。③

这一诏令虽然是后唐闵帝应顺元年（934）颁布的，但必渊源于唐中后期的
具体实践中形成的一些惯例。罗让碑的刻立亦符合这一典制，罗让生前
地位平平，自然够不上朝廷差官撰文的级别，罗让碑的撰者公乘亿为咸通
十二年（871）进士，在晚唐颇有文名，前任节帅乐彦祯喜儒术，故援引公乘
亿入魏博幕府。④ 公乘亿撰此碑时所署的结衔为："门吏观察判官权知掌
书记朝散大夫检校左散骑常侍大夫柱国赐紫金鱼袋"，掌书记掌表奏书
檄，是节度使的喉舌。作为魏博军中的文胆，由他来撰作此文是再合适不
过的了。

---

① 《旧唐书》卷九七《张说传》，第 3057 页。
② 《旧唐书》卷一七二《萧俛传》，第 4478 页。
③ 《册府元龟》卷六一，第 686 页；亦见《旧五代史》卷四五《唐闵帝纪》，第 619 页；《五代会
　要》卷九，上海古籍出版社，1978 年，第 145 页。
④ 公乘亿事迹散见于《新唐书》、《旧五代史》、《唐摭言》、《唐诗纪事》等各处，关于其事迹综
　合性的考论可参读傅璇琮编《唐才子传校笺》第 4 册公乘亿条，北京：中华书局，1990
　年，第 30—34 页。

　　而碑文撰写本身亦受到一系列典章制度的约束,需"考其实而文之",具体写作中则需言必有据,秉笔直书,"详求家牒,参用国史,论次功行,直而叙云"。① 一旦碑文褒贬不实,违背朝廷意愿,亦会受到追究,如后唐明宗时,"中书奏:'太子少傅李琪所撰进霍彦威神道碑文,不分真伪,是混功名,望令改撰。'从之"。② 神道碑的制作过程亦在朝廷的监控之下,五代强藩杨光远神道碑刻立、重建的过程便一个很好的例子,杨光远死后,"汉高祖赠(杨)光远尚书令,封齐王,命中书舍人张正撰光远碑铭文赐承信,使刻石于青州。碑石既立,天大雷电,击折之"。③ 其制度亦符合前引后唐闵帝应顺元年诏,但立碑不久之后,为雷击所折,加之杨光远生平反复无常,时人以为阴责,④故立碑一事可能因此中辍。汉隐帝乾祐二年(949),其子杨承信再次上奏云:"亡父光远,蒙赐神道碑,镌勒毕,无故中断。诏别令斫石镌勒。"⑤由此可见,无论神道碑文字的书写、碑石的刻立,甚至是断碑的重刻,都被置于国家权威的严密控制之下。

　　尽管在一般看来,神道碑文充斥着溢美的程式化文字,不过是在虚应故事而已,但实质上议谥、撰文、封赠、刻碑的整个过程是王朝秩序中君臣关系缔结的重要环节,充分体现了国家的政治文化权威。对于河朔藩帅而言,其生前虽然可以割据一方,藐视唐廷的权威,但在死后依然必须接受这一政治秩序,透过神道碑这一媒介,确认其唐臣的身份与地位。从一定程度来说,授予继任节度使旌节与赐予去世的节度使神道碑,是一体二面,唐廷通过对生者地位的肯定与对逝者功业的褒扬,在每一次河朔权力更迭之际,完成了对君臣关系的重新确认,而河朔的世袭政治也借助神道碑、旌节这些媒介被纳入唐代国家体制之中,获得政治上的合法性。罗让封赠的获得与神道碑的制作便是遵循这些朝廷与河朔政治关系的成例而展开的。但除了这些成例之外,对于当时的罗弘信而言,罗让碑的制作则

① 王禹偁《小畜集》卷二八《右卫上将军赠侍中宋公神道碑》,四部丛刊本。
② 《旧五代史》卷四〇《唐明宗纪》,第553页。
③ 《新五代史》卷三九《杨光远传》,第590页。
④ 《旧五代史》卷九七《杨光远传》,第1293页。
⑤ 《旧五代史》卷一〇二《汉隐帝纪》,第1358页。

有着特别的意义。

据《河北金石辑录》记载:罗让碑高 4.2 米、宽 1.5 米、厚 0.5 米,现位于河北省大名县城北 5 公里康堤村村南大堤上。① 碑与墓志不同,墓志长埋于地下,不能为时人所见,属于一种相对私密性的个人表述,②而规模宏大的神道碑、德政碑则不同,其往往立于碑主墓前或通衢要道之间,为往来行人所瞩目,是一种公开性的政治宣示,具有显著的景观效应。③ 就罗让碑而论,其碑高达 4.2 米,以陪葬昭陵的初唐功臣碑的规制相较,昭陵陪葬功臣碑的一般高度都在 3 米多,仅有一些著名的功臣如李靖碑高 4.27 米、尉迟敬德碑高 4.42 米,④与罗让碑规模相若。而罗让生前的功业和身份,自然无法与昭陵功臣相提并论,因而罗让碑的制作承袭了唐中后期及五代河北藩镇僭越礼制的传统。河北强藩素有制作巨型碑志的习惯,如著名的何弘敬墓志、何进滔德政碑、安重荣纪功碑,其规模之大,皆远超过实用的需要。目前存世的规模最大的唐碑何进滔德政碑高 12.55 米、宽 3.04 米、厚 1.04 米,宋人改刻为五礼记碑,⑤而近年来在正定发现的巨型残碑,仅残存的赑屃部分就长 8.4 米、宽 3.2 米、高 2.5 米,其整体规模尚在何进滔德政碑之上,学者考订为五代安重荣纪功碑。⑥ 河北藩镇这种制作巨碑的风习,一般被认为是其骄横跋扈的表现之一。但这种功费亿万的大型制作,能够形成一种传统,除了炫耀其半独立的政治地位之

---

① 石永士等编《河北金石辑录》,第 327 页。
② 由于名人所作的墓志往往会通过文集的形式流传,因此墓志,特别是唐代中期以后的墓志并不能算一种完全私密性的文献,参卢建荣《北魏唐宋死亡文化史》,台北:麦田出版社,2006 年,第 49—51 页,但无论如何墓志没有碑这样明显的政治展示的功能。
③ 关于德政碑、神道碑的象征意义及其在实际政治中作用,目前学界尚关注得不多,其中刘馨珺《从生祠立碑看唐代地方官的考课》(收入高明士编《东亚传统的教育与法制研究(二)》,台北:台湾大学出版中心,2005 年,第 241—284 页)、《从唐代"生祠立碑"论地方信息法制化》(《法制史研究》第 15 期,台北,第 1—58 页)两文对于德政碑的问题有较多讨论,但主要着眼于制度与法律方面的检讨。
④ 张沛编著《昭陵碑石》,西安:三秦出版社,1993 年。
⑤ 孙继民《唐何进滔德政碑侧部分题名释录》,《唐史论丛》第 9 辑,西安:三秦出版社,2007 年,第 232 页。
⑥ 梁勇《正定巨碑主人及被毁原因初探》,《文物春秋》2000 年第 5 期,第 35—38 页。

外,恐怕还有更为实际的效用。

古人素有刊石勒铭、永志不朽的美好希冀,巨型石碑作为一种巨大的政治景观与权力象征,其展示的永久性与纪念性,对于古人的生活世界而言具有深刻的影响。对于无数普通的庶民而言,在其庸碌的一生中可能都从未有机会接触到上层政治,但巨碑作为一个看得见、摸得着的政治象征,无疑是庶民了解政治变动的少数管道之一。[1] 即使对于一个目不识丁的文盲而言,一块巨碑所展示的政治意义都是不难理解的。至于稍通文墨的吏胥、兵士、乡村文人,便能阅读碑文,通过对于碑文的传读宣讲,将政权的意识形态传递给普通庶民。因此尽管魏博各个阶层受制于不同的社会地位与文化水平,对于巨碑意义的体认方式并不完全相同,但立碑这一行动本身无疑是河北藩镇政治宣传与权威塑造的重要方式。[2] 因此,各种名目的纪功碑、德政碑、神道碑在河朔三镇颇为盛行,与罗弘信为罗让立碑相似的例子在魏博历史上并不鲜见,如韩君雄为其父韩国昌所立的《唐赠左散骑常侍汝南韩公神道碑》便是一个极为相近的例子。[3]

而河北的藩帅也擅长利用这些巨大的纪念性建筑作为展现政治立场、引导社会舆论的道具,其中魏博镇内狄仁杰祠的兴废便是一个绝佳的

---

[1] 侯旭东较早注意到造像记位置的选择背后有对景观效应的考虑,参读《北朝村民的生活世界》,北京:商务印书馆,2005 年,第 257—264 页。游自勇也注意到家庙作为纪念性建筑在都城长安的分布对于士大夫门第及塑造礼制秩序的意义,参读《礼展奉先之敬——唐代长安的私家庙祀》,《唐研究》第 15 卷,北京大学出版社,2009 年,第 464—474 页。

[2] 中国传统的金石学研究重视对于石刻文字的校录考订,用以弥补传世文献记载之不足,这已构成了一个绵长和强大的学术传统,无疑值得我们继承发扬,但这种对于文字的重视,往往会在不经意间忽视对于石刻这一物质本身在古人生活世界中意义的追索。当代艺术史学者提出"实物的回归",强调要回到历史的情景本身来展开对于艺术品的研究,如敦煌的洞窟后壁壁画在原有采光条件下,是很难被僧人和朝圣者所看见的,因而它们本身的性质是用来祈求功德而非艺术欣赏,巫鸿《美术史十议》,北京:三联书店,2008 年,第 42—53 页。这无疑是一个富有启发性的观点,根据笔者在昭陵博物馆参观时的经验,4 米高的石碑,人站立于下,已很难看清碑刻上部的文字,因而石刻作为景观而带来的政治权威的塑造与传播,甚至在某种程度比石刻文字的流传更为重要,特别是对于文化程度不高的庶民阶层。

[3] 吴畦《唐赠左散骑常侍汝南韩公神道碑》,收入《全唐文》卷八〇五,第 3754—3755 页。

例子，①尽管祠堂与巨碑的建筑形式不同，但其所具有的纪念性与政治表演功能无疑是一致的。狄仁杰在武后时曾任魏州刺史，因德政为民所怀，立祠纪念。该祠在安史之乱中遭到彻底破坏，元和七年（812），魏博田弘正归顺朝廷，重建此祠，并撰碑纪念，其碑文云：

> 洎胡起幽陵，毒痛中邦，腥膻遗余，渐渍甿俗，六十年于兹矣。战血满野，忠魂归天，阶陛之容，隐嶙犹在。元和壬辰岁，我天子恢拓千古之不庭，凡在率土，罔不来服。维元侯保和一心，之有众，②举兹列城，表正多方。归职贡而奉官司，尊汉仪而秉周礼，凤鸣而枭音革，兰芳而棘刺死，甘醴涌而盗泉竭，庆云飞而浊祲消，四郊廓清，万方丕变，然后辩正封疆，咨谋耆老，得是旧址，作为新祠。③

这是一篇极富政治宣传意味的文字，将狄仁杰祠的兴废与魏博叛顺中央的历史紧密勾连在一起。狄仁杰祠因安史之乱而被毁，河朔随之也不霑王化六十余年，而当田弘正决心重奉王化时，选择通过重建狄仁杰祠、刻石纪念这样一个公开的政治仪式来向朝廷和魏博军民展现其归顺的决心，文章中对"胡起幽陵，毒痛中邦，腥膻遗余，渐渍甿俗"的强烈而公开的批判，不但与河北俗谓安禄山、史思明为"二圣"的社会心理不容，④更意味着对魏博过去胡化、独立历史的彻底否定，转而决心"归职贡而奉官司，尊汉仪而秉周礼"，通过对表彰忠臣义士这一儒家、汉式文化传统的恢复，重建魏博对大唐帝国的政治认同。因此，在政治与文化双重意义上的弃胡归汉，彻底否定、变易安史以来形成魏博的政治文化传统，是田弘正归顺的真正意义所在，同时也是其面临的最艰巨挑战，也正是因为田弘正无法真正改变魏博的政治文化传统，元和之后，河朔复归于半独立的地位。因

---

① 关于狄仁杰祠兴废的研究，可参读雷闻《郊庙之外——隋唐国家祭祀与宗教》，北京：三联书店，2009年，第255—257页。
② 按原文如此，疑有脱文。
③ 冯宿《魏府狄梁公祠堂碑》，《文苑英华》卷八七七，北京：中华书局，1966年，第4627页。
④ 《新唐书》卷一二七《张弘靖传》，第4448页。

此,此时狄仁杰祠的兴废不再是一个单纯的国家祀典或民间信仰层面的问题,而成为魏博表达对朝廷不同政治态度的重要象征物。

同样,我们也可以想象河北这些巨大的、具有纪念意义的石碑的树立并非是悄无声息的,围绕碑的落成,应当会伴有相当隆重的典仪,从而通过仪式将立碑本身所要传达的政治意义传播出去。但或许是因为立碑这一文化仪式在唐人的日常生活中太过平常,①史料中很少有关于碑落成相关典仪的记载,所幸日本僧人圆仁用其"异域之眼"为我们留存下了这样一段宝贵的记载:

> (四月)九日,开府迎碑,赞扬开府功名德政之事也。从大安国寺入望仙门,左神策军里建之。题云:"仇公纪功德政之碑。"迎碑军马及诸严备之事不可计数。今上在望仙楼上观看。②

圆仁所见的当是仇士良纪功碑,武宗会昌元年(841)二月壬寅"赐仇士良纪功碑,诏右仆射李程为其文",仇士良是当时势倾朝野的权阉,此碑的规制必相当宏大,但由于其身处长安,恐怕也不能过分僭越礼制、制作如河北藩镇那样高达 10 米左右的巨碑,大约从昭陵功臣的较高规格约 4 米左右或是一个较为合理的推测,若此则与罗让碑的规模相去不远。从二月下诏立碑,但四月镌碑完成,耗时二月有余,亦可从侧面推断出罗让碑的制作所需耗费的人工与时间。此碑镌成之后,圆仁亲眼目睹了盛大的迎碑仪式,从长乐坊的大安国寺至大明宫南的望仙门,"迎碑军马及诸严备之事不可计数",长安当是万人空巷,全城争睹,就连武宗皇帝本人亦按捺

---

① 如颜真卿为平原太守,立三碑,皆自撰亲书。可知立碑一事在唐代极为寻常,见[唐]封演撰、赵贞信校注《封氏闻见记校注》卷一〇"修复"条,北京:中华书局,2005 年,第 93 页。

② 白化文等修订校注《入唐求法巡礼行记校注》卷三,石家庄:花山文艺出版社,1992 年,第 384 页。本条材料蒙出雯博士提示。在圆仁这位异域人的眼中,长安城中各种各样的礼仪活动所有意呈现、塑造的政治权威给他留下了深刻的印象。参妹尾达彦《长安:礼仪之都——以圆仁〈入唐求法巡礼行记〉为素材》,《唐研究》第 15 卷,第 385—434 页。

不住好奇之心,亲登望仙楼,观览盛况。无疑通过这一壮丽的仪式,仇士良本人的权势及皇帝对其的宠遇在公众面前表露无遗,通过目睹此事无数长安官民的口耳相传,亦可进一步发酵立碑一事的政治效应。尽管目前尚不能判断围绕仇士良纪功碑展开的迎碑仪式是特例还是惯例,纪功碑与神道碑在性质上亦颇有不同,但考虑到罗弘信在魏博的权势与地位,加之罗让碑中有大量关于罗弘信本人地位合法性的论述,围绕此碑的镌成,应当也有一个相关规模的纪念性仪式,宣示朝廷的礼遇,彰显罗弘信取代乐彦祯的合法性所在。

就碑文本身而言,虽然通常都将其视为堆砌词藻的具文,但它所试图所表达的却是方镇最为关心、最为重要的意识形态。而对于罗让碑而言,这种实际的政治功用则更为显著。① 罗让碑设立的龙纪元年三月,距离罗弘信执掌魏博尚不满一年,而罗弘信原在魏博军中地位不高,因缘际会被推举为留后,其地位通过与乐从训的殊死拼杀方才获得,其权力的合法性及相应的稳固性,较之于几位前任皆有所欠缺。因此,罗让碑作为罗弘信上任不久的一次政治合法性展示的机会,虽然出自公乘亿的手笔,但其间所表达都是罗弘信初掌魏博之际所急切地想要向魏博军民宣示的内容,碑文中的政治表述蕴有丰富内涵,以下分别就碑文中关于朝廷、本镇不同的表述略作诠释。

正如李德裕所言"河朔兵力虽强,不能自立,须藉朝廷官爵威名以安军情",②河朔骄藩虽然跋扈,却需借重朝廷官爵以安军情,对于政治合法性较弱的罗弘信而言,朝命的支持对其尤为重要。因此,尽管当时唐廷中央已羸弱不堪,屡经播迁,但罗弘信在碑文中却对朝廷反复颂扬,以加强自己在碑文受众心中的正统地位。因此碑文开篇便提及:"上即位之初,御便殿,顾谓侍臣曰:'予小子纂承洪绪,克荷丕训,兢兢业业,敢旷万机,凡关于理者,得以施行。'佥曰都,帝曰俞,于是诏有司,有大功大效者,不惟爵赏于一身,可以褒赠于三代。我公仆射以忠以孝,奉宸安亲。既荷褒

---

① 与之相近的例子可以参考王处直墓志,其志文花了大量篇幅描述了王处直素有谦退之志,其实是为王都因父夺位之举寻找合法性解释。参《五代王处直墓》,北京:文物出版社,1998年,第64—66页。

② 《资治通鉴》卷二四八,第8010页。

荣,爰依典实,得以葺修旧茔,建立丰碑。"将立碑的归因于皇帝的恩赏,从而将为父立碑颂德行动与朝廷的对其个人的厚爱联系起来。

尽管在通常的眼光中,都将魏博作为跋扈藩镇的典型,但在现今所存的关于河朔三镇的碑志中却存有有大量忠于朝廷意识的表述,如著名的何弘敬墓志便花了大量篇幅渲染其对朝廷的忠诚:

> 公乃言曰:"群蛮盗扰交趾,圣上轸忧,我统十万强兵,不能奋击,释天子之忧,高爵重位,岂犹知荣而不知愧乎。"一夕而两鬓霜白。①

此类文字固然充斥着夸饰不实之词,但这些文字在当时的语境下究竟有什么意义、发挥着什么样的政治功能,却值得我们在研究中进一步思考。可以肯定的是何弘敬这种地位人物的墓志文,绝非仅仅随逝者埋入地下而已,一定还会通过传抄、文集等方式流传于世,②因此其所表达的忠义意识虽然是浮泛之言,其所谓的忠义形象更是政治神话形塑的典型事例,但却很难否认诸如此类大量存在的、并通过多种方式流传、呈现的宣传性的文字是构成中晚唐河朔社会知识系统的重要部分,尽管现代史家站在"后见之明"的立场上,很容易指出河北藩镇事实与形象之间存在着的巨大反差,但对于生活在历史之雾中的普通魏博军民而言,这种长期的、反复的政治教化对于大众社会心理产生的影响不可忽视。以下再以魏博军将碑志中所反映出来的对平定泽潞战争的态度为例,对此问题作进一步的检讨。

会昌三年(843)李德裕主持的平定泽潞之役,是武宗时代对于藩镇最大的胜利,一般以为李德裕以承认河朔故事、宣布禁军不出山东为妥协,换取河朔三镇对讨伐泽潞的支持,并委托镇、魏两镇攻取昭义位于太行山以东的邢、洺、磁三州。③ 若按一般的看法,河北藩镇对于泽潞的平定难免

---

① 《何弘敬墓志》,录文见周绍良主编《唐代墓志汇编续集》咸通032,第1059页。
② 卢建荣《北魏唐宋死亡文化史》,第49—51页。
③ 《旧唐书》卷一七四《李德裕传》,第4526页。另参王国尧《李德裕与泽潞之役——兼论唐朝于9世纪中所处之政治困局》,《唐研究》第12卷,北京大学出版社,2006年,第487—520页。

会有兔死狐悲之感，其对的邢、洺、磁三州的进攻亦不过是敷衍朝廷而已。但在目前所见的魏博碑志中恰有代表三个不同阶层的三方碑志提到的此次战役：

> 武宗临轩，命宰臣曰："潞人不恭，将如之何？"宰臣曰："从谏孕逆，非一朝一夕矣，潞卒劲悍，请徐筹之。"武宗赫然曰："我有神将可□叱擒之。宁俟其交锋胜否哉？"翊日，诏御史丞李相国回使于魏。公郊迎，揣知圣旨，谓李相国曰："肥乡之役，早在梦寐矣。"相国跃马前执公手曰："社稷之臣，通于神明，信矣。"遂诏除东西招讨泽潞使。不浃旬，统步骑七万众，营于长桥之东。①

> 武宗莅祚初年，逆贼拒命，天讨荐加，常从庐江公以剿叛。庐江公异公英勇，以前冲统众弘道系将累日。公度其军势，相以人心，虽机上之可期，若在彀中耳，谓庐江公曰："魏师以久不振旅，时无恒心，今乃越境而出，若非肃齐，则冲败莫制。若悦豫其情，则前驱不踵。"公请审其向背，妙以机谋，督馈饷之心，敦战伐之道。在爪牙者，却骈罗于后；如市人者，皆跨列于前，自然表里相应，宽猛得中，此勇之大势也。庐江乃俞良策，卒成大功。②

> 时潞镇不庭，今相国盖代威名，奉天明命，翦除凶丑。公利战行权，授左前冲都知兵马使，匡君为国，巨显输诚。回戈大名，忧勤可拔，署左亲事、马步厢虞候、兼节度押衙。③

这三方碑志的志主何弘敬、韩国昌、米文辩当时的身份分别是魏博节度使、军中大将、中层军将，恰可以代表魏博军中的不同阶层，有趣的是三人的碑志皆将参与平定泽潞之役作为一生的主要功业来加以呈现。就这三篇志文的形成的背景而论，韩国昌神道碑是其子韩允忠执掌魏博后所立，

---

① 《何弘敬墓志》，周绍良主编《唐代墓志汇编续集》咸通 032，第 1058 页。
② 吴畦《唐赠左散骑常侍汝南韩公神道碑》，收入《全唐文》卷八○五，第 3755 页。
③ 孙继民、李伦、马小青《新出唐米文辩墓志铭试释》，《文物》2004 年第 2 期，第 88—89 页。

和罗让碑性质相似,该碑文字属于追记性质,与何弘敬墓志一样,是一种公开的政治宣传行动的产物。通过立碑及碑文的书写,韩允忠将其执掌魏博的合法性建筑于其家族世代忠于唐王朝、累立功勋的基础之上。而米文辩墓志则有所不同,其一生推迁,不过是魏博军中的一位普通军将而已,这篇志文除了挚友亲朋之外,恐怕很少有机会被外人读到,因此其文本具有一定的私密性,而作为一名普通军官,其并无必要刻意显现出对于朝廷的"忠",因此志文中对"匡君为国"功绩的强调,固然有墓志格式化叙事的成分,但在某种程度上亦可以视为志主自然情感或是社会普遍心理的表达。① 我们可以推断在罗让碑、何弘敬墓志、韩国昌碑这些记述魏博镇中核心人物的生平官方的、公开性的文本中,作者所设定的阅读与宣传的对象无疑是明确的,除了长安的朝廷之外,这些巨大碑志最重要、最直接的读者无疑就是魏博的军民,而这些文本所表达的内容无疑需要符合这些读者自身的文化传统与社会心理。尽管限于史料,我们早已不可能了解这些读者阅读完文字之后的感受,但罗让碑等文中对于忠义思想的宣扬,或许暗示了这些读者对于读到此类文字怀有期待,至少这种表述所构筑的正统、忠义等思想文化观念是能契入当时河朔的社会情境中去的。② 或许正是由于有许多普通军民依然怀有"匡君为国"的朴素情怀,对

① 当然必须注意到米文辩墓志具有一定的特殊性,米为粟特姓,作为胡人,其墓志中表达忠义思想有多少来源于本人,又有多少是源于墓志的格式化语言,是一个需要考虑的问题。但如果做反向思考,一个河朔胡人的墓志也会出现此类表达忠义思想的格式化叙事,亦可以看作大众社会心理的普遍反映。关于《米文辩墓志》的讨论,参读孙继民、李伦、马小青《新出唐米文辩墓志铭试释》,《文物》2004 年第 2 期,第 88—94 页;荣新江《安史之乱后粟特胡人的动向》,《暨南史学》第 2 辑,第 102—123 页。

② 过去我们对于河北藩镇往往会强调其胡化的一面,但这些胡人进入中原定居几代,与普通汉族居民有了充分接触之后,其汉文化的程度是值得进一步思考的问题,我们不但应注意到河北胡化的一面,同时也要注意到胡人汉化或胡汉互化的一面,从而充分认识到河朔社会的复杂性。如最新刊布的一方粟特人米氏墓志,分别由其子孝臣撰文,忠臣书丹,如果说墓志的撰写尚有格套可循的话,那么书丹则是直接衡量出汉文化水平的标尺,可见入华胡人中熏染汉风者亦大有人在,见《故宫博物馆藏历代墓志汇编》085,北京:紫禁城出版社,2010 年,第 211 页。另一方面,如果过于强调中晚唐河朔的胡化,那么就很难解释五代宋初胡汉之别的消弭,参邓小南《试谈五代宋初"胡/汉"语境的消解》,收入氏著《朗润学史丛稿》,北京:中华书局,2010 年,第 74—94 页。

应的在罗让碑等文字中才会对"忠"加以特别的渲染。通过分析这些碑志文本我们可以发现,忠义这一观念或许对于魏博的不同阶层而言意味着不同的呈现、意义与理解,但这一思想依然在这些公开或私密的文本中得到反复书写,被作者所强调,被读者所接受,可见忠义思想在胡化的河朔三镇依然是共通文化心理的重要构成部分之一。

笔者并无意否认已为过去许多研究所证明的河朔胡化与半独立的一面,也不认为上文所论述河朔地区存在的忠义意识是绝对的、无条件的,这种忠义意识很可能是相对的、广义的,因为魏博军队的特权缘于于河朔半独立的政治地位,当唐廷认可河朔故事时,这种广义的忠义意识可以建构出河朔藩镇对于唐王朝的国家认同,但一旦唐廷试图取消河北的半独立地位时,改变魏博的社会经济结构时,这些骄兵悍将自然会基于自身的利益而抗命不遵。但笔者所强调的是,我们必须要注意到河北藩镇内部复杂、多元的面向,[①]"忠"作为儒家主要的思想资源,是中国古代帝国体系得以构建成型的重要的粘合剂。从现实政治而论,没有对忠于朝廷意识的宣扬,节度使与军士之间也很难基于"忠"的纽带建立起稳定的关系,尽管这在一定程度上可以借助在河北藩镇中常见的通婚、结拜、义儿等血缘或拟制血缘关系加以弥补,但在事实上,光凭"孝"、"义"这些纽带很难构建起一个稳定的权力结构。[②] 正由于对于朝廷的"忠"与对于节度使的"忠"在思想上具有同构性,即使节度使仅基于个人政治利益的考虑,亦不会轻易放弃关于忠义的政治宣传与知识传布。[③] 因此,忠义依然是维系唐

---

① 河北藩镇之间也有非常复杂的关系,我们过去往往将其视为一体,而忽视了其间的矛盾,如《资治通鉴》卷二三八云:"燕赵为怨,天下无不知",自朱滔后幽州与成德两镇素不睦,第7670页。而河北三镇之间有时亦以戎狄互贬,如欧阳詹《辅国大将军兼左骁卫将军御史中丞马公墓志铭》云:"莫州近边,戎数为害",莫州所临者,盖成德也,则幽州人视成德为戎狄。《文苑英华》卷九四九,第4994页。

② 古人所谓求忠臣于孝子之家,指出忠与孝之间所具有的共通性,但忠是对孝的一种时空和对象上的超越,光凭着孝与血亲关系,没有超越性的意识形态,很难支撑一个复杂政治体制的稳定运作。

③ 当然我们需要注意到这种知识传播的面向是复杂的,除了在碑志中展示对于朝廷恭顺的一面,有时在碑志也会出现僭越的王号,如《阎好问墓志》中"张庄王"、"燕灵王"之称,见周绍良主编《唐代墓志汇编》咸通106,上海古籍出版社,1992年,第2460页。

廷与河朔以及藩镇内部政治稳定的重要文化基础,而对于朝廷的"忠义"形象的构造与展示也是河北藩镇构建自我权力合法性论述的起点。

因而,罗让碑的碑文进而特别强调魏博政变得到了朝廷的支持与承认,将政变的结果置于朝廷合法的政治秩序中。罗弘信将其自立为留后的过程描述为"监军使及大将、军人已下,比肩扣首,恳乞我仆射权知留务",即在代表朝廷立场的监军使的支持下方才受命,而在诛杀乐从训后,又立刻"具状奏陈",凸显出自己恭顺的态度。罗弘信还特别强调了朝廷对其的优遇:"伏惟国朝故事,我府凡有更替,即除亲王遥统节度使,或逾数月而后,方降恩命。今我仆射以殊功难解,茂略济时,进疏才及于阙庭,幢节已交于道路。"这段文字恐怕并非是虚指的具文,背后蕴有当时人所熟知"今典",其所比附的对象当是魏博历史上著名的田弘正归朝时,朝廷给予的殊遇:

> 上竟遣中使张忠顺如魏博宣慰,欲俟其还而议之。癸卯,李绛复上言:"朝廷恩威得失,在此一举,时机可惜,奈何弃之!利害甚明,愿圣心勿疑。计忠顺之行,甫应过陕,乞明旦即降白麻除(田)兴节度使,犹可及也。"上欲且除留后,绛曰:"兴恭顺如此,自非恩出不次,则无以使之感激殊常。"上从之。甲辰,以兴为魏博节度使。忠顺未还,制命已至魏州。兴感恩流涕,士众无不鼓舞。[1]

当田弘正归顺朝廷后,李绛力争即除田弘正为魏博节度使,而非如惯常那样先暂除留后,予以殊恩,厚加赏赐,以坚定魏博军民的附义之心,此事为元和中兴之业得以达成的关键契机,自然也是魏博镇内口耳相传、妇孺皆知之事,此处罗弘信引田弘正的殊遇自比,以强调朝廷对其权力合法性的承认。但事实上,这所谓的殊遇只是罗弘信的向壁虚构而已,并不符合历史实情。《旧唐书·罗弘信传》明确记载:"僖宗闻之,文德元年四月,诏加工部尚书,权知节度留后。七月,复加金紫光禄大夫、检校尚书右仆射,充

---

[1] 《资治通鉴》卷二三九,第7695—7696页。

魏博节度观察处置等使。"①即罗弘信的得位,恰是严格遵循了"或逾数月而后,方降恩命"的一般惯例,先署为留后,数月后方才正式下达节度使的任命,并无任何特殊之处。当然,罗弘信在碑文中想要呈现的本非历史的事实,而是其希望魏博军民相信、增进其权力合法性的历史神话。② 总而言之,罗弘信因缘际会获掌魏博后,为了弥补自己原本在军中威望的不足,不得不极力抓住朝廷之命这根稻草,大肆宣扬朝廷对其宠遇之重,从而为其在魏博的统治涂上更多的合法色彩。而这一事件的前因后果恰可为李德裕"河朔兵力虽强,不能自立,须藉朝廷官爵威名以安军情"一语的作出最好的诠释。

在碑文中关于本镇事务的表述中,与上文对于朝廷的尊崇相对应,罗弘信另一方面又隐晦地表达了魏博半独立地地位:"实自大河之北,太行已东,曹孟德之称孤,将成霸业,袁本初之恃众,遽创雄图",暗示魏博六镇为可以图霸之地,自居于诸侯的地位。③ 另一方面,罗弘信又必须赋予这场牙军政变以合法性,强调"我天雄六镇素推忠勇,咸遵正道",将牙军的变乱置于"忠勇"的政治光谱之中,从而达成安抚牙军军心的目的,但对于乐彦祯本人以及其他历任在牙军变乱中被诛杀的魏博节帅,在表达上依然留有相当的余地,尊称其官爵"乐王"、"何中令"、"韩太尉",保留其在魏博历史叙事中的正统地位。④ 而

① 《旧唐书》卷一八一《罗弘信传》,第 4691 页。
② 是否授予节钺、何时授予节钺也是朝廷制衡河朔藩镇的重要手段之一,如会昌元年幽州军乱,陈行泰逐史元忠自立,欲求节钺,李德裕云:"河朔事势,臣所熟谙。比来朝廷遣使赐诏常太速,故军情遂固。若置之数月不问,必自生变。"后乱军见不为朝廷所承认,果复杀陈行泰另立张绛,朝廷亦不予节钺,雄武军使张仲武复起而讨伐张绛,方得朝廷的承认。经此教训,会昌一朝,张仲武素以恭顺闻名,《资治通鉴》卷二四六,第 7955—7956 页。这也是罗弘信对朝廷节钺如此在意的原因所在。
③ 《唐赠左散骑常侍汝南韩公神道碑》也有一段意思相近的文字:长河北控,太行东隅,粤有奥壤,厥为全魏。……是以代有将军义兵,控北敌之咽喉,扼南燕之襟带,岁月巩固,朝野赖之。《全唐文》卷八〇五,第 3754 页。
④ 这种叙事方式在《唐赠左散骑常侍汝南韩公神道碑》中亦可见到,云:昔庐江公承袭一方,子孙三世,建及衰季,始堕弓裘。《全唐文》卷八〇五,第 3754 页。由此可以注意到尽管魏博的权力唐后期在多个不同的军事强人家族中转换,其间也不乏血腥的杀戮,但这种传递并不破坏魏博内部的正统世系的构建与自我认同,即魏博内部,后任节帅的合法性往往是建立承认前任节帅合法性的基础之上的,同样,权力的内部传递也不影响其与唐王朝之间的政治默契。

将事变的所有罪责都推到乐从训的头上，言其"天资勃逆，常畜异图"，事实上乐从训的行动无疑是在乐彦祯的授意、支持下展开的，政变结束后魏博牙军曾同时将乐彦祯、乐从训父子二人枭首军门示众，[①]但碑文的叙事刻意淡化了这段血腥对立的历史，这恐怕是出于维系魏博镇内部团结的考虑，避免在罗弘信、乐从训激烈内战后引起魏博镇的进一步分裂与自我削弱。

记忆与诠释：罗弘信的符谶制作

此外，在《罗让碑》的叙事中又重建了魏博关于修筑罗城的历史记忆，[②]通过对于事件因果的重新编排将其塑造为罗弘信得位的符谶。"前政乐王一旦大兴板筑，约河门旧堤，计百万人工，开八十余里，才克月余，修葺 武 备。怨嗟之苦，遍于六州，谓之罗城，应我罗氏，岂其天意，符我人事者哉。"罗城的修筑是乐彦祯时代的魏博庶民生活中的大事，由于这一工程工期紧促且大量征发民力，以致民怨沸腾，成为乐彦祯丧失魏博人心的关键诱因。罗弘信巧妙地将罗城与罗的谐音刻划成自己掌握政权的符谶，利用了魏博庶民当时的集体记忆，诱导他们回忆起乐彦祯统治时代的残暴苛酷。一个政权的合法性往往建立在对于前一个政权的否定与控诉的基础之上，罗弘信借助对魏博人关于修筑罗城记忆的重新塑造，既控诉乐彦祯滥用民力，又加强了自己通过政变推翻乐彦祯的合法性。

但我们注意到，关于罗城为罗弘信执政符应的说法，仅仅在这篇碑文中被提到，《旧唐书》、《通鉴》等传世文献中虽然都有关于修筑罗城的记载，但只是批判乐彦祯滥用民力，没有将其视为罗弘信执政的符谶，反而将另一件神异之事附会在罗弘信身上：

---

① 《资治通鉴》卷二五七，第 8378 页。
② 新近出版的廖宜方《唐代的历史记忆》一书系统讨论了历史记忆在唐代政治、社会各个层面中的作用，其中也提到了景观名胜对于地方文化及认同的建构作用，但并没有涉及到河北藩镇的地域认同这样一个较为特殊的案例。台北：台湾大学出版中心，2011 年。

> 先是,有邻人密谓弘信曰:"某尝夜遇一白须翁,相告云,君当为土地主。如是者再三。"弘信窃异之。及废文玠,军人聚呼曰:"孰愿为节度使者?"弘信即应之曰:"白须翁早以命我。"乃环而视之,曰:"可也。"①

这一传说流布极广,除《旧唐书》外,《旧五代史·罗绍威传》、《新唐书·罗弘信传》、《通鉴》、《北梦琐言》皆有记载,可以认为白须翁授命这一神异故事在不久之后取代了罗城这一符谶成为罗弘信执政合法性的象征,成为官方权威叙事的版本,并被载入各类史籍之中,但是这两个符谶之间的转换与更替是如何发生的,其背后的动力又是如何? 可以推想,在政变的混乱局面中,原本默默无闻的罗弘信临时编造了白须翁以土地相授这一故事以让牙军信服,推其为主,是完全可能的,这一记载有一定的史实基础。但这一故事与《罗让碑》所要塑造的"监军使及大将、军人已下,比肩扣首,恳乞我仆射权知留务"这一万众拥戴的政治形象严重不符,因此在碑文中被放弃,转而选用魏博人的共同关注的修筑罗城一事为题材制造了新的符应。但为何白须翁授命的故事最后又取代罗城的符谶,成为后世关于罗弘信最广泛流传的传奇。笔者以为这一符瑞更替的关键点可能发生在天祐二年(905):

> 天祐初,州城地无故自陷,俄而小校李公佺谋变,绍威愈惧,乃定计图牙军,遣使告太祖求为外援。②

州城的无故自陷为何会成为军人谋变的号召,这本是史文留给读者的一个难解之谜,但如果我们联想到罗城的修筑在当时被认为是罗弘信执掌魏博的先兆,而这一符应随着罗让碑的树立,在之后的十余年中被有意识地大肆宣扬,成为罗弘信执政的重要合法性来源,那么罗城的塌陷,无论

① 《旧唐书》卷一八一《罗弘信传》,第4690—4691页。
② 《旧五代史》卷一四《罗绍威传》,第189页。

是出于自然原因还是有意地人为破坏，很容易被密谋的军人视为罗氏家族即将灭亡的符应，借机鼓动举事。此时随着罗城这一符谶在魏博镇内被广泛接受，反而成为罗氏家族的政敌反对他们的武器。当罗氏家族在魏博的统治已趋于稳固，《罗让碑》中所极力塑造的忠于朝廷、为众所推的形象对其已经不再那么重要，而与之相关的罗城的符谶反而被政敌所利用，成为政治负担时，那么转而进一步修饰白须翁授命的故事，取代罗城这一旧说，便显得顺理成章了。

　　唐中后期半独立的地方政权，往往喜好也仿效天子，通过符瑞、谶纬的制作来巩固自身的权力，收聚人心，例如著名的《王处直墓志》便曾云："长吏屡陈飞走之祥，迭闻稼穑之异"的记载，[①]而在发现的敦煌文书中，也有不少反映归义军时期制作各种瑞应图谶、宣扬天命、强化地方政治认同的案例。[②] 而关于罗弘信的两个符谶一显一隐、交替更新的历史则提示我们，符谶作为古代政权合法性构筑过程中所惯常使用的道具，其知识的生产与传布过程，具有很强时效性与不确定性。作为一种危险的知识，符谶在传布的过程中往往会被对立的政治双方各自利用，各自做出有利于自身的不同诠释，因此随着政治局面的演变，符谶作为一种知识话语也随之被不停地更替、改写与发明，而被史籍所记载的那种解释往往只是依附历史胜利者的书写才得以流传、定型，而在一定程度上遮蔽了不同政治力量争夺符瑞解释权的复杂的历史过程。[③]

结　语

　　罗弘信取代乐彦祯的牙军变乱从表面上看起来像是魏博历史上治乱

---

① 《五代王处直墓》，第 65 页。
② 余欣《符瑞与地方政权的合法性构建：归义军时期敦煌瑞应考》，《中华文史论丛》2010年第 4 期，第 325—378 页。
③ 最近孙英刚讨论了"李氏当兴"与"刘氏当王"这两个政治谶言从互相支持变为互相对立的演变过程，便是一个很有意思的个案。参读《南北朝隋唐时代的金刀之谶与弥勒信仰》，《史林》2011 年第 3 期，第 56—68 页。

循环固定戏码的再次上演,正如一粒石子投入平静的湖面,掀起一阵涟漪,但又很快恢复了平静,唐廷如故,魏博如故,牙军如故,唯有魏博的主人从乐彦祯换成了罗弘信而已。但这一事件恰好发生在了唐末历史转折的关键时刻,百余年来牙军的勇武支撑起了魏博半独立的政治地位,在唐廷与节度使间左右逢源,攫取了巨大的经济利益,但正是对这种利益链条的路径依赖,使得魏博本身养成了保守的地域性格,无力跨出河朔,争雄天下。而在这场政变中,外来的朱全忠势力第一次成为左右魏博历史走向的关键人物,这正预示着一个巨大变动时代的来临。

本文借助于对《罗让碑》的文本细读,试图跳出中央与地方、胡化与汉化这两个传统的分析框架,借助投入石子所搅动的涟漪,基于对事件的深描,探看隐藏在湖面之下魏博内部的社会结构与文化心态。罗让碑的建造只是百余年来河朔制作巨碑风气的延续,高耸的巨碑无疑是一种刺目的展示,无声地诉说着河北强藩的骄横跋扈,但形制上的僭越却与文字上恭谨形成鲜明的对比,这种政治文化在"表达"与"实践"层面的分裂所形成的内在张力对于河朔地域的民众有何影响,承载着这些重复上演的政治演剧的社会机制到底是什么,谁是这些碑文的读者,作者通过巨碑的形象与文字想要向读者传递的究竟是什么? 本文试图对此作出初步的解答,而百余年来河北地域多民族迁徙交融所构筑复杂的文化面貌,并非是用"胡化"与"汉化"这样简单的标签所能涵括,从某种意义上来说抽绎出胡化或汉化这样单一的概念来描述唐中后期的河北社会,反而遮蔽很多复杂的文化变迁与互动。陆续进入河北的突厥、契丹、靺鞨、高丽、粟特等胡族本来就出身不同乃至迥异的文化传统。至于在汉人社会内部,也有着复杂的阶层分野,"胡"和"汉"本身就不是一个稳定而清晰的概念,而多种文化因子的融汇,复杂的胡胡、胡汉、汉汉多角关系,共同构筑了唐中后期河北社会多元、独特甚至有些模糊不清的文化面目。

附记:本文原题《从〈罗让碑〉看唐末魏博的政治与社会》,刊于《历史研究》2012 年第 2 期,因篇幅限制,有所删节,今据原稿刊出,并作少量订补。

《资治通鉴》文本的内外语境

——兼说《通鉴纪事本末》的体裁障碍

姜　鹏（复旦大学历史学系）

一

对于袁枢的史学成就，人们有着截然不同的评价。《四库全书总目》盛赞纪事本末体的创造："包括数千年事迹，经纬明晰，节目详具，前后始末，一览了然。遂使纪传、编年贯通为一，实前古之所未见也"，并称赞袁枢"去取剪裁，其义例极为精密"。① 只是撰写提要的馆臣没有向我们举证体现"精密"的实例。② 王鸣盛甚至说："觉《纲目》不作无害，而此书似不可无。"但王鸣盛以为《通鉴纪事本末》不可或缺的理由，似乎仅止于一篇一事的编纂方法"颇便下学"。③

与以上评价相反，钱穆却直斥袁枢根本不懂史学。在《中国史学名著》中，钱穆谈到："《通鉴纪事本末》那一部书，讲史体，是一个创造。……

① 《四库全书总目》卷四九"通鉴纪事本末"条，北京：中华书局影印本，1995 年，第 437 页下。

② 相反我们却能找到该著不甚精密的例子，如唐宝应元年(762)建巳月(四月)甲寅、丁卯，玄宗、肃宗父子相继去世，《通鉴纪事本末》卷三一《安史之乱》只载甲寅日玄宗崩，而不载肃宗崩。如此，不惟下文史朝义谓回纥登里可汗"唐室继有大丧"之语不可解，也将误导不熟悉这段历史的读者理解下文的"上"究竟指谁。关于肃宗的去世，《通鉴纪事本末》将它载于卷三二《李辅国用事》中。

③ 王鸣盛《十七史商榷》卷一○○"通鉴纪事本末"条，上海书店出版社，2005 年，第942 页。

可是袁枢实当不得是一位史学家，他这书的内容也不能算是一部史学名著。除掉纪事本末这一个新体以外，他的书实在不很好。"在同篇谈话中，钱穆又说："只要先读他书的目录和标题，便知他实在完全不懂得历史。"①钱穆这一将纪事本末体与袁枢本人的学问分开评价的取向，可能脱胎于章学诚。章学诚评价纪事本末体说："文省于纪传，事豁于编年，决断去取，体圆用神"，并认为这种体裁才真正得到了《尚书》的精髓。紧接着，章学诚对袁枢本人的学问作了相反的评价："在袁氏初无其意，且其学亦未足与此，书亦不尽合于所称。"②

这段文字只占了《书教》篇很小的篇幅，章学诚并未针对这一话题有所展开。作为"史学理论家"的章学诚，为何倾心于纪事本末体，却又鄙夷袁枢之为学的言说真义，有待于章学诚研究专家作进一步诠释。钱穆则已经根据自己的观察，对袁枢史学的荒疏作了具体论证。《通鉴纪事本末》不好，不好在哪里？"不好就在他这纪事上"，钱穆如是说。③

而本文想指出另一个问题：袁枢对《资治通鉴》的改写，在无意中消解了司马光试图通过历史书写建立的整体性政治思想，而使历史变得平庸。

今日史家很少会盲目顺从科学主义立场、相信存在纯客观的历史书写。我们在阅读《资治通鉴》时，除了惊叹司马光对于文献的高水准掌握之外，不能忘记他是深入参与政治实践、具有成熟政治思想的政治家。《资治通鉴》的书名虽然是宋神宗御赐，但也非常贴切地概括了司马光撰写这部巨著的根本意图。司马光在自序中说："稽古以至治。"表面上看，是要通过"稽古"来总结"至治"的规律，事实上，如何"稽古"，严重依赖于司马光本人如何理解"至治"。通过细致的研读，我们可以发现，司马光对于史料的剪裁、取舍，在很大程度上透露出他本人的思想立场，而这一立场又与司马光所处的时代语境紧密相连。司马光希望通过历史描述，让这些"至治之道"自我呈现。

史学史对于《通鉴纪事本末》的肯定，在于它发明了以事件记录为核心

---

① 钱穆《中国史学名著》之《朱子〈通鉴纲目〉与袁枢〈通鉴纪事本末〉》，北京：三联书店，2005 年，第 229—239 页。

② 章学诚《文史通义·书教下》，北京：中华书局，1994 年，第 51—52 页。

③ 钱穆《中国史学名著》之《朱子〈通鉴纲目〉与袁枢〈通鉴纪事本末〉》，第 232 页。

的历史编纂新体裁。本文想指出,恰恰是以事件为中心这一原则,丢失了上述《通鉴》文本中更为丰富的内涵,使得历史书写仅仅成为事迹的记录。

由于整部《通鉴》构成的政治思想主题非常多,本文拟以拓外与安内关系为例,说明这一问题。

一

传统史学中,纪传和编年两大并行体裁的优缺点,已经有过很多简明扼要的评论。纪传体中的本纪部分有提纲挈领的作用,文字简要,具体的内容会在相关传记或书志中充分叙述。故而"同为一事,分在数篇,断续相离,前后屡出",便成为对纪传体史著的标志性批评。① 对于编年体来说,一个重要的缺点,在于"一事而隔越数卷,首尾难稽"。② 以上无论是对纪传体,还是对编年体的批评,都落脚在历史事件叙述的错乱上。③ 于是,以"每事各详起讫"为核心特征的纪事本末体,有了它存在的理由,这种体裁被认为是记载独立事件的最佳选择。

《四库全书总目》卷四九开篇为纪事本末体所作总叙,劈头就讲"古之史策,编年而已"。编年体史书果真只是让事件在时间序列中自然展开吗? 在通过时间显现前后事件之间因果关系的历史书写中,没有史家的主观建构吗? 在现代史学理论给出否定答案之前,这些否定答案早已存在于《资治通鉴》的文本之中了。

我们以《资治通鉴》卷四五汉明帝永平十二年(69)的一段记载为例:

春,哀牢王柳貌率其民五万余户内附,以其地置哀牢、博南二县。〔哀牢夷者,九隆种也,居牢山,绝域荒外,山川阻深,未尝通中国,西南去洛阳七千里。贤曰:在今匡州匡川县西。张柬之曰:姚州,哀牢

① 刘知幾《史通·二体》,浦起龙通释本,上海古籍出版社,2009 年,第 25 页。
② 《四库全书总目》卷四九"通鉴纪事本末"条,第 437 页下。
③ 刘知幾《史通·二体》中对于纪传、编年各自优缺点的概括,基本上是围绕它们是否成功叙述历史事件展开。

国地。]始通博南山,度兰仓水。[《华阳国志》曰:博南县西山高三十
里,越之,得兰仓水,有金沙,洗取融为金。]行者苦之,歌曰:"汉德广,
开不宾;度兰仓,为他人。"

　　初,平帝时,河、汴决坏,久而不修。建武十年,光武欲修之;浚仪
令乐俊上言,民新被兵革,未宜兴役,乃止。其后汴渠东侵,日月弥
广,兖、豫百姓怨叹,以为县官恒兴他役,不先民急。会有荐乐浪王
景能治水者,夏,四月,诏发卒数十万,遣景与将作谒者王吴修汴渠
堤。自荥阳东至千乘海口千余里,十里立一水门,令更相洄注,无复
溃漏之患。景虽减省役费,然犹以百亿计焉。①

这是《资治通鉴》中很普通的一处记载,讲述了汉明帝时候接纳哀牢夷与
治理河患两件事(中括号内的文字,是胡三省的注释内容)。因为这两件
事发生时间紧接,于是先后叙述相连贯。按照《资治通鉴》的编修原则,我
们可以在《后汉书》中找出这两起事件的史源。

《后汉书》卷二《明帝纪》:

　　(永平)十二年春,正月,益州徼外夷哀牢王相率内属,于是置永
昌郡,罢益州西部都尉。

　　夏,四月,遣将作谒者王吴修汴渠,自荥阳至于千乘海口。②

《后汉书》对于哀牢王内属和王吴修汴渠这两起事件的具体展开,分别见
于卷八六《南蛮西南夷传·哀牢夷》和卷七六《循吏列传·王景》。

　　我们阅读《后汉书·明帝纪》的时候,简略的文字很难让我们觉得这
两件事之间有着什么内在联系,它们被排列在一起,似乎仅仅是因为恰好
在时间上衔接。而无论是阅读《哀牢夷传》还是《王景传》,都不太能激活对
于另一篇文字的记忆,更难以想象让一位普通读者在这两篇传记之间建立

---

① 《资治通鉴》,北京:中华书局,1956 年,第 1452—1453 页。
② 《后汉书》,北京:中华书局标点本,1956 年,第 2849 页。

逻辑关系。但当我们回过头去,再仔细阅读《资治通鉴》的那段记载,会恍然大悟,原来事情并不这么简单。为便于比较,我们先将相关史料纳入表1:

表1

Ⅰ.《后汉书·明帝纪》	1.(永平)十二年春,正月,益州徼外夷哀牢王相率内属,于是置永昌郡,罢益州西部都尉。	2. 夏,四月,遣将作谒者王吴修汴渠,自荥阳至于千乘海口。
Ⅱ.《后汉书》相关列传	1. 永平十二年,哀牢王柳貌遣子率种人内属,其称邑王者七十七人、户五万一千八百九十、口五十五万三千七百一十一。西南去洛阳七千里,显宗以其地置哀牢、博南二县,割益州郡西部都尉所领六县,合为永昌郡。始通博南山、度兰仓水,行者苦之,歌曰:"汉德广,开不宾,度博南,越兰津,度兰仓,为它人。"(《后汉书》卷八六《南蛮西南夷列传·哀牢夷》)	2. 时有荐景能理水者,显宗诏与将作谒者王吴共修作浚仪渠。吴用景堨流法,水乃不复为害。初,平帝时,河、汴决坏,未及得修。建武十年,阳武令张汜上言:"河决积久,日月侵毁,济渠所漂数十许县。修理之费,其功不难。宜改修堤防,以安百姓。"书奏,光武即为发卒。方营河功,而浚仪令乐俊复上言:"昔元光之间,人庶炽盛,缘堤垦殖,而瓠子河决,尚二十余年,不即拥塞。今居家稀少,田地饶广,虽未修理,其患犹可。且新被兵革,方兴役力,劳怨既多,民不堪命,宜须平静,更议其事。"光武得此遂止。后汴渠东侵,日月弥广,而水门故处,皆在河中,兖、豫百姓怨叹,以为县官恒兴佗役,不先民急。永平十二年,议修汴渠,乃引见景,问以理水形便。景陈其利害,应对敏给,帝善之。又以尝修浚仪,功业有成,乃赐景《山海经》《河渠书》《禹贡图》,及钱帛衣物。夏,遂发卒数十万,遣景与王吴修渠筑堤。自荥阳东至千乘海口千余里。景乃商度地势,凿山阜,破砥绩,直截沟涧,防遏冲要,疏决壅积,十里立一水门,令更相洄注,无复溃漏之患。景虽简省役费,然犹以百亿计。(《后汉书》卷七六《循吏列传·王景》)
Ⅲ.《资治通鉴》卷四五永平十二年	1. 春,哀牢王柳貌率其民五万余人内附,以其地置哀牢、博南二县。始通博南山,度兰仓水。行者苦之,歌曰:"汉德广,开不宾;度兰仓,为它人。"	2. 初平帝时河、汴决坏,久而不修。建武十年,光武欲修之。浚仪令乐俊上言:民新被兵革,未宜兴役。乃止。其后汴渠东侵,日月弥广,兖豫百姓怨叹,以为县官恒兴他役,不先民急。会有荐乐浪王景能治水者,夏四月,诏发卒数十万,遣景与将作谒者王吴修汴渠堤。自荥阳东至千乘海口千余里,十里立一水门,令更相洄注,无复溃漏之患。景虽减省役费,然犹以百亿计焉。

通过表 1，我们可以看出，《后汉书》中Ⅰ-1 和Ⅰ-2 这两段文字是时间坐标，而Ⅱ-1 与Ⅱ-2 分别是相关事件的叙述展开。虽然Ⅰ-1 和Ⅰ-2 作为两则事件的提纲，连续出现在同一卷中，但由于对具体事迹展开描写的Ⅱ-1 与Ⅱ-2 分属不同的两卷，使得这两起事件显得没有什么逻辑关系。而且从表面上看，哀牢王内属和修汴渠，也的确是性质完全不同的两件事。

我们还可以清楚地看到，司马光在整合《后汉书》的这些材料时，将Ⅰ-1 和Ⅱ-1 叠加、省并，形成了Ⅲ-1，又将Ⅰ-2 与Ⅱ-2 叠加、省并，形成了Ⅲ-2，并且使Ⅲ-1 和Ⅲ-2 连缀成上下文。将《资治通鉴》的文字和《后汉书》的原文进行对比，显示出一个明显的特征，很多细枝末节都被省略了，比如哀牢王内附时具体的户口数，被司马光笼统地概括为"五万余户"，《王景传》的内容更是经过大刀阔斧地删修（被《资治通鉴》吸收的文字，已在上表中用下划线标出）。我们固然可以认为，这是司马光出于节省篇幅的需要。但笔者以为，司马光删节户口、地理等相对重要的细节，却保留了更容易被忽略的民谣，其用心绝非在乎省文。

与阅读《后汉书》的效果不同，读者在阅读《通鉴》这段内容时，很容易将这两件事情联系起来。尤其是读到第二段"恒兴他役，不先民急"这八个字时，会觉得它是在呼应上一个段落中"度兰仓，为他人"的歌讽。如果我们注意到，司马光在谈及河患时，将《后汉书·王景传》中的"未及得修"（Ⅱ-2 标波浪线处），改成了"久而不修"（Ⅲ-2 标波浪线处），通过细微的文字变化着意刻画了当时统治者"不先民急"的主观姿态，就可能会赞同以"恒兴他役，不先民急"呼应"度兰仓，为他人"，正是司马光用心剪裁出的反面政治教材，而不是笔者的过度诠释。

三

关于边裔族群求内附事件，《通鉴》有不少记载，举一个措置与汉明帝相左的例子：

（贞观五年）康国求内附。上曰："前代帝王，好招来绝域，以求服远之名，无益于用而糜弊百姓。今康国内附，傥有急难，于义不得不救。师行万里，岂不疲劳！劳百姓以取虚名，朕不为也。"遂不受。①

这段文字也被《通鉴·唐纪》的重要参编人员范祖禹采用，收录在他的独立著作《唐鉴》中。奇怪的是，它却既不见诸新、旧《唐书》，也不见录于《通典》、《唐会要》。《旧唐书·太宗本纪》只书康国于贞观九年（635）献狮子，②十三年（639）、二十一年（647）分别遣使朝贡。③ 在早于《通鉴》的文献中，只有《贞观政要》记载了这一事件。《贞观政要》作者吴兢所撰《唐史》构成韦述撰写《唐书》的重要史源，而韦氏著作是入宋仅存的唐代国史，④再加上司马光还能见到部分唐代实录，故推测《通鉴》这段记载和《贞观政要》之间或许有间接的史源关系，但两者文字出入颇多。⑤

这就产生了一个非常有趣的现象，对于唐太宗来说，类似于拒绝康国内附这样的事件，是终其一生仅见的个例，恰恰好大喜功、开疆拓土才是他贯彻始终的通例。贞观四年（630）灭突厥而受"天可汗"之号、置四部督府以处突厥降众、贞观十四年（640）灭高昌并以其地置西州、贞观十五年（641）陈大德启太宗伐高丽之心、贞观十八年（644）议亲征高丽至十九年（645）付诸行动、贞观二十年（646）击服薛延陀与敕勒等北鄙民族并置州

---

① 《资治通鉴》卷一九三，第 6091 页。

② 《旧唐书》卷一九八《西戎·康国》（北京：中华书局标点本，1975 年，第 5310 页）、《唐会要》卷九九"康国"条同（北京：中华书局句读本，第 1174 页）。

③ 《通典》卷一九三《边防·康居》云贞观二十一康国贡献金桃（北京：中华书局标点本，1996 年，第 5256 页），《旧唐书》卷一九八"康国"条云事在贞观十一年（第 5311 页），而《唐会要》卷九九《西戎·康国》条则云事在贞观九年十一月（第 1174 页）。

④ 徐冲《〈旧唐书〉"隋末英雄传"形成过程臆说》，载《魏晋南北朝隋唐史资料（第 25 辑）》，武汉大学文科学报编辑部，2009 年，第 139—140 页。

⑤ 按《通鉴》惯例，可系年而月份不明的事件，均置之岁末，冠以"是岁"二字。该年"是岁"二字置于"高州总管冯盎入朝"条前，而"康国求内附"条在此之前，在十二月以下，说明司马光确定这件事发生在该年十二月。而《贞观政要》卷九提到该事件时，不仅文字与《通鉴》出入较大，且未明确月份。成书较晚的《文献通考》也提到了贞观五年康国与唐皇朝的交往（卷三三八《四裔考十五·康居》），虽未提及请内附事，其依据亦不可知，但考虑到其时文献可供参阅者仍多，故似可作为贞观五年曾有康国使节入唐的旁证。

郡、贞观二十一年(647)复伐高丽、贞观二十二年(648)三伐高丽,都被范祖禹一一点名批评。① 乃至于引诸卫习射于殿庭,也被认为是"志陋"的表现。② 故而《唐鉴》对于太宗不受康国内附的评论是这样的:

> 臣祖禹曰:太宗知招来绝域之弊,而不为然;以兵克者,则郡县置之,其疲劳百姓也,亦多矣。岂先行其言而后从之者欤! 然其不受康国,则足以为后世法。使其行事每如此,其盛德可少贬哉。

与此相应,不受康国内附这件事为什么只见于《贞观政要》和《通鉴》,而不见于其他史籍,可能就成为一个值得我们思考的问题。《唐鉴》因其略于史迹、详于评论的特点,可以让读者非常直接地感受到在相关卷目中对唐太宗拓张政策的集中批评。这些事迹在《通鉴》中虽然散落于线索繁多的编年叙述中,但读者仔细体味,司马光的反拓张立场依然是清晰可辨的。

魏徵、褚遂良反对唐太宗在击灭高昌等异族政权后,将其地盘以内属州郡的方式进行统治,理由是"终不得高昌撮米尺帛以佐中国"(魏徵语,褚遂良的类似表达是"岂得高昌一夫斗粟之用"),而无论是从人力还是物力的角度讲,昂贵的戍卫成本必将使"陇右虚耗",诚所谓"糜弊本根以事无用"。③《唐鉴》集萃式的史实剪裁,不仅有利于突出魏徵、褚遂良的反拓张立场,范祖禹的评论也明确显示他本人是支持这一立场的。关于范祖禹在历史修纂和政治立场两方面继承司马光的思想,笔者已有另文撰述,在此不再展开。④ 我们回到《通鉴》文本,虽然受体裁限制,不能像《唐鉴》那样集中突出作者自身的某一种政治立场,但整部《通鉴》中反对消耗民力以事对外拓张的言论,存在数量依然是庞大的,而司马光本人的立场,也可以通过阅读得知。只是从历史编纂的角度看,司马光的笔法比较隐蔽。

---

① 分见《唐鉴》卷二、卷三,上海古籍出版社影宋本,1984 年,第 33—35、58—59、62、72—73、75—85 页。

② 《唐鉴》卷一,第 24 页。

③ 《唐鉴》卷三,第 58、66 页。

④ 姜鹏《经筵进读与史学义理化》,《复旦学报》2009 年第 3 期。

　　神功元年(697),狄仁杰曾因戍守疏勒等西陲四镇而给武则天上过一道奏疏。狄疏原文比较冗长,在五代至宋初的文献中,《旧唐书·狄仁杰传》、《文苑英华》和《册府元龟》所收录的文字相近,应当取自同一来源。从细节来看,《新唐书·狄仁杰传》和《资治通鉴》的文字,都是在《旧唐书》等文本基础上删改而成(《旧唐书》等文本接近千字,《新唐书》和《通鉴》各约500字),只是省并重点有所不同。① 《资治通鉴》和《新唐书》相比,更侧重于强调历史上曾出现过的穷兵黩武而导致内政灾难的经验,以与当下现实相比,故"用武方外,邀功绝域,竭府库之实以争不毛之地,得其人不足增赋,获其土不可耕织,苟求冠带远夷之称,不务固本安人之术,此秦皇、汉武之所行,非五帝、三王之事业"的主题句,在司马光的文本中更容易凸现出来(在《新唐书》中,"非五帝三王之事业"被省略)。我们可以看出,这一立场和上述魏徵、褚遂良反对唐太宗的论说重心是一致的。表2的文字对勘可以说明这一问题:

表 2

《旧唐书》等	《新唐书》	《资治通鉴》
"……此秦皇、汉武之所行,非五帝、三皇之事业也。若使越荒外以为限,竭资财以骋欲,非但不爱人力,亦所以失天心也。昔始皇穷兵极武,以求广地,男子不得耕于野;女子不得蚕于室;长城之下,死者如乱麻,于是天下溃叛。汉武追高、文之宿愤,藉四帝之储实,于是定朝鲜,讨西域,平南越,击匈奴,府库空虚,盗贼蜂起,百姓嫁妻卖子,流离于道路者方计。末年觉悟,息兵罢役,封丞相为富民侯,故能为天所佑也。昔人有言:	"……此秦皇、汉武之所行也。《传》曰:'与覆车同轨者未尝安。'此言虽小,可以喻大。臣伏见国家师旅岁出,调度之费狃以寖广,右戍四镇,左屯安东,抒轴空匮,转输不绝,行役既久,怨旷者多。上不是恤,则政不行;政不行,则害气作;害气作,则虫螟	"……此秦皇、汉武之所行,非五帝、三王之事业也。始皇穷兵极武,务求广地,死者如麻,致天下溃叛。汉武征伐四夷,百姓困穷,盗贼蜂起,末年悔悟,息兵罢役,故能为天所佑。近者国家频岁出师,所费滋广,西戍四镇,东戍安东,调发日加,百姓虚弊。今关东饥馑,蜀、汉逃亡,江、淮已南,征求

① 《旧唐书》卷八九,第2889—2890页;《文苑英华》卷六九四《边防·言疏勒等诩敝疏》,北京:中华书局整理影印本,1966年,第3579页上—3580页上;《册府元龟》卷九九一《外臣部·备御四》,北京:中华书局影明刻本,1960年,第11646—11647页;《新唐书》卷一一五,北京:中华书局标点本,1975年,第4210—4211页;《资治通鉴》卷二〇六,第6524—6525页。

（续表）

《旧唐书》等	《新唐书》	《资治通鉴》
与覆车同轨者未尝安。此言虽小，可以喻大。近者国家频岁出师，所费滋广，西戍四镇，东戍安东，调发日加，百姓虚弊。开守西域，事等石田，费用不支，有损无益，转输靡绝，杼轴殆空。越碛逾海，分兵防守，行役既久，怨旷亦多。昔诗人云：'王事靡盬，不能艺稷黍。''岂不怀归，畏此罪罟。念彼恭人，涕零如雨。'此则前代怨思之辞也。上不是恤，则政不行而邪气作；邪气作，则虫螟生而水旱起。若此虽祷祀百神，不能调阴阳矣。方今关东饥馑，蜀、汉逃亡，江、淮以南，征求不息。人不复业，则相率为盗，本根一摇，忧患不浅。其所以然者，皆为远戍方外，以竭中国，争蛮貊不毛之地，乖子养苍生之道也。昔汉元纳贾捐之谋而罢珠崖郡……"	生，水旱起矣。方今关东荐饥，蜀、汉流亡，江、淮而南，赋敛不息。人不复本，则相率为盗，本根一摇，忧患非浅。所以然者，皆贪功方外，耗竭中国也。昔汉元帝纳贾捐之之谋而罢珠崖……"	不息，人不复业，相率为盗，本根一摇，忧患不浅。其所以然者，皆以争蛮貊不毛之地，乖子养苍生之道也。昔汉元纳贾捐之之谋而罢朱崖郡……"

通过对比，我们可以发现不同史家的关注点在哪里。《新唐书》删去秦皇、汉武的具体事迹，摄取了原文更具修辞性的文辞（划波浪线处），且这部分文字将现状描述隔为两段（下划线处）。《通鉴》则直取秦皇、汉武的历史经验与当下相比，形成整齐而对比鲜明的上下文。作为史家，以直观的历史经验来告诫统治者穷兵域外的危险，正是"稽古以至治"手法与目的的双重体现。仅从这个角度而言，《通鉴》的史笔似较《新唐书》更为优良。抛开编年与纪传的体裁畛域，作为通史的《资治通鉴》比作为断代史的《新唐书》有更宏观的认知关照，也更需要考虑长时段历史描述中，其内在的统一性。在上举《通鉴》文本中，秦皇、汉武的作为与唐代的拓边政策，虽然年代相隔辽远，但它们是被作为一个强相关经验群来处理的，而对这些经验背后"至治之道"的抽绎，强烈指向司马光的一个预设政治立场：反武力拓张。所以我们可以得出这样的结论，无论是秦皇、汉武的作为，还是

唐代的拓边政策,在《通鉴》中,都不是彼此独立的事件,司马光不停地激活读者对不同时代同类事件的记忆,而达到反拓张的论说目的,改写狄仁杰奏疏只是众多例证中的一个。撷取魏徵、褚遂良、狄仁杰言论中相关文字,保持主题句所示内涵的一致性,也是达致这一目的的手法。有基于此,本文开篇才提出这样的论点:作为思想整体的《资治通鉴》,是不能以事件为单位进行分割的。

　　关于狄疏,我们还可以比较《通鉴》与《新唐书》对尾段的不同处理手法,来透析司马光历史书写背后的价值暗示。为便捷起见,仍将不同版本的相关文字纳入表3:

表 3

《旧唐书》等	《新唐书》	《资治通鉴》
"窃见阿史那斛瑟罗,阴山贵种,代雄沙漠,若委之四镇,使统诸蕃,封为可汗,遣御寇患,则国家有继绝之美,荒外无转输之役。如臣所见,请捐四镇以肥中国,罢安东以实辽西,省军费于远方,并甲兵于塞上。……如此数年,可使二虏不击而服矣。"仁杰又请废安东,复高氏为君长,停江南之转输,慰河北之劳弊,数年之后,可以安人富国。事虽不行,识者是之。	"今阿史那斛瑟罗,皆阴山贵种,代雄沙漠,若委之四镇,以统诸蕃,建为可汗,遣御寇患,则国家有继绝之美,无转输之苦。损四镇,肥中国,罢安东,实辽西,省军费于远方,并甲兵于要塞。……不数年,二虏不讨而服矣。"又请废安东,复高姓为君长,省江南转饷以息民,不见纳。	"窃谓宜立阿史那斛瑟罗为可汗,委之四镇,继高氏绝国,使守安东。省军费于远方,并甲兵于塞上。……如此数年,可使二虏不击而服矣。"事虽不行,识者是之。

　　《新唐书》以"不见纳"收尾,与"事虽不行,识者是之"相比,不仅文字简洁,也显得作者在价值立场上的超然。而本段文字明显简于《新唐书》的《通鉴》,却并不嫌这八个字为累赘,更为关键的是,《通鉴》对"又请"以下文字的处理。新、旧《唐书》皆置于疏外的这段文字,论及江南转输问题者,被司马光径删,而复王高氏则被揉进疏文,并以"事虽不行,识者是之"的价值评判紧接奏疏。粗看原文,"罢安东以实辽西"是原疏已经提及的内容,司马光将疏外复王高氏的意见与之合并,乃是删除重复。仔细琢磨,当是狄仁杰此后曾另将安东屯守与江南转输问题联系在一起,向武则

天提过意见，请复王高氏，前后不可混为一谈。而无论《旧唐书》"事虽不行，识者是之"的评价，还是《新唐书》"不见纳"的陈述，似均指向狄仁杰第二次复王高氏的具体建议。而《通鉴》通过删剪枝节，紧凑行文，以"事虽不行，识者是之"来评价狄仁杰奏疏中看待内外关系的整体观念，其用意仍在凸现批判"邀功绝域"的主题。考虑到《通鉴》梳理文献的精密程度，若以司马光不察此为前后两事而误并，似不具说服力。

　　《旧唐书·吐蕃传》对唐代的边疆有一番夸耀之辞："贞观中，李靖破吐谷浑，侯君集平高昌，阿史那社尔开西域、置四镇。前王之所未伏，尽为臣妾，秦、汉之封域，得议其土境耶！"[1]这样的言论是《通鉴》作者不屑顾取的。虽然《通鉴》在贞观十四年侯君集讨灭高昌后记载了唐的疆域范围："于是唐地东极于海，西至焉耆，南尽林邑，北抵大漠，皆为州县，凡东西九千五百一十里，南北一万九百一十八里。"[2]但这段文字在《唐鉴》中是范祖禹抨击唐太宗"欲前世帝王皆莫我若"狂大心态的注脚。类似的例证我们可以在《通鉴·汉纪》部分找到。如班固在《汉书·西域传》中，有一段论赞是对汉武帝拓张四夷以满足其穷奢极欲的批评。这段评论经司马光删节后，挪用在东汉光武帝建武二十二年（46）拒绝西域诸国内附请求之下。[3] 本段文字，班固在批评完汉武帝后，顺带提及了光武帝"远览古今"、对西域诸国的要求"辞而未许"的盛德，司马光借此将它放在光武帝以"东西南北自在也"答西域诸国后，以具体历史事迹为衬托，使光武帝和汉武帝之间有了非常鲜明的对比，而司马光本人的褒贬立场已经隐藏在班固的言论中了。

四

　　现在或许可以尝试着来解答本文第三部分提出的一个问题，为什么

---

①　《旧唐书》卷一九六上，第 5236 页。
②　《资治通鉴》卷一九五，第 6156 页。
③　《汉书》卷九六下《西域传下》，北京：中华书局标点本，1962 年，第 3928—3930 页；《资治通鉴》卷四三光武帝建武二十二年，第 1402—1404 页。

像唐太宗拒绝康国内附这样的事件,只见载于《贞观政要》和《资治通鉴》,却不见于其他重要史籍。

　　《贞观政要》卷九包含了"议征伐"、"议安边"两个相关主题,康国求内附事件就在"议征伐"目下。① 我们阅读《贞观政要》这一卷内容,会惊奇地发现,唐太宗在这里有着与新、旧《唐书》或一般历史印象截然不同的形象。虽然讨论这样的话题不能不触及军事活动,但《贞观政要》的作者尽量避免树立唐太宗好战伐谋的形象,因而对大量史料进行了阉割。如谈到灭高昌,在"议征伐"目下,只取侯君集不伐丧的德行,"议安边"下则收录了魏徵、褚遂良复其君长、不以州县处之的建议,唐太宗始则不纳、终则悔过的经过。② 至于灭高昌整个战争的过程、唐太宗的意满志得,统统摒弃不用。同样地,对于唐太宗亲征高丽,吴兢记录了太宗两次听从大臣谏议,打消征伐念头;战争启动后,吴兢只选取了太宗亲自为李道宗疗伤这样与战争本身无关的事迹,而对于体现太宗军事才能与战争进程的记录一概不予录用。③ 在这样的叙事系列中,不受康国内附作为正面例证就显得尤其有价值。同卷中,唐太宗两次亲自发表意见,证明"兵者凶器";④吴兢还不厌其烦地誊录了房玄龄和充容徐氏谏阻太宗轻用甲兵的长篇奏疏。⑤ 综观《贞观政要》,除了从谏议者口中,我们还能看出唐太宗是一个好大喜功之徒外,若仅从唐太宗本人的言论来看,甚至将有读者误会他是一个偏好和平的皇帝。

　　《贞观政要》的目的,在于塑造一位相对完美的贞观政治形象,垂范后世,为达致这个目的,吴兢努力掩藏太宗穷兵黩武这一不足取法的侧面。具有相同写作目的的《资治通鉴》,作为编年史体通史,不能像《贞观政要》那样随意取舍史料,更无法抹去唐太宗东征西伐的事迹,因此也更需引入不为他种史籍重视的康国求内附事件,以修补贞观政治的形象,而这种修

① 　吴兢《贞观政要》,谢保成集校本,北京:中华书局,2009 年,第 476—477 页。
② 　《贞观政要》,第 477、506—508 页。
③ 　《贞观政要》,第 480—488 页。
④ 　《贞观政要》,第 476、484 页。
⑤ 　《贞观政要》,第 486—488,492—494 页。

补意图本身，隐含了作者的立场与取向。将这种取向和本文第二部分所举汉明帝永平十二年(69)的叙事参互阅读，读者很容易发现司马光在处理汉、唐两大王朝安内与拓外关系的定位上，有着某种统一性。

这种统一性来自司马光对当代政治的看法。根据刘安世的回忆，熙宁初，宋神宗措意开边，司马光曾有疏奏谏阻，只因司马光批评朝政的风格一贯是"只于人主之前极口论列，未尝与士大夫闲谈"，这份奏稿也未曾留下备份，故而人多不知，作为门人的刘安世却有幸知其一二。刘安世说，这道奏疏是针对宋辽战争的，①但揆诸史实，熙宁初没有中央决策的大规模对辽军事行动。《四库全书总目》卷一五二为《传家集》所作提要改为"论西夏事"，可能是合理的。② 所谓"西夏事"，指的是宋神宗命种谔发兵接应西戎部将嵬名山，袭取夏主凉祚。这件事遭到司马光的反对，见于《宋史》本传。事实证明，这的确是一次持久靡费的行动，种谔也因此遭到贬谪。③ 如果我们嫌这则证据不够直接，那么范祖禹的以下一段文字，可以很好地说明《通鉴》作者群在面对现实政治的外向拓张政策时，采取何种立场：

> 熙宁之初，王安石、吕惠卿等造立新法。……又启导先帝，用兵开边，结怨外域。至熙宁七、八年间，天下愁苦，百姓流离。……王韶开边熙河，章惇开边湖南，沈起引惹交贼，寇陷三州，朝廷讨伐，前后死伤二十万。吕惠卿、沈括、俞充、李稷、种谔等兴造西事，死伤者又二十万。先帝悔悼，以谓辅臣曰："安南、西师死伤皆不下二十万，朝廷不得不任其咎。"④

---

① 马永卿《元城语录解》卷中，影印文渊阁《四库全书》本，台北：台湾商务印书馆，1986年，第863册，第367页上。

② 《四库全书总目》卷一五二"传家集"条，第1315页中。

③ 事参《宋史》卷三三五《种谔传》，北京：中华书局标点本，1977年，第10745—10746页；及黄以周等《续资治通鉴长编拾补》卷三神宗熙宁元年相关诸条，顾吉辰点校，北京：中华书局，2004年，第1册。

④ 这封题为《论邪正札子》的奏疏，于元祐八年十一月十六日表上，收于《范太史集》卷二六。《宋史》卷三三七范祖禹本传也记载了这道奏折，但文字稍异。

从这个角度看,胡三省对司马光的一个批评可能是错误的。《通鉴》唐玄宗开元四年(716)有这样一条记载:

> 突厥默啜自则天世为中国患,朝廷旰食,倾天下之力不能克。郝灵荃得其首,自谓不世之功。(宋)璟以天子好武功,恐好事者竞生心徼幸,痛抑其赏,逾年始授郎将。灵荃恸哭而死。①

对此,胡三省纠正说,郝灵荃不过因人成事,授之郎将足以厌赏,并非宋璟有更深远的忧虑而刻意抑制他。②　其实,郝灵荃如何因人成事,《通鉴》前文有原原本本的记载:拔曳固进卒颉质略斩杀默啜,并将默啜首级献给当时正好奉使突厥的大武军子将郝灵荃。③　郝灵荃事件的真相,司马光不可能不知,但他真正在乎的不是郝灵荃事件本身,而在于借这一事件、借宋璟的姿态来表达自己的观点与立场。《宋史·司马光传》记载,宋英宗时期西夏使臣奉命祭吊刚去世的仁宗,押伴高宜却在使臣面前侮辱夏主,英宗宽贷高宜而导致次年夏人入寇;又有负责宋辽边境重镇雄州防守的赵滋,“专以猛悍治边”,屡有纷争。对此,司马光评论道:“西祸生于高宜,北祸起于赵滋,时方贤此二人,故边臣皆以生事为能,渐不可长。宜敕边吏,疆场细故辄以矢刃相加者,罪之。”④这才是宋璟何以在郝灵荃事件上如此深谋远虑的注脚。

五

回到本文第一部分既已提出的话题,以事件整合为基本手段的纪事

---

① 《资治通鉴》卷二一一,第 6724 页。《唐鉴》卷四也记载了这件事,范祖禹评论道:“(宋璟)惩人主之好武为天下患之深也。其后明皇卒以黩武至于大乱,何其智之明欤?”因此得出结论,宋璟是一个能“见其始而知其终,沮其胜而忧其败”的贤相,第 114—115 页。
② 胡注亦见中华书局标点本《资治通鉴》第 6724 页。
③ 《资治通鉴》卷二一一,第 6719 页。
④ 《宋史》卷三三六《司马光传》,第 10760—10761 页。

本末体，如何障碍了读者理解《资治通鉴》？

我们看前文所举的这些例证，袁枢是如何对他们进行归类整理的。永平十二年(69)哀牢王内附和治理黄河两件事，前者不见于《通鉴纪事本末》，或许是因为哀牢夷事迹太少，不足以成篇；后者被置于卷四"河决之患"条下。①"河决之患"归纳了从西汉元帝永光五年(39)到东汉明帝永平十三年(70)百余年间河患及其治理情况，乍一看将相关信息总结得很全面。但治理河患本身并不足以构成在任何时代都值得借鉴的"治道"，只有将河患作为一个符号化事件，和民生或政治联系在一起时，才有可能体现"治道"。《通鉴》原文提供的汉明帝为配合哀牢王内附而开通博南山、兰仓江，却不能早为国内百姓排解河患的对比结构，才是"治道"借鉴的关键。或者说，这两件事联系在一起，形成了司马光编辑的反面教材：即帝王治国时本末倒置的案例。《通鉴纪事本末》将它们作为不同事件加以区分，恰恰破坏了这一整体结构。"恒兴他役，不先民急"没有了"度兰仓，为他人"的照应，可被解读的语句内涵就丢失了很多。《通鉴》作者在文辞上删省繁文以凸显核心内容，以及将"未及得修"改成"久而不修"的精致用心，更是白费。去除《通鉴》作者的附加内涵后，"恒兴他役，不先民急"所包含的可解读信息，其实回到了《后汉书·王景传》中的状态，而相应细节却远不如《后汉书》丰富。这种情况下，纪事本末兼优纪传、编年的体裁特点，又从何谈起呢？徒使"通鉴"之"鉴"字无着落。

这是《通鉴纪事本末》的一个缺陷，即忽略了《通鉴》叙述中不同类事件之间的可能关联。它的另一个缺陷是，它所汇编的同类事件，除个别条目有小幅度的时空跨越，绝大多数都受到时空局限，而观察《通鉴》对不同时空范围下展开的同质事件的处理手法，恰恰是我们理解其作者叙述立场的重要方法。

贞观五年(631)康国求内附事件，被置于《通鉴纪事本末》第二十九卷"贞观君臣论治"条目下。②该条目的基本编辑原则是集合贞观君臣的治

---

① 《通鉴纪事本末》卷四，北京：中华书局，1964年，第343—344页。
② 《通鉴纪事本末》卷二九，第2609页。

道言论,成为一份微型语录。如本文第四部分已经指出,《通鉴》摘录唐太宗拒绝康国内附的行径,意在对比穷兵黩武式的征伐。作者于两者之间的褒贬立场,在《唐鉴》中以"臣祖禹曰"的形式直接表达出来,《通鉴》中这层含义需要读者在理解全书叙述倾向的基础上予以把握,本文称之为《通鉴》的"内在语境"。这一语境的本质,是司马光对待安内与拓外关系态度上的统一性。

我们来看《通鉴纪事本末》第二十六卷至第三十卷的目录结构:

表 4

第二十六卷	……炀帝亡隋、高祖兴唐
第二十七卷	唐平东都、唐平河朔、唐平陇右、唐平河西、唐平河东、唐平江陵、唐平江淮、唐平山东
第二十八卷	太宗平内难、太宗易太子、太宗平突厥、唐平铁勒、唐平西突厥、太宗讨龟兹、太宗平高昌、太宗平吐谷浑
第二十九卷	贞观君臣论治、唐平辽东、吐蕃请和、突厥叛唐、唐平奚契丹
第三十卷	武韦之祸、太平公主谋逆

从中可以看出,唐太宗的事迹主要被包含在第二十八、二十九两卷中。在这些条目中,除了"平内难"和"易太子"外,仅"贞观君臣论治"一条涉及文治,其他所有条目的标题都在展示太宗卓越的武功。仅这些标题,也足以将唐太宗渲染成一位积极开拓疆土、并取得卓越成效的君主,而这种君主形象正是司马光竭力反对的,这也是他特意选录不为新、旧《唐书》所重的拒绝康国内附事件的理由。也就是说,康国事件只有作为对武功形象的否定,才有意义。经过袁枢的改写,这一事件恰恰湮没在"贞观君臣论治"中,而该条所录君臣对话,主题又极其分散。故而,即便从事件归类的角度看,袁枢这次也失据了。作为太宗开拓疆土对立面的康国事件,理应与平突厥、讨龟兹、平高昌等事件相联系,进行合理安置,凸显《通鉴》原文所希望达到的对比效果,却被袁枢归入以君臣对话为形式特征的"论治"条目中。这样的结构,康国事件的意义很容易被其他论治主题孤立。虽然这可能不是袁枢的主观意愿,但从标题显示出来的事件排列效果,的确给读者造成了太宗成功开拓的印象,而使司马光引入康国事件失去意义。

　　袁枢的标题语言，很难做到不具导向性，这种导向性不一定与《通鉴》的原初立场相符。更重要的是，以事件为核心的编撰方法，使读者的视线囿于受时间约束的事件，阻碍了事件的符号化，进一步阻碍了得到时间证明、又不受时间约束的"道"的呈现。对于这样的事例，与其进行不甚合理的归类，反不如让它在时间轴中自然呈现，这样至少没有事件标题对读者思维进行限制。

　　为了将反复出现、形式各异的事件与亘古不变的"道"联系起来，时间错位的对比，将起极其重要的作用，这种重要性在对狄仁杰奏疏的处理中体现得十分明显。狄疏中"秦皇、汉武之所行"的具体事迹，为《新唐书》所弃、《通鉴》所取，给读者留下的印象是，《资治通鉴》更注重用历史经验来说明问题，而这些历史经验往往已见诸《通鉴》前文。司马光将狄疏文字处理成直接而显眼的古今对比（参本文第三部分表 2），正暗示着《通鉴》内在语境的统一性。同时，这样的手法有助于将分布在不同时空范围内的同类事件作为关联记忆，在读者的头脑中激活。这既体现出编年体通史的体裁优势，也体现了它的撰述目的。事件可以看作符号，关键是事件背后体现的治国原则，也就是司马光所说的"万世无弊"之"道"。① 汉、唐这样的统一大帝国时代，都碰到了如何处理安内与拓外关系的问题，虽然它们的表现形式不同，但司马光暗示的治国原则是不变的：由于对外拓张必然严重影响国内民生，所以这是应该被放弃的政策。围绕着一个主题，比如安内与拓外之关系，不同时期多起同类事件的叠加，可以加深读者对《通鉴》文本暗示的某一特定治国原则的印象。这种效果正是断代史著作无法企及的。这也正是"通鉴"之"通"字意义所在。《通鉴纪事本末》中，狄仁杰的奏疏隐藏在第二十九卷"唐平突厥"条下，该疏的主题没有体现在标题中这一事实，本身就说明平面式的事件归类法，只是堆砌了一定时间范围内、围绕着关键词"突厥"展开的相关事件，并没有把握住《通鉴》作

_____

① 司马光在经筵答宋神宗语，杨良仲《资治通鉴长编纪事本末》卷五三《英宗皇帝·经筵（神宗附）》熙宁二年十一月庚辰条，李之亮点校，哈尔滨：黑龙江人民出版社，2006 年，第 938 页。

者叙述内外关系时的基本立场与指向。汉、唐之间分错于时间轴上的立体呼应，也被这一平面归类割断，《通鉴》文本的内在语境也因此遭到破坏。

司马光建构《通鉴》文本的内在语境，其动力来自于他对所身处的政治实践的看法。司马光现实的政治立场，构成了《通鉴》文本的外在语境。前文所举汉光武帝不受西域内附之请、汉明帝受哀牢夷内附、唐太宗不受康国内附、狄仁杰谏罢四镇，看似发生在不同时空范围内的不同事件，其实它们在《通鉴》文本中，具有相同的主题暗示功能，而这一主题的叙述立场，来自于司马光的现实政治态度。我们仔细阅读《通鉴》，考察其史源，解构司马光和他的助手对文本所作的加工，会发现在内外两种语境之间，存在着极强的联系性，本文所举如何看待安内与拓外的关系，只是众多思想主题中的一个。内外语境之间的这种强相关性，也正是司马光为历史何以能指导现在、乃至将来给出的理由。《通鉴纪事本末》平庸的事件归类法，不仅消解了《通鉴》文本的内在语境，也使得它和原文作者外在语境之间的关联显得晦涩，无论是"通"还是"鉴"，在阅读效果上都大打折扣。

结　　语

以历史研究为工具、探求"治道"为目的的《资治通鉴》，与司马光自身所处的政治语境，是不可分割的整体，并且司马光通过对史料的剪裁，将这一语境贯穿于通史写作之中。将《通鉴》文本与这一语境剥离，很容易使司马光希望通过历史书写自我呈现的政治思想遗失。或许由于职业的缘故，笔者对于昆廷·斯金纳（Quentin Skinner）所提倡的政治思想史研究中的语境论（contextualist），有着天然的亲近感。但对于司马光这样善于将自己的思想隐藏于固有文本中的学者来说，语境还原的难度要比处理直抒己见者大得多。首先我们必须把被司马光剪裁过的历史书写尽量恢复成它的原貌，而这对于长达 294 卷的《资治通鉴》来说，是一个多么浩大的工程。

《资治通鉴》虽然有 119 处"臣光曰"，以及多处对先贤史评的征引，可以视作司马光直接表达政治观念的依据,但这些文字和篇幅浩大的全书相比,仍然渺如微芥。司马光更丰富、更复杂的政治思想,往往未及正面表述而隐含于历史书写之中。这些思想恰恰又不宜从孤立的历史事件中总结,需要在一个事件群内部、或几个事件群之间建立逻辑关系,才能得出最终结论。而这些事件群并不一定是同类事件,也不一定发生在同一时空中。这样的联系,在被改写成以同一或同类事件为聚合原则的纪事本末体时,很容易被割裂。我们看到,在很多情况下,袁枢的确没有发现——至少没有尊重——司马光通过不同历史事件间的联系表述政治立场的意图,使得司马光的史料裁剪失去语境,徒具事迹。

对《资治通鉴》的改写,可能衍生出一套新的历史哲学或政治理论,如《通鉴纲目》,也可能使隐藏于历史现象背后的哲思消失,如《通鉴纪事本末》。宋孝宗对《通鉴纪事本末》"治道尽在是矣"的赞叹,恐怕是有负司马光的苦心的。这使笔者想起书法史上的名帖:唐代沙门怀仁集王羲之字迹而成的《圣教序》,俗称《集字圣教序》。该帖中的字都采集自王羲之的原迹,但在按唐太宗所撰《圣教序》的文字将它们重新排列时,字体原有的气与势遭到了破坏,这气与势只能在原有作品整体的章法布局中才能得到体现。故书家评云:字字王羲之而非王羲之。其意义也仅在于因集字广泛而便于初学。这与王鸣盛评《通鉴纪事本末》"颇便下学"的评价何其相似。《通鉴纪事本末》字字源于《通鉴》而已非《通鉴》,原因就在于在改写的过程中失去了司马光的写作语境。然《圣教序》得以流传的理由,是因为王羲之的多数真迹早已失传,可假该帖以想望书圣风采。今日《通鉴》原文具在,读者何不取法乎上?

天命与星神

——以敦煌《星供陀罗尼符》为例解析中古星命信仰 *

余　欣(复旦大学历史学系)

中古时代,传统天文星占和外来星命信仰逐渐融合并渗入日常生活,

---

* 本文为全国优秀博士学位论文作者专项资金"中古时代东亚博物学研究:以海外所藏稀见写本为中心"及上海市曙光计划"唐宋祥瑞思想研究"成果之一,系在提交 2010 年 10 月于普林斯顿大学召开的"佛教、道教与中国民间宗教"研讨会(International Conference on Buddhism, Daoism, and Chinese Religion, Oct. 8 - 10, 2010, Princeton University)论文"Buddhism, Daoism and Astrology in a Medieval Chinese Talisman"的基础上修订而成,中文版初稿曾在复旦大学中古中国共同研究班第 25 次 workshop(历史学系 1901 会议室,2011.5.4)上宣读,得到各位同仁的指教,谨此致谢! 题中"天命"一词,游自勇提出质疑。我作了如下解释:"天命"常理解为指王朝而言,即所谓君权神授,受命于天。然"天命"本义为上天之旨意,非专指王朝政权,亦指个人命运,且在我看来,王朝之天命乃从个人之天命引申而来。[宋]罗大经《鹤林玉露》卷六云:"且人之生也,贫富贵贱,夭寿贤愚,禀性赋分,各自有定,谓之天命,不可改也。"语虽晚出,却为天命之正解,与《论语》"五十而知天命"一脉相承。拙文以此为题,本欲强调所讲星占乃生辰星命学,占验者为个人命运,而非军国星占。姜鹏指出,《中庸》"天命之谓性,率性之谓道,修道之谓教",这个出处比《鹤林玉露》更好。孙英刚认为,其实这个问题只有在中文中有不同的意涵,在英文中是没有问题的。"继天立极"的"天命",英文是"mandate",基督教的意思是上帝的旨意;政治学上的含义是选民赋予的权力;汉学家基本达成共识,用"heavenly mandate"或者"mandate of Heaven"表达汉语中"继天立极"的天命,实际是指在神文时代由上天赋予统治者的政治合法性(legitimacy)。个人命运与生辰关系密切,本就是西方的一大通俗文化,所以它本有自己的翻译,比如"constellation fortune-telling"等等。这种意涵大体是"自然法则"的意思,"人的命,天注定"之类。至于在中文文献中到底取何种意涵,要根据语境具体分析。《论语》中有言:"不怨天、不尤人,下学而上达,知我者其天乎。"陶渊明《归去来辞》云:"聊乘化似归尽,乐夫天命复奚疑。"这些说的都是个人的命运。但是个人命运和星象结合在 (转下页)

绽放出绚丽的多元文化情彩，实为中国宗教社会史之重要一环。然而，星命信仰在中古社会的传播方式与传播过程，星神供养的仪节法度在宗教实践中的具体操作以及对普通民众思想与行事的实际影响，学界仍缺乏深入的探讨。以治中西交通史而闻名的薛爱华（Edward H. Schafer）曾就唐代的宇宙观、星神崇拜、占星术、星占者作过精彩的考论，[①]其观点至今仍有启发性。近年来，这一课题重新引起学界的关注，涉及的领域亦较薛爱华有所扩展。富于成果的探索主要集中于两个方面：其一为中古时代的星占文献与图像资料的释读和论析。其中，孟嗣徽关于炽盛光佛和五星二十八宿图的一系列讨论，[②]陈万成关于五星图像和黄道十二宫图像的考证，[③]尤具启发性。其二为星占、谶纬与中古政治文化之关系。[④]但仍有不少问题迄今未能求得通解，尤其是东西方星命信仰在晚唐、五代、宋初之际发生的关键性转变的过程与形态，尠有及之。

　　敦煌莫高窟藏经洞所出编号为 Ch. lvi. 0033（S. P. 170）的绘画艺术品，作为斯坦因敦煌收集品之一，今藏英国国家博物馆（The British Museum）。早年撰写博士论文时，笔者注意到了这件独特的材料，后来在

（接上页）一起，肯定要晚很多。孔夫子和陶渊明都只有笼统的天的概念而已。诸位同仁的教示，谨录于此，以存研究班往复探讨之真精神。又，笔者此前曾发表《敦煌文献与图像中的罗睺、计都释证》（《敦煌学辑刊》2011 年第 3 期，第 105—116 页）及《唐宋之际"五星占"的变迁：以敦煌文献所见辰星占辞为例》（《史林》2011 年第 5 期，第 70—78 页），与本文颇有关涉之处，尚祈读者一并参看。

①　Edward H. Schafer, *Pacing the Void: T'ang Approaches to the Stars*, University of California Press, 1977.

②　孟嗣徽《炽盛光佛变相图像研究》，《敦煌吐鲁番研究》第二卷，北京大学出版社，1997年，第 101—148 页；《〈五星及廿八宿神形图〉图像考辨》，《艺术史研究》第二卷，广州：中山大学出版社，2000 年，第 517—556 页；《五星图像考源——以藏经洞遗画为例》，《艺术史研究》第三卷，广州：中山大学出版社，2001 年，第 397—419 页。

③　陈万成《中外文化交流探绎：星学·医学·其他》，北京：中华书局，2010 年。

④　赵贞《唐五代星占与帝王政治》，博士学位论文，首都师范大学，2004 年。此后，作者陆续发表了 3 篇相关论文，已作为附录收于赵贞《归义军史事考论》，北京师范大学出版社，2010 年，第 260—306 页。仇鹿鸣《五星会聚与安史起兵的政治宣传——新发现燕〈严复墓志〉考释》，《复旦学报》2011 年第 2 期，第 114—123 页；姜望来《论"四七之期必尽"》，氏著《谶谣与北朝政治研究》第三章，天津古籍出版社，2011 年，第 59—82 页。

此基础上改写出版的专著《神道人心》中,将其收入卷首的彩色图版。① 当时我想表达的观点是:由于敦煌莫高窟的艺术遗存和藏经洞文献的主体是佛教及其相关内容,似乎给人这样一个印象:敦煌是"佛教都市",敦煌兆民宗教信仰的主流是纯粹的佛教。其实这未免扭曲了敦煌诸种信仰杂处、互动和交融的绚丽多姿的真实图景,是抹煞了敦煌民生宗教的丰富内涵的简单化概括。Ch. lvi. 0033 就是体现敦煌社会民生宗教交错摄化特质之杰作。但是鉴于这件材料的复杂性,只是在文中简略地提及,并没有给予详细的解说。现在看来,它在中国宗教社会史上具有极为重要的研究价值,而绝非仅仅局限于所谓"敦煌学"的范畴之内。故笔者拟在前贤先行研究业绩的基础上,以敦煌所出 Ch. lvi. 0033 为核心资料,对中古时代的星命概念、星占技术和星神崇拜;东西方天文学和占星术的交流与共生;星神图像程序的成立及演变过程;解除方术、道教符箓与密教星神供养禳灾仪式的结合诸问题,提出自己的见解,进而发掘其在信仰实践中的功能和意义。

一、关于 Ch. lvi. 0033 的定名及内容概观

为了便于讨论的展开,我们先提出 Ch. lvi. 0033 的定名问题,再简述其图像和文本的基本内容,然后作出整体的解释。

最早为本件定名者,是它的获得者斯坦因(Aurel Stein)。在考古报告《西域考古图记》中,斯坦因将其列入千佛洞所获古物清单中,称本件为"Paper painting with accompanying charm or invocation in Chin.",②直译就是"附有汉文咒语或愿文的纸画"。大概是因为这幅画较小,在整个收集品中不算什么精品,斯坦因不是很看重,所以在编选《千佛洞:中国西部边境敦煌石窟寺所获之古代佛教绘画》一书时并

---

① 余欣《神道人心——唐宋之际敦煌民生宗教社会史研究》,北京:中华书局,2006 年,第 53 页,图版壹—1。

② Aurel Stein, *Serindia: Detailed Report of Explorations in Central Asia and Westernmost China*, Vol. Ⅱ Text, Oxford University Press, 1921, p. 1080.

未辑入。① 直至 20 世纪 80 年代，韦陀（Roderick Whitfield）才刊布此画的彩色图版，并将它命名为"Talisman of the Pole-star"（直译当为"北极星护身符"）。② 无论是斯坦因还是韦陀，他们只是在图录中简单地描述，并没有详密而妥当地阐述定名的依据。首次对本件进行专门研究的，是故宫博物院的孟嗣徽先生，她称之为《计都神星·北方神星图》。③ 拙著《神道人心》中所用的名称则是《北方神星·计都星及符箓彩绘纸画》。

现在看来，此前的定名，包括笔者旧著所使用的在内，都有问题，可以说很不准确。定名实际上牵涉到对本件图像、文本的整体及其性质和功用的全面认识和界定，并不是随意的"拟题"。因此，在进行通盘考察后，我认为贴切的定名应该是《计都星·北方辰星供养陀罗尼符》，简称《星供陀罗尼符》。

本件之物质形态与内容概观，简述如下（彩图Ⅱ-1）：

纸本设色，高 42.7 厘米，宽 30.0 厘米。纸张为敦煌常见的较厚的皮纸。文字和图像全部为手绘，形制似模仿某一册页。四周绘有几何形的装饰纹样边框，为黑白两色，中国称为回波纹，日本称为"汉文"。④ 画面分为上下两段，上段为两星神的立像，下段为符箓和愿文。右侧像为计都星，男性、披发、裸上身，拱手立于绿色的云朵之上，但云朵已经几乎全部剥落。左侧有朱书榜题："谨请计都星护身保命，弟子一心供养。"左侧像为北方辰星，女身，着红色云肩大衣，内着裙装，左手执札，右手持

---

① Aurel Stein, *The Thousand Buddhas: Ancient Buddhist paintings from the cave-temples of Tun-huang on the western frontier of China*, London: Bernard Quaritch, 1921.

② Roderick Whitfield 编集、解说《西域美术：大英博物馆スタイン·コレクシヨン》第二卷，东京：讲谈社，1982 年，图 61。

③ 孟嗣徽《五星图像考源》，第 399 页。

④ 邓菲指出，这种纹样在绘画艺术品中极为罕见，而与书页的装饰颇为相似。笔者表示赞同，认为此构图和纹样确与唐宋雕版陀罗尼经咒、中古摩尼教经典、阿拉伯文书册颇有类似之处，但没有找到相同的例证。此外，笔者曾搜寻织物（丝织品、毛织品、染织品）、壁画、建筑、石刻、玉器、铜器、金银器、漆器、陶瓷等各种材料中的纹饰，也没有检获完全一致的例子。相关论著，如吴山编《中国历代装饰纹样》（北京：人民美术出版社，1988 年），芮传明、余太山《中西纹饰比较》（上海古籍出版社，1995 年）等，亦未收录或讨论这一题材。不论如何，这种装饰纹样和构图方式，似乎具有较为浓重的外来文化痕迹。

笔,立于红绿两色祥云之上,绿色云朵大半已剥落。左侧朱书榜题:"谨请北方神(辰)星护身保命,弟子一心供养。"两条榜题上半各有长框,涂成黄色,可见原本大概只是为书写神名而设,但是后来又写成一句祈语,以致溢出了边框。下段右侧为朱书符箓,占了3/4的篇幅,符箓末行右下侧有墨笔符号。左侧为愿文,三行,亦为朱笔,末行有朱笔花押。①
文字曰:

> 此符陀罗尼符,带者得神通,除罪千劫,十方诸佛惣在目前。去者无不吉,利达。一世得人恭敬,功得(德)无比护净。急急如律令。

星神图像之一的计都星,和罗睺一样,是假想的天体,它们与七曜(日月、五星)共同组成九执,②再加紫炁、月孛为十一曜。这些名称和概念来自西亚和印度,伴随摩尼教、密教经典及相关的天文历法、星占的东渐而传入中国。关于其起源及入华过程,前人已经作了较为细致的考索和阐发。③ 笔者对此也有新的释证,此处不赘。④

---

① 画面内容及录文参考前揭韦陀、孟嗣徽等学者之论著,而有所订补。
② 关于九执、罗睺、计都的考证,参看钮卫星《西望梵天:汉译佛经中的天文学源流》,上海交通大学出版社,2004年,第121—128页。
③ 沙畹、伯希和《摩尼教流行中国考》,冯承钧节译本载《西域南海史地考证译丛》八编,北京:中华书局,1958年,第43—104页;叶德禄《七曜历入中国考》,《辅仁学志》第一一卷第137期,1942年,第137—157页;王重民《敦煌本历日之研究》,原载《东方杂志》第三四卷第9期,1937年,第13—20页,收入王重民《敦煌遗书论文集》,北京:中华书局,1984年,第116—133页;Joseph Needham, *Science and Civilisation in China*, vol. 3, Cambridge University Press, 1959, pp. 203 - 206;薮内清《天文学・西方传来の占星术》,薮内清主编《中国中世科学技术史の研究》,东京:角川书店,1963年,第159—176页;增订本收入薮内清《增补改订中国の天文历法》,东京:平凡社,1990年,第177—191页;Yabuuti Kiyosi, "Researches on the *Chiu-chih li*: Indian Astronomy under the Tang Dynasty", *Acta Asiatica*, no. 36(1979), pp. 7 - 48. 饶宗颐《论七曜与十一曜——敦煌开宝七年(974)康遵批命课简介》,*Contributions aux études sur Touen-houang*, ed. par Michel Soymié, Genève-Paris: Librarie Droz, 1979, pp. 78 - 86;增订本收入饶宗颐《选堂集林・史林》,香港:中华书局,1982年,第771—793页;江晓原《天学真原》,沈阳:辽宁教育出版社,1991年,第323—355页。
④ 余欣《敦煌文献与图像中的罗睺、计都释证》。

　　左上星神榜题作"北方神星",一般学者均照录,我认为应校作"北方辰星"。在《切韵》体系中,"辰"属禅母、真韵、开口、三等、平声、臻摄,"神"属床母、真韵、开口、三等、平声、臻摄。罗常培先生指出:"本来禅、床两母在《玉篇》、《经典释文》跟慧琳《一切经音义》的反切里都混而不分,所以唐末守温所定的三十字母里还没有分立床母,我想这一系的方音也一定先是床禅不分,然后再由禅变审的。"①因此,在唐五代的敦煌方音中,"神"和"辰"的声母是不分的,韵母则完全相同,是同音字,所以抄手将"辰"字写作"神"字,并不奇怪。

　　韦陀翻译成"Pole-star",即北极星,显然有误。北极星也称为北辰,②辰星是指水星,虽然宋均曰"辰星正四时之位,得与北辰同名也",③但实为二星,两者不可混为一谈。

二、华夷释道交融:星神崇拜之图像学系谱

　　中国古代原本只有星图,主要出现于墓葬中,与生死信仰有关,最有名的当属河南濮阳西水坡第 45 号墓蚌塑二陆、北斗星象,④曾侯乙墓出土漆箱盖上所绘北斗与二十八宿星图,⑤以及洛阳西汉壁画墓星象图,⑥可以分别代表仰韶文化、战国和西汉时期星图的主要模式。星宿为神、各有所司的观念虽然早就存在,例如马王堆帛书《五星占》云"北方水,其帝端(颛)玉(项),其丞玄冥,〔其〕神上为晨(辰)星。主正四时……",⑦但是六

---

① 　罗常培《唐五代西北方音》,中研院历史语言研究所,1933 年,第 22 页。
② 　关于北极星及北辰,参看朱文鑫《史记天官书恒星图考》,上海:商务印书馆,1926 年,第 3—6 页。
③ 　《史记》卷二七《天官书》所引,北京:中华书局标点本,1959 年,第 1327 页。
④ 　冯时《河南濮阳西水坡 45 号墓的天文学研究》,《文物》1990 年第 3 期,第 52—60、转第 69 页。
⑤ 　王健民、梁柱、王胜利《曾侯乙墓出土的二十八宿青龙白虎图像》,《文物》1979 年第 7 期,第 40—45 页。
⑥ 　夏鼐《洛阳西汉壁画墓中的星象图》,《考古》1965 年 2 期,第 80—89 页。
⑦ 　《五星占》之录文,据刘乐贤《马王堆天文书考释》,广州:中山大学出版社,2004 年,第 51 页。

朝以前并没有赋予其人格化的意象，并且创制出人物形象的星神图像。文献材料和绘画艺术品实物表明，星界诸神画像的创作，是随着佛教的传播才盛行起来的。

　　佛教与星命紧密结合的例证，最早见于北凉时期的石塔，图像由塔身的七佛一弥勒、龛额的八卦与塔顶的北斗七星等构成，从中可以看到本土的周易术数、星斗崇拜与外来的佛教思想交汇和融合。[①] 但是此时的北斗七星仍是传统的星象图形式，尚未演变成神像。

　　星神画像之滥觞，或可追溯到萧梁时期的大画家张僧繇。《宣和画谱》云：

> 　　张僧繇，吴人也。天监中历官至右将军、吴兴太守。以丹青驰誉于时。……僧繇画释氏为多，盖武帝时崇尚释氏，故僧繇之画，往往从一时之好。今御府所藏十有六：佛像一，文殊菩萨像三，大力菩萨像一，维摩菩萨像一，佛十弟子图一，十六罗汉像一，十高僧图一，九曜像一，镇星像一，天王像一，神王像一，扫象图一，摩利支天菩萨像一，五星二十八宿真形图一。[②]

张僧繇所绘《九曜像》、《镇星像》、《五星二十八宿真形图》，应该是最早的一批根据佛教经典或图像模式创作的星神像。其中《五星二十八宿真形图》尚有四个临本存世，分别藏大阪市立美术馆、北京故宫博物院、美国大都会艺术博物馆。大阪藏卷最为著名，卷首有"奉义郎陇州别驾集贤院待制仍太史梁令瓒上"署款；题签："南朝梁张僧繇五星廿八宿神形图真迹卷。"[③]卷中题签当是后人所加，《宣和画谱》作于宋代，乃是追述，此卷应该仍是梁令瓒作，张僧繇可能只是托名而已。梁令瓒活跃于开元年间，与一

---

① 殷光明《北凉石塔上的易经八卦与七佛一弥勒造像》，《敦煌研究》1997 年第 1 期，第 81—88 页。

② 《宣和画谱》卷一《道释叙论》，台北故宫，影印元大德本，1971 年，叶五。

③ 《道教の美术》，读卖新闻大阪本社、大阪市立美术馆，2009 年，第 155 页，简要解说，见第 369 页。

行的关系十分密切，在历法和天文仪器的修造方面，两人曾有多次合作。①
因此梁令瓒在天文学应有相当的造诣，并且对密教经典有一定程度的了
解，故而临摹此星神图卷，似亦不足为怪。若此推测不误，则与唐代密教
及星神画像兴起的背景相符。当然，现存此卷是梁令瓒亲笔，还是其他唐
人或后世的再临本，就很难说了。②

　　原画应为上下两卷，现存仅为上卷，存五星和二十八宿中的十二宿，
每星宿作一图，均以人形或兽首人形的形象出现，其右逐段篆书题写星神
名号、性情、属性及祭祀方式。其中辰星女相，猿冠，着粉白衣，左手持纸
卷，右手持笔（彩图Ⅱ‐2）。篆书：

　　　　　辰星神，功曹也，知天下，理文墨、历术、典吏、传送，执天下纲纪。
　　辰星，白御也，常不离日，祭用碧，器用碧玉，币用碧色，祭用蔬水类
　　（鱼属），庙可致（置）于相府也，（中书省是）。③

辰星形貌和职司的描述亦见于 P. 3081《推七曜日吉凶法》："嫡者，水也，辰
星也，少女，算生、伎术、文吏之（下缺）。"我们可以在密教经文中找到其理
论依据。例如《梵天火罗九曜》云"其神状妇人，头首戴猿冠，手持纸笔"。④

　　密教经典中关于诸星神的身份和使命的描述，应该来源于希腊、罗马
神话。水星即希腊神话中的"赫尔墨斯"（Hermes），罗马神话中的"墨丘

---

① 吴慧《僧一行生平再研究》（《圆光佛学学报》第 14 期，2008 年，第 77—109 页），对一行生
　平多有考订，但是却未论及与梁令瓒的合作关系。

② 矢代幸雄和田中一松均肯定为梁令瓒所作。参看矢代幸雄《五星二十八宿真形图卷》，
　《美术研究》第 139 号，1958 年，第 241—280 页；田中一松《五星廿八宿神形图卷につい
　て》，《南画鉴赏》四之一，1935 年 1 月号，《日本绘画史论集》下，东京：中央公论美术出
　版社，1986 年。但古原宏伸认为，其造型表现，完全脱离六朝的原始画法与唐代幼稚未
　发达的初期山水画的风格，不可能是六朝或是唐代所作，下限应到北宋为止，因此无法
　断定图卷直接的作者。参看古原宏伸《〈画史〉集注（二）：第三十一条—第五十条》，《美
　术史研究集刊》第 13 期，2002 年，第 41 页。

③ 关于此卷的描述、录文及考证，参孟嗣徽《〈五星及廿八宿神形图〉图像考辨》，第 517—
　556 页。

④ 《大正新修大藏经》第 21 册，第 460 页。

利"(Mercury)，为众神的使者。①《七曜攘灾决》卷中云："水，其神女人，着青衣，带获(猴)冠，手执文卷……好食醋苦之物，善能言语及斗乱，作诳与人物后却悔，因作冤酬，慎之吉。"②后面关于水星的性格和与人结怨的缘由，当由关于赫尔墨斯的神话转译而来。此外，约生于公元 150 年的克雷芒(Clement)曾记述了当时埃及的宗教游行仪式，提及所谓《赫尔墨斯之书》：

> 首先是指挥者，手持两卷赫尔墨斯之书，其一为对诸神的赞美歌，其二为对王家官衙的指导。接着是一位持四卷赫尔墨斯星占之书的专家。再接着是一位宗教书记官，头戴羽饰，手持书册与尺，他被认为对于象形文字、宇宙学、地理学、日月和五大行星的顺序等等学问都无所不知。③

不难看出，手持书册与尺的宗教书记官，所模仿的正是赫尔墨斯，这与密教经典中的手持纸笔的辰星神形象是一致的。

中国星神画像中辰星的图像程序，非由希腊直接传来，而应该是经由密教输入的希腊化巴比伦星占学再中国化的结果，其中波斯人和粟特人起了重要的中介作用。如前所述，水星，中文译为嫡，源自中古伊朗语系的 Tir。Tir 为波斯水星固有神名，祆教兴盛以来，即与巴比伦水星神 Nabu 合而为一。Nabu 是书写之神，巴比伦宗教艺术中以笔代表神形和神性。由此 Tir 的形象亦转为手执纸笔的书记官形象。④ 印度自公元 2 世纪中期开始吸收希腊化的巴比伦星占学和天文学。⑤ 荣新江先生对入

① J. E. 齐默尔曼《希腊罗马神话辞典》，张霖欣编译，王曾选审校，西安：陕西人民出版社，1987 年，第 157—158、266 页。
② 《大正新修大藏经》第 21 册，第 449 页。
③ 江晓原《历史上的星占学》，上海科技教育出版社，1995 年，第 82—84 页。
④ Mary Boyce, "The Lady and the Scribe: Some Further Reflections on Anahit and Tir", *Acta Iranica*, vol. 12 (1988), pp. 277 - 282.
⑤ David Pingree, "History of Mathematical Astronomy in India", in Charles C. Gillispie, *Dictionary of Scientific Biography*. XVI, New York: Charles Scribner's Sons, 1981, p. 538.

仕唐朝的波斯人李素的研究,则揭示了于九曜星命术中经常征引的《都利韦斯经》和《韦斯四门经》源出希腊托勒密的天文学著作,经波斯人转译和改编后向东传播,其中有传到西印度的文本,最后在贞元年间由李弥乾带到中国。[①] 由此我们可以推测,九曜星命理论以及相关的图像模式,可能就是经由此一路径再传入中国。

中国的水星神画像实物,主要见于敦煌等地所出炽盛光佛变相图。此图像的基本结构为:中央为炽盛光佛结跏趺坐于双轮牛车仰莲座上,周围诸曜星官簇拥,行进在五彩祥云之上。以下仅简单集录相关描述:

P.3995《炽盛光佛与诸曜星官图》,左上侧站立木、水二星。水星女相,着红色衣,头戴猴冠,右手持笔,左手持札。

Ch.liv.007 唐乾宁四年(897)《炽盛光佛并五星神图》(彩图Ⅱ-3),左上角有题记"炽盛光佛并五星神,乾宁四年正月八日弟子张淮兴画,表庆讫"。图像与P.3995基本相近,但水星所着为青衣,头饰为蹲猴冠。

山西应县佛宫寺释迦塔出土白麻纸本木版彩绘挂幅《炽盛光佛降九曜星官宫宿图》,炽盛光佛两侧侍立九曜星官,皆有榜题。水星为女相,着绿衣,双目下视,头冠不清,左手持笔。

江苏苏州瑞光寺塔出土宋景德二年(1005)皮纸刻本经咒插图《炽盛光佛典九曜星官宫宿图》,水星女相。

宁夏贺兰宏佛塔出土西夏时期绢质彩绘挂幅《炽盛光佛与十一曜星宿图》Ⅰ,炽盛光佛主尊上方绘黄道十二宫、星宿和祥云,左右两侧及下部绘十一曜星官。水星女相,左手握一卷纸札,脚下有立猴,猴双手捧砚。

宁夏贺兰宏佛塔出土西夏时期绢质彩绘挂幅《炽盛光佛与十一曜星宿图》Ⅱ,水星着青衣,手持笔札。

俄罗斯圣彼得堡艾尔米塔什博物馆藏黑水城出土西夏时期绢质彩绘挂幅 X.2424《炽盛光佛与诸曜图》,水星在日曜上左方,是一个女官形象,右手持笔,左手持纸卷。头上饰猿冠、凤钗、迦陵频迦等。

---

① 荣新江《一个入仕唐朝的波斯景教家族》,《伊朗学在中国论文集》第2集,北京大学出版社,1998年,第82—90页。

甘肃五个庙石窟西夏时期第一窟东壁壁画《炽盛光佛圣众图》，壁画模糊，水星女相，在佛膝处。

敦煌莫高窟 61 窟甬道南壁西夏时期壁画《炽盛光佛与十一曜二十八宿图》，水星仅存头像部分，凤钗依稀可辨。

敦煌莫高窟 61 窟甬道南北壁西夏时期壁画《炽盛光佛与诸曜图》，壁画下部残损严重，水星已不可辨。①

美国波士顿美术博物馆藏元代绢质彩绘挂幅《炽盛光如来往临图》，②星神大多手持笏板，水星女相，饰猴冠。

美国纳尔逊—阿特金斯博物馆藏原山西广胜寺下寺元代壁画《炽盛光佛及圣众图》，水星女相，手持纸笔，头饰猴冠。

美国宾夕法尼亚大学博物馆藏原山西广胜寺下寺明代壁画《炽盛光佛及圣众图》，水星图像与上件大体相同。

从现存图像资料看，辰星在梁令瓒时代就已经是程序化的女神形象。原为男性的赫尔墨斯演化为女性的水星形象，表明在传播过程中产生了变异。陈万成指出："盖依希腊星说，水星性别不一，或男或女，随其邻旁之星神而定。如邻旁为男性星神（火星、土星、太阳），则水星为男性；若邻旁为女性星神（金星、月亮），则水星化为女性。"③这是从外来星说来解释，但是或许还有受本土影响的可能，水在中国传统阴阳五行观念中属于阴象，由此水星神被理解为阴柔的女性形象更为契合。当然，只是一种猜测。其实改变的不止是性别，还有水星的地位、功能和图像程式。

早期伊斯兰星占学在很大程度上承袭了波斯星命文化。在大约与敦

---

①　2010 年 8 月 10 日，笔者与荣新江教授、孟嗣徽研究员、陈菊霞博士、张小刚博士等一起考察了莫高窟第 61 窟的这两幅壁画，以上描述，据现场记录。经大家共同探讨，孟嗣徽研究员对南壁壁画中的诸曜作了重新比定，确定为十一曜，而非原先认定的九曜。北壁的构图类似于南壁，但主尊为女相，是否为炽盛光佛，尚有疑问，主尊西侧为何有一列僧人画像，也令人觉得困惑。现姑且仍称之为《炽盛光佛与诸曜图》。

②　原定为元代绘画，但也有韩国学者认为是 13 世纪高丽佛画。参看姜素妍《ボストン美术馆藏炽盛光如来往临图》，《国华》第 1313 号，2005 年，第 50—53 页。

③　陈万成《唐元五星图像的来历》，《中外文化交流探绎：星学·医学·其他》，第 85 页。

煌《星供陀罗尼符》同时代(10世纪)的 Ibn al-Hātim 编撰的星占书中提到"书记官是传令臣"。[①] 辰星的画像出现在符中,除了是供养人的流年所临照的宿曜因素外,还有可能因为她又是负责人神交通的传令使者。尽管我们在汉文文献中没有找到明确的证据表明这一观念也已同时传入。

从现存图像资料看,辰星在梁令瓒时代就已程序化,计都手持刀剑,毛发竖起,作愤怒相,皆与印度古代之计都形象相合。因此有可能在传入经典的同时,也传入了源于印度的星神图像母版。

除了印度和波斯的因素之外,中国艺术家的创造性和道教的影响也是不容忽视的。宋苏洵《吴道子画五星赞》:"辰星北方,不丽不妖,执笔与纸,凝然不嚣,妆非今人,唇傅黑膏。"[②]苏洵所见《五星图》是否真迹,另当别论,至少关于水星妆容和神态的描述,代表了中国画家的理解。

据《广川画跋》的记载,道教五曜图式和佛教的还颇有异同:

> 秘阁所藏《五曜二十八宿真形图》,唐阎立本画,五星独有金、火、土,二十八宿存者十三,余亡失。……道藏传五曜图,金女形,火为童子,木为帝王形,土为老人形,而此画金为美女,两鬓如羽翼,乘飞凤而翔洋,土为道人,不知何据。经说昴形如剃,毕形如芝,井如足迹,鬼如沸胸,柳如蛇,张如翟昙,轸如人手,房如缨络,心如大麦,尾如蝎,此画皆异。惟牛形如牛头,斗为人形,虚如鸟,娄如马,与经相合。不知经之所云如是矣,而画者又异于经,果得言有据邪?[③]

这显示了佛教和道教各有其图式,画家本人的理解和个人艺术风格的渗入,使得这个问题更为复杂。《图画见闻志》卷三记载了一则很有意思的故事,彰显了创作理据上的冲突:

---

① Kristen Lippincott and David Pingree, "Ibn a-Hatim on the Talismans of the Lunar Mansions", *Journal of the Warburg and Courtauld Institutes*, vol. 50(1987), p. 62.
② 苏洵《嘉佑集笺注》卷一五,曾枣庄、金成礼笺注,上海古籍出版社,1993年,第410页。
③ 《广川画跋》卷五,丛书集成初编本,上海:商务印书馆,1939年,第50—51页。

　　孙知微,字太古,眉阳人。精黄老学,善佛道画,于成都寿宁院画炽盛光九曜及诸墙壁,时辈称伏。知微凡画圣像,必先斋戒踈瀹,方始援毫,有功德并故事人物传于世(双行小注:知微始画寿宁九曜也,令童仁益辈设色。其水圣侍从,有持水晶瓶者,因增莲花于瓶中。知微既见,啾然曰:"瓶所以镇天下之水,吾得之于道经,今则奚以花为?嗟乎! 画蛇着足,失之远矣。")①

据此可知,孙知微受命为佛寺绘制炽盛光佛及九曜壁画,但是由于其精通"黄老之学",所以绘九曜时根据的是道经的记载,而并非是佛经。孙知微所参照者,大概是《上清十一大曜灯仪》之类的道教经典,文中对星曜的形象均有描述。其中水星"立木猴而捧砚,执素卷以抽毫",前者为佛教所无,后者与佛教相同,反映了道教对佛教的选择性吸收并进行自主再创造的特色。水星本为炽盛光佛之侍从,但此画中又有自己的手持水晶瓶的侍从,不见于前述佛教炽盛光佛诸曜图像模式,也不见于道教星神绘画轨范,可能是画家本人个性化创作。水星之侍从手持水晶瓶,图像上似乎又从佛教模仿而来,敦煌藏经洞所出画幡即有手持琉璃钵、琉璃碗之菩萨像。② 但是原本瓶中所盛惟有净水,以象征辰星代表北方水德,则观念上出自中国本土信仰,而图像程式出自佛教而为道教所吸收。为此图设色的徒弟,不解此中玄奥,根据对佛教经变画的理解,擅自增入佛教的象征性符号莲花,难怪孙知微认为是画蛇添足,怫然不悦。③ 这一逸闻堪称佛道观念在冲突与融合中互相激荡的绝佳范例。

　　炽盛光佛与九曜图在后世不断融入道教星命信仰,最终构成极为繁复的图像程式。例如波士顿美术馆藏《炽盛光如来往临图》,此画主尊为

---

① 郭若虚《图画见闻志》,黄苗子点校,北京:人民美术出版社,1963 年,第 71 页。
② 余欣《中古异相:写本时代的学术、信仰与社会》,上海古籍出版社,2011 年,第 248—266 页。
③ 邓菲认为孙知微是非常特别的个案,他的绘画融入了很强的个人因素。绝大多数画家,对于绘画对象,只是根据某一程式(例如画样)而作,自身并没有宗教理念上的见解和倾向。

炽盛光如来,两侧为日光和月光遍照如来,周围十一曜环伺,外廓为黄道十二宫、二十八宿、北斗九辰、南都六星、三台六星,布局严整,宛如佛道星神齐聚朝会图,可谓此类图像结构之巅峰。

三、释陀罗尼符

Ch. lvi. 0033 的计都和辰星画像下方右侧为朱书符篆,左侧为愿文,云"此符陀罗尼符",应该作何解呢?我认为不能单单把符篆部分理解为陀罗尼符,而应该把包括画像在内的整件作品理解为陀罗尼符。

先看符篆部分。如姜生所论,所谓道符乃是一种蕴义甚丰的神学符号,其造作之思想材料,主要为中国古老的 A 阴阳、B 五行、C 五方、D 三才、E 易卦、F 天干地支、G 道教的重要概念文字,等等。构图形式主要为 1 象形、2 复文、3 云篆、4 八卦的卦象符号、5 以及这些文字符号的夸张变形或离析,等等。[①] 本符篆的造作手段也不外乎此。大致可以辨认为汉字变体符号的有:二、非、三、乙、门、平、安、山、口、同、日、也、神、日、月、上、七、里、女、石、门、户、已等。象形符号则有北斗七星和五星。其中不少构成方式,都可以从陕西户县汉墓出土的曹氏朱书解除瓶上所画二符和河南洛阳西郊东汉地层出土的解注瓶上所画三符找到例证或渊源。[②] 尽管我们无法通解每一个符号的含义,但其基本语义是清楚的,即向星神供养祈祷,希求护佑自身和家族的平安,与整体内容完全一致。

艺术史研究经常会脱离作品本身的性质和功能,而对于其图像结构及其演变津津乐道。我并不认为这是错误的倾向。然而从宗教社会史的角度观照,这些东西,尽管从今天看来是艺术品,但是我们千万不能忽略它们在当时是作为宗教法物,只有在具体的宗教实践中的用途,才是它们

---

① 姜生《道符结构、语义及功能研究》,《社会科学研究》1997 年第 6 期,第 87 页。
② 上述早期道符的研究,参看王育成《东汉道符释例》,《考古学报》1991 年第 1 期,第 45—55 页;同氏《略论考古发现的早期道符》,《考古》1998 年第 1 期,第 75—81 页。

的根本属性。如果我们从上述思路再来通盘考察这件敦煌艺术品,我们就可以把它定性为一件禳灾祈福的符咒,是密教星神供养仪轨、陀罗尼和道教符箓的结合。

上文已经提及,随着唐代密教的盛行,炽盛光佛和星神崇拜开始广为流行,人们相信通过图绘并供养炽盛光佛与诸曜神像,举行相应的供奉仪轨,就可以攘除恶曜照临带来的灾祸,趋吉避凶。因此,在密教经典和敦煌文献中,都保留了不少此类材料。

星神的供养像可以是单幅,也可以是组合。比如罗睺、辰星、镇星,都有单像作品存世。作画和供养的地点,还颇有些讲究。《梵天火罗九曜》云计都当"画此神形,深室供养禳之",认为这样做就可以"回祸作福"。P. 3779《推九曜行年灾厄法》云罗睺"宜黑处画形供养",计都"宜深处画形供养"。之所以要在"黑处"画形,并供养在"深室",大概是由于两者都是隐曜的缘故。

计都的单像虽然敦煌文献中未能保存,但罗睺像却有幸存下来。S. 5666《罗睺星神像》(彩图Ⅱ-4),分上下两栏,上栏绘一神煞,面目狰狞,下栏有文字八行,从左到右书写,录文如下:

> 卯生女人,年六十四岁者,今年恰至罗侯(睺)星神者,命属星神,放过赦罪德助念。愿神星欢喜,其人福至,病者能行,日日消散,岁岁昌强。百鬼远离,善神加力,并不逢恶。急急如律令。月朝月半烧香启告,莫绝者自知。

又,S. 4279《罗睺星神像》,上栏为罗睺像,仅存右半,下栏有文字四行,从左向右依次为:

> 未生男年可卅七,愚(遇)至曜侯(睺)罗,请来降下烧香,□□□足如此身。

所谓卅七、六十四岁恰至罗睺者,与《推九曜行年灾厄法》《梵天火罗九曜》均相合，且男女均有使用，供养的方法是烧香启告，时间是月初月半，最为重要的是，点明了绘制画像的目的，是启请罗睺星神降下受供养。

禳除方式上，除了在深室供养，还有随身佩戴，水星像就是如此。《七曜禳灾决》讲了七曜在不同的季节凌逼人命星时的祸害以及禳灾之法。其中"水宫占灾禳之法第七"云：

> 辰星者，北方黑帝之子，一岁一周天，所至人命星吉凶不等。春至人命星，其人多有女妇言诤，家内不和。夏至人命星。其人宅中多有妖怪，人心不安，亦有移动，后则大吉。秋至人命星，其人合有改官加禄。冬至人命星，多病和气不周，五藏不安，神气不任。四季至人命星，家中合有阴谋事起，多有失脱。禳之法，当画一神形，形如黑蛇，有四足而食蟹，当项带，过命星讫，弃不流水中，则吉。①

这里所说要画的辰星神形是"形如黑蛇，有四足而食蟹"，与通常手持纸笔的女神形象大相径庭，不知是否由于用于戴在项上的缘故。此经末尾还特别申明这是"西国法"，极为神验，云"右七曜所至多有灾害，今依西国法禳之，避厄神验无极，非智勿传"。

以上为单立的星神画像，当一组星神作为群体出现时，即使没有出现炽盛光佛本尊，也可以看作是炽盛光佛与诸曜所组成的陀罗尼。廖旸认为，"炽盛光"首先是陀罗尼之名，其次是佛顶之名，最后才是如来之名；同时应用于指称相应的曼荼罗、道场与修法。后世多称该陀罗尼为消灾吉祥咒，简称消灾咒。② 我觉得将炽盛光等同于陀罗尼，仍需持审慎的态度，但两者的确具有紧密的关联，则这对于我们理解所谓"陀罗尼符"仍有

---

① 《大正新修大藏经》第 21 册，第 427 页。
② 廖旸《炽盛光佛再考》，《艺术史研究》第 5 辑，广州：中山大学出版社，2003 年，第 329—369 页。

帮助。

苏州瑞光寺塔出土宋景德二年(1005)皮纸刻本《佛说普遍光明焰鬘清净炽盛思惟如意宝印心无能胜总持大明王大随求陀罗尼》(彩图Ⅱ-5)，与敦煌所出 Ch. lvi. 0033 比照，构图形式上虽然有差异，年代亦稍晚，功能上却是相通的。此件中央为佛与九曜，两侧画二十八宿与力士，其余部分填充梵文陀罗尼，下部为汉文印施题记发愿文[1]。苏远鸣(Michel Soymié)主张版心画像与《大随求陀罗尼》经咒内容无关，但未加论证[2]。戴仁(Jean-Pierre Drège)承袭了这一观点[3]。马世长对本件的解释，可以概括为"类同说"：因为大随求陀罗尼曼陀罗图像中可以有形象，而炽盛光佛经变中又含有九曜星官、黄道十二宫、二十八宿等星宿图像，大随求陀罗尼曼陀罗图像的设计与刻板者，将大随求汉文陀罗尼经咒与炽盛光佛经变相结合，变成一种变异形式的大随求陀罗尼曼陀罗，以适应某种特殊的需要[4]。李翎提出"图像元素混同说"，认为宋代由于《大随求经》的不断译出，图像因素变得复杂，加之宋代佛、道、密教、星占学的结合，炽盛

---

[1] 2011 年 2 月 19 日，笔者在苏州博物馆考察时，曾目验原件。此件经咒曾刊布过黑白图版并附有简单介绍，见于苏州市文管会、苏州博物馆《苏州市瑞光寺塔发现一批五代、北宋文物》，《文物》1979 年 11 期，第 24 页，图六左，图版陆—2；宿白《唐宋时期的雕版印刷》，北京：文物出版社，1999 年，第 74、141 页。清晰的彩色图版刊于苏州博物馆编著《苏州博物馆藏虎丘云岩寺塔瑞光寺塔文物》，北京：文物出版社，2006 年，第 158 页。

[2] Michel Soymié, "Peintures et Dessins de Dunhuang, Notes d'iconographie", Jean-Pierre Drège (et. al.), *Images de Dunhuang : dessins et peintures sur papier des fonds Pelliot et Stein*, Paris: École française d'Extrême-Orient, 2005, p. 37.

[3] Jean-Pierre Drège, "Les Premières Impressions des Dhāraṇī de Mahāpratisara", *Cahiers d'Extrême-Asie*, vol. 11 (2000): *Nouvelles Études de Dunhuang Centenaire de L'École française d'Extrême-Orient*, pp. 25 – 44. 此文之评述，参看余欣《法国敦煌学的新进展——〈远东亚洲丛刊〉"敦煌学新研"专号评介》，《敦煌学辑刊》2001 年第 1 期，第 105—106 页。

[4] 马世长《大随求陀罗尼曼荼罗图像的初步考察》，《唐研究》第 10 卷，北京大学出版社，2004 年，第 550 页。这篇宏文广为搜集史料，主张这类资料不能简单地称为经咒，而应定名为陀罗尼曼陀罗，将各种图例分类进行了详密的考释，并对曼陀罗图像的名称与佛典依据、译本、大随求陀罗尼的内涵与功能、受持和供养的方式、大随求菩萨的形象、曼陀罗图像的制作、大随求信仰对丧葬观念的影响诸问题都提出了独到的见解，堪称迄今最为全面而精审的考察。

光佛崇拜十分流行，因此在绘制这些图像时，晚期出现了一些附加图像因素，形成这种大随求神与炽盛光佛相混合的图像。① 陈万成则提出"杂拌说"。他认为这张经咒印纸反映了炽盛光佛绘像早期定型化的实态。虽然其经文出自不空所译《大随求陀罗尼经》，但无论题记或绘像，其内容都超出不空译经的范围，反映了当日民间密教信仰的"杂拌"特色。绘像的神秘性和功利性，正是它对于普罗大众的魅力所在，制作者为了迎合一般信众粗朴的宗教认识和信仰的功利趋向，于是把大众最熟悉、最崇信的神佛和经咒，七拼八凑，统统在纸上铺列出来，只要能令人相信它确能招福除祸，就达到了印造的最根本目的。绘像与经文无关，其实正是它的宗教魅力的体现，在社会上还取得一定的公信度，也因此在以后的炽盛光佛画中不断出现。②

以上诸家的分析，归结起来，不外乎两点：一是将图像与经文对照，强调图像与经文无关，并非根据经文绘制；二是认为诸种图像因素只是功利性的杂合体。所论固然不无道理，但似乎还应该考虑其他可能的解释。

如果只是和《大随求陀罗尼经》对照，必定得出上述结论。但是绘像通常并非经文的简单图解。即使是和经典比较切近的经变画，也经常有在经文中完全找不到任何根据的题材，何况陀罗尼经典文本系统更为复杂。前引《佛说炽盛光大威德消灾吉祥陀罗尼经》卷首即称："尔时释迦牟尼佛在净居天宫，告诸宿曜、游空天众、九执大天，及二十八宿、十二宫神、一切圣众。我今说过去娑罗王如来所说炽盛光大威德陀罗尼除灾难法。"③这里就明确地把释迦牟尼佛、炽盛光佛、诸天宿曜、九执、二十八宿、黄道十二宫和陀罗尼全部糅合在一起。在敦煌，就有此经的好几种版本，

---

① 李翎《大随求陀罗尼咒经的流行与图像》，严耀中主编《唐代国家与地域社会研究：中国唐史学会第十届年会论文集》，上海古籍出版社，2008 年，第 373—374 页。

② 陈万成《景德二年版刻〈大随求陀罗尼经〉与黄道十二宫图像》，《中外文化交流探绎：星学·医学·其他》，第 36、51 页。

③ 《大正新修大藏经》第 19 册，第 337 页。

写卷有 P. 2194、P. 2382、P. 3920 和上博 48. 18。[1] 最近,在日本奈良上之坊发现一件北宋开宝五年(972)刻本。[2] 以上诸本大致属于同一时期,表明此经流通甚广,不仅在敦煌,也流行于其他地域,乃是当时的信仰风尚。因此民间的文本虽然表面上看上去是"杂拌",它的合法性仍然有其经典性依据,还是依托于某一经典而创制的。也就是说,即使再民间、再功利的东西,它的背后仍然需要经典为它提供理念上的支撑,而不是胡乱"杂拌"。再者,如果炽盛光即陀罗尼的假说可以成立,则更可视为此教理的实践物。

我们再来看此经咒使用方式和功效。瑞光寺塔刻本发愿文述云:

> 若有人志心诵念,戴持颈臂者,得十方诸佛菩萨〔天〕龙鬼神亲自护持身中,无量劫来,一切罪业,悉皆消灭,度一切灾难。若有书写此陀罗尼,安于幢刹,能息一切恶风暴雨,非时寒热,雷电霹雳;能息一切诸天斗诤言颂(讼);能息一切蚊虻蝗虫及诸余类食苗稼者,悉能退散,说不尽功。

根据《大正藏》所收唐代密教高僧不空译同名经文之偈颂,此陀罗尼之功用甚广,除上述诸般之外尚有:

> 若日月荧惑,辰星及岁星,太白与镇星,彗及罗睺曜,如是等九执,凌逼本命宿,所作诸灾祸,皆悉得解脱。或有石女人,扇姹半姹迦,如是之人类,由带大随求,尚能有子息。若此类带者,应画九执曜,二十八宿天,中画彼人形,所求悉如意。[3]

---

① 李小荣《敦煌密教文献论稿》,北京:人民文学出版社,2003 年,第 11 页。

② 韦兵《日本新发现北宋开宝五年刻〈炽盛光佛顶大威德销灾吉祥陀罗尼经〉星图考——兼论黄道十二宫在宋、辽、西夏地区的传播》,《自然科学史研究》第二四卷第 3 期,2005 年,第 214—221 页。

③ 《大正新修大藏经》第 20 册,第 624 页。

经文所载之应用范围更广，尚可用于求子。① "中画彼人形"应理解为祈禳者自身的画像，出土实物中有一例证，1975 年西安冶金机械厂唐墓出土的汉文印本《大随求陀罗尼》，②虽然版心画像残损，仍可以看出中心佛像旁有一供养人像，应该就是祈请者本人。

敦煌所出陀罗尼印本，已知共有 9 种计 23 件。③ 其中一种有"王文沼雕板"、"施主李知顺"刊记的《大随求陀罗尼曼陀罗》，现存 3 件，分藏英法，编号分别为 Ch. xliii. 004、E. O. 3639、P. t. 2。④ 据其题记"太平兴国五年(980)六月二十五日，雕板毕手记"，可知其确切刻板年代。题记的主体部分，是关于受持大随求陀罗尼的诸般功德：

> 若有受持此神咒者，所在得胜；若有能书写带在头者，若在臂者，是人能成一切善事，最胜清净，常为诸天龙王之所拥护，又为诸佛菩萨之所忆念。此神咒能与众生最胜安乐，不为夜叉、罗刹诸鬼神等为诸恼苦，亦不为寒热等病之所侵损，厌蛊咒咀不能为害，先业之罪受持消灾。持此咒者，常得安乐，无诸疾病，色相炽盛，圆满吉祥，福德增长，一切咒法皆悉成就。

从发愿文和偈颂看，《大随求陀罗尼》除了诵读外，其使用方式主要有两种：其一为随身佩戴，即所谓"戴持颈臂"；其二为受持供养，即所谓"安

---

① 那么这件的用途真的是为石女祈愿、佩戴而造的吗？马世长谨慎地表示难以确认。参看马世长《大随求陀罗尼曼荼罗图像的初步考察》，第 560 页。

② 本件之年代颇有争议，相关讨论参看保全《世界上最早的印刷品——西安市唐墓出土的印本陀罗尼经咒》，石兴邦主编《中国考古学研究论集——纪念夏鼐先生考古 50 周年》，西安：三秦出版社，1987 年，第 404—410 页；潘吉星《中国、韩国与欧洲早期印刷术的比较》，北京：科学出版社，1997 年，第 205—248 页；潘吉星《中国科学技术史——造纸与印刷卷》，北京：科学出版社，1998 年，第 295—298、342—346 页；Jean-Pierre Drège, "Les Premières Impressions des Dhāraṇī de Mahāpratisara".

③ 邰惠莉《敦煌版画叙录》，《敦煌研究》2005 年第 2 期，第 7—18 页。

④ 英藏这件较为学界所知，相关研究可参松本荣一《版画随求陀罗尼轮曼荼罗》，松本荣一《敦煌画の研究·图像篇》，东京：东方文化学院东京研究所，1937 年，第 604—609 页；小野玄妙《随求陀罗尼经变相——私考》，影印本附册，东京：大凤阁书房，1929 年。

于幢刹"。后者容易理解,但前者"带者"可得如何如何神通云云,系随身佩戴用以攘除凌逼本命的九曜所作灾祸。这样的经咒到底如何佩戴在颈臂上的,经咒本身并未明言,但出土实物为我们提供了答案。最为典型的文物出土于 1983 年发掘的西安西郊唐墓,经咒出自臂钏中。臂钏铜质鎏金,宽 1 厘米,长 7.9 厘米,右侧铆接一铜盒,盒与钏相接的一侧呈长方形,平面呈半圆形,有盖,高 4.5 厘米,宽 2.4 厘米。所出绢本彩绘《大随求陀罗尼》团成长约 3.5 厘米的不规则椭圆形,质地酥脆,修复展开后为 26.5 厘米见方。[①] 李翎对 10 件《大随求陀罗尼》作了分析,发现明确出自臂钏的就有 5 件。她提出将《大随求陀罗尼》作为护身符随身携带的信仰方式,即将经咒卷成小卷放入盒内附于臂钏或插入发髻之中,始于唐代的洛阳和长安。进而流行开来。随着唐皇入川,也将这种信仰方式带入蜀地,而唐代中后期蜀地活跃的造纸和印刷行业,更加促进了这种印经的传播。[②] 佩戴《大随求陀罗尼》的信仰的发源地和传播路线,带有较大推测成分,所论是否正确姑置不论,但至少表明这一信仰方式的主流,有些虽然没有明确证据表明出自臂钏,也不能排除这种可能。这大概就是为什么这类经咒的通常大小都在 30—40 厘米之间的原因[③],目的是为了恰好能卷成一团放入钏中。当然,既然有"颈臂"之称,可能也有放入项圈中的,装置原理与臂钏相同,只是考古资料未见而已。

除了画像、佩戴之外,每月或特定时节,进行祈请,也是受持的重要方式。敦煌文献中有几件《大随求经祈请》,就是专为这一仪式而作。[④] 同样,在星神崇拜中,按照特定的方位,对不同的星神以适当的方式进行供养,也是解灾消难的法门。P.3779《推九曜行年灾厄法》云:"凡人志心,每

---

① 李域争、关双喜《西安西郊出土唐代手写经咒绢画》,《文物》1984 年第 7 期,第 50—52 页。

② 李翎《大随求陀罗尼咒经的流行与图像》,第 366—367 页。

③ 除了李翎所举 10 件外,敦煌尚有近 20 件,李翎文颇有遗漏。敦煌所出最常见的尺寸为 43×34 厘米左右,显然也是为了纳入臂钏等随身佩戴而设计的。

④ 黄阳兴《略论唐宋时期的"随求"信仰》(下)曾言及(《普门学报》第 35 期,2006 年,第 8—9 页),但未予深究。拙文此处亦无法展开,拟另撰文申论。

月供养本直星辰者,消灾答福。所作〔通达〕。"《梵天火罗九曜》还列出祭祀修福的时日、祭品和方位:木星"常以仲春月,以众宝祭之,向东供之";火星"以仲夏之月火祭之,向南方供之";水星"以仲夏之月,用油祭,向北方供之";金星"常以仲夏之月,用生钱祭之,向西方供之";土星"宜送本命元神钱财,画所犯神形供养,黄衣攘之";罗睺"元辰神钱画所犯神形供养大吉";计都"画此神神形,深室供养攘之,回祸作福"。[①] 辰星的供养,在《七曜攘灾决》中更为繁缛:"宜持《药师真言》、转《药师经》六卷或六十卷;宜烧甲香、龙脑、零陵等香;宜着青衣。"[②]可以认为,除了图画或佩戴本身具有功德、能够消灾之外,画像的主要目的是为了供养。

星神的祭祀以及炽盛光佛图像的成立应与北斗崇拜有关。《推九曜行年灾厄法》与《梵天火罗九曜》中,关于辰星,都说"宜祭北斗"。《梵天火罗九曜》还收录了《葛仙公礼北斗法》:

> 镇上玄元北极北斗,从王侯及于士庶,尽皆属北斗七星。常需敬重,当不逢横祸凶恶之事。遍救世人之衰厄,得延年益算,无诸灾难。并本命元神,至心供养,皆得称遂人之命禄。灾害殃咎,迷塞不称,皆由不敬星像,不知有犯星辰,黯黯而行,灾难自然来至,攘之即大吉也。[③]

《葛仙公礼北斗法》当出于某道经托名葛玄之法。出现在密教经典中,可以看出密教对于道教的吸纳。这种醮祭北斗之法,在敦煌宗教实践中当有一定的分量。S. 2404《后唐同光二年(924)具注历日并序》曰:"谨案《仙经》云:若有人每夜志心礼北斗者,长命消灾,大吉。"卷中有图两幅。其

---

① 《大正新修大藏经》第21册,第460—461页。

② 《大正新修大藏经》第21册,第449页。文中"宜持《药师真言》、转《药师经》六卷或六十卷",可以看出炽盛光佛与诸曜和药师佛由于都具有除灾救难的角色,因此有互相融合的现象和趋向。参看前揭廖旸文及孟嗣徽《从〈药师净土图〉到〈药师秘法大法〉——药师经变的不同转折》,"庆贺饶宗颐先生95华诞敦煌学国际学术研讨会"论文集,敦煌,2010.8.8—11,第127—128页。

③ 《大正新修大藏经》第21册,第462页。

一即《礼北斗图》(彩图Ⅱ-6)。上方为北斗七星,一星官峨冠博带,持
笏,一士人跪地祈请。图下题字:"葛仙公礼北斗法:昔仙公志心,每夜
顶礼北斗,延年益算;郑君礼斗官,长命,不注刀刃所伤。"[1]

P.3995 及波士顿美术馆藏《炽盛光佛诸神行道图》的上方均有星宿残
图,应该就是北斗,较晚的《火罗图》和密教星曼荼罗中也经常出现。[2] 景
安宁认为炽盛光佛的图像表现源于北斗崇拜:

> 在九曜的图像学面貌大致形成之际,炽盛光佛的概念甚至还不
> 存在。……炽盛光佛的表现和图像起源于中国北斗,即西方所谓的
> 大熊星座。在中国,北斗被尊为漫天星辰和世间众生的主宰者。对
> 佛教徒来说,在中国佛教中建立一个天空诸神的体系是必要的,因为
> 天文学在中国古代的宗教、政治、社会、经济生活和国家事务中具有
> 头等重要性。中国的僧侣天文学家最初遵照中国的天文体系,将北
> 斗尊崇为一位至尊的天帝;后来,作为天帝的北斗在佛教系统中被新
> 创造的炽盛光佛取而代之。[3]

北斗信仰在中国可谓源远流长,密教和道教在北斗崇拜上相当接近,唐以
前密教经典中的北斗崇拜已被汉化,其再次汉化由一行完成,并体现于
《北斗七星护摩法》中。[4] 九曜及炽盛光佛的图像形式是否源于北斗,此问

---

[1] 邓文宽《敦煌天文历法文献辑校》,南京:江苏古籍出版社,1996 年,第 381 页;Marc Kalinowski (ed.), *Divination et société dans la Chine Médiévale*, p.191, 209.

[2] 《火罗图》在日本流传甚广,最有代表性的是京都教王护国寺所藏,据题记绘于永万二年(1166)。研究者认为图虽绘成于日本,当为中国原作之摹本。在日本,密教星象图的繁荣在平安后期达到高峰,反映了从中国唐代开始发展的趋向。此图多数内容均可与《梵天火罗九曜》文本直接对应。其中图上部一排七个坐像,即代表北斗七星。关于此图之研究,参看安吉拉·霍华德《星象崇拜——中国密教的一些文字证明材料》,张艳梅译,《敦煌研究》1993 年第 3 期,第 50—58 页。

[3] Anning Jing, "The Yuan Buddhist Mural of the Paradise of Bhaisajyaguru", *Metropolitan Museum Journal*, vol. 26 (1991), p.156.

[4] 吴慧《"北斗七女"考——另附汉译密教佛经中南斗北斗之汉化分析》,《世界宗教研究》2008 年第 2 期,第 52、56—57 页。

题甚为繁难，需要进一步研究，但与北斗信仰具有密切的关系，则是毋庸置疑的。

四、结　论

Ch. lvi. 0033 应该命名为《计都星·北方辰星供养陀罗尼符》。星占与天人感应的思想，在上古时期，已经形成了庞杂的理论体系。魏晋南北朝以来，随着密教经典的编译以及波斯、粟特、印度天文术士的入华，源自希腊、罗马并经改造的天文历法和星命、星占的概念和技术，陆续传入中国。尤其是在中晚唐以后，来自西方的九曜或十一曜的观念，以此推算行年的星命占验和禳除之术以及关于炽盛光佛、陀罗尼的经典和信仰，得到了广泛的传播。人们普遍相信，星宿对本命有着性命攸关的影响，绘制相应星神的图像，按照密教仪轨，对其进行供养，则可以禳除或削弱来自星界的灾厄。

张广达先生云："许多唐代出土文本和图像史料，如果把它们放在亚洲的范围，进而放在世界的范围内考察，那么，隋唐时期呈现的中国文化面貌，显而易见，是多种文化融合的结果，对之进行考察的区域既不能限于长安、洛阳，也不能限于以安西四镇为重点的西域。在某种意义上说，文化的多元，而非思想的一统，成就了唐代的辉煌。"[①]太史文（Stephen Teiser）教授主张："我们必须留意中国宗教生活中的持久的成分：神话、仪式、宇宙观念、宗教艺人与祖先崇拜。只有当中国宗教的这些形式依据中国社会背景加以探讨才会更好地理解中国文化。"[②]在炽盛光佛与诸曜的图像和祭祀仪轨的成立过程中，我们就可以看到这种"中国宗教生活中的持久的成分"所发挥的神奇作用。这一程式以炽盛光佛与陀罗尼信仰为基础，吸纳外来星命学，又糅合了不少源自中国本土的道教星命、符箓和

---

① 　张广达《张广达文集·总序》，桂林：广西师范大学出版社，2008 年，第 3 页。

② 　太史文《幽灵的节日：中国中世纪的信仰与生活》，侯旭东译，杭州：浙江人民出版社，1999 年，第 195 页。

解除方术的因素,中国画家和术士又根据自己的理解和创作理念对其进行了诠释和表现,信众的实际运用也是多姿多彩,从而使得这一信仰在宗教实践中呈现出华夷释道交融而异彩纷呈的独特景致。

总之,Ch. lvi. 0033 在数万件敦煌文献和艺术品中,似乎只是毫不起眼的一件,但是它却汇聚了来自希腊、罗马、波斯、粟特、印度和中国诸多文化因素,融合了中国早期方术、密教、道教等种种信仰,堪称中古时代东西文化接触、激荡、渗透、融摄并再创新的最佳范例。

附记:本文原载《唐研究》第 18 卷(北京大学出版社,2012 年 12 月,第 453—473 页),刊出时略有删节,今已重新补入。又,本文英文版 "Personal Fate and the Planets: A Documentary and Iconographical Study of Astrological Divination at Dunhuang, Focusing on the "Dhāraṇī Talisman for Offerings to Ketu and Mercury, Planetary Deity of the North" (*Cahiers d'Extrême-Asie* vol. 20, 2012, pp. 163–190)在内容与表述上均有较大差异,尚祈读者鉴察。

《白泽图》与《白泽精怪图》关系析论 *

游自勇（首都师范大学历史学院）

一、前　言

　　《白泽图》是中古时期流传很广的物怪指南，是研究当时社会信仰与民俗的重要资料，可惜久已佚失。清代马国翰和洪颐煊曾作过辑佚，但所得不多，且有说无图。1934 年，江绍原在其《中国古代旅行之研究》中引用了不少辑本《白泽图》的内容，主要是与出行有关的精怪图说，他广采典籍，对这些精怪进行了笺释。[①] 之后，对《白泽图》研究贡献最大的当推陈槃。1944 年，陈槃继续撰写其对于古谶纬书录的解题，其中有一篇就是《白泽图》。此时他虽然已经知道敦煌写本 P. 2682《白泽精怪图》的存在，但受战事阻隔，王重民寄来的影印本并未收到，因此他的研究只能围绕辑本《白泽图》展开，详细考订了《白泽图》的源起以及流衍，仅在文后以"附

＊　本文为教育部全国优秀博士学位论文作者专项资金资助项目"鬼与怪——中古中国的信仰与社会"（批准号：200912）、霍英东教育基金会第十二届高等院校青年教师基金基础性研究课题资助项目"占劾妖祥：敦煌吐鲁番文献所见中古中国的物怪研究"（编号：121102）的成果之一。本文初稿得到荣师新江、郝师春文、赵和平诸位先生的教正；2010年 9 月 15 日宣读于复旦大学"中古中国共同研究班"，蒙研究班诸位成员提出宝贵意见，后又得张小艳老师斧正不少释文错误，在此一并致谢。

① 　江绍原《中国古代旅行之研究》，上海：商务印书馆，1934 年，第 41—54 页。

记"形式对 P. 2682 的价值稍有提及。四年后他又以"补记"方式订正辑本
《白泽图》的错误并补充了一些佚文。① 20 世纪 50 年代以后,随着松本荣
一、饶宗颐等学者相继公布《白泽精怪图》的图版、录文并作出初步研究,②
学界的关注逐步提高。多数学者倾向于将《白泽图》与《白泽精怪图》相提
并论,甚至将二者等同起来,③只有个别学者认为二者不是同一本书。④
笔者在校录《白泽精怪图》时,曾据唐代佚籍《天地瑞祥志》重新辑佚《白泽
图》,在这个过程中,笔者发现《白泽图》与《白泽精怪图》存在巨大差异,二
者不能等同。本文即是对两书关系的继续探讨,以就正于方家。

二、先秦时期的神怪记录

　　一般而论,中国上古社会流行泛神崇拜,各种神灵鬼怪纷繁芜杂,加
之各地方言差异的存在,因此这些神怪名称及形象在流传的过程中出现
了种种偏差,有的甚至面目全非。尽管如此,学者们仍孜孜不倦地从上古
传说和神话中汲取资料,希望藉此重建上古史的脉络。 极端者如顾颉刚

---

① 陈槃《古谶纬书录解题(二)·白泽图》,《国立中央研究院历史语言研究所集刊》第 12
本,1947 年,第 35—47、52 页。20 世纪 80 年代,陈槃对于《白泽图》的解题作了最后增
订,此时他已得到了 P. 2682《白泽精怪图》的影印件,但并未吸收进增订本中,见《古谶
纬研讨及其书录解题》,台北:"国立编译馆",1991 年,第 273—292 页。

② 松本荣一《敦煌本白泽精怪图卷》,《国华》第 65 编第 5 册,总第 770 期,1956 年,第
135—147 页;饶宗颐《跋敦煌本白泽精怪图两残卷(P. 2682,S. 6261)》,《中研院历史语
言研究所集刊》第 41 本第 4 分,1969 年 12 月,第 539—552 页。

③ 林聪明《巴黎藏敦煌本"白泽精怪图"及"敦煌二十咏"考述》,《东吴文史学报》第 2 期,
1977 年 3 月,第 97—102 页; Haper Donald, "A Chinese Demonography of the Third
Century B. C. ", *Harvard Journal of Asiatic Studies*, Vol. 45, No. 2. (1985), pp. 491 -
494. ; Haper Donald, "A Note on Nightmare Magic in Ancient and Medieval China",
T'ang Studies, 6(1988), pp. 69 - 76. ;周西波《〈白泽图〉研究》,项楚主编《中国俗文化研
究》第 1 辑,成都:巴蜀书社,2003 年,第 166—175 页;孙文起《〈白泽图〉与古小说志怪渊
源》,《哈尔滨学院学报》第二八卷第 10 期,2007 年 10 月,第 75—78 页。

④ 松本荣一《敦煌本白泽精怪图卷》;高国藩《敦煌民俗学》,上海文艺出版社,1989 年,第
361—366 页;佐佐木聪《〈白泽图〉辑校(附解题)》,《东北大学中国语言文学论集》第 14
号,2009 年,第 112 页。

的"层累古史说"，完全打破了古人对于远古及三代历史的建构，最著名的论调就是将禹解释为一条大虫。此说一出，即在学界引起轩然大波，但并未得到多数学者的认同，他们依旧沿着典籍与出土文物互证的思路考辨名物、条理神谱，如丁山在其遗著《中国古代宗教与神话考》里就钩沉探赜，为我们制作出一张《自然神号演变为上古王公简表》。① 当然，丁山整理的上古神怪只是一小部分，此类工作古人很早就进行过，究其渊源，可上溯至著名的"铸鼎象物"传说。

公元前 606 年，楚庄王大军北进，顿兵洛水，周定王派王孙满至楚军犒劳。楚庄王乘机向王孙满询问鼎之大小、轻重。王孙满的回答是：

> 在德不在鼎。昔夏之方有德也，远方图物，贡金九牧，铸鼎象物，百物而为之备，使民知神、奸。故民入川泽、山林，不逢不若；螭魅罔两，莫能逢之。用能协于上下，以承天休。桀有昏德，鼎迁于商，载祀六百。商纣暴虐，鼎迁于周。德之休明，虽小，重也。其奸回昏乱，虽大，轻也。天祚明德，有所厎止。成王定鼎于郏鄏，卜世三十，卜年七百，天所命也。周德虽衰，天命未改。鼎之轻重，未可问也。②

这是中国古代极其有名的一段政治论述。王孙满主旨是要说明一个政权的存在最关键的是"德"，是天命；鼎是政权的象征，但它的大小轻重无关紧要，只要天命不改，政权就不会垮台，询问鼎的大小轻重也就没有意义。他实际上是劝告楚庄王不要幻想取周代之。我们关注的是王孙满对于鼎的历史的描述。在他看来，周鼎就是夏鼎，夏建立后，"远方图物，贡金九牧，铸鼎象物，百物而为之备，使民知神、奸"。按照杜预的解释，其意为"图画山川奇异之物而献之。使九州之牧贡金，象所图物，著之于鼎。图鬼神百物之形，使民逆备之"，也就是说将各地进呈的奇异之物的形象铸

---

① 丁山《中国古代宗教与神话考》，上海：龙门书局，1961 年，第 589—601 页。本书完成于 1950 年。

② 《春秋左传正义》卷二一，宣公三年，十三经注疏本，北京：中华书局影印本，1981 年，第 1868 页中—下。

造在鼎上,这样民众就可以根据图像来了解川泽山林中存在的各种神物（对人有益）和奸物（对人有害）,从而趋吉避凶。

对于《左传》的这段记载,王充有过激烈评论,他说:

> 夫金之性,物也,用远方贡之为美,铸以为鼎,用象百物之奇,安能入山泽不逢恶物,辟除神奸乎?

> 周鼎之金,远方所贡,禹得铸以为鼎也。其为鼎也,有百物之象。如为远方贡之为神乎? 远方之物安能神? 如以为禹铸之为神乎? 禹圣,不能神。圣人身不能神,铸器安能神? 如以金之物为神乎? 则夫金者,石之类也,石不能神,金安能神? 以有百物之象为神乎? 夫百物之象,犹雷蹲也,雷蹲刻画云雷之形,云雷在天,神于百物,云雷之象不能神,百物之象安能神也?①

完全否定了鼎的神圣性。王充之后的古代学者在这个问题上大致分两派:一派肯定夏鼎（九鼎）的存在,但讨论的重点转移到九鼎的政权象征意义上,不去理会铸鼎象物、辨识百物的功能;另一派则怀疑乃至于否认九鼎的存在。② 现代学者的关注点正好相反。象征政权的"九鼎"是否存在并不重要,殷周时期作为礼器的鼎的存在已是不争的事实,而且这些鼎上一般都铸有饕餮等神怪图案,所以铸鼎象物的传说不会只是空穴来风,背后其实揭示出上古英雄人物（圣王）在历史发展进程中的关键作用。③ 陈槃由此认为"铸鼎象物"其实是后世"白泽图型"神怪故事的源头。④ 杜正胜更是继傅斯年之后将"物"的政治意义发挥到极致,认为上古族群存在

---

① 黄晖《论衡校释》卷八《儒增篇》,北京:中华书局,1990 年,第 375、377 页。
② 参见江绍原《中国古代旅行之研究》中所列各家观点,第 10—12 页注六。另参唐兰《关于"夏鼎"》,《文史》第 7 辑,北京:中华书局,1979 年,第 1—8 页;小南一郎《古代中国天命と青铜器》,京都大学学术出版会,2006 年,第 25—49 页;巫鸿著,李清泉、郑岩等译《中国古代艺术与建筑中的"纪念碑性"》,上海人民出版社,2008 年,第 6—13 页。
③ 参江绍原《中国古代旅行之研究》,第 78—84 页。
④ 陈槃《古谶纬研讨及其书录解题》,第 277—279 页。

的基础是"物"(图腾)与"德"(内在特质),只有明白物怪世界"物外德内"的政治结构,才能够体会当时统治的理则。[1] 不管何种观点,都提示我们应该关切"物"在先秦政治结构中所扮演的特殊角色,而这种角色在以往的研究中多被忽略了。

《左传》所谓夏世"铸鼎象物",可能只是殷周时期古人想象的产物。上古时期人们应对自然环境的能力不强,能够辨识自然界"神怪"的少数人更能赢得大家的尊崇和信服,由此成为领袖。这和我们熟悉的神农尝百草传说道理是一样的。久而久之,传说逐渐被神话,少数人就被追捧成为英雄人物,从而进入圣王的行列。相应的,"铸鼎象物"也变成此类圣王的标志性功绩。不过,这种鼎是否如《左传》所言,能够让民众辨识神、奸是很值得怀疑的。它的数量不多,殷周之世只有那些级别很高的贵族才能使用,而且上面铸造的神怪图案也十分有限,普通民众几乎不可能接触到这些鼎,更遑论去细致记下神怪的形象。[2] 贵族使用的礼器鼎尚且如此,天子之鼎又岂能轻易示人?霸气如楚庄王者都无法一窥周鼎真容,何况一平民百姓?因此,"铸鼎象物"本质上只是一种想象,其象征意义远远大过记录神怪的作用。

既然"铸鼎象物"的主旨不是记录神怪,那么先秦时期是否就真的没有此类作品产生吗?答案是否定的。先秦典籍中关于神怪的记载其实不少。《庄子·达生》记齐桓公问皇子告敖:"然则有鬼乎?"皇子回答:"有。沈有履,灶有髻。户内之烦壤,雷霆处之;东北方之下者,倍阿、鲑蠪跃之;西北方之下者,则泆阳处之。水有罔象,丘有峷,山有夔,野有彷徨,泽有委蛇。"又答:"委蛇,其大如毂,其长如辕,紫衣而朱冠。其为物也恶,闻雷车之声,则捧其首而立。见之者殆乎霸。"[3]《管子》也载:"故涸泽数百岁,

---

① 杜正胜《古代物怪之研究(上)——一种心态史和文化史的探索》,分见《大陆杂志》第一〇四卷第 1 期,2002 年 1 月,第 1—14 页;第 2 期,2002 年 2 月,第 49—63 页;第 3 期,2002 年 3 月,第 97—106 页。另参楚戈《龙史》,台北,作者自刊本,2009 年,第 45—55 页。

② 有关青铜器上动物纹样的讨论很多,可参看蒲慕州的简要概括,见《追寻一己之福》,台北:允晨出版社,1995 年初版,此据上海古籍出版社 2007 年新版,第 29—32 页。

③ 王先谦撰,沈啸寰点校《庄子集解》卷五《达生》,北京:中华书局,1999 年,第 161—162 页。

谷之不徙、水之不绝者,生庆忌。庆忌者,其状若人,其长四寸。衣黄衣,冠黄冠,戴黄盖,乘小马,好疾驰。以其名呼之,可使千里外一日反报。此涸泽之精也。涸川,水之精者,生于蝐。于蝐者,一头而两身,其状如蛇,其长八尺。以其名呼之,可以取鱼鳖。此涸川水之精也。"①诸如此类的记载虽然零散,却未断绝,往往成为后世神灵精怪记录的源头所在。② 这里,我们必须提及的是《山海经》。古代学者一般认为该书或是禹、益之作,或本于夏鼎而作,近代余嘉锡等亦持此说。时至今日,越来越多的学者相信《山海经》的成书不是一时之事,其中不少内容均产生在战国。《山海经》包括《五藏山经》5 篇、《海外经》4 篇、《海内经》4 篇、《大荒经》4 篇,另又有《海内经》1 篇,共五部分。在这五部分中,《山经》、《大荒经》和《海内经》1篇成于战国已为多数学者所接受,其余部分的成书年代则因出现了不少秦汉时期的地名尚存争议。李剑国综合各家观点,对于《山海经》的成书梗概提出猜想:"战国中期至后期间先后有巫祝方士之流采撷流传的神话传说、地理博物传说,撰集成几种《山海经》的原本。因其性质相近,秦汉人合为一书,定名为《山海经》,最晚在汉武帝时已完成了这一工作。"③这种描述庶乎接近先秦秦汉时期典籍成书的一般过程。《山海经》五部分中,《山经》之外的部分,后人合称《海经》,《山经》和《海经》的风格有很大差异。前者相对平实一些,专记山川道里特产,类似于后世的地理之书。后者主要记载远国异民和神话传说,想象的空间更大,文字叙述上多描述所在方位、外形特征等内容,因而后世学者多怀疑这部分极有可能有古图作依据,它是图画的文字说明。④ 众所周知,先秦时期的书写材质有甲骨、金石和简帛,春秋战国时期竹简成为主要的书写材质。帛书的大小比较随意,用于图画不成问题,战国时期的地图便是绘制在帛书上,楚帛书中

① 《太平御览》卷八八六《妖异部二·精》,北京:中华书局影印本,1960 年,第 3936 页下。
② 关于先秦时期神怪记载的情况,详参蒲慕州《追寻一己之福》,第 48—52、58—68 页;李剑国《唐前志怪小说史》(修订本),天津教育出版社,2005 年,第 81—120 页。
③ 李剑国《唐前志怪小说史》(修订本),第 96 页。
④ 以上对《山海经》成书过程及内容的讨论,主要参考了李剑国《唐前志怪小说史》(修订本)的论述,第 93—107 页。

也绘有十二神像。①　相比之下，竹简狭长，图画的难度要高得多，不过也并
非不可能。西晋时出土的汲冢竹书为战国魏写本，据说内有《图诗》一篇，
名称中既有"图"，又是"画赞之属"，②则其原本应是配合图画而作。由此
可见，就现有文献而言，《山海经》无疑是最早的地理及神怪记录专书了，
而且其记录神怪的方式是图文并茂。

除此之外，还有一类文献也值得引起我们的关注。1975 年，湖北云梦
睡虎地出土了大批战国末期至秦初的竹简，其中有批竹简被学界定名为
《日书》甲种，里面记载了很多神怪，尤其《诘》篇更是详尽罗列出数十种神
怪的名字以及驱鬼避邪之术。③　之后，越来越多的《日书》材料相继出土，
里面或多或少都有关于神怪的记录，但如《诘》篇这样的专门之作却再无
得见。④　通读《诘》篇的内容，我们很容易可以发现它并非经过某种严整体
例编纂而成。由于《日书》是一种实用性很强的占卜择日用书，所以最大
的可能性是巫者将自己平日所知、所用的厌劾鬼怪之法逐条记录下来，久
而汇编成册。与《山海经》图画神怪不同，《诘》篇既无图像，也很少对鬼怪
的形象进行描述，重在介绍各种鬼怪作祟的特点以及驱除鬼怪的法门，至

---

①　参曾宪通、饶宗颐编著《楚帛书》，香港：中华书局，1985 年；李零《长沙子弹库战国楚帛
　　书研究》，北京：中华书局，1985 年；刘信芳《子弹库楚墓出土文献研究》，台北：艺文印书
　　馆，2001。关于楚帛书的研究概况，参李零《中国方术考》（修订本），北京：东方出版
　　社，2000 年，第 178—196 页。

②　《晋书》卷五一《束晳传》，北京：中华书局，1974 年，第 1433 页。

③　有关《诘》篇的讨论很多，重要的有：饶宗颐、曾宪通《云梦秦简日书研究》，香港中文大学
　　出版社，1982 年，第 28 页；Haper Donald，"A Chinese Demonography of the Third
　　Century B. C. "，pp. 459 - 498. ；刘乐贤《睡虎地秦简日书〈诘咎篇〉研究》，《考古学报》
　　1993 年第 4 期，第 435—454 页；蒲慕州《睡虎地秦简〈日书〉的世界》，《中研院历史语言
　　研究所集刊》第 62 本第 4 分，1993 年 4 月，第 658—662 页；刘乐贤《睡虎地秦简日书研
　　究》，台北：文津出版社，1994 年，第 225—268 页；蒲慕州《追寻一己之福》，第 77—84 页；
　　Haper Donald，"Spellbinding"，*Religions of China in Practice*，Princeton：Princeton
　　University Press，1996，pp. 241 - 250. ；连劭名《云梦秦简〈诘〉篇考述》，《考古学报》2002
　　年第 1 期，第 23—38 页；王子今《睡虎地秦简〈日书〉甲种疏证》，武汉：湖北教育出版社，
　　2002 年，第 339—445 页。

④　关于 20 世纪以来出土《日书》的情况及研究概况，参刘乐贤《简帛数术文献探论》，武汉：
　　湖北教育出版社，2002 年，第 27—38 页；李零《简帛古书与学术源流》（修订本），北京：
　　三联书店，2008 年第 2 版，第 434—436 页。

于鬼怪的形象则只有专门的巫者才通晓。因此《诘》篇不是作为"典籍"存在的,而是中下层民众的实用书,[1]是先秦日常生活中常见驱鬼避邪之术的一个总汇。

三、汉晋时期的"白泽之辞"

汉晋之世,疾疫频发、巫风盛行,[2]神怪信仰在当时社会广泛存在并深刻影响着人们的日常生活。墓葬中的画像砖、壁画、铜镜、帛画,墓地祠堂的画像石等都无一例外地向我们展示了一个鲜活的鬼神世界。[3] 文学作品里亦不乏神怪的踪影。如张衡的《东京赋》就有一段驱傩仪式的描写,其言曰:

> 煌火驰而星流,逐赤疫于四裔。然后凌天池,绝飞梁,捎魑魅,斮猰狂,斩蜲蛇,脑方良。囚耕父于清泠,溺女魃于神潢。残夔魖与罔像,殪野仲而歼游光。八灵为之震慑,况魑蜮与毕方。度朔作梗,守以郁垒。神荼副焉,对操索苇。目察区陬,司执遗鬼。京室密清,罔有不韪。[4]

《东京赋》中提到的神怪就有魑魅、猰狂、蜲蛇、方良、耕父、女魃、夔

---

[1] 蒲慕州认为《日书》反映的是"以中下阶层为主的人民生活和信仰的部分情况",见《睡虎地秦简〈日书〉的世界》,第 670 页;另参《追寻一己之福》,第 86—89 页。

[2] 参宫川尚志《六朝时代の巫俗》,初刊《史林》第四四卷第 1 号,1961 年,第 74—97 页,此据修订本,收入氏著《六朝史研究》(宗教篇),京都:平乐寺书店,1964 年,第 336—365 页;林富士《汉代的巫者》,台北:稻乡出版社,1988 年;李丰楙《六朝道教的终末论——末世、阳九百六与劫运说》,《道家文化研究》第 9 辑,上海古籍出版社,1996 年,第 82—99 页。

[3] 参 Michael Loewe, *Ways to Paradise: The Chinese Quest for Immortality*, London Boston: George Allen & Unwin, 1979;林巳奈夫《汉代の神神》,京都:临川书店,1989 年;巫鸿著,柳扬、岑河译《武梁祠:中国古代画像艺术的思想性》,北京:三联书店,2006 年;巫鸿《中国古代艺术与建筑中的"纪念碑性"》,第 154—182、248—323 页;Martin J. Powers 撰、黄咨玄译《早期中国艺术中的精灵与载体》,蒲慕州编《鬼魅神魔——中国通俗文化侧写》,台北:麦田出版社,2005 年,第 83—108 页。

[4] 《文选》卷三《京都中》,上海古籍出版社,1986 年,第 123—124 页。

魖、罔像、野仲、游光、魌蜮、毕方、郁垒、神荼等，多是先秦典籍里出现过的神怪名。王延寿的《梦赋》也是一篇奇文，所记神怪更多：

> 臣弱冠尝夜寝，见鬼物与臣战，遂得东方朔与臣作骂鬼之书，臣遂作赋一篇叙梦。后人梦者读诵以却鬼，数数有验。臣不敢蔽其词，曰：余宵夜寝息，乃忽有非常之物梦焉。其为梦也，悉睹鬼物之变怪，则有蛇头而四角，鱼尾（首）而鸟身，或三足而六眼，或龙形而似人。群行而奋摇，忽来到吾前。伸臂而舞手，意欲相引牵。于是梦中惊怒，腼臆纷纭，曰："吾含天地之淳和，何妖孽之敢臻！"尔乃挥手振拳，雷发电舒。斲游光，斩猛猪，批䰰毅，斫魅虚，捎魍魉，拂诸渠，撞纵目，打三颅，扑菩蒐，抶夔魖，搏睍睆，蹴睢盱，剖列䰠，掔羯蕐，劙尖鼻，踏赤舌，挐伧麂，挥髯鬣。……嗟妖邪之怪物，敢干真人之正度！①

除了游光、魍魉是常见神怪外，其他提到的"妖邪之怪物"的名称都异常生僻，可见汉代神怪的名目是在不断增长的。

面对身边随时随地都有可能出现的神怪，人们自然会想办法避免其对自身的干扰及危害，祭祀是途径之一，但更多的还要靠攘除之术。《汉书·艺文志》"杂占类"著录有《祯祥变怪》二十一卷、《人鬼精物六畜变怪》二十一卷、《变怪诰咎》十三卷、《执不祥劾鬼物》八卷、《请官除妖祥》十九卷等书，②虽然均已不传，我们也看不到只言片语，但从书名上可以推测应属厌劾妖祥之类。20 世纪 70 年代出土的居延破城子探方四九第 3 号汉简，简文题"厌魅书"，亦属此类。③ 汉晋时期，类似的专书及奇人异士还有不少。据说汉章帝时有称寿光侯者，"能劾百鬼众魅，令自缚见

---

① Haper Donald，"Wang Yen-shou's Nightmare Poem"，*Harvard Journal of Asiatic Studies*，Vol. 47，No. 1.（1987），pp. 242 - 252.

② 《汉书》卷三〇《艺文志》，北京：中华书局，1962 年，第 1772 页。

③ 甘肃省考古文物研究所、甘肃省博物馆、中国文物研究所、中国社会科学院历史研究所编《居延新简——甲渠候官》，北京：中华书局，1994 年，上册释文第 91 页，下册图版第 118 页。

其形"。① 王延寿《梦赋》中提到东方朔授予他"骂鬼之书",他得以力搏诸鬼,刘勰认为这种"骂鬼之书"就是一种咒术。② 联系到《赋》内罗列有很多神怪名称,则此类却鬼之法至少需要熟知神怪之名才能发挥其效力。魏时人阳(一说杨)起,幼年"得素书一卷,乃遣劾百鬼法也",他甚至可以驱使神怪为其送信、劳作,乃至于借神怪吓人。③ 葛洪《抱朴子》云:

> 及按鬼录,召州社及山卿宅尉问之,则木石之怪,山川之精,不敢来试人。④
>
> 其次则论《百鬼录》,知天下鬼之名字,及《白泽图》、《九鼎记》,则众鬼自却。④
>
> 按《九鼎记》及《青灵经》,言人物之死,俱有鬼也。马鬼常以晦夜出行,状如炎火。⑤

其书《遐览篇》著录了《见鬼记》、《收山鬼老魅治邪精经》三卷、《收治百鬼召五岳丞太山主者记》三卷等道书。⑥ 干宝《搜神记》引书中有《夏鼎志》、《白泽图》。⑦ 综合以上各种劾鬼作品可知,汉晋时期此类专书的编纂已经不是偶而为之,而是形成了一定规模。究其原因,主要是因为此间神怪信仰极其流行,神怪名目也日渐增多,而察知神怪之貌、知其名目是攘

---

① 干宝撰,李剑国辑校《新辑搜神记》卷二《寿光侯》,北京:中华书局,2007 年,第 47—48 页。
② 王利器校笺《文心雕龙校证》卷二《祝盟》:"自春秋已下,黩祀谄祭,祝币史辞,靡神不至。至于张老成室,致美于歌哭之祷;蒯聩临战,获祐于筋骨之请;虽造次颠沛,必于祝矣。若夫《楚辞·招魂》,可谓祝辞之组丽也。汉之群祀,肃其旨礼,既总硕儒之义,亦参方士之术。所以秘祝移过,异于成汤之心;侲子殴疫,同乎越巫之祝;礼失之渐也。至如黄帝有《祝邪》之文,东方朔有《骂鬼》之书,于是后之遣咒,务于善骂。唯陈思《诘咎》,裁以正义矣。"上海古籍出版社,1980 年,第 66 页。
③ 曹丕撰《列异传》,鲁迅辑《古小说钩沉》,《鲁迅辑录古籍丛编》第一卷,北京:人民文学出版社,1999 年,第 130 页;《幽明录》,《古小说钩沉》本,第 236 页。
④ 王明《抱朴子内篇校释》(增订本)卷一七《登涉》,北京:中华书局,1985 年第 2 版,第 300、308 页。
⑤ 《太平御览》卷八八三《神鬼部三·鬼上》,第 3924 页上。
⑥ 《抱朴子内篇校释》卷一九《遐览》,第 334 页。
⑦ 《新辑搜神记》卷一六《贡羊》、《犀犬》,第 263、265 页。

除的前提,故编纂专书就显得十分必要。可惜这些作品今多已散佚,惟《夏鼎志》(《九鼎记》疑即《夏鼎志》)和《白泽图》尚可见佚文。① 其中《夏鼎志》存佚文两则,《白泽图》的佚文较多,笔者新辑本参见文末附录一。

"白泽"之名出现较早。《说文》训释"臯"云:"大白泽也。从大白,古文以为泽字。"段玉裁以为"大白泽"之"泽"字乃后人妄增;②饶宗颐、刘钊训"臯"为"皋"或"罩",借为"泽","泽"即"白泽"。③ 以"臯"训"泽",进而成为白泽的指称,陈槃早已提出质疑,④出土石刻亦不支持这种解释。唐时陕西凤翔出土了十个鼓形石头,上刻文字,世称石鼓文,其年代有周、秦之争论,但属先秦文字则无疑。其中第三鼓《田车》有几句云:"四出各亚,□□臯和,执而勿射。"⑤"和",一般认为是"禪"字,若据饶宗颐、刘钊训"臯"为"泽",那么"禪"就不好解释了;若以白、大释"臯",以"泽"借为"臯禪",那么"臯禪"或即"白泽"之初文。⑥这种解释如果成立,则先秦时期已经有"白泽"之说了,但这时的白泽只是某种野兽,尚未被神化。汉魏六朝时期,白泽逐渐被塑造成一种神奇的瑞兽。《瑞应图》云:"黄帝时巡狩至于东海之滨,白泽出,能言语,达知万物之精神,以或(当为"戒")于民,为时[除]害。贤君明德遂则出。"⑦《宋书·符瑞志》、⑧熊氏

---

① 关于《夏鼎志》、《九鼎记》、《见鬼记》、《百鬼录》,参李剑国《唐前志怪小说史》(修订本),第 252 页。

② 段玉裁《说文解字注》,上海古籍出版社,1981 年第 1 版、1988 年第 2 版,第 499 页上。

③ 饶宗颐《跋敦煌本白泽精怪图两残卷(P. 2682,S. 6261)》,第 540 页;刘钊《睡虎地秦简〈诘〉篇"诘咎"一词别解》,中国古文字研究会编《古文字研究》第 25 辑,北京:中华书局,2004 年,第 375 页。

④ 陈槃《古谶纬研讨及其书录解题》,第 273—274 页。

⑤ 郭沫若《石鼓文研究》,《郭沫若全集·考古编》第 9 卷,北京:科学出版社,2002 年,第 63—64 页。

⑥ 史树青《读〈石鼓文新解〉兼论"白泽"》,《收藏家》2003 年第 8 期,第 35 页。

⑦ 萨守真《天地瑞祥志》卷一九"白泽"条引,日本尊经阁文库藏钞本,叶 28a。按:此《瑞应图》或即孙氏《瑞应图》。[唐]刘赓《稽瑞》引孙氏《瑞应图》曰:"白泽者,皇帝时巡狩至于东海,白泽见出,能言语,达知方物之精,以戒于民,为时除害,则贤君明德则至。"(《丛书集成》本,北京:中华书局,1985 年新 1 版,第 33 页。)《开元占经》卷一一六引孙柔之《瑞应图》云:"黄帝巡于东海,白泽出,能言语。达知万物之精,以戒于民,为除灾害。贤君德及幽遐则出。"(北京:中国书店影印,1989 年,第 813 页下)文字基本相同,可证。

⑧ 《宋书》卷二九《符瑞下》,北京:中华书局,1974 年,第 865 页。

《瑞应图》①也都载有白泽的传说，大同小异。由此可见，白泽瑞兽传说的定型不会晚于东晋，②且其来源是单线的。又，《抱朴子》曰："昔黄帝生而能言，役使百灵……穷神奸则记白泽之辞，相地理则书青乌之说。"③所谓"白泽之辞"，即传说中白泽向黄帝言天下神怪之语。前

图片来源:《天地瑞祥志》卷一九

已提及《抱朴子·登涉篇》载有《白泽图》一书，《搜神记》亦云:

> 诸葛恪为丹阳太守，出猎。两山之间，有物如小儿，伸手欲引人。恪令伸之，仍引去故地，去故地即死。既而参佐问其故，以为神明。恪曰:"此事在《白泽图》内，曰:'两山之间，其精如小儿，见人则伸手欲引人，名曰傒囊，引去故地则死。'无谓神明而异之，诸君偶未之见耳。"众咸服其博识。④

据此可以推断最晚到西晋时期，社会上已经编有专记神怪之书——《白泽图》，其书有图有文。⑤ 编者制造了一个"黄帝巡狩遇白泽"的神话，

---

① 刘赓《稽瑞》，第 68 页。
② 清康熙年间编纂的《渊鉴类函》卷四三二引《山海经》曰:"东望山有兽名曰白泽，能言语。王者有德，明照幽远则至。"今本《山海经》不见此段文字，周西波、李剑国均以为是《山海经》佚文(《〈白泽图〉研究》，第 167 页;《唐前志怪小说史》修订本，第 254 页注①)。据笔者检索，[明]张岱《夜航船》卷一七《四灵部》载:"东望山有兽曰白泽，能言语。王者有德，明照幽远则白泽自至。"(冉云飞校点，成都:四川文艺出版社，1996 年，第 365 页)《渊鉴类函》显然是引据此书，但该书并未注明引自《山海经》，则此段文字是否《山海经》佚文颇值得怀疑。
③ 《抱朴子内篇校释》卷一三《极言》，第 241 页。
④ 《新辑搜神记》卷一六《傒囊》，第 274 页。
⑤ 汉晋之世《白泽图》有"图"，这只是从书名及敦煌《白泽精怪图》推测得出的结论，并无确切记载。北宋张君房编《云笈七籤》卷一〇〇《轩辕本纪》云:"帝巡狩东至海，登桓山，于海滨得白泽神兽，能言，达于万物之情。因问天下鬼神之事。自古精气为物、游魂为变者，凡万一千五百二十种，白泽言之，帝令以图写之，以示天下。帝乃作祝邪之文以祝之。"(李永晟点校，北京:中华书局，2003 年，第 2177 页)此段文字其实杂糅了《瑞应图》和《文心雕龙·祝盟》的记载，增饰不少，所谓"帝以图写之"乃后世之言，不足为据。

由于白泽能够辨识天下神怪,它将这种能力传授给了黄帝,遂使黄帝能够为民扫除祸害,从而获得人们的信任和拥戴,成为圣王。这种塑造英雄的过程同先前论及的"铸鼎象物"如出一辙。

以上,我们梳理了先秦至魏晋时期神怪专书的发展脉络,这有助于理解《白泽图》的渊源和编纂意图。先秦、秦汉社会广泛存在的神怪信仰无疑是《白泽图》的直接渊源所在,成为《白泽图》的主要取材对象。人们对神怪怀有敬畏之心,但在屈从神力的同时又渴望能够降伏鬼怪。于是,各种察知神怪之术应运而生,在长期的流传过程中逐渐汇编结集,成为了专书,《白泽图》就是这样产生的。为了增强正统性和权威性,编者给《白泽图》套上了神圣的光环,这种做法使得本书的内容在以后的流传过程中不断被他书征引,部分文字得以保留至今。下面,我们继续探讨《白泽图》在后世的流衍情况。

四、《白泽图》与《白泽精怪图》

就现有文献来看,能够确认属于汉晋《白泽图》佚文的仅有一条,即上引诸葛恪辨识傒囊之事。《抱朴子》既言及《白泽图》,书中应该有所引用,但现在不好判定哪些文字属于《白泽图》,这在下文还要详细讨论。光凭一条佚文,我们自然难窥汉晋《白泽图》的原貌,关于该书的体例结构、编排原则、内容设置等均无从谈起。

由于《白泽图》具有很强的实用性,其内容可能经常处于调整中,随着时间的推移,某些新的神怪被编入,书的内容得到扩充。到南朝时,梁简文帝撰有《新增白泽图》五卷,①既名为"新增",显然是在汉晋《白泽图》的基础上增加了不少内容。《隋书》和两《唐书》都著录有《白泽图》一卷,②

---

①　《南史》卷八《梁本纪下·简文帝纪》,北京:中华书局,1974 年,第 233 页。

②　《隋书》卷三四《经籍三》,北京:中华书局,1973 年,1039 页;《旧唐书》卷四七《经籍下》,北京:中华书局,1975 年,第 2043 页;《新唐书》卷五九《艺文三》,北京:中华书局,1975年,第 1556 页。

《历代名画记》中也载有"《白泽图》一卷，三百二十事"①。隋唐时期的一卷本《白泽图》应该不是将五卷本《新增白泽图》归并在一起的结果。梁简文帝另撰有《灶经》一书，《南史》记载为二卷，②《隋书·经籍志》却是十四卷，③虽然同时代的记载不一样，但作者一致。参照这个例子，《南史》载有的《新增白泽图》如果也被《隋书》著录，即使卷数不同，作者也应该一致。然而，《隋书》只著录了《白泽图》，并未书作者，由此推断这一卷本的《白泽图》非简文帝的《新增白泽图》。若说两者之间有关系，最大的可能性就是：前者是在后者的基础上重新编订而成，由于新本与旧本之间存在较大差异，所以《隋书》不把新本的作者视为简文帝。元代修《宋史·艺文志》，著录有"李淳风《白泽图》一卷"，④李淳风为唐初著名的天文学家，唐宋时期不少术数书籍都假托其名，之前《白泽图》一般不书作者，所以我们有理由相信《宋史》著录的作者也是假托的。元以后官私书目中只有明代焦竑的《国史经籍志·杂占》著录有《白泽图》，可见其书已经不为人看重。然而，焦竑此书多依《通志·艺文略》，四库馆臣评曰："丛抄旧目，无所考核，不论存亡，率尔滥载。古来目录，惟是书最不足凭。"⑤则焦竑自己很可能并未见过《白泽图》，其书可能在明代就已经亡佚。

从隋唐时期书目的著录情况来看，当时的神怪专书大量减少，只有《白泽图》、《百怪书》、《妖怪图》三种，⑥这和当时占卜书吸收了大量神怪内容有关。由于占书、历书的流行，神怪专书逐渐式微，留存下来的《白泽图》应属比较流行的实用书籍。梁简文帝亲自编撰《新编白泽图》、《白泽

---

① 张彦远撰，小野胜年译注《历代名画记》卷三《述古之秘画珍图》，东京：岩波书店，1938年，第327页。
② 《南史》卷八《梁本纪下·简文帝纪》，第233页。
③ 《隋书》卷三四《经籍三》，第1038页。
④ 《宋史》卷二〇六《艺文五》，北京：中华书局，1977年，第5239页。
⑤ 四库全书研究所整理《钦定四库全书总目》上册，北京：中华书局，1997年，第1153页。
⑥ 《旧唐书》卷四七《经籍下》，第2044页；《新唐书》卷五九《艺文三》，第1557页；《历代名画记》卷三《述古之秘画珍图》，第325页。敦煌所出归义军时期写本《曹延禄镇宅文》载有"检看《百怪书图》"（刘永明《试论曹延禄的醮祭活动——道教与民间宗教相结合的典型》，《敦煌学辑刊》2002年第1期，第66页）一句，可见《百怪书》也是图文并茂形式，且一直在民间有流传。

图》被载入正史《经籍志》（《艺文志》），都说明了这一点。除此之外，敦煌藏经洞的《白泽精怪图》让我们看到了《白泽图》在民间的巨大影响。

敦煌《白泽精怪图》残本由 S. 6162 和 P. 2682 组成，彩绘，书法甚佳，为唐代写本。笔者之前重新作过校录，①录文参见文末附录二。前贤的研究绝大多数倾向于将《白泽精怪图》与《白泽图》等同起来，林聪明甚至认为若将二者"合而编之，庶几更近旧本也"。② 松本荣一持反对意见，但只是一笔带过。高国藩比较了《白泽精怪图》与《抱朴子》、《金楼子》的异同，认为"敦煌本《白泽精怪图》不是原封未动的古神话《白泽图》，它已经过了敦煌民间口头与书面的修改、加工、增添，成为一本古神话加仙话、再加民间风俗信仰杂糅的《白泽精怪图》"。③ 然而这种比较只是说明有新的内容被杂糅进《白泽图》，这在书籍的传承史上并不奇怪，却不能从根本上将二者区分开。佐佐木聪从内容和避邪理念的差异来说明二者的区别，则更深入一步，可惜也是概言之，未展开论述。④ 笔者赞同以上三位学者的看法，以为二书不能等同视之，以下试从叙述方式和内容两方面进一步申论。

首先，二者在叙述方式上存在很大差异。新辑《白泽图》共得佚文 61 条，从叙述方式上可以分成三类。第一类是佚文 1—23 条，以"故"字开头，通常的结构是：故……之精名……，状如……以其名呼之……。第二类是 24—47 条，也是先叙精名，再叙外形，最后说明对应之法，只是结构上不如第一类齐整。第三类是 48—61 条，叙述方式与前两类完全不同，并无固定结构，也无精名，更像是杂占。这 61 条佚文内容有一个突出特点，多数佚文都有"其名呼之"这样的叙述。反观《白泽精怪图》，其叙述方式没有固定结构，文中虽然也提到"以其名呼之"的方法，但都是统说，不像《白泽图》那样几乎在每一种精怪说明里都要提及。

其次，二者在记录的内容上重合度很低。《历代名画记》提到《白泽

---

① 拙作《敦煌本〈白泽精怪图〉校录——〈白泽精怪图〉研究之一》，《敦煌吐鲁番研究》第一二卷，2011 年，第 429—440 页。
② 林聪明《巴黎藏敦煌本"白泽精怪图"及"敦煌二十咏"考述》，第 100 页。
③ 高国藩《敦煌民俗学》，第 366 页。
④ 佐佐木聪《〈白泽图〉辑校（附解题）》，第 112 页。

图》有"三百二十事",《白泽精怪图》有图部分本有精怪 199 种,加上无图部分所述的 66 种,原本的总数是 265 种,已经少了很多。现存的记录有 92 种,尚缺 173 种,而现存《白泽精怪图》与《白泽图》在文字上能够重合的只有 2 条,即"夜行见火光"和"蚋白翼两头者"。92 种精怪里,只有 2 条记载重合,那么剩下 173 种精怪的重合概率估计也不会太高。下面我们再从具体的内容来加以分析。

《白泽精怪图》里有两大段文字十分引人注目,一段是关于"山中遇精怪",另一段是"十二衹精怪",这是将《白泽精怪图》和《白泽图》等同起来的最主要依据。《白泽精怪图》的这两大段文字也见于《抱朴子·登涉篇》、《天地瑞祥志·物精》和《金楼子·志怪篇》,如下表所示:

《白泽精怪图》	《抱朴子内篇·登涉篇》	《天地瑞祥志·物精》	《金楼子·志怪篇》
山大树有能语者,□(非)树语也,其精名曰云阳,呼之即吉。山夜见火光者,皆大枯木所作怪也。山见胡人者,铜铁之精也。见秦人 者 ,百岁木精也,勿怪之,不能为害。山水之间见吏 者 ,名曰四激,呼之吉。山见大蛇著冠帻者,名曰斗(升)卿, 呼 □(之)吉。山见吏,若但闻声不见形,呼人不止者,以白石掷 之 则息矣。一法,以白苇为刺之即吉。山鬼来唤人求食不止者,以白茅捉之即死矣。山鬼常迷或人,使失道径者,以苇杖打之即死矣。	山中有大树,有能语者,非树能语也,其精名曰云阳,呼之则吉。山中夜见火光者,皆久枯木所作,勿怪也。山中夜见胡人者,铜铁之精。见秦者,百岁木之精。勿怪之,并不能为害。山水之间见吏人者,名曰四徼,呼之名即吉。山中见大蛇著冠帻者,名曰升卿,呼之即吉。山中见吏,若但闻声不见形,呼人不止,以白石掷之则息矣;一法以苇为矛以刺之即吉。山中见鬼来唤人,求食不止者,以白茅投之即死也。山中鬼常迷惑使失道径者,以苇杖投之既死也。	水山之间见吏者,名曰四激,呼其名之则吉也。山中见吏君,但闻声不见形,呼之不止者,以白石掷之则息,一云以苇为殳刺之即去。引《抱朴子》曰:"大树能语言者,非树语,其精名曰云阳,呼名之则去也。"	[山]中夜见火光者,亦久枯木也。夜在山中见胡人者,铜钱精也;见秦人者,百岁木也。

（续表）

《白泽精怪图》	《抱朴子内篇·登涉篇》	《天地瑞祥志·物精》	《金楼子·志怪篇》
子日称社君者，鼠也；称神人者，伏翼也。丑日称书生者，牛也。寅日称虞吏者，虎也；称当路君者，狼也；称令长者，狸也。卯日称丈人者，兔也；称东王父者，麋也；称西王母者，鹿也。辰日称雨师者，龙也；称河伯者，鱼也；称无肠公 子 者，蟹也。巳日称寡人者，社间蛇也；称仙人者，树也。未日称主人者，羊也；称吏，麋也。申日称时人君者，猴也；称九卿者，猨也。酉日称将军者，老鸡也；称贼捕者，雉也。戌日称人 姓 字者，犬也；称成阳翁仲者，狐也；称人字者，金玉也。亥日称 臣 □（者） 猪 也。	山中寅日，有自称虞吏者，虎也；称当路君者，狼也；称令长者，老狸也。卯日称丈人者，兔也；称东王父者，麋也；称西王母者，鹿也。辰日称雨师者，龙也；称河伯者，鱼也；称无肠公子者，蟹也。巳日称寡人者，社中蛇也；称时君者，龟也。午日称三公者，马也；称仙人者，老树也。未日称主人者，羊也；称吏者，麋也。申日称人君者，猴也；称九卿者，猿也。酉日称将军者，老鸡也；称捕贼者，雉也。戌日称人姓字者，犬也；称成阳公者，狐也。亥日称神君者，猪也。称妇人者，金玉也。子日称社君者，鼠也；称神人者，伏翼也。丑日称书生者，牛也。但知其物名，则不能为害也。	入山中，寅日有种（称）虞吏者，虎也；称当路君者，狼也；称令长者，老狸也。卯日称大夫者，菟也；称东王父者，麋也；称西王母者，鹿也。辰日称雨师者，龙也；称河伯者，鱼也；称无肠公子者，蟹也。巳日称寡人者，社中蛇也；称时君者，龟也。午日称三公者，马也；称仙人者，老树也。未日称主人者，羊也；称吏者，麋也。申日称人君者，猴也；称九卿者，猨也。酉日称将军者，老鸡也；称贼捕者，鸡也。戌日称人姓字者，犬也；称成阳公仲者，狐也。亥日称臣君者，猪也；称妇人者，金玉也。子日称社君者，鼠也；称神人者，伏翼也。丑日称书生者，牛也。知其物，则不能为害也。	山中有寅日称虞吏者，虎也；称当路者，狼也。辰日称雨师者，龙也。知其物，不能为害矣。

20世纪40年代，陈槃即怀疑《抱朴子》的上引第一段文字可能是《白

泽图》遗文。① 《白泽精怪图》发现后,饶宗颐以此验陈槃之说,认为"其说良信",林聪明在完全比较了两段文字之后也持这种看法。② 他们实际上是先存了"《白泽精怪图》=《白泽图》"的想法,再从《抱朴子》的文字见于《白泽精怪图》来推断其是《白泽图》的佚文。这种思考方式显然存在很大问题。如果这两段文字只见于《抱朴子》,我们当然可以怀疑其是《白泽图》佚文,但《天地瑞祥志》也载有这两段文字,则先前的判断需要修正。按照《天地瑞祥志》的体例,它引用文献一般都会将文献名列出。"大树能语"条,《天地瑞祥志》注明是引用《抱朴子》,文字与现行的点校本小异;其余文字则不注明是出自《抱朴子》。更关键的是,在引用了这两段文字之后,紧接着就是一段明确注明是《白泽图》的文字。如果这两段文字果真如先前怀疑的是《白泽图》佚文,《天地瑞祥志》此处为何不注明?最大的可能是:这两段文字本就不属于《白泽图》。在比较了各书文字记载之后,我们大致可以推断,《金楼子》、《天地瑞祥志》、《白泽精怪图》此处的记载估计都源自《抱朴子》,至于《抱朴子》又是引自何书就不得而知,出自《白泽图》的可能性不大。

《白泽精怪图》里有段"老鸡作祟"的文字:"□(鬼)夜呼长妇名者,老鸡也。□(以)马屎涂人户防之,不防之,□死煞则已。鬼夜呼次妇□(名)□(者),□(老)□(鸡)也。黑身、白尾、赤头。以其屎涂人灶。鬼夜呼少妇名者,老鸡也。赤身、白头、黄衣、下黑。以其屎涂好器,煞之则已。一云涂灶。"《天地瑞祥志》卷一四云:"鬼夜呼人长子名,曰白头鸡之精,以狗屎涂门则已。鬼夜呼人父名,黑头鸡之精,合涂门自死则已。鬼夜呼人母名,黄鸡赤头之精,取其尾著灶上煞之。鬼夜呼中子名,白腹黑毛赤鸡之精,煞之则已。"③所记有长子、人父、人母、中子四条,与《白泽精怪图》虽然不重合,但内容非常相似;从叙述方式看也与《白泽精怪图》此

---

① 陈槃《古谶纬研讨及其书录解题》,第 275 页。
② 饶宗颐《跋敦煌本白泽精怪图两残卷(P. 2682,S. 6261)》,第 542 页;林聪明《巴黎藏敦煌本"白泽精怪图"及"敦煌二十咏"考述》,第 101—102 页。
③ 《天地瑞祥志》卷一四《鬼》。

段的记载极为接近。推测《天地瑞祥志》的这段文字当是《白泽精怪图》此段前缺部分的内容。值得注意的是，《天地瑞祥志》此处没有注明是引自《白泽图》。它在另一处清楚注明引《白泽图》曰："老鸡能呼家长，以其屎涂门，煞鸡。呼家母，以其屎涂门及灶，煞鸡。呼长子，犬屎涂门即灶则煞。呼中子，其屎涂门则煞之，无咎灾也。"①这里所列的家长、家母、长子、中子四条与同书卷一四所引内容相同，但文字差异较大，正是《白泽精怪图》与《白泽图》非一书的明证。

《白泽精怪图》还有一段记载："上山而畏者，呼曰善人；入室而畏者，呼曰曹芋；上屏而畏者，呼曰申储；□（行）道而畏者，呼曰庆忌；上城而畏者，呼曰飞□；□雷而畏者，呼曰鼠提；入渊而畏者，呼曰冈（罔）像；□泽而畏者，呼曰委蛇。"其中庆忌、罔像之名亦见于《白泽图》，但文字差异同样极大。

以上从叙述方式和具体内容两方面比较了《白泽图》与《白泽精怪图》，我们大体可以判定：二者不是一书。通过与其他典籍的互证可以发现，《白泽精怪图》的取材范围包括《白泽图》、《夏鼎志》、《抱朴子》、《地镜》、《天镜》、京房占辞等。另外，文中记载了不少攘除之法，与六朝时期比较流行的《淮南万毕术》、《杂五行书》等书性质接近，②这些书也应是《白泽精怪图》的材料来源之一。尽管《白泽图》已经不是主要的取材对象，但鉴于其在民间的巨大影响力，加上文中出现频率最多的"精"、"怪"以及后人识语中的"精怪"一词，遂有了《白泽精怪图》这个书名。

五、余　论

先秦至六朝，神怪专书的编纂比较兴盛，隋唐以后则呈现衰落趋势。在这个历史过程中，《白泽图》是流传较广的神怪百科全书。由于白泽神

---

① 《天地瑞祥志》卷一八《禽·鸡》，叶 20b。
② 现有多种《淮南万毕术》辑本，收入《丛书集成初编》第 694 册，北京：中华书局，1985 年新 1 版。另参楠山春树《淮南中篇と淮南万毕》，氏著《道家思想と道教》，东京：平河出版社，1992 年，第 258—265 页。

兽传说的流布,白泽辟邪驱鬼的能力得到社会的广泛认同,不但民间大量使用带有白泽图象的器物,官方也把白泽作为卤簿仪仗的图识,佛道两教还正式把白泽引入神界。① 由此,《白泽图》得以超越其他神怪专书,在不同的时代不断得到补充和修订。《白泽精怪图》应该就是在《白泽图》的基础上重新编纂的。从内容上看,《白泽精怪图》比较芜杂,似乎只是同类项的汇编,并无严格的编排原则。它的语言十分通俗,取材的范围较广,一些专记民间禁忌及驱邪之术的书籍也在它的参考之列。这些特点都强烈地表明了它的实用性。

　　夏德安(Haper Donald)曾以厌梦术为例,比较《白泽精怪图》与睡虎地秦简日书《梦》篇之间的关系,试图证明它与《日书》存在文本的传承关系。② 刘乐贤对夏德安的观点提出质疑。他认为,秦简《诘》篇虽然与《白泽精怪图》相近,但着重点不同:后者着重介绍各种鬼怪的名字、特性,驱鬼去邪之术只是附带提及;前者主要目的不在于介绍鬼怪,而在于教人如何对付鬼怪。③ 刘钊也比较了《诘》篇与《白泽图》所记鬼怪,但得出的结论与刘乐贤相反,他认为二者“在性质上完全相同,两者应该是相同的著作。只是因为秦简《诘》篇在简上无法画图,才没有配上鬼怪的图象,否则就是在形式上也会与后世的《白泽精怪图》完全相同”。④ 以上三位学者都天然地将《白泽精怪图》等同于《白泽图》,在此基础上展开争论,刘钊对刘乐贤的反驳引用的都是《白泽图》而非《白泽精怪图》。而据笔者的比对,《日书》在内容上与《白泽精怪图》有较大相似度的只有 2 条,与《白泽图》相似的也只有 2 条,以这有限的 2 条材料来作出系列推论,实在难以服人。实际上,《白泽图》的编纂不是突兀的,它必定从之前的各种神怪记载中获得

---

① 参周西波《〈白泽图〉研究》,第 167—169 页。新近在吐鲁番地区发现了带有 白 泽”字样的文书,据雷闻研究,属于唐代的《礼部式》,见氏撰《吐鲁番新出土唐开元〈礼部式〉残卷考释》,《文物》2007 年第 2 期,第 56—61 页。

② Donald Harper,“A Note on Nightmare Magic in Ancient and Medieval China”,*T'ang Stadies* 6:72‑74.

③ 刘乐贤《睡虎地秦简日书〈诘咎篇〉研究》,第 453 页;《睡虎地秦简日书研究》,第 265 页。

④ 刘钊《睡虎地秦简〈诘〉篇“诘咎”一词别解》,第 378 页。另据刘钊先生见告,他还有《白泽与白泽精怪图》一文未完成。

了相当多的资料,其中也包括《日书》。《诘》篇和《白泽图》在内容上各有侧重,这是比较清楚的,但二者的性质不会因此有所差异,都是实用性的驱鬼辟邪专书。

附录一

《白泽图》辑校

辑校说明:清人马国翰、洪颐煊都曾辑佚过《白泽图》,分别收入在《玉函山房辑佚书》和《经典集林》中。二人所据均为唐宋类书,共辑得佚文 40 多条。20 世纪,日本所藏中国佚失唐代典籍《天地瑞祥志》逐渐引起学界的注意,该书征引文献达到 250 种以上,其中就包括了《白泽图》。佐佐木聪曾据《天地瑞祥志》重新辑校,补充了不少佚文。本次重新辑录,分条列出,条下注明据辑文献,异文出校记说明。为免繁琐,所据文献一概略称,全称及版本信息如下:

《珠林》:《法苑珠林校注》,释道世著,周叔迦、苏晋仁校注,北京:中华书局,2003 年。

《瑞祥志》:《天地瑞祥志》,[唐]萨守真,日本尊经阁文库藏钞本。本书卷一四、一七、一八多处引《白泽图》,其中卷一四有两处征引,因原书无页码,故分别以《瑞祥志》14《物精》a、《瑞祥志》14《物精》b 加以区分。

《御览》:《太平御览》,北京:中华书局影印本,1960 年。

《广记》:《太平广记》,北京:中华书局,1961 年。

《搜神记》:《新辑搜神记》,[晋]干宝撰,李剑国辑校,北京:中华书局,2007 年。

《宝典》:《玉烛宝典》,[隋]杜台卿撰,石川三佐男译,东京:明德出版社,1988 年。

《初学记》:北京:中华书局,1962 年。

《类聚》:《艺文类聚》,[唐]欧阳询撰,汪绍楹校,上海古籍出版社,1985 年。

《**事类**》:《事类赋注》,[宋]吴淑撰注,冀勤、王秀梅、马蓉校点,北京:中华书局,1989 年。

1 故车之精名曰宁野①,状如辒②车,见之伤人目。以其名呼之,不能伤人目。

本条《珠林》45、《瑞祥志》14《物精》b 并引,出《白泽图》。今据《珠林》辑。

① "宁野",《瑞祥志》14《物精》b 作"曼坚"。

② "辒",《瑞祥志》14《物精》b 作"辒"。

2 故池①之精名曰意,状如豚②,以其名呼之则③去。

本条《御览》886、《珠林》45 并引,出《白泽图》。今据《御览》辑,校以《抱朴子》。

① "池",《瑞祥志》14《物精》引《抱朴子》同,《珠林》45 作"臼"。佐佐木聪据《珠林》辑(第 107 页),未校以《瑞祥志》所引《抱朴子》。

② "豚",《珠林》45 同,《瑞祥志》14《物精》引《抱朴子》作"豕",乃"豕"之异体字。

③ "则",本作"即",据《珠林》45、《瑞祥志》14《物精》引《抱朴子》改。

3 故川石精名庆忌,状如人,长四寸,衣黄衣,冠黄盖,乘小马,如疾驰,以其名呼之,可使千里一日往反也。

本条《瑞祥志》14《物精》b 引,出《白泽图》,据辑。

4 故水石者精名庆忌,状如人,乘车盖,一日驰千里。以其名呼之,则可使入水取鱼①。

本条《珠林》45、《御览》886 并引,出《白泽图》。今据《珠林》辑。案:本条《瑞祥志》卷一四《物精》引《抱朴子》云:"水石精名庆忌,状如人,乘车盖,呼则入水取鱼。又石精状驾,九头,取麦置石臼春三日三夜,焦则已也。"

① "以其名呼之,则可使入水取鱼",佐佐木聪辑本无(第 106 页)。

5 故军精名叕①父,如狗,长尾,呼之则去。

本条《瑞祥志》14《物精》b 引,出《白泽图》,据辑。

① "㲎",原书如此,佐佐木聪录作"疑"(第 104 页)。

6　故道故市之所聚,精名兢,状如役夫,呼之则去,使不或。

　　本条《瑞祥志》14《物精》b 引,出《白泽图》,据辑。

7　故道径之精名曰忌,状如野人行歌。以其名呼之,使人不迷。

　　本条《珠林》45、《瑞祥志》14《物精》b、《御览》886 并引,出《白泽图》。今据《珠林》辑。

8　故废丘墓之精名曰无①,状如老役夫,衣青衣,而操杵好春。以其名呼之,使人宜禾谷。

　　本条《珠林》45、《瑞祥志》14《物精》b、《御览》886 并引,出《白泽图》。今据《珠林》辑。

　　① "无",《瑞祥志》14《物精》b 同,《御览》886 作"玄"。

9　故户精名其,状如人,见人则伏,操①匕呼之,取鼠。

　　本条《瑞祥志》14《物精》b 引,出《白泽图》,据辑。

　　① "操",原写作"捺",佐佐木聪录作"捇"(第 105 页),误。"捺"乃"操"之异体字。

10　故溷之精名曰卑,状如美女而持①镜,呼之使人知愧也②。

　　本条《瑞祥志》14《物精》b、《御览》886、《珠林》45 并引,出《白泽图》。今据《瑞祥志》14《物精》b 辑,参校各书。

　　① "持",本作"時",据《御览》886 改。

　　② "使人知愧也",《御览》886 无"也"字,《珠林》45 作"知愧则去也"。

11　故街精名狄,状如婴儿,见人展其一足而抱昈,呼之则去。

　　本条《瑞祥志》14《物精》b 引,出《白泽图》,据辑。案:本条《瑞祥志》14《物精》引《抱朴子》云:"(疑前有脱文)精名疾,状如婴儿,一足,见呼无害。"或为一事。

12　故井故渊①之精名曰观,状如美女,好吹箫,以其名呼之则去。

　　本条《珠林》45、《御览》886、《御览》189 并引,出《白泽图》。今据《珠林》辑。案:本条《御览》189 略作"井神曰吹箫女子"。

　　① "故渊",《御览》886 无。

13　故门之精名曰野,状如侏儒,见人①则拜。以其名呼之,宜饮食。

本条《珠林》45、《瑞祥志》14《物精》b、《御览》886 并引,出《白泽图》。今据《珠林》辑,参校各书。

　　① "人",本作"之",据《瑞祥志》14《物精》b、《御览》886 改。

14　故牧弊池之精名曰髧顿,状如牛,无头,见人则逐人,以其名呼之则去。

　　本条《珠林》45、《御览》886 并引,出《白泽图》。今据《珠林》辑。

15　故櫛三年,其精名哀,形状如^①人,黑头,有角,犬耳,无手,一足,呼名之,不伤人。

　　本条《瑞祥志》14《物精》b 引,出《白泽图》,据辑。

　　① "如",佐佐木聪辑本无(第 105 页)。

16　故市之精名曰屯门^①,其状如囷^②而无手足,以其名呼之则去。

　　本条《珠林》45、《瑞祥志》14《物精》b、《御览》886 并引,出《白泽图》。今据《珠林》辑,参校各书。案:本条《瑞祥志》14《物精》b 列于"故门之精"后,是门精的另一种。

　　① "屯门",本作"问",高丽藏本作"门",《御览》886 作"毛门",据《瑞祥志》14《物精》b 改。

　　② "囷",《瑞祥志》14《物精》b 作"菡",《御览》886 作"困"。

17　故室之精名曰孙龙^①,状如小儿,长一尺四寸,衣黑衣,赤帻大冠,带剑持戟,以其名呼之则去。

　　本条《珠林》45、《瑞祥志》14《物精》b、《御览》886 并引,出《白泽图》。今据《珠林》辑。

　　① "孙龙",《瑞祥志》14《物精》b 作"缓龙",《御览》886 作"徯龙"。

18　故台屋之精曰^①两贵,状如赤狗,以其名呼之,使人目明。

　　本条《御览》886、《珠林》45、《瑞祥志》14《物精》b 并引,出《白泽图》。今据《御览》886 辑,参校各书。

　　① "曰",据《瑞祥志》14《物精》b、《珠林》45 补。

19　故连之精名跋,如大夫,青衣,大耳,呼之使人宜君将。

　　本条《瑞祥志》14《物精》b 引,出《白泽图》,据辑。

20　故墉之精名頳,状如鼠。

本条《瑞祥志》14《物精》b 引，出《白泽图》，据辑。

21 故灶之精名隗，状如美女，好逃人食，呼之必有與人。日中天地之精
　　气，其状如灶，赤色，差（若）以酒灌之则可得。得而食之，使人神也。

　　本条《瑞祥志》14《物精》b 引，出《白泽图》，据辑。案：本条佐佐木聪辑
本分成"故灶之精"与"日中天地之精气"两条（第 104 页）。然"日中天地
之精气"一句未有实指，疑有脱文，"日"或为"曰"之讹，姑且置于此处。

22 故泽之精名曰冕①，其状如蛇，一身两头，五彩文。以其名呼之，可使
　　取金银。

　　本条《御览》886、《珠林》45 并引，出《白泽图》。今参酌辑之，校以《抱
朴子》。

　　① "故泽之精名曰冕"，此据《珠林》45。《瑞祥志》14《物精》引《抱朴子》
无"曰"字，《御览》886 作"故宅之精名曰挥文，又曰山冕"。

23 在旱故山精名挥转，状如皴，呼之取禽兽。

　　本条《瑞祥志》14《物精》b 引，出《白泽图》，据辑。

24 山之精名夔，状如鼓，一足而①行。以其名呼之，可使取虎狼②豹。
　　本条《御览》886、《珠林》45 并引，出《白泽图》。今据《御览》886 辑。
　　① "而"，《珠林》45 作"如"。
　　② "狼"，据《珠林》45 补。

25 金之精名曰仓㟾①，状如豚②。居人家，使人不宜妻。以其名呼之则
　　去。［一云名］白鼠，以昏时见于丘陵之间，视所出入，中有金③。

　　本条《御览》811、《御览》886、《珠林》45、《事类》9 并引，出《白泽图》。
今据《御览》811，参酌各书，并校以《抱朴子》。

　　① 本作"黄金之精名石瑭"，据《珠林》45、《瑞祥志》14《物精》引《抱朴
子》改。

　　② "豚"，《珠林》45 同，《瑞祥志》14《物精》引《抱朴子》作"豕"。

　　③ "白鼠以昏时见于丘陵之间视所出入中有金"一句，从文意判断，与
上文连接甚显突兀，疑有脱文。《艺文类聚》95《兽部下》引《地镜图》曰：
"黄金之见，为火及白鼠。"《瑞祥志》19《鼠》引《地镜》云："金之精为白鼠
也。"据此，"白鼠"前或脱"一云名"三字。

26　绝水有金者精名侯伯，状如人，长五尺，五彩衣，以其名呼之则去①。

　　本条《珠林》45、《御览》886 并引，出《白泽图》。今据《珠林》辑，校以《抱朴子》。

　　① "呼之则去"，《瑞祥志》14《物精》引《抱朴子》作"呼则得"。

27　木之精名彭侯，状如黑狗，无尾，可烹而①食之。

　　本条《珠林》45、《搜神记》16、《瑞祥志》14《物精》a、《御览》886 并引，出《白泽图》。今据《珠林》辑。

　　① "而"，《瑞祥志》14《物精》a 同，《御览》886 作"之"，《搜神记》16 无。

28　水之精①名曰罔象，其状如小儿，赤目，黑色，大耳，长爪。以索缚之则可得。烹之吉。

　　本条《珠林》45、《御览》886 并引，出《白泽图》。今据《珠林》45 辑。案：本条《搜神记》16"贲羊"条引《夏鼎志》曰："罔象如三岁儿，赤目，黑色，大耳，长臂，赤爪，索缚则可得食。"

　　① "水之精"，《瑞祥志》14《物精》引《抱朴子》作"银精"。

29　火之精名①宋无忌，持拒（矩）大（火），家人无故失火者②，以其名呼之，著绛缥，赤留在项后。

　　本条《瑞祥志》14《物精》a、《宝典》2、《类聚》80、《史记·封禅书》索隐并引，出《白泽图》。今据《瑞祥志》14《物精》a 辑。

　　① "名"，《宝典》2 作"为"，《史记·封禅书》索隐作"曰"。

　　② "持拒大家人无故失火者"，佐佐木聪断为"持拒大家。人无故失火者"（第 109 页）。前句不可解，"拒大"或为"矩火"之讹。

30　火之精名曰必方，状如鸟，一足，以其名呼之则去。

　　本条《珠林》45、《瑞祥志》14《物精》a、《御览》886 并引，出《白泽图》。据《珠林》辑。

31　土之精名曰戚羊，其名呼之则去。

　　本条《瑞祥志》14《物精》a 引，出《白泽图》，据辑。

32　玉之精曰岱委①，其状如美女，衣青衣。见之以桃戈②刺之，而呼其名，则得。夜行，见女[子]戴烛[行者，潜从其所，亡则]入石，石中有玉也③。

本条《珠林》45、《御览》886、《类聚》83 并引，出《白泽图》。今参酌各书辑之，校以《御览》805 所引《白玉图》。

①"岱委"，《珠林》45、《瑞祥志》14《物精》引《抱朴子》同，《类聚》83 作"委然"，《御览》805《珍宝部》引《白玉图》作"柔"。

②"戈"，《类聚》83、《瑞祥志》14《物精》引《抱朴子》、《御览》805《珍宝部》引《白玉图》同，《珠林》45 作"匕"，高丽藏本作"尖"。

③"夜行见女戴烛入石石中有玉也"，仅见《类聚》83 引出《白泽图》，文辞不畅，疑有脱文。《瑞祥志》14《鬼》云："夜见女子戴烛行者，视其所入，中有玉。"无出处。《瑞祥志》14《物精》引《抱朴子》作："夜行，见女子戴烛行，入石之中，则有玉也。"又本条《御览》805《珍宝部》引《白玉图》云："玉之精名柔，状如美女，衣青衣。见之以桃戈刺之，而呼其名，则可得也。夜行，见女子戴烛行者，潜从其所，亡则入石，石中有玉。"文字大致相同，《白玉图》或是《白泽图》之讹？据补。

33 不成涧之精名公，耳如菟，登人屋上，逢皷视之，见则可得。

本条《瑞祥志》14《物精》b 引，出《白泽图》，据辑。佐佐木聪辑本断为："不成涧之精名公耳。如菟。登人屋上逢皷，视之。见则可得。"（第105 页）

34 厕之精名曰倚衣，青衣①，持白杖。知其名呼之者除，不知其名则死②。

本条《珠林》45、《瑞祥志》14《物精》b、《御览》886、《宝典》1 并引，出《白泽图》。今据《珠林》辑，参校各书。

①"厕之精名曰倚衣青衣"，《瑞祥志》14《物精》b 作"厕之精名曰倚底青衣"，《御览》886 作"厕之精名曰依倚青衣"，《宝典》1 作"厕神名倚衣"。佐佐木聪认为《珠林》此句当断为"厕之精名曰倚，衣青衣"，故据《宝典》辑补为"厕神名倚［衣］，衣青衣"（第 109 页），误。《白泽图》用词多指"精怪"，"神"之用例绝少，故当以"厕之精"为妥；《瑞祥志》、《御览》均无"衣青衣"之说，《珠林》此处亦不当断为"衣青衣"。

②"知其名呼之者除，不知其名则死"，《瑞祥志》14《物精》b 作"其名呼无害，不呼则死也"。

35 百年厕精名旗得，状如人，恶闻人音，故至厕而咳也。

本条《瑞祥志》14《物精》b 引,出《白泽图》,据辑。

36   赤市之精名祛,状如狄,白耳,呼之使人宜贾市。

本条《瑞祥志》14《物精》b 引,出《白泽图》,据辑。

37   道之精①名曰作器②,状如丈夫,善③眩人,以其名呼之则去。

本条《珠林》45、《瑞祥志》14《物精》b、《御览》886 并引,出《白泽图》。今据《珠林》辑,参校各书。

　　① "道之精",本作"在道之精",据《瑞祥志》14《物精》b、《御览》886 改。

　　② "器",《御览》886 同,《瑞祥志》14《物精》b 作"池"。

　　③ "善",《御览》886 同,《瑞祥志》14《物精》b 作"差",当是讹误。

38   丘墓之精名曰狼鬼,善①与人斗不休。为桃弓棘矢,羽以鸱羽,以射之,狼②鬼化为飘风。脱履投③之,不能化也。

本条《瑞祥志》14《物精》b、《珠林》45、《御览》886 并引,出《白泽图》。今据《瑞祥志》14《物精》b 辑,参校各书。

　　① "善",据《珠林》45、《御览》886 补。

　　② "狼",据《珠林》45、《御览》886 补。

　　③ "投",《御览》886 同,《珠林》45 作"捉"。

39   衢之精名翘,状如孺子,呼之则去。

本条《瑞祥志》14《物精》b 引,出《白泽图》,据辑。

40   雷精名构提①。

本条《宝典》11 引,出《白泽图》,据辑。

　　① "构提",佐佐木聪辑作"摄提"(第 108 页)。案:"摄提"乃星名,佐佐木聪或误。

41   平街北里精名剽,状如人,一尺,发至地,呼之则去。

本条《瑞祥志》14《物精》b 引,出《白泽图》,据辑。

42   三军所战①精名曰宾满②,其状如人头,无身,赤目③,见人则转,以其名呼之则去。

本条《珠林》45、《御览》886、《瑞祥志》14《物精》b 并引,出《白泽图》。今据《珠林》辑,参校各书。案:沂南画像石墓前室北壁楣石上刻有一神灵图像,有头无身、笼冠、持斧,林巳奈夫认为这就是宾满,见《汉代の神神》,

京都：临川书店，1989 年，第 137 页。

① "战"，《瑞祥志》14《物精》b 同，《御览》886 作"载"。

② "满"，《御览》886 同，《瑞祥志》14《物精》b 作"两"，佐佐木聪识作"雨"（第 106 页），误。

③ "目"，《御览》886 同，《瑞祥志》14《物精》b 作"耳"。

43　两山之间，其①精如小儿，见人则伸②手欲引人，名曰候囊③。引去故地则死④。

本条《搜神记》16、《珠林》64、《御览》886、《广记》359 并引，出《白泽图》。今据《搜神记》16 辑。案：本条佐佐木聪所据底本是《珠林》64 所引《搜神记》，今从李剑国。

① "其"，《广记》359 同，《御览》886 作"有"。

② "伸"，《珠林》64 作"申"，据《广记》359 改。

③ "候囊"，《珠林》64、《广记》359 作"俟"，李剑国怀疑"俟"处有脱讹。

④ "引去故地则死"，《珠林》64 作"引去则死"，《御览》886 作"诸人未之见也"。

44　上有山林，下有川泉，地理之间生精，名曰必方，状如鸟，长尾。此阴阳变化之所生。

本条《珠林》45、《御览》886 并引，出《白泽图》。今据《珠林》辑。

45　左右有山石，水生其间①，水出流千岁不绝。其精名曰喜②，状如小儿，黑色。以其名呼之，可③使取饮食。

本条《珠林》45、《御览》886 并引，出《白泽图》。今据《珠林》辑，校以《御览》和《抱朴子》。

① "间"，本作"涧"，据《御览》886、《瑞祥志》14《物精》引《抱朴子》改。此句佐佐木聪据《珠林》辑作："左右有山石水生，其涧水出流千岁不绝。"（第 106 页）未校以《抱朴子》，断句有误。

② "喜"，《御览》886 同，《瑞祥志》14《物精》引《抱朴子》作"善"，旁注"本作若"。

③ "可"，据《御览》886 补。

46　夜见堂下有小儿被发走，勿恶之，精①名曰沟，以其名呼之则无咎。

本条《御览》886、《珠林》45、《瑞祥志》14《物精》b 并引，出《白泽图》。

今据《御览》886 辑,校以《珠林》。

　　① "精",据《珠林》45 补。

47　筑室三年不居,其精名忽,长七尺,见者有福。

　　本条《珠林》45、《瑞祥志》14《物精》b 并引,出《白泽图》。今据《珠林》辑。

48　筑室三年不居,其中有满财,长二尺,见人则掩面,见之有福。

　　本条《珠林》45 引,出《白泽图》,据辑。

49　筑室三年不居,其中有小儿,长三尺而无发,见人则掩鼻,见之有福。

　　本条《珠林》45、《御览》886、《瑞祥志》14《物精》b 并引,出《白泽图》。今据《珠林》辑。

50　千岁之道生趺①,状如野女而黑色,以呼之则去。

　　本条《瑞祥志》14《物精》b 引,出《白泽图》,据辑。

　　① "趺",佐佐木聪辑本作"趺"(第 105 页),误。

51　千载木其中有虫,名曰贾誳,状如豚①,有两头,烹而食之,如狗肉味②。

　　本条《珠林》45、《瑞祥志》14《物精》a、《御览》886 并引,出《白泽图》。今据《珠林》辑。

　　① "豚",《御览》886 同,《瑞祥志》14《物精》a 作"豕"。

　　② "如狗肉味",《瑞祥志》14《物精》a 作"物完味",佐佐木聪据录(108 页)。案:"物"乃"狗"之讹,"完"乃"宾"之讹。《瑞祥志》中"肉"多写成"宾"或"宾",故本当作"狗肉味"。

52　百岁狼化为女人,名曰知女,状如美女,坐道傍①告丈夫曰:我无父母兄弟。若丈夫取为妻,经②年而食人。以其名呼之,则逃走去。

　　本条《珠林》45、《御览》886 并引,出《白泽图》。今据《珠林》辑。

　　① "傍",《御览》886 作"旁"。

　　② "经",《御览》886 作"三"。

53　赤蛾两头而白翼者,龙也,杀之兵死矣。

　　本条《御览》951 引,出《白泽图》,据辑。佐佐木聪云出《御览》950(第 103 页),误。

54　黑狗白头,长耳①卷尾,龙也。

本条《初学记》29、《御览》904 并引,出《白泽图》,据《初学记》辑。案:
本条《瑞祥志》19《犬》引《杂灾异》曰:"黑犬,白头长耳,四足白,尾黄长者,
龙也,煞之,直死也。"

① "长耳",《御览》904 作"耳长"。

55　羊有一角当顶上,龙也,杀之震死。

本条《初学记》29、《御览》902 并引,出《白泽图》,据辑。

56　蠋有角,五采文,长尾者,龙也,杀之兵死。

本条《御览》950 引《广志》,此为"白泽曰",据辑。

57　鸡有四距重翼者,龙也,杀之震死。

本条《初学记》30、《御览》918 并引,出《白泽图》,据辑。案:本条《瑞祥
志》18《鸡》引《杂灾异》曰:"鸡赤头青翅,四距重翼者,龙也,煞之,直死也。"

58　老鸡能呼家长,以其屎涂门,煞鸡。呼家母,以其屎涂门及灶,煞鸡。
呼长子,犬屎涂门及灶则煞。呼中子,其屎涂门则煞之,无咎灾也。

本条《瑞祥志》18 引,出《白泽图》,据辑。

59　老鸡能呼人姓名,杀之则止。

本条《御览》918 引,出《白泽图》,据辑。

60　夜行见火光,下有数十小儿戴之,一物二名,上为游光,下为野僮,此
二物见者,天下多疾死之民。一曰僮兄弟八人也。

本条《瑞祥志》17 引,出《白泽图》,据辑。

61　鬼畏桃汤柏叶,故以桃为汤,柏为符,为酒也。

本条《宝典》1 引,出《白泽图》,据辑。

附录二

S. 6162、P. 2682《白泽精怪图》

S. 6162

(前缺)

木麋名曰札,状如菟(兔)而尾青色,物类自然,非怪也。

掘地得 □□□ 也,其状 如 □□□ 当有钱。掘地得人,无谓鬼神,名曰取(聚)也,出而举之则消,无伤于人。掘地得人手者,名曰□(封)□(物)也,亨(烹)而食之,有酒味,使人美气无病,亦名郢。掘地得狗者,名曰耶也,其不害物矣,无谓鬼而怪之。掘地得豕(豚)者,名曰□□,煞之,不害物也,无谓鬼神,勿怪也。□有角黑啄,□□□□黑啄有角 □□□ □身。

(下缺)

P. 2682

(前缺)

□(鬼) 夜 呼长妇名者,老鸡也。□(以)马屎涂人户防之,不防之,□死煞则已。鬼夜呼次 妇 □(名)□者,□(老)□(鸡)也。黑身、白尾、赤头。以其屎涂人灶。鬼夜呼少妇名者,老鸡也。 赤 身、白头、黄衣、下黑。以其屎涂好器,煞之则已。一云涂灶。

夜行见火光,下有数十 小 儿,头戴火车。此一物两名,上为游光,下为野童,见是者 天 下多疫死。[一曰童]兄弟八人。 人 革带夜有光,进酒脯祭之。若不酒脯祭之,当卖。居室无故有人者及有声者,且有大奸□(也?)。雌雉无故入家者,名曰神行,家必有暴死者,急去,勿留居舍里。雄鸡夜鸣者,涂内天女宅,宜子孙。有五色鸟,人面被发,名以,其鸟所集,人多疾病。蚋白翼两头者,龙也,煞之身死。斩蛇则续,苟欲煞之者,索缚其上则不复续。蛇无故入人家里、社庙,迹匝道者,皆大凶,勿煞之,理(埋)人骨吉。□(鼠)上树者,有大水至,不度一年必至。鱼从水上流下者,□(大)水至也。[龙]乳人家,其主为庶人也。雌鸡雄鸣,以黄土涂门户左右颊外,圆一尺则已。鼠群行者,有大水,不过一年。灶无故自润湿者,里有钩注居之,其状如 大 虾蟆,去之则已。家不宜子孙,无畜鸡也。

□精怪有壹佰玖拾玖寋□。

□宇庭间出泉者,勿恶之,家大富也。山大树有能语 者 ,□(非)树语也，其精名曰云阳，呼之即吉。山夜见火光者，皆大枯木所作怪也。山见胡人者，铜铁之精也。见秦人 者 ，百岁木精也，勿怪之，不能为害。山水之间见吏 者 ，名曰四激，呼之吉。山见大蛇着冠帻者，名曰斗（升）卿， 呼 □（之）吉。山见吏，若但闻声不见形，呼人不止者，以白石掷 之 则息矣。一法，以白苇为刺之即吉。山鬼来唤人，求食不止者，以白茅捉之即死矣。山鬼常迷或人，使失道径者，以苇杖打之即死矣。

子日称社君者，鼠也；称神人者，伏翼也。丑日称书生者，牛也。寅日称虞吏者，虎也；称当路君者，狼也；称令长者，狸也。卯日称丈人者，兔也；称东王父者，麋也；称西王母者，鹿也。辰日称雨师者，龙也；称河伯者，鱼也；称无肠公 子 者，蟹也。巳日称寡人者，社间蛇也；称仙人者，树也。未日称主人者，羊也；称吏，麝也。申日称时人君者，猴也；称九卿者，猨也。酉日称将军者，老鸡也；称贼捕者，雉也。戌日称人 姓 字者，犬也；称成阳翁仲者，狐也；称人字者，金玉也。亥日称 臣 □（者） 猪 也。

六畜能言者，勿煞，吉凶如其言也。犬豕为人言，□□□家三柱大容手，无复殃矣。无故自腥臭，贼且来攻。家中无故自腥臭者，必有大死之鬼。井水瓮臭，家□（有）丧事，汲除之，吉。蛇虫蛰藏之时而见人家，々必丧亡。□ 入 人家，无故煞之，必死；释之勿煞者昌，主人益地宅，吏人复官爵，□□得财矣。鼠鸣及屎溺物上，为怪不止，以丙丁巳午日□□取常扫烧着其处，永不复来矣。凡鼠为怪，名阴贼， 以 □和黄土，涂室内近床下地，方三尺，以黄土为犬，长六寸，置土三日，取犬捐交道间，殃除已。犬见人尸者，勿煞之；煞之家大败，即以沾布逐犬，粉搒之即已。

子日釜鸣，妻内乱。丑日釜鸣，有上客君子会。寅日釜鸣，有嫁娶吉庆会。卯日釜鸣，长子徭役，其门不好。辰日釜鸣，家有行，非父则母。巳日釜鸣，忧聚众、狱讼事。午日釜鸣，家有忧奴婢事。未日釜鸣，家有德，吉。酉日釜鸣，有祀祠事。申日釜［鸣］，家聚 众 ，凶，有丧。戌日釜鸣，凶，耗钱财，凶。亥日釜鸣，官禄成、家安乐，无殃咎，吉。此皆自然应感，不怪之则神，众人弗知，畏之，故得疾，非有鬼神之祸也，物有自然怪耳。厌釜鸣：取后甲上土合五香，涂灶额上，吉，无咎。假令甲子旬日鸣，取戌他（地）效此，五香、苏合、欝金、青木、都梁木、蜜各一两，涂讫，悬官其上，吉矣。又一法：釜鸣，以□长五寸，五□（穀）各三斗置灶上釜里，呼之曰女婴，取釜置西南已未地，宜子孙，三年出贵子，利贾市。耕得五谷法：为五唑，以黄白饭、曰（白）鸡脯肉、清酒、祭肉之具于灶前，吉。又一法：釜鸣，令家长带剑而应之曰：未可鸣，息而止，令家大富，无咎矣。又一法：釜鸣，取家铜镜于傍击而和之，无咎。

血污门户关者，臣妾有奸。血污门者，宾客为害，祭之则吉。血污床褥者，忧妻子也。血污帷帐，宿者有忧。血污冠帻者，为士所辱，勿服之。血污人衣帔，女子怀身堕伤，男子惊兵，卖之，勿服。血污冠帻簪及采镜钗珠玑者，有好淫之辱，皆悉焚之、卖之，勿服。血污人身，是谓为鬼所泣，其主不吉，以鲊酱洗去之，殃除。

刀无故自鸣，此不可服，必煞人。剑无故自拔者，拔之切割，吉。印绶有光者，必免官。人廧夜有光者，进酒脯，人有贺者。人家无故夜惊有光者，恶上下是者，名曰且赣，知其名，故可无咎矣。人衣夜有光，且涂内壁而方三尺，所求必得矣。人夜卧，无故发自断者，怪也。明旦以黄土涂门、所卧床下，方一尺，厚三尺，手画之曰老鼠也，不出三日，鼠死穴里，后无咎矣。人夜得恶梦，旦起，于舍东北被发咒曰："伯奇！伯奇！不饮酒食肉常食高兴地，其恶梦归于伯奇，厌梦息，兴大福。"如此七咒，无咎也。人家无故恐者，皆是诸鬼精变怪使然，各随其所在处，以其名呼之可除。又用黑鸡、黍糠、三家酰于四达路立，以其名呼之，断鸡头置门上，酰、鸡血和黍糠以涂门户、井、灶、溷，无咎矣。

上山而畏者，呼曰善人；入室而畏者，呼曰曹芋；上屏而畏者，呼曰申储；□（行）道而畏者，呼曰庆忌；上城而畏者，呼曰飞□；□雷而畏者，呼曰鼠提；入渊而畏者，呼曰罔像；□泽而畏者，呼曰委蛇。此皆是其鬼名，故先呼其名，即使人不畏之，鬼亦不伤人者也。

夫妇喜斗讼者，人虚也，取白鸡埋之堂上，殃已矣。奴婢喜叛亡，财虚也，取甄一，埋之门户中，殃已矣。为家之法，常以月晦日向暮时，以灰离着门户□（上），着屋外四角各一把许，令人辟恶除患却盗贼，宜□大吉。□不来入堂室者，井之虚也，取梧桐为人，男女各置井中，必来矣，殃已。蛇聚人邑中，若群行道上者，其邑必虚空 也，其君必自将兵，々急矣。

已前三纸无像，道昕记。道僧并摄，俗姓范。

白泽精怪图一卷，卅一纸成。

（本文原刊《出土文献研究》第 10 辑，2011 年 7 月，第 336—363 页，收入本书时有所修订）

法藏《白泽精怪图》(P. 2682)考

佐佐木聪(日本东北大学)

导　言

2010 年 6 月 22 日、25 日，笔者在法国国家图书馆老馆(Richelieu 馆)写本部的阅览室，调查敦煌写本 P. 2682。

P. 2682 是题为《白泽精怪图》的残卷。其内容是对于遇到怪异现象和恶鬼、精怪时，其前兆如何或者恶鬼、精怪造成何种灾难的记述，还包括回避这些灾祸的方法。关于本卷与避邪书《白泽图》的关系，已经得到许多研究者的关注。

根据松本荣一先生、[①]饶宗颐先生[②]的考证，本卷抄写时间应该不会晚于唐代中期，其反映的内容的时间则更早，是敦煌文献占卜书中相当古老的一种，在敦煌占卜书的研究领域中它被定为非常重要的资料。笔者目前正在进行鬼神研究，关注本卷是为了研究它与基础文化性信仰、《白泽图》、《女青鬼律》等避邪书的关系。笔者也认为，本卷具有极高的研究价值。

---

① 松本荣一《敦煌本白泽精怪图卷》，《国华》，1956 年，第 770 号。
② 饶宗颐《跋敦煌本白泽精怪图两残卷(P. 2682，S. 6261)》，《中研院历史语言研究所集刊》，1969 年，第 41 本第 4 分。

在已有的关于本卷的研究成果中,既有王重民、①陈槃、②白化文、③黄
正建、④菅原信海⑤诸位学者对其内容的介绍,也有松本荣一、⑥饶宗颐、⑦
林聪明、⑧高国藩、⑨周西波⑩诸位学者对其所作的详细研究。最近游自勇先
生也发表了一篇包括校注本的论文⑪(校注本是汇集松本荣一、林聪明、周西
波、王爱和⑫诸位学者的释读并与原本对校而成的)。此外,Donald Harper、⑬
李丰楙、⑭孙文起、⑮坂出祥伸⑯诸位在对于神兽白泽以及《白泽图》的研究
中也提到过本卷 P. 2682。笔者也曾经在对《白泽图》的研讨中谈及本卷。⑰

如上所述,本卷 P. 2682 已有非常丰富的研究成果,尤其是对于其内
容和六朝以前形成的诸书的关系,从神话研究、方术研究、志怪研究等各方
面进行了研讨。但是,关于议论资料的性质等其他方面还缺少充分研究。
其典型的例子是本卷与《白泽图》的关系问题。自王重民先生以来,认为本

---

① 王重民《白泽精话图:伯二六八二》,《敦煌古籍叙录》,北京:中华书局,1979 年。该稿作
　　于 1935 年。"白泽精话图"的"话"字是王重民先生误读的。
② 陈槃《古谶纬书录解题二》附记《白泽图》(《敦煌古籍叙录》所收),第 174—175 页。
③ 白化文《白泽精怪图》,季羡林主编《敦煌大辞典》,上海辞书出版社,1998 年,第 778 页。
④ 黄正建《敦煌占卜文书与唐五代占卜研究》,北京:学苑出版社,2001 年,第 166—
　　167 页。
⑤ 菅原信海《占筮书》,池田温编《讲座敦煌 5:敦煌汉文文献》,东京:大东出版社,1992 年。
⑥ 松本荣一《敦煌本白泽精怪图卷》。
⑦ 饶宗颐《跋敦煌本白泽精怪图两残卷(P. 2682,S. 6261)》。
⑧ 林聪明《巴黎藏敦煌本白泽精怪图及敦煌二十咏考》,《东吴文史学报》1977 年第 2 期。
⑨ 高国藩《敦煌民间信仰的〈白泽精怪图〉》,《敦煌民俗学》,上海文艺出版社,1989 年。
⑩ 周西波《〈白泽图〉研究》,《中国俗文化研究 1》,成都:巴蜀书社,2003 年。
⑪ 游自勇《敦煌本〈白泽精怪图〉校录》,《百年敦煌文献整理研究国际学术讨论会论文集》,
　　杭州,2010 年。
⑫ 王爱和《敦煌占卜文书研究》,兰州大学博士学位论文,2003 年。
⑬ Donald Harper, 'A Chinese Demonography of the Third Century B. C.' *Harvard*
　　Journal of Asiatic Studies 45. 2 (1985): pp. 491 - 494.
⑭ 李丰楙《六朝精怪传说与道教法术思想》,《中国古典小说研究专集》3,台北:联经出版事
　　业公司,1981 年。
⑮ 孙文起《〈白泽图〉与古小说志怪渊源》,《哈尔滨学院学报》2007 年第 10 期。
⑯ 坂出祥伸《疫病除けの灵符「白泽」と妖怪百科としての「白泽图」》,《日本と道教》(《角
　　川选书》第 466),东京:角川书店,2010 年,第 201—216 页。
⑰ 拙文《〈白泽图〉辑校(附解题)》,《东北大学中国语学文学论集》,2009 年,第 14 号。

卷与《白泽图》是相同文献的研究者占大多数。不过,也有认为二者不是同一本书的研究者,如松本荣一先生、高国藩先生。虽然之前各有不同的看法,但彼此之间一直没有互相研讨,至今仍有许多研究者将本卷和《白泽图》看成同一种资料。事实上,这种说法并没有确切的证据(详见下文论述)。而且笔者发现,除了这几个意见存在分歧的问题之外,还有学界未注意到的潜在问题。在笔者的调查中,本卷经历的非常复杂的流传过程逐渐变得清晰。考虑到敦煌文献的特点,这种复杂的流传经历是我们应该重视的。

为了论证笔者的观点,本文根据原本调查所见,首先阐明 P.2682 的来历,然后对其性质重新进行研讨。

一、P.2682 的概况以及其资料的问题所在

1. P.2682《白泽精怪图》的概况

首先介绍 P.2682 的结构。如上所述,本卷以记录怪异现象和恶鬼、精怪的内容为中心,分为前半部和后半部。前半 4 纸有图和文字,而后半 3 纸只有文字。下文中,将前者称为“有图部分”、后者称为“无图部分”。另外,有图部分是从卷头算起,如“有图(3)”所示,无图部分的条文是从无图部分的开头算起,如“无图第 23 行”所示。有图部分分为上、下两层,共有图画和文字形式的怪异、精怪记事 19 条。无图部分合为一段,只有文字 69 行,按记事数量计算则是 76 条(计算方法依照松本荣一先生的论文①)。在有图部分和无图部分的结合处有比较随意的贴合痕迹,因此可以看出,这两个部分是后人贴的。但是,对于这个痕迹意义的理解,各人的意见出现了分歧。

绘画、书法史专家松本荣一先生、敦煌学专家饶宗颐先生根据图画的笔致、文字的书体将本卷定为抄写时间不晚于唐代中期的卷子,这个鉴定结论已为学界广泛认可。② 关于识语,虽然没有纪年,但在无图部分末有

---

① 松本荣一《敦煌本白泽精怪图卷》,第 146—147 页。
② 松本荣一《敦煌本白泽精怪图卷》,第 144 页。饶宗颐《跋敦煌白泽精怪图两残卷(P.2682,S.6261)》,第 543 页。

两行识语(含"白泽精怪图"字样)。松本先生最早提出,这个识语与正文的笔迹风格不同,之后也有研究者屡次谈到此点,很明显,这个识语是后人书写的。此外,关于本卷的尺寸,根据松本先生的论文,有图部分(前半4纸)的长度合计160厘米,无图部分(后半3纸)的长度合计110厘米,宽度都是28厘米。①

　　除此之外,大英图书馆还藏有一本同样内容的卷子,编号为 S. 6261。这本卷子,尽管只有图6幅、文字7条,但是与《白泽精怪图》(P. 2682)的形式完全一致,所以自从饶宗颐先生发表意见以来,这本卷子都被看作是《白泽精怪图》的残卷,笔者也赞同此说。②

2. P. 2682 的问题

　　笔者认为关于本卷有两个问题(有关它与《白泽图》的关系详见第四节的论述):有图部分与无图部分的接缝顺序方式;识语 A、B 的抄写时期、内容含义。要讨论本卷的性质,必须先研究这两个问题,而至今学界关于这两个问题的意见仍然错综复杂、莫衷一是,故本文先对此加以论述。

　　(1) 有图部分与无图部分的接缝顺序的方式

　　如上所述,本残卷分为有图部分与无图部分。饶宗颐先生已经提出二者是被后人贴合为一张卷子的意见,高国藩先生、游自勇先生也谈到了这个问题。他们都认为本卷的原貌应该是"前面:无图部分,后面:有图部分"的形式。③ 之所以形成这样的观点是因为有图部分的左端与无图部分

---

① 　松本荣一《敦煌本白泽精怪图卷》,第 138 页。

② 　虽说如此,用 S. 6261 的高像素照片也找不到后面所述的"界线",所以 S. 6261 与 P. 2682 应该是同书,但或许是属于另一个卷子。

③ 　高国藩先生认为:卷末的两行识语中("已前三纸无像道昕记　道僧併摄俗姓范/白泽精怪图一卷卅一纸成"("/"是改行的记号,以下同)),第一行用于说明无图部分,第二行用于说明有图部分。故本卷的原貌应该是,无图部分→识语第一行(说明在右边的无图部分)→识语第二行(说明在左边的有图部分)→有图部分(见尾注(九),第 342 页)。游自勇先生以有图部分末行"〔　〕精怪有壹佰玖拾玖窠? 〔　〕"为"总括的语",这一行就是整个卷子的原始状态的末行。根据这个看法,游先生指出这个卷子的原貌是有图部分→无图部分。(见《敦煌本〈白泽精怪图〉校录》第 304—305 页)。此外,游先生在此之后所发表的论文中,已经修正了上述的意见(参本文附记 2)。

的右端是被后人随意地贴合在一起的。那么,有图部分与无图部分是本来属于同一张卷子,还是后人将完全不同的两种残卷贴合成一张卷子?这个问题不解决,对本卷整体进行研讨也就失去了意义。另外,贴合二者的"后人"是什么人? 贴合于什么时代? 至今对于这些问题的研讨仍然不充分。

　　(2) 识语 A、B 的抄写时期、内容含义

　　大家都知道,在卷末写的识语,就是包括《白泽精怪图》的题目在内的无图部分末的两行识语(参照图一)。松本先生曾提出有图部分末的一行识语(参照图二)也系后人书写的意见。[①] 但因为许多研究者仍将这一行识语当作正文,故至今未对这一点进行研讨。根据对实物的观察,笔者认为这一行明显是后人书写的,而且从内容上看也应该视作识语。因此,本文将无图部分末的两行与有图部分末的一行分别称为"识语 A"与"识语 B"。

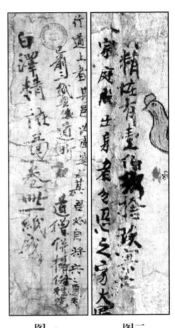

图一　　　　图二

无图部分卷末的识语 A(左),有图部分末的识语 B(右)

　　对识语 A 的释读来说,虽然以前有不同的意见,但是现在研究者都确认了其文本应该是"已前三纸无像道听记　道僧併摄俗姓范/白泽精怪图一卷冊一纸成"(不过,对断句研究者还各有不同的看法)。而对识语 A 的内容含义,却仍然缺乏研究,至今不明。[②]

　　对于识语 B,研究者都读作"[　]精怪有壹佰玖拾玖窠?[　]",并且都认为其含义是指本卷中有 199 条精怪的记述。但是,对于 199 条是计

① 　松本荣一《敦煌本白泽精怪图卷》,第 138 页、144—145 页。

② 　只有松本荣一先生曾作解释(见《敦煌本白泽精怪图卷》,第 145 页),虽然其解释基本正确,但对原意的理解仍然比较模糊。笔者觉得之所以如此,是因为松本先生将识语误读为"已前三纸无像道所记"。

算哪个部分的问题，研究者各有不同的意见。此外，将这一行识语视为正文的研究者也很多。

　　识语之类的材料本来是用于判断资料性质的最重要的证据，却至今仍未对其作深入研讨。笔者认为，之所以如此，是因为识语的含义不可理解。事实上，只有参照残留于原本上的极少的痕迹，才能较好地理解这两条识语的含义。所以，在已有的研究成果中还没有详细研讨这一问题的材料（20 世纪 80 年代以后很少有直接调查原本的研究者）。

　　笔者此次调查有新的发现，故依据调查原本所得，尝试对这一问题作较深入的研讨。

二、基于原本调查的研讨

1. 原本调查中发现的新材料

　　为了补充松本先生的论文中已经提到的卷子尺寸的缺少部分，首先介绍一下卷子的详细尺寸。笔者测量了各张纸的尺寸，结果如下：[第 1 纸]长度 41.5 厘米，[第 2 纸]长度 42 厘米，[第 3 纸]长度 39 厘米有余（因为纸张已经硬化，故其表面凹凸不平），[第 4 纸]长度 41 厘米有余（因为纸张已经硬化，故其表面凹凸不平，但其凹凸不平的程度不如第 3 纸严重），[第 5 纸]长度 40.5 厘米，[第 6 纸]长度 42 厘米，[第 7 纸]长度 34.5厘米。此外，就宽度来说，因为现在纸张的上下边严重破损，所以无法确知其原来的宽度。但根据测量目前尚残存大部分的第 5、7 纸的上下边可知，其宽度在 28～28.5 厘米之间。

　　如上所述，根据测量结果，除第 7 纸以外，①各纸大概都在 40.5～42厘米左右，尺寸基本上相同。因此，虽然各纸有破损的部分，仍然可以认

———

①　第 7 纸比其他纸短 8～10 厘米左右，笔者推测可能是因为第 7 纸左端本来有卷轴，后来卷轴和缠绕卷轴的第 7 纸的左端都一起亡失。另外，第 7 纸从最末行起测量有 7.5 厘米左右的空白。从这两点也可知第 7 纸左端本来是卷子末尾的可能性相当高。

为其保存了本来的长度。另外，从实物上看，各纸首尾都有贴合纸张时使用浆糊的痕迹。从这一点也可以看出各纸都保存了本来的长度。①

　　这次调查，除了这些材料以外，还发现了纸背的"骑缝押"、表面"界线"。这些都是之前的研究者没有说到的材料，故本文尝试对其作详细地研讨。

　　所谓"骑缝押"是在纸背的接缝部分写下的签名。② 敦煌研究中从没注意过这个签名，当然在对本卷的研究中也未说到。就 P. 2682 的骑缝押而言，现在官方网站③上公布的照片像素太低，不能确认，但《法藏敦煌西域文献》中收录了三张骑缝押放大后的照片（这些照片是局部特写，参照图三）。不过，因为这三个骑缝押都是在无图部分写下的，所以还不能据此

图三

写在第 6、7 纸之间的骑缝押，《法藏敦煌西域文献》，第 17 册

研讨有图部分与无图部分的关系。笔者这次调查时发现有图部分也有与无图部分相同的骑缝押。P. 2682 的纸背现在已用别的纸裱上，即使亲眼观察实物也不太清楚，但还是可以确认有图部分有骑缝押。即在第 1 纸和第 2 纸、第 2 纸和第 3 纸、第 3 纸和第 4 纸各个部分的贴合部分都有骑缝押，均与无图部分的骑缝押相同。因此，可以断定 P. 2682 的两个部分是同一个人贴合的。按常理而言，这两个部分本来属于同一本卷子的可能性相当大。

　　接下来，讨论表面的界线问题，这也是从未提到过的材料。观察实物，可以发现两种界线。一种是竖线，这是为了使行整齐而划的线。这样的竖线在无图部分中就可以明显看见（参照图四），其实有图部分也可以看见同样的竖线。但是，有图部分的竖线，由于墨淡化的缘故，难以直接看见。所以笔者用放大镜仔细观察，发现整个卷子中都有竖线的痕迹（例如，网上公布画像中较容易看见的是有图(1)—(8)等）。

---

① 笔者不久前调查过原本，确认了贴合部分有浆糊的明显痕迹和红色斑点（斑点好像是由于浆糊成分形成的污迹）。贴合部分的纸张剥下的地方都有这样的情况。

② 《法藏敦煌西域文献》（上海古籍出版社，1994—2005 年）即将此类签名称为"骑缝押"。

③ IDP(国际敦煌项目：http://idp.bl.uk/)、BNF(法国国家图书馆：http://bnf.fr/)。

图四

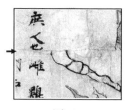

图五

无图部分的竖线(图四箭头部分)　　无图部分的横线(图五箭头部分)

　　还有一种界线,是为了把有图部分分区划开的线。在网上公布的图像中,因为这些横线非常淡,故难以发现,但也有可以看见的地方(比如图五)。凭借这些材料,可以得到图六《复原图和划界线的顺序》。尤其应该注意的是:横线跨越卷子有图部分与无图部分的边界,换言之,横线从有图部分一直延伸到无图部分的末端。这条横线显然是为了把有图部分分割为上部和下部(比如说,图五的有图(13)和有图(14)正好以横线为界分开)。另一方面,在无图部分书写文字则不考虑这条横线(比如图四箭头部分)。

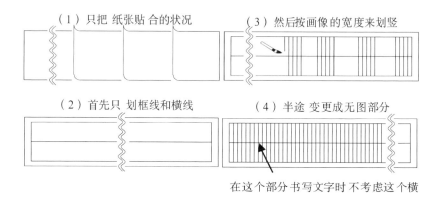

(1) 只把 纸张贴 合的状况　　　　　(3) 然后按画像的宽度来划竖

(2) 首先只 划框线和横线　　　　　(4) 半途 变更成无图部分

在这个部分书写文字时 不考虑这个横

图六　复原图和界线的顺序

　　从这种横线来看,本卷开始时是以上下两段的有图形式书写,然后中途变更成无图形式直到结束。因为中途变更形式,所以无图部分中还有无意义的横线。而高国藩先生、游自勇先生却认为本卷的原貌应该是前面无图、后面有图,这显然与实物特点不合。

确认了这种划界线的顺序,就可判定有图部分与无图部分本来属于同一本卷子。

2. 识语的解释

本节首先对两段识语进行解释,然后对写下这些识语的顺序以及有图部分与无图部分贴合的背景进行研讨。

首先研讨卷末的识语 A。识语 A 明显与正文笔迹不同。其字样如下(笔者断句)。

> 已前三纸,无像。道昕记。道僧併摄。俗姓范。
> 白泽精怪图一卷册一纸成。

笔者认为,开头的"已前三纸、无像。道昕记"表示这条识语以前三纸没有精怪的画像,记录这件事的人物的姓名是"道昕"(即书写识语者)。对于"道昕",饶宗颐先生已经提出它是人名的意见,[1]笔者也赞同此说。更重要的是"道僧併摄。俗姓范"的含义。这七字至今仍无解释。

笔者根据原本调查所见,将此句理解为"道僧把两个份残卷贴合,并且整理字句。他(道僧)的俗姓是范氏"。所谓"道僧",是指出家人。[2] 此道僧俗姓范氏,不是道昕,而是另外一个人。"併摄"二字,笔者认为都是动词,"併"可解释为"合并","摄"可解释为"整理"。根据黄征先生的见解:"敦煌写本中'並'、'并'、'併'三字各有其义,通常分别使用。'並'为并列、共同义;'并'为并且、连同义;'併'为合并义。"[3]因此笔者认为"併"字是指范氏把有图部分与无图部分贴合。笔者解释"摄"字为"整理",因

---

①　饶宗颐《跋敦煌本白泽精怪图两残卷(P. 2682, S. 6261)》,第 539 页。

②　在唐代的资料中,"道僧"常指"道士和僧侣"。但是,也可表示"出家者"。比如,《法苑珠林》卷六二《祭祠篇·献佛部》:"道僧悭悋,不如白衣。"(这个"白衣"显然指"在家者")。(周叔迦、苏晋仁《法苑珠林校注》,北京:中华书局,2006 年第 2 版,第 4 册,第 1831 页)然而,也不能完全否定"道僧"是范氏的名字的可能性,但资料中找到的"某道僧"大概是俗人,或者是俗名。

③　黄征《敦煌俗字典》,上海教育出版社,2005 年,第 28 页。

为调查时发现某人(应该是范氏)修改了字句的几个地方。这些修改之处
在网上公布的图像和黑白照片中大多难以辨识,但还是有可以确认的地
方。比如说,无图第 39 行最后一字本来是"者",然后用较淡的墨修改为
"矣"(参照图七)。另外,无图第 59 行第 9 字"储"书写于原来的空白处
(参照图八)。一般来说,如果只有这样的字句校正,则应该在识语中写作
"校"。但是范氏校正的内容也包括字形。比如说,在公布的图像中可以
确认:(1)无图第 44 行倒数第 6 字"有"延伸了撇的收笔和横画的起笔(参
照图九)。(2)无图第 64 行第 1 字"者"也延伸了第四画的收笔。(3)无图
第 69 行倒数第 6 字"必"是把第二画的起笔和收笔延伸得很长,还延伸了
第三画和第五画等(此外还有几个类似的例子)。这些都是用较淡的墨修
改的。① 从这些修改的痕迹来看,不仅校正了字句,也修改了字形,所以道
昕写作"摄(整理)"。由此可见,经过这些贴合、校正的工作,本卷才形成
"白泽精怪图一卷册一纸"的最终形式。

图七
道僧范氏修改正的
痕迹。(左·下)

图八

图九
第 44 行倒数第 6 字
"有"的修改。

接下来,研讨有图部分末的识语 B。如上所述,有图部分末有"[　]精
怪有壹佰玖拾玖窠?[　]"一行识语,松本荣一先生认为这一行系后人书
写,②但也有研究者将它视为本文的一部分。在此,笔者根据自己的研究

① 这些校改之处的墨色与识语相同,都较淡,二者之前显然有密切关系。笔者认为,道昕
书写识语与范氏修改字句使用的是同一种。
② 松本荣一《敦煌本白泽精怪图卷》,第 144—145 页。

所得,对松本先生的观点稍加研讨。

　　笔者已经发现本卷的有图部分与无图部分都是依照界线划分的。但是,对于识语 B 的两边,尽管用放大镜仔细观察,也未发现界线的痕迹。虽然其他部分也有界线消失的现象,但是这一行识语与右边的鸡的画像相当接近(参照图二),而其他地方的各行文字与画像之间都有较大的空隙,与此处的情况明显不同。① 因此,笔者认为,这一行确系后人书写。

　　另外,观察有图部分末尾的第 4 纸左端,可以发现该处的纸张较薄,可见在卷子断裂时这一部分的纸张表面出现了剥离(参照图十)。一般来说,随着时间的流逝,浆糊的黏着力逐渐下降,②因此,这一部分应该是在浆糊劣化之前(即黏着力充分保持的时期)就已剥离。这样的痕迹,与其他纸张的贴合部分干净地剥离形成的痕迹完全不一样。

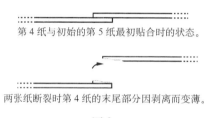

第 4 纸与初始的第 5 纸最初贴合时的状态。

两张纸断裂时第 4 纸的末尾部分因剥离而变薄。

图十

　　从这些特点来看,较早的时候只有有图部分的残卷,当时某人把"[　]精怪有壹佰玖拾玖窠?[　]"的识语写在有图部分的末尾,其含义确实应该是"以上所述的是精怪之事 199 条"。游自勇先生认为这段识语看上去像是卷末的一行,并非臆测,因为书写这行识语的位置在贴合前正是卷子的末尾。

　　卷子分割成两部分(有图部分和无图部分)之后,有图部分被单独使用,当时某人把识语 B 书写于有图部分的末尾。过了一段时间,名叫"道

---

① 在大部分的画像下都有确认画稿位置的界线(不过只有图(16)不能确认)。从这一点来看,这些画像都是在谨慎地根据界线决定好画像和文字的位置后,再进行绘制的。

② 对于敦煌文献中纸张的接缝方法以及防止浆糊劣化的措施,参照杜伟生《敦煌遗书用纸概况及浅析》,《融摄与创新——国际敦煌项目第六次会议论文集》,北京图书馆出版社,2007 年,第 73—75 页。

昕"的人物偶然获得这两份残卷，于是将二者贴合成一份卷子，并在卷末写上识语 A。尽管道昕等修改了无图部分的本文，却未修改识语 B，因此今天仍可看到识语 B，并由此知道当时还残存有图部分 199 条的事实。从道昕的记述来看，当时的 199 条事迹分别抄录在 38 张纸上。① 另外，与有图部分的末尾相连的并不是无图部分的开头，可见当道昕贴合这两份残卷时，无图部分开头的几张纸已经佚失了。

另外，关于有图部分和无图部分的关系，笔者认为，无图部分本来有图，随着时间流逝，其图逐渐省去，书写本卷时为了节省纸面而把它放在后面。一般来说，有图的写本经过转抄，其图逐渐省去，所以有图形式中屡屡见到无图的部分（比如 P. 2683《瑞应图》）。也就是说，有图部分和无图部分都掺和在一起比较自然，但是《白泽精怪图》却明显地将有图部分和无图部分区分开来。而且，从内容来看，有图部分和无图部分有密切关系，二者很可能本来同属于一部书。② 这就是笔者的推测。

三、P. 2682 的来历与原貌

根据以上论述，梳理 P. 2682 的来历如下：

① 8 世纪中叶，已出现记录怪异现象、恶鬼精怪及避邪方法的有图的卷子（成书年代尚不清楚，原有的纸张数、记事数也不明确。卷子分为有图部分与无图部分）

② 卷子断裂，分为两份残卷（残卷 A、残卷 B）。

③ 残卷 A（仅有有图部分）单独被使用。

→ 在其流传过程中，某人将识语 B（"［　］精怪有壹佰玖拾玖窠？［　］"）写在残卷 A 的末尾（当时仅有有图部分的共记录怪异之事 199 条的 38 张纸）。

---

① 现存的有图部分 4 张纸正适合 20 条的纸面（残存是 19 条）。这是和 199 条在 38 张纸上的比率大约一致的。有 2 张纸左右的误差，大概是因为图和界线之间分布不均造成的。

② 在敦煌写本中，一份卷子中有几书的内容的例子很多（如 P. 2610），但是笔者认为本卷的情况有所不同。

残卷 B 也单独被使用(纸张数、记事数不明)。

→ 在其流传过程中,残卷 B 的开头部分亡失(当时仅有无图部分的共记录怪异之事 76 条的 3 张纸)。

④ 道昕等偶然获得这两份残卷(大概在自 8 世纪后半叶到 9 世纪前半叶之间。下面详述)。

→ 道昕等把两份残卷贴合成一份卷子,并整理字句。随后在卷子末尾书写识语(贴合时残存有图部分 38 张纸、无图部分 3 张纸)。

⇒ 之后,该卷子被收藏在藏经洞中。

⑤ 发现藏经洞之后,伯希和从王道士手中购得该卷子。

* 在自④到⑤的过程中,有图部分 34 张纸(图 180 条)已佚失(其中可能包括斯坦因获得的 S.6261,也可能 S.6261 属于相同系统的别的写本)。

其中比较重要的问题是道昕获得这两份残卷的时间(④),笔者推测应该在自 8 世纪后半段到 9 世纪前半段这一期间。从上述的本卷经历来看,如果两份卷子各自经历不同的流传过程,之后又同为道昕等所得的话,则两份卷子分离之时间不可能太长。

另外,根据池田温先生的意见,在敦煌文献中,一部佛典制成后其持续继承保存的时间一般在二十年左右,虽然也有一百年的例子,但十分罕见。① 这个时间应该与纸张的使用寿命有密切关系。因此,笔者认为,道昕等获得这两份卷子的时间当在 8 世纪的后半叶,至晚也在 9 世纪前半叶。

还有一点是关于所谓"白泽精怪图"尾题的问题。笔者认为,不应将这个尾题看作普通的原文尾题。从道昕对本卷的态度来看,道昕等本人将本卷命名为"白泽精怪图"的可能性比较大。根据识语 A 可知,范氏贴合了两份残卷并修正其字句,经此整理后,作为共有 41 张纸的名为《白泽精怪图》的卷子就完成了。从识语的内容来看,范氏和道昕都很可能是将

① 池田温《中国古代写本识语集录》(《东京大学东洋文化研究所丛刊》第 11 辑),东京:大藏出版社,1990 年,第 6 页。

其命名为"白泽精怪图"的人。作为佛教徒，他们都熟知《白泽图》和避邪神兽白泽，①所以范氏或者道昕一看到与避邪有关系的本卷就联想到"白泽"是顺理成章的。由此可知，仅仅根据这个尾题就将本卷看作《白泽图》并不可取。

四、关于《白泽精怪图》与《白泽图》的关系的重新研讨

在前一节中，笔者提出所谓"白泽精怪图"的尾题是道昕命名的可能性。过去的研究者将《白泽精怪图》与《白泽图》看作同一种书的论据也大多是这个尾题。既然尾题可能是道昕等后题的，那么二者的关系就有了重新研讨的余地。下面，笔者准备通过这两本书的内容比较来研究这个问题。

笔者曾在拙文中申明了《白泽精怪图》与《白泽图》本非一书的立场，并提出了二者内容相反的证据：《白泽图》本来不包含杂占记述的内容，而《白泽精怪图》则以杂占记述为中心。② 笔者所称"杂占记述"即根据怪异现象占吉凶的记述，例如"鼠群行者，有大水"（《白泽精怪图》·有图（17））。这样的记述，在《白泽图》中基本上找不到。另外，到唐代完成的占卜类书——《天地瑞祥志》（成书于 664 年）、《开元占经》（成书于 8 世纪前半段）等书中也找不到从《白泽图》引用的杂占记述，这也证明《白泽图》中本来没有杂占记述。特别是，就《天地瑞祥志》来说，尽管找到许多从《白泽图》引用的文章，都是恶鬼精怪和其避邪方法的记述，并没有杂占记述。比如，《天地瑞祥志》中多见有关于鸟类的杂占记

---

① 《法苑珠林》卷四五《审察篇·感应缘》中大段引用《白泽图》之文。此外，唐宗密述《大方圆觉经大疏》下卷之一中有《白泽图》关于"山精"的记载，宋道原《景德传灯录》卷一六《前沣州夹山善会禅师法嗣·沣州乐普山元安禅师》条中称："家有白獋（泽）之图，必无如是妖怪。"（《大正新修大藏经·史传部类》，东京：大藏出版社，1936 年，第 51 册，经号 2076，第 331 页）这两条材料都屡见于之后的佛典。

② 拙文《〈白泽图〉辑校（附解题）》，《东北大学中国语学文学论集》，第 112 页。

述,还有"鹊"、"雉"、"鸡"等分类中都有几条杂占记述,《白泽精怪图》同样有关于鹊、雉、鸡的杂占记述,但是《天地瑞祥志》的该分类中却没有从《白泽图》引用的杂占记述。因此可知,《白泽图》本来没有杂占记述。

此外,我们还应注意到二者之间的避邪理念的差异。《白泽图》避邪理念的中心是:一唤叫恶鬼精怪的名字就避得灾祸,①这也是《白泽图》以恶鬼精怪的名单为主要内容的缘故。而在《白泽精怪图》中,只有一部分内容表达了相同的避邪理念(无图第58—63行),但这并不是其避邪理念的中心。

二者反映的鬼神观也有所不同。《白泽图》以恶鬼精怪经常存在为前提,并讲解击退这些恶鬼精怪的方法。而《白泽精怪图》不仅讲解恶鬼精怪的存在,还说明在经常发生的怪异现象中也有与恶鬼精怪无关的"自然的感应",如果将这些"自然的感应"视作鬼神的祸祟的话,反倒会招致不幸(无图第32—33行、S. 6261中也有三个例子)。《白泽图》中是看不到这样的观念的。

虽然《白泽图》有几条与《白泽精怪图》相似的记述(不完全相同),但是今天不应该只根据这些记述就把二者看作同一种书。正如研究者所指出的,在《白泽精怪图》中,除了与《白泽图》相似的记述外,还有与《抱朴子》、《夏鼎志》相同的记述,还有许多与《地镜》、《京房易》等书关系密切的杂占材料。根据卷子内容的特点以及上述研讨,笔者认为,《白泽精怪图》是在《白泽图》之后,吸收《白泽图》、《抱朴子》、《夏鼎志》以及各种各样的杂占书的内容而成的。② 先行研究大部分以"《白泽精怪图》即《白泽图》"为前提,然后比较《白泽精怪图》(《白泽图》)与他书,③但是,根据本文所

---

① 拙文《〈白泽图〉辑校(附解题)》,《东北大学中国语学文学论集》,第112页。

② 高国藩先生提出《白泽精怪图》是"已经过了敦煌民间口头和书面的修改、加工、增添,成为一本古神话加仙话,再加民间风俗信仰杂糅的《白泽精怪图》"的意见(高国藩《敦煌民间信仰的〈白泽精怪图〉》,第361—366页)。但是笔者的意见和其有不同。

③ 比如说,饶宗颐先生、林聪明先生以"《白泽精怪图》即《白泽图》"为前提,所以在研讨它与《抱朴子》、《地镜》之类的书的关系时有许多近于附会的解释。

论,这些先行研究的结论都有必要重新考虑。特别是,高国藩先生、Donald Harper 先生关于它与包括"日书"在内的咒术资料关系的研究结论也需要重新审视、评价。

另外,虽然《白泽精怪图》与《白泽图》是不同的书,笔者还是认为,二者都以"白泽"为核心,逐渐形成一连串的白泽信仰文化。有趣的是,以"白泽图"命名且与《白泽精怪图》相似的杂占书大约是在《白泽图》散佚于宋代后开始流传民间。① 这种文化现象也与唐代以后中国流行的避邪图"白泽图"、日本流行的"白泽避怪图"之类(都是描绘神兽白泽的图画,用以避邪)的图案有密切关系。②

附记 1：

这篇文章最初曾在陈正宏先生(复旦大学)主持的读书会(2010 年 10月 26 日)和余欣先生(同)主持的复旦大学中古中国共同研究班 workshop(11 月 3 日)上发表过。承蒙与会专家厚爱,就本文提出了许多宝贵的意见和建议。尤其是对于本文结论至关重要的有关识语的解释,蒙陈正宏先生、孙英刚先生(同)和游自勇先生(首都师范大学)指教,令笔者获益良多,将在今后的研究中持续关注,在此谨致谢忱。最后,需要特别说明的是,在笔者 11 月 3 日的报告之前,游自勇先生亦于 9 月 13 日在同研究班

---

① 拙文《〈白泽图〉辑校(附解题)》,《东北大学中国语学文学论集》,第 112 页。

② 关于日本江户时代流行的"白泽避怪图",除了如上所介绍的坂出祥伸《疫病除けの灵符「白泽」と妖怪百科としての「白泽图」》以外,还有西冈弘《神兽白泽考》(《国学院大学纪要》,1998 年,第 16 号),Donald Harper 'Hakutaku hi kai zu'*Asian Medicine* 3(2007)：pp. 214‐216,熊泽美弓《〈涉世録〉について：〈白泽避怪图〉にみえる妖怪资料》(《爱知县立大学大学院国际文化研究科论集》,2008 年,第 8 号),与《神兽〈白泽〉と文化の伝播》(《爱知县立大学文化财研究所年报》第 3 号,2010 年)。另外,"白泽避怪图"有各种各样的形式,大部分都包括有《涉世録》引文的题款。对于此类题款,熊泽女士在《〈涉世録〉について》中曾广泛地网罗。不过,她认为,《涉世録》的成书地点(中国、日本、琉球)与成书年代都不清楚,而坂出先生则指出,它是南宋徐彭年的著作。根据笔者的调查,《涉世録》仅见于《宋史·艺文志》,在以后的目录中没有记录。可见引用《涉世録》中文字的"白泽避怪图"的原始状态在中国形成的可能性比较高。因此,在研讨宋代以后的白泽信仰的发展时应该注意此类资料。

workshop 上作了题为《白泽精怪图》的报告,令笔者受到了很大的启发。而游文与笔者的文章也稍有重复之处,因当时笔者日语论文初稿已经完成,故此对于重复之处,未加删改。

之后,此篇文章已在《敦煌研究》2012 年第 3 期上发表。

附记 2:

笔者写定了这篇论文之后,亦有其他几篇相关论文发表了。最重要的是游自勇先生所发表的三篇论文:(1)《敦煌本〈白泽精怪图〉校录——〈白泽精怪图〉研究之一》,《敦煌吐鲁番研究》第 12 卷,2011 年 7 月,上海古籍出版社。(2)《〈白泽图〉与〈白泽精怪图〉关系析论——〈白泽精怪图〉研究之二》,中国文化遗产研究院编《出土文献研究》第 10 辑,中华书局,2011 年 7 月。(3)《〈白泽图〉所见的物怪——〈白泽精怪图〉研究之三》,黄正建主编《中国社会科学院敦煌学回顾与前瞻(学术研讨会论文集)》上海古籍出版社,2012 年 3 月。

游先生在这三篇论文中多方面地探讨《白泽精怪图》以及相关资料,今后必有助于此个方面的研究发展。他又在(1)(2)论文中言及笔者的拙稿,采用笔者的鄙见,加上对笔者校订的错误等详细指正。游先生的学恩,笔者不胜感激。

此外,笔者也最近发表了一篇论文:《〈白泽图〉をめぐる辟邪文化の変迁と受容》(中文题目是《由〈白泽图〉及相关资料看辟邪文化的变迁和发展继承》),《日本中国学会第一回若手シンポジウム论文集》,2011 年 2 月。拙文是从初期的《白泽图》到后世的《白泽辟怪图》的五种白泽文物以及其辟邪文化和鬼神观念的变迁与发展此观点进行讨论。

另外,冈部美沙子女士也最近发表一篇论文——《白泽研究の现状と课题》(《史泉》日本关西大学史学地理学会,第 115 号,2011 年 1 月),这篇论文是以日本研究者的研究成果(包含日本文化史、民俗学等)为中心所整理成的研究概况,加上提出她的新知见以及问题,亦可期待着她的研究有更大的进展。

隋唐长安寺院长生畜禽考 *

孙英刚(复旦大学文史研究院)

中古时代的佛教寺院,既是精神文化的家园,也是物质文化的汇聚之地,①深刻地影响和塑造了中古时代的日常生活和一般观念。就佛教的宇宙观(cosmology)和生命观(circle of life)而言,动物与人类社会一样,都在六道(或五道)轮回之中,都是众生之一。轮回和业报为人类世界和动物世界的沟通提供了思想和理论依据。对隋唐长安的佛教信徒而言,他们生活在一个六道轮回的长安空间,与其他诸道并行而交涉。人与动物的沟通,从这个意义上说,与人类之间的沟通并无二致。在佛教中,人与动物的关系始终是在同一场域中完成。② 长安居民与动物的沟通——本质上依然是人与人、人与神鬼之间的沟通——构成当时城市社会生活的重要部分,不能将其完全排除在社会生活图景之外。

畜生道为"六道"之一,又由"六道"与"十界"联系在一起,成为佛教宇宙重要的一部分。佛教在产生时就把"涅槃"(nirvāna)作为一切修行要达

---

* 本文为复旦大学"985 工程"三期人文学科整体推进重大项目"中古中国的知识、信仰与制度的整合研究"的阶段性成果。

① 荣新江《于阗花毡与粟特银盘——九、十世纪敦煌寺院的外来供养》,胡素馨主编《佛教物质文化、寺院财富与世俗供养国际学术研讨会论文集》,上海书画出版社,2003 年,第246 页。

② 陈怀宇《动物与中古政治宗教秩序》,上海古籍出版社,2012 年,第158 页。此书最大贡献在于突破人类社会的框架,将注意力放在人类社会以外空间和界域。

到的最高目的。① 所谓"涅槃"是相对于"世间"而言的。"世间"即佛教徒认为有生死轮回的世俗世界,也即"六道"。在早期佛教中,"涅槃"主要指摆脱生死轮回后所达到的一种境界,这种境界与世俗世界"世间"根本不同。但是大乘佛教反对小乘佛教中存在的把涅槃与世间绝对对立起来的倾向,将两者沟通起来。除了佛教中传统的五道或六道之外,大乘佛教增加了由轮回状态趋向涅槃的一些道。如《大智度论》说:"复有四种道:声闻道、辟支佛道、菩萨道、佛道。""复有六种道:地狱道、畜生、饿鬼、人、天、阿修罗道。"②《妙法莲花经玄义》说:"以十如是约十法界,谓六道四圣也。"③这里面的"六道四圣"或"十法界"即指地狱界、饿鬼界、畜生界、修罗界、人间界、天上界、声闻界、缘觉界、菩萨界、佛界。其中的前六种是纯粹的轮回状态,而后四种则是由轮回趋向涅槃的状态。

南北朝时期,随着《大般涅槃经》传入,涅槃学在中国发展起来,《大般涅槃经》的出现,完成了佛教涅槃思想的形成。其提出佛性思想,所谓佛性,也即佛的体性、佛的体段,后来具有了成佛的性能、能力的意思。其原语似乎是"buddhadhatu",直译是"佛界"。"佛界"即佛所觉悟的世界,或佛所成就的世界,所以佛界与真实世界、法性为同义词。"一切众生毕竟寂灭,则涅槃相不复更灭。""一切众生莫不是佛,亦皆泥洹(涅槃)。"④六道轮回构成的"世间",通过"一切众生莫不是佛"的"佛性"与真实世界的"涅槃"连接起来,构成了佛教徒的世界观和生死观。

学界已对冥界、地狱、饿鬼等场域与人类世界的互动,进行了细致的讨论,而且逐渐形成将社会生活史和思想史结合的研究方法。但是作为六道之一的畜生道,也即动物世界,尚未得到充分的探讨。长安作为中古时代的佛教中心,受到佛教教义的影响也最为深刻,因此成为探究中古信

---

① 它还音译为"泥洹"、"泥日"等。该词在中国古代亦有意译,如"寂灭"、"灭度"、"圆寂"、"解脱"等。
② 《大正藏》第 25 册,第 258 页上。
③ 《大正藏》第 33 册,第 693 页下。
④ 竺道生《妙法莲花经疏》卷下,《卍续藏经》第 27 册,第 13 页上。

仰与社会的极佳样本。① 大量的感应因缘类作品,基于其反映的思想、观念和事实,应该纳入历史研究范畴。②

有关寺院的长生动物,学界讨论不多,而且主要集中在寺院经济层面,例如日野开三郎对"长生牛"的探讨。③ 本文以长安的长生畜和长生禽为研究对象,勾稽出这一之前我们忽略的事关中古信仰与社会生活的一些重要层面,在思想史的语境里,解读长安的社会生活与佛教信仰。

长　生　羊

长安人吃得最多的肉是羊肉。元日杀羊,官僚庆贺也杀羊。④ 对于佛教而言,羊是众生之一,堕入畜生为羊,乃是前世孽债的报应,佛经云,"偷盗者作猪、羊身,屠肉偿人"。⑤

唐吏部尚书唐临在其《冥报记》中记贞观中韦庆植女转生为羊而被其父所杀事,原因是其生前私用家中财物,"不语父母。坐此业报,今受羊身,来偿父母命"。根据唐临的说法,此事"京下士人多知之",⑥流传甚广。除此之外,唐临还记载一件类似的、也发生在长安的报应故事:

---

① 相关研究参看 Stephen F. Teiser,"Having Once Died and Returned to Life: Representations of Hell in Medieval China",*Harvard Journal of Asiatic Studies* 48. 2,1988,pp. 433-464;孙英刚《想象中的真实:隋唐长安的冥界信仰和城市空间》,《唐研究》第 15 卷,北京大学出版社,2009 年,第 137—169 页。

② 汤用彤《隋唐佛教史稿》一书论及隋唐佛教史的撰述时,即将"感应因缘"等作品列于"僧传类"之下,已然将其纳入佛教史料的范畴。敦煌写本灵应故事的内容,基本上各篇均清楚交待时间、人物、地点、故事原委,结构完整,显属佛教见证式作品。参看郑阿财《敦煌佛教灵应故事综论》,《佛学与文学——佛教文学与艺术学术研讨会论文集(文学部分)》(佛学会议论文汇编 2),台北:法鼓文化出版公司,1998 年,第 121—152 页。

③ 日野开三郎《宋代的长生牛》,《东洋学报》第三二卷 3 号,1950 年。

④ 关于唐代的养羊业,参看贾志刚《唐代羊业研究》,《中国农史》2001 年第 1 期,第 47—54 页。

⑤ 唐沙门释法琳撰《辩正论》卷七,《大正新修大藏经》(下简称《大正藏》)第 52 册,第 539 页上。以下凡引《辩证论》,均简称《辩》,用《大正藏》本,不再另行标出。

⑥ 唐吏部尚书唐临撰《冥报记》卷下,《大正藏》第 51 册,第 800 页下。唐西明寺沙门释道世转述于其撰写的《法苑珠林》卷七四,《大正藏》第 53 册,第 846 页下—847 页上。以下凡引《冥报记》,均简称《冥》;凡引《法苑珠林》,均简称《法》,用《大正藏》本,不再另行标出。

　　长安市里风俗,每岁元日已后,递作饮食相邀,号为传坐。东市
笔工赵士,次当设之。有客先到,如厕,见其碓上有童女,年可十三
四,着青裙白衫,以级索系颈,属于碓柱,泣谓客曰:"我是主人女也,
往年未死时,盗父母钱一百,欲买脂粉,未及而死。其今在厨舍内西
北角壁中,然虽未用,既已盗之,坐此得罪,今偿父母命。"言毕,化为
青羊,白项。客惊告主人,主人问其形貌,乃其小女,死二年矣。遂于
厨壁取得钱,似久安处。于是送羊僧寺,合门不复食肉(卢文励说)。[1]

东市笔工赵士之女,也因为生前"盗父母钱一百,欲买脂粉",死后转生为
羊"偿父母命"。幸运的是,赵士认出了女儿。所谓"送羊僧寺",也就是将
羊送到寺院作长生羊。东市附近颇多寺院,也方便家人探望。

　　送羊入寺作长生在唐代颇为流行,例如邠州的一个安姓屠户为羊羔
护母的孝行感动,将母羊并羔"并送寺内乞长生"。[2] 又比如高宗时的一件
报应事件:

　　唐封元则,渤海长河人也,至显庆(656—661)中为光禄寺太官掌
膳。时有西蕃客于阗王来朝,食料余羊,凡至数十百口。王并托元则
送于僧寺放作长生。元则乃窃令屠家烹宰,收其钱直。龙朔元年
(661)夏六月,洛阳大雨,震雷霹雳元则,于宣仁门外大街中杀之。折
其项裂,血流洒地。观者盈衢,莫不惊愕。[3]

于阗王本来要将没吃完的羊送到寺院作长生。封元则却将其卖给屠户烹
宰,以此报应,被雷劈死。这反映了当时普遍流行的佛教因果观念。

　　吐鲁番文书中也提到寺院存在长生畜类,道观也有长生羊。《唐唐昌
观申当观长生牛羊数状》记载了唐昌观申报自己当观羊群的情形:"长生

---

[1]　《冥》卷下,第798页上。
[2]　宋李昉等编《太平广记》卷第439"安甲"条引《玉堂闲话》,中华书局,1961年,第3575
　　页。以下凡引《太平广记》,均简称《太》;用中华书局1961年版,不再另行标出。
[3]　《法》卷七三,第842页下。

羊大小总二百卅八口,一百五十二口白羊,卅八口羖[①]",还有"今年新生羔子卅八口",并说明这些羊是诸家布施及续生而得来的。[②] 这件文书写于吐鲁番出土《唐宝应元年(762)五月节度使衙榜西州文》的背面,是唐昌观以"状"的形式,向西州官府汇报了观内畜产的大小数量,分门别类加以统计,最后说明圈养时间及来源。荣师新江认为,伊西北庭节度使发榜前,应当首先对寺观人口和经济状况有所了解,榜文背面的唐昌观文书,大概就是回答这种调查的报告。[③] 长生畜禽与佛教教义密切相关,发端于佛寺,但是在西州道观中也有长生羊之类,可见道教也已接受这种蓄养长生畜禽的做法。

　　不过,西州的长生羊与长安的长生羊可能在功能上存在差异。唐昌观的长生羊似乎不仅仅是作为宗教灵验与感通的证据,而带有明显的经济目的。敦煌吐鲁番的寺院普遍剪羊毛牟利,但长安寺院的此类记载却极为罕见。敦煌寺院非常重视剪羊毛,通常委派寺中僧官亲临主持。敦煌文献中有类似这样的记载:"油半升,后件造莱饼用,及迎宋僧政拔毛来日用","白面三斗,生成上座尤法律等三人,紫亭去剪羔子毛食用",等等。[④] 从这方面讲,西州和敦煌的长生羊,和作为寺营质库的"长生钱"、"长生库"、"长生谷"等,意涵已经趋同。宋代陶谷《清异录》有"长生铁"来说明"长生库"之意义。"宣武刘,铁民也,铸铁为算,子薄游,妓求钗奁,刘子辞之,姥曰:'郎君家库里许多青铜,教做不动尊,可惜烂了,风流抛散,能使几何?'刘子云:'我爷唤算子作长生铁,况钱乎?'"可见唐代以后凡称"长生某物"者均有生息取利、辗转不尽的含义。[⑤]

---

① 古代文献中"羖"有黑羊之义,而辞书所举文献用例并不典型,故而造成释义混乱。敦煌文献中有大量典型用例可资说明"羖"之黑色羊义。参看黑维强、敏春芳《"羖"字释义疏证》,《兰州大学学报(社科版)》2005 年第 5 期,第 61—66 页。

② 国家文物局古文献研究室、新疆维吾尔自治区博物馆、武汉大学历史系编《吐鲁番出土文书》九/144,(图)肆/338,北京:文物出版社,1989 年。

③ 荣新江《唐代西州的道教》,《敦煌吐鲁番研究》第四卷,北京大学出版社,1999 年,第 134 页。

④ 《敦煌社会经济文书真迹释录》第 3 辑,北京:书目文献出版社,1990 年,第 233—235 页。

⑤ 北宋陶谷辑《清异录》卷上,《宋元笔记小说大观》第 1 册,上海古籍出版社,2001 年,第 19 页。

　　然而隋唐长安的长生羊,极少负担直接的经济职能。[①] 很多学者将两者混为一谈,认为寺院不仅仅有长生钱,还有长生谷、长生牛、长生羊、长生鹅之属,都是寺院常住库物,用于出租或出售的,或用于寺院僧尼自用。[②] 罗彤华已经指出,唐代有长生猪羊等名,但不专指寺营质库。以长生钱、长生库指代寺营质库,要到宋代才出现。[③] 寺院的长生动物从偏重信仰到偏重经济有一个漫长的转化过程。

　　由于长生羊不会被宰杀,可以活很长的寿命,在中国传统的万物有灵观念的影响下,出现了长生羊成精作怪的故事,例如《广异记》记长安杨氏宅长生羊作怪事云:

> 长安杨氏宅恒有青衣妇人,不知其所由来。……呼神巫以符禁逐之,巫去辄来,悉莫能止,乃徙家避之。会杨氏所亲,自远而至,具为说之。此人素有胆,使独止其宅,夜张灯自卧,妇人果来。伪自留之寝宿,潜起匿其所曳履。求之不得,狼狈而去。取履视之,则羊蹄也。以计寻之,至宅东寺中,见长生青羊,而双蹄无甲,行甚艰蹶。赎而杀之,其怪遂绝。[④]

寺院中的长生青羊,化身为青衣妇人到邻近的民宅作祟,显然并非佛教的思想观念,而是唐代有广泛影响力的精怪传统。

长　生　猪

　　猪并不是唐人肉食的主要来源,长安内外居民主要消费的是羊肉。

---

① 笔者强调是没有直接的经济职能,原因在于长安寺院的长生羊有助于传教,令长安的居民相信因果报应,为了赎罪或者祈福,施舍财物给寺院,从这种意义上说,长生羊的存在,对于长安的寺院来说,并非没有经济功能。

② 比如王文书《宋代借贷业研究》,河北大学 2011 年博士论文,第 141 页注①。

③ 罗彤华《唐代民间借贷之研究》,北京大学出版社,2009 年,第 40 页。

④ 《太》卷四三九“杨氏”条引《广异记》,第 3574 页。

但是长安居民养猪却普遍存在,比如《新唐书》记"豕祸"云:"贞观十七年六月,司农寺豕生子,一首八足,自颈分为二。"这种动物异象在唐代中后期也多次出现:"贞元四年二月,京师民家有猪生子,两首四足。""元和八年四月,长安西市有豕生子,三耳八足,自尾分为二。"动物出现异象在官方正史中称"兽异",往往是与现实的政治紧密相关,正如《新唐书》在记载上述长安豕祸之后做出这样的判断:"首多者,上不一也","足多者,下不一也"。① 这些以现代理念看似荒诞的情节,出现在官方记述中,传递着重要的政治和思想意涵,比如贞观十七年(643)六月出现在长安的猪一首八足一事,似乎正是对当时贞观朝权力结构的譬喻,就在这一年的四月,李承乾因为密谋篡位被废黜。两《唐书》想表述的正是所谓"足多者,下不一也"。②

养猪除了吃肉之外,似乎并无其他经济价值。而佛教戒律严禁吃肉,因此对于寺院来说,养猪毫无现实意义。但这仅仅是从直接的经济利益考虑,实际上长安的佛教寺院饲养有猪,即所谓长生猪。这种猪更多的是体现宗教意义。最有名的是长安菩提寺的长生猪:

> 唐开元十八年,京菩提寺有长生猪,体柔肥硕,在寺十余年,其岁猪死,僧焚之,火既烬,灰中得舍利百余粒。③

菩提寺,位于平康坊南门之东。隋开皇三年,陇西公李敬道及僧惠英所奏立,会昌六年(846)改为保唐寺。寺院制度,钟楼在东,但是因为菩提寺东临李林甫宅,所以将钟楼建在西边。开元以后,菩提寺成为长安非常繁荣的大寺,吴道子等人在这里留下了许多画迹。平康坊位于朱雀门街东第三街从北到南第五坊,东邻东市,西邻国子监,正位于三宫之间,交通要冲,是长安热闹的娱乐之所。据《北里志》,平康坊入北门东回三曲,为

---

① 欧阳修等《新唐书》卷三六《五行三》,北京:中华书局,1975 年,第 940—941 页。《旧唐书》卷三七《五行志》记载略同,北京:中华书局,1975 年,第 1370 页。
② 关于贞观十七年政局与祥瑞、五行的关系,参看孙英刚《"太平天子"与"千年太子":6—7 世纪政治文化史的一种研究》《复旦学报(社会科学版)》2010 年第 6 期,第 43—51 页。
③ 《太》卷一〇〇"菩提寺猪"条引牛肃《纪闻》,第 670 页。

长安诸妓聚居之地,赴京赶考的举子们多流连于此。① 虽然一边是圣洁的寺院,一边是烟花柳巷,貌似冲突,但却又非常合理,后者带来的人气或许是菩提寺在盛唐之后繁荣的原因之一。

可以想见,菩提寺的长生猪是该寺的一块招牌,是凸显佛法灵通、生死轮回活生生的证据。其死后能致舍利,更加增添了宗教神秘色彩。中古时代人们认为,与人一样,动物信佛虔诚者,也能致舍利。韦皋"甚崇释氏,恒持数珠诵佛名,所养鹦鹉,教令念经,及死焚之,有舍利焉"。② 韦皋为此作记,略云:"元精以五气授万类,虽鳞介毛羽必有感清英纯粹者矣。聿彼禽类,习乎能言,了空相于不念,留真骨于已毙,殆其元圣示现,感于人心。"③《涅槃经》认为,"一切众生悉有佛性"、"一阐提人亦能成佛"。动物死后致舍利,也体现了"一切众生莫不是佛"的涅槃思想。六道诸有情,都有佛性,俱可成佛。

对佛教而言,猪是前世恶报的结果。正如唐初护法高僧法琳所论:"偷盗者作猪、羊身,屠肉偿人;淫逸者作鸽、鹜、蛇身;……抵债者为驴、骡、马、牛、鱼、鳖之属。"④根据唐代流行的灵验感通故事,猪多是前世偷盗财物的业报,而且多数是家庭成员内部的擅用财物。比如道世记李校尉之母转生为猪事:

> 唐龙朔元年,怀州有人至潞州市猪至怀州卖。有一犗猪,潞州三百钱买,将至怀州卖与屠家得六百钱。至年冬十一月,潞州有人姓李,不得字,任校尉至怀州上番,因向市欲买肉食,见此犗猪,已缚四足在店前,将欲杀之。见此校尉语云:"汝是我女儿,我是汝外婆,本为汝家贫,汝母数从我索粮食,为数索不可供足,我大儿不许,我怜汝母子,私避儿与五斗米。我今作猪,偿其盗债。汝何不救我?"……猪即语校尉言:"我今已隔世受此恶形,纵汝下番,亦不须将我还。汝母

---

① 徐松撰、李健超增订《增订唐两京城坊考》,西安:三秦出版社,1996年,第89—91页。
② 宋赞宁《宋高僧传》卷一九《唐西域亡名传》,《大正藏》第53册,第830页下。
③ 元觉岸撰《释氏稽古略》,《大正藏》第49册,第831页上—中。
④《辩》卷七,第539页上。

见在，汝复为校尉，家乡眷属见我此形，决定不喜，恐损辱汝家门。吾
闻某寺有长生猪羊，汝安置吾此寺。"校尉复语猪言："婆若有验，自预
向寺。"猪闻此语，遂即走向寺。寺僧初不肯受，校尉具为寺僧说此灵
验。合寺僧闻，并怀惭愧，即为造舍屏处安置。校尉复留小毡令卧，
寺僧道俗，竞施饮食。久后寺僧，并解猪语。校尉下番，辞向本州，报
母此事。母后自来看猪，母子相见，一时泣泪。猪至麟德元年（664）
犹闻平安（东宫率梁难迪，并州人，改任怀州郭下折冲，具见说之）。①

李校尉之母转生为猪的原因，是她生前私自送给自己出嫁的女儿五斗米。
李校尉将其送到佛寺作长生猪，寺僧拒绝接受。但是在听完灵验情形后
却改变了主意，为猪造舍安置。这头带有灵验色彩的猪成为该寺的一块
活招牌，道俗"竞施饮食"。正如其他的佛教灵验感通记述一样，道世认真
地记载了信息来源，是东宫率梁难迪讲述的，而且这头长生猪到麟德元年
仍在。道世记载此事的时间不晚于 668 年，因为在那一年他的《法苑珠
林》才完成。

　　类似的记载很多，又如隋冀州临黄县耿伏生的母亲张氏死后"变成母
猪"，原因是"避父将绢两匹乞女"，也即瞒着丈夫送给出嫁的女儿两匹
布。② 隋大业八年（612），宜州人皇甫迁，私用其母六十钱，死后转生成猪。
为其子所赎买回家，结果"后经多时，乡里并知，儿女耻愧，比邻相嫌者并
以猪讥骂"，"男女出头不得"，只好将其送往别家饲养。在这则故事结尾，
道世特别强调，"长安弘法寺静琳法师，是迁邻里，亲见其猪，法师传向道
说之"。③ 弘法寺，即宏法寺，在长寿坊，神龙元年（705）改为大法寺。长寿
坊和西明寺所在的延康坊相邻，西明寺正是道世所居之寺，作为邻居的静
琳和道世，口耳相传，为《法苑珠林》提供了现实的素材。

　　从宗教意涵上讲，所谓长生猪，实际上是有罪的人。菩提寺的长生猪

---

① 《法》卷五七，第 721 页下。
② 《法》卷五七，第 721 页上。
③ 《法》卷七四，第 846 页中—下。

形成的机理,也大致如此,多半是带有灵验色彩而施舍入寺。上述三则灵验故事中,转生为猪的,多数是家庭内部成员的财物擅用,比如母亲私自送给出嫁女儿几匹布、几斗米,儿子私拿家里几十钱等。这与转生为羊的灵验故事有相同之处,或许反映了唐代某种财产观念,亦或许作者出于记述的方便。

　　长生猪可以活很长的寿命,也出现了成精作怪的情况。比如《广异记》记崔日用屠宰长生猪事云:

　　　　开元中,崔日用为汝州刺史,宅旧凶,世无居者。日用既至,修理洒扫,处之不疑。其夕,日用堂中明烛独坐。半夜后,有乌衣数十人自门入,至坐阶下,或有跛者、眇者。日用问:"君辈悉为何鬼? 来此恐人。"其跛者自陈云:"某等罪业,悉为猪身,为所放散在诸寺,号长生猪。然素不乐此生受诸秽恶,求死不得。恒欲于人申说,人见悉皆恐惧,今属相公为郡,相投转此身耳。"日用谓之曰:"审若是,殊不为难。"俱拜谢而去。翌日,寮佐来见日用,莫不惊其无恙也。衙毕,使奴取诸寺长生猪,既至,或跛或眇,不殊前见也,叹异久之,令司法为作名,乃杀而卖其肉,为造经像,收骨葬之。①

崔日用是玄宗时的重要大臣,他在夜里见到"乌衣"数十人来拜,这些人都是诸寺的长生猪所化,"乌衣"正是猪的一种表征,武宗灭佛时曾在长安屠绝猪,原因是猪的"乌衣"和和尚穿的僧衣都是黑色的。② 根据这些长生猪的说法,他们"不乐此生,受诸秽恶",然而又"求死不得"。

长　生　牛

　　在佛教轮回学说里,之所以成牛马骡驴,多是负债所致。道世引《成

---

① 《太》卷四三九"崔日用"条引《广异记》,第3581页。
② 圆仁撰,顾承甫、何泉达点校《入唐求法巡礼行记》,上海古籍出版社,1986年,第198页。被屠杀的还有黑狗、黑驴、黑牛等。

实论》云："若人负债不偿，堕牛、羊、獐、鹿、驴、马等中，偿其宿债。"①这种观点的普遍性为唐代数量众多的灵验感通故事所佐证。

谢和耐（Jacques Gernet）认为，让偷盗常住物的人转生为畜类，很可能是受到了中国风俗习惯的影响。那些侵吞霸占僧伽财产的人、那些忘记了偿还欠寺债务的人，在某些情况下都可以变成牛或者其他形式的牲畜或者奴仆，他们就以这种形式转生到寺院中作为僧众的常住。在这种观念里，不但有中国风俗习惯的影响，也保留了对一种流传很广的法律行为的记忆，即对无清偿能力的债务人的身体进行强制的做法。宗教中罪孽和债务的观念是互相吻合的。②

牛在印度佛教中就已经具有了这样的形象，即牛天然是有罪的——它的前世由于负债而堕入畜生道。梁沙门僧旻、宝唱等集《经律异相》卷四七引《譬喻经》讲述大迦罗越出钱为业事云：

> 昔大迦罗越出钱为业，有二人举钱一万，至时还之。后日二人复相谓言："我曹更各举十万，后不还之。"有牛系在篱里，语二人言："我先世时坐负主人一千钱不还债，三反作牛犹故不了。况君欲取十万，罪无毕时。"③

又唐西明寺沙门释道世撰《法苑珠林》引《出曜经》也记罽宾国人因拖欠一钱盐债而堕入畜生道的故事，"堕牛中以偿君力"。④ 道世又引《无量寿经》云："憍梵波提过去世曾作比丘，于他粟田边摘一茎粟，观其生熟，数粒堕地，五百世作牛偿之。"⑤

笔者不直接引用《无量寿经》而用道世的转述，正说明欠债而堕入牛

---

① 《法》卷五七《债负篇》，第 718 页上。
② 谢和耐（Jacques Gernet）著、耿昇译《中国 5—10 世纪的寺院经济》，上海古籍出版社，2004 年，第 74 页。
③ 《大正藏》第 53 册，第 248 页中。
④ 《法》卷五七《债负篇》，第 717 页下—718 页上。
⑤ 同上书，第 719 页中。

马骡驴等畜生身的观念,在唐前期的长安僧俗中相当普遍。然而这一观念早在佛教进入中国之前就已存在,并非中国观念对佛教改造的结果。留学印度的义净,也记载了印度即存在长生牛,"时婆罗门于初特牛以为祥瑞,即便放舍作长生牛,更不拘系"。①

牛为欠债者的观念,广泛见于道世、怀信、唐临等佛教信徒的撰述,而且互相引证加重论述。例如唐临和道世都记载隋扬州卞士瑜父不偿筑宅作人工钱,死后变成一头黄犊偿债。② 永徽年间,长安城外苟家嘴乡里长程华欺负炭丁不识字,背信征收两次炭,结果死后变牛,"遍体皆黑,唯额上有一双白,程华字分明","儿女倍加将钱救赎,不与,其牛尚在"。③ 唐汾州孝义县人路伯达欠债不还,违契拒讳,死后转生为一"赤犊子,额上生白毛为路伯达三字","其子侄等耻之,将钱五千文求赎,主不肯与,乃施与隰城县启福寺僧真如,助造十五级浮图。人有见者,发心止恶,竞投钱物布施"。④ 将路伯达转世的牛施给寺院,就是通常所说的长生牛。虽然寺院需要蓄养这头牛,但并非亏本买卖。其灵验色彩会带来丰厚的布施。从某种程度上说,长生动物是寺院宣传佛法的重要工具。

唐临记载,万年县阎村谢氏因为生前卖酒"取价太多,量酒复少",在永徽末死后转生为牛,被卖给法界寺夏侯师家,向城南耕稻田,非常辛苦。后其女赎回,在家饲养。这一神异事件在长安广为流传,以至于"京师王侯妃媵多令召视,竞施钱帛"。⑤ 从某种意义上说,虽然长生牛不直接提供经济价值,但是因为是证明佛法理念的明证,劝导世人信佛,从而间接为寺院或饲养者带来收益。而且这个收益或许比直接的经济收益还要大。

僧人若侵占常住财物,也会堕入畜生道。唐代怀信的《释门自镜录》多有描述,比如周益州索寺慧旻盗僧财作牛事、唐汾州界内寺伯达常私以

---

① 三藏法师义净奉制译《根本说一切有部毗奈耶杂事》卷五,《大正藏》第 24 册,第 227 页下。

② 《法》卷五七《债负篇》,第 720 页下。

③ 《法》卷五七《债负篇》,第 721 页中。

④ 《法》卷五七《债负篇》,第 721 页中。

⑤ 《冥报记辑书》卷七,《卐续藏经》第 88 册,第 321 页中。

众钱沽酒死作寺牛事等。①

　　唐代寺院多有僧牛。吐鲁番出土的唐贞观年间西州高昌县弘宝寺《杂物牲畜》账中，就记有"大牛捌头，在外大牛壹头……大草牛拾伍头，特犈捌头，贰岁草牸陆头。犊子七头。女犊子叁头"。总计该寺有大小牛 48 头，账中"在外大牛壹头"，推测或许是寺牛租赁在外者。② 寺院的牛很多是布施给寺院的，P. 2567 号背《癸酉年(793)沙州莲台寺诸家散施历状》的散施物中，就有"三岁黄牛一头"。③ 但是有时候寺院也会出钱购买，虽然这与佛教交易有所违背，比如吐鲁番鄯善县出土的《唐开元廿九年(741)六月真容寺买牛契》，真容寺用大练 8 匹从胡商安忽娑手头买了 1 头四岁的乌柏特牛。④ 唐蒲州普济寺释道英，原先住长安胜光寺，晚年回到蒲州住普济寺，置庄三所，里面就有僧牛。道英贞观七年圆寂，"僧牛吼噭，声彻数里。流泪呜咽，不食水草"。⑤ 这是描述高僧异象的典型手法。

　　牛施给寺院，并不是布施给个别僧人，而是入常住僧物，理论上为教会全体所有。不过也存在布施者指明要布施给个别僧人的例子。密宗大师不空圆寂之前，于 774 年将自己的物品进行了分配。其中其"庄"内的两头牛，各自被估计至少值十贯钱，献给了大兴善寺的常住。⑥ 不空严格遵循了戒律，并不像敦煌等地的僧人，死后甚至将财物分给俗家的亲属。这里提到的这两头牛，就属于不空自己的私人财物，并不属于大兴善寺的常住僧物。大兴善寺作为长安的重要寺院，相信蓄养有众多的牲畜。长安的寺院多有牛，例如长安禅定寺，"有牛触人，莫之敢近，筑围以阑之"。⑦

---

① 唐怀信撰《释门自镜录》，《大正藏》第 51 册，第 819 页—822 页中。以下凡引《释门自镜录》，均简称《释》，用《大正藏》本，不再另行标出。

② 《吐鲁番出土文书》第 4 册，北京：文物出版社，1983 年，第 61 页。

③ 关于唐代养牛业有关寺院情形，参看乜小红《略论唐代民间养牛业》，《武汉大学学报(人文科学版)》2006 年第 5 期，第 614—620 页。

④ 中国科学院历史研究所《敦煌资料》第 1 辑，北京：中华书局，1961 年，第 456 页。

⑤ 《法》卷三二，第 547 页下。

⑥ 唐圆照集《代宗朝赠司空大辨正广智三藏和上表制集》卷三，《大正藏》第 52 册，第 844—845 页。

⑦ 张鷟《朝野佥载》卷六，《隋唐嘉话　朝野佥载》，北京：中华书局，1979 年，第 41 页。

隋唐时期的长生牛和宋代的不同，并不具备太多直接的经济属性。长安作为佛教中心，戒律相对严整，将长生牛出售、出租或者用来耕田、运输，都有遭到非议的风险。然而中唐以后，"长生牛"的涵义发生了变化，"长生牛"实际上变成出租取利的寺院财产，其灵验色彩淡去，经济色彩增多，这或许也是佛教在唐宋之际世俗化的一个表现。到了北宋，长生牛基本上属于经济范畴。大中祥符二年，"除舒州宿松等县官庄长生牛"；[1]元代浙江广泛存在长生牛租。[2] 即便如此，信仰意义上的长生牛也依然存在，比如宋代绍兴年间曾下令禁屠，有人将牛牵入佛寺作"长生牛"，养数年方死。[3]

总体来说，有关长安寺院长生牛的记载不多。但这并不是说长安的寺院并不蓄养牛，不过可以揣测，这些牛大多在寺院所属的田庄中，也就是在长安城外。长安城内与其他地区不同之处，在于其农业人口相对较少，需要饲养耕牛的人家也就很少。这是长安城内独特之处，也是为什么长生牛在农业地区相对较多，丰富的长安寺院资料却鲜有记载的原因。这或许可视为长安城商业化的一个小小的注脚。

长生驴（附骡、马）

驴是长安最为常见的交通工具，东市有专门出租驴子牟利者。[4] 驴不但在城市内部交通中扮演重要角色，甚至往来长安与长安之外的长途旅人也往往以驴为坐骑。赁驴的价格，日本僧人圆仁有详细的记载，从兴国寺到心净寺路程二十里，"雇驴三头，骑之发去。驴一头行廿里，功钱五十文，三头计百五十文"。[5]

马的价格比驴高很多，而且维持费用也更高。马一日要给藁一围，而

---

① 李焘《续资治通鉴长编》卷七一，上海古籍出版社，1986 年，第 627 页。
② 《元史》卷一八七《乌古孙良桢传》，北京：中华书局，1976 年，第 4289 页。
③ 洪迈撰，何卓点校《夷坚志》卷五，北京：中华书局，1981 年，第 404 页。
④ 《太》卷三四六引"马震"条引《续玄怪录》，第 2741 页。
⑤ 《入唐求法巡礼行记》，第 42 页。

驴则四分其围。① 杜子春在长安的遭遇颇能说明马和驴在经济价值上的
高低：

> 子春既富，荡心复炽，自以为终身不复羁旅也。乘肥衣轻，会酒
> 徒，征丝管，歌舞于倡楼，不复以治生为意。一二年间，稍稍而尽，衣
> 服车马，易贵从贱，去马而驴，去驴而徒，倏忽如初。②

"去马而驴，去驴而徒"，生动地反映了杜子春由富到穷的过程。又比如唐
宗室信安王李祎外孙韦崟和地位较为低下的郑六，唐天宝九年（750）夏六
月，"偕行于长安陌中，将会饮于新昌里。至宣平之南，郑子辞有故，请间
去，继至饮所。崟乘白马而东，郑子乘驴而南，入升平之北门"。③ 一个骑
马，一个乘驴，两者身份差异，就在细节上展现出来。

在社会等级森严的隋唐时期，骑马和骑驴不仅仅是经济能力的问题，
而且也是社会身份的象征。为了维持社会等级秩序，政府反复干涉和规
定骑马和骑驴的资格。笼统而言，在隋唐的长安，非仕不得骑马、工商不
得骑马、普通僧侣不得骑马。甚至一度规定，从各地赶来长安参加科举考
试的举子们也不得骑马，这一规定在当时引起了相当大的反对声浪：

> 唐咸通（860—874）中，杨玄翼怒举子车服太盛，欲令骑驴。时有
> 诗曰："今年诏下尽骑驴，紫轴绯毡满九衢。清瘦儿郎犹自可，就中愁
> 杀郑昌图。"④

虽然存在一些举子们车服太盛的情况，但是"一仆一担一驴"仍是各地赶
赴京城参加科考的举子们最典型的形象，比如自关东赴举的崔生，"早行

---

① 唐李林甫撰、陈仲夫点校《唐六典》卷一七"太仆寺典厩署"条，中华书局，1992 年，第 484
　页。
② 《太》卷一六"杜子春"条引《续玄怪录》，第 109—112 页。
③ 《太》卷四五二"任氏"条，第 3692 页。
④ 《太》卷二五一"杨玄翼"条引《卢氏杂说》，第 1953 页。

潼关外十余里,夜方五鼓,路无人行,唯一仆一担一驴而已"。① 自缑氏赴京应明经举的卢叔敏,"行李贫困,有驴,两头叉袋,一奴才十余岁而已"。② 条件更差的则只有一驴,没有仆从,比如开元中从四川赴京参加明经考试的张卓,"唯有一驴,衣与书悉背在上,不暇乘,但驱而行"。③ 开元中吴人陆生,贡明经举在京,也"贫无仆从","自驾其驴"。④

赴京赶考的举子,求名的文人,到了长安之后,驴依然是城内主要的代步工具。如果科考不利,等待来年再考的举子在长安也需要以驴代步。比如苗晋卿,屡落第,心情郁闷,"策蹇卫出都门"。⑤ 天宝初年,来自范阳的卢子,"在都应举,频年不第,渐窘迫。尝暮乘驴游行,见一精舍中,有僧开讲,听徒甚众。卢子方诣讲筵,倦寝,梦至精舍门"。⑥ 诗人贾岛更是以骑驴著称,"元和中,元白尚轻浅,岛独变格入僻,以矫艳。虽行坐寝食,吟咏不辍。尝跨驴张盖,横截天街"。⑦

长安的骑驴阶层,除了举子之外,最常见的就是商人和小吏。商人骑驴者,比如西市骑"白驴如飞"的老人、⑧宣平坊王老等。⑨ 驴子是商人的标志之一,李密列隋炀帝十大罪状,其中提到隋炀帝"亲驾四驴,自比商人"。⑩ 同时,长安作为中央政府所在地,机构众多,低级官吏也多,小吏也多选骑驴代步,以至于乘驴成为小吏的身份特征,比如武则天时尚书右仆射王及善以禁止令史之驴入尚书省著称:

　　　　唐王及善才行庸猥,风神钝浊。为内史时,人号为"鸠集凤池"。

① 《太》卷三一一"进士崔生"条引《录异记》,第 2463 页。
② 《太》卷一二七"卢叔敏"条引《逸史》,第 902 页。
③ 《太》卷五二"张卓"条引《会昌解颐录》,第 323 页。
④ 《太》卷七二"陆生"条引《原化记》,第 448 页。
⑤ 《太》卷八四"苗晋卿"条引《幽闲鼓吹》,第 540 页。
⑥ 《太》卷二八一"樱桃青衣"条,第 2242 页。
⑦ 《太》卷一五六"贾岛"条引《唐摭言》,第 1124 页。
⑧ 《太》卷三五"齐映"条引《逸史》,第 223 页。
⑨ 《太》卷四二"贺知章"条引《原化记》,第 263 页。
⑩ 《旧唐书》卷五三《李密传》,第 2213 页。

俄迁文昌右相，无他政，但不许令史之驴入台，终日迫逐，无时暂舍。时人号"驱驴宰相"。①

不但尚书省如此，御史台的小吏也多骑驴上班：

> 武后初称周，恐下心未安，乃令人自举供奉官，正员外多置里行。有御史台令史，将入台，值里行御史数人，聚立门内。令史不下驴冲过。诸御史大怒，将杖之。令史云："今日之过，实在此驴。乞先数之，然后受罚。"许之。谓驴曰："汝技艺可知，精神机钝，何物驴畜，敢于御史里行。"于是御史羞惭而止。②

对于僧侣而言，唐代和尚一般不骑马，一方面这符合佛教修行的精神，另一方面，也是政府干涉的结果，比如太和六年（832）敕书就对僧侣骑马进行了规定：

> 商人乘马，前代所禁。近日得以恣其乘骑，雕鞍银镫，装饰焕烂，从以童骑，最为僭越，请一切禁断。庶人准此。师僧道士，除纲维及两街大德，余并不得乘马，请依所司条流处分。③

根据这一敕书，"除纲维及两街大德，余并不得乘马"。这从制度上对僧侣骑马进行了规定。但是在这之前，有权势的和尚，就已经在长安城骑马招摇过市，比如在武则天和中宗朝权势熏天的婆罗门僧惠范，"常乘官马，往还宫掖"。④ 然而，长安大多数的僧侣，或乘驴、骡，或步行，并不骑马。甚至有的高僧，出于修行的考虑，拒绝骑驴、骡等一切动物，比如在武则天后期曾检校长安化度寺无尽藏的大荐福寺高僧法藏禅师，"自少于老、驼、

---

① 张鷟《朝野佥载》卷四，第 92 页。
② 《太》卷二五四"御史里行"条引《国朝杂记》，第 1977—1978 页。
③ 王溥《唐会要》卷三一《杂录》，北京：中华书局，1955 年，第 575 页。
④ 张鷟《朝野佥载》卷五，第 114 页。

骡、象、马,莫之闻乘也"。① 道宣《四分律删繁补阙行事钞》卷中引《僧祇律》云:"船车牛马等乘,无病不合。"②但是实际当中,相信乘驴的僧侣很多。

长安寺院的驴子大多是施舍或者赏赐而来的,比较特殊的例子是贞观时长安京师律藏寺的和尚通达,他主动向人索要,"有人骑驴,历寺游观。达往就乞,惜而不施,其驴寻死"。③

除了驴之外,骡也是长安寺院的常见动物,这种马驴杂交品种,以其力大吃苦耐劳而受到人们的喜欢,僧侣出行往往乘之。比如,"乾封年中,京西明寺僧昙畅将一奴二骡,向岐州棱法师处听讲"。④ 长乐坊安国寺的法空禅师,"久养一骡,将终,鸣走而死"。⑤

长安佛寺中除了日常出行、经济活动所使用的驴之外,还有彰显因果报应、宣传佛法无边的长生驴。《续玄怪录》记长安商人张和欲将驴送寺做长生驴事云:

> 长安张高者转货于市,资累巨万。有一驴,育之久矣。唐元和十二年(817)秋八月,高死。十三日,妻命其子和乘往近郊,营饭僧之具。出里门,驴不复行,击之即卧,乘而鞭之。驴忽顾和曰:"汝何击我?"和曰:"我家用钱二万以致汝,汝不行,安得不击也?"和甚惊。驴又曰:"钱二万不说,父骑我二十余年,吾今告汝,人道、兽道之倚伏若车轮然,未始有定。吾前生负汝父力,故为驴酬之。无何,汝饲吾丰。昨夜汝父就吾算,侵汝钱一缗半矣。汝父常骑我,我固不辞。吾不负汝,汝不当骑我。汝强骑我,我亦骑汝。汝我交骑,何劫能止? 以吾

---

① 董诰等编《全唐文》卷三二八田休光《法藏禅师塔铭并序》,中华书局,1983 年影印版,第3328—3329 页。

② 京兆崇义寺沙门释道宣撰述《四分律删繁补阙行事钞》卷中,《大正藏》第 40 册,第 70 页中。以下凡引《四分律删繁补阙行事钞》,简称《行事钞》,用《大正藏》本,不再另行标出。

③ 大唐西明寺沙门释道宣撰《续高僧传》(简称《续》)卷二五《唐京师律藏寺释通达传》,《大正藏》第 50 册,第 655 页中—下。

④ 张鷟《朝野佥载》卷二,第 41 页。

⑤ 段成式《酉阳杂俎》续集卷五《寺塔记》,中华书局,1985 年,第 215 页。

之肌肤,不啻直二万钱也。只负汝一缣半,出门货之,人酬尔。然而无的取者,以他人不负吾钱也。麸行王胡子负吾二缣,吾不负其力,取其缣半还汝,半缣充口食,以终驴限耳。"和牵归,以告其母。母泣曰:"郎骑汝年深,固甚劳苦。缣半钱何足惜,将舍债丰秣而长生乎?"驴摆头。又曰:"卖而取钱乎?"乃点头。遽令货之,人酬不过缣半,且无必取者。牵入西市麸行,逢一人长而胡者。乃与缣半易,问之,其姓曰王。自是连雨,数日乃晴。和觇之,驴已死矣,王竟不得骑,又不负之验也。和东邻有金吾郎将张达,其妻,李之出也。余尝造焉,云见驴言之夕,遂闻其事。且以戒贪昧者,故备书之。①

张和问驴是否"将舍债丰秣而长生",驴不愿意,然而,这从另一方面也说明,在长安城内,将驴送往寺院做长生的情况普遍存在。

佛教认为,"抵债者为驴、骡、马、牛、鱼、鳖之属"。② 在上述故事中,驴因为"生负汝父力,故为驴酬之"。故事作者更通过驴子之口强调人道和畜生道都是六道之一,六道众生是平等的。所谓"吾今告汝,人道、兽道之倚伏,若车轮然,未始有定"。类似的故事在长安还有发生,比如段成式所记发生在东市的这一件:

> 开成初,东市百姓丧父,骑驴市凶具。行百步,驴忽然曰:"我姓白名元通,负君家力已足,勿复骑我。南市卖麸家欠我五千四百,我又负君钱数亦如之,今可卖我。"其人惊异,即牵行。旋访主卖之,驴甚壮,报价只及五千。诣麸行,乃还五千四百,因卖之。两宿而死。③

这里给出的驴子的价格是五千钱左右,这大概是一头驴子的正常价格。

---

① 《太》卷四三六"张高"条引《续玄怪录》,第3548—3549页。
② 《辩》卷七,第539页上。
③ 段成式《酉阳杂俎》卷一五,第121—122页。长安的骡马交易市场有所变化,唐高宗时并安善坊及大业坊之半立中市署,领口马牛驴骡之肆,然已偏处京城之南,交易者不便,后但出文符于署理司而已,货鬻者并移于两市。

长安的赵操曾盗取小吏的驴,也是"货之可得五千"。① 但是有的时候驴的价格起伏很大。《续高僧传》卷一五《唐蒲州仁寿寺释志宽传》记载他买驴驮经云:

> 〔志宽〕曾用钱一千五百,买驴负经。既至东京,值卒科运大贵,或头至数万者。同侣欲为卖之,宽不许曰:"已劳负荷,岂复过本乎。"便诣市自出之,但取元价。此虽小事,廉耻本矣。②

志宽用一千五百钱买了一头驴,驮佛经到洛阳,赶上驴子涨价,甚至有到数万一头的。但是志宽拒绝要高价,仍然到市场以原价卖掉。这里面的精神即为果报。志宽认为驴子已经驮经受累,再高价卖出就过本了。这正是体现了佛教戒律的精神,"若为治生觅利,贩卖生口、牛畜等物,纵为三宝,并破夏得罪"。③ 也就是说,如果贩卖牲口取利,即便是为了三宝,也会造成罪孽。

长生犬(附猫)

佛教戒律禁止和尚蓄养狗猫,比如道宣在其《四分律删繁补阙行事钞》中强调,"比丘畜猫子、狗子、乃至众鸟,并不得畜"。④ 道宣是唐代前期长安的著名高僧,以律著称,他的《四分律删繁补阙行事钞》既是对佛教戒律的总结,又是基于自己日常寺院生活的实践,在某种程度上反映了长安寺院的普遍情形。在同书中,道宣强烈谴责了当时广泛存在的寺院蓄养猫、狗的做法:

> 岂非师僧上座妄居净住,导引后生,同开恶道,或畜猫狗,专拟杀

---

① 《太》卷七三"赵操"条引《集异记》,第459—460页。
② 《续》卷一五《唐蒲州仁寿寺释志宽传》,第544页上。
③ 《大正藏》第40册,第40页下。
④ 《行事钞》卷中,第70页中。

鼠。……今寺畜猫狗，并欲尽形，非恶律仪何也？举众同畜，一众
无戒。①

道宣的抨击，从侧面反映了长安寺院广泛蓄养猫、狗，也部分解释了为何
佛教不能蓄养此类动物，即猫"专拟杀鼠"，有伤佛教第一要义——不能杀
生。不过捕鼠的主要是猫，狗的职能主要不是捕鼠。从所见的文献看，若
相信留存至今的史料具有代表性，则唐代寺院养狗，远比养猫普遍。从现
有史料看，几乎未见有养猫的具体记载，而和尚乃至高僧养狗，在长安内
外都普遍存在。

有的高僧是出于慈悲收养被遗弃的丧家狗，比如智凯，为性慈仁，"时
越常俗多弃狗子，凯闻怜之，乃令拾聚，三十、五十，常事养育，毡被卧寝，
不辞污染"。② 法朗则在"房内畜养鹅、鸭、鸡、犬，其类繁多，所行见者，无
不收养。至朗寝息之始，皆寂无声；游观之时，鸣吠喧乱，斯亦怀感之致
矣"。③ 道昂"尝养犬一头，两耳患聋，每将自逐，减食而施。及昂终后，便
失所在"。④ 神照平日养一狗，所住恒随。在神照要死的时候，"长眠流泪，
不食而殂"。⑤

狗与高僧联在一起，通过狗的异象来说明高僧的感通能力和佛法的
高深，是僧传中的一个重要主题。比如隋代雍州法顺，在京师东边叫马
头的地方开凿佛窟，即后来的因圣寺，在开凿的时候，出现了灵异
的狗：

忽感一犬不知何来，足白身黄，自然驯扰。径入窟内，口衔土出。
须臾往返，劳而不倦。食则同僧，过中不饮。即有斯异，四远响归，乃

① 《行事钞》卷上，第 23 页下。
② 《续》卷一四，第 538 页上。
③ 《续》卷七《陈杨都兴皇寺释法朗传》，第 78 页上。
④ 《续》卷二〇《唐相州寒陵山寺释道昂传》，第 78 页中。
⑤ 《续》卷一三《唐汴州安业寺释神照传》，第 528 页下—529 页上。

以闻上。隋高重之，日赐米三升，用供常限。乃至毟成，无为而死。①

　　这一异象，感动四方协助开凿灵窟，甚至惊动隋文帝，下旨每日赐米三升。不管这一事件里面的存在的机理如何，却确确实实起到了劝导世人信佛，并最终完成灵窟的目的。

　　此类描写还有很多，比如隋代高僧法藏，"武侯将军索和业者，清信在怀，延至宅中，异礼奉养，积善所熏，遂舍所住以为佛寺。……今之隆政坊北门僧寺是也"。法藏"尝以慈仁摄虑，有施禽畜，依而养之。鹅则知时旋绕，狗亦过中不食，斯类法律，不可具纪"。② 法藏所养的不但有狗，还有鹅，都感通佛法。又比如隋京师弘济寺高僧智揆送舍利于魏州，"感一黑狗莫知由来，直入道场，周旋行道。每日午后与饼不食，与水便饮。至解斋时与粥方食。寺内群犬非常噤恶，一见此狗低头畏敬，不敢斜视"。③ 这条黑狗过午不食，而且寺内诸犬皆畏惧之，是典型的佛教异象，劝导世人尊信佛法。这里提到的"寺内群犬"，已清晰说明了当时寺院养狗是普遍现象。长安大庄严寺释昙伦在管理寺院常住财物时，禁止用僧粥喂养寺犬：

　　　　〔昙伦〕次知直岁，守护僧物，约勒家人曰："犬有别食，莫与僧粥。"家人以为常事，不用伦言。犬乃于前呕出僧粥，伦默不及之。后又语令莫以僧粥与犬，家人还妄答云："不与。"群犬相将于僧前吐出粥以示之。于时道俗咸伏其敬慎。④

　　长安寺院较多养狗而较少见到养猫记载的另外一个原因，可能与猫

① 《续》卷二五《唐雍州义善寺释法顺传》，第 653 页中—654 页上。
② 《续》卷一九《唐终南山紫盖沙门释法藏传》，第 580 页下—581 页下。
③ 《续》卷二六《隋京师弘济寺释智揆传》，第 673 页下—674 页上。又见于大唐西明寺沙门释道宣撰《广弘明集》卷一四，《大正藏》第 52 册，第 217 页下。《广弘明集》强调，"当尔之时，看人男夫妇女三十余万，尽皆不识此狗，未知从何而来"。
④ 《续》卷二一《京师大庄严寺释昙伦传》，第 598 页中。

鬼恐慌有关。隋代曾引起普遍恐慌的猫鬼之祸，到了唐代依然令人胆战心惊。张鷟在其《朝野佥载》中写道："隋大业之季，猫鬼事起。家养老猫为厌魅，颇有神灵，递相诬告。京都及郡县被诛戮者，数千余家。蜀王秀皆坐之。"① 道宣提到，"妖犹畏狗，魅亦惧猫"，② 似乎是当时一种普遍的观念。然而狗为"防畜"，更深入人心，比如隋代西京禅定道场释昙迁卒于禅定寺，大业三年葬于终南北麓胜光寺之山园，"当停枢之日，有一白犬不知何来，径至丧所，虽遭遮约，终不肯去"，对此道宣感叹道："识者以犬为防畜，将非冥卫所加乎？"③

狗不但可以冥卫，而且还为狐妖所忌惮，即道宣所谓"妖犹畏狗"。比如《集异记》记载，贞元末，长安永崇坊薛夔宅多狐妖，或曰，狐妖惮猎犬，西邻李太尉第中，鹰犬颇多，可借来驱狐。④ 武则天和中宗时代的大臣唐休璟，听从长安西明寺和尚惠安的建议，养两犬护宅。⑤ 唐休璟宅在怀贞坊，与西明寺一坊之隔，隔街相对。

长安城中狗数量众多。家狗咬伤人惹上官司，似乎并不罕见。元稹《对狗伤人有牌判》云："畜狗不驯，伤人必罪；有标自触，征偿则非。"⑥ 根据这个判罚，若已经立牌警告路人家有恶犬，而行人不慎被咬，则主人无罪。另据《对不埋狗判》云："城外多死狗，法司责京兆府不埋。诉非掩骼时。"⑦ 长安城外死狗太多，以至于法司指责京兆府没有尽到职责将死狗加以掩埋。段成式《酉阳杂俎》记载："元和初，上都东市恶少李和子，父努眼。和子性忍，常攘狗及猫食之，为坊市之患。"⑧最终被鬼追入冥界。玄宗时曾下诏不许杀狗，⑨但是看似并未起到阻吓的效果。

① 张鷟《朝野佥载》卷一，第 18 页。
② 道宣《广弘明集》卷一四，第 189 页中。
③ 《续》卷一八《隋西京禅定道场释昙迁传》，第 574 页上。
④ 《太》卷四五四"薛夔"条引《集异记》，第 3707 页。
⑤ 《宋高僧传》卷一九《唐长安西明寺惠安传》，第 829 页下—830 页上。
⑥ 《全唐文》卷六五二，第 6632 页。
⑦ 《全唐文》卷九八三，第 10174 页。
⑧ 《酉阳杂俎》续集卷一《支诺皋上》，第 174—175 页。
⑨ 玄宗《禁屠杀鸡犬诏》，《全唐文》卷二六，第 296 页。

　　狗在冥报、感通、灵验一类记载中也很常见,最典型的比如唐临《冥报记》:

　　　　唐京都西市北店有王会师者,其母先终,服制已毕。至显庆二年内,其家乃产一青黄母狗。会师妻为其盗食,乃以杖击之数下。狗遂作人语曰:"我是汝姑,新妇杖我大错。我为严酷家人过甚,遂得此报,今既被打,羞向汝家。"因即走出。会师闻而洟泣,拘以归家,而复还去,凡经四五。会师见其意正,乃屈请市北大街中,正是己店北大墙后作小舍安置。每日送食,市人及行客就亲者极众,投饼与者不可胜数。此犬常不离此舍,过斋时即不肯食,经一二岁莫知所之。①

王会师母因为对家人严苛,因而堕入畜生道为狗。《佛说善恶因果经》云:"为人不好妙服,伺捕奸非,小时眼恶多怒者,从狗中来。"②道世《法苑珠林》云:"悭嫉盛故生饿狗中。"③

长　生　鹅

　　禽类对于隋唐时期的佛寺来说,似乎并无经济价值。既不能杀之食肉,又不能取卵卖钱。但是长生禽类却依然往往见之于史料,比如隋代高僧慧远,就养有一只长生鹅:

　　　　隋京师净影寺释慧远,姓李,敦煌人,后居上党之高都焉。……昔在清化,先养一鹅,听讲为务。开皇七年,敕召入京。鹅在本寺,栖宿廊庑。昼夜鸣呼,众共愍之。附使达京,至净影寺大门放之。鸣叫腾跃,注入远房。依前驯听,不避寒暑。但闻法集钟声,不问旦夕,皆

---

① 《冥报记辑书》,《卍续藏经》第88册,第319页中—下。
② 《佛说善恶因果经》,《大正藏》第85册,第382页中。
③ 《法》卷九七,第1001页中。

入讲堂,静声伏听。僧徒梵散,出堂翔鸣。若值白黑,布萨鸣钟,终不入听。时共异之。若远常途讲解,依法潜听。中间及余语,便鸣翔而出。信知道籍人弘,灵鸟嘉应。①

道宣在《续高僧传》记载,长安慈悲寺的和尚行等讲法时能感通禽类:

> 释行等,姓吉氏,冯翊人。……登听净影远公涅槃,伏读文义,时以荣之。……又与玄会同住慈悲,弘法之时,等必先登,会随后赴,时以为相成之道也。故常讲时,感鸡伏听。从受戒者,死而还活;冥曹所放,云传等教。斯亦骇动幽显,非言厝也。以贞观十六年三月六日因疾而终,春秋七十有三。②

净影寺在通化坊十字街之北,是隋文帝为慧远所建。③ 在隋文帝时期,这里是长安的佛教中心之一。慈悲寺在光德坊街东之北,往西与通化坊的净影寺仅隔一坊(通义)之地。行等是慧远的弟子,也是以涅槃著称,甚至于"从受戒者,死而还活","冥曹所放,云传等教",还可以"感鸡伏听"。这与其师慧远感鹅听法几乎是如出一辙。

值得指出的是,净影寺慧远在涅槃学发展过程中占有重要地位。其根据《起信论》,对涅槃作出有创新意义的揭示。慧远在《大乘义章》中提出"性净涅槃"、"方便净涅槃"、"应化涅槃"的概念,明显借用了《起信论》真心体相用的思想。慧远对涅槃思想的解释,显然不同于先前其他各家对涅槃的理解,而具有典型的中国佛教特色。慧远撰写的《大般涅槃经义记》十卷,也是涅槃学发展中的重要著作。④ 这也说明,涅槃学有关佛性当有的理论,对长安的宗教和世俗世界产生着重要影响,是有其理论基础的。

---

① 《法》卷二四,第 467 页下—468 页上。
② 《续》卷一五《唐京师慈悲寺释行等传》,第 543 页上。
③ 相关描述参看徐松撰、李健超增订《增订唐两京城坊考》,第 162 页。
④ 《续》卷八,第 489—492 页。

慧远所在的净影寺,行等所在的慈悲寺,都以涅槃著称。慧远的弟子慧迁居于长安宝光寺,善胄、灵璨等在慧远死后担任涅槃众主,继续统领净影寺僧众。净影寺实际上在隋唐之际,是长安城涅槃学的中心。灵璨的弟子灵润,也是以涅槃学著称,贞观八年太宗造弘福寺,将其召入寺中。① 灵润作《涅槃义疏》十三卷,也是涅槃学的重要著作。② 慧远、灵璨、行等、善胄、灵润等,都是以涅槃学著称,都是居住在长安,可以想见,当时的长安城,涅槃学是多么兴盛。这也不难理解为什么有那么多关于涅槃讲经所引起的灵验故事。

唐代文人张鷟也记载一则发生在武则天时期的将鹅放作长生的事情:

> 久视年中,越州有祖录事,不得名,早出,见担鹅向市中者。鹅见录事,频顾而鸣,祖乃以钱赎之。到僧寺,令放为长生。鹅竟不肯入寺,但走逐祖后,经坊历市,稠人广众之处,一步不放,祖收养之。左丞张锡亲见说也。③

将鹅放作长生,唐以后依然流行,比如陆游有诗《过建阳县以双鹅赠东观道士为长生鹅观俯大》。④

长 生 鸡

鸡在僧传故事中往往用来佐证高僧的修为和佛法的高深。道宣记载灵裕讲法感通雄鸡事云:

> 释灵裕,俗姓赵,定州巨鹿曲阳人也。……时有雄鸡一头,常随

---

① 《续》卷一五《唐京师弘福寺释灵润传》,第545页中—547页上。

② 《新唐书》卷五九《艺文志》,第1528页。

③ 张鷟《朝野佥载》卷四,第100页。

④ 《陆游集》第1册,中华书局,1976年,第321页。

众听。逮于讲散，乃大鸣高飞西南树上，经夜而终。俄尔疾遂有瘳，斯亦通感之明应也。①

此类故事还有很多，比如高僧法钦，养一只鸡，不吃虫子，等法钦到长安去之后，这只鸡长鸣三日而死：

> 释法钦，俗姓朱氏，吴郡昆山人也。……初钦在山，猛兽鸷鸟驯狎。有白兔二跪于杖屦之间。又尝养一鸡，不食生类，随之若影，不游他所。及其入长安，长鸣三日而绝，今鸡冢在山之椒。②

贞观十四年(640)，长安大总持寺寺主道洪应邀在宝昌寺讲涅槃，也有白鸡随人听法：

> 释道洪，姓尹氏，河东人也。……以开皇六年出家，事京邑大德昙延法师。……贞观伊始，弘护道张，凡寺纲维，无非令达，乃敕为律藏寺上座。……寻又下敕，任大总持本居寺主。……贞观十四年，宝昌寺众请讲涅槃，时感白鸡，随人听法。集散驯狎，终于讲会。③

大总持寺在永阳坊，宝昌寺在居德坊，都位于朱雀门之街第四街，往西就是长安城墙，永阳在从北到南第十三坊，居德在从北到南第四坊，道洪应邀从永阳坊的大总持寺到居德坊的宝昌坊讲涅槃，生动地反映了当时长安僧团之间的交流互动。所谓"时感白鸡，随人听法"，不过是常见的佐证道洪佛法高深的情节，也再次说明长安寺院中存在长生鸡。

　　家禽似乎在寺院生活中不发挥重要作用。僧侣不能吃肉，也不吃禽蛋。隋唐时期有关吃鸡蛋而堕入地狱的记载很多。这种理念对长安的社

---

① 《续》卷九《隋相州演空寺释灵裕传》，第 495 页下。
② 《宋高僧传》卷九《唐杭州径山法钦传》，第 764 页中—765 页下。
③ 《续》卷一五《唐京师慈恩寺释道洪》，第 547 页上—中。

会生活也有重要的影响。唐临《冥报记》记载有数篇相关事件,比如下面这则:

> 隋开皇初,冀州外邑中有小儿,年十三。常盗邻家鸡卵,烧而食之。……此儿忽见道有一小城,四面门楼,丹素甚丽。……儿入度间,城门忽闭,不见一人,唯是空城。地皆杀灰碎火,深才没踝。儿忽呼叫,走赴南门,垂至而闭。又走东、西、北门,亦皆如是。……(有大德僧道慧本冀州人,为临言之,此其邻邑也)。①

唐临也是居住在长安的居民,他对吃鸡蛋而遭报应的记载应该在某种程度上反映了当时一种普遍的观念。我们下面试图去找出这一观念的理论基础何在。

对比上述故事与孙季贞的故事,就会发现两者之间有一定相似性:

> 唐孙季贞,陈州人,少好捕网飞走,尤爱啗鸡卵,每每欲食,辄焚而熟之,卒且三年矣。……以食鸡卵过甚,被驱入于空城中,比入则户阖矣。第见满城火灰,既为烧烁,不知所为。东顾,方见城户双启,即奔从之,至则复阖矣。西顾,从之复然。南顾、北顾,从之亦然。其苦楚备尝之矣。②

两则故事中的主人公,都是被驱入空城,满城火灰,仓皇奔跑于四个城门之间,但走到跟前,城门就会关闭。《佛说善恶因果经》云:"今身烧燎鸡子者,死堕灰河地狱中。"③后汉安息三藏安世高译《佛说罪业应报教化地狱经》的记载更为清楚:

---

① 《冥》卷下,第797页中—下。
② 《太》卷一三三"孙季贞"条引《玉泉子》,第947—948页。
③ 《佛说善恶因果经》,《大正藏》第85册,第381页下—382页下。

"第九，复有众生，常在火城中糖煨齐心，四门俱开；若欲趣向，门即闭之，东西驰走，不能自免，为火烧尽。何罪所致？"佛言："以前世时坐焚烧山泽、火煨鸡子、烧他村陌，烧煮众生身烂皮剥。故获斯罪。"①

上述两则故事中的情景，正是对佛经内容的反映。唐人信佛者认为，烧食鸡蛋，会堕入火城或者叫火灰地狱中受苦。长安西明寺高僧道世在其《法苑珠林》中就引用这段经文论证自己的观点，②这说明道世、唐临、道慧等人对这一观念和理论普遍比较熟悉。

有关吃鸡蛋导致业报的故事还有很多，此处不一一列举。③ 华严法藏记载的关于长安东市药行人阿容师煮食鸡蛋堕入地狱最具代表性，生动反映了佛教影响下的长安生活：

> 雍州万年县人康阿禄山，以调露二年（680）五月一日，染患遂亡，至五日将殡，载至墓所。未及下车，闻棺中有声，亲里疑其重活，剖棺视之，禄山果苏。起载至家中，自说被冥道误追，在阎罗王前，总有三十五人，共作一行，其中有新丰果毅并禄山等十五人，先有戒行，同于王所披诉得还。尝时见东市药行人阿容师，师去调露元年患死，为生时煮鸡子，与七百人入镬汤地狱，先识禄山，遂凭属曰："吾第四子行证，稍有仁慈，君为我语之，令写《华严经》一部，余不相当，若得为写，此七百人，皆得解脱矣。"山后林健，往新丰寻觅果毅，相见悲喜，犹若故交。各说所由，暗相符会。又往东市卖药阿家，以容师之言，具告行证，证大悲感，遂于西大原寺法藏师处请《华严经》，令人书写。初自容师亡后，家人寂无梦想，至初写经之夕，合家同梦其父来，喜畅无

---

① 《大正藏》第 17 册，第 451 页中。
② 《法》卷六七，第 796 页下
③ 比如唐临《冥报记》卷下，记载周武帝好食鸡卵地狱受苦事，第 796 页—797 页上；又比如道世《法苑珠林》卷七三记齐武强到冥界，判官对他说："汝生平好烧鸡子，宜受罪而归。"，第 842 页中。

已。到永隆元年八月,庄严周毕,请大德沙门庆经设供。禄山尔日亦在会中,乃见容师等七百鬼徒,并来斋处,礼敬三宝。同跪僧前,忏悔受戒,事毕而去。山既备嘱冥司,深信罪业,遂屏绝人事,永弃俗缘,入太白终南,专务栖隐,后不知所终。①

这里面提到东市药行人阿容师因为煮鸡蛋而堕入地狱,其家人为了救赎,去西太原寺法藏(也就是作者本人)求取《华严经》。西太原寺在休祥坊,本杨恭仁宅,咸亨元年(670)因为是武则天外家故宅,立为太原寺,垂拱三年(689)改为崇福寺。这一寺院与武则天关系紧密,寺额为武则天所题写。上述故事发生的时间,正是武则天掌权的初期,也是这一寺院繁荣的时期。东市位于长安东部,而太原寺在城西,阿容师家人从东城跑到西城求取《华严经》,说明法藏在当时长安僧俗中的影响甚广,也说明其在华严一派当中的卓越地位。

吃鸡蛋堕入地狱的观念对长安的日常生活也产生了不小的影响。按照惯例,唐人在寒食那天有吃鸡蛋的风俗习惯,因为佛教的观念而受到了一些影响。一个叫孔恪的人因为寒食吃鸡蛋而被追入冥,辩解道:"平生不食鸡卵。唯忆九岁时寒食日,母与六枚,因煮食之。"②又,《金刚般若经灵验传》卷下记薛少殷入冥故事云:

> 河东薛少殷举进士,忽一日暴卒于长安崇义里。有一吏持牒云:"大使追引"。入府门。既入,见官府,即鲜于叔明也。少殷欲有所诉,叔明曰:"寒食将至,何为镂鸡子食也?"③

所谓寒食镂鸡子是一种当时的风俗,高宗《停诸节进献诏》就禁止:

---

① 京兆崇福寺僧沙门法藏集《华严经传记》卷五,《大正藏》第51册,第171页下—172页上。
② 《太》卷三八一"孔恪"条引《冥报记》,第3080—3081页。
③ 《卍续藏经》第87册,第518页下—519页上。

比至五月五日,及寒食等诸节日,并有欢庆事。诸王妃主及诸亲等,营造衣物,雕镂鸡子,竞作奇技,以将进献。巧丽过度,糜费极多,皆由不识朕心,遂至于此。又贞观年中,已有约束,自今以去,并宜停断。所司明加禁察,随事纠闻。①

余论:长安的畜生道与僧俗界

佛教勾画的是一个六道轮回的世界,畜生道是和人类世界平行交错的一个场域。由于前世罪孽,会堕入畜生道。从这个意义上说,所有的动物天生是有罪的。佛教宣扬众生平等,是说众生在因果报应、六道轮回这个游戏面前平等。偷盗者作猪、羊身,屠肉偿人;欠债者托生为牛、驴、骡、马偿债,等等。《佛说善恶因果经》云:

> 为人喜瞋恚者,死堕毒蛇、师子、虎、狼、熊罴、猫狸、鹰、鸡之属。……屠儿、猎师、网捕、狱卒、为人遇痴不解道理者,死堕象、猪、牛、羊、水牛、蚤虱、蚊虻、蚁子等形。……为人骄慢者,死堕粪虫、驼、驴、犬、马。……今身喜立他人者,死堕白象中,脚直不得眼卧。……今身喜露形坐者,死作寒鸦虫。……今身闻钟声不起者,死堕蟒蛇中,其身长大,为诸小虫之所唼食。②

佛教将动物视为六道之一,与人并无性质上的区别,两者在六道轮回的规则面前是平等的,而且可以根据功德业障托生转世。这与儒家的精神根本不同,儒家强调人与禽兽有截然的分别,君子要异于禽兽。中世纪基督教会认为,上帝创造的生灵(living spirits)可以分为三类:第一类,不为肉体所束缚者(即天使);第二类,为肉体所束缚却不与肉体同朽者(人

---

① 《全唐文》卷一二高宗《停诸节进献诏》,第146—147页。类似的诏敕也可参看《全唐文》卷三一〇孙逖《禁断寒食鸡子相饷遗敕》,第3154页。
② 《大正藏》第85册,第382页。

类);第三类,为肉体所束缚且与肉体同朽者(人类之外的动物)。① 也从根本上将动物和人区分开来,动物是没有灵魂的,和人有截然的不同。

既然众生平等,那么杀戮动物和杀人都会制造罪孽。放生动物和救人性命都可以制造功德。送畜禽于寺院作长生,也就具有祈福和赎罪的功能。道世引《梵网经》云:

> 若佛子以慈心故令放生业,一切男子是我父,一切女人是我母。我生生无不从之受生,故六道众生皆是我父母。而杀而食者,即杀我父母,亦杀我故身。一切地水是我先身,一切火风是我本体,故常行放生,生生受生。②

杀戮动物制造罪孽这种观念对长安日常生活有深远的影响,比如唐临《冥报记》记载,长安富人殷安仁因为收取驴皮,被冥司所追,躲入慈门寺佛堂。③ 甚至打死毒蛇一类的动物都会招致恶业:

> 鱼万盈,京兆市井粗猛之人。唐元和七年,其所居宅有大毒蛇,其家见者皆惊怖。万盈怒,一旦持巨棒伺其出,击杀之,烹炙以食,因得疾,脏腑痛楚,遂卒。④

《佛说善恶因果经》云:"今身屠杀斩截众生者,死堕刀山剑树地狱中;……今身撠猪鸡者,死堕镬汤地狱中;今身犍猪狗者,死堕尖石地狱中;……今身食猪狗肠肉者,死堕粪屎地狱中;今身作生鱼食者,死堕刀林剑树地狱

---

① Robert Bartlett, *The Natural and the Supernatural in the Middle Ages*, The Wiles Lectures given at the Queen's University of Belfast, 2006, Cambridge: Cambridge University Press, 2008, pp. 72-73.
② 《法》卷六五,第 780 页中—下。
③ 《冥》卷下,第 797 页下—798 页上。道世转引于《法》,第 841 页下—842 页上。
④ 《金刚般若经灵验传》卷中,《卍续藏经》第 87 册,第 511 页中。

中。"①元魏天竺三藏菩提留支译《大萨遮尼乾子所说经》将畜养杀戮动物的人称为"邪行众生",因其"具足诸恶律仪":

> 邪行众生者,谓无戒众生。何等无戒?所谓具足诸恶律仪,屠儿、猎师,畜养猪、羊、鸡、犬、鹅、鸭、猫、狸、鹰、鹞,钓射鱼鳖,造诸罗网、火坑、毒箭,劫夺虫兽,断害他命,自恣作恶,如是名为邪行众生。②

唐贞观十一年释道宣辑叙(乾封二年重更条理)《量处轻重仪》将畜分为家畜、野畜和恶律仪三类。其中,"驼、马、驴、牛、羊等"为家畜,"猿、猴、獐、鹿、熊、罴、雉、兔、山鸡、野鹜、鹅、雁等类"为野畜,而将"猫、狗、鸦、枭、鹰、鹞、鼠、蛊"等视为畜恶律仪。③ 道宣对恶律仪的界定要比菩提留支宽松一些,归入此类的动物多是以杀戮其他动物为生者。根据这种分类,畜恶律仪者,罪孽最重,然而我们从长安佛教社区的情形看,畜狗的寺院颇多。这或许反映了戒律的理想与现实的差距,所以道宣在其撰述中激烈抨击诸寺畜养狗猫的行为。

佛教寺院不应该储备鞭杖笞具、笼架拘絷之具。"若恶象、马、牛、羊,来入塔寺,触突形像,壤华果树",才可以"杖打木石,恐怖令去"。④ 寺院不能接受来施的野畜,若是"畜鹦鹉、鸠乌者,弥是道俗同耻"。⑤ "比丘畜猫子、狗子、乃至众鸟,并不得畜。"对于家畜,即便是为了佛、法、僧三宝故,也不能买卖取利。⑥

动物制品是严格禁止的,动物皮毛所做的衣物,被称为"不净衣"。后

---

① 《佛说善恶因果经》,《大正藏》第 85 册,第 381 页下—382 页下。

② 卷四,《大正藏》第 9 册,第 334 页上。

③ 《大正藏》第 45 册,第 845 页中—下。陈怀宇谈论了道宣的动植物分类,认为道宣将动物分为家畜和野畜,本文略有不同理解,参看陈《动物与中古政治宗教秩序》,第 67—69 页。

④ 《行事钞》卷中,第 88 页中。

⑤ 同上。陈怀宇认为鹦鹉等为宠物,妨碍修行。笔者认为最大的原因在鸟类啄食生类,每日杀生无数,这正是恶律仪的内涵。

⑥ 《行事钞》卷中,第 70 页中。

秦北印度三藏弗若多罗译《十诵律》云："不净衣,谓驼毛衣、牛毛衣、羖羊毛衣、杂毛衣。"①不过这一点从敦煌的例子看,似乎并未得到有效执行。但是长安相对戒律严整,或许为大多数僧侣所遵守。斗鸡斗狗之类的娱乐也是违反佛教戒律的,姚秦罽宾三藏佛陀耶舍共竺佛念等译《四分律》卷五三云:

> 或鸡斗,或狗斗,或斗猪,或斗羖羊,或斗羝羊,或斗鹿,或斗象,或斗马,或斗驼,或斗牛,或犎牛斗,或水牛斗,或斗女人,或斗男子,或斗童男、童女,断除如是一切嬉戏斗事。②

不过长安的此类娱乐广为流行,比如王勃为章怀太子写过《檄英王鸡》,《东城老父传》也已经揭示,斗鸡流行于长安。又唐僖宗"喜斗鹅走马,数幸六王宅,兴庆池与诸王斗鹅,一鹅至五十万钱"。③ 这些都是佛教反对的活动。

　　长安的人类社会和动物世界在现实世界的关系,受到了佛教六道轮回观念的影响,从而使人道和畜生道平行存在。畜生道众生实为有罪的人,它们通过赎罪或者在世亲人祈福的方式希望得到解脱,脱离恶道;人道众生通过放生和施舍,避免堕入畜生等恶道。佛教寺院则通过警示世人,揭示灵验,为两道众生提供解救的办法。寺院的长生畜和长生禽是一群特殊的动物,往往是已被僧俗确认为因罪堕入畜生的人类,这类动物看似毫无经济价值,但是实际上是寺院宣扬教义、吸引布施的重要手段。它们的存在,活生生地警示着长安的居民们:这就是六道轮回、善恶因果的明证。④

---

① 卷一二,《大正藏》第 23 册,第 84 页中。
② 《大正藏》第 22 册,第 963 页中。
③ 《新唐书》卷二〇八《田令孜传》,第 5884 页。
④ 这些长生畜禽和放生池相得益彰,长安有不少放生池,比如兴道坊楚国寺门内有放生池;开化坊大荐福寺东院有放生池,周二百步;武则天时期法成于京兆西市疏凿大坎,号曰"海池",支分永安渠以注之,以为放生之所。

　　《大般涅槃经》"一切众生悉有佛性"①的佛性论对长安的僧侣和俗界有重要的影响，畜生道众生与其他六道诸有情一样，具有佛性，亦即成佛之可能性、因性、种子。《摄论》云："无始时来界，一切法等依。由此有诸趣，及涅槃证得。"诸趣是指杂染的世间，"涅槃"则是清净的出世间。这两个不同世界的展现，取决于主体智识之间的转化。未转识成智，众生面对的是杂染的现象世界，或表象世界；转识成智后，则呈现出清净的本体世界，也即本真的世界。《成唯识论》认为，涅槃世界不是脱离世间而独立存在的，它就体现在世俗世间之中。它是生命世界意义转化的结果，并非是断灭空。

---

① 《大般涅槃经》卷七，《大正藏》第 12 册，第 405 页。

敦煌佛教疑伪经疑难词语考释*

张小艳(复旦大学出土文献与古文字研究中心)

佛教疑伪经,指后人假托佛说而撰造的经典,其语言具有通俗、浅鄙的特点,是研究中古、近代汉语词汇及语法不可多得的宝贵资料。① 这类经典,因其"疑伪",往往被历代《大藏经》摒弃在外,幸而敦煌文献及日本古写经中多有保留。最近几年,笔者因做"敦煌疑伪经校录与研究"项目的因缘,校读了一些疑伪经写卷,遇到不解的字词即参考前贤论著,②受其启发,产生一点想法时,便笔录存档。今不揣谫陋,拣选几则前贤未曾措意或校录不妥的疑难词语进行考释。

一、绝　俊

中村 60《佛说妙好宝车经》:"对至不可避,会当来相牵。赤绳缚我臂(臂),黑索系我咽。将我何所至,送至东太山。高山万馀丈,绝俊极普

---

*　本文初稿承蒙业师张涌泉先生、复旦大学"中古中国共同研究班"的各位同仁及梁春胜博士批评指正;拙稿在"第八届中古汉语国际学术研讨会"(湖南长沙,2012 年 4 月 20—25日)上宣读时,又承蒙蒋骥骋先生一一指教,谨此一并致谢! 文中错谬由本人负责。

①　梁晓虹《从名古屋七寺的两部古逸经资料探讨疑伪经在汉语史研究中的作用》,《佛教与汉语史研究——以日本资料为中心》,上海古籍出版社,2008 年,第 4、10 页。

②　近年来从语言文字角度研究敦煌佛教文献的论著,笔者在《敦煌佛经疑难字词辑释》(将载《中国训诂学报》第二辑,北京:商务印书馆,2013 年)一文的引言注释部分已作过简要评述,此不赘。

悬。"（《中村》上/335a）①

　　按："绝俊"的"俊"，《大正藏》录作"後"（T85，P1334b），②于意不谐，恐非。从文意看，例谓恶报到来，终归不可逃避，伺命鬼卒定会用赤绳、黑索将我捆缚押送到泰山地狱，其山高万丈，全是悬崖，非常陡峭。句中"俊"与"普悬"连用，其义当与"陡悬"相关。从字形看，"後"显是"俊"的俗写。如北魏《长孙琼墓志》："英奇发于弱年，俊楚声于强日。"③其中"俊楚"与"英奇"相对，"俊"即"俊"的俗字，"俊楚"指才智特出。句中"俊"的写法，适可与上揭"俊"字比勘。又如 P.3409《六禅师偈》："第四禅师名净影偈云：五阴山中有一道，悬岩险峻无人到。"（《法藏》24/127b）其中"峻"为"峻"的俗体，其所从"夋"旁与"俊"字声符"夋"的写法较近，亦可参证。

　　如前所论，"俊"为"俊"的俗体，但"绝俊"仍费解。窃以为"俊"当读同"峻"，"绝俊"即"绝峻"。"绝"者，断也，引申可表"陡峭"，如《文选·郭璞〈江赋〉》："若乃巴东之峡，夏后疏凿，绝岸万丈，壁立赪驳。"④例中"绝岸"谓陡峭的崖岸。故"绝峻"为同义复词，指山势陡峭、险峻。如宋李昉《文苑英华》卷一三一《鸟兽一》载唐虞世南《狮子赋》："其所居也，岩磴深

---

① 本文引用敦煌文献皆括注其在图录中的册数、页码及栏次。如"《中村》上/335a"，指矶部章编集《台东区立书道博物馆所藏中村不折旧藏禹域墨书集成》（文部科学省科学研究费特定领域研究"东ァジア出版文化の研究"研究成果，东京，2005 年）上卷第 335 页上栏，其余类推。文中引用的图录主要有：中国社会科学院历史研究所等合编《英藏敦煌文献（汉文佛经以外部分）》（简称《英藏》），成都：四川人民出版社，1990—1995 年；法国国家图书馆等合编《法藏敦煌西域文献》（简称《法藏》），上海古籍出版社，1995—2005 年；任继愈主编《国家图书馆藏敦煌遗书》（简称《国藏》），北京图书馆出版社，2005—2012 年；方广锠、吴芳思主编《英国国家图书馆藏敦煌遗书》（简称《英图》），桂林：广西师范大学出版社，2011 年。
② 《大正藏》指高楠顺次郎等编《大正新修大藏经》（台北：新文丰出版公司，1983 年），"T85，P1334b"指该书第 85 卷第 1334 页中栏，其余类推。
③ 此条引自梁春胜编《楷书异体俗体部件例字表》（未刊稿）"夋"下所收例字。文例见北京图书馆金石组编《北京图书馆藏中国历代石刻拓本汇编》第 4 册，郑州：中州古籍出版社，1989 年，第 19 页。
④ 萧统编、李善注《文选》，北京：中华书局，1977 年，第 184 页下栏。为避文繁，本文援引传世典籍，首次引用详注其出处，再次征引则径在引文后括注其页码。

阻,盘纡绝峻;翠岭万重,琼崖千仞;马顿辔而莫升,车摧轮而不进。"①宋乐史《太平寰宇记》卷一四八《山东南道七》"夔州"下载奉节县三峡山云:"三峡山谓西峡、巫峡、归峡,俗云'巴东三峡巫峡长,清猿三声泪沾裳',即禹疏以导江也。绝峻万仞,瞥见阳光,不分云雨。"②皆其例。"绝峻",典籍常作"峻绝",北魏郦道元《水经注》卷一五洛水"又东北出散关南"下注云:"洛水又与虢水会,水出扶猪之山,北流注于洛水。之南则鹿蹄之山也,世谓之非山。其山阴则峻绝百仞,阳则原阜隆平,甘水发于东麓,北流注于洛水也。"③"绝峻"、"峻绝",同词异序。

二、镂鏴　快伐

中村60《佛说妙好宝车经》:"牵弘誓之大牛,用智慧左(作)利梨(犁),破众生愚痴之荒地;以随喜作镂鏴,破众生愚痴之**忕**伐;用六度作种子,散着无极之福田;用十善作沟渠,长真实之苗稼。"(《中村》上/335b)

按:例中用耕地播种的譬喻来宣讲佛理,谓牵着弘誓的大牛,把智慧当成锋利的耕犁,耕破愚痴的荒地;将随喜当作"镂鏴",掀破愚痴的"快伐"。从文意看,"镂鏴"在句中的功用与"犁"相当,其义应相近,即也指某种耕土的农具。检元王祯《农书》卷一二《农器图谱六》云:"杷,镂鍬器也。《方言》云:'宋魏间谓之渠挐,或谓之渠疏。'直柄,横首,柄长四尺,首阔一尺五寸,列凿方窍,以齿为节。夫畦畛之间,锄剔块壤,疏去瓦砾;场圃之上,耧聚麦禾,拥积秸穗,此亦农之功也。"④谓"杷"施于田土,可疏散土块,剔除瓦砾;用于场圃,可"耧聚"麦禾,聚拢成堆。说明"杷"有两大功用,一

---

① 李昉《文苑英华》,北京:中华书局,1966年,第601页上栏。
② 乐史《太平寰宇记》,北京:中华书局影印日本宫内厅书陵部宋本,1999年,第278页上栏。
③ 郦道元撰、陈桥驿校释《水经注校释》,杭州大学出版社,1999年,第271页。
④ 王祯撰、缪启愉译注《东鲁王氏农书译注》,上海古籍出版社,1994年,第638页。

为"疏"，二是"聚"，即常用来疏散土块或聚拢麦禾。上引文例言先用"犁"来耕破久未耕种的荒地，再用"镂鏁"来掀破"**忮**伐"。唐陆龟蒙《耒耜经》云："耕而后有爬，渠疏之义也，散坲去芟者焉。"①言用铁犁耕地后，再用"渠疏（杷）"来疏散土块、剔除杂草，"爬"谓爬梳、平整。不难看出，"镂鏁"的功用与"杷"相似，皆用来爬梳土块。

前引《农书》云，"杷"除用来疏散土块外，还可用来"楼聚"麦禾。"楼聚"的"楼"，明徐光启《农政全书》卷二二《农器》"杷"下引作"搂"。② 窃以为作"搂"是，"楼"当是其音借字。《尔雅·释诂下》："搂，聚也。"郭璞注："搂，犹今言拘搂，聚也。"③故"搂聚"为同义复词，指聚集、收拢。S. 2614《大目乾连冥间救母变文》："为（谓）言千载不为人，铁杷搂聚还交（教）活。"（《英藏》4/118a）此言在刀山剑树地狱里，罪人经受铁汁灌、铜箭射、剑轮割等各种刑罚后，身体顿时如瓦碎，以为千载不复为人，不料狱卒用铁杷聚拢后又活过来了。其中的"杷"即用来"搂聚"碎损的筋骨血肉，是其证。

如前所述，"镂鏁"类似于"杷"，而"杷"可用来"搂聚"麦禾。疑"镂鏁"的得名取义于"搂聚"。"搂聚"，本为动词，表示聚集、归拢；用作名词，谓聚拢物事的器具。因其用金属制成，故"镂鏁"在字形上，或换旁从"金"，或增加"金"旁。其实，"镂鏁"与"搂聚"，就像"杷"与"爬"一样，皆由事物的名动相因而衍生。

"**忮**伐"的"**忮**"，《大正藏》录作"快"（T85，P1335a），不确。其字当是"快"的手写。然将"快伐"施于句中，文意仍不可解。例中"快伐"与"荒地"相对，其义当与土地相关。前文已论，"镂"是一种似"杷"的农具，可用

---

① 陆龟蒙《笠泽丛书》卷八，《丛书集成续编》本，台北：新文丰出版公司，1989 年，第 69 页下栏。

② 徐光启撰、石声汉校注、西北农学院古农学研究室整理《农政全书校注》（中），上海古籍出版社，1979 年，第 555 页。

③ 郭璞注、邢昺疏《尔雅注疏》，阮元校刻《十三经注疏》本，上海古籍出版社，1997 年，第 2574 页上栏。"搂"，原作"楼"，校勘记引《释文》云："楼，力侯反，从手。本或作楼，非。"（第 2578 页上栏）此据改。

来疏散土块。因此,窃以为"快伐"当读作"块垡",指耕翻的土块。读音上,"快""块"皆音苦央反,"伐"为"垡"的声符,自可通用。词义上,"块"指土团,"垡"谓耕垦的土块,S. 617《俗务要名林·田农部》:"𡍩(垡—垡),耕块,音代(伐);块,土团也,苦对反,或作𡉄(坴)。"(《英藏》2/92a)①故"块垡"为同义复词。经文谓以犁耕破荒地,犁为尖利之物,荒地久未耕种,自然坚硬无比,需藉"犁"耕破;又云用镂鏒疏散块垡,镂鏒是杷类工具,块垡为耕翻的土块,较为疏松,故只需"镂鏒"即可爬散。"块垡"为词,亦见于传世文献。元王祯《农书》卷八《农器图谱二》"磟碡"下云:"又有不觚棱,混而圆者,谓混轴。俱用畜力挽行,以人牵之,碾打田畴上块垡,易为破烂。"(610)此谓用磟碡碾打"块垡",易于破散,可以比勘。

三、乞个　绝絽利　溝薛　又

　　中村 60《佛说妙好宝车经》:"佛昔在世时,化作一道人,诣大婆罗门家乞。婆罗门问道人言:'何以不田作,但行乞个?道人姓何字谁?舍在何许?嘱(属)何郡县?'道人言:'吾舍在弘水东引水西,嘱(属)波若郡本际县,姓空字无相,萨云然树下止,居超入城绝絽利。'彼婆罗门言:'道人乃有此业,何以不田作,但行乞个?'道人答曰:'吾田作与卿有异,以四禅为耕梨(犁)、六度为种子,散着无极之旷野,闰(润)以八解之泉水,长养四实为果报,锄以十善为溝薛,又以波若之利廉(镰),束以善权为要附,积着三乘之大车,运着无极之大城,给与一切之贤士。贫道之田作,如此无穷。'"(《中村》上/335c)

按:例中用耕田种地来比喻佛法的修行,其中有不少词语都很费解。幸而这段文字在敦煌本《众经要揽》所引《五百梵志经》中有相应的内容,其中

---

① 　句中"垡""伐"二字的校改,参姚永铭《〈俗务要名林〉补校》,《浙江大学汉语史研究中心简报》2005 年第 3 期,第 53 页。又张涌泉主编《敦煌经部文献合集》第七册"小学类训诂之属"之《俗务要名林》的校记[一五八],北京:中华书局,2008 年,第 3650 页。

异文对于考证上揭例中的"乞个、绝𦀰利、溝𦫼、又"等疑难词语颇有助益。此经现存两个抄本：一是 S.514，称作"甲本"；一为 BD.3000＋3159，谓之"乙本"。

例中出现了两次的"乞个"，《大正藏》皆录作"乞食"（T85，P1335b），所录于意虽通，于形却不合。"个"形似"个"，从文意看又显然不是"个"。例中第二个"乞个"，乙本作"乞"（《国藏》43/183），说明其义相当。那么，"个"当是与"乞"词义相同或相近者，窃疑其为"介"字隶省，而"介"又当是"丐"的音近借字。①《周礼·考工记·匠人》"庙门容大局七个"，孙诒让正义："个者，介之省。"②清王引之《经义述闻》卷三一《通说上》"个"条云："（介）隶书作𠆖，《干禄字书》并列𠆖、介二体，云'上通下正'是也。或省作个，汉祝睦后碑'𠇓然清皓'，《说文》：夰，大也。从大，介声。夰字作夲，下畔之个即介字也。介字隶书作𠆖，省丿则为个矣。介音古拜反，又音古贺反，犹大之音唐佐反，奈之音奴个反，皆转音也。后人于古拜反者则作介，于古贺反者则作个，而不知个即介字隶书之省，非两字也。"③由此可见，"个"实由"介"字分化而来。"介"字隶省作"个"在魏晋六朝石刻中仍可见到，如东魏《廉富等造义井颂》："自个澄寂，迈影凝然。"④其中的"自个"，毛远明先生录作"□个"，梁春胜指出：缺字"□"剔除泐痕即"自"字；"个"并非"个"，而是"介"字。"介"这种写法当承隶书而来，如汉祝睦后碑"夰"作"夲"，晋辟雍碑阴"界"作"畍"。句中"个（介）"当训"介立"，是卓异特立的意思。⑤ 所言诚是。从字

---

① 笔者曾将"个"看作"丐"字草书"𠁦""𠁧"等的楷化，后蒙蒋骥骋先生指正：考释俗字不当仅从字形着眼，也当考虑语音的关系。"个"与"丐"字草书"𠁦""𠁧"在字形上并不很近。"个"完全可能是"介"字隶省，而"介"与"丐"读音极近。蒋先生所言很有见地，笔者受益匪浅。后来笔者据其教示，重新查阅文献，修正了原来的看法。在此，谨对蒋先生致以诚挚的谢意。

② 孙诒让撰，王文锦、陈玉霞点校《周礼正义》第14册，北京：中华书局，1987年，第3464—3465页。

③ 王引之《经义述闻》，南京：江苏古籍出版社，1985年，第747页下栏。

④ 毛远明《汉魏六朝碑刻校注》第8册，北京：线装书局，2008年，图版载第131页，录文见第134页。

⑤ 梁春胜《〈汉魏六朝碑刻校注〉商榷》，《语言研究集刊》第九辑，上海辞书出版社，2012年，第304页。

形看,此"个"与上揭例中的"个"几乎全同。"个"既由"介"隶省而来,那么"个"也可能是"介"之省。从文意看,而"个(介)"在例中又当读为"丐"。《广韵》"介"音古拜切,见纽怪韵;"丐"音古太切,见纽泰韵,二者声同韵近,可得通借。如《诗经》里"以介眉寿"(《豳风·七月》)、"以介景福"(《小雅·楚茨》)、"以介我稷黍"(《小雅·甫田》)中的"介",旧时皆不得其义,清人林义光受铜器铭文中屡见的"用匃眉寿""用祈匃眉寿"等语的启发,指出《诗经》中这些"介"字应读为"匃"(丐),当祈求讲。① 由此看来,"介"用为"丐"古已有之。因此,上引例中的"个(介)"当读为"丐","乞丐"为同义复词,指乞求。

"绝𡑡利",《大正藏》照录,将此句断读为:"萨云然树下止居超入城绝𡑡利彼。"(T85,P1335b)其将"彼婆罗门"的"彼"连上读,显然是没读懂这句话的意思。"绝𡑡利",甲、乙二本皆作"绝居里"(《英图》8/103;《国藏》43/183),则"𡑡"乃"居"涉上字"绝"影响而增旁的类化俗字,"利"当是"里"的音近借字。"利"与"里""裏""理"等音近通用乃敦煌文献的常例,譬如契约文书中"利润"的"利",便常借"里""裏""理"来表之。如BD.9521v《癸未年四月平康乡百姓贷䊺契稿(拟)》:"平康乡百姓沈延庆欠阙䊺布,遂于张修造面上贷䊺一匹,长二丈柒,里头现还羊皮壹章(张)。其䊺限八月末还于本绢(䊺),于月还不得者,每月于(依)乡元生利。"(《国藏》106/51)例中前言"里头",后云"利",是"里头"即"利头",指利息。又S.4504v《乙未年三月七日押衙就弘子贷生绢契》:"押衙就弘子往于西州充使,欠少绢帛,遂于押衙阎全子面上贷生绢壹匹,长肆拾尺,福(幅)阔壹尺捌寸三分。其绢彼至西州回来之日,还绢裏头立机细䊺壹匹、官布一匹。其绢限壹个月还,若得壹个月不还绢者,逐月于(依)乡原生裏。若身

---

① 裘锡圭《谈谈地下材料在先秦秦汉古籍整理工作中的作用》,收入《古代文史研究新探》,南京:江苏古籍出版社,1992年,第52页。清人林义光关于"介"读为"匃"的观点,散见于氏著《诗经通解》(上海:中西书局,2012年)中相关的注语,如《豳风·七月》"以介(匃)眉寿"句于"介"后用小字括注"匃",云:"介读为匃,乞也。金文多言'用祈匃眉寿',祈匃者祈乞也。"(第164页)又如《小雅·楚茨》"以介(匃)景福""报以介(匃)福"句中"介"后也括注"匃",云:"介福谓所赐予之福也。"(第260页)《小雅·甫田》"以介(匃)我稷黍"下注:"介读为匃。匃亦祈也。金文每云祈匃眉寿。"(第267页)同篇"报以介(匃)福"句"介"后也括注"匃"(第268页)。

东西不平善者,壹仰口承男某甲低(衹)当,但别取本绢,无裹头。"(《英藏》6/115b)其中的"裹"也都用为"利","裹头"亦即"利头"。又 P. 2652v《丙午年洪润乡百姓宋某雇驼契》:"洪润乡百姓宋☒□□(专甲充)使西州,欠少驼畜,遂于同乡百姓某专甲面上故(雇)八岁駮驼一头,断作驼价生绢一匹,正月至七月便须填还。于限不还者,☒☒(准乡)元礼(例)生理。"(《法藏》17/106a)此"理"亦当读为"利"。"裹""理"皆从"里"得声,且"理"敦煌写卷中常省旁径作"里","裹"后来也直接用"里"来替代,故"利"读为"里"当无疑义。因此,"绝𦀗利"即"绝居里",谓绝无人居之里,显为虚构的"乌有"之处。佛经义疏中与此相关的内容,或作"绝句里"及"绝勿里"。隋吉藏《法华义疏》卷七:"《法华三昧经》云:'反源尽欲室,令人归古乡,古乡名无为。'无为故号清净室。佛答婆罗门云:波若郡、本际县、超入城、绝句里、萨波若树下止。"(T34,P546a)句中的"绝句里",唐智度述《法华经疏义纘》卷四作"绝勿里"(X29,P71a)。将其与"绝居里"比勘,"句"当是"居"的借音字,而"勿"则又是"句"的形讹。由此可见,将敦煌本疑伪经与传世本佛经对勘,可以破读、校正其中不少借字、误字。

"溝葦",甲本作"锄",乙本作"搆葐"。"锄"显然不合文意,因为同句首字已用"锄",似不当重出。而"搆"为"搆"的俗写,"葐"即"薩"在魏晋六朝以迄隋唐的常见写法,其右侧加三小点"氵",示该字当删。然抄手删除错字后,却忘了补抄正字。那么,什么样的字会错写成"葐"呢?清沈涛《铜熨斗斋随笔》卷七"薩即薛字"条云:"佛经菩薩二字,《说文》所无,盖即薛字之变体。汉平舆令薛君碑'乃侯于薛',唐萧思亮墓志'行薛王友',薛字形皆如是作,后乃变而为薩。张有《复古编》薛别作薩,非是。《一切经音义》云'菩薩本作扶薛'。《旧五代史·唐废帝纪》载当时谣曰:'去却生菩薩,扶起一条铁。'是尔时尚作薛音也。"[1]张涌泉师也指出:"'薩''薛'古本一字,唐五代前尚未分用。"[2]再结合"搆葐"在上引例中作"溝葦"来看,我们

---

① 沈涛《铜熨斗斋随笔》,《续修四库全书》第 1158 册,上海古籍出版社,2002 年,第 680 页上栏。
② 关于"薩""薛"之间关系的详细论证,参张涌泉《汉语俗字研究》(修订版),北京:商务印书馆,2010 年,第 180—181 页。

认为甲本中书手漏抄的正字可能是"薛"。因为"薜""薛"本一字,所以才会先写成"薜",后发现与底本不合,遂又删去。"搆薛"当读同"沟薛","搆"为"沟"的音借字。"薛"乃"薛"的俗体,例中当读为"洫"。《广韵》"薛"音私列切,心纽薛韵山摄;"洫"为况逼切,晓纽职韵臻摄,二者声韵皆近,应可相通。敦煌通俗韵文中,臻、山二摄通押的有 16 例,说明这两摄的读音比较接近。[1] 如 S.6631《和菩萨戒文》:"诸菩萨,莫自说,自说喻若汤浇雪。造罪犹如一刹那,长入波咤而闷绝。连明晓夜下长钉,眼耳之中皆泣血。罪因罪果罪伤心,乃被牛头来拔舌。不容乞命暂分疏,狱卒持权而使(便)泄。"(《英藏》11/140)例中"说、雪、绝、血、舌、泄"通押,其中"说、雪、绝、泄"皆为山摄薛韵,而"血"为山摄屑韵,"舌"属臻摄职韵,此即"薛""职"二韵通押之例。《广韵》屑、薛同用,"洫"从血得声,"血""薛"韵近,"洫""薛"自可音近通用。然则"沟薛"读为"沟洫",在语音上当无疑义。词义上,"沟洫"指田间水道,《周礼·考工记·匠人》:"匠人为沟洫……九夫为井,井间广四尺,深四尺,谓之沟。方十里为成,成间广八尺,深八尺,谓之洫。"郑玄注:"主通利田间之水道。"贾公彦疏:"古者人耕,皆畎上种谷,畎遂沟洫之间通水,故知'通利田间水道'。"[2] 文献中"沟洫"的用例甚夥,此不烦举。将此释义还原上引例中,"锄以十善为沟洫"乃以开掘、疏通田间水道为喻,言用"十善"消除恶业,令佛性生长繁盛。

值得注意的是,将"沟薛"读为"沟洫",还有"同本异文"可资左证。在"锄以十善为沟薛(薛)"的上文,即有内容表达与之近似的词句:"用十善作沟渠"(文例参下条)。前文已论,"沟薛"即"沟洫","薛"为"洫"的借音字,"沟洫"与"沟渠"义近,乃经文撰著者为避复而换用的同义之词。由此可见,读"沟薛"为"沟洫",不仅音义皆合,且还有异文参证。

"又",《大正藏》录作"又"(T85,P1335b),字形相合,但文意不通。甲本作"刄"(《英图》8/103),乙本作"扠"(《国藏》43/183),窃以为"又""刄"皆

---

① 参洪艺芳《唐五代西北方音研究——以敦煌通俗韵文为主》,台湾"中国文化大学"硕士学位论文,1995 年,第 226、231—232 页。
② 郑玄注、贾公彦疏《周礼注疏》,阮元校刻《十三经注疏》,第 931 页下栏。

是。"**又**"为"乂"的俗体。"乂"字手写,起笔撇"丿"常带笔写成横撇,与"又"讹混,"又"增点遂成"叉",加上"刂"旁,便是"**刈**"。"**刈**"为"刈"的手写俗字,义为"割"。"乂"今多表"安""治"义,乃其引申义。从字形看,"乂(乂)"的造字本义像一种刀类工具,[①]用为动词,可指芟剪。故"刈"实为"乂"的增旁异体。《说文·刀部》:"乂,芟草也。……刈,乂或从刀。"[②]而"扠"或可视为"**刈**"的换旁俗体,因为"刈割"除用"刀"外,还是一种动作,故或换"刂"从"扌",便写成了"扠"。"乂"与"**又**""**刈**""扠"三者间的演化路径,可图示如右:乂→又(手写带笔)→叉(加点)→**刈**(增旁)→扠(换旁)。因此,上引例中的"**又**"可录作"叉",校为"乂"。将其还原例中,"乂以波若之利镰"乃用收获庄稼为譬,谓经过辛勤耕耘后,最终修得般若智慧。

四、示　　小

(1) 中村 144《佛说决罪福经》卷上:"灾气流行,水草不调,五谷不收,梨(黎)庶饥觐(馑)。水谷不滋,食之无味。面无精光,民多疾病,腹肠不和。诸躬(穷)恶鬼,因衰病之,遂便卜解,诸(请)祷神祇(祇)。牛羊鸡豚,酒脯**脵**(祭)腏,魍魉(魍魉)鬼神,因得饮食。随行入出,变其身刑(形),作死者像,假托名字。因其衰耗,病人**示**小。"(《中村》中/352a、353a)

(2) 中村 144《佛说决罪福经》:"夫布施者,今现在世有十倍报,后世受时有亿倍报,不可计数,复倍亿万。我常但说万倍报者,略少说耳。恐人不信,少说乃倍(信),其实不翅。如种菓树,种**示**小子后,生茎、节、实不可计。"(《中村》中/355c)

按:上揭例中的扫描字形"**示**"与"**示**",皆为"示"的手写,《大正藏》都

---

① 裘锡圭先生指出:"乂"的初文应当就是甲骨文中的"**㐅**",其字下部从刀,本像一种刀类工具。参氏著《释"**𦎧**""**㝩**"》,收入《古文字论集》,北京:中华书局,1992 年,第 35 页。

② 许慎撰、徐铉校定《说文解字》,北京:中华书局,1963 年,第 265 页下栏。

录作"示"(T85,P1329a、P1333b),不确。"示"上从三,下从小,"三小"会意,乃"尛"的简俗字,其造字理据跟"麤"俗省作"麄"一样。①《龙龛手镜·小部》:"尛尐示:三俗,莫可反,正作麼(麼)。么～,细小也。"②是"示"为"尛"的俗省,而"尛"又是"麼"的新造会意字。"麼"从么、麻声,"么"即"幺",义为小,故"麼"在汉魏六朝文献中,常表微小、细小义。《汉书·叙传》:"故虽遭罹阸会,窃其权柄,勇如信、布,强如梁、籍,成如王莽,然卒润镬伏质,亨醢分裂,又况幺麼,尚不及数子,而欲闇奸天位者虖!"颜师古注:"郑氏曰:'麼,音麼,小也。'晋灼曰:'此骨偏麿之麿也。'师古曰:'郑音是也。幺、麼,皆微小之称也。幺音一尧反。麼音莫可反。骨偏麿自音麻,与此义不相合。晋说失之。"③例中"麿",颜师古认为郑氏"音么"是,即"麿"当读同"麼","幺麿"即"么麼",为同义复词,指微小。如《三国志·吴书·吴主权传》:"及操子丕,桀逆遗丑,荐作奸回,偷取天位。而叡么麼,寻丕凶迹,阻兵盗土,未伏厥诛。"④又《列子·汤问》:"江浦之间生麼虫,其名为焦螟,群飞而集于蚊睫,弗相触也,栖宿去来,蚊弗觉也。"⑤玄应《音义》卷八《顺权方便经》卷上音义:"麼虫:莫可反。《通俗文》'细小曰麼';《三苍》'麼,微也'。经文作尛,近字也。"(《中华藏》56/940c)⑥玄应谓"麼"经文作"尛",当是。佛经中,"麼"确有写作"尛"者,如后秦鸠摩罗什译《大

---

① "麤"俗省作"麄"的例证,参黄征《敦煌俗字典》"麤"条,上海教育出版社,2005年,第68页。

② 释行均《龙龛手镜》(简称《龙龛》),北京:中华书局影印高丽版辽刻本并以四部丛刊续编本配补,1985年,第337页。此条朝鲜本《龙龛·小部》作:"尛:俗,莫可切。正作麼。么～,细物也。"中华本的"麼",朝鲜本作"麼",是,据改。参杉本つとむ编《异体字研究资料集成》一期别卷二据日本国立公文书馆内阁文库藏朝鲜成化八年(1472)刊《龙龛手镜》影印,雄山阁出版株式会社,昭和四十八年(1973),第232页上栏。

③ 班固撰、颜师古注《汉书》,北京:中华书局,1962年,第4209—4210页。

④ 范晔撰、李贤注《后汉书》,北京:中华书局,1965年,第1134页。

⑤ 卢重元《列子注》,阮元辑《宛委别藏》第96册,南京:江苏古籍出版社,1988年,第109页。《列子》一书,《汉书·艺文志》著录者早佚,现今所见传本可能由该书注者即东晋的张湛撰造。参张永言《从词汇史看〈列子〉的撰写时代》,《季羡林教授八十华诞纪念论文集》(上),南昌:江西人民出版社,1991年,第199页。

⑥ "《中华藏》56/940c"指中华大藏经编辑局编《中华大藏经》(北京:中华书局,1984—1996年)第56册第940页下栏。其余类推。

智度论》卷四八:"若闻湿猋字,即知诸法牢坚如金刚石。阿湿猋,秦言石。"(T25,P0408c‐b)"湿猋"乃梵语"石"的音译,慧琳《音义》卷四六《大智度论》第五十三卷音义作"湮麼",注云:"莫可反,秦言石。依字,《通俗文》'细小曰麼';《字书》'麼,小也'。论文作猋,此犹俗字也。"(《中华藏》58/336b)上引《大智度论》"湿猋"的"猋",《大正藏》校记称宋、元、明、宫本作"麼(麼)",是"猋"即"麼"的会意俗字。由此可知,上引例(1)(2)中的"示"乃"猋"的俗省,亦即"麼"的会意俗字。①

"示",或讹作"禾"。西晋竺法护译《阿差末菩萨经》卷四:"及复察闻地狱、饿鬼、畜生音声,麼麼小虫蚊虻、蚊蜂、虺拂音声,皆得闻之。"(T13,P0600b)句中的"麼麼",《大正藏》校记称宫本作"来采"。玄应《音义》卷七注云:"麼麼:莫可反。《三苍》'麼,微也。亦细小也'。谓微细小虫也。经文有作禾禾,非也。"(《中华藏》56/928b)宫本之作"来采",疑即玄应所见经文"禾禾"的楷正,当是"示示"的俗写误字,即"示"上的"三"写成撇形,下部"小"中间的竖笔直穿到"三"的最上横,便成了"禾"。

综上所述,"示"为"麼"的俗字,义为"小",上引例(1)(2)中的"示小"即"麼小",为同义复词,指细小。将此义还原句中,前例谓鬼神享用祭品后,变成死者的模样,假托其姓名,与病者随行出入,日渐侵损其精力,使其身形越来越小;后例言布施的功德就像种树,种下细小的种子,便可长出无数的茎、节和果实。文意顺适无碍。

例中疑难词语"示小"的解读,主要依赖于《龙龛》中有关"示"字形、音、义的解说;而这些注解又因敦煌佛经的用例而得以印证、核实。《龙龛》对于考释敦煌佛经疑难字词的价值,以及敦煌佛经对于证实《龙龛》所收佛经用字注释的作用,由此可见一斑。《龙龛》是一部主要收载写本佛经用字的异体字典,而敦煌佛经则多是魏晋以迄宋初的写经,真实地记录了当时流行的各种手写俗体,是写本佛经用字的渊薮,可视为行均编纂

---

① 《汉语大字典·小部》(第二版,九卷本)第 2 册"示""猋"下皆据《龙龛》云"同'麼'"(汉语大字典编辑委员会编纂,四川出版集团·四川辞书出版社、湖北长江出版集团·崇文书局,2010 年,第 608、611 页),然未举文例,可据上引例句增补。

《龙龛》的字形来源，二者结合起来，相得益彰，可将它们各自蕴含的价值充分显示出来，正所谓"合则双美，离则双伤"。

五、笁　信

中村144《佛说决罪福经》："阿难，作佛刑（形）像，其福大多，今我少说耳，可灭大罪。作佛刑（形）像，世世身黄金色，一一毛孔各出种种微妙异香，世世自识宿命。"阿难白佛言："甚善，甚善！要须清净沙门及诸白衣深**笁**信者，可共作乎?"（《中村》中/354b）

按："笁信"的"笁"，《大正藏》录作"笠"（T85，P1332b），字形密合，但与文意不谐，恐非。窃以为"笠"当是"竺"的俗写形讹。字形上，"竺"下所从"二"，俗写常作"工"形。如S. 6659《太上洞玄灵宝妙经众篇序章》："其赤明和阳天、玄明恭华天、耀明宗飘天、**笁**落皇加（筁）天、……太焕极摇（耀）天，八天合六十四字，位属南方三炁丹天。"（《英藏》11/155b—156a）[1]"笁"下所从即"工"形。而"工"形手写，中间的"竖笔"常作"折笔"，如中村132《抱朴子内篇·畅玄》："掇芳范于兰林之囿，弄**綛**葩于积珠之池。"（《中村》中/292）句中"**綛**"乃"红"之俗写，其声符"工"写得与"立"近似。又如S. 2832《文样·尼》："故得银函东度，金叠南翻；秦境来传，**窇**兰斯记。"（《英藏》4/2250a）[2]其中"**窇**"为"竺"的俗写，该字下部所从"工"形与"立"较近。尤可注意的是，与上揭例中"**笁**"字同卷的"空"，即有写作"**笁**"者，文曰："一事者，官爵録（禄）位，此但**窇**名字之耳，不能益人神。"（《中村》中/354c）"**笁**"下所从"工"与"立"形近易讹。这样，"竺"便可能讹成"笠"。词义上，"竺"者，厚也。P. 2643《古文尚书第五·盘庚下》："朕及竺敬，龚承民命，用永地于新邑。"《毛传》："言我当与厚敬之臣，奉承民命，用长居新

---

① 参黄征《敦煌俗字典》"竺"条，第563页。其引例作"华天耀明，宗飘天竺"，将"玄明恭华天、耀明宗飘天、竺落皇筁天"诸"天"的名称读断，不妥。

② 此例蒙梁春胜检示，谨致谢忱。

邑也。"(《法藏》17/77b)S. 799《隶古定尚书·武成》："惟先王建邦启土,公刘克竺前烈。"《毛传》："后稷曾孙。公,爵;刘,名,能厚先人之业。"(《英藏》2/181)这两例中的"竺",《十三经注疏》本皆作"笃",[1]乃其音借字。《说文·二部》："竺,厚也。"段玉裁注："《尔雅》、《毛传》皆曰'笃,厚也'。今经典绝少作'竺'者,惟《释诂》尚存其旧,假借之字行而真字废矣。笃,马行钝迟也。声同而义略相近,故假借之字专行焉。"[2]是"竺信"即"笃信",谓坚信、深信。文献中多作"笃信",《汉书·地理志下》："景、武间,文翁为蜀守,教民读书法令,未能笃信道德,反以好文刺讥,贵慕权势。"(1645)是其例。将"竺信"还原文例,谓阿难咨白佛主："需要道行清净的僧侣与俗间深深坚信佛法的信徒一起制作佛像吗?"文意通畅。

---

① 孔安国传、孔颖达正义《尚书正义》,阮元校刻《十三经注疏》,第 172 页上栏、184 页中栏。

② 段玉裁《说文解字注》,上海古籍出版社,1985 年,第 681 页下栏。

王梵志诗释证[*]

张金耀(复旦大学中文系)

　　王梵志诗,传世文献载录较少,见于《云溪友议》、《梁溪漫志》诸书,仅得二十余首。至敦煌藏经洞开启,王梵志诗卷子即有三十七件[①],分藏于英、法、俄、日四国,存诗三百余首,数量远过传世文献载录者,而且内容与后者并无重复。自刘复《敦煌掇琐》[②]以来,以王梵志诗文本校辑为主体的著作就有四部:戴密微《王梵志诗附太公家教》[③]、张锡厚《王梵志诗校辑》[④]、朱凤玉《王梵志诗研究》[⑤]、项楚《王梵志诗校注》[⑥],单篇研究论文已达二百余篇,[⑦]但绝大部分涉及文字校勘和普通词语的训释。王梵志诗涵括历史、生活、民俗等多方面的丰富内容,杨公骥、赵和平、邓文宽、唐长孺

---

[*]　本文初稿曾提交复旦大学中古中国共同研究班第 24 次 workshop(2011 年 4 月 20 日,复旦大学光华楼 1901 室)讨论,蒙余欣、张小艳、唐雯、仇鹿鸣、徐冲、朱溢等同仁惠示意见,谨致谢忱!

① 近年又在俄藏敦煌文献中发现王梵志诗残片七片,其中 Дх. 11197 当与 S. 5796 原属同一写卷。参张新朋《敦煌本〈王梵志诗〉残片考辨五则》,《敦煌学辑刊》2009 年第 4 期,第 61—64 页。

② 刘复《敦煌掇琐》,北京大学研究所国学门丛书之一,1925 年;中央研究院历史语言研究所专刊之二,1931—1932 年;黄永武主编《敦煌丛刊初集》第 15 册影印本,台北:新文丰出版公司,1985 年。

③ 戴密微《王梵志诗附太公家教》,巴黎,1982 年。

④ 张锡厚《王梵志诗校辑》,北京:中华书局,1983 年。

⑤ 朱凤玉《王梵志诗研究》,台北:台湾学生书局,上册,1986 年;下册,1987 年。

⑥ 项楚《王梵志诗校注》,上海古籍出版社,1991 年;增订本,上海古籍出版社,2010 年。以下征引此书,均据增订本。

⑦ 论文目录见项楚《王梵志诗校注》(增订本),第 818—835 页。

等对此作过多寡不一的探究,①为深入阅读王梵志诗、了解其背后蕴含的历史图景、生活样态、民俗风情等提供了极大的帮助。本文即撷取诸家未曾措意或虽释而过简或有误之处续作考索,重在诠释诗中文句真义,或不避繁琐以求证成敝说,故曰"释证"。

一

　　差科取高户,赋役数千般。处分须平等,并櫩出时难。(〇三〇首《当乡何物贵》)
　　差科能均平,欲似车上道。(二七三首《仕人作官职》)

　　唐代差科按照民户户等征敛,户等即按照各户资产多少划分为不同等级,武德六年(623)年分为三等,但三等不够细密,于是贞观九年(635)改为九等。② 户等高者所需承担的差科亦重。这方面的情况,王梵志诗中也有反映。如〇〇六首《他家笑吾贫》称自己虽然贫穷却也快乐,没有牛马,不怕抢劫,而"你富户役高,差科并用却",富户因为户役高、差科重,家中资财会因此耗散。〇三〇首《当乡何物贵》"差科取高户,赋役数千般",即言高户差科赋役之繁重。二〇七首《有钱莫掣摱》劝人有钱莫要挥霍炫耀,不然"乡里人儜恶,差科必破家",会被乡人因此而提高户等,加重差科,导致破家。二六九首《富饶田舍儿》谓一富户资产极丰,虽屡被追役,但主人不惧繁重,"纵有重差科,有钱不怕你"。

---

① 参杨公骥《唐代民歌考释及变文考论》,长春:吉林人民出版社,1962 年。赵和平、邓文宽《敦煌写本王梵志诗校注(续)》,《北京大学学报》1980 年第 6 期,第 35—37 页。唐长孺《读王梵志诗偶见》,深圳大学国学研究所主编《中国文化与中国哲学》,北京:东方出版社,1986 年,第 515—521 页;收入氏著《山居存稿三编》,北京:中华书局,2011 年,第 196—203 页。

② 唐代户等改为九等的时间,《通典》卷六、《唐会要》卷八五、《册府元龟》卷四八六系于武德九年,《旧唐书》卷三《太宗本纪下》系于贞观九年,当以后者为是。参邢铁《隋唐五代户等制度研究》,《文史》第四十辑,1994 年,第 67 页;同氏《户等制度史纲》,昆明:云南大学出版社,2002 年,第 22 页。按《资治通鉴》卷一九四亦系于贞观九年。

　　唐代对官吏有考课制度，流内文官主要根据"四善"与"二十七最"两套标准，"四善"比较注重德行，其中第三条为"公平可称"。① 流外官的考语中亦云"执事无私"。② 敦煌所出官吏邈真赞中也有多处类似的说法，P. 2482《阎海员邈真赞》："守位均平，三惑无闻于众口。"③P. 3556《□庆德邈真赞》："治理无偏，均平如概。"④P. 3718《阎子悦写真赞》："一从受位，无傥（党）无偏。"⑤又同卷号《李润晟邈真赞》："在务清慎，无傥（党）无偏。"⑥谓为官均平、无偏，表达的是同样的意思。

　　为官公平包括很多方面，对于地方官吏而言，维护差科赋役均平是其中特别强调的一项，因为差科赋役事关国家财政收入命脉，至为重要。⑦开元四年（716）十一月敕称"其县令在任，户口增益，界内丰稔，清勤著称，赋役均平者，先与上考"；⑧广德二年（764）三月庚戌诏称刺史、县令、录事参军等"有精于政理及赋役均平，州县之间称为良吏者，具名闻奏，别有甄异"；⑨大中六年（852）七月考功奏曰："刺史、县令，至于赋税毕集，判断不滞，户口无逃散，田亩守常额，差科均平，廨宇修饰，馆驿如法，道路开通，

① ［唐］李林甫等撰、陈仲夫点校《唐六典》卷二，北京：中华书局，1992年，第42页；《旧唐书》卷四三《职官志二》，北京：中华书局，1975年，第1823页；《新唐书》卷四六《百官志一》，北京：中华书局，1975年，第1190页。
② 《唐六典》卷二，第44页；《新唐书》卷四六《百官志一》，第1192页。
③ 图版见《法藏敦煌西域文献》第14册，上海古籍出版社，2001年，第252页。录文见郑炳林《敦煌碑铭赞辑释》，兰州：甘肃教育出版社，1992年，第496页；姜伯勤、项楚、荣新江《敦煌邈真赞校录并研究》，台北：新文丰出版公司，1994年，第327页。题目据《敦煌邈真赞校录并研究》，下同。
④ 图版见《法藏敦煌西域文献》第25册，上海古籍出版社，2002年，第253页。录文见《敦煌碑铭赞辑释》，第392页；《敦煌邈真赞校录并研究》，第282页。
⑤ 图版见《法藏敦煌西域文献》第27册，上海古籍出版社，2002年，第98页。录文见《敦煌碑铭赞辑释》，第425页；《敦煌邈真赞校录并研究》，第269页。
⑥ 图版见《法藏敦煌西域文献》第27册，第108页。录文见《敦煌碑铭赞辑释》，第467页；《敦煌邈真赞校录并研究》，第313页。
⑦ 参蔡次薛《隋唐五代财政史》，北京：中国财政经济出版社，1990年，第52—135页；李锦绣《唐代财政史稿》（上卷），北京大学出版社，1995年，第415—625页。
⑧ ［宋］王溥撰、牛继清校证《唐会要校证》卷六九，西安：三秦出版社，2012年，第1039页。
⑨ ［宋］王钦若等编纂、周勋初等校订《册府元龟》卷一六二，南京：凤凰出版社，2006年，第1805页。

如此之类，皆是寻常职分，不合计课。"①地方官吏之差科赋役均平，或被朝廷着力表彰，或被视作职责本分，无论如何，这都是在任期间需要尽力完成的重要目标。

所谓差科均平，须依照朝廷相关政令而行。《唐律疏议》卷一三《户婚》"差科赋役违法"疏议曰："依令：'凡差科，先富强，后贫弱；先多丁，后少丁'"②按此令即《赋役令》，据《天圣令·赋役令》复原唐《赋役令》第30条："诸县令须亲知所部富贫、丁中多少、人身强弱。每因收手实之际，即作九等定簿，连署印记。若遭灾蝗旱涝之处，任随贫富为等级。差科、赋役，皆据此簿。凡差科，先富强，后贫弱；先多丁，后少丁（凡丁分番上役者，家有兼丁者，要月；家贫单身者，闲月）。其赋役轻重、送纳远近，皆依此以为等差，豫为次第，务令均济。簿定以后，依次差科。若有增减，随即注记。"③差科之征敛须按照"先富强，后贫弱；先多丁，后少丁"的次序进行，否则就是不均平。唐律规定对差科赋役不均平者予以惩罚，前引《唐律疏议》卷一三"差科赋役违法"有云："诸差科赋役违法及不均平，杖六十。"

明乎此，就会对以下诗文中屡屡言及地方官吏差科赋役均平不偏有更深入的理解。王梵志诗〇三〇首《当乡何物贵》云乡长于差科赋役"处分须平等"，二七三首《仕人作官职》云仕人作官能干勤勉，"差科能均平"，仕途顺利通达。而二七四首《当官自慵懒》描述的官员形象则与二七三首《仕人作官职》完全相反，他贪污受贿，大量免除差科，而致"赋敛既不均"，遭人告发，经御史查办，被解官除名。两相对照，尤可见出差科赋役均平不偏为地方官吏的基本职责，能否做到直接关系到日后仕途的发展。此外敦煌所出官吏邈真赞中也常及此。P.4638《曹良才邈真赞》："差科赋役，无称偏傥（党）之音。"④前引 P.3718《阎子悦写真赞》："赋税和平，当迹

---

① 《唐会要校证》卷八二，第 1291 页。
② 刘俊文《唐律疏议笺解》卷一三，北京：中华书局，1996 年，第 1001 页。
③ 天一阁博物馆、中国社会科学院历史研究所天圣令整理课题组校证《天一阁藏明抄本天圣令校证（附唐令复原研究）》，北京：中华书局，2006 年，第 467 页。
④ 图版见《法藏敦煌西域文献》第 32 册，上海古籍出版社，2005 年，第 232 页。录文见《敦煌碑铭赞辑释》，第 255 页；《敦煌邈真赞校录并研究》，第 289 页。

调风易俗。"前引 P.3718《李润晟邈真赞》:"治民无诉苦之谣,差发有均平之称。"又同卷号《张清通写真赞》:"深谙户口,差条绳直均平。""十一之税,指掌无偏。"①"差条",当读为"差调",指赋税徭役的差配与征收。②"十一之税"本指古时十分取一的税制,在此代指赋税。曹良才、阎子悦、李润晟、张清通都是敦煌归义军官吏,邈真传神写照,邈真赞重在表彰美德,难免存在谀颂之词,上引"差科赋役,无称偏傥(党)之音"云云,姑且不论事实是否果真如此,但官吏邈真赞中强调他们差科赋役均平不偏而不是其他方面,这种选择性正好突出反映了公家规定和民间舆论对官吏职责要求的一个方面。而且如果结合前文解释和前引王梵志诗的相关内容,就会知道这也不仅仅是晚唐五代敦煌归义军之一时一地的状况。

<h1 style="text-align:center">二</h1>

东家比葬地,西家看产图。(〇九三首《悲喜相缠绕》)

"产图",张锡厚、朱凤玉未出注,项楚注云:"描绘产业之画图。白居易《题洛中第宅》:'终身不曾到,唯展宅图看。''宅图'即产图之一种。"③

古籍中极少将描绘产业之画图称为"产图",《校注》亦未检得相关语料,仅列举白居易诗中"宅图"一例。此处"宅图"指宅第之图,白诗述朝中将相在洛阳建造豪华宅第,但羁身宦途无法拨冗前来闲居,只能披览宅图聊以慰藉而已。可是"产图"、"宅图"毕竟有别,《校注》以"'宅图'即产图之一种"予以弥缝。

"产图"别有所指,《隋书·经籍志》著录《产图》二卷、《杂产图》四卷,

---

① 图版见《法藏敦煌西域文献》第 27 册,第 101 页。录文见《敦煌碑铭赞辑释》,第 441、442 页;《敦煌邈真赞校录并研究》,第 242、243 页。

② 参张小艳《敦煌邈真赞校读记》,刘钊主编《出土文献与古文字研究》第三辑,上海:复旦大学出版社,2010 年,第 415 页。

③ 项楚《王梵志诗校注》(增订本),第 246 页。

《旧唐书·经籍志》著录《产图》一卷(崔知悌撰),均属子部五行类,与《产乳书》、《推产妇何时产法》等书并列。可知"产图"之"产",乃"产乳"、"产妇"之"产",意指产育,而非如《校注》所云之"产业"。

古人重视子嗣,而当时又易发生产妇难产等意外事件,所以对产育之事极为关注,相关著作也应运而生,马王堆汉墓帛书中即已有《胎产书》,《汉书·艺文志》著录《妇人婴儿方》,唐宋以来出现了昝殷《产宝》、杨子建《十产论》等大量产科专门著作。产育时有各种宜忌事项,如就日常应用而言,这些著作则不若图示一目了然、简切便利。将产育宜忌事项中的一种或多种制成图以示意,较早的就有与前述马王堆汉墓帛书《胎产书》共在一卷之中的《禹藏埋胞图》,由月份、方位和数字组成。[①] 由于埋藏胞衣的时间、方位将影响婴儿日后的寿夭、愚智等,因此要依据此图进行适当的选择。这类图示至隋唐时已非常普遍。除了前述《隋书·经籍志》、《旧唐书·经籍志》著录的《产图》、《杂产图》数种之外,隋代德贞常《产经》(《医心方》卷二三"产妇向坐地法"引)也称先前已有标识产妇向坐法之图,但"图多文繁难详,求用多生疑惑",于是重加改编而成《十二月图》。又云:"凡欲藏胞胎者,可先详视《十二月图》。"(《医心方》卷二三"藏胞衣吉地法"引)可知《十二月图》至少包含产妇向坐、埋藏胞胎两项内容。德贞常对旧有产育诸图进行整合,以致"一切所用,晓然易解",较先前简明易懂,便于遵用。[②] 此《十二月图》即属产图,但《产经》原书亡佚,《医心方》虽引录《产经》条目较多,惜未摹写此图,今已不可见。幸而唐代王焘《外台秘要方》卷三三"十二月立成法一首并图"、北宋王怀隐等《太平圣惠方》卷七六"十二月产图"、南宋朱端章《卫生家宝产科备要》卷一"逐月安产藏衣并十三神行

---

① 详参李建民《马王堆汉墓帛书"禹藏埋胞图"笺证》,《中研院历史语言研究所集刊》第65本第4分,1994年,第725—832页;收入氏著《生命史学——从医疗看中国历史》,上海:复旦大学出版社,2008年,第166—260页。

② [日]丹波康赖撰、高文柱校注《医心方》卷二三,北京:华夏出版社,2011年,第460、470页。

游法"均载有产图,①自正月至十二月共十二幅,逐月标示十三凶神方位以及安产、埋胞吉位。② 由于产图之类主要源于民间术数,因此在早期目录中归为子部五行类,③与本草、药方之类归为子部医方或医术类不同。

古时医家指出产图对于产妇生育非常重要,唐孙思邈《备急千金要方》卷二"产难"云:"凡生产不依产图,脱有犯触,于后母子皆死。若不至死,即母子俱病,庶事皆不称心。若能依图,无所犯触,母即无病,子亦易养。"④若依产图,母子平安无事;若不依产图,母子或死或病,诸事不顺。因此怀胎、分娩时须细察产图,依图行事,不能触犯禁忌。如德贞常《产经》(《医心方》卷二三"产妇向坐地法"引)云:"凡在产者,宜皆依此(引按指《十二月图》)。"⑤《太平圣惠方》卷八〇"产妇将护法"云:"凡产生虽然触秽,排比切务清虚。要在先看产图,次检日游所在,然后安排产妇,备办汤药。"⑥南宋陈言《三因极一病证方论》卷一七"产难证治"称生育时"须依产图方位,无致触犯禁忌为佳"。⑦ 南宋宫中后妃诞育时,即"令太医局差产

① 分别见[唐]王焘撰、高文铸校注《外台秘要方》卷三三,北京:华夏出版社,1993年,第665—668页;[宋]王怀隐等《太平圣惠方》卷七六,北京:人民卫生出版社,1958年,第2422—2425页;[宋]朱端章《卫生家宝产科备要》卷一《产育宝庆集·卫生家宝产科备要》(《丛书集成初编》本),长沙:商务印书馆,1939年,第4—10页。

② 相关研究参李贞德《汉唐之间医书中的生产之道》,《中研院历史语言研究所集刊》第67本第3分,1996年,第533—654页;又收入李建民主编《生命与医疗》(《台湾学者中国史研究论丛》),北京:中国大百科全书出版社,2005年,第56—161页;又稍加修订收为李贞德《女人的中国医疗史——汉唐之间的健康照顾与性别》第三章《生产之道与女性经验》,台北:三民书局,2008年,第71—134页。李贞德《唐代的性别与医疗》,邓小南主编《唐宋女性与社会》,上海辞书出版社,2003年,第415—446页。[美]费侠莉(Charlotte Furth)著、甄橙主译《繁盛之阴:中国医学史中的性(960—1665)》,南京:江苏人民出版社,2006年,第94—101页。方燕《巫文化视域下的宋代女性——立足于女性生育、疾病的考察》,北京:中华书局,2008年,第103—109页。

③ 李建民《生命史学——从医疗看中国历史》,第172—174页。

④ [唐]孙思邈著、李景荣等校释《备急千金要方校释》卷二,北京:人民卫生出版社,1998年,第38页。

⑤ 《医心方》卷二三,第460页。

⑥ 《太平圣惠方》卷八〇,第2522页。

⑦ [宋]陈言《三因极一病证方论》卷一七,北京:人民卫生出版社,1957年,第241页。

科大小方脉医官宿直，供画产图方位"，[1]以便遵从，王梵志诗中"西家看产图"的目的也是如此。

王梵志该诗全文曰："悲喜相缠绕，不许暂踟蹰。东家比葬地，西家看产图。生者歌满路，死者哭盈衢。循环何太急，槌凿相催驱。"中间两联采用所谓"丫叉法"而致句序交错。[2] 其中"东家比葬地"、"死者哭盈衢"所言为死亡丧葬之"悲"事，"西家看产图"、"生者歌满路"所言为待产生育之"喜"事。东家、西家比邻而居，东家为家中死者卜择葬地，而西家则为家中产妇看图择吉，或悲或喜，缠绕若此，通过这种强烈对比以见生死循环之急促。要之此诗中"产图"即为前述标示十三凶神方位以及安产、埋胞吉位之图，若释为描绘产业之画图，不仅无据，而且其表现生死循环之"生"的涵义也不显豁。

三

　　贫亲须拯济，富眷不烦饶。情知苏蜜味，何用更添膏。（二〇六首《贫亲须拯济》）

张锡厚注云："苏：同'酥'。敦煌歌辞《倾杯乐》：'凝苏体雪透罗裳里。'（斯一四四一）敦煌写本《下女词》：'丑掘奴添苏酪浆。'（见《敦煌掇琐》）当时俗文学中，往往音同假借，以'苏'代'酥'。"[3]

项楚注云："苏蜜味：佛经中所说的天上美味食品，亦用以泛指美味食品。《瑜珈师地论》卷四：'复次诸天受其广大天之富乐。……复有食树，从其树里，出四食味，名曰苏陀，所谓青黄赤白。'《广记》卷二九《李卫公》（出《原仙记》）：'此堂中有黄精、百合、茯苓、薯蓣、枣栗、苏蜜之类，恣汝所

① ［宋］周密《武林旧事》卷八，［宋］孟元老等《东京梦华录》（外四种），上海：古典文学出版社，1956 年，第 483 页。
② 有关丫叉法，详参钱钟书《管锥编》，北京：三联书店，2007 年，第 114—115、1382—1385 页。
③ 张锡厚《王梵志诗校辑》，第 128 页。

食。'亦作'苏陁味'或'苏陁蜜味',《变文集·佛说观弥勒菩萨上生兜率天经讲经文》:'且无库藏,又没庖厨,厌弃绮罗衣裳,常吃苏陁品味。'又《目连缘起》:'炉焚海岸之香,供设苏陁蜜味。'"①

项楚将"苏蜜味"释为"苏陀"、"苏陁味"或"苏陁蜜味",并不确切。"苏陀"("陀"或写作"陁")为梵语 sudha^音译词,或译作"须陀"、"修陀",意译作甘露,为食树汁液,是天上的食物。② 敦煌变文《妙法莲华经讲经文》(三)谓供养菩萨的饮食"或苏陀味甘露珍羞,玉盂成百味之馨香,金椀捧千般之美味"。③ 而"苏陁蜜味"并非一物,乃是苏陁味与蜜味的合称,指甘露和蜂蜜。

"苏蜜味"之"苏",为"酥"之同音借字,张锡厚所释为是。"酥"写作"苏"极为常见,除张锡厚所举二例之外,再补充几则两种写法恰可对照的例子。《艺文类聚》卷七二"食物部"下有子目"酪苏",其下引《笑林》云"为设食者有酪苏"。④《太平御览》卷八五八"饮食部"下子目则作"酪酥",其下引《笑林》则作"为设食者有酪酥"。⑤ 又敦煌遗书中部分放妻书有两句套话,S. 5578、S. 6537V《放妻书样文》作:"苏乳之合,尚恐异流,猫鼠同窠,安能得久。"⑥P. 3220、P. 3536V《宋开宝十年放妻书》则作:"酥乳之合,上(尚)恐异流,猫鼠同窠,安能见久。"⑦《花间集》卷六和凝《春光好》词"金

---

① 项楚《王梵志诗校注》(增订本),第 442 页。

② 〔唐〕玄应《一切经音义》卷二二、〔唐〕慧琳《一切经音义》卷七九"苏陀味":"旧经中作须陀饭,此云天甘露食也。"慧琳《一切经音义》卷七九"淤蓝":"此亦梵语,是阿修罗王所食味也。或名苏陀,天甘露也,其状难名。"分别见徐时仪校注《一切经音义三种校本合刊》(修订版),上海古籍出版社,2012 年,第 449、1345、1907 页。按"或名苏陀,天甘露也",《合刊》原误标点为"或名苏陀天,甘露也"。

③ 黄征、张涌泉《敦煌变文校注》,北京:中华书局,1997 年,第 729 页。

④ 〔唐〕欧阳询撰、汪绍楹校《艺文类聚》卷七二,上海古籍出版社,1999 年,第 1244 页。

⑤ 〔宋〕李昉等撰《太平御览》卷八五八,北京:中华书局,1960 年,第 3812 页。

⑥ 图版分别见《英藏敦煌文献(汉文佛经以外部分)》第八卷,成都:四川人民出版社,1992 年,第 68 页;《英藏敦煌文献(汉文佛经以外部分)》第十一卷,成都:四川人民出版社,1994 年,第 92 页。录文分别见沙知录校《敦煌契约文书辑校》,南京:江苏古籍出版社,1998 年,第 484、486 页。

⑦ 图版见《法藏敦煌西域文献》第 22 册,上海古籍出版社,2002 年,第 197 页。录文见《敦煌契约文书辑校》,第 470 页。

盘点缀酥山"句中"酥山"，鄂本（南宋淳熙鄂州册子纸本）作"苏山"。① 比对之下，显然"酪苏"即"酪酥"，"苏乳"即"酥乳"，"苏山"即"酥山"，"苏"即"酥"也。

酥（或写作"苏"）为牛羊乳制成的食品，也叫酥油。由乳而制成酪，由酪而制成酥，由酥而制成醍醐（或将酥又分为生酥、熟酥，则由酪而制成生酥，由生酥而制成熟酥，由熟酥而制成醍醐），②酥是仅次于醍醐的精制乳品。酪酥等乳制品是中古时期北方民众食用的美味。③

"苏蜜味"之"蜜"即蜂蜜。蜜被称作"花之汁"、"花之甘露"，④历来都是甘甜美味，无庸赘述。

"苏蜜味"，为苏（酥）味与蜜味的合称。《瑜伽师地论》卷三云："或立七种，谓酥味、油味、蜜味、甘蔗变味、乳酪味、盐味、肉味。"⑤敦煌遗书S.0617、P.2609《俗务要名林》"饮食部"："苏、酪、蜜、油。"⑥其中即有酥（味）、蜜（味）。酥、蜜都是美味，因此常常并称连及。元魏毘目智仙共般若流支译《圣善住意天子所问经》卷下："不残宿食，不食苏蜜。"⑦唐李筌《太白阴经》卷七《祭毘沙门天王文》："维某年岁次某甲某月朔某日，某将

① ［后蜀］赵崇祚辑、李一氓校《花间集校》，北京：人民文学出版社，1958 年，第 111 页，第121 页注［三十］。
② ［吴］支谦译《佛说七知经》："譬如牛乳成酪，酪为酥，酥为醍醐，醍醐最上。"（《大正新修大藏经》第 1 册，第 81 页上栏。）［东晋］佛陀跋陀罗共法显译《摩诃僧祇律》卷二八："喻如从乳得酪，从酪得酥，从酥得醍醐，醍醐最上最胜。"（《大正新修大藏经》第 22 册，第458 页中栏。）［北凉］昙无谶译《大般涅盘经》卷一四："譬如从牛出乳，从乳出酪，从酪出生稣，从生稣出熟稣，从熟稣出醍醐。醍醐最上。"（《大正新修大藏经》第 12 册，第 449页上栏。）
③ 参黎虎主编《汉唐饮食文化史》，北京师范大学出版社，1998 年，第 141—145 页；王利华《中古华北饮食文化的变迁》，北京：中国社会科学出版社，2000 年，第 259—261 页；高启安《唐五代敦煌饮食文化研究》，北京：民族出版社，2004 年，第 45—47 页。
④ 陈明《印度梵文医典〈医理精华〉研究》，北京：中华书局，2002 年，第 543 页。
⑤ ［唐］玄奘译《瑜伽师地论》卷三，《大正新修大藏经》第 30 册，第 293 页中栏。
⑥ 图版分别见《英藏敦煌文献（汉文佛经以外部分）》第二卷，成都：四川人民出版社，1990年，第 94 页；《法藏敦煌西域文献》第 16 册，上海古籍出版社，2001 年，第 221 页。录文见张涌泉主编《敦煌经部文献合集》第七册，北京：中华书局，2008 年，第 3626 页。
⑦ ［元魏］毘目智仙共般若流支译《圣善住意天子所问经》卷下，《大正新修大藏经》第 12册，第 128 页下栏。

军某谨稽首以明香、净水、杨枝、油灯、乳粥、酥蜜、粽糯供养北方大圣毗沙天王之神。"①唐输波迦罗译《苏悉地羯啰经》卷上:"见有用三白食者,应以乳酪酥饭是也。复见有三甜食者,酥蜜乳饭是也。"②"三白食",为乳酪酥三种饭;"三甜食",为酥蜜乳三种饭,据此上下文,"酥蜜"显然分指酥、蜜二物。前引《校注》所引《广记》卷二九《李卫公》(出《原仙记》):"此堂中有黄精、百合、茯苓、薯蓣、枣栗、苏蜜之类,恣汝所食。"其中"苏蜜"与"枣栗"一样,也是分指二物。

酥滑润而蜜甘甜,古人有时将二者混合加工之后食用。唐代时往酥中加入蜜,在盘中淋沥成山形,称为"酥(苏)山",③类似于现今的冰淇淋。唐章怀太子墓前甬道东壁侍女图中双手托持曾被认为是盆景的物品,以及陕西长安县南里王村唐墓壁画宴饮图中案上摆设曾被认为是假山的物品,应当都是酥(苏)山。④

酥、蜜为美食,也可药用。古代印度很早就以之入药,如既是食同时也是药的"七日药"、助消化的"含消药",这两种药具体成分的种类、名称有所出入,但其中都含酥、蜜。⑤ 印度医典《鲍威尔写本》(*The Bower*

---

① [唐]李筌《太白阴经》卷七,《中国兵书集成》第 2 册影印《守山阁丛书》本,北京:解放军出版社,沈阳:辽沈书社,1988 年,第 608—609 页。

② [唐]输波迦罗译《苏悉地羯啰经》卷上,《大正新修大藏经》第 18 册,第 611 页下栏。

③ [唐]王泠然《苏合山赋》描摹较为细致,其中有句云:"味兼金房之密(蜜),势尽美人之情。素手淋沥而象起,玄冬固冱而体成。足同夫露结霜凝,不异乎水积冰生。"[宋]李昉等编《文苑英华》卷八三,北京:中华书局影印本,1966 年,第 378 页上、下栏。"金房"指蜂房,"金房之蜜"即蜂蜜。

④ 参孟晖《酥·苏山·冰淇淋》,《万象》第二卷第十二期,2000 年;又改题《酥·酥山·冰淇淋》,收入氏著《潘金莲的发型》,南京:江苏人民出版社,2005 年,第 120—126 页。万晓《唐墓壁画部分内容考辨》,《文博》2011 年第 1 期,第 76—77 页。

⑤ 参季羡林《古代印度沙糖的制造和使用》,《历史研究》1984 年第 1 期;收入《季羡林学术论著自选集》,北京师范学院出版社,1991 年,第 319—324 页;又氏著《糖史》,南昌:江西教育出版社,2009 年,第 553—557 页。专门探讨"七日药"者,参陈明《印度梵文医典〈医理精华〉研究》,第 235—252、266—267 页。刘淑芬《戒律与养生之间——唐宋寺院中的丸药、乳药和药酒》,《中研院历史语言研究所集刊》第 77 本第 3 分,2006 年,第 360—361 页;又改题《唐宋寺院中的丸药、乳药和药酒》,收入氏著《中古的佛教与社会》,上海古籍出版社,2008 年,第 401—402 页。

Manuscript)和《医理精华》所载药方中很多都含有酥、蜜。① 佛典当中也屡有记载,不赘引。中土药方中以酥、蜜入药也不稀见,如唐孙思邈《千金翼方》卷一二载"耆婆汤",由酥、生姜、薤白、酒、白蜜等十一味药煎煮而成,又名"酥蜜汤",②"酥蜜"指酥、白蜜。唐王焘《外台秘要方》卷九:"疗气嗽,杏仁煎方。杏人、生姜汁、酥、蜜。右四味,以水三升,研杏人取汁,纳铜铛中,煎搅可减半,纳姜汁煎如稀糖,纳酥蜜煎令如稠糖,一服一匙,日三服,夜一服,稍加至两匙。"③中国古代医学曾深受印度医学影响,以酥、蜜配伍,或是其中一端。前引"耆婆汤"又名"酥蜜汤",即可略见端倪,因耆婆为古代印度医王也。④

王梵志此诗中,"贫亲须拯济",谓需要雪中送炭。"富眷不烦饶",谓不用锦上添花。"情知苏蜜味,何用更添膏"中"苏蜜"前文已释即"酥蜜",指酥油和蜂蜜,为美味食物。"膏",即"膏粱"之"膏",本指动物脂肪,后喻美味。"情知苏蜜味,何用更添膏"乃是进一步补充说明"富眷不烦饶"之意。

四

　　无亲莫充保,无事莫作媒。虽失乡人意,终身无害灾。(二一三首《无亲莫充保》)

张锡厚释"保":"保证人。"朱凤玉释"充保":"充当保证人。"项楚释"保":"保人,亦与见证人合称'保见'。"三者均引拾得诗和《庐山远公话》

---

① 两部医典的汉文译本分别见陈明《殊方异药:出土文书与西域医学》,北京大学出版社,2005 年,第 242—310 页;陈明《印度梵文医典〈医理精华〉研究》,第 315—523 页。
② 〔唐〕孙思邈撰、朱邦贤等校注《千金翼方校注》卷一二,上海古籍出版社,1999 年,第 368 页。
③ 《外台秘要方》卷九,第 161 页。
④ 关于耆婆在古代印度和中国医者形象的演变,参陈明《耆婆的形象演变及其在敦煌吐鲁番地区的影响》,《文津学志》第一辑,北京图书馆出版社,2003 年,第 138—164 页。

为例，而以项楚引录更为完整："拾得诗：'为他作保见，替他说道理。一朝有乖张，过咎全归你。'《变文集·庐山远公话》：'相公前世作一个商人，他家白庄也是一个商人，相公遂于白庄边借钱五百贯文。是时贫道作保，后乃相公身亡，贫道欲拟填还，不幸亦死。轮回数遍，不愚（虞）相逢，已（以）是因缘，保债得债。……劝门徒弟子欠债，直须还他。贫道为作保人，上（尚）自六载为奴不了。凡夫浅识，不且（惧）罪愆，广造众罪，如何忏悔。'"①

　　保人，早期称为"任者"等，居延汉简债券及早期买地券中均有用例。②唐时多称为"保人"，敦煌所出 10 世纪之后的契约文书则多用"口承人"。③唐代保人制度已经法制化，《唐律疏议》卷二五《诈伪》"保任不如所任"对保人所作之担保不符实情、保人使用虚假人名作保等弄虚作假的行为列出刑罚规定。④《宋刑统》卷二六《杂律》"受寄财物辄费用"引唐《杂令》以及据《天圣令·杂令》复原唐《杂令》第 37 条规定在财物借贷中，"如负债者逃，保人代偿"。⑤ 以上规定在吐鲁番、敦煌所出文书中也有所反映，如唐代申请过所须请要保人作保，⑥吐鲁番阿斯塔那 29 号墓出土《唐垂拱元

----

① 分别见张锡厚《王梵志诗校辑》，第 130—131 页；朱凤玉《王梵志诗研究》下册，第 312 页；项楚《王梵志诗集校注》（增订本），第 448—449 页。

② 参李均明《居延汉简债务文书述略》，《文物》1986 年第 11 期，第 35—41 页。李均明、刘军《简牍文书学》，南宁：广西教育出版社，1999 年，第 422—424 页。李均明《秦汉简牍文书分类辑解》，北京：文物出版社，第 436—438 页。张传玺《买地券文广例》，《国学研究》第十七卷，北京大学出版社，2006 年；收入氏著《契约史买地券研究》，北京：中华书局，2008 年，第 219—225 页。敏春芳《敦煌契约文书中的"证人""保人"流变考释》，《敦煌学辑刊》2004 年第 2 期，第 101—102 页；又氏著《文献字词考略》，北京：民族出版社，2005 年，第 73—76 页。

③ 参[法]童丕著，余欣、陈建伟译《敦煌的借贷：中国中古时代的物质生活与社会》，北京：中华书局，2003 年，第 12 页。敏春芳《敦煌契约文书中的"证人""保人"流变考释》，第 104—107 页；又氏著《文献字词考略》，第 79—85 页。

④ 刘俊文《唐律疏议笺解》卷二五，第 1763 页。

⑤ 薛梅卿点校《宋刑统》卷二六，北京：法律出版社，1999 年，第 468 页。《天一阁藏明抄本天圣令校证（附唐令复原研究）》，第 751 页。

⑥ 参程喜霖《汉唐过所与中日过所比较》，《敦煌研究》1998 年第 1 期，第 85 页；又氏著《唐代过所研究》，北京：中华书局，2000 年，第 84—85 页。

年(685)康尾义罗施等请过所案卷》载康尾义罗施等因欲往东经商而申请过所，由康阿了、史保、韩小儿、曹不那遮、史康师五位保人联名担保申请人不是压良、冒名、假代等色，如担保不实则"求受依法罪"，五位保人各注明籍贯、年龄，并画指为信，以明责任。① 而吐鲁番、敦煌所出数量较多的借贷、买卖、雇佣、租赁等各类契约文书中，②保人极为常见。如借贷类契约中，常会注明如果债务人"身东西不在"即逃亡，其所遗留的债务由其妻儿和保人或仅由保人代为偿还。③ 此为法律上的"留住保证"。④ 又如买卖驼、马的契约中，常会注明在双方交割完毕之后，如有他人对此驼、马的权属提出异议，则责任完全由卖主与保人承担，而与买主无关。⑤ 此为法律上的"瑕疵担保"。⑥

由于充当保人常常需要承担赔偿等民事责任，而且稍有不慎还会遭受刑罚，因此具有一定的风险。前引拾得诗："为他作保见，替他说道理，一朝有乖张，过咎全归你。"⑦"见"指"见人"，即见证人，在契约文书中常列于保人

---

① 《吐鲁番出土文书》第七册，北京：文物出版社，1986 年，第 88—94 页；《吐鲁番出土文书》第三册，北京：文物出版社，1996 年，第 346—350 页。

② 吐鲁番、敦煌所出契约文书的分类录文见张传玺主编《中国历代契约会编考释》，北京大学出版社，1995 年；沙知录校《敦煌契约文书辑校》。

③ 如吐鲁番阿斯塔那 4 号墓出土《唐显庆五年(660)张利富举钱契》："若身东西不在，一仰妻儿及保人等代。"(《吐鲁番出土文书》第六册，北京：文物出版社，1985 年，第 404 页；《吐鲁番出土文书》第三册，第 209 页。)敦煌文书 S. 1475V《西年(829?)下部落百姓曹茂晟便豆契》："如身东西，一仰保人代还。"(《英藏敦煌文献(汉文佛经以外部分)》第三卷，成都：四川人民出版社，1990 年，第 74 页；沙知录校《敦煌契约文书辑校》，第 111 页)

④ 参[日]仁井田陞著、牟发松译《中国法制史》，上海古籍出版社，2011 年，第 263—265 页。罗彤华《唐代民间借贷之研究》，北京大学出版社，2009 年，第 278—291 页。

⑤ 如吐鲁番阿斯塔那 35 号墓出土《唐咸亨四年(673)西州前庭府杜队正买驼契》："若驼有人寒盗悤侬者，一仰本主及保人酬当，杜悉不知。"(《吐鲁番出土文书》第七册，第 389 页；《吐鲁番出土文书》第三册，第 485 页。)吐鲁番阿斯塔那 509 号墓出土《唐开元二十一年(733)石染典买马契》："如后有人寒盗识认者，一仰主保当知，不关买人之事。"(《吐鲁番出土文书》第九册，北京：文物出版社，1990 年，第 48—49 页；《吐鲁番出土文书》第四册，北京：文物出版社，1996 年，第 279 页)

⑥ 参罗彤华《唐代民间借贷之研究》，第 297—301 页；韩伟《唐宋时期买卖契约中的瑕疵担保——以敦煌契约文书为中心的考察》，《兰州学刊》2010 年第 2 期，第 133—136 页。

⑦ 拾得《世上一种人》，项楚《寒山诗注(附拾得诗注)》，北京：中华书局，2000 年，第 850 页。

之后。诗谓替别人作保人或见人,一旦所担保或见证之事产生差错,则自己陷入其中,或要承担全部的过错。又前引敦煌变文《庐山远公话》载在庐山修行的远公被强盗白庄强掳为奴,又被白庄以五百贯的价钱卖到崔相公家,后来才知是崔相公前世经商时找同为商人的白庄前世借钱五百贯,由远公前世作保,但崔相公前世身亡,于是由作保的远公前世代还,但远公前世不幸亦死,因此远公现世为白庄作奴还债。① 保人前世未能替被保人还清债务,后世仍须继续偿还,关涉佛教轮回转世之说,当然并非实情,但从中可以窥见当时现实生活中保人"保债得债"、自身所须承担责任之重大。

　　由于充当保人具有一定的风险,因此若非关系亲密者一般不愿充当保人,以免带来不必要的麻烦。所以吐鲁番、敦煌契约文书尤其是后者中的保人(口承人),往往是被保人(立约人)的亲属,如子女、兄弟、妻子、父母、叔侄、外甥等,②其中以儿子、弟弟最为常见。结合以上分析,则对王梵志此诗"无亲莫充保"会有更深入的理解。

　　王梵志此诗下句"无事莫作媒",诸家未出注,在此也可稍作说明。古人婚姻需"父母之命,媒妁之言",媒人的作用,不仅在于充当男女婚姻的中介,同时也是婚姻合法性的证明,而且这一点更为重要。因此有些男女虽是两情相悦自由结合,但结婚时仍然需要找个媒人以表示是明媒正娶。唐代依然强调媒人的必要性,所谓"嫁娶有媒,卖买有保","为婚之法,必有行媒",③

---

① 《敦煌变文校注》,第 252—297 页。

② 由于许多契约中保人名字前都注明了与被保人的关系,因此便于整理和统计。保人与被保人的关系以及口承人与立约人的关系的统计表见杨惠玲《敦煌契约文书中的保人、见人、口承人、同便人、同取人》附表 1、表 2,《敦煌研究》2002 年第 6 期,第 40—41、43—46 页。关于被保人的亲属充当保人,已有多位学者指出,如陈国灿《唐代的民间借贷——敦煌吐鲁番等地所出唐代借贷契券初探》,唐长孺主编《敦煌吐鲁番文书初探》,武汉大学出版社,1983 年,第 265—266 页;收入氏著《唐代的经济社会》,台北:文津出版社,1999 年,第 211—212 页;又收入氏著《陈国灿吐鲁番敦煌出土文献史事论集》,上海古籍出版社,2012 年,第 455—456 页。[法]童丕著,余欣、陈建伟译《敦煌的借贷:中国中古时代的物质生活与社会》,第 80—81 页。罗彤华《唐代民间借贷之研究》,第 282—289 页。

③ 分别见《唐律疏议笺解》卷四《名例》,第 346 页;同书卷一三《户婚》,第 1013 页。关于媒人与唐代婚姻的成立,参岳纯之《唐代民事法律制度论稿》,北京:人民出版社,2006 年,第 24—36 页。

同时对媒人的一些违法行为作出责罚规定，如居父母丧为合法嫁娶之人作媒，杖八十；居夫丧为合法嫁娶之人作媒，笞四十。① 如果嫁娶违反有妻更娶、居父母夫丧嫁娶等不许为婚之类的相关规定，无论是主婚之责，还是男女之责，媒人都被定为从犯，以减首罪二等论处。② 前引"嫁娶有媒，卖买有保"，后世或将媒人称作"保山"，即认为媒人与保人有相近之处，因此常有"媒保"、"拉媒作保"这样将二者并列的称法。从某种意义上来说媒人就是婚姻的保人，而且由以上论述可知媒人与保人有时都要为所保之事承担相应的法律责任。

除此之外，当时婚姻虽然须要媒人，但美满的婚姻常常被视为天作之合，人们不大会感激媒人，而失败的婚姻，人们却常常怪罪媒人。敦煌变文《齖䶗新妇文》中那位儿媳搬弄是非，欺夫骂婆，恶躁懒散，婆媳交恶，夫妻只得离婚，阿婆坚称以后再娶儿媳，定要仔细寻访，"莫取媒人之配"，③即不能听信媒人的撮合，很显然她是将娶得悍妇、劳燕分飞至少部分归咎于先前的媒人。此外，媒人为了促成亲事，从中获益，常常隐瞒、欺骗，造成社会对媒人的评价趋于负面。元、明之后愈甚，被归为与"三刑六害"相同、应当避而远之的"三姑六婆"之一，④社会对其负面形象日渐刻板化、污名化。

由于作媒可能会承担法律责任，同时来自社会的负面评价也造成巨大的舆论压力，因此尽管作媒常会得到酬劳，但也会被认为是得不偿失的行为，所以王梵志此诗规劝"无事莫作媒"。

王梵志此诗出自一卷本，一卷本属于晚唐五代时期教诲待人处世的童蒙

---

① 《唐律疏议笺解》卷一三《户婚》，第 1030 页。
② 《唐律疏议笺解》卷一四《户婚》，第 1075—1077 页。
③ 《敦煌变文校注》，第 1216 页。
④ ［元］陶宗仪《南村辍耕录》卷一〇"三姑六婆"，北京：中华书局，1959 年，第 126 页。关于"三姑六婆"的探讨，可参 Angela Kiche Leung（梁其姿），"Women Practicing Medicine in Pre-modern China", in Harriet T. Zurndorfer ed., *Chinese Women in the Imperial Past：New Perspectives*, Leiden：Brill, 1999, pp. 101 - 106；蒋竹山译《前近代中国的女性医疗从业者》，收入李贞德、梁其姿主编《妇女与社会》（《台湾学者中国史研究论丛》），北京：中国大百科全书出版社，2005 年，第 355—357 页；又收入梁其姿《面对疾病——传统中国社会的医疗观念与组织》，北京：中国人民大学出版社，2012 年，第 192—195 页。衣若兰《三姑六婆——明代妇女与社会的探索》，台北：稻乡出版社，2002 年。

读物,性质与《太公家教》相同,用语亦多近似,且二者常合抄流传。① 前文已指出充保作媒具有一定的风险,都是所谓吃力不讨好的行为,所以若无特别的情况,最好不要参与,以求省事远祸,诗中如此"无亲莫充保,无事莫作媒。虽失乡人意,终身无害灾"的训诫,应代表了当时民众的一般看法。而且这种看法后世还一直延续不替,在更能反映民间普通观念的戏曲、小说中,就屡见相近的表达:"一不作媒,二不作保,三不寄信。"②"男不为媒,女不作保。"③"不作中人不作保,一世没烦恼。"④"不作媒人不作保,这个便宜哪块讨。"⑤"好不作媒人,好不作保,这个快活哪里讨。"⑥各地也有类似的谚语,如广东地区有"唔做中,唔做保,唔做媒人三世好",⑦意思是不作中间人、不作保人、不作媒人,三代会好。⑧ 由此可以见出这一观念的根深蒂固、源远流长。

五

　　贷人五斗米,送还一硕粟。筹时应有余,剩者充臼直。(二二二

① 参朱凤玉《王梵志诗研究》上册,第 272—280 页。郑阿财、朱凤玉《敦煌蒙书研究》,兰州:甘肃教育出版社,2002 年,第 423—437 页。项楚《王梵志诗论》,《文史》第三十一辑,1988 年,第 222—224 页;收入氏著《敦煌文学丛考》,上海古籍出版社,1991 年,第 653—657 页;又收入《项楚敦煌语言文学论集》,上海古籍出版社,2011 年,第 321—325 页;又氏著《王梵志诗校注》(增订本)前言,第 17—20 页。
② 〔元〕孟汉卿《张孔目智勘魔合罗》第四折,此为本剧第一折高山声称自己三戒"一不与人家作媒,二不与人家作保,三不与人家寄信"的简缩(分别见王季思主编《全元戏曲》第三卷,北京:人民文学出版社,1999 年,第 681、702 页)。又〔元〕佚名《朱太守风雪渔樵记》第三折中张懒古也自称有三戒:"第一来不与人作保,第二来不与人作媒,第三来不与人寄信。"(《全元戏曲》第六卷,第 403—404 页)。
③ 〔元〕柯丹邱《王十朋荆钗记》第八出,《全元戏曲》第九卷,第 226 页。
④ 〔清〕吕熊《女仙外史》第八十五回,上海古籍出版社,1991 年,第 752 页。
⑤ 〔清〕邹必显《飞跎全传》第三十二回,北京:华夏出版社,1995 年,269 页。
⑥ 〔清〕寄生氏《五美缘全传》第二十六回,北京:大众文艺出版社,1998 年,第 123 页。
⑦ 中国民间文学集成广东卷编辑委员会《中国谚语集成·广东卷》,北京:中国 ISBN 中心,1997 年,第 331 页。
⑧ 这类谚语所反映的传统社会的意识和心态,参徐忠明《传统中国乡民的法律意识与诉讼心态——以谚语为范围的文化史考察》,《中国法学》2006 年第 6 期,第 77 页;收入氏著《众声喧哗:明清法律文化的复调叙事》,北京:清华大学出版社,2007 年,第 26—27 页。

首《贷人五斗米》)

　　张锡厚、朱凤玉出校未出注(张氏仅注"直"同"值"),项楚于校、注之外,尚有解说云:"此首云'贷人五斗米,送还一硕粟',亦借轻还重之意。《通鉴》唐玄宗开元十三年:'是岁,东都斗米十五钱,青齐五钱,粟三钱。'以青齐之价计之,五斗米二十五钱,一石粟三十钱,所剩五钱,故云'有余'。而即以此所剩之钱'充臼直',务必不使借主吃亏也。"①

　　此段解说明白无误,唯引《通鉴》所载青齐之粟价、米价,计算一石粟与五斗米之差价,以落实"有余",稍嫌迂曲。

　　粟为未去皮壳的原粮,已舂去掉皮壳之后称为米。粟加工成米,有所损耗,其间比率,睡虎地秦简《仓律》、张家山汉简《算数书》等出土文献以及《九章算术》、《说文解字》等传世载籍均有记载。② 其中根据加工之粗精程度区分为粝米、粺米、繫米等不同等级,加工愈精,则损耗愈多,不过上述各种文献记载之比率互有异同。③ 但关于粟与粝米的比率基本一致,为5:3,相当于一斗粟可舂得六升粝米。粝米或称"脱粟",是只去皮壳、不加精制的糙米,常省称为"米",④换言之当时称"米"一般即指粝米。如甘肃破城子汉简110.14:"粟一斗得米六升",⑤由其比率可知此处"米"即粝

---

① 分别见张锡厚《王梵志诗校辑》,第 135 页;朱凤玉《王梵志诗研究》下册,第 319 页;项楚《王梵志诗校注》(增订本),第 460 页。

② 分别见睡虎地秦墓竹简整理小组《睡虎地秦墓竹简》,北京:文物出版社,1978 年,第44—45 页;睡虎地秦墓竹简整理小组《睡虎地秦墓竹简》,北京:文物出版社,1990 年,第29 页。彭浩《张家山汉简〈算数书〉注释》,北京:科学出版社,2001 年,第 80—81、84—92页。郭书春《汇校九章算术》(增补版)卷二"粟米",沈阳:辽宁教育出版社,2004 年,第69—78 页。[汉]许慎《说文解字·米部》,北京:中华书局影印清陈昌治刻本,1963 年,第 147—148 页。

③ 参邹大海《从〈算数书〉和秦简看上古粮米的比率》,《自然科学史研究》2003 年第 4 期,第 318—328 页;同人《关于〈算数书〉、秦律和上古粮米计量单位的几个问题》,《内蒙古师范大学学报(自然科学汉文版)》2009 年第 5 期,第 508—515 页。彭浩《秦和西汉早期简牍中的粮食计量》,《出土文献研究》第十一辑,上海:中西书局,2012 年,第 194—204 页。

④ 邹大海《从〈算数书〉和秦简看上古粮米的比率》,第 319 页。

⑤ 谢桂华、李均明、朱国炤《居延汉简释文合校》,北京:文物出版社,1987 年,第 178 页。

米。汉代容量单位有大石、小石之分,二者之比率亦为5∶3,因此大石一斗粟正好相当于小石一斗米,大石、小石之设应是为了粟、米换算的便利。①

虽然汉唐间斗、升的容量发生了巨变(详参下文第七条),但粟、米之比率并不受其影响。唐代亦以粟一斛或一斗折合米六斗或六升,如《通典》卷六《赋令》曰:"应贮米处,折粟一斛,输米六斗。"②据《天圣令·赋役令》复原唐《赋役令》第5条除"应"作"诸"外,其余文字相同。③ 陆贽《请减京东水运收脚价于缘边州镇储蓄军粮事宜状》云:"其有纳米者,每米六升,折粟一斗。"④

王梵志此诗"贷人五斛米,送还一硕粟"中"斛"即"斗","硕"即"石",都是当时常用的容量单位。因为"斗"、"石"等笔画较少,因此增加笔画写作"斛"、"硕"以避免混淆或防止篡改,改成所谓大写形式。类似的还有将"升"写作"胜",这在吐鲁番、敦煌文书中非常常见。⑤

依前述粟、米之比率计,"一硕粟"折合六斗米,比当初所借"五斛米"多出一斗,此即"有余"也,可"充臼直"。因将粟舂成米,需要花费工钱("臼直"),故以此作为补偿。以粟、米之固定比率来解释"贷人五斛米,送还一硕粟"之"有余"问题,较之引他书所载粟、米价格计算差价更为直截了当,因米从粟出,粟、米之比率固定,则二者价格之比率自然也随之相对固定。即如前引《通鉴》所载开元十三年青齐之粟每斗三钱、米每斗五钱,

① 关于大小石的研究,参杨联陞《汉代丁中、廪给、米粟、大小石之制——劳榦〈居延汉简考释〉钱谷类跋》,《国学季刊》第7卷第1号,1950年;收入《杨联陞论文集》,北京:中国社会科学出版社,1992年,第3—6页。劳榦《龙冈杂记二、大石与小石》,《大陆杂志》第1卷第11期,1950年,第21页。高自强《汉代大小斛(石)问题》,《考古》1962年第2期,第92—94页。陈梦家《关于大小石、斛》,收入氏著《汉简缀述》,北京:中华书局,1980年,第149—151页。
② 〔唐〕杜佑撰、王文锦等点校《通典》卷六,第109页。
③ 《天一阁藏明抄本天圣令校证(附唐令复原研究)》,第461页。
④ 〔唐〕陆贽撰、王素点校《陆贽集》卷一八,北京:中华书局,2006年,第598页。
⑤ 参杨联陞《中国经济史上的数词与量词》,氏著《国史探微》,北京:新星出版社,2005年,第111页;洪艺芳《敦煌吐鲁番文书中之量词研究》,台北:文津出版社,2000年,第398—403页。

二者价格之比为 3∶5,正与前述粟、米之比率 5∶3 相符。

　　王梵志此诗出自一卷本,上文第四条已述一卷本属于晚唐五代时期教诲待人处世的童蒙读物,性质与《太公家教》相同。本卷此诗之前二二一首《得他一束绢》:"得他一束绢,还他一束罗。计时应大重,直为岁年多。"项楚引宋范镇《东斋记事》卷三载执政子弟服罗而石中立止服绢之轶事以证罗贵重于绢,①敦煌文书 P. 2680V《丙申年氾恒安等纳绫绢等历》载"白花罗一定准绢柒疋",②白花罗一匹折抵绢七匹,可为罗贵重于绢之参证。《得他一束绢》立意与此诗相同,均劝导行得轻还重、薄借厚偿之事,与敦煌写本《太公家教》"借人一牛,还人一马"言殊意同,③且与二一七首《有恩须报上》、二一八首《知恩须报恩》、二一九首《先得他恩重》、二二〇首《蒙人惠一恩》等四首教诲知恩图报也一脉相承。

六

　　一得清白状,二得三上考。(二七三首《仕人作官职》)

　　此诗有 P. 3418、P. 3724 两种写本,文字略有差异。"二得"之下三字,P. 3418 作"三上考",P. 3724 作"上三考"。学界对此探讨较多。

　　赵和平、邓文宽云:"按《旧唐书》卷四十三《职官》二吏部考功郎中员外郎条云:'凡考课之法……一最以上有四善,为上上。一最以上有三善,或无最而有四善,为上中。一最以上有二善,或无最而有三善,为上下。'《唐六典》卷二吏部考功郎中员外郎条同。可知'上三考'是。"④以"上三

---

①　项楚《王梵志诗校注》(增订本),第 459 页。

②　图版见《法藏敦煌西域文献》第 17 册,上海古籍出版社,2001 年,第 227 页。录文见唐耕耦、陆宏基编《敦煌社会经济文献真迹释录》第三辑,北京:全国图书馆文献缩微复制中心,1990 年,第 135 页。

③　此点张锡厚、朱凤玉、项楚均已指出,分别见张锡厚《王梵志诗校辑》,第 134 页;朱凤玉《王梵志诗研究》上册,第 278 页;项楚《王梵志诗校注》(增订本),第 459 页。

④　赵和平、邓文宽《敦煌写本王梵志诗校注》,《北京大学学报》1980 年第 5 期,第 70 页。

考”为是，并以“上三考”即唐代考课九等中的上上、上中、上下三等。张锡厚称“三上考”“同‘三考’，谓通过考绩三次，明者升迁，举荐入京”。① 此后陆续有几位学者对张锡厚此说予以批驳。项楚认为“三上考”与“上三考”同，但与“三考”是两回事。唐代官吏考课九等中的上上、上中、上下三等称“上三考”或“三上考”，“二得上三考”谓官吏考课获得优等成绩。② 蒋绍愚也不认为“三上考”与“三考”相同，同时也不赞成前引赵和平、邓文宽二氏文中以“上三考”为是的观点，指出“‘三上考’不误，指三次考绩皆为上等”。③ 刘瑞明谓张锡厚“此注欠确切，没有细审‘上’字自有含义，指考核得到‘上等’的评定。据《旧唐书·职官志（二）》，上等政绩分上上、上中、上下三种”。④ 而朱凤玉亦称“三上考”同“三考”，“谓通过三度考绩。古代官吏考绩制度，三年考一次，九年考三次，决定降免或提升”。⑤

归纳以上诸家说法，主要涉及校勘、训释两个方面的问题，而这两个方面又彼此互有关联。

一、校勘问题，即“三上考”、“上三考”孰是孰非。赵和平、邓文宽以“上三考”为是，蒋绍愚以“三上考”为是，项楚认为二者同。今按，“三上考”为官员考绩，文献中屡见，与“清白状”一起都是官员升迁的重要条件（详见下文），而“上三考”则未见诸载籍，故当以“三上考”为是。P. 3724 作“上三考”，应系抄写时误倒。

二、训释问题，即“三上考”（或“上三考”）的具体含义。张锡厚认为“三上考”同“三考”，朱凤玉赞同此说，项楚、蒋绍愚、刘瑞明否定此说。赵和平、邓文宽认为“上三考”（按上文已述当以“三上考”为是，下同）以及项楚认为“上三考”或“三上考”是指唐代官吏考课九等中的上上、上中、上下三等，刘瑞明似亦持此观点，而蒋绍愚则认为是指三次考绩皆为上等。以

---

① 张锡厚《王梵志诗校辑》，第 169 页。
② 项楚《〈王梵志诗校辑〉匡补》，《敦煌研究》1985 年第 2 期，第 64—65 页；收入氏著《敦煌文学丛考》，第 595 页。项楚《王梵志诗校注》（增订本），第 570 页。
③ 蒋绍愚《〈王梵志诗校辑〉商榷》，《北京大学学报》1985 年第 5 期，第 27 页。
④ 刘瑞明《王梵志诗校注辨正》，《中国语文》1985 年第 6 期，第 56 页。
⑤ 朱凤玉《王梵志诗研究》下册，第 237 页。

下即对此予以辨析。

先述"三考"。"三考"为古代官吏考绩的重要制度,指经三次考核而决定升降赏罚。其具体含义则因对考核时间规定的不同而有差异。《尚书·舜典》:"三载考绩。三考,黜陟幽明。"孔颖达疏:"言帝命群官之后,经三载,乃考其功绩。经'三考',则九载。'黜陟幽明',明者升之,闇者退之。"①谓对官吏每三年考核一次(或称为"小考"),经三考也即九年之后决定官吏的升降赏罚(或称为"大考")。此为古制,至唐时早已改小考为一年一考,而大考所需小考次数(即"考数"),则在不同时期、因官员之不同品级或职掌而屡生变化,有三考、四考、五考、六考等多种规定,②此时三考已缩短为约三年时间。朱凤玉释"三考"时仅述三考九年之古制,而未及唐时制度,不尽确切。

再释"三上考",而欲释"三上考"则须先释"上考"。唐代官吏考绩,流内文官依据"四善"(偏重德行)和"二十七最"(偏重才干)分为上上至下下九等,流外官依据行能、功过分为上、中、下、下下四等,武官则分为上、中、下三等。③ 考绩时分别依次计为上上考至下下考,上考、中考、下考、下下考,上考、中考、下考。

流内文官的考第虽然明文规定分为上上至下下九等,但从现有资料来看,在实际运用时也可笼统分为上、中、下三个大的等级,当然这三等中每一等又包含三个小的等级,比如上考可包含上上考、上中考、上下考三种。简言之,流内文官考第细分为九等,也可粗分为三等。以下就以"上考"为中心来说明这一问题。

---

① [汉]孔安国传、[唐]孔颖达正义、黄怀信整理《尚书正义》卷三《舜典》,上海古籍出版社,2007年,第110页。

② 参黄清连《唐代的文官考课制度》,《中研院历史语言研究所集刊》第55本第1分,1984年,第168—172页;又收入同人主编《制度与国家》(《台湾学者中国史研究论丛》),北京:中国大百科全书出版社,2005年,第236—240页。

③ 《唐六典》卷二,第42—44页;《旧唐书》卷四三《职官志二》,第1822—1824页;《新唐书》卷四六《百官志一》,第1190—1192页。具体分析可参黄清连《唐代的文官考课制度》,第154—159页;同人主编《制度与国家》,第221—227页。王勋成《唐代铨选与文学》,北京:中华书局,2001年,第86—89页。

　　开元四年(716)十一月敕称"抚字之道,在于县令。不许出使,多不得上考,每年选补,皆不就此官。若不优矜,何由奖劝。其县令在任,户口增益、界内丰稔、清勤著称、赋役均平者,先与上考,不在当州考额之限"。①县令考绩"多不得上考",为示奖劝,故对政绩突出的县令"先与上考",以表优矜。会昌六年(846)五月敕称县令若非灾旱、交割等特殊情况,如治下失走"三百户已上者,书下考,殿两选";而如增加"五百户已上者,书上考,减两选"。② 根据县令在任期间户口之损益来分别予以下考、殿选的惩罚和上考、减选的奖励。中唐时裴充为太常寺太祝,"时京司书考官之清高者,例得上考。充之同侪以例,皆止中考,诉于卿长,曰:'此旧例也。'充曰:'奉常职重地高,不同他寺。大卿在具瞻之地,作事当出于人。本设考课,为奖勤劳,则书岂系于官秩。若一一以官高下为优劣,则卿合书上上考,少卿合上中考,丞合中上考,主簿合中考,协律合下考,某等合吃杖矣!'卿笑且惭,遂特书上考"。③ 当时官位清高者"例得上考",裴充任太常寺太祝(正九品上),官位卑微,按例仅能得中考,他颇为不满,认为如依照旧例,则失去了制定考课以奖勤罚懒的本来意义。他指出如果一一以官位之高下定考绩之优劣,则太常寺官员中卿(正三品)应得上上考,少卿(正四品上)应得上中考,丞(从五品上)应得中上考,主簿(从七品上)应得中考,协律郎(正八品上)应得下考,自己这类卑微小官应受杖罚。④ 裴充经过此番抗争,最后终得上考。

　　以上三例中言及的县令和太常寺诸官均为流内官,而考绩也可统称上考、中考或下考。此外,考绩等第之上等称为上考,也可称上第。贞观六年(633),监察御史马周针对当时流内官考绩多"不过中上,未有得上下以上考者"的情况,上疏言"纵使朝廷实无好人,犹应于见在之内,比校其尤善者,以为上第,岂容皇朝士人遂无堪上下之考","宜每年选天下政术

① 《唐会要校证》卷六九,第 1039 页。
② 《唐会要校证》卷六九,第 1043 页。
③ 〔唐〕赵璘《因话录》卷三《唐国史补　因话录》,上海古籍出版社,1979 年,第 87—88 页。
④ 以上各官官品见《唐六典》卷一四,第 394—398 页;《旧唐书》卷四四《职官志三》,第 1872—1873 页;《新唐书》卷四八《百官志三》,第 1241—1242 页。

尤最者一二人为上上,其次为上中,其次为上下"。① 此例中"上第"应即下
文上上、上中、上下三种考第的统称。

　　唐代流内官之考第,唐初时大多不过中上考,前引马周上疏进谏之
后,情况有所好转,但上上考、上中考依然少见,仅上下考较为多见。因此
虽然流内官考绩之上考可涵括上上考、上中考、上下考,但一般仅指上下
考而已。

　　前文已述唐代考数有三考、四考、五考、六考等多种规定,若考绩多次
获得上考,就会出现"三上考"、"四上考"的情形。如孙皋于德宗朝"五年
在任,四知州事,累书上考,首出众寮"。②"累书上考"即多次获得上考。
卢公则于大中年间任信州玉山县令时,刺史因其"吏理有方"而"三申上
考",经廉使上奏皆得成功。③ 杨龟从于五代后唐时任开封襄邑县令,任内
"熙熙然如登春台","书三上考而罢,复授陈州南顿令"。④ 邢超于开元年
间任相州林虑县尉,"清正自牧,干用驰声",因而"凡一任职,成四上考"。⑤

　　朝廷对累获上考者有加阶或减选的优奖,如屯官、屯副"六考满,加一
阶,听选。得三上考者,又加一等",⑥谓屯官、屯副六考考满者官阶加一
阶,而六考之中得到三上考者,则可再加一等。大中六年(852)五月诏吏
部选格曰:"县令、司录、录事参军,今任四上考,减两选;余官得四上考,县
令、司录参军得三上考,并减一选。"⑦另外某些官职的任用也有上考的要
求,建中元年(780)六月唐德宗批准中书门下省上奏:"录事参军、县令,三
考无上考,两任共经五考以上无三上考,及不带清白陟状者,并请不重注

---

① 《通典》卷一五,第 371 页;《唐会要校证》卷八一,第 1284 页。

② 《唐故蕲州刺史兼御史中丞孙府君墓志铭并序》,周绍良主编《唐代墓志汇编》元和〇二
　九,上海古籍出版社,1992 年,第 1969 页。

③ 《大唐故范阳郡卢府君墓志铭》,《唐代墓志汇编》大中一五四,第 2371 页。

④ 《大宋故朝议大夫行河南府伊阙县令弘农杨府君(龟从)墓志铭并序》,洛阳市文物工作
　队编《洛阳出土历代墓志辑绳》,北京:中国社会科学出版社,1991 年,第 740 页。

⑤ 《大唐故相州林虑县尉邢公墓志文并序》,《唐代墓志汇编》开元五三五,第 1524 页。

⑥ 《唐六典》卷七,第 223 页。

⑦ 《册府元龟》卷六三二,第 7301 页。

令、录。"①各州录事参军、各县县令若在任内三考中未得上考、或两任五考以上而未得三上考,以及没有清白陟状者,就不能再次任用为录事参军、县令。

　　流外官因处于不同职位而经过五考至十考不等的考数,在考满之后,就有机会转入流内。② 但有些职位入流的要求较为严苛,须考绩有多次上考方能入流,如尚书都省令史、书令史,"国初限八考已上入流,若六考已上[频]上,[七]考六上,并入流为职事。……近革选,限[十]考六上入流"。③ 唐太宗、高宗时,须八年以上方可入流,且仅授散官;若六年以上考绩连续为上考,或七年中考绩有六次上考,可入流为职事官。后到玄宗开元年间,又立新规,须满十年且其间考绩有六次上考才能入流。④ 虽然流外官考第只分上、中、下、下下四等,但要七考或十考获得六次上考洵非易事。

　　综上所述,"上考"指官吏考绩等第之上等,流外官、武官考绩本有此等第,流内文官亦可以"上考"统称上上考、上中考和上下考,但多仅指上下考。"三上考"指官吏考绩三次获得上考。因此上文列举诸家关于"三上考"(或"上三考")的训释之中,仅蒋绍愚的说法正确。张锡厚、朱凤玉将"三上考"等同于"三考"不妥,这二者虽有关联,但所指并不相同。赵和平、邓文宽以及项楚、刘瑞明认为"三上考"(或"上三考")指唐代官吏考课九等中的上上、上中、上下三等,也不妥,这一说法不仅没有根据,而且倘

① 《唐会要》卷六九,第 1040 页。

② 参郭锋《唐代流外官试探——兼析敦煌吐鲁番有关流外文书》,《敦煌学辑刊》1986 年第 2 期,第 50—55 页;改题《唐代吏制——流外官试探》收入氏著《唐史与敦煌文献论稿》,北京:中国社会科学出版社,2002 年,第 63—72 页。王永兴《关于唐代流外官的两点意见——唐流外官制研究之二》,《北京大学学报》1990 年第 2 期,第 9—12 页;收入氏著《陈门问学丛稿》,南昌:江西人民出版社,1993 年,第 356—364 页。任士英《唐代流外官的管理制度》,《中国史研究》1995 年第 1 期,第 86—87 页。同人《唐代流外官制研究》(下),史念海主编《唐史论丛》第六辑,西安:陕西人民出版社,1995 年,第 187—194 页。叶炜《南北朝隋唐官吏分途研究》,北京大学出版社,2009 年,第 165—167 页。

③ 《唐六典》卷一,第 12 页。[　]内字《唐六典》原空阙,此据宋孙逢吉《职官分纪》卷八(《景印文渊阁四库全书》第 923 册,台北:台湾商务印书馆,1986 年,第 222 页)补。

④ 参陈铁民《唐代守选制的形成与发展研究》,《文史》2011 年第 2 辑,第 183 页。

若如此,则无法解释前文所举例中的"四上考"、"六上"。

王梵志此诗中的"清白状",或称"清白陟状"、"清状",是主司考评官员品行廉洁并予以荐举的记录,有助于后者的仕途发展,如升官、进阶、减考、由外官迁为京官等。[1] 此诗中"一得清白状,二得三上考",所述当是初唐时期的状况,但可与前引《唐会要》卷六九载建中元年六月唐德宗所批准的中书门下省上奏对读:录事参军、县令如"三考无上考,两任共经五考以上无三上考,及不带清白陟状者",则不得再次任用为录事参军、县令。可见"清白状"、"三上考"事关官员之任职、升迁,极为重要。结合王梵志此诗中述及这位官员有月料、禄米、职田与"选日通好名,得官入京兆"云云,可推断他应为在地方任职的流内官。他勤勉能干,政绩显著,获得"清白状"和"三上考",因而赴选迁为京官。

七

　　唯缘二升米,是处即生贪。(三六九首《壮年凡几日》)

此诗出自俄藏敦煌文献,《王梵志诗校辑》未及收录,《王梵志诗研究》、《王梵志诗校注》两书收录,于"二升米"均未出注,盖因其字面普通也。

今按,二升米为唐代成年男子的日均口粮。古人口粮数屡见载录,吴慧曾广征先秦至现当代的大量记载(包括出土文献与调查资料),统计各个时段的人均口粮数。[2] 除此之外,还可增补若干材料,如先秦两汉部分

---

[1]　参邓小南《课绩与考察——唐代文官考核制度发展趋势初探》,《唐研究》第二卷,北京大学出版社,1996 年,第 298—300 页;改题为《课绩与考察:试谈唐代文官考核制度的发展趋势》,收入同人主编《政绩考察与信息渠道:以宋代为重心》,北京大学出版社,2008 年,第 7—11 页;同人《课绩·资格·考察——唐宋文官考核制度侧谈》,郑州:大象出版社,1997 年,第 20—22 页。彭炳金《唐代墓志中所见的清白科》,张国刚主编《中国社会历史评论》第四辑,北京:商务印书馆,2002 年,第 539—542 页。

[2]　吴慧《中国历代粮食亩产研究》,北京:农业出版社,1985 年,第 45—99 页。

可以宁可文增补,①南北朝部分可以周一良文增补。② 成年男子日均口粮,大体而言,先秦为米五升;汉晋为米六升,兵士略高,为七到八升;南北朝官吏、兵士为米七升;唐代为米二升。

唐代成年男子日均食米二升的相关材料,前列吴慧《中国历代粮食亩产研究》已有征引,以下再稍作增补。

据《天圣令·仓库令》复原唐《仓库令》第 7 条:“诸给粮,皆承省符。丁男一人,日给二升米。”③《唐六典》卷一九《司农寺》太仓署条:“给公粮者,皆承尚书省符。”注:“丁男日给米二升。”④李筌《太白阴经》卷五《人粮马料篇》:“一军一万二千五百人,人日支米二升,一月六斗,一年七石二斗。”⑤陆贽《请减京东水运收脚价于缘边州镇储蓄军粮事宜状》:“总计贮备粟一百三十五万石,是十一万二千五百人一年之粮。”⑥一石为十斗,一斗为十升。前文第五条已述一斗粟折六升米,则一百三十五万石粟,折八千一百万升米。此为十一万二千五百人一年的口粮,一年为三百六十天,则每人日均口粮恰为二升米。另吐鲁番阿斯塔那 91 号墓出土《唐苏海愿等家口给粮三月帐》、《唐张赤头等家口给粮三月帐》、《唐汜父师等家口给粮三月帐》、《唐龙海相等家口给粮三月帐》中屡见“丁男,一日粟三升三合三勺”的记载,⑦一斗粟折六升米,三升三合三勺粟正合二升米,可与前引据《天圣令·仓库令》复原唐《仓库令》第 7 条相对照。⑧

唐前成年男子日均食米约在六升上下,而唐代则仅为二升,其间原因

---

① 宁可《有关汉代农业生产的几个数字》,《北京师院学报》1980 年第 3 期,第 82—85 页。
② 周一良《魏晋南北朝史札记》“南北朝时口粮数”条,北京:中华书局,1985 年,第 124—127 页。
③ 天一阁博物馆、中国社会科学院历史研究所天圣令整理课题组校证《天一阁藏明抄本天圣令校证(附唐令复原研究)》,第 494 页。
④ 《唐六典》卷一九,第 527 页。
⑤ 《太白阴经》卷五,第 558 页。
⑥ 《陆贽集》卷一八,第 599 页。
⑦ 《吐鲁番出土文书》第六册,第 18—27 页;《吐鲁番出土文书》第三册,第 9—14 页。
⑧ 参李锦绣《唐开元二十五年〈仓库令〉所载给粮标准考——兼论唐代的年龄划分》,《传统中国研究集刊》第四辑,上海人民出版社,2008 年,第 304—313 页;收入黄正建主编《〈天圣令〉与唐宋制度研究》,北京:中国社会科学出版社,2011 年,第 234—247 页。

并非食量之锐减，而是度量衡制度之大变。隋代开皇年间曾以古斗三升为一升，大业初年又改回复用古斗。唐代度量衡大制承袭隋代开皇大制，小制沿用隋代大业小制以合古，除了天文、礼乐、医药方面使用小制之外，其余日常诸事通用大制。① 唐代大制一升折合古三升，故唐代成年男子日均食米二升，折合古六升，正与唐前成年男子日均食米约数相当。

　　既已明了二升米为唐代成年男子的日均口粮，则王梵志此诗中"唯缘二升米，是处即生贪"是指那些不信佛法之人为了每天混口饱饭吃，而处处产生贪着之心。

---

① 详参郭正忠《三至十四世纪中国的权衡度量》，北京：中国社会科学出版社，1993 年，第270—280 页。丘光明、邱隆、杨平《中国科学技术史·度量衡卷》，北京：科学出版社，2001 年，第 333—334 页。

"香积厨"与"茶酒位"

——谈宋金元砖雕壁画墓中的礼仪空间

邓　菲(复旦大学文史研究院)

近年关于墓葬美术的研究中,宋金元时期的仿木构砖室墓受到多方关注。这类墓葬采用独特的方式创建模仿现实生活建筑的空间,利用墓砖及墓壁上的彩绘建造多层铺作的仿木结构元素,以砖砌假门窗、桌椅、衣架、灯檠等家具陈设,同时以彩绘或砖雕表现墓主人家居生活的场景,包括宴饮、庖厨、乐舞、杂剧,以及孝子图像与妇人启门等主要题材,展现出丰富多样的图像内容。仿木结构的砖雕壁画墓自北宋中晚期开始在中原北方地区民间流行,至金元发展成为该区域内最具代表性的墓葬形式。这段时期内的砖雕壁画墓不仅数量众多,而且与唐代壁画墓相比,出现了若干新的变化,具有时代特征。目前学界对于中原北方地区发现的砖雕壁画墓的研究已累积不少成果。[①] 除

---

① 宿白《魏晋南北朝至宋元考古》,中国科学院考古研究所编《考古学基础》,北京:科学出版社,1958 年,第 138—153 页;徐苹芳《宋元明考古》,《中国大百科全书·考古学》,北京:中国大百科全书出版社,1986 年,第 486—492 页;Dieter Kuhn, *A Place for the Dead: An Archaeological Documentary on Graves and Tombs of the Song Dynasty* (960 - 1279), Heidelberg: Würzburger Sinologische Schriften, 1996;Ellen Johnston Laing, "Patterns and Problems in Later Chinese Tomb Decoration," *Journal of Oriental Studies* 16: 1 - 2, 1978, pp. 3 - 20;秦大树《宋元明考古》,北京:文物出版社,2004 年,第 123—165 页;贺西林、李清泉《永生之维:中国墓葬壁画史》,北京:高等教育出版社,2009 年,第 293—448 页;刘耀辉《晋南地区宋金墓葬研究》,北京大学硕士学位论文,2002 年;韩小囡《宋代装饰墓葬研究》,山东大学博士学位论文,2006 年;Fei Deng, "Understanding Efficacy: A Study of Decorated Tombs in Northern Song China (960 - 1127)," Ph. D. Dissertation, University of Oxford, 2010;易晴《登封黑山沟宋墓图像研究》,北京:文物出版社,2012 年。

了以考古类型学为基础对墓葬进行分期分区研究,学者们更是重视墓葬内的图像内容。许多研究以单个的表现题材为主题进行讨论,其中以宋金元墓中常见的孝子题材、杂剧场景最为引人瞩目。[①]

作为宋金元时期墓葬中的重要图像题材,墓主画像也引起了学者们的注意。李清泉、张鹏、易晴、裴志昂(Christian de Pee)、庄程恒在近期的研究中把墓主夫妇对坐像的表现模式与意义作为研究的焦点。其中部分研究还将画像与当时的影堂、灵座联系起来,推测墓主夫妇像可能作为一种祖先遗像出现在宋金墓葬空间之中,十分具有启发性。[②] 另外,袁泉在对北方元代墓葬装饰的讨论中,考察墓主画像与侍者备茶备酒等题材,也提出奉茶进酒场景具有礼仪供奉的重要内涵,而墓主夫妇像可视为丧祭活动中的供奉对象。[③] 上述研究在对墓葬题材分类研究的基础上,探讨了墓主画像在墓葬中的功能和意义,将墓葬壁画与当时的礼仪与生活风尚相关联,试图理解隐藏在图像背后的理想的生活诉求。

本文也将从墓主夫妇对坐画像出发,尝试整合以往的研究成果,探讨宋代以来墓主画像所具有的礼仪供奉功能以及该特征在墓葬空间内的日趋凸显,并会涉及丧祭风俗在影响墓葬空间设计与布局方面的具体表现。

---

① 徐苹芳《宋代的杂剧砖雕》,《文物》1960 年第 5 期,第 40—42 页;Robert Maeda, "Some Sung, Chin, and Yuan Representations of Actors," *Artibus Asiae* 41, 1979, pp. 132 - 156;赵超《山西壶关南村宋代砖雕墓》,《文物》1997 年第 2 期,第 41—50 页;廖奔《宋金元仿木结构砖雕墓及其乐舞装饰》,《文物》2000 年第 5 期,第 85—87 页;Jeehee Hong, "Theatricalizing Death: In Performance Images of Mid-Imperial China," Ph. D. Dissertation, University of Chicago, 2008;张帆《豫北和晋南宋金墓杂剧形象的比较研究》,《中原文物》2009 年第 4 期,第 82—89 页。
② 李清泉《墓主夫妇"开芳宴"与唐宋墓葬风气之变——以宋金时期的墓主夫妇对坐像为中心》,收入《第二届古代墓葬美术研究国际学术会议论文集》,北京,2011 年 9 月,第 39—48 页;张鹏《勉世与娱情——宋金墓葬壁画中的一桌二椅到夫妇共坐》,《美术研究》2010 年第 4 期,第 55—64 页;易晴《宋金中原地区壁画"墓主人对(并)坐"图像探析》,《中原文物》2011 年第 2 期,第 73—80 页;裴志昂《试论晚唐至元代仿木构墓葬的宗教意义》,《考古与文物》2009 年第 4 期,第 87 页;庄程恒《北宋两京地区墓主夫妇画像与唐宋世俗生活风尚之新变动》,《艺术史研究》第 12 辑,2010 年,第 83—122 页。
③ 袁泉《从墓葬中"茶酒题材"看元代丧祭文化》,《边疆考古研究》第 6 辑,2007 年,第 329—349 页。

同时还将考察围绕墓主画像展开的一系列图像题材,进一步理解这些题材的多层内涵,以及它们如何在墓葬中创造出永恒的礼仪空间。

一、墓 主 画 像

在宋金元时期的砖雕壁画墓中,墓主夫妇画像是较为常见的图像题材。这类图像约从北宋中期的神宗朝(1068—1085 年)开始在两京地区出现,此后逐步向周围扩散,成为中原北方地区广为流行的墓葬装饰。[①] 据笔者统计,目前仅在洛阳、郑州一带发现的近 50 座带有壁画或砖雕的北宋墓葬,便有 20 余座墓中表现了墓主夫妇对坐宴饮的题材。[②] 例如,位于河南登封市西南部的箭沟宋墓,为南北向坐落的八角形单室砖券墓。[③] 墓主夫妇的宴饮图出现在西壁之上(彩图Ⅲ-1)。画面上方绘横帐、幔帐、组绶与五彩香球。帐下椅上端坐男女二人,桌右侧为女性墓主,黄巾包头,着蓝色褙子;左侧的男性墓主头戴无脚幞头,身穿蓝色团领袍。两人身后立一名女侍,双手捧折沿盘,内放四盏。男性墓主身侧立三名侍者;女性墓主身前站立两名侍女,左侧侍女手捧一枚圆形铜镜。

又如河南济源东石露头村宋墓中的墓主夫妇宴饮图出现在墓室北壁之上(彩图Ⅲ-2)。[④] 画面上绘朱红、湖蓝横帐,横帐下两侧为方框屏风,屏风内为淡青垂帐。帐下中央有一方桌,方桌后画折枝牡丹。桌上中央竖排四盏莲花盘,盘两侧有两个相同葵口盏托,盏托上放葵口带把盏。桌两侧有两把搭红色椅衣的直足直杖椅,上分别坐有墓主夫妇二人,其两侧各

---

① 秦大树《宋元明考古》,第 145—146 页。

② 薛晓豫对墓主画像题材进行了分期分区研究,提出这些图像在北宋中期到末期集中于豫北地区,在北宋末期和金代集中于晋南地区,在元代集中于晋北、鲁北、河北与内蒙古地区。薛晓豫《宋辽金元墓葬中的"开芳宴"图像研究》,四川大学硕士学位论文,2007 年,第 40—43 页。

③ 箭沟宋墓的考古报告,参见郑州市文物考古研究所《郑州宋金壁画墓》,北京:科学出版社,2005 年,第 136—158 页。

④ 赵宏、高明《济源市东石露头村宋代壁画墓》,《中原文物》2008 第 2 期,第 19—21 页转54 页。

立有一名侍女。桌左侧男主人头戴黑色方巾,外着白色窄袖襦和黑色团领袍,内穿紫红色内衣,足穿黑色幞头履。男主人身后侍女,双手托一个白瓷唾盂,面向主人。桌右侧女主人,头梳包髻,白色高冠髻,系紫巾,外穿白色宽袖褙子,内穿紫色、白色交领襦,下穿白色长裙,足穿白色云头履。女主人身后侍女,双手托莲花形温酒碗,碗内放一个白瓷长嘴注子,亦朝向墓主夫妇。

箭沟宋墓与济源宋墓中的墓主夫妇画像在北方中原地区的宋金墓葬中十分典型,表现相似的画面元素与组合方式,暗示出固定的图像模式。两墓中该画面构成的主要元素包括:墓主夫妇、侍从、一桌二椅、桌上所供托盏以及卷帘、幔帐、屏风等室内装饰。墓主夫妇对饮的场景在许多墓例中虽简繁不尽一致,但都具有较为统一的特征:男女墓主多对坐或并坐于方桌两侧,男性墓主在左,女性墓主在右;墓主人身侧各立一到二名男女侍者;桌上置有食物、器皿或花卉;画面上方绘有幔帐、组绶等,主人身后有屏风装饰。由于这类场景存在程序化的倾向,因此不仅许多画面的组合方式与构成元素相近,很多时候墓主夫妇在外貌与着装方面的刻画也十分相似。

除基本图式与部分细节的相似外,该题材的构图、设计与所处位置在不同的墓葬中仍存在差异,图像元素的表现方式与组合关系也有变化。对墓主夫妇的描绘包括半身像、全身像,以及夫妇共坐、并坐、独坐等不同的形式;侍者的数量与位置在不同的墓中有所变化;室内家具陈设、器物摆放也有差别;对该题材的呈现也分为彩绘、砖雕、雕绘结合、圆雕等多种方式。[①] 例如,河南新安县梁庄北宋壁画墓中男女墓主夫妇分别绘于东、西两壁,为夫妇单桌独坐的表现形式(彩图Ⅲ-3)。男女墓主二人侧身落座于高椅上,身前为一方桌,方桌摆托盏与盘,其身后各立三名侍者,皆面向墓主。[②]

---

① 有关中原地区墓主画像不同样式的讨论,参看张鹏《勉世与娱情——宋金墓室壁画中的一桌二椅到夫妇共坐》,第55—64页。

② 洛阳市文物工作队《河南新安县梁庄北宋壁画墓》,《考古与文物》1996年第4期,第8—14页。

　　宋金元时期的墓主夫妇像虽相当流行,但早在东汉时期,对死者形容的描绘便已出现在墓葬装饰之中。2世纪中期的河北安平逯家庄壁画墓在连通主室的右侧室中绘有墓主画像(彩图Ⅲ-4)。[1] 这类墓主像在东汉后期至魏晋北朝时期多绘于墓室的正壁之上,表现墓主人端坐榻上,周围以侍者环绕的场景。[2] 然而,墓主画像却鲜见于唐代时期的墓葬。除了陕西地区的高元珪墓(756年)[3]为目前发现的唯一一例出现墓主像的唐墓,数量众多的唐代壁画墓都未发现对墓主形容的描绘。[4] 有趣的是,该题材在五代时以圆雕的形式重新回归墓葬空间,例如五代蜀主王建墓中塑有端坐的墓主石像。至北宋中期左右,中原北方地区的墓葬中出现了墓主夫妇对坐的画像形式,并迅速发展为当时墓壁装饰的重要表现题材。

　　本文首先提出的问题是:墓主夫妇像为何自北宋中晚期开始流行于中原北方地区的仿木构砖室墓中?什么因素促使这一题材回归墓葬空间?鉴于目前有限的材料,要想全面地回答以上问题十分困难。但仅就墓葬艺术的发展而言,仍存在几条线索可循:一是墓葬形制、工艺的发展引发图像装饰题材的变化;二是当时社会的丧祭文化与风俗对墓内空间的影响;三是宗教因素对整体丧祭传统的激发和影响。有关这些方面的讨论,可能有助于我们理解墓葬空间布局的改变与特定图像题材的出现及流行。

　　墓主夫妇对坐或并坐的场景中一类重要的图像配置为许多研究者注意到的"一桌二椅"陈设方式。几乎所有的墓主夫妇宴饮场景中都出现了一桌二椅的组合元素。较常见的形式为方桌居于画面正中,桌两侧置两

---

[1]　此墓的发掘报告参见河北省文物研究所编《安平东汉壁画墓》,北京:文物出版社,1990年。

[2]　郑岩考察了汉代至魏晋南北朝时期墓主画像的考古数据和相关文献,对画像禁忌、模式以及墓主画像与宗教偶像之间的关系进行了探讨。郑岩《墓主画像研究》,山东大学考古学系编《刘敦愿先生纪念文集》,济南:山东大学出版社,1998年,第450—468页。

[3]　贺梓城《唐墓壁画》,《文物》1959年第8期,第31—34页。

[4]　目前尚未有学者对墓主像少见于唐墓内的原因进行讨论,但墓葬中心与空间布局的改变很可能折射出当时丧祭文化的变革。相关问题仍有待研究者结合考古遗存与文献资料,从隋唐之际的社会文化方面出发进行深入分析。

把直足直枨椅，桌上摆放器皿与香果。对于桌椅的组合，宿白先生早在《白沙宋墓》中便已讨论了北宋中叶桌椅的普遍使用与一桌二椅的布置及其渊源。① 秦大树在《宋元明考古》中进一步提出，唐末宋初仿木构砖室墓中桌椅的陈设方式可能直接影响了北宋以来的墓主夫妇对坐、并坐的场景，该场景似最初由"一桌二椅"题材发展、演变而来。② 事实上，家具陈设确是仿木构砖室墓中的基本题材。例如，河北地区 8 世纪中叶的何延本夫妇墓（759 年）③中发现了利用砖雕在壁面砌成的一桌二椅及衣架的场景，似为当时刚刚兴起的组合方式。这类题材在宋代早期的仿木构砖室墓中逐渐形成模式。河南郑州二里岗北宋初年墓④与南关外宋墓（1056年）⑤的西壁都影塑有一桌二椅，北壁砌门窗，东壁塑衣架、灯檠。其中南关外宋墓的桌面上还砌有碗、盘、盏托、注壶等器皿（彩图Ⅲ-5）。河北武邑龙店二号墓（1042 年）中的一桌二椅组合，除了在桌面上设注子、托盏外，桌右侧椅后还绘有一女性侍者的形象（彩图Ⅲ-6）。⑥ 宋神宗朝以后，这类题材又在砖砌一桌二椅及杯盏的基础上，迭加入彩绘的墓主画像，形成了北宋后期至金元广为流行的夫妇对坐宴饮图。河南新安城关镇宋村壁画墓在西壁上先砖砌一桌二椅，再在砖雕之上描绘墓主形容，以浮雕与彩绘一同塑造墓室壁饰（彩图Ⅲ-7）。⑦ 与此同时，许多墓内虽出现了墓主夫妇形象，但仅设一桌二椅的图像模式在中原北方地区的部分墓葬中仍

---

① 宿白《白沙宋墓》，北京：文物出版社，2002 年，第 114 页。
② 秦大树《宋元明考古》，第 146 页。
③ 高小龙《北京清理唐砖室墓》，《中国文物报》1998 年 12 月 20 日，第 99 期。另外，目前发现的出现桌椅组合的唐五代墓葬还包括山东临沂药材站一号唐墓、河北宣化唐张宗庆墓（877 年）、河南洛阳伊川后晋孙璠墓（939 年）等。
④ 裴明相《郑州二里岗宋墓发掘记》，《文物参考数据》1954 年第 6 期，第 44—48 页。
⑤ 河南省文化局文物工作队《郑州南关外北宋砖室墓》，《文物参考数据》1958 年第 5 期，第 52—54 页。
⑥ 河北省文物研究所《河北武邑龙店宋墓发掘报告》，《河北省考古文集》，北京：东方出版社，1998 年，第 323—329 页。
⑦ 洛阳市文物工作队《河南新安县宋村北宋雕砖壁画墓》，《考古与文物》1998 年第 3 期，第 22—28 页。

有延续,具体的墓例可见河南安阳新安庄西地宋墓(1109 年)、①河南辉县
百泉金墓、②山东济南司里街一号元墓③等。

　　就考古材料来看,宋代以降墓主夫妇对坐像的形成的确与影塑的"一
桌二椅"题材紧密相关。然而,需要注意的是,这种晚唐以来砖室墓中的
桌椅陈设并不仅仅是对地上建筑及家居的模仿,似乎与中原北方地区的
丧祭仪式也颇为相关。桌椅陈设在唐宋时期民间的丧葬与祭祀活动中具
有灵座的特殊寓意。④ 如北宋欧阳修《归田录》载:

> 　　秘府有唐孟诜《家祭仪》、孙氏《仲飨仪》数种,大抵以士人家用台
> 桌享祀,类几筵,乃是凶祭。其四仲吉祭,当用平面毡条屏风而已。⑤

　　文中提到的《家祭仪》、《仲飨仪》说明唐代士人的家祭仪式中,已出现
用家用台桌、几筵来享凶祭的传统。该传统在北宋中原地区的祭祀仪式
中进一步发展。一些士庶之家采取以桌椅魂帛设灵座的方式,摆香炉、杯
注、酒果于桌上,将桌椅陈设作为重要的礼仪道具,使祭祀围绕着代表死
者之位的灵座展开。而这一点正与墓壁影塑方桌之上陈设托盏、酒注、果
品的场景相呼应。⑥ 有关宋代丧仪中灵座的记载,司马光《书仪》有详尽描
述,如卷五《丧仪一·魂帛》称:

> 　　魂帛结白绢为之,设椸于尸南,覆以帕。置倚卓其前,置魂帛于

---

① 中国社会科学院考古研究所安阳工作队《河南安阳新安庄西地宋墓发掘简报》,《考古》
1994 年第 10 期,第 910—918 页。

② 新乡地区文物管理委员会、辉县百泉文物管理所《河南辉县百泉金墓发掘简报》,《考古》
1987 年第 10 期,第 914—916 页。

③ 济南市考古研究所《济南市司里街元代砖雕壁画墓》,《文物》2004 年第 3 期,第 61—
68 页。

④ 易晴《宋金中原地区壁画"墓主人对(并)坐"图像探析》,第 77 页。

⑤ 欧阳修《归田录·佚文》,北京:中华书局,1981 年,第 49 页。

⑥ 庄程恒在其文中也指出了墓壁上桌椅组合与杯注果品等物的丧仪、祭祀功用,参见庄程
恒《北宋两京地区墓主夫妇画像与唐宋世俗生活风尚之新变动》,第 91—93 页。

倚上，设香炉杯注酒果于卓子上，是为灵座倚。铭旌于倚左，侍者朝
夕设栉颒奉养之具，皆如平生俟。①

　　除了桌椅与杯注酒果出现在墓壁装饰中，丧仪中设置的椸（衣架）也
出现在仿木构砖室墓的砖雕与彩绘中。这种对应关系或许同样透露出墓
壁装饰与丧仪相关的痕迹。

　　又如卷八《丧仪四·虞祭》记：

　　　　是日虞……设酒一瓶于灵座东南，旁置卓子，上设注子及盏一，
　　别置卓子于灵座前，设蔬果、匕筋、茶酒盏、酱楪、香炉。②

　　卷一〇《丧仪六·祭》再次提到桌椅设置：

　　　　（祭）前期一日，主人帅众丈夫及执事者洒扫祭所，涤濯祭器，设
　　倚卓，考妣并位，皆南向西上。③

　　文献中频频出现的设桌椅与盏注、茶酒，表明以桌椅所设的灵座在当
时丧仪中确实扮演着重要角色。桌椅组合与灵座之间的联系说明，唐宋
时期的丧祭仪式与习俗很可能对晚唐至北宋的仿木构砖室墓产生了一定
的影响，使得一桌二椅陈设与杯注酒果等逐渐进入墓葬空间，在模仿世俗
家居环境的同时，还兼具灵位的深层内涵。
　　宋中期以后流行的墓主夫妇场景进一步将墓主人画像与墓中影塑的
一桌二椅配置结合起来，以更为具象的形式再现死者。这种结合一方面
可能源于中原北方地区墓葬传统自身的延续与发展，另一方面也与唐五

---

① 司马光《书仪》卷五《丧仪一》，《文渊阁四库全书》本，第 142 册，台北：台湾商务印书馆，
　　1983 年，第 487 页。
② 司马光《书仪》卷八《丧仪四》，《文渊阁四库全书》本，第 142 册，第 510 页。
③ 司马光《书仪》卷一〇《丧仪六》，《文渊阁四库全书》本，第 142 册，第 521 页。

代以来祭祀用影的习俗存在联系。① 将亡者画像置于室内的"像设君室"之说,早在先秦时期便已出现。关于祖先画像的记载也见于汉魏以来的文献,例如,东汉赵岐"自为寿藏"画像,②曹休见"壁上祖父画像,下榻拜涕泣"③等。然而,早期的祖先影像并未专用于丧祭场合,似乎远离特定的祭祀目的。中晚唐以来,民间逐渐兴起了将亡者的影神、写真用于祭祀的习俗,这有可能受到了佛寺高僧影真塑像传统的影响。据姜伯勤先生所考,中古敦煌地区寺院流行僧俗写真,常称为"邈影"、"邈真",主要设于寺院的真堂、净室、影堂之内供人瞻仰与祭祀。④ 敦煌藏经洞文书中发现的九十余篇邈真赞为我们提供了有关方面的详细资料。许多佛寺都曾设立真堂供养本宗或本寺高僧。例如,晚唐敦煌灵图寺有陈设僧官影像的真堂,在堂中"图形绵帐,邈影真堂"。⑤ 类似设置在当时很可能受到庙堂的影响,为佛堂与真堂的结合。除了敦煌佛寺真堂中的僧俗影像,其他地区也出现了类似的遗像或画帐,或设置于寺院中供人瞻仰,如开元寺中供奉的玄宗皇帝御像,或由家族门人祭祀所用,以供三时奠祭。⑥

　　五代至北宋时期,祭祀用影更加普遍。如后梁太祖被杀后,旧臣寇彦卿"图御容以奠之"。⑦ "御容"此后渐成为先帝肖像的专有名词。祭拜先朝御容的制度始于宋真宗之时,景德四年(1007)神御殿的创建似为该定

---

① 易晴、李清泉在对宋金墓主夫妇画像的讨论中都考虑到地上影堂的影响。易晴《宋金中原地区壁画"墓主人对(并)坐"图像探析》,第76—78页;李清泉《墓主夫妇"开芳宴"与唐宋墓葬风气之变——以宋金时期的墓主夫妇对坐像为中心》,第39—41页。

② 《后汉书》卷六四《吴延史卢赵列传》,北京:中华书局,1973年,第2124页。

③ 《三国志》卷九《魏书·诸夏侯曹传》,北京:中华书局,2007年,第279页。

④ 姜伯勤《敦煌的写真邈真与肖像艺术》,收入氏著《敦煌艺术宗教与礼乐文明》,北京:中国社会科学出版社,1996年,第77—92页。关于敦煌邈真像的研究,另见沙武田《敦煌写真邈真画稿研究——兼论敦煌画之写真肖像艺术》,《敦煌学辑刊》2006年第1期,第43—62页。除真堂、影堂外,敦煌地区还有石窟内塑绘着僧统或高僧的影像,参看张景峰《敦煌莫高窟的影窟及影像——由新发现的第476窟谈起》,《敦煌学辑刊》2006年第3期,第107—115页。

⑤ 参郑炳林《敦煌碑铭赞辑释》,兰州:甘肃教育出版社,1992年,第447页。

⑥ 郑炳林《敦煌写本邈真赞所见真堂及其相关问题研究——关于莫高窟供养人画像研究之一》,《敦煌研究》2006年第6期,第68页。

⑦ 《旧五代史》卷二《梁书·寇彦卿传》,北京:中华书局,1976年,第278页。

制的确立。① 皇室于敕建的殿堂及各地供奉先帝御容并如期祭祀，皇后御容也有专门的供奉场所。宫廷中更有专写皇帝神御的肖像画家，如牟谷、僧元霭、僧维真、朱渐等都曾画过皇帝御容。当时除皇室外，一般的士庶之家也多祭奠用影。宋王禹偁谈到家庙之时说：

> 祭祀其先，以木为神主，示至敬也。唐季以来，为人臣者此礼尽废，虽将相诸侯多祭于寝，必图其神影以事之。②

可见宋代民间影祭相当流行。司马光所倡导的影堂祭祀，也奉行画像与祠版兼行的祭祀方式。③ 然而，祭祀用影在当时还遭到一些宋儒们的反对。④ 程颐在被问到"今士庶家不可立庙，当如何也"时提出"庶人祭于寝，今之正厅是也。凡礼，以义起之可也。如富家及士，置一影堂亦可，但祭时不可用影"。⑤ 程颐等人虽然反对祭祀场合使用影像、写真的风俗，但不可否认，影祭在当时仍十分流行，直至元代，这种现象依然存在。⑥

中晚唐以来，佛寺至宫廷、士庶之家设像祭祀的传统渐渐形成，并对后来的祖先祭祀、帝王崇拜产生了重要影响。虽然设置于寺院或祠室中的影像与墓壁上的墓主画像性质并不完全相同，但这种影祭的传统很可

---

① 《宋史》卷七《真宗纪二》，北京：中华书局，1977 年，第 132 页。北宋神御研究，可参看 Patricia Ebrey, "Portrait Sculptures in Imperial Ancestral Rites in Song China," *T'oung Pao* 83, 1997, pp. 42－92；山内弘一《北宋時代の神御殿と景灵宫》，《东方学》第 70 辑，1985 年，第 46—60 页。关于皇室影祭制度始于北宋的观点，雷闻提出异议，认为在祖先图像前献祭为唐朝流行的一种风气，且这种祭祀方式与制度性宗教相结合，见雷闻《郊庙之外——隋唐国家祭祀与宗教》，北京：生活·读书·新知三联书店，2009 年，第 101—108 页。

② 王禹偁《小畜集》卷一四《画纪》，《文渊阁四库全书》本，第 1086 册，第 138 页。

③ 相关讨论，见赵旭《唐宋时期私家祖考祭祀礼制考论》，《中国史研究》2008 年第 3 期，第 17—44 页。

④ 关于儒家对偶像崇拜的态度，参看小岛毅《儒教の偶像観——祭礼をめぐる言説》，东大中国学会编《中国の社会と文化》第 7 号，1992 年，第 69—82 页。

⑤ 程颢、程颐《二程集》卷二二，北京：中华书局，2004 年，第 286 页。

⑥ 有关金元祭祀用影与御容的讨论，参见尚刚《蒙、元御容》，《故宫博物院院刊》2004 年第 3 期，第 31—59 页。

能逐渐辐射、影响了北宋中期以来的墓葬建筑与设计,使得祖先影像不仅用于丧仪、祭祀之中,并在一定程度上推动了墓内空间中亡者形象的出现。这种程序化的墓主画像从宋后期至金元不断发展,到后期越来越向祭祀用影的形式靠拢。

从以上论述来看,墓主夫妇对坐宴饮图像的出现与流行,在一定层面上是仿木构砖室墓中一桌二椅题材发展的结果,考虑到其深层内涵,又是受到唐宋时期丧祭文化与宗教传统复合影响下的产物。

二、奉养对象与"虚位以待"

除了上文中谈到的墓壁上砖雕或彩绘的墓主夫妇对坐宴饮图,一些北宋时期的石棺前挡上也出现了墓主画像。河南宜阳县莲花庄乡坡窑村宋墓出土了一具画像石棺。① 该石棺所绘纹饰、人物均为单线阴刻。盖顶为卷枝牡丹图案,底座四周为连续卷云纹,前挡刻墓主夫妇画像,后挡为收获图,而石棺两帮各刻五副孝子图。前挡的墓主画像描绘了墓主夫妇二人饮茶的场景(彩图Ⅲ-8)。画面正中为一四腿长方桌,桌正中放一注、二盏、四盘果,墓主夫妇以四分之三面对坐于方桌两侧的靠背椅上,桌右侧女主人头戴冠,着交领窄袖拖地裙,双手捧茶杯,身后左右拱手站立两女侍;左侧男主人头戴巾,身着圆领窄袖袍服,双手捧茶杯。身侧两女侍皆面向男主人,双手捧盘与果品。

宜阳北宋画像石棺上的墓主夫妇对坐形式与仿木构砖雕壁画墓中的墓主夫妇宴饮图十分相近,都是以侧身对坐的形式展示墓主形容。这使我们联想到了同时期的影神与写真,如台北故宫所藏的宋代帝后像,都是以相似的侧身落座方式来呈现帝后的形象。彩图Ⅲ-9中的宋神宗帝后像显示出二人皆坐在靠背高椅之上,以四分之三面的角度面对观者,似为当时祭祀用影的主流样式。这类御容为画院画师所绘制,安奉于神御殿等场所,具

---

① 洛阳市第二文物工作队《河南宜阳北宋画像石棺》,《文物》1996年第8期,第46—50页。

有供奉与祭祀对象的功用。[①] 除了专为帝王写容的宫廷画师，民间也流行专业画工写照传神，设棚画肆任其事，例如，宋代的李云士、程怀立等都为当时善写影神的高手。[②] 这些先人画像在影堂等处安放祭祀之时，前方置时果以为祭享。墓葬空间内虽无可能如地上神御殿或影堂那般进奉时馔，但墓主夫妇间的方桌上表现的杯注果盘，正是以图像的方式体现供奉之意。

北宋至金元，墓葬中墓主夫妇画像从对坐饮宴图越来越向具有祭祀内涵的祖先影神发展。例如，山西汾阳东龙观王立之墓（1195 年）的北壁绘墓主夫妇画像（彩图Ⅲ-10）。[③] 男性墓主头戴黑色巾子，身着白色圆领袍服，右手持红色念珠，左手扶膝，以正面像端坐于画面正中。两侧各坐一名女性墓主，似为墓主的妻室，身着长褙子，拢袖而坐。位于墓主身前的方桌两侧各绘一名侍者，拱手而立，身材均明显小于墓主。整个画面中，作为中心的并排而坐的墓主及妻妾三人，目光皆正视前方，与宋墓中常见的夫妇对坐宴饮形象相比，更接近于稍后时期家祭时使用的先人影神。将墓主表现为正面坐像，既可能是建墓者或墓主家人较为个性化的选择，亦或是区域性的特征，但同时也似乎暗示着金墓内墓主画像礼仪功能的渐趋加强。这种对称的、正面的墓主像被刻画于墓室后壁中心，呈现出宗教艺术中偶像式肖像的典型特征：正面危坐的画像形成开放式的构图结构，突出了图像与画面外空间的联系。在中国古代艺术中，此类"开放式"的构图与宗教内容和功能密不可分，通常以一个假设的观者或膜拜者为前提，以画像与他们的直接交流为目的。[④] 汾阳东龙观金墓中使用这

---

① 相关讨论，可参 Patricia Ebrey, "The Ritual Context of Sung Imperial Portraiture," in Cary Y. Liu and Dora C. Y. Ching eds., *Arts of the Sung and Yuan：Ritual, Ethnicity, and Style in Painting*. Princeton, N. J.：Art Museum, Princeton University, 1999, pp. 69 - 93.

② 有关讨论，见陆锡兴《影神、影堂及影舆》，《中国典籍与文化》1998 年第 2 期，第 52 页。

③ 山西省考古研究所、汾阳市文物旅游局、汾阳市博物馆《汾阳东龙观宋金壁画墓》，北京：文物出版社，2012 年，第 80—93 页。

④ 巫鸿提出对称构图和正面的形象是各种宗教艺术表现神像最常见的特点，这种构图很可能是印度佛教艺术进入中国时带来的视觉样式。参见巫鸿著、柳杨等译《武梁祠：中国古代画像艺术的思想性》，北京：生活・读书・新知三联书店，2006 年，第 149—157 页。

种正面偶像式的表现形式,其用意可能也与宗教偶像相近,旨在强调墓主作为整个墓葬图像系统的中心,甚至是该空间内供祀的焦点。

另外,内蒙古赤峰元宝山元墓墓室正壁上绘有墓主夫妇并排而坐的场景(彩图Ⅲ-11)。[①] 画面表现了宽阔的帷帐之下,男女墓主人左右并坐,其侧后方分别立一男一女两名侍者。男主人居右,头戴圆顶帽,身穿右衽窄袖长袍,脚穿高靴,左手扶膝,右臂搁在座椅的卷云形扶手上。女主人居左,盘髻插簪,身穿左衽长袍,脚穿靴,袖手端坐。[②] 除去蒙元时期的服饰、方位等差异外,墓主夫妇画像的场景仍继续了宋金墓中作为图像中心的特征,其形式也与该时期的御容较为相似,可推测为墓内奉养如平生的对象。

除了具象的墓主夫妇像,宋金元仿木构砖室墓中仍然存在其他标示墓主人的方式:即以墓壁上彩绘或砖雕的空椅形式呈现其所在。这种"虚位以待"的形式在一定程度上既是唐宋仿木构砖室墓中一桌二椅组合的延续与发展,又与墓中奉养的礼仪功能相关。事实上,至少在东汉早期就已经出现了再现亡者的不同方式:一种是以画像直接描绘墓主;另外一种则通过空无一物的灵座的形式标明墓主,将其表现为无形的存在。[③] 后者也可见于宋金元时期的墓葬。例如,山东淄博地区清理的一座宋金时期的壁画墓(年代上限在北宋哲宗时期)中,墓室后壁上绘帷帐与二名侍女(彩图Ⅲ-12)。[④] 前一名侍女手托盏杯子和漆盘,后一名侍女手捧容器,皆立于帐侧。帐内两侧画隔扇,隔扇内设一空椅,椅后有山石屏风,椅前置一方桌,桌上摆盘盏与供品。方桌之后的空椅类似于丧祭之中的灵座,标明了该空间内墓主的所在。

巫鸿曾最先探讨了这一形式在古代中国艺术中作为特殊的视觉技术

① 项春松《内蒙古赤峰市元宝山元代壁画墓》,《文物》1983 年第 4 期,第 40—46 页。
② 夏南悉也对该墓墓主像进行了讨论,参看 Nancy Shatzman Steinhardt, "Yuan Period Tombs and Their Decoration: Cases at Chifeng," *Oriental Art* 36, 1990, pp. 198-221.
③ 有关讨论,参见巫鸿著、施杰译《黄泉下的美术:宏观中国古代墓葬》,北京:生活·读书·新知三联书店,2010 年,第 70—72 页。
④ 许淑珍《山东淄博市临淄宋金壁画墓》,《华夏考古》2003 年第 1 期,第 21—26 页。

所具有的意义：“这种‘座’所标志的是一种‘位’，其作用不在于表现一个神灵的外在形貌，而在于界定他在一个礼仪环境中的主题位置。”①空位通常以标记而非描绘的方式表现祭祀场合中的主题，这种视觉技术正可以解释淄博壁画墓中的情况。在该墓中，方桌后方空置的靠背椅代表着墓中视觉的焦点，建墓者之所以采用空椅的特殊形式，很可能由墓葬的深层内涵与象征意义所决定，旨在以这种通常运用于祭祀场合的空位来标示墓内供奉的对象。

　　河南焦作的金代邹璜墓（1199 年）中也发现了相似的案例。②该墓为青石筑成的四方覆斗形顶的单室墓。墓室周壁的青石上刻有各种阴刻画像，线条流畅，刻功精细。北壁当中刻有修墓铭记，两侧各有一张方桌，四周帷幔，桌上置杯盏果镶，桌后置空椅，椅旁各立男女两名侍者（彩图Ⅲ-13）。东壁为侍者备食与温酒的场景；西壁为大曲表演；南壁上刻十一幅孝子图。除了面积较小的多幅孝子故事外，墓内图像以围绕空椅的宴饮、备食与散乐场景为主。墓室北壁虽未描绘出墓主形象，却以正中两对桌椅的形式界定出其位所在，提供了礼仪环境中的供祀主题。左右两侧的温酒献馔与大曲表演围绕二椅所标明的空位而设，呈现出较为完整的宴享场面。

　　宋金元墓葬中具象与非具象的表现墓主的基本模式，都流露出墓葬内部礼仪元素的逐渐增多，对二者之一的选择可能不仅反映出个人的偏好，同时也与墓葬艺术的地域传统与时代风格紧密相关。

三、“香积厨”与“茶酒位”

　　上文主要考察了位于宋金元砖雕壁画墓墓室正壁的墓主画像，该题

---

① 巫鸿《无形之神——中国古代视觉文化中的“位”与对老子的非偶像表现》，收入巫鸿著、郑岩等译《礼仪中的美术——巫鸿中国古代美术史文编》，北京：生活·读书·新知三联书店，2005 年，第 512—513 页。
② 河南省博物馆、焦作市博物馆《河南焦作金墓发掘简报》，《文物》1979 年第 8 期，第 1—11 页。

材不仅描绘了墓主的形容,同时标记出墓葬空间中供祀的对象,具有奉养墓主夫妇如平生的深层次内涵。墓主画像在宋金元墓葬中通常为整个图像系统的中心,壁面上的其他装饰题材围绕其展开。各个墓葬以不同方式在墓内强调这一场景的重要地位:有时出现在墓壁上较为突出的位置;有时以砖砌或浮雕的形式使宴饮画面更具有层次感,强调墓主夫妇的特殊地位;有时以各壁图像场景间的联系凸显墓主画像作为墓内图像系统的中心。

如果我们仔细观察图像题材在这时期墓葬空间中的分布情况,可以了解到墓壁装饰的一些设置规律。许多宋金元墓中都存在墓葬装饰题材间的固定组合:墓主夫妇宴饮图的两侧常绘有各种家居生活的场景。其中,庖厨备馔、乐舞杂剧为宋代仿木构砖雕壁画墓中最为重要的图像题材。据庄程恒的统计,仅目前两京地区发现的 20 余座绘有墓主夫妇画像的宋墓中出现散乐题材有 11 处,庖厨备食题材有 8 处,二者同时出现的也有 5 处,足见这些主要图像题材在当时存在较为稳定的配置。①

安阳小南海壁画墓(约北宋徽宗时期)中出现了墓主夫妇宴饮与庖厨、杂剧场景的组合(彩图Ⅲ-14)。② 该墓在东壁砖砌一桌两椅,椅上绘墓主夫妇对坐宴饮,屏风两侧又绘四名男女侍者以及衣架等物;西壁表现为墓主准备酒食的四名侍者;南壁绘杂剧演员,似乎正在为墓主夫妇表演家庭演堂会。除该墓外,河南登封箭沟宋墓、③登封黑山沟宋墓、④新密下庄河宋墓、⑤洛阳新安李村宋四郎墓⑥等都在墓壁上表现了围绕墓主画像展开的备食与散乐场景,似乎暗示着墓主夫妇宴饮与乐舞、备食间存在某种内在联系。

① 庄程恒《北宋两京地区墓主夫妇画像与唐宋世俗生活风尚之新变动》,第 93 页。
② 李明德、郭艺田《安阳小南海宋代壁画墓》,《中原文物》1993 年第 2 期,第 74—79 页。
③ 郑州市文物考古研究所《郑州宋金壁画墓》,第 136—158 页。
④ 同上书,第 89—91 页。
⑤ 同上书,第 31—41 页。
⑥ 洛阳市文物管理局、洛阳古代艺术博物馆《洛阳古代墓葬壁画》,郑州:中州古籍出版社,2010 年,第 398—409 页。

河南洛宁县北宋乐重进画像石棺也提供了上述题材的组合配置。①
该石棺前挡为墓主人乐重进之像。画面背景为堂屋，正中置一靠背椅，上
端坐一老者，拢手，头戴朝天幞头，着圆领宽袖服。老者面前置一长方形
桌，桌前幔布迭皱，桌上放台盏、两盘果品。其两侧各恭立一名女侍，左侧
女侍双手捧注子。桌两侧各站立一名乐伎，桌前左右亦躬身站立一乐伎，
似正在表演。散乐表演两侧，各有一架屏风。左侧屏风前为一桌，桌上放
二高足杯、一台盏、一盘果品。桌后右侧各立一侍女，左侍女端茶杯，右侧
侍女双手端盘。桌前面左侧立一侍女，双手扶撵轮在槽中碾茶末。右侧
屏风前，桌后面站立一女侍，双手端碗，另一名侍者对面站立，手端酒杯。
桌前一侍女双手端圆盘，盘上放一注子。备茶、备酒与散乐表演一同出现
一幅画面之中，这些题材在乐重进石棺线刻前挡的成组、对称布局，将墓
主置于画面中心，使其成为侍者供奉、散乐表演的对象。

这种对称的布局方式在宋金元砖雕壁画墓中十分常见。如位于山西
大同市内站东小桥街的徐龟墓（1161 年），墓室呈方形，东、北、西三壁上皆
绘彩绘壁画。② 北壁上画卷起的竹帘与帷幔，下部两侧各立一侍者，西侧
为男童，朝右袖手恭立，东侧侍女，面左作恭候状。西壁的散乐侍酒场面
颇大，十分引人瞩目（彩图Ⅲ–15）。画面上方绘竹帘与帷幔，左后侧有敞
开的板门。左侧置一长方形褐色高桌，四周围以带蓝色条带的浅绛桌围。
桌上放高足方盘、莲瓣形盏、荷叶形注、盒、盆等各种精美的器皿，器皿中
还盛放着不同的果品。高台下方有一矮桌，桌上方黑色酒坛，其上分别贴
有带"琼□"和"金□"字样的签条。高桌左侧有一侍女双手捧瓶侧身注
酒，高桌右侧绘一名女子坐琴台前弹拨七弦琴。高桌及抚琴女子后有七
侍女成排站立，左起第一人执笔，第二人双手执团扇，第三人奏乐，第四人
吹笛，第五人击拍板，第六人双手持注壶，第七人双手捧一上承荷叶盏的
方盘。东壁壁画大多毁坏，仅见上部亦有卷帘和垂幔，下部最北侧可见一
侍女双手捧一盛有托子和盏碗的曲沿方盘。其右边另有一侍女，形象不

---

① 李献奇、王丽玲《河南洛宁北宋乐重进画像石棺》，《文物》1993 年第 5 期，第 30—39 页。
② 大同市博物馆《陕西大同市金代徐龟墓》，《考古》2004 年第 9 期，第 51—57 页。

能详辨。据推测整幅壁画表现的很可能为备茶或备馔的内容。该墓中虽未绘墓主夫妇画像,但却现出以北壁为中心,备馔、散乐东西壁对称分布的组合模式。

　　事实上,更加常见的配置方式是奉馔与备饮题材以成组的形式对称出现在宋金元墓葬中,成为壁面装饰的一种固定模式。时间略晚于白沙宋墓的洛阳邙山宋墓为平面呈方形的墓室,东西两侧各有一耳室。[①] 壁面之上皆施有彩绘。北壁壁画大部残毁;东西两壁皆于耳室门南侧绘手持长杆团扇的女侍。东耳室壁画绘于东壁和南北两壁,东壁中央绘一黑色曲腿长方桌,桌上摆放注壶、盖罐、盏托、方壶、鼎和长柄香炉等,方桌周围共绘三名女侍,一个手捧圆盒,一个手扶盏托,另一个在向盏中注水点茶(彩图Ⅲ-16);南壁正中绘炉灶,其上置一细颈长流注子,灶的两旁绘二女子,年幼者居右,正手持扇躬身扇火,年长者居左,笼手侧身视向炉灶(彩图Ⅲ-17);北壁绘二女子款步向室外,分别手端托盘于酒壶,其前方墨书"云会"二字。西耳室西壁中央部分亦绘一长方形桌,上置果盘、方盒、高足杯等物,桌前绘一矮几,几上并列两个酒坛,桌子周围绘三名侍女;其他部分残损。在该墓中,东耳室的所有壁画内容都围绕备茶展开,而西耳室的壁画内容则与备酒、备馔相关,为对固定配置的调整,使成组题材不仅仅限于墓室壁面,更是转化进了对称的耳室空间之中。

　　河北内丘县胡里村金正隆二年(1157)壁画墓为八角形的墓室。[②] 北壁绘墓主夫妇袖手安坐于罩有帷帐的隔扇前方,两人之间安放有一四腿小桌,上置食物和杯盏;东北壁为备食图,于树下绘建筑,建筑的下方为一桌案,上面摆放着各种食品,桌案左侧,两个侍者手捧着盛有食物和杯盏的器皿,朝向墓主夫妇;西北壁的构图与东北壁恰好对称,屋宇下的桌案摆放酒坛、酒壶和杯盏(彩图Ⅲ-18)。三幅壁面形成了围绕墓主夫妇展开的备食与备酒的对称图景。

　　备食或备酒题材环绕墓主夫妇像在该时期的墓葬内频频成对出现,

---

① 洛阳市第二文物工作队《洛阳邙山宋代壁画墓》,《文物》1992年第12期,第37—51页。
② 贾成惠《河北内丘胡里村金代壁画墓》,《文物春秋》2002年第4期,第38—42页。

虽其确有侍奉墓主宴享之意，但这种模式化的背后似乎还具有更为深刻的内涵。上文中提到的山西汾阳东龙观王立墓为理解围绕墓主展开的备食、奉酒场景提供了一个很好的思考角度。[①] 该墓北壁为墓主夫妇三人的正面并坐像。其右侧的西北壁上绘两位侍女，画面上方自题名为“香积厨”（彩图Ⅲ-19）。左侧侍女梳高髻，外穿青绿色长褙子，内衬金色短襦，双手端大盘，盘中似为包子；右侧侍女上身着双手持盘，盘内有三个小碗。整幅画面为庖厨备食的场景，与其上方题记相吻合。在墓主夫妇左侧的东北壁上画两名男侍，自名为“茶酒位”（彩图Ⅲ-20）。左侧男侍头戴黑色巾子，身穿青绿色袍服，右侧男侍身穿白色袍服，两人之间设一方桌，上有执壶、茶盏等茶具。左侧男侍似乎正在刷洗茶具，右侧男子捧盏回望。表现画面确为侍奉墓主夫妇的点茶场景。此墓的两处榜题十分关键。“香积厨”原为佛寺斋堂之称，常位于大雄宝殿右侧。建墓者在墓内设“香积厨”，同时将该备食场景也置于墓主夫妇画像右侧，这种有意的设置流露出庖厨题材的供养、祭祀之意。[②] 位于墓主夫妇左侧的“茶酒位”场景，进一步体现出茶酒礼在墓葬中的重要功用。

关于茶酒时馔与丧礼、祭祀的联系，上文已有所论述。茶酒为宋代以来丧礼和祭礼中的重要荐奉品，许多仪节规定可见于两宋仪制文献。例如，司马氏《书仪》卷一〇载：

> 执事者设玄酒一瓶、酒一瓶于东阶上，西上别以卓子设酒注、酒盏、刀子、拭布于其东……设火炉、汤瓶、香匙、火筋于西方。[③]

朱子《家礼》也提到丧礼虞祭中执事备茶酒之具：

---

① 山西省考古研究所等《汾阳东龙观宋金壁画墓》，第 83 页。
② 题有“香积厨”榜题的图像还出现在该地区的其他金墓之中，例如根据 2009 年“三普”调查，汾阳市三泉镇赵家堡村金代墓葬中有“香积厨”、“钱宝库”这样的榜题，可与王立墓中的备茶酒与换钞场景相呼应。同上注，第 219 页。
③ 司马光《书仪》卷一〇《丧仪六》，《文渊阁四库全书》本，第 142 册，第 522 页。

　　　　凡丧礼,皆放此酒瓶并架一于灵座东南;置卓子于其东,设注子
　　　　及盘盏于其上;火炉、汤瓶于灵座西南。[1]

　　《晦庵集》中的许多祭文也提到了以"香茶果酒"等作为奉奠之用。[2]
时馈茶酒在当时确为献祭死者之用,奉馈、进茶酒在祭祀礼仪中也扮演着
重要的角色。汾阳王立墓中的西北、东北壁上的"香积厨"、"茶酒位"对称
出现在北壁上的墓主夫妇画像两侧(彩图Ⅲ-21),或许说明了备食、茶酒
题材皆具有礼仪内涵。墓葬中的庖厨、备茶酒场景很可能受到宋金时期
丧仪、祭祀的影响,逐渐形成了成对布局的奉食与供茶酒模式。
　　至元代,奉茶、备酒图像题材在北方地区的墓葬中似乎发展为更加稳
定的组合配置,其表现方式或由两组人物分别备献茶酒,或以成组的茶酒
用具为象征符号表现奉茶进酒的行为。前一种形式可见于上文提到的内
蒙古元宝山元墓[3]以及赤峰沙子山元墓、[4]西安韩森寨元墓[5]等。位于陕
西蒲城洞耳村的元至元六年(1269)壁画墓为后一种形式提供了很好的例
证。[6] 该墓为八边形穹窿顶砖雕壁画墓,墓室北壁上绘墓主人堂中对坐图
(彩图Ⅲ-22)。墓主夫妇落座于一架黄色单扇屏风之前;东北壁和西北壁
上各绘一桌案,案上摆放花瓶、玉壶春瓶、托盘、酒盏、盖罐、高足碗、圆盒
等物。两案前各立一侍者。根据画面中的器具组合,可推测墓主两侧桌
案上为进酒奉茶之具,包含了向墓主夫妇荐献的意味。关于元墓中的茶
酒题材组合,袁泉进行了专门的研究,提出陕西蒲城洞耳村墓等壁画墓中
的奉茶、进酒场景具有空间构图上的平衡性,在具体的设位陈器和行为组
合上可在宋元时期的丧祭仪制中找到相符合的规定,是对墓葬空间对祭

①　朱熹《家礼》卷四《丧礼虞祭》,《文渊阁四库全书》本,第 142 册,第 563 页。
②　朱熹《晦庵集》卷八七《祭柯国材文》,《文渊阁四库全书》本,第 1146 册,第 43 页。
③　项春松《内蒙古赤峰市元宝山元代壁画墓》,第 40—46 页。
④　刘冰《内蒙古赤峰沙子山元代壁画墓》,《文物》1992 年第 2 期,第 24—27 页。
⑤　西安市文物保护考古所《西安韩森寨元代壁画墓》,北京:文物出版社,2004 年。
⑥　陕西省考古研究所《陕西蒲城洞耳村元代壁画墓》,《考古与文物》2000 年第 1 期,第
　　16—21 页转 48 页。

祀仪式的模拟。①

　　另外,山西兴县红裕村的元至大二年(1309)武氏夫妇墓也将茶酒图对称置于墓主夫妇像两侧,但其布局略有区别。② 该墓为坐西向东方向的八角形单室壁画墓,墓主夫妇画像位于墓室后壁的西壁之上,男女墓主表现为略侧身端坐。备酒图位于墓室北壁上,画面中间绘长方形桌,桌上置玉壶春瓶、罐、食盒等,桌边三人正在筹备酒食(彩图Ⅲ-23)。另一幅备茶图对称出现于墓室南壁,画面中央同样为长方形桌,桌前站立两名女侍,桌上摆设盖罐、执壶、小碗、盏托等(彩图Ⅲ-24)。这两幅备茶酒场景与墓主夫妇像都出现在墓室主壁之上,两两间穿插着湖石牡丹屏风画与孝子故事等图像,也是以上述的固定配置方式呈现。

　　除庖厨、茶酒题材外,前文中提到的晋南、豫北地区宋金墓葬中常见的乐舞及杂剧表演也与丧礼、祭祀密切相关。许多学者已就相关内容进行了深入的研究。③ 伊维德(Wilt Idema)在讨论晋南宋金墓葬中的杂剧场景时提出,建墓者在墓中设置戏台和杂剧表演,意在以戏曲表演奉祀死者。④ 伊氏的看法对理解墓葬中的杂剧及散乐等题材很具启发性。笔者也曾撰专文探讨杂剧演出与杂剧人物在该时期墓葬空间中的重要意义,这类题材的流行与丧祭文化有着紧密联系。⑤

　　查看文献材料中有关丧仪葬俗的记载可知,散乐、杂剧等表演形式也出现在中原北方地区的民间丧葬传统中。⑥ 丧葬用乐的习俗自古流传。

----

① 袁泉《从墓葬中"茶酒题材"看元代丧祭文化》,第 329—349 页。

② 山西大学科学技术哲学研究中心等《山西兴县红裕村元至大二年壁画墓》,《文物》2011 年第 2 期,第 40—46 页。

③ 有关戏曲文物与丧葬、祭祀联系,参看廖奔《宋元戏曲文物与民俗》,北京:文化艺术出版社,1989 年,第 9—21 页。李清泉在谈到宣化辽墓中的备茶图时,也指出了备茶与散乐题材在辽墓装饰布局中的稳定性。参见李清泉《宣化辽墓:墓葬艺术与辽代社会》,北京:文物出版社,2008 年,第 147—169 页。

④ Wilt Idema and Stephen H. West, *Chinese Theater 1100 - 1450*: *A Source Book*, Wiesbaden: Steiner, 1982, pp. 305 - 308.

⑤ 见拙作《宋金时期砖雕壁画墓的图像题材探析》,《美术研究》2011 年第 3 期,第 70—82 页。

⑥ 相关讨论,参见孔美艳《民间丧葬演戏略考》,《民俗研究》2009 年第 1 期,第 145—158 页。

唐代段成式的《酉阳杂俎》卷一三中载：

> 世人死者有作伎乐，名为乐丧。①

后晋高鸿渐云：

> 当殡葬之日，被诸色音乐伎艺人等作乐，求觅钱物。②

这都表明民间丧葬铺设音乐在宋金之前就已成风习。宋代开国便注意到民间丧葬用乐，并在太平兴国七年（982）、九年（984）两次颁布禁令，禁止丧葬之家"举奠之际歌吹为娱，灵柩之前令章为戏"。③宋朝政府对民间丧礼用乐的明令禁止，反过来可以看出当时风俗的盛行。事实上，官府对民间的禁令不久便已废弛。由于宋代市民经济兴起，民间竞相用俳优、乐舞设祭。宋庄绰《鸡肋编》中写到：

> 丧家率用乐，衢州开化县为昭慈太后举哀亦然。今适邻郡，人皆以为当然，不复禁之。④

这种习俗很可能在宋金时期屡禁不止，愈演愈烈，使得晋南、豫北等地的散乐、杂剧具有丧乐的特征，常常出现在丧祭习俗中，也被用于祭奠之仪。

宋金元时期相关的丧祭仪式与习俗，影响了墓葬内建筑与图像的设置，使得墓葬中出现以不同形式表现、布局的侍奉与演出场面。墓葬内的奉馔、备茶酒、散乐、杂剧等装饰题材可能并非仅仅展现一般的家宴娱乐场景，还同时与丧葬礼仪存在特定的联系，具有供祀死者的功用。

---

① 段成式《酉阳杂俎》卷一三《尸窆》，北京：中华书局，1981年，第123页。
② 《全唐文》卷八五二《请禁丧葬不哀奏》，北京：中华书局，2009年，第8949页。
③ 《宋史》卷一二五《礼二十八》，第2918页。
④ 庄绰《鸡肋编》卷上《近时婚丧礼文亡阙》，北京：中华书局，2004年，第8页。

四、礼仪空间

　　宋金元砖雕壁画墓中的墓主夫妇像与成组的供奉、散乐场景一同出现,构成了墓内完整的宴享空间。备馔、奉茶酒、乐舞、杂剧等场景与当时民间丧葬礼俗中的元素相关联,既呈现出墓主夫妇阴世生活的享乐,同时也可能暗含献祭死者亡灵的重要意义。从这个角度理解,丧祭仪式中的许多活动与场面被转化为图像题材,通过具象的形式出现在墓葬空间之中,成为承载多种内涵且更易于表现与保存的视觉信息。墓主在该空间内享受宴饮与娱乐,其后人又通过设置、呈现这些视觉信息来对墓主夫妇进行供奉和祭奠。具有供奉意味的场景与整个墓室的内部环境构成了一个包含礼仪元素的空间,融合了建筑与仪式,连接了生者与死者。

　　蕴含礼仪元素的题材在宋金元墓葬中不仅仅限于墓主画像与成组供奉的图像配置,还拥有其他表现形式。例如,河南荥阳东槐西村宋墓(1096 年)中发现的画像石棺提供送葬活动的具体场景。[①] 该石棺以青石雕凿而成,棺盖上方正中竖镌"大宋绍圣三年十一月初八日朱三翁之灵男朱允建"的行书字样。棺盖前端正面浮雕与棺头正面扣合为建筑屋顶。右侧棺挡的线画由前至后分为三组:第一组为墓主人夫妇饮宴观图,墓主人夫妇二人皆着斜襟宽袖长袍,恭手端坐在椅子上,前方为一高足长方桌,桌上置有碗、盏、杯、酒注、菜肴和糕点,桌旁有两件小口瓷酒瓶;桌前四人为杂剧演员,正在为墓主夫妇表演杂剧;中部一组三人,皆着圆领长袍,似为备食、侍奉场景;后边一组三人,为庖厨中忙碌的场面。石棺左侧线刻画由前至后分为四组(彩图Ⅲ-25):第一组三人皆为女性,身着宽袖长衫,一人手执有柄香炉,二人打幡;第二组为四名僧人,身着袈裟,三僧双手击钹,一僧口吹法螺;第三组五人,一人裹巾子,穿圆领长袍,束腰拱手,第二人与第四人为女性,头戴孝巾,身着斜襟长衫,双手合十,第三人双手捧物,末一人回首牵一鞍马;其后为一所四合院落,院内有厅堂、厢房,屋门洞开。

---

① 　吕品《河南荥阳北宋石棺线画考》,《中原文物》1983 年第 4 期,第 91—96 页。

　　荥阳石棺右侧的线刻画面正是宋金元墓葬中图像装饰的重要题材,即墓主夫妇宴饮和观剧的场景。虽然该画面并未展示出墓壁装饰中以墓主画像为中心的对称形式,但也说明了这类题材不论在墓壁装饰还是石棺线刻中都已存在较为固定的组合,并随着媒介的差异而展现出不同的布局模式。石棺左侧线刻似乎表现了一幅由宅院向墓地出行的送葬场面。虽然画面中前列举幡的女性衣带飘拂,或许还隐含着引领墓主升仙的特殊意味,但后列的僧人道场与哭丧队伍确与葬礼中的仪仗相关,很可能是对葬仪过程的图像化表现,展示了葬前祭奠的仪式。从这一角度理解,荥阳石棺左、右两侧刻画的场景皆具有礼仪性内涵,有可能是对葬前与祭祀供奉的视觉再现。对葬礼的直接刻画在宋金元时期的墓葬中并不多见,除荥阳石棺,山西长治安昌村金墓中的一组砖雕也直接表现了守灵、送葬、乐祭等一系列丧祭场景。[1]

　　晋南地区发现的两座金墓也为墓葬中礼仪空间的呈现提供了力证。山西侯马牛村的金天德三年(1151)墓的北壁上刻有男性墓主的正面坐像,其前方置酒食器具,像龛的左上方刻有"香花供养"四字(彩图Ⅲ-26),表明了该墓主可能为香花供奉的对象,扮演着供奉中祭祀对象的角色。[2] 侯马乔村的一座金泰和二年(1202)墓在北壁上雕有墓主夫妇对坐的画像,中设供案,案上置酒食器具。[3] 墓主夫妇上方垂有挂幔,上阴刻有"永为供养"四字,似乎直接说明了造墓者在墓中构建礼仪空间的目的是为了供养墓主,墓葬在一定程度上可能具有祠堂的意味。从"供养"的角度来理解宋金元墓葬中的墓主画像,十分具有启发性。[4] 墓葬中其他的图像题材围绕"供养"主题展开,被赋予了与丧仪相关的内涵,

① 商彤流、杨林中、李永杰《长治市北郊安昌村出土金代墓葬》,《文物世界》2003 年第 1 期,第 3—7 页。
② 山西省考古研究所侯马工作站《侯马两座金代纪年墓发掘报告》,《文物季刊》1996 年第 3 期,第 65—78 页。
③ 山西省考古研究所《侯马乔村墓地》,北京:科学出版社,2004 年,第 977—981 页。
④ 刘耀辉最先提出有关论点,参见《晋南地区宋金墓葬研究》,第 29—32 页。相关讨论,另见袁泉《宋金墓葬"猫雀"题材考》,《考古与文物》2008 年第 4 期,第 108—111 页。

进一步丰富了地下空间，使其成为了永宅奉常的场所。

仪式元素的呈现在元墓中表现得更为突出，一些稍晚时期的元墓中明确地体现出墓葬空间还兼具祭祀功能。例如，上文中提到的陕西蒲城洞耳村至元六年（1269）墓室北壁的墓主夫妇对坐图像的正上方，有一块墨书的墓主身份题记，其中注明了该墓为供奉墓主张按答不花与其妻李氏而建，摄祭主礼事之人为夫妇二人的长男（彩图Ⅲ- 27）。① 山西北峪口元墓中在北壁上表现了墓主与其妻妾并坐的画像（彩图Ⅲ- 28）。② 他们中间的方桌上并未摆放酒食器皿等物，而是出现了莲花跌座的祖考神主，写有"祖父之位"的字样。整个画面似为奠奉祖、考、妣场景的描绘，表明了墓葬作为礼仪祭奠空间的意义。另外，山西兴县红裕村元至大二年墓中的墓主夫妇端坐图也表现出相似的场景设置（彩图Ⅲ- 29）。③ 墓室西壁画面正中为男女墓主略侧身端坐，二人之间置红色矮足小供桌，桌上房右立耳三足香炉、小盒等物。夫妇身后有一方形座屏，屏前为长条形供桌。桌上立有牌位，上饰莲叶，下作仰莲，中间题记为："祖父武玄圭」父武庆」母景氏。"供桌后座屏上方为白色屏面，下方为两块花色栏板，屏面上题有元代马致远所作《天净沙·秋思》。整个座屏展示了当时的家居陈设，供桌上牌位的题记可能又是对祖、考、妣祭奠场景的表现，再次印证了墓葬内礼仪空间的设置。

河南尉氏县张氏镇元墓的墓门上方有模印"时思堂"三字，为该墓的堂号题记（彩图Ⅲ- 30）。④ 这类堂号题记在中原北方地区元墓中多有发现。⑤ 建墓者将其命名为"时思堂"似乎正是为了体现"春秋祭祀，以时思之"的

---

① 陕西省考古研究所《陕西蒲城洞耳村元代壁画墓》，第 17—18 页。

② 山西省文物管理委员会等《山西文水北峪口的一座古墓》，《考古》1961 年第 3 期，第 136—138 页。

③ 山西大学科学技术哲学研究中心等《山西兴县红裕村元至大二年壁画墓》，第 40—46 页。

④ 开封市文物工作队、尉氏县文物保护管理所《河南尉氏县张氏镇宋墓发掘简报》，《华夏考古》1996 年第 3 期，第 13—18 页。

⑤ 关于元墓堂号题记的整理，参见刘未《尉氏元代壁画墓札记》，《故宫博物院院刊》2007 年第 3 期，第 44—45 页。

孝道观念,将该墓设置为后人四时祭祀墓主的礼仪空间。除了堂号的题记,张氏镇元墓的墓室北壁龛内立砖刻有"后土之神"四字,壁龛两侧分别绘男女墓主的正面坐像,其背后各立一名侍者,墓主夫妇的画像位置与其棺木在墓中的停放位置相对应,整个墓葬环境表现出时思之所的布局特征。

五、余　论

中原北方地区仿木构砖室墓存在丰富多样的题材构成,以上述方式配置图像场景的墓例仅属于宋金元墓葬中的一类。墓葬内容与装饰随着时段、地区、建墓者的不同而呈现出差异,所以文中的论断既无法适用于所有的墓例,也绝不是对宋金元时期中原北方地区砖雕壁画墓的全面阐释。然而,虽然墓葬形式与装饰存在地区或个体的差异,但墓葬内的礼仪意味无疑在这一时段内渐趋加强。墓主画像与围绕其展开的各种侍奉场面作为具有祭祀内涵的题材,演化成一套为时人所广泛采纳的视觉礼仪程序。[1] 这套具象的礼仪程序既涵盖了墓葬中的娱悦,又隐含了供养、奉常的深层象征意义,在呈现礼仪空间的形式中承载了后人供祭墓主并求取先人荫庇的理念。

宋金元墓葬中围绕墓主夫妇展开的侍奉场景,虽具有礼仪意味,但绝非仅仅为了再造一个地下享堂,似乎更加强调家宅之中的欢快氛围。墓葬内图像系统所营造而成的这种气氛,一方面可能源于当时丧祭活动本身具有的娱乐气息;[2]另一方面则由于墓葬建筑与艺术历来存在模仿家宅的传统,旨在为墓主夫妇构建一个可以安居的幸福家园。实际上,"礼仪空间"与"幸福家园"的主题模式都是墓葬建筑设计所具有的独特传统。

---

[1]　李清泉在讨论辽代墓葬壁画时也提出了相似的观点,参见《宣化辽墓:墓葬艺术与辽代社会》,第335页。

[2]　宋元时期的民间祭祀活动,更加大众化、生活化、社会化,充斥着浓厚的娱乐气息,具有娱神与娱人的双重功能。在这种风习的影响之下,许多的民间丧葬仪式大有演变为娱乐活动的趋势。

墓内的各类装饰题材看似被组织进了一个和谐统一的图像程序，但其题材的设计与配置很可能源于不同的观念与意愿。礼仪空间自汉代就已经开始呈现在墓葬中，该时期传统宗庙中的许多建筑和仪式元素被转入墓地，类似"灵座"的形式可见于若干汉墓之中。描绘死后幸福家园的意识也早在先秦墓葬的随葬器物中就有所体现，汉代以来的室墓更是表现了家居宴饮、庖厨备食、乐舞百戏等类的图像题材，强调对家庭享乐的追求。这两条线索似乎自汉代以来并行不悖地存在于墓室之中，极大地丰富了墓葬装饰的内容，体现出图像与场景的多重内涵与意义；而墓葬又随着时段、地区等差异，通过采用当时当地的图像和信息更新传统的图像系统，反映出对死后理想生活的不断变化的观念和表现。

　　针对墓葬内容的多重内涵，巫鸿提出，墓葬系统具有将不同观念、信仰融汇到一个语境中的深刻愿望，融汇这些观念的目的不是为了在墓葬中建立理性的逻辑关系，而是通过多重化墓葬内容而形成一个表达多重愿望的"多中心结构"。这种"多中心"的墓葬可以为死者提供若干可供选择的想象界域，包括地下的家园、礼仪祭祀空间，甚至于整个宇宙。[①] 对不同观念的选择与组合以展现理想化的死后生活为基础，强调最为重要、基本的要素。在这个意义上，宋金元墓葬中的图像系统并不是对现实生活的完整刻画，而是选择展现与理想化的死后生活相关的某些方面，比如奉养祭祀、比如家宅宴饮，从而表达人们对死后安宁和永恒幸福的渴求。

[①]　巫鸿提出了墓葬的"多中心结构"，指出这种结构可以为死者提供包括地下的幸福家园、宇宙与仙界等若干空间。参见巫鸿著、施杰译《黄泉下的美术：宏观中国古代墓葬》，第228页。

试析明初岳镇海渎封号的革除

朱　溢(复旦大学文史研究院)

一、问题的提出

在中国传统社会中,礼仪制度一直是朝廷最为重要的典章制度之一,通过各种具有象征意义的仪式,来体现官方的意识形态和统治者的合法性。明太祖称帝前后,在礼仪制度的制定和革新上进行了诸多努力,学者们对此已经作了深入的研究。[①] 洪武三年(1370)六月,明太祖下诏革除前代政权授予岳镇海渎和各地城隍的封号,同时还规定了历代忠臣烈士的名爵和淫祠的标准,这在明朝初年的一系列礼制改革中是颇为引人瞩目的。首先,我们来看一下这份诏书:

> 自有元失驭,群雄鼎沸,土宇分裂,声教不同。朕奋起布衣,以安民为念,训将练兵,平定华夷,大统以正。永惟为治之道,必本于礼。考诸祀典,如五岳、五镇、四海、四渎之封,起自唐世,崇名美号,历代有加。在朕思之,则有不然。夫岳镇海渎,皆高山广水。自天地开辟,以至于今,英灵之气,萃而为神,皆受命于上帝,幽微莫测,岂国家

① 在关于明太祖时期礼仪制度的综合性研究中,较有代表性的有罗仲辉《论明初议礼》,收入王春瑜编《明史论丛》,北京:中国社会科学出版社,1997年,第74—92页;胡凡《论儒教对明初宫廷祭祀礼节的影响》,《明史研究专刊》第12期,1998年,第139—159页。

封号之所可加？渎礼不经，莫此为甚。至如忠臣烈士，虽可加以封号，亦惟当时为宜。夫礼所以明神人，正名分，不可以僭差。今宜依古定制，凡岳镇海渎，并去前代所封名号，止以山水本名称其神。郡县城隍神号，一体改正。历代忠臣烈士，亦依当时初封，以为实号，后世溢美之称，皆宜革去。惟孔子善明先王之要道，为天下师，以济后世，非有功于一方一时者可比，所有封爵，宜仍其旧。庶几神人之际，名正言顺，于礼为当，用称朕以礼事神之意。五岳称东岳泰山之神，南岳衡山之神，中岳嵩山之神，西岳华山之神，北岳恒山之神。五镇称东镇沂山之神，南镇会稽山之神，中镇霍山之神，西镇吴山之神，北镇医无闾山之神。四海称东海之神，南海之神，西海之神，北海之神。四渎称东渎大淮之神，南渎大江之神，西渎大河之神，北渎大济之神。各处府州县城隍，称某府某州某县城隍之神。历代忠臣、烈士，并依当时初封名爵称之。天下神祠无功于民、不应祀典者，即淫祠也，有司无得致祭。于戏！明则有礼乐，幽则有鬼神。其礼既同，其分当正。故兹诏示，咸使闻之。①

可以看到，岳镇海渎封号问题是这份诏书的重点。

城隍神历来是学界关注的热点，学者们已经深入地探讨了明太祖时期官方对城隍信仰的态度，取得了相当不错的研究成果。② 关于这一时期官方对历代忠臣烈士的态度的研究，主要集中在最为特殊的人物——孔子上。③ 虽然没有专门探讨明初淫祠观念的论著，但在一些相关的论文中也多有涉及。而作为洪武三年（1370）六月癸亥诏的核心内容，明初朝廷

---

① 《明太祖实录》卷五三洪武三年六月癸亥条，台北：中研院历史语言研究所，1968 年，第 1033—1035 页。

② Romeyn Taylor, "Ming T'ai-tsu the Gods of the Walls and Moats," *Ming Studies*，3 (1977)，pp. 31 - 49；滨岛敦俊《朱元璋政权城隍改制考》，《史学集刊》1995 年第 4 期，第 7—15 页。

③ 黄进兴《优入圣域：权力、信仰与正当性》，台北：允晨文化实业公司，1994 年，第 142—157 页；朱鸿林《明太祖的孔子崇拜》，《史语所集刊》第 70 本第 2 分，1999 年，第 483—530 页。

革除岳镇海渎封号的举措却少有人研究,仅就管见所及,只有胡凡的《论儒教对明初宫廷祭祀礼节的影响》一文对此作了一定程度的研究,提出了一些有价值的看法。我们希望在此基础上作进一步的探讨,以期对此有一个更清晰的认识。

二、明以前的山川册封传统

洪武三年(1370)九月,明朝颁布了《明集礼》,将上面提到的洪武三年六月癸亥诏的内容吸收进来,在记载废除岳镇海渎封号的内容时,还简略叙述了唐代以来的册封传统。[①] 显然,这一传统是明太祖所反对的,因此我们有必要探讨一下明代以前的山川册封传统,这样有助于我们较为深刻地认识明太祖废除岳镇海渎封号的动机和意义。

朝廷授予岳镇海渎封号的现象始于唐代武则天统治时期。在唐高宗和武则天统治时期,朝廷长驻东都洛阳。在武则天称帝前夕,为了制造受命于天的舆论,策划了洛水宝图事件。垂拱四年(688)四月,武后之侄武承嗣伪造瑞石,在石上刻有“圣母临人,永昌帝业”八字,令雍州人唐同泰上献朝廷,声称获于洛水,武后将此石称为“宝图”,授予唐同泰游击将军。[②] 五月,“则天加尊号为圣母神皇。大赦天下。改‘宝图’为‘天授圣图’,洛水为永昌。封其神为显圣侯,加特进,禁渔钓,祭享齐于四渎。所出处号曰圣图泉,于泉侧置永昌县。又以嵩山与洛水接近,因改嵩山为神岳,授太师、使持节、神岳大都督、天中王,禁断刍牧。其天中王及显圣侯,并为置庙”。[③] 这一事件是中国历史上朝廷将人爵授予山川神灵的开始。尽管宝图并非出自嵩山,但因为嵩山临近洛水和当时的政治中心洛阳,同时具有崇高的历史地位和拱卫东都的象征意义,其爵位比洛水更高。在

---

① 《明集礼》卷一四,景印文渊阁四库全书,第 649 册,台北:台湾商务印书馆,1983 年,第 294—297 页。

② 《旧唐书》卷六《则天皇后纪》,北京:中华书局,1975 年,第 119 页;卷二四《礼仪志四》,第 925 页。

③ 《旧唐书》卷二四《礼仪志四》,第 925 页。

此后的近二十年里,嵩山的封号又有变更。万岁通天元年(796),嵩山被封为神岳天中皇帝。武周政权倒台后,嵩山的封号即被降级。神龙元年(705),嵩山又恢复了天中王的爵号。唐玄宗虽然没有明确宣布,但实际已经取消了嵩山的这一爵位,下文所引《唐会要》史料可以表明这一点。从山川神灵被授予封号伊始,就可以看到现实政治在其中的作用,山川神灵封号的反复易变也与政治力量的干预有着很直接的关系,这是与长期以来稳定运行的官方山川祭祀的不同之处。

岳镇海渎拥有各自的爵号,是在唐玄宗统治时期实现的。其中最早被授予爵位的是华山,玄宗登基后不久,就授予华山金天王的爵位。在玄宗时期政治中心又回归长安的情况下,华山毗邻长安的地缘政治特点是其被率先封爵的关键因素。在苏颋《封华岳神为金天王制》中即提到:"惟岳有五,太华其一,表峻皇居,合灵兴运。朕惟恭膺大宝,肇业神京,至诚所祈,神契潜感。顷者乱常悖道,有甲兵而窃发;仗顺诛逆,犹风雨之从助。永言幽赞,宁忘仰止;厥功茂美,报德斯存。"[1]玄宗的个人情感也在其中起了作用。《旧唐书·礼仪志》:"玄宗乙酉岁生,以华岳当本命。先天二年七月正位,八月癸丑,封华岳神为金天王。"[2]本命与华山相合,造就了玄宗与华山之间的特殊关系,这也是华山首先被赐予爵位的重要原因。

开元十三年(725),玄宗在完成泰山封禅后,将天齐王的爵位授予泰山神。天宝年间,其他三岳以及四渎、四海、四镇先后被授予爵位,岳镇海渎都有了自己的爵号,形成了一个完整的序列。在岳镇海渎爵位序列化的过程中,追求形式的美观确实是统治者考虑的重点之一。在授予中岳、南岳和北岳爵位的敕书中,就提到:"五方定位,岳镇总其灵。万物阜成,云雨施其润。上帝攸宅,寰区是仰。且岱宗西岳,先已封崇。其中岳等三方,典礼所尊,未齐名秩,永言光被,用叶灵心。"[3]在赐爵给四渎的敕文中,也有类似的词句:"四渎五岳,虽差秩序,兴云播润,盖同利物,崇号所及,

---

[1] 《唐大诏令集》卷七四《封华岳神为金天王制》,北京:商务印书馆,1959 年,第 418 页。

[2] 《旧唐书》卷二三《礼仪志三》,第 904 页。

[3] 《唐会要》卷四七《封诸岳渎》,上海古籍出版社,1991 年,第 977 页。

锡命宜均。"①从东岳和西岳开始，朝廷逐渐将爵位普及至岳镇海渎，这样使东岳和西岳不至于显得过分特殊。

需要注意的是，岳镇海渎封号序列化的背后同样有着深刻的政治文化背景。唐朝前期，皇权处于不断膨胀状态，皇帝与山川神灵的关系也成为一个需要重新定义的问题，这集中体现在册祝制度的变化上：

> 旧仪，岳渎以上，祝版御署讫，北面再拜。证圣元年，有司上言曰："伏以天子父天而母地，兄日而姊月，于祀应有再拜之仪。谨按五岳视三公，四渎视诸侯，天子无拜诸侯之礼，臣愚以为失尊卑之序。其日月以上，请依旧仪。五岳以下，署而不拜。"②

按照唐代制度规定，"凡大祀、中祀，署版必拜"，③而岳镇海渎常祀的等级是中祀，在御署岳镇海渎常祀所用的祝版后，皇帝需行再拜礼。到了武周政权时期，情况有了变化。"五岳视三公，四渎视诸侯"出自《礼记·王制》，根据郑玄的解释，"视，视其牲器之数"，也就是五岳祭祀时所用的牲牢和祭器数量等同于三公，而四渎的牲器与诸侯相同。而到了此时，这句话被重新解释，在这一语境下，"视"这个词具有了判别身份等级的意义，从中得出了皇帝在身份等级上高于岳渎神的结论。因此，从证圣元年（695）开始，皇帝在御署祝版后不行再拜礼。册祝制度的变化与山川册封之间是有共性的，都含有统治者在观念上强化皇权的意图。皇帝向山川神灵册封爵位，无疑也宣示了皇帝高于诸山川神灵的观点。

上面，我们主要分析了唐代岳镇海渎册封现象，可以看到，现实的政治因素起着至为关键的作用。朝廷册封岳镇海渎，或出于很直接的政治目的，或是借此表达较为隐晦的政治理念，或者两者兼而有之。至于册封其他山川神灵的行为，其政治目的更为直接和明显。从唐朝前期至明朝

---

① 《唐会要》卷四七《封诸岳渎》，第 977 页。
② 《唐会要》卷二二《岳渎》，第 497 页。
③ 《新唐书》卷一二《礼乐志二》，北京：中华书局，1975 年，第 332 页。

初年,册封山川的现象与规范化的官方山川祭祀,共同构成了官方山川崇拜的主要内容,不过两者之间有着很大的不同。后者是经过千百年的历史积累而形成的,有自己的发展逻辑,虽然并非固定不变,但毕竟受政治形势波动的影响较小。

到了宋代,册封山川的现象愈演愈烈。岳镇海渎的封号有了新的调整。宋真宗即位后,在祭祀礼仪上投入了很多精力。《宋史·礼志》:"真宗承重熙之后,契丹既通好,天下无事,于是封泰山,祀汾阴,天书、圣祖崇奉迭兴,专置详定所,命执政、翰林、礼官参领之。寻改为礼仪院,仍岁增修,纤微委曲,缘情称宜,盖一时弥文之制也。"[①]真宗更改部分岳渎神灵的封号,正是与封禅和祭祀后土这些重大礼仪活动联系在一起的。大中祥符元年(1008),真宗完成封禅后,在泰山原来的爵号天齐王之前又加了"仁圣"二字。路过澶州河渎庙时,又亲自致祭,并进号显圣灵源公。四年,在汾阴祭祀完后土之后,真宗亲祭西岳庙,在西岳神金天王的爵号之前加上了"顺圣"。此时,更改这些神灵封号的举动尚是个别的。同年五月,"加上东岳曰天齐仁圣帝,南岳曰司天昭圣帝,西岳曰金天顺圣帝,北岳曰安天元圣帝,中岳曰中天崇圣帝。命翰林、礼官详定仪注及冕服制度、崇饰神像之礼","又加上五岳帝后号:东曰淑明,南曰景明,西曰肃明,北曰靖明,中曰正明"。[②]国家祭祀中山川神之人格化早已有之,魏晋南北朝时期出现了偶像崇拜的方式,并且不断发展,至唐代,朝廷册封山川神灵,还一度先后赐予嵩山神夫人"灵妃"、"天中皇后"的封号,这些都具有很鲜明的神祠色彩。[③]真宗大中祥符四年五月的这一系列举动,无疑是更

---

① 《宋史》卷九八《礼志一》,北京:中华书局,1977 年,第 2421—2422 页。宋真宗大兴礼仪的举措,在历史上颇有争议。对此,史臣就持有批评意见:"及澶渊既盟,封禅事作,祥瑞沓臻,天书屡降,导迎奠安,一国君臣如病狂然,吁,可怪也。"(《宋史》卷八《真宗纪》赞,第 172 页)后来的研究者也多有谴责,参见张其凡《宋初政治探研》,广州:暨南大学出版社,1995 年,第 198—255 页。这些意见恐怕还是稍显片面,究竟如何来理解真宗时期这些礼仪活动,有待进一步探讨。

② 《宋史》卷一〇二《礼志五》,第 2486—2487 页。

③ 雷闻《论隋唐国家祭祀的神祠色彩》,《汉学研究》第二一卷第 2 期,2003 年,第 116—123 页。

进了一步,不但将帝号授予五岳神,而且制定了五岳神所用的冕服和神像修饰规格,连五岳神夫人都统一得到了皇后号。到了宋哲宗元符二年(1099)八月,"诏封东岳天齐仁圣帝长子为祐灵侯,第二子为惠灵侯,第四子为静鉴太师,第五子为宣灵侯。以本路言,父老相传岳帝有五子,惟第三子后唐封威雄大将军,皇朝封炳灵公,其余诸子并无名爵,故有是诏"。①这样,泰山神之子也得到了政权的册封,而其他岳神则无此待遇。朝廷将民间传说中山川神的亲属列为国家祭祀的对象,并授予官爵,这无疑是将山川神的人格化推进到了一个新的高度。

宋代四渎、五镇和四海封号的变化,都是在真宗以后发生的。康定元年(1040),封江渎为广源王,河渎为显圣灵源王,淮渎为长源王,济渎为清源王,加东海为渊圣广德王,南海为洪圣广利王,西海为通圣广润王,北海为冲圣广泽王。五年,仁宗加南海的爵号为洪圣广利招顺王。至于五镇,"沂山旧封东安公,政和三年封王;会稽旧封永兴公,政和封永济王;吴山旧封成德公,元丰八年封王;医巫闾旧封广宁公,政和封王;霍山旧封应圣公,政和封应灵王"。②大观四年(1110),朝廷又给东海加号助顺广德王。绍兴三十一年(1161),江渎又被加号昭令孚应威烈广源王。在宋代,唐代授予岳镇海渎的封号都已经被更换了,五岳、四渎和五镇的封号都提高了,四海的封号虽然仍然是王爵,但宋朝的统治者在其原有的爵号前又加上了美名。在真宗授予五岳帝号之后,四渎、五镇和四海爵号的调整也在情理之中。

岳镇海渎封号的调整并不是那么严格规范的,这些神的封号变更次数不一,从形式上看,长短也有异,不太整齐,而这往往是有政治原因的。这可以用江渎爵号变更的例子来说明:

〔绍兴三十一年十一月〕甲午,知枢密院事、督视江淮军马叶义问

---

① 《续资治通鉴长编》卷五一四元符二年八月庚辰条,北京:中华书局,1979 年,第12215 页。

② 《宋史》卷一〇二《礼志五》,第 2488 页。

言:"北敌进逼江上,与镇江、建康、太平诸郡才隔一水,先是敌人谋开第二港河,欲径冲丹徒,施工累日。一夕,大风沙涨,截断不得渡,人皆以为水府阴祐。乞诏礼官依五岳例,峻加帝号,令建康府守臣择地建庙,其金山、采石二水府,亦乞增封,遣官祭告。"诏礼部、太常寺讨论。已而,太常寺言:"江渎已封广源王,欲特增加六字,拟昭灵孚应威烈广源王,建庙赐额曰佑德,其乞峻加帝号一节,候恢复中原日,别议封册施行。"从之。①

因为长江涨潮阻止了金军的南下,统治者便认为是江神对南宋政权的庇佑,将江渎的爵号由二字王变为八字王,并准备在克定中原后,授予其帝号。这使之与其他三渎的待遇颇为不同。

在宋代,获得封号的山川神数量非常多,并不只限于岳镇海渎。很多地方性山川神都得到了朝廷授予的封号,在《宋会要辑稿》中有大量的记载。《宋史·礼志》也有"其他州县岳渎、城隍、仙佛、山神、龙神、水泉江河之神及诸小祠,皆由祷祈感应,而封赐之多,不能尽录云"的说明。② 在同卷中还有这样的记载:"自开宝、皇祐以来,凡天下名在地志,功及生民,宫观陵庙,名山大川能兴云雨者,并加崇饰,增入祀典。熙宁复诏应祠庙祈祷灵验,而未有爵号,并以名闻。于是太常博士王古请:'自今诸神祠无爵号者赐庙额,已赐额者加封爵,初封侯,再封公,次封王,生有爵位者从其本封。妇人之神封夫人,再封妃。其封号者初二字,再加四字。如此,则锡命驭神,恩礼有序。欲更增神仙封号,初真人,次真君。'"③从中,我们可以看到宋代册封诸神灵爵位的盛况,山川神自然也包括在内。同时我们也看到了宋廷授予诸神封号,目的是为了"驭神",这与唐代开始册封山川神时的意图仍然保持一致,即在观念上强化皇权,树立皇权高于这些自然神的理念。虽然在宋代,五岳神被授予了帝号,但它们是

---

① 《建炎以来系年要录》卷一九四绍兴三十一年十一月甲午条,北京:中华书局,1956年,第3279—3280页。
② 《宋史》卷一〇五《礼志八》,第2562页。
③ 《宋史》卷一〇五《礼志八》,第2561页。

朝廷册封的，无法与人间的皇帝平起平坐。它们的封号是提高了，封臣的性质却没有改变。

在金、元时期，朝廷仍然在授予或更改山川神封号。在金代，五岳的封号没有改变，但是四渎和五镇之中个别神的封号有变动。根据记载，"明昌间，从沂山道士杨道全请，封沂山为东安王，吴山为成德王，霍山为应灵王，会稽山为永兴王，医巫闾山为广宁王，淮为长源王，江为会源王，河为显圣灵源王，济为清源王"。① 其中只有江渎的爵号从广源王变为会源王，会稽山由永济王变为永兴王，其他神的爵位与宋代相比，没有变化，金朝却又册封了一遍。这件事在《金史·章宗纪》中也有记载："〔明昌六年十二月〕乙亥，诏加五镇四渎王爵。"② 这应当是金朝政权借改封会稽山和长江之机，又册封了其他四镇和三渎，尽管后者的爵号并没有改变，这样使五镇和四渎的封号都打上了金朝的烙印，以强调五镇和四渎神是金朝皇帝封臣的身份。至于金朝为什么没有改封或重新赐予五岳封号，还没有足够的史料来说明这一问题。金朝还重点册封了那些与女真历史密切相关的山川。最典型的例子就是位于女真故地的长白山。据《金史·礼志》："大定十二年，有司言：'长白山在兴王之地，礼合尊崇，议封爵，建庙宇。'十二月，礼部、太常、学士院奏奉敕旨封兴国灵应王，即其山北地建庙宇。十五年三月，奏定封册仪物，冠九旒，服九章，玉圭，玉册、函、香、币、册、祝。"③ 明昌四年（1193），长白山又被封为开天弘圣帝。④

元代建立后，在岳镇海渎原有的封号之前又加上了新的修饰词，"至元二十八年春二月，加上东岳为天齐大生仁圣帝，南岳司天大化昭圣帝，西岳金天大利顺圣帝，北岳安天大贞玄圣帝，中岳中天大宁崇圣帝。加封

---

① 《金史》卷三四《礼志七》，北京：中华书局，1975年，第810页。
② 《金史》卷一〇《章宗纪二》，第237页。
③ 《金史》卷三五《礼志八》，第819页。
④ 对女真族来说，长白山一直具有强烈的家国认同的象征意义，无论在金代还是在清代，都极受尊崇。参见王学玲《在地景上书写帝国图像——清初赋中的"长白山"》，《中国文哲研究集刊》第27期，2005年，第91—120页。

江渎为广源顺济王,河渎灵源弘济王,淮渎长源溥济王,济渎清源善济王,东海广德灵会王,南海广利灵孚王,西海广润灵通王,北海广泽灵祐王。成宗大德二年二月,加封东镇沂山为元德东安王,南镇会稽山为昭德顺应王,西镇吴山为成德永靖王,北镇医巫闾山为贞德广宁王,中镇霍山为崇德应灵王,敕有司岁时与岳渎同祀"。① 朝廷通过这样的举动,来彰示自己与这些最为重要的山川神灵之间册封与被册封的关系,这也是唐宋以来皇权观念的局部体现。

三、明朝初年的制礼倾向

朝廷册封山川神灵的行为是从唐朝开始的,在儒家经典之中是不存在的。这一做法之所以出现并且不断持续发展,主要是出于政治上的考虑。这里既有非常具体的政治事件、政治人物的影响,又有统治者思想观念的作用。南宋高宗年间长江神的爵位从二字王变为八字王的事例,就是由一件具体的政治事件引发的。因为金章宗出生于即麻达葛山,金朝政权就封该山为瑞圣公。《金史·礼志》:"麻达葛山也,章宗生于此。世宗爱此山势衍气清,故命章宗名之。后更名胡土白山,建庙。明昌四年八月,以冕服玉册,封山神为瑞圣公。"② 这是政治人物在其中的作用。从唐代到元代,统治者通过册封山川神,大大深化了山川神的人格化程度,就有了将这些自然神灵和帝王进行比较的可能。在他们的观念里,册封这些神灵的目的是支配它们(即"驭神")。

以上这些正是明太祖在洪武三年(1070)六月癸亥诏中所反对的,他对这些册封行为的评价是"渎礼不经,莫此为甚"。他的理由是:"夫岳镇海渎,皆高山广水。自开天辟地,以至于今,英灵之气,萃而为神,皆受命于上帝,幽微难测,岂国家之封号所可加?"他进而认为:"夫礼所以明神人,正名分,不可以僭差。"从这些引文中,我们可以清楚地看到

---

① 《元史》卷七六《祭祀志五》,北京:中华书局,1976 年,第 1900—1901 页。
② 《金史》卷三五《礼志八》,第 824 页。

明太祖的想法：岳镇海渎是集天地之灵气而成的，他们的身份和使命是由上帝控制的，唐朝以来国家政权册封这些神灵的做法，是僭越了神界与人间之间的界限，侵犯了神界的秩序。他革除前朝授予岳镇海渎的封号，恢复其本来的名称，使其又回归到神界，以明确神人之间本该具有的边界。这意味着人间政权放弃了支配神界的想法。从唐宋时期开始，皇权就一直热衷于扩大权力范围，连神界也在其权力辐射之下，但从明太祖的做法可以看到，皇权有意识地从神界撤退，转而专注于世俗事务。

要阐释明太祖废除岳镇海渎旧有封号的举措，除了要理解从唐代开始的政权册封山水神灵的传统外，还要从明朝初年政治文化变动的背景入手，这样才能比较清楚这一与唐宋传统背道而驰的做法得以落实的原因。

明代礼制建设是从吴元年（1367）开始的，到洪武三年（1070）《明集礼》完成后，明代礼仪制度的框架搭建起来了，之后很长一段时间内的礼制变动也是在这一基础上进行的。《明史·礼志》序称："明太祖初定天下，他务未遑，首开礼、乐二局，广征耆儒，分曹究讨。洪武元年命中书省暨翰林院、太常司，定拟祀典。乃历叙沿革之由，酌定郊社宗庙议以进。礼官及诸儒臣又编集郊庙山川等仪，及古帝王祭祀感格可垂鉴戒者，名曰《存心录》。二年诏诸儒臣修礼书。明年告成，赐名《大明集礼》。"[1]这段史料简要地概括了明初制礼的经过。结合其他史料，可以看到在几年间，明代的礼仪制度经历了从粗陋到完备、从松散到严格的过程。

郊祀历来是一个政权最为重要的礼仪活动之一，也是制定礼仪制度的重点。在明代，郊祀礼的成立并不是一步到位的。从洪武元年（1368）到三年，圜丘的神位构成一直处于变动之中，"洪武元年冬至，正坛第一成，昊天上帝南向。第二成，东大明，星辰次之，西夜明，太岁次之。二年，

---

① 《明史》卷四七《礼志一》，北京：中华书局，1974年，第1223页。

奉仁祖配,位第一成,西向。三年,坛下壝内,增祭风云雷雨"。① 洪武二年,圜丘才有了配神,三年,风云雷雨作为从祀神进入圜丘。方丘也是类似,"洪武二年夏至,正坛第一成,皇地祇,南向。第二成,东五岳,次四海,西五镇,次四渎。三年,奉仁祖配,位第一成,西向。坛下壝内,增祭天下山川"。② 这是《明集礼》编撰完成之前明代礼仪逐渐完善的一个缩影。

更为重要的是,从吴元年(1367)到洪武三年(1370)间,明政权在礼仪的制定上逐渐趋于严格。如洪武二年八月,礼部上奏:"按《礼记·郊特牲》曰:'郊之祭也','器用陶匏瓦器'。尚质故也。《周礼·笾人》:'凡祭祀,供簠簋之实。'《疏》曰:'外祀用瓦簠。'今祭祀用磁,已合古意。惟盘盂之属,与古之簠簋登豆制异。今拟凡祭器皆用磁,其式皆仿古簠簋豆登,惟笾以竹。"③这一建议的目的是使时下的礼仪符合古代的经典,太祖批准了这条建议。

与本文主题最为密切相关的洪武三年六月癸亥诏,集中体现了明初礼制在较短时间内趋向严格的特点。对此,我们可以从城隍神的事例着手探讨。洪武二年(1369)正月,朝廷册封了各地的城隍神,太祖的看法是:"明有礼乐,幽有鬼神。若城隍神者,历代所祀,宜新封爵。"他下诏册封京都城隍为承天鉴国司民升福明灵王,北京开封府城隍为承天鉴国司民显圣王,临濠府城隍为承天鉴国司民贞佑王,太平府城隍为承天鉴国司民英烈王,和州城隍为承天鉴国司民灵护王,滁州城隍为承天鉴国司民灵佑王;其余各府城隍神为鉴察司民城隍威灵公,各州城隍神为鉴察司民城隍灵佑侯,各县城隍神为鉴察司民城隍显佑伯。朝廷还规定了各类城隍神的秩级和服饰标准。④ 城隍信仰早在魏晋南北朝时期就已经出现,之后在地方社会尤其是市镇的精神世界中一直占据着重要

---

① 《明史》卷四七《礼志一》,第 1230 页。
② 《明史》卷四七《礼志一》,第 1230 页。
③ 《明太祖实录》卷四四洪武二年八月丁亥条,第 872 页。
④ 《明太祖实录》卷三五洪武二年正月丙申条,第 755—756 页。

的位置。① 在明代之前,已经有个别城隍神被朝廷授予了爵位,但城隍神并没有进入国家祭祀系统,而这是到洪武二年才实现的,因此明太祖的举措是城隍制度确立的开始。② 这体现了来自地方社会的信仰对国家礼仪制度的影响。

洪武三年(1370)六月癸亥诏规定,前一年授予各地城隍神的爵号一律取消,只在城隍神之前加上所在的地名。滨岛敦俊指出,在这一诏令颁布之后,朝廷又采取了一系列措施,改革了城隍庙的布置格局,用木主替代了偶像,这是对城隍神的人格神属性的全面否定。他认为,这一做法的目的是建立起与人间秩序对应的一元化城隍神序列。③ 换言之,这是膨胀的国家权力试图支配信仰世界的反映。这一看法并不十分准确,明太祖的这些举动确实体现了国家权力对城隍信仰的干预,但这并不意味着他要在城隍信仰中体现出皇帝的支配力。民间信仰被吸收到国家祭祀体系之中,朝廷不可能不对其进行规范,以适应整个祭祀体系。从洪武二年到三年城隍神封号从有到无的变化,就是在朝廷对国家祭祀体系的管理趋于严格的环境下,对城隍神所做的调整。洪武三年,明太祖"令各庙屏去他神",④改变各地城隍庙中众神林立的现象,使城隍庙变成一个纯粹的供奉城隍神的场所,其目的也是为了规范礼仪制度。尽管洪武三年否定城隍神的人格神属性的举措没有取得完全的效果,⑤但并不能因此否认明太祖的努力方向。

胡凡认为,洪武三年(1370)革去岳镇海渎和城隍神的封号,是受儒家"正名分"思想指导的,其目的是显示上天和祖先的权威。他将这一改革

---

① 关于明代之前城隍神信仰发展的历史及其背景,参见 David Johnson, "The City-God Cult of T'ang and Sung China," *Harvard Journal of Asiatic Studies*, 45:2 (1985), pp. 363 – 457.

② 滨岛敦俊《朱元璋政权城隍改制考》,第 8 页。

③ 滨岛敦俊《朱元璋政权城隍改制考》,第 9 页。

④ 《明史》卷四九《礼志三》,第 1286 页。

⑤ 参见滨岛敦俊《朱元璋政权城隍改制考》,第 11—13 页;周祝伟《略论明代浙江的城隍神信仰》,《明史研究》第 7 辑,合肥:黄山书社,2001 年,第 230—240 页。

看作是皇权控制神权,进而控制民众精神生活的体现。①"正名分"确实是这一改革的出发点,这在洪武三年六月癸亥诏中有很明确的说明,但这一改革与凸显天地和祖先的地位之间却没有什么直接或间接的关系。胡凡与滨岛敦俊都过于强调皇权膨胀的因素了。在此之前岳镇海渎和城隍神拥有封号,但这也没有混淆这些神灵与天地和祖先的高低关系,明太祖的做法只是想清楚地界定政权与神灵的关系,还神灵以本来面目。这里并没有皇权操纵神权的意思,反而是要将皇权的范围限制在人间世俗事务上,使皇权和神权各司其职。明太祖《祭城隍蒋庙文》:"朕立京于是方,专阳道而治生民也;神灵是方,专阴道而察不德也。"②这段话也可以证实我们上面的看法。

在洪武三年(1370)六月癸亥诏中,那些被明朝祭祀的历代功臣烈士只保留当时的名爵,取消了后代授予的官爵,其原因与城隍神有类似之处。下面蒋子文的例子尽管是特例,但同样能够说明问题。根据洪武三年九月颁布的《明集礼》,"历代以来,凡圣帝明王忠臣烈士,与夫岳镇海渎天下山川,可以立名节御灾患而有功于人者,莫不载之祀典。然其有庙于京师,著灵于国家者,则又在所先焉。若国朝之蒋庙及历代功臣等庙,皆遣使降香,特令应天府官代祀。其称神号止从其当时所封之爵,凡前代加封,悉皆去之"。③相传蒋子文是东汉末年人,嗜酒,好色,担任秣陵尉时,因为追击盗贼而遇害。蒋子文逐渐成为东南一带民众信奉的神灵,尤其是在六朝时期特别流行。④供奉蒋子文的主庙就在南京钟山,因此,对于设都南京的明朝政府来说,蒋子文信仰无疑是十分重要的。虽然蒋子文并不在历代功臣之列,但蒋子文庙的规制、封号的处置与历代功臣是一样的,因此可以看作是特殊的功臣。根据《搜神记》记载,在蒋子文信仰兴起

---

① 胡凡《论儒教对明初宫廷祭祀礼制的影响》,第 155—156 页。

② 《明太祖文集》卷一七,景印文渊阁四库全书,第 1223 册,第 206 页。

③ 《明集礼》卷一五,第 335 页。

④ 关于蒋子文信仰的研究,参见梁满仓《论蒋神在六朝地位的巩固与提高》,《世界宗教研究》1991 年第 3 期,第 58—68 页;林富士《中国六朝时期的蒋子文信仰》,收入林富士、傅飞岚编《遗迹崇拜与圣者崇拜》,台北:允晨文化实业公司,1999 年,第 163—204 页。

之初,孙吴政权就授予蒋子文中都侯的爵号。① 之后,蒋神的封号不断提高,甚至被称为"蒋帝"。到了明代,情况发生了变化,蒋子文后来的封号都被取消,只保留了孙吴政权授予的中都侯爵号。《明集礼》称:"蒋庙在蒋山之阴,神姓蒋,讳子文,汉末为秣陵尉,逐盗死事,今称汉秣陵尉中都侯忠烈蒋公之神。"②这里有严格君臣名分的因素,毕竟像蒋子文这样的前代人臣却拥有帝号,是有僭越之嫌的。不过也不尽然,因为前代功臣中被授予帝号的还是少数,大多数得到的只是五等爵,明太祖对历代功臣祭祀规范化的追求应该是主导因素,所以才会将历代功臣的名爵作这样的统一安排。

从洪武三年(1370)六月癸亥诏中,我们可以看到,政权对祭祀活动也有了更严格的限制。洪武二年正月,明太祖"命天下凡祀典神祇,有司依时致祭。其不在祀典而常有功德于民、事迹昭著者,虽不致祭,其祠宇禁人撤毁"。③ 洪武三年六月癸亥诏指出:"天下神祠无功于民、不应祀典者,即淫祠也,有司毋得致祭。"这份诏书提出了淫祠的概念,不过,淫祠究竟是"无功于民"和"不应祀典"必须兼而有之,还是只需要符合一个条件就可以称之为淫祠,恐怕还是不够清楚的。没过几天,明太祖就颁布了《禁淫祠制》:"古者,天子祭天地,诸侯祭山川,大夫、士庶各有所宜祭。具民间合祭之神,礼部其定议颁降,违者罪之。于是中书省臣等奏,凡民庶祭先祖,岁除祀灶,乡村春秋祈土谷之神。凡有灾患,祷于祖先。若乡厉、郡厉之祭,则里社郡县自举之。其僧道建斋设醮,不许章奏上表投拜青词,亦不许塑画天神地祇,及白莲社、明尊教、白云宗、巫觋、扶鸾、祷圣、书符咒水诸术,并加禁止,庶几左道不兴,民无惑志。"④在这里,淫祠的主题部分是在国家祀典之外的神祠,包括举行那些旁门左道的场所。除此之外,佛教和道教"章奏上表投拜青词"和"塑画天神地祇"的行为,也被认为是淫祀。因此,淫祠的概念大体是由祀典来界定的。在《明史·礼志》中就

---

① 干宝著,汪绍楹校注《搜神记校注》卷五,北京:中华书局,1979 年,第 57 页。

② 《明集礼》卷一五,第 335 页。

③ 《明太祖实录》卷三八洪武二年正月辛丑条,第 760 页。

④ 《明太祖实录》卷五三洪武三年六月条,第 1037—1038 页。

明确指出:"三年定诸神封号,凡后世溢美之称皆革去。天下神祠不应祀
典者,即淫祠也,有司毋得致祭。"①在这样的标准下,那些有功于民但又不
在祀典之中的祠宇成为了淫祠,也就有了撤毁的充分理由。②

从上面对洪武三年诏的分析可以看到,明代礼仪制度的制定逐渐变
得严格,以实现明太祖建立一套规范的礼仪制度的想法。取消城隍神封
号、只保留历代忠臣烈士当时的名爵、限制民间祠宇的做法,与革除岳镇
海渎封号的举动在性质上是一致的,都是明太祖这一努力的体现和部分
落实。

四、结　语

山川神灵在中国传统社会中一直是非常重要的精神资源,在民间社
会、宗教领域是这样,对政权来说也是如此。山川神灵历来被认为具有兴
云致雨的功能,还象征着政权对其所在地区的统治,因此这些神灵在历
代都是国家祭祀的对象。从唐代开始,政权开始册封山水神,此后几乎
每个朝代都有改封那些已有封号的山川神和新册封山川神的事例。在
这之中,现实政治因素起了至关重要的作用。那些被授予封号的山川
神,往往与具体的政治事件、政治人物有着非常紧密的联系。同时,统
治者希望通过册封山川神,建立皇权与山川神的尊卑关系,起到"驭神"
的目的。

洪武三年(1370),明太祖下诏革除了岳镇海渎封号,改变了唐宋以来
册封山川神灵的传统,转而恢复了了唐代以前政权与山川神灵之间的关
系。明朝建立后,在制定礼仪制度的过程中,对各种祭祀活动的择取逐渐
趋向于严格,以达到规范礼仪的目的。而且,在明太祖那里,皇权观念也
发生了很大的变化。他已着力改变皇权干预神界的现象,将皇权从神界

---

① 《明史》卷五〇《礼志四》,第 1306 页。

② 关于明代撤毁淫祠的活动,参见赵献海《明代毁"淫祠"现象浅析》,《东北师大学报》2002
年第 1 期,第 28—33 页。

中撤退出来,专注于人间的治理,实现皇权和神权的分治。① 岳镇海渎封
号的废除正是这样的政治文化环境下的产物。

---

① 我们探讨明太祖皇权与神权的观念,并不是要否认他干预和控制宗教信仰的事实,这实
际上是两个有关联但却不同的问题。明太祖对佛教和道教的治理主要体现在管理宗教
场所、控制僧侣道士上,对民间宗教的治理则表现为正祠与淫祠的界定,这些都体现了
君主治理人间的职责。而明太祖皇权与神权的观念,则重在强调君主和神灵各有职守,
不能越界,反对在观念上进行君主与神灵地位高低的比较。这两个问题并不矛盾。关
于明太祖时期的宗教政策,参见李焯然《明初的宗教政策》,新加坡国立大学中文系《学
术论文集刊》第三集,1990 年,第 177—206 页;胡凡《论儒教对明初宫廷祭祀礼节的影
响》,第 141—145 页;赵轶峰《明太祖的国家宗教管理思想》,《暨南史学》第二辑,广州:
暨南大学出版社,2003 年,第 230—246 页。

南宋监本阁帖刊刻考

许全胜(复旦大学文史研究院)

小　引

　　2003 年春夏间,上海博物馆以重值购入美籍犹太人安思远所藏宋拓《淳化阁帖》四卷,称传世最善之本。国宝回归,世人瞩目。7 月 23 日报载记者采访汪庆正先生,谓美国弗利尔博物馆藏《阁帖》九卷及上海图书馆藏一卷,世以为北宋祖刻者,实皆南宋绍兴国子监本,以帖中所见刊工"郭奇",亦见于绍兴监本《三国志·魏志》故也。余甚疑之,以为安得非北宋同名者耶? 翌日,上博开赏读会,因往观帖并恭聆汪先生演讲,先生示以另一刊工"王成"之宋刻书影,并罗列校勘所得文字笔划之异同,娓娓道来,凿凿可据。惟上图藏本尚有"张通"、"李攸"二刊工未有证明,终觉欠安。余以好奇,更发群书,不意竟次第检得,珠船忽遇,疑冰大解,由是始悟汪说之不可易而服其卓识也。乃因郑重丈之介往谒汪公,出示宋板书影数叶,公拊掌称善,爰承命属文申论之。顾念自来研讨金石碑版,非精通小学、贯穿经史者莫能得其奥窔。余学殖浅薄,荒率无状,深恐孤负雅意。兹仅就诸刊工名见于宋板者钩稽系联,以证成其说,兼以观上博新购法帖感言缀于简末,质诸汪公,并乞世谈艺君子匡谬补缺于不逮焉耳。

南宋监本与监本《阁帖》

北宋国子监刊书颇夥，王静安先生《五代两宋监本考》著录六十九种，此其大较也。

《建炎以来朝野杂记》甲集卷四云：

> 监本书籍者，绍兴末年所刊也。国家艰难以来，固未暇及。九年九月，张彦实待制为尚书郎，请下诏诸道州学，取旧监本书籍，镂板颁行。从之。然所取诸书多残缺，故胄监刊《六经》无《礼记》，正史无《汉》《唐》。二十一年五月，辅臣复以为言，上谓秦益公曰："监中其它阙书，亦令次第镂板，虽重有所费，盖不惜也。"繇是经籍复全。①

魏了翁《毛义甫（居正）六经正误序》云：

> 本朝胄监经史多仍周旧，今故家往往有之，而与俗本无大相远。南渡草创，则仅取板籍于江南诸州，与京师承平监本大有径庭，而与潭、抚、闽、蜀诸本互为异同，而监本之误为甚。②

则知北宋末监本残缺已甚，故南渡后监本多取诸江南州郡。杭州临安府为南宋国子监所在地，然监本刊于杭者不自南渡始。

王静安《两浙古刊本考序》云：

> 及宋有天下，南并吴越。嗣后国子监刊书，若七经正义，若《史》、《汉》三史，若南北朝七史，若《唐书》，若《资治通鉴》，若诸医书，皆下

---

① ［宋］李心传撰、徐规点校《建炎以来朝野杂记》，北京：中华书局，2000年，第114—115页。
② ［宋］魏了翁《鹤山先生大全文集》卷五三，《四部丛刊初编》影宋刻本。又见曾枣庄、刘琳主编《全宋文》卷七○八○魏了翁二八，上海辞书出版社、安徽教育出版社，2006年，第310册，第43页。

杭州镂板。北宋监本刊于杭者,殆居泰半。南渡以后,临安为行都,胄监在焉,板书之所萃集。宋亡废为西湖书院,而书库未毁,明初移入南京国子监,吾浙之宝藏俄空焉。又元代官书若《宋》、《辽》、《金》三史,私书若《文献通考》、《国朝文类》,亦皆于杭州刊刻。盖良工所萃,故镂板亦于是也。①

故杭州实为宋代雕版印刷之中心。北宋亡,汴梁亦有部分雕印工匠南迁,临安渐为名工汇萃之地,②而监本《阁帖》之刊刻与此背景密不可分。

赵希鹄《洞天清录》淳化阁帖条略云:

> 太宗朝搜访古人墨迹,令王著铨次,用枣木板摹刻十张(胜案,应作卷)于秘阁。故时有银锭纹,前有界行目录者是也。当时用李廷珪墨拓打,手揩之不污手。惟亲王宰执使相拜余,乃赐一本,人间罕得。当时每本价已百贯文。至庆历间,禁中火灾,其板不存。③

曹士冕《法帖谱系》卷上绍兴国子监本条云:

> 绍兴中,以御府所藏淳化旧帖刻板,置之国子监,其首尾与淳化阁本略无少异。当时御府拓者多用匰纸,盖打金银箔者也。字画精神,极有可观,今都下亦时有旧拓者。元板尚存,迩来碑工往往作蝉翼本,且以厚纸覆板上,隐然为银锭栓痕以惑人,第损剥非复旧拓本之道劲矣。④

---

① 王国维《两浙古刊本考》,《王国维全集》,杭州:浙江教育出版社,2010 年,第 7 册,第 3 页。

② 参宿白《南宋的雕版印刷》,《唐宋时期的雕版印刷》,北京:文物出版社,1999 年,第 84—93 页。该文原载《文物》1962 年第 1 期,第 15—28 页。

③ 赵希鹄《洞天清录》,《文渊阁四库全书》子部杂家类,第 871 册,台北:台湾商务印书馆,1986 年。

④ 曹士冕《法帖谱系》,《文渊阁四库全书》史部目录类,第 682 册。

　　案,《阁帖》自淳化三年(992)刊刻,至庆历间(1041—1048)已逾五十载,至南宋初又历百年,其时原拓之罕觏可以想见。高宗留心翰墨,乃以御府旧本翻刻,其功固不可没。是帖刊成,端赖临安府之良工,自不待言。

　　美国弗利尔博物馆藏《阁帖》刊工,承汪公检示,为"第八卷、七、王成"(图一)。上海图书馆藏《阁帖》卷九所见刊工依次为:"第九卷、五、张通"(图二),"李攸","十、郭奇"(图三),"第九卷,八、张通","第九卷、十四、李攸"(图四)。此卷剪裱多失次,后一处"李攸"名下迭见"张通"字样,又第十三开有"第八卷"字样,亦误入。

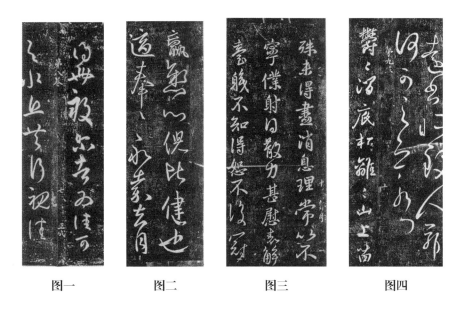

图一　　　　　图二　　　　　图三　　　　　图四

　　案,此四刊工皆见于传世宋板古籍。兹据王肇文《古籍宋元刊工姓名索引》,[1]瞿冕良《中国古籍版刻辞典》,[2]列四人刻书情况于次。

张通:

---

①　王肇文编《古籍宋元刊工姓名索引》,上海古籍出版社,1990 年。

②　瞿冕良编《中国古籍版刻辞典》,齐鲁书社,1999 年。

　　宋绍兴间杭州（一作衢州）刊《三国志》

　　宋刊《新唐书》

　　宋绍兴间杭州刊《管子》

　　宋绍兴间杭州刊《白氏文集》

　　宋绍兴间刊《宛陵先生文集》

郭奇：

　　宋绍兴间杭州（一作衢州）刊《三国志》

李攸：

　　宋刊《新唐书》

王成：

　　宋绍兴间杭州刊《龙龛手鉴》

　　宋绍兴间刊《汉书》

　　宋刊国子监本《宋书》、《南齐书》、《梁书》、《魏书》

　　宋绍兴间两浙东路茶盐司刊《旧唐书》

　　宋刊《新唐书》

　　宋两浙庾司刊《外台秘要方》

　　宋绍兴间严州刊《艺文类聚》

　　宋绍兴九年杭州刊《文粹》（监本）

　　案，《三国志》绍兴刊本为涵芬楼旧藏，仅存《魏书》，《百衲本二十四史》据此影印。张通（图五）、郭奇（图六）之名在焉。《新唐书》亦并见张通（图七）、李攸（图八）、王成（图九）之名。故此四人应在同时可以推知。张通、王成皆南宋初杭之良工。郭奇、李攸所刊书今存各止一种，由此适可系联诸工，不可谓非幸事也。虽然，瞿书谓李攸为北宋嘉祐间刊工，盖以此宋刊《新唐书》为嘉祐本也。[①]《百衲本二十四史》据此影印，牌记即作“北宋嘉祐刊本”。此说沿误已久，不可不辨。

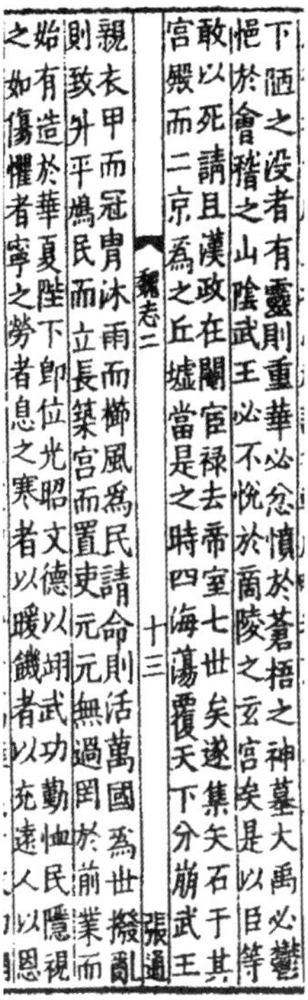
下陋之没者有靈則重華必忿憤於蒼梧之神墓大禹必鬱
悒於會稽之山陰武王必不悅於商陵之玄宮矣是以臣等
敢以死請且漢政在閹宦祿去帝室七世矣遂集矢石于其
宮殿而二京爲之丘墟當是之時四海蕩覆天下分崩武王
魏志二 十三 張通
親衣甲而冠冑沐雨而櫛風爲民請命則活萬國爲世撥亂
則致升平鳩民而立長築宮而置吏元元無過罔於前業而
始有造於華夏陛下即位光昭文德以翊武功勤恤民隱視
之如傷懼者寧之勞者息之寒者以暖饑者以充遠人以恩

图五

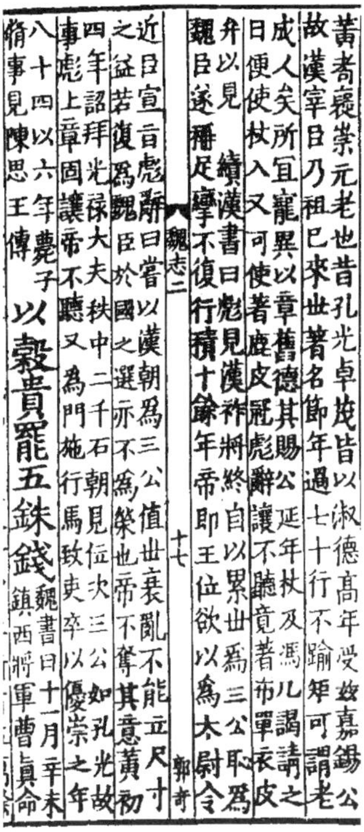
黃耇寢崇元老也昔孔光卓茂皆以淑德高年受茲嘉錫公
故漢宰臣乃祖已來世著名節年過七十行不踰矩可謂老
成人矣所宜寵異以章舊德其賜公延年杖及馮几謁請之
日便使杖入又可使著鹿皮冠彪辭讓不聽竟著布單衣皮
弁以見 續漢書曰彪見漢祚將終自以累世爲三公恥爲
魏臣遂稱足攣不復行積十餘年帝即王位欲以爲太尉令
魏志二 十七 郭奇
近臣宣旨彪辭曰嘗以漢朝爲三公值世衰亂不能立尺寸
之益若復爲魏臣於國之選亦不爲榮也帝不奪其意黃初
四年詔拜光祿大夫秩中二千石朝見位次三公如孔光故
事彪上章固讓帝不聽又爲門施行馬致吏卒以優崇之年
八十四以六年薨子脩事見陳思王傳 以穀貴罷五銖錢 魏書曰十一月辛未鎮西將軍曹眞命

图六

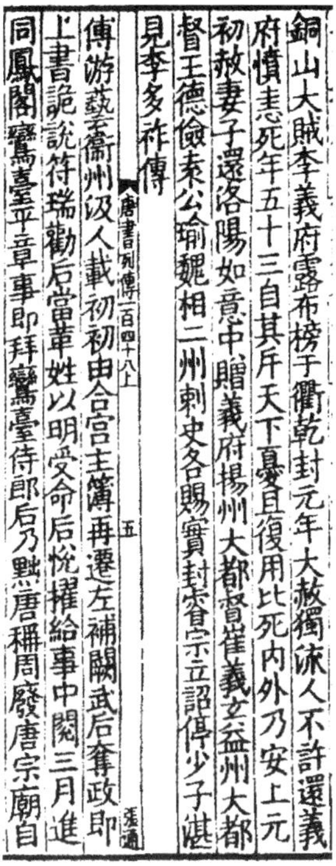
銅山大賊李義府露布榜于衢乾封元年大赦獨流人不許還義
府憤恚死年五十三自其斥天下憂且復用比死內外乃安上元
初赦妻子還洛陽如意中贈義府揚州大都督崔義玄益州大都
督王德儉袁公瑜魏相二州刺史各賜實封睿宗立詔停少子湛
見李多祚傳
唐書列傳一百四十八上 五 張通
傅游藝衞州汲人載初初由合宮主簿再遷左補闕武后奪政即
上書詭說符瑞勸后當革姓以明受命后悅擢給事中閱三月進
同鳳閣鸞臺平章事即拜鸞臺侍郎后乃黜唐稱周廢唐宗廟自

图七

王静安考北宋监本《新唐书》嘉祐五年(1060)刊于杭州，并云：

> 今《史记》、前后《汉书》、《三国志》、《唐书》等，尚有北宋监中残本或南宋重刊监本，皆半叶十行，行十九字。[②]

案，此本《新唐书》半页十四行，行二十三至二十六字，与北宋监本行

---

① 参上揭瞿冕良(1999)，第220页。

② 参上揭王国维《两浙古刊本考》卷上，《王国维全集》第七册，第8页。

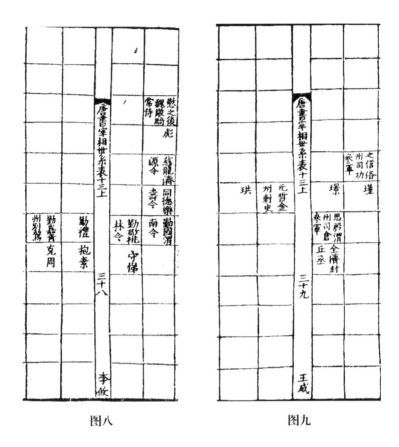

图八　　　　　　　　图九

格迥异。刊工有"李孜"、"李敏"等，亦见于《思溪藏》。①《直斋书录解题》卷四吴缜撰《唐书纠缪》、《五代史纂误》条云：

> 宇文时中守吴兴，以郡庠有二史（胜案，即《新唐书》、《五代史》）板，遂取二书刻之，后皆取入国子监。初，郡人思溪王氏刻《藏经》有余板，以刊二史，置郡庠。中兴，监书多阙，遂取其板以往，今监本是也。②

① 王国维《两浙古刊本考》卷下《大藏经》条引题记有"雕经作头李孜、李敏"，参上揭《王国维全集》第七册，第103页。
② ［宋］陈振孙撰，徐小蛮、顾美华点校：《直斋书录解题》，上海古籍出版社，1987年，第107页。

谈钥《嘉泰吴兴志》卷一三归安县栏：

> 圆觉禅院在思溪。宣和中，土人密州观察使王永从与弟崇信军承宣使永锡创建，赐额为慈爱和尚道场。寺有塔十一层，及有藏经五千四百八十卷，印板作印经坊。[1]

案，《思溪藏》旧皆据卷前题记谓开雕于绍兴二年（1132）。有友岚先生者，据《嘉泰志》及新发现北京图书馆藏《思溪圆觉藏》背字号《解脱道论》卷一末之题记——"丙午靖康元年（1126）二月日，修武郎合门祗候王冲久亲书此经开板，续大藏之因缘"，论其刊刻时代曰：

> 《思溪圆觉藏》大约开雕于北宋宣和中，最迟不晚于靖康元年二月，全藏印就于南宋绍兴二年四月。[2]

其说可从。今检《嘉泰吴兴志》卷一四郡守题名栏：

> 宇文时中。绍兴六年十一月二十五日以左中奉大夫直宝文阁到任，至绍兴八年四月初二日差知建宁府。[3]

则以《思溪藏》余板所刊之《新唐书》，应刊刻于《思溪藏》刊竣之后至宇文时中到任之前，即绍兴二年四月至六年（1136）十一月间。故百衲本所据影印之十四行本《新唐书》决非北宋嘉祐本，当为湖州刊本，即后之南宋监本也。

案，傅增湘《藏园群书经眼录》卷三著录有十四行本《新唐书》，其按语云"此即世所称嘉祐本也"，而此书目录则注明"宋绍兴间刊小字本"

---

[1]　［宋］谈钥《嘉泰吴兴志》，民国三年（1914）《吴兴丛书》本。又见《宋元方志丛刊》，北京：中华书局，1990 年，影印本，第五册，第 4753 页。

[2]　友岚先生之说转引自上揭宿白《唐宋时期的雕版印刷》，第 85 页注 4。友岚先生不审何人，承杭侃兄转询宿先生，告亦不知其姓氏。

[3]　参上揭《宋元方志丛刊》第五册，4783 页。案，此条蒙刘永翔师指点，谨致谢忱。

（第 39 页）。① 目录所注疑为傅熹年先生整理时所加。上揭宿白先生文云"湖州《新唐书》据《百衲本二十四史》(上海商务印书馆，1918)影印本"，②定为湖州本，然未有详说。王肇文先生亦疑十四行本《新唐书》定嘉祐监本不确。③

余既考上海图书馆、弗利尔博物馆藏《阁帖》中所见四刊工皆为绍兴间人，其中"王成"更参与多种监本之刊刻，则此帖即绍兴国子监刻本殆无疑义。惟是帖旧皆称未见原刻本，而上图藏本用纸非打金银箔者，则恐亦非高宗御府初拓者，以无佳证，姑置勿论。

附　论

义宁陈寅恪先生于宋代学术推崇备至，尝谓：

> 吾国近年之学术，如考古、历史、文艺及思想史等，以世局激荡之外缘薰习之故，咸有显著之变迁，将来所止之境，今固未敢断论。惟可一言蔽之曰，宋代学术之复兴，或新宋学之建立是已。华夏民族之文化，历数千载之演进，造极于赵宋之世，后渐衰微，终必复振。譬诸冬季之树木，虽已凋落，而本根未死，阳春气暖，萌芽日长，及至盛夏，枝叶扶疏，亭亭如车盖，又可庇荫百十人矣。④

又谓：

> 欧阳永叔少学韩昌黎之文，晚撰五代史记，作义儿冯道诸传，贬

---

① 傅增湘《藏园群书经眼录》，北京：中华书局，1983 年，第 215、39 页。
② 参上揭宿白《唐宋时期的雕版印刷》，第 85 页注 6。
③ 王氏略云："此书首期刊工与湖州本《北山小集》《景德传灯录》《思溪藏》多同，因悟此即思溪王氏刊本，后取入监，遂为监本。元送西湖书院，有此一目，即此本。前人因此本不避北宋后讳，定为嘉祐监本，恐不确。"参观上揭王肇文《古籍宋元刊工姓名索引》，第 331 页。
④ 陈寅恪《邓广铭宋史职官志考证序》，《金明馆丛稿二编》，上海古籍出版社，1980 年，第 245 页。

斥势利,尊崇气节,遂一匡五代之浇漓,返之淳正。故<u>天水一朝之文化,竟为我民族遗留之瑰宝</u>,孰谓空文于治道学术无裨益耶?[1]

案,前序作于民国癸未(1943),距今适历一甲子。陈先生当山河破碎、沧海横流之际而倡言如斯,实深具史家之卓识。承海上耆宿周退密翁见告,四十年代初翁尝于其叔父湘云先生寓庐得观《阁帖》三卷(即今上博藏第六、七、八卷),湘云先生殁于癸未,此帖遂不知所终,然则其流散盖亦历一甲子矣。今日何幸,国宝重光,岂非宋代学术复兴之佳兆耶?新宋学之建立,上博与有力焉。

昔嘉兴沈乙庵先生尝慨叹:"美术不昌,宁得为社会佳象耶!"[2]夫学术发达之时代,艺术必臻繁荣。宋代金石书画之学极发达,其影响近世学术亦至深远。第念数十年来,帖学日衰,虽有一二大师奋发蹈厉,提倡王学,终不能挽其颓唐之势。丑怪恶札,触目皆是,至为心痛。今日欣见千年瑰宝重归禹域,并影印行世,化身千百,忻慰奚似。吾知帖学返之淳正、不失其正鹄,必由此道也,我华夏帖学之复兴,其在兹乎! 其在兹乎!

　　　　　　　　　　癸未仲秋初稿
　　　　　　　　壬辰仲冬修订于海上梵华楼

---

① 陈寅恪《赠蒋秉南序》,《寒柳堂集》,上海古籍出版社,1980 年,第 162 页。
② 沈曾植《程端伯江山卧游图卷跋》,钱仲联辑《海日楼札<u>丛</u>》外一种《海日楼题跋》卷三,北京:中华书局,1962 年,第 133 页。

图书在版编目(CIP)数据

存思集:中古中国共同研究班论文萃编/余欣主编.
—上海：上海古籍出版社，2013.11
　(中古中国知识·信仰·制度研究书系)
　ISBN 978-7-5325-6855-0

　　Ⅰ.①存… Ⅱ.①余… Ⅲ.①中国历史—中古史—文集 Ⅳ.①K240.7-53

　中国版本图书馆 CIP 数据核字(2013)第 128868 号

中古中国知识·信仰·制度研究书系
存思集:中古中国共同研究班论文萃编
余　欣　主编
上海世纪出版股份有限公司
上海 古 籍 出 版 社 出版
(上海瑞金二路 272 号　邮政编码 200020)
　(1)网址:www.guji.com.cn
　(2)E-mail:guji1@guji.com.cn
　(3)易文网网址:www.ewen.cc
上海世纪出版股份有限公司发行中心发行经销　上海商务联西印刷有限公司印刷
开本 635×965　1/16　印张 27.75　插页 11　字数 499,000
2013 年 11 月第 1 版　2013 年 11 月第 1 次印刷
印数 1—1,500
ISBN 978-7-5325-6855-0
K·1733　定价:69.00 元
如发生质量问题,读者可向承印公司调换